平原省志

PINGYUAN SHENGZHI

河南省地方史志办公室
新乡市地方史志局 编

中州古籍出版社
·郑州·

图书在版编目（CIP）数据

平原省志 / 河南省地方史志办公室，新乡市地方史志局编 . — 郑州：中州古籍出版社，2019.8

ISBN 978-7-5348-8802-1

Ⅰ . ①平… Ⅱ . ①河… ②新… Ⅲ . ①河南省—地方志—1949—1952 Ⅳ . ① K296.1

中国版本图书馆 CIP 数据核字（2019）第 179649 号

责任编辑：王小方　宗增芳
责任校对：李　思
出 版 社：中州古籍出版社
　　　　　（地址：郑州市金水东路 39 号　邮政编码：450016）
发行单位：新华书店
承印单位：郑州新海岸电脑彩色制印有限公司
开　　本：889mm×1194mm　1/16
印　　张：35
字　　数：850 千字
印　　数：1—2000 册
版　　次：2019 年 10 月第 1 版
印　　次：2019 年 10 月第 1 次印刷
定　　价：280.00 元

本书如有印装质量问题，由承印厂负责调换。

1949 年

位于新乡市的平原省委旧址

湖西人民会议厅也称湖西礼堂，是中华人民共和国成立后的湖西专区第一大建筑物

1949 年 5 月 6 日，国民党第四十军万余人撤出新乡城接受改编

1949 年 5 月 26 日，人民群众举行平汉铁路通车典礼，图为新乡解放号列车

1949 年 5 月 7 日，新乡和平解放

1949年10月6日，新乡专区人民庆祝中华人民共和国成立

1949年9月4日，新乡市各界人士庆祝平原省成立

1949年，平原机器厂（今116厂）迁入新乡

1949年10月1日，中共湖西地委、专署、军分区及干部群众在老衙门广场集会，庆祝中华人民共和国成立

1950 年

1950年建立的平原大学（今河南师范大学）

1950年10月，新乡专区人民积极投身到抗美援朝运动中

1950年10月10月，全国战斗英雄劳动模范代表合影

1950年6月，新乡水电工人修复锅炉

1951年

1951年1月，新乡专区参加平原省首届人民代表会议的代表合影

1951年，单县干部职工捐款捐物支援抗美援朝

1951年，平原省镇压反革命大会

抗美援朝期间，获嘉县贺庄马应选农业社召开誓夺棉花亩产180斤动员大会

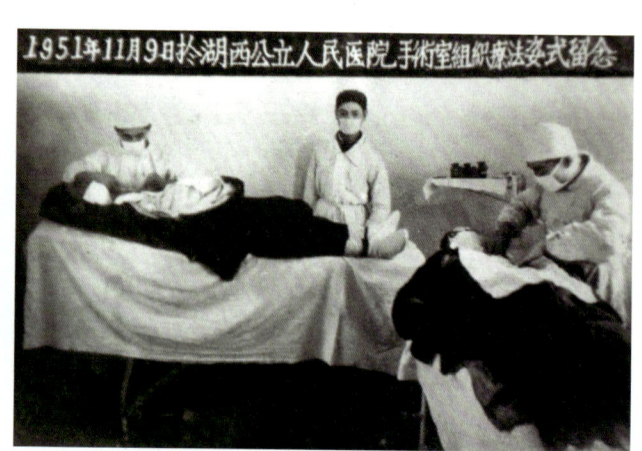

1951年，湖西专区公立人民医院手术室

1951年，平原省担架队赴抗美援朝前线

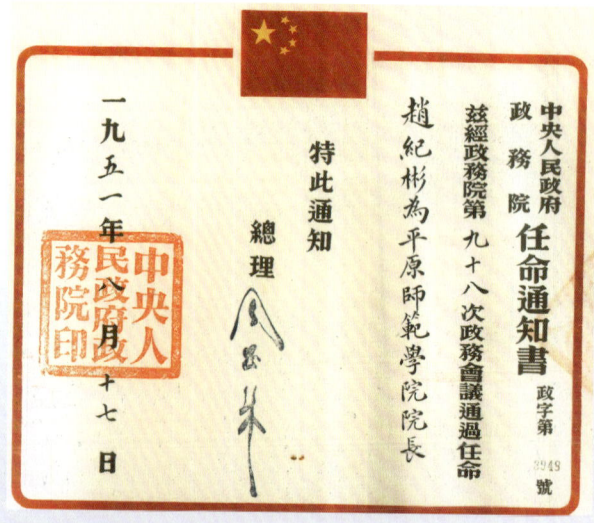

平原师范学院首任院长赵纪彬的任命书

1952年

1952年，群众上街游行开展"三反"宣传活动

1952年，单县农业社社员集体宣誓决心实行晚婚

1952年7月1日，中共湖西地委全体委员合影

1952年7月，新乡市百货公司建成开业

人民胜利渠鸟瞰

人民胜利渠首闸

人民胜利渠

《平原省志》编纂人员

主　　编　管仁富

副 主 编　周慧杰　　王拥军　　陈守强　　李　娟　　郭　威

责任编辑　李凤敏　　赵鸿建　　徐玉清　　程　茜　　杜莉娜

　　　　　李　政　　马振阳　　徐　琨　　谢　垚　　冯　华

前 言

《平原省志》在社会各界人士的关怀支持下，经过四年多的辛勤笔耕，终于付梓问世与广大读者见面了。

平原省处于山东、河南、山西、河北、江苏之间，为5省旧治的接合部，面积约5万平方公里。西依太行山脉，东滨东平、南旺、南阳等湖，地势西高东低。平原省大致是春秋时期诸侯国卫国的旧地。中华民国34年（1945）3月29日，河南新沦陷区被日军划为"平原省"；中国共产党在抗日战争与解放战争中先后建立冀鲁豫、太行、冀南3个解放区，使该地区联结成为一个战斗整体，并在抗日战争中成立平原分局，形成比较自然的行政统一区域。该地区是联系华北和华中解放区的纽带，解放战争后期，成为支援南下、解放全国的重要大后方。1949年设立平原省，省会新乡市，辖新乡、安阳、濮阳、聊城、菏泽、湖西6专区，新乡市、安阳市2市，58个县、1个矿区、5个城关镇。1952年11月，平原省撤销，新乡市、安阳市2市，新乡、安阳、濮阳3专区划归河南省；聊城、菏泽、湖西3专区划归山东省。

平原省自1949年8月20日成立至1952年11月30日撤销，共存续3年零3个月，其间正处在中华人民共和国成立之初的经济恢复时期，距今已过去近70年。平原省在促进所辖区域国民经济的恢复发展与社会稳定，发挥了不可磨灭的重要作用。然而，这段历史在地方志记载中尚属空白。编纂《平原省志》对于抢救、挖掘和保存中华人民共和国成立初期的地方历史资料及文献，传承中原历史文化，具有十分重要的现实意义和深远的历史意义。

河南省地方史志办公室会同新乡市地方史志局在努力完成《全国地方志事业发展规划纲要（2015—2020年）》目标任务的同时，以"修志问道，以启未来"的使命感，以"直笔著信史，彰善引风气"的责任担当，自我加压，克服种种困难，于中华人民共和国成立70周年前夕完成了这部力作，为我们能更好认识过去、把握当下、面向未来发挥了史志人应有的作用。

本志包括总述、大事记、机构建置、中国共产党、人民政府、军事、政法、群众团体、交通、经济建设、民政、文化教育、卫生、人物简介、各级机构领导人员名单、辖区概况及附录。

《平原省志》从编纂到出版历经4个春秋，虽数易其稿，但因中华人民共和国成立之初，破旧立新，各方资料散乱；有些史实，无从查考；有的事实众说不一，颇费推断；因此本志在体例、资料、文字等方面仍有不尽人意之处，恳请广大读者批评指正。

本志在编纂过程中，得到河南省档案馆、山东省档案馆大力支持；许多革命老前辈、老同志提供了珍贵史料；地方志、党史、社科、军事和高校的专家学者对本志也提出了宝贵意见和建议。在此，一并表示诚挚的感谢！

凡 例

一、本志以马克思列宁主义、毛泽东思想、邓小平理论、"三个代表"重要思想、科学发展观、习近平新时代中国特色社会主义思想为指导，坚持辩证唯物主义和历史唯物主义立场、观点和方法，尊重历史、实事求是，力求思想性、资料性和科学性相统一。

二、本志主要记述1949年8月～1952年11月平原省的政治、经济、军事、文化、社会等方面的情况，部分内容作适当上溯和下延；地域范围以平原省成立时行政区划为准。

三、本志采用章节体。首设总述，宏观记述平原省概貌；次设大事记，反映平原省各项事业发展脉络；中间为专志，共14章，是全书主体；后设附录，辑存相关文献；最后为本志编纂始末。

四、本志采用述、记、志、介、图、表、录等体裁。志前有平原省地图和历史照片，其他图、表、人物照片随文插入。全书采用记述语体文，行文力求严谨、朴实、简洁、流畅。

五、本志所用数据主要以中共平原省委、平原省人民政府核定数据为准，部分数据采用职能部门相关文献数字。本志计量单位以国家法定计量单位为主。由于处于中华人民共和国成立初期，计量单位以旧制为主，为客观反映当时情况，部分计量单位保留历史资料中当时习惯记载。本志在货币计量中主要采用旧人民币值（旧币与新币的兑换比例为10000∶1，新币是指1955年发行的第二套人民币）。本志中部分拨款金额保留当时惯例，用粮食计量单位表述。

六、本志述及的组织机构、会议、文件、著作等名称一般用全称，过长名称第一次出现用全称，夹注简称，后用简称。本志中地名均使用平原省当时称谓。本志记述政府机构、官职，采用当时称谓。

七、本志资料主要来源于河南省档案馆馆藏资料，部分来源于山东省档案馆和新乡、安阳、濮阳、聊城、菏泽等市及有关县市档案馆、史志馆馆藏资料。此外，还参考了中共河南省委党史研究室研究成果及《平原日报》等报纸杂志相关内容。所用资料不再标明出处。

目 录

总 述 ··· 1

大事记 ·· 15

第一章 机构 建置

第一节 机 构 ··· 32
一、省 委 ··· 33
二、省政府 ··· 33
三、平原军区 ·· 37
四、协商委员会 ··· 37
五、群众团体 ·· 37
六、地 区 ··· 39

第二节 建 置 ··· 40
一、省辖市 ··· 43
二、专 区 ··· 44
三、县 区 ··· 45

第二章 中国共产党

第一节 工作重心转移 ·· 58
一、确立工作重心 ·· 58
二、纠正工作偏差 ·· 59
三、整顿干部队伍 ·· 61

第二节 建立新民主主义政治制度 ··· 64
一、行政公署民主建政 ·· 64
二、区、县、市人民代表会议 ··· 65
三、平原省第一届各界人民代表会议 ·· 67

第三节 建立新民主主义经济制度 ··· 70
一、建立国营经济 ·· 70

二、发展合作社经济 …… 71
　　三、扶植资本主义工商业 …… 72
　　四、形成国家资本主义经济 …… 74
　　五、废除封建土地制度 …… 75
第四节　巩固新政权 …… 79
　　一、抗美援朝运动 …… 79
　　二、剿匪与取缔反动会道门 …… 82
　　三、镇压反革命运动 …… 84
　　四、"三反"运动 …… 86
　　五、"五反"运动 …… 90
　　六、整党运动 …… 93
第五节　政治建设 …… 96
　　一、思想建设 …… 96
　　二、作风建设 …… 100
　　三、党内整顿 …… 100
第六节　组织建设 …… 101
　　一、干部队伍整顿 …… 102
　　二、干部队伍建设 …… 103
　　三、发展党员 …… 104
　　四、建章立制 …… 104
第七节　宣传教育 …… 105
　　一、社会宣传 …… 105
　　二、内部建设 …… 106
第八节　统一战线 …… 107
　　一、统战会议 …… 108
　　二、民主人士思想改造 …… 109
　　三、工商联组织发展 …… 109
　　四、政权协商 …… 110
　　五、民主党派，民族、宗教工作 …… 110
第九节　纪检监察 …… 112
　　一、检查处理 …… 112
　　二、党纪教育 …… 113
　　三、信访和监察工作 …… 114
第十节　党校建设 …… 114
　　一、干部培训 …… 114
　　二、学员分流 …… 115

第十一节 历次党的代表会议……116
　一、第一次代表会议……116
　二、第二次代表会议……116
　三、第三次代表会议……116
　四、第四次代表会议……117

第十二节 贯彻中央撤省指示……117

第三章 人民政府

第一节 稳定财经……122
　一、恢复发展农业……122
　二、恢复发展工业、手工业……125
　三、恢复发展城乡贸易……129
　四、稳定市场秩序……131
　五、实现财政状况根本性好转……133

第二节 社会事业……134

第三节 黄河治理……136
　一、防汛滞洪……137
　二、工程建设……138

第四节 移民工程……141

第五节 人事工作……143
　一、干部思想教育……144
　二、干部提拔和调配……144
　三、干部培养……145
　四、干部福利……146

第六节 迎接大规模的经济建设……147
　一、加强城镇工作……147
　二、大规模农业生产互助合作运动……148

第四章 军 事

第一节 剿匪治安……150
第二节 部队建设……151
　一、部队训练……151
　二、通信工作……151
　三、后勤工作……151
　四、制度建设……153

第三节　人民武装
一、民兵训练 ········· 153
二、转业工作 ········· 154

第五章　政　法

第一节　公　安
一、肃清残敌 ········· 158
二、镇压反革命 ········· 158
三、案件侦破 ········· 159
四、治安管理 ········· 159
五、劳改管制 ········· 160
六、队伍教育 ········· 161
七、直属单位 ········· 161

第二节　人民法院
一、处理土改遗留问题 ········· 164
二、反倒算斗争 ········· 164
三、审判工作 ········· 165
四、司法调解 ········· 166
五、落实《婚姻法》 ········· 167
六、司法改革运动 ········· 167
七、队伍建设 ········· 168

第三节　检　察
一、清理反革命案件 ········· 170
二、刑事检察 ········· 170
三、法纪检察 ········· 171
四、综合治理 ········· 171
五、申诉控告 ········· 172
六、队伍建设 ········· 172

第六章　群众团体

第一节　工　会
一、复工整顿 ········· 176
二、政治改革 ········· 177
三、爱国增产运动 ········· 178
四、职工教育 ········· 179

五、保险福利 ··· 180
　　六、私营企业职工权益 ·· 191
第二节　新民主主义青年团 ··· 192
　　一、调整思路 ··· 192
　　二、组织建设 ··· 193
　　三、社会运动 ··· 194
　　四、生产建设 ··· 195
　　五、宣传教育 ··· 196
　　六、文化普及 ··· 196
第三节　妇　联 ·· 197
　　一、组织建设 ··· 197
　　二、妇女运动 ··· 197
　　三、宣传教育 ··· 199
　　四、维护妇幼权益 ·· 201
第四节　其他群团组织 ··· 202
　　一、平原省学生联合会 ·· 202
　　二、平原省抗美援朝分会 ··· 203
　　三、中苏友好协会平原省分会筹委会 ··· 203

第七章　交通

第一节　公　路 ·· 206
第二节　铁　路 ·· 209
　　一、京汉铁路 ··· 209
　　二、道清铁路 ··· 210
第三节　水　路 ·· 210
第四节　邮　电 ·· 212
　　一、邮　政 ·· 212
　　二、电　信 ·· 213

第八章　经济建设

第一节　农林畜牧业 ·· 216
　　一、农　业 ·· 216
　　二、林　业 ·· 219
　　三、畜牧业 ·· 220
第二节　水　利 ·· 221

一、防　汛……………………………………………………………………222
　　二、农田灌溉…………………………………………………………………224
　　三、水土保持…………………………………………………………………225
　　四、水文观测…………………………………………………………………225
　　五、水利勘测…………………………………………………………………225
第三节　工　业……………………………………………………………………226
　　一、工业基础…………………………………………………………………226
　　二、恢复、整顿、改革………………………………………………………230
　　三、经营管理…………………………………………………………………233
　　四、基本建设…………………………………………………………………236
　　五、生产技术…………………………………………………………………236
　　六、工资福利…………………………………………………………………238
第四节　商　业……………………………………………………………………239
　　一、国营贸易…………………………………………………………………239
　　二、稳定物价…………………………………………………………………242
　　三、繁荣市场…………………………………………………………………243
　　四、商业公司概况……………………………………………………………245
第五节　供销合作…………………………………………………………………247
　　一、经营改革…………………………………………………………………249
　　二、财会管理…………………………………………………………………250
　　三、基层社工作………………………………………………………………250
第六节　财　政……………………………………………………………………251
　　一、财政收入…………………………………………………………………252
　　二、收支管理…………………………………………………………………256
　　三、粮食管理…………………………………………………………………258
　　四、乡镇地方财政管理………………………………………………………260
　　五、基建拨款与保险…………………………………………………………261
第七节　税　务……………………………………………………………………261
　　一、税源和税收………………………………………………………………261
　　二、征收管理…………………………………………………………………264
第八节　金　融……………………………………………………………………266
　　一、农村金融…………………………………………………………………266
　　二、私营工商业务……………………………………………………………269
　　三、货币管理…………………………………………………………………269
　　四、其他金融机构……………………………………………………………270

第九章 民　政

第一节　基层民主建政 ··· 274
　　一、县级各界人民代表会议 ·· 274
　　二、区、村人民代表会议 ··· 275
　　三、完善代表会议制度 ··· 275
　　四、贯彻政策 ··· 276
　　五、办理提案 ··· 276
第二节　优抚工作 ··· 277
　　一、拥军优属教育 ··· 277
　　二、代耕工作 ··· 278
　　三、生活救济与军烈工属就业 ·· 279
　　四、重残荣军教养 ··· 279
第三节　救灾工作 ··· 279
　　一、防　灾 ·· 280
　　二、生产自救 ··· 281
第四节　土地证颁发与地政工作 ·· 283
　　一、土地证颁发 ·· 283
　　二、地政工作 ··· 284
第五节　其他社会工作 ·· 285
　　一、保护妇女与贯彻《婚姻法》 ··· 285
　　二、肃毒工作 ··· 285
　　三、城市孤残教养及游民改造 ·· 286

第十章　文化教育

第一节　文　化 ··· 288
　　一、文艺界整顿 ·· 288
　　二、知识分子改造 ··· 289
　　三、文艺事业恢复 ··· 289
　　四、批判电影《武训传》 ··· 290
　　五、文工团、剧团 ··· 292
　　六、报　刊 ·· 292
　　七、图书馆、博物馆 ·· 294
　　八、新华书店 ··· 297
　　九、文　物 ·· 297
　　十、民俗文化 ··· 298

第二节 教 育·····300
　一、教育事业改革·····301
　二、工农干部教育·····301
　三、初等教育·····302
　四、中等教育·····305
　五、高等教育和技术专业教育·····305
　六、教师队伍改造·····306

第十一章　卫生

第一节　防疫工作·····310
　一、传染病防治·····310
　二、地方病防治·····310
第二节　公共卫生·····311
　一、爱国卫生运动·····311
　二、工矿企业卫生·····312
　三、卫生知识普及·····313
第三节　妇幼保健·····313
第四节　支援前线·····314
第五节　医疗队伍培养·····315
第六节　省属卫生医疗机构·····316
　一、平原省省立医院（平原省干部疗养院）·····316
　二、平原省人民医院·····316
　三、中国人民解放军平原军区后方医院三分院·····316
　四、平原省荣康医院·····316
　五、平原省妇幼保健院·····317

第十二章　人物简介

第一节　党、政、军领导·····320
第二节　省协商委员会委员·····360

第十三章　各级机构领导人员名单

第一节　中共平原省委及直属部门·····370
第二节　平原省人民政府及各厅（委、局）·····372
第三节　平原军区及直属部门·····378

第四节　平原省协商委员会……380
第五节　省辖市、专区……383
　　一、新乡市……383
　　二、安阳市……388
　　三、新乡专区……392
　　四、安阳专区……402
　　五、濮阳专区……409
　　六、聊城专区……418
　　七、菏泽专区……426
　　八、湖西专区……434

第十四章　辖区概况

第一节　新乡市……444
第二节　安阳市……446
第三节　新乡专区……447
　　一、新乡县……447
　　二、沁阳县……449
　　三、辉　县……450
　　四、济源县……451
　　五、孟　县……454
　　六、温　县……455
　　七、修武县……457
　　八、博爱县……458
　　九、延津县……460
　　十、获嘉县……462
　　十一、原阳县……464
　　十二、武陟县……465
　　十三、汲　县……467
　　十四、焦作矿区……468
第四节　安阳专区……469
　　一、安阳县……469
　　二、汤阴县……470
　　三、淇　县……472
　　四、浚　县……472
　　五、林　县……474
　　六、邺　县……475

七、漳南县…………………………………………………………………………………475

第五节　濮阳专区……………………………………………………………………475
　一、濮阳县…………………………………………………………………………………476
　二、长垣县…………………………………………………………………………………477
　三、内黄县…………………………………………………………………………………478
　四、南乐县…………………………………………………………………………………479
　五、清丰县…………………………………………………………………………………480
　六、范　县…………………………………………………………………………………481
　七、濮　县…………………………………………………………………………………482
　八、滑　县…………………………………………………………………………………483
　九、封丘县…………………………………………………………………………………484
　十、观城县…………………………………………………………………………………486
　十一、朝城县………………………………………………………………………………486

第六节　聊城专区……………………………………………………………………487
　一、聊城县…………………………………………………………………………………489
　二、堂邑县…………………………………………………………………………………491
　三、高唐县…………………………………………………………………………………491
　四、阳谷县…………………………………………………………………………………492
　五、莘　县…………………………………………………………………………………493
　六、冠　县…………………………………………………………………………………494
　七、清平县…………………………………………………………………………………495
　八、茌平县…………………………………………………………………………………496
　九、博平县…………………………………………………………………………………497
　十、东阿县…………………………………………………………………………………497
　十一、寿张县………………………………………………………………………………498

第七节　菏泽专区……………………………………………………………………499
　一、菏泽县…………………………………………………………………………………501
　二、曹　县…………………………………………………………………………………502
　三、定陶县…………………………………………………………………………………503
　四、梁山县…………………………………………………………………………………505
　五、郓城县…………………………………………………………………………………505
　六、鄄城县…………………………………………………………………………………506
　七、东明县…………………………………………………………………………………507
　八、南旺县…………………………………………………………………………………508

第八节　湖西专区……………………………………………………………………509
　一、单　县…………………………………………………………………………………509
　二、城武县…………………………………………………………………………………511

三、巨野县……………………………………………………………511

四、复程县……………………………………………………………513

五、嘉祥县……………………………………………………………513

六、金乡县……………………………………………………………514

七、鱼台县……………………………………………………………516

附 录

平原省文献辑要……………………………………………………519

编纂始末

一、组织发动阶段……………………………………………………539

二、资料收集阶段……………………………………………………540

三、编纂修改阶段……………………………………………………541

四、印刷出版阶段……………………………………………………543

总　述

一

　　中华人民共和国成立前夕，全国军事行动还在进行，各地形势发展极不平衡，地区间差异很大。全国各地交通不畅，信息闭塞。中共中央财政极为困难，在人力、物力、财力等各方面短期内无法达到直接管理省及省以下地方人民政府。为此，中央审时度势，因地制宜，决定在解放战争中形成的东北、华北、西北、华东、中原五大战略区基础上，对全国行政区划进行调整，设立东北、华北、西北、华东、中南、西南六大行政区（简称"大区"）人民政府，代表中央管理所辖省、市民主政权建设。为进一步适应革命和建设需要，中央对旧的省级行政区划进行大幅度改革和调整。全国形成大区（或行政局，如华北局、中南局）、省、行署（或专署、专区）、县、区、村6个层级结构。

　　1949年5月，华北完全解放。6月19日，冀鲁豫区党委拟定《平原省区划及省委、省府、军区各级干部配备草案》，报请中共中央华北局批示。7月25～27日，华北局召开第三次委员会扩大会议，通过关于变更华北行政区划及河北、山西、平原省人民政府组织机构与人事任命等重要决议。8月1日，发出调整华北行政区划的通令，决定在冀南、豫北、鲁西南衔接地区成立平原省，省会设在新乡市。

　　8月1～10日，潘复生、赵时真等省委领导成员与平原省所辖各地委书记在菏泽召开筹备会议。讨论起草关于建省有关问题的方案，决定于8月12日召开省委扩大会议。8月11日，召开省委会议，研究通过省委委员与各地委负责人名单。

　　8月12～15日，中共平原省委第一次扩大会议在菏泽召开，这是中共平原省委研究决定建省工作的第一次重要会议。会议根据中共中央和华北局的决定，宣布中共平原省委组成人员名单，通过《平原省委第一次扩大会议关于几个问题的决定》，中共平原省委正式宣告成立。在平原省委领导集体组建的同时，平原省人民政府主要领导人经由华北局任命，开始组建领导班子。1949年8月17日，平原省委省直机关从菏泽搬迁到新乡市。

1949年8月20日15时，中共平原省委、平原省人民政府、平原军区在新乡举行成立大会。到会有平原省各界代表5000余人。平原省成立同时，奉中国人民解放军华北军区命令，平原军区领导班子组成。至此，中共平原省委、平原省人民政府、平原军区各主要领导班子组建完毕，进入工作状态。

1949年8月22日，《平原日报》创刊发行，发表第一篇社论《为建设新平原省而奋斗——庆祝平原省的建立》。在平原省省级党政军领导机构成立的同时，各地、市及合并县的领导机构相继成立。并组建工、青、妇等群众团体，以发动广大群众为建设新的平原省而奋斗。

随着平原省的组建，冀鲁豫、太行等行政区被取消并划归平原省。各个行政公署开始与平原省进行工作交接，交接工作完毕后，分别发出通令宣布原行政区结束。

平原省所辖区域位于晋、冀、鲁、豫、苏5省接合部。该地区在历史上从未有过省级建制，但在抗日战争与解放战争中建立有冀鲁豫、太行、冀南3个解放区，使该地区联结成为一个战斗整体，而且这一地区在抗日战争中曾经成立平原分局，形成比较自然的行政统一区域。该地区是联系华北和华中解放区的纽带，解放战争后期，成为支援南下解放全国的重要大后方。华北全境解放之前，该地区敌特、反动会道门、土匪等聚集较多，活动较为猖獗，社会形势复杂，有必要迅速稳定局势，恢复生产。中央成立平原省，加强该地区工作，对稳定全国局势、支援前线起到重要作用。

1949年8月20日，平原省以冀鲁豫解放区为基础组建成立，隶属华北人民政府。10月，华北人民政府撤销，所辖河北、察哈尔、绥远、山西、平原5省及北京、天津2市统归中央人民政府直属。1950年9月，中央人民政府增设华北事务部，负责联系并指导华北5省及京、津2市工作。11月12日，平原省改属中央人民政府华北事务部。1951年10月，全国第一届机构编制会议召开，决定精简国家机关，一些机关保留名义，不设机构，不配干部，工作由相关部门兼办。平原省各级党政机关、群团、事业单位受到一定影响。1952年4月，中央人民政府撤销华北事务部，改设华北行政委员会。平原省隶属华北行政委员会。

由于国家财政经济情况好转和各项社会改革基本完成，全国由经济恢复时期过渡到大规模建设时期。1952年8月7日，中央人民政府委员会第十七次会议和11月15日第十九次会议分别通过决议，合并一些省区，恢复部分原来的行政区划。11月15日，中央人民政府委员会第十九次会议通过《关于调整省、区建制的决议》，决定撤销平原省建制，明确平原省撤销后的区划调整：原为山东省辖的29县，全部划回山东省属；原为河南省辖的22县，新乡、安阳2市及焦作矿区，全部划回河南省属；原为河北省辖的南乐、清丰、濮阳、东明、长垣5县，为治黄之便，亦划归河南省属，不再归回河北省；已属河北省原为河南省辖的武安、涉县、临漳3县不动，仍属河北省，以利于治理漳河。

1952年11月16日，中共平原省委发出《关于正确执行中央撤销平原省建制决定的指示》，要求各级党委和全省干部加强组织性、纪律性，服从组织调动，做好平原省结束工作和移交工作。11月24日，平原省人民政府发出通令，省人民政府及其所属机关于11月30日撤销。自12月

1日始，所有行政事宜均由山东、河南两省分别接收办理。平原省所属29个县、900多万人划归山东；27个县、2个市（包括焦作矿区）、700多万人划归河南。

为安定民心，中共平原省委按照华北局指示，在即将结束工作之际，于1952年11月25日召开平原省第一届第三次各界人民代表会议，邀请山东、河南两省代表团参加，以加强两省代表和平原省各界联系。会议总结平原省政府工作，宣传撤销平原省建制决策的正确性和必要性，动员平原省各界在山东、河南两省领导下，继续坚持进行生产建设运动。

至1952年11月25日，除财经、企业部门的财务手续尚未结束之外，全省各地结束、移交工作基本完成。12月1日，平原省结束移交办事处成立，主任张承先（原中共平原省委常委、宣传部部长），副主任戴晓东（原中共平原省委委员、纪检处第二副书记）、刘刚（原中共平原省委委员、组织部副部长），全面负责处理平原省结束工作中的未尽事宜。12月2日，平原省机关报《平原日报》发表终刊词，于次日正式停刊。12月8日，中共平原省委向华北局、中共中央呈交《中共平原省委关于平原省结束移交工作的总结报告》。

平原省建制撤销过程中，省委、省政府对各级组织机构和干部人员进行分配与安置，对民众进行安抚工作，保证撤销、移交工作的顺利进行。

平原省从1949年8月20日成立，到1952年11月30日撤销，共计3年又3个月时间。平原省存续期间是中华人民共和国成立之初国民经济恢复和初步发展时期，存在时间虽然短暂，但对稳定地区局势，营建大后方，支持全国解放战争顺利进行，对促进地区经济恢复和发展起到巨大作用。平原省的成立和撤销过程有着特殊意义，这种意义在于，平原省成为中国共产党在掌握全国政权前后的特殊时期对地方行政建制进行过渡调整的一部分，见证了中华人民共和国成立伊始地方行政建制政策上的历史演变。

二

平原省地处山东、河南、山西、河北、江苏之间，为5省旧治的接合部，面积约5万平方公里。西依太行山脉，东滨东平、南旺、南阳等湖，地势西高东低。太行山脉北起林县，西南到济源县，是一条向东南突出的弧形山地带，海拔1000~1500米。山前丘陵地带海拔400~800米。在山地与丘陵间分布着林县、沁阳、临淇等盆地。除此之外，就是地势平坦、一望无际的黄河冲积大平原。全省海拔除山峰外，一般耕地在34~200米之间，多数在60米左右。地形坡度，除沿山外，均较平坦，大部为1/5000~1/7000，在靠近沿湖一带，则达1/15000~1/20000。全省年平均降水量约500毫米，多集中在7月、8月、9月间。

平原省属于典型的暖温带大陆性季风气候，四季分明，日照充足，无霜期长，降水集中。旱、涝、风、雹、低温、霜冻和干热风等灾害频繁。冬季寒冷干燥，多刮偏北风。春季气温回升快，日温差大，每遇大风，会造成扬沙天气；同时冷空气活动频繁，常有"倒春寒"现象发生。夏季炎热多雨，常有夏涝和伏旱。秋季气候凉爽，有的年份会出现连阴雨天气。

平原省内河流有黄河系、白河系、运河系（入淮河）、徒骇河系、马颊河系。其中，黄河横贯全省，南北两岸堤线长达千里，并有沁河、汶河、运河、卫河、漳河等46条主要河流交

叉纵横，或汇入黄河，或流入东平湖、南旺湖、昭阳湖、南阳湖和微山湖，湖河相通，水资源丰富。其中能灌溉的有黄河、沁河、卫河，能航运的有黄河、卫河、运河。黄河、沁河、漳河等河流在洪水时期易泛滥成灾，尤以黄河为最。其余如马颊河、徒骇河则均为排水河。全省46条河流绝大部分是排水河道，因多年失修及黄河溃决等原因，河床淤塞，泄水不畅，每至雨季，滨湖及沿河低洼地区积水成灾。在新乡、安阳两专区内，沿山一带山水河及较大山泉，被利用灌溉历史悠久，但由于封建势力的把持，经常发生水利纠纷，水利效益不能充分发挥；沿山较小泉水，多未被利用；东部地下水较为丰富，但缺乏浇地习惯，故每当春夏缺雨季节，广大地区亢旱成灾，严重影响农业生产。因此，在建省伊始，结合农业生产的恢复与发展，防旱防涝，修渠打井成为当时的迫切要求。

在生产条件和物产方面，平原省除了西部山脉，其余大部分区域是辽阔的大平原。建省之初，有可耕地2740万亩（1952年发展为5450万亩），土地肥沃，加上气候适宜，盛产粮食（麦子）、棉花、豆类和花生，是重要的产粮区。西部地区蕴藏着煤、铁、硫黄等丰富的矿产资源，具有发展工业的优越条件。平原省具有一定的工业基础，出产煤、铁、纺织、竹货、草帽辫等，物产丰富。全省工农业发展前景较好。

平原省辖区的社会经济，在抗日战争以前，由于帝国主义的侵略，瓦解了该地区自给自足的自然经济，使这一地区逐渐变成帝国主义掠夺资源、推销商品的场所。其中，英商福公司开办的焦作煤矿，疯狂掠夺煤炭资源，成为帝国主义在华经营的七大煤矿之一。广大农村，则是"洋货山积，土货寥落""无论大小市镇、触目无非外货"。帝国主义的入侵并没有破坏封建土地所有制，地主阶级仍然占有农村的大部分土地，对农民的封建剥削和阶级压迫更加残酷。在漳河下游地区（安阳东部、临漳、内黄等县），有60%～70%的土地集中在5%～7%的地主手里。平原省东部地区，不仅土地高度集中，而且地租率高达80%。帝国主义的侵略给中国造成了买办制度，造成了官僚资本。1927年以后，国民党统治逐步加强，控制了这一地区的经济命脉。

抗日战争胜利后，四大家族官僚资本疯狂扩张，美货充斥市场，通货膨胀，物价剧涨，更使民族工商业日趋衰败。至安阳、新乡解放时，平原省辖区内工厂几乎全部倒闭、机器残破不全，市场萧条，能够开门营业的商店仅剩百余家。

帝国主义、封建主义、官僚资本主义的残酷剥削和压迫，加上连年战乱和频繁的自然灾害，致使平原省辖区经济落后，人民的生活极端贫困，激发广大人民纷纷起来进行不同形式的反抗斗争。

早在1922年，这一地区就建立了中国共产党的组织。从此，在党的领导下，全区人民进行前仆后继、曲折复杂、坚忍不拔的革命斗争。大革命时期，焦作矿区、磁县观台镇六河沟煤矿的工人运动和各地学生运动、农民运动蓬勃兴起；土地革命时期，豫北、直南、鲁西的农民武装斗争此起彼伏；抗日战争时期，党领导广大军民在晋冀鲁豫边界分别开辟太行、太岳、冀鲁豫、冀南等抗日根据地。各个根据地在坚持武装斗争的同时，逐步创立新民主主义经济。根据地经济的主要特点是：进行以土地改革和减租减息为内容的农村社会改革，实现"耕者有其田"，鼓励农民发展生产，号召农民组织起来，发展互助合作；建立和发展公营工业和手工业生产合作社，大力发展个体手工业；逐步建立公营商业，发展合作商业，保护私营商业。当时的新民主主义经济是建立在落后的手工技术基础上，具有公营经济（即社会主义经济性质）、农民和手工业者个体经济为主体的私营经济以及合作经济等多种经济成分并存的特点，形成该地区新民主主义经济的雏形。这些政治、经济条件为建设平原省奠定了坚实基础。

平原省大部分地区是老革命根据地，只有安阳、新乡及平汉铁路沿线县于1949年5月才获解放。平原省的中共组织，经过大革命、土地革命、抗日战争及解放战争时期的考验和锻炼，具有较高的政治觉悟和革命经验。至建省时，平原省有中共党员21万余人，占全省1500余万人口的1.4%，脱离生产的干部有3.2万余人。这些党员和干部，战争年代领导和团结人民坚持长期的革命斗争，取得伟大胜利；平原省成立后，他们成为生产建设的骨干。全省有42573个村庄，经过土地改革的老区半老区约有2.4万个村庄近千万人口；尚需结束土地改革的恢复区有11947个村庄218万人口；尚需大力发动群众贯彻土改的纯新区约有6000个村庄282万人口。全省广大民众在参军、参战、支援前线、土地改革、生产建设等历史任务中，广泛组织与发动起来。特别是经过土地改革的农民，生产积极性大为提高，成为平原省发展农业生产的基础力量。在革命战争及群众运动中，初步建立以工人阶级为领导的以工农联盟为基础的人民民主专政。全省各类武装力量除奔赴解放全中国的战场以外，尚保留有经过长期战争考验的地方部队、公安武装及人民武装数十万人，成为肃清特务匪徒、巩固革命秩序、保卫大生产的主要力量。

平原省省会新乡市是原晋东南和豫北地区重镇，具有地理位置和交通便利的优势，处于平汉、道清两铁路的交会点，卫河横贯其间，工商业较为发达，为平原省各县工农业产品的集散地。日军侵占新乡期间，曾大肆勒索、抢劫、破坏；日本投降后，国民党政府发动内战，将新乡作为进攻华北解放区的重要基地，致使工商业纷纷倒闭，工人大批失业，把一座比较繁荣的新乡城，变成一座死城，人口骤减至5万余人。1949年5月7日，新乡建市，各级党和政府立即着手恢复与发展生产，很快修复道清铁路西段、平汉铁路之新乡段，恢复船业，打通卫河航运，修复联通新乡的主要公路，使货物畅销各地，工业原料源源而来，为建设新省会创造条件。

三

平原省成立之初，党和国家正处于历史大转折时期，面临的形势和任务极其复杂艰巨。全省各地战争刚结束，土地改革尚未完成；敌特、土匪和反动会道门等反革命残余势力尚待肃清；工农业生产遭受严重破坏，人民生活极其困难；横贯全省的黄河，堤防极不稳固，极易决口，严重威胁着数千万人民生命财产安全。

如何从实际出发，贯彻执行中共七届二中全会和三中全会精神，确定新的工作方针，实现党的工作重心战略转移，是中共平原省委面临的关键问题。最初，省委对由战争到和平、由土地改革到生产的历史性转变认识不足，在一定程度上影响党的工作重心转移。此后，省委在调查研究的基础上，召开中共平原省第二次代表会议，从形势任务、方针政策到干部作风上，系统清理各种错误思想，牢固树立以生产建设为中心的思想，确定安定团结、恢复发展生产方针，在恢复工农业生产、交通运输、文教卫生事业、平抑物价和剿匪治安等方面做了大量工作，取得显著成绩，为实现党的工作重心转移奠定了基础。

1950年3月，为进一步加强党的领导，贯彻执行党的新的工作方针，中共中央决定组建一

个中央工作团到平原省，协助省委工作。吴德、王从吾、罗玉川等作为中央工作团成员来到平原省。7月，中央调整充实中共平原省委和省政府领导班子，决定让吴德和罗玉川留下，参加省委和省政府工作。随后，在中共中央和华北局领导下，中共平原省委贯彻执行一系列的方针政策。一是坚决破除旧的生产关系，加强人民民主专政，巩固人民政权，彻底实行土地制度改革，消灭工矿企业中残存的封建制度，解放生产力，为恢复和发展经济扫清道路；二是把恢复和发展生产作为一切工作的中心，使各项政治运动的开展都同生产相结合，做到革命生产两不误，促进国民经济的恢复和发展；三是全面贯彻执行"发展生产、繁荣经济、公私兼顾、劳资两利、城乡互助、内外交流"的经济政策，使各种经济成分在社会主义国营经济的领导下，发挥各自在国计民生中的积极作用；四是重视和扩大人民民主统一战线，团结一切可以团结的人，调动一切积极因素，依靠广大人民的团结和努力，为实现财政经济状况的根本好转而奋斗；五是在新的历史条件下，进一步加强党的自身建设，适时开展整风、整党，保持和发扬党的优良传统和作风，增强党的战斗力。这一系列方针政策的实施，保证了全省各项工作的胜利完成。

在中共平原省委的领导下，全省人民团结奋斗，短短的3年多时间，先后开展土地改革、镇压反革命、抗美援朝和"三反"①"五反"②、城市民主改革等运动，彻底完成新民主主义的遗留任务，迅速医治战争创伤，进行繁重的生产救灾工作，恢复国民经济，使全省出现百业兴旺、蒸蒸日上的新气象。到1952年年底，工业总产值超过敌伪时期的2.5倍，超过战前（指华北解放战争，以下同）的20%~30%；农业生产达到历史最高水平，粮食产量为战前的215.9%。同时，黄河治理工作也取得巨大成绩，经过大力整修，巩固堤防，修筑溢洪堰，完成引黄灌溉、济卫工程，开创黄河造福于人民的奇迹。

四

平原省是在冀鲁豫、太行、冀南等行政区的基础上成立的。建省之前，冀鲁豫、太行等行政公署的部分地区就已经尝试开展民主建政（民主政治建设）工作。抗日战争时期，中国共产党在革命根据地基层民主建政方面实行"各级参议会制度"。到解放战争时期，开始在解放区逐步推行"人民代表会议制度"。在太行、冀鲁豫所辖地区，当时中国共产党在农村基层的建政工作，尤其在老区已有一定的成就，人民代表会议制度已经开始试行。但在新解放区，形势仍很严峻。由于当时新区刚刚解放，全国战争尚未结束，恢复生产又迫在眉睫，所以当时的建政工作是和生产工作结合在一起的，处于初步阶段，进展很困难，许多地方领导不知如何把握有关政策。对基层干部的培养，也是当时建政工作的重要内容。

平原省成立之后，继承冀鲁豫、太行行政公署的基层民主建政基础，并在此基础上进行进一步的探索和尝试。首先，中共平原省委对"人民代表会议制度"有关内容进行补充完善。其次，

---

① 指在党政机关工作人员中开展"反贪污、反浪费、反官僚主义"的斗争活动。
② 指在私营工商业者中开展"反行贿、反偷税漏税、反盗骗国家财产、反偷工减料、反盗窃国家经济情报"的斗争活动。

明确工作重点。全省民主建政工作的主要任务在于建立健全区、县、市各界人民代表会议制度，其中以加强县（市）一级人民代表会议工作为重点。在人民代表大会制度确立之前，主要推行和发展人民代表会议制度。平原省原来是以行政村为最基层的行政单位进行民主建政的，后根据中央的规定并参照河南、山东实行的办法，在原行政村基础上开始着手成立乡级行政机构，取消以行政村为重点推行民主建政的工作模式。

1949年8月～1950年10月，全省区、县、市各界人民代表会议普遍召开。由于人民代表会议制度刚刚建立，各项工作都有待完善。对于这种百姓"陌生"的政治形式，从上到下都不知道该如何具体实行。同时，尚未稳定的社会局势，使得当时的领导干部无法适应这种民主的政治形式，极大地影响着人民代表会议制度的推行。

1950年年底至1951年9月，平原省各界人民代表会议逐步走向制度化。平原省第一届各界人民代表会议的召开是这一时期平原省民主建政工作的重要举措，为各地提供了范例。

1951年9月至1952年年底，各界人民代表会议在全省范围内普遍代行人民代表大会的职权。1952年1月6～13日，平原省第一届第二次各界人民代表会议在新乡召开。会议决议规定1952年必须完成的四项任务：一是继续深入开展抗美援朝运动，加强爱国主义教育。二是广泛开展增产节约运动，开展群众性的反贪污、反浪费、反官僚主义的斗争。三是省、市人民政府领导重心转向工业，专署、县人民政府仍以农业生产为领导重心。切实加强城镇、集市及工矿、手工业工作。四是实现农业丰产，提高单位面积产量。由于平原省在1952年11月被撤销，为解决好撤省工作，省委赶在撤销之前，召开平原省第一届各界人民代表会议第三次会议。这次会议主要内容就是传达与贯彻中央人民政府关于撤销平原省建制的决议，总结平原省三年间的工作。会议邀请山东、河南两省代表参加，以加强交接各方的联系。

五

平原省成立之后，在争取经济状况基本好转的同时，按照中共中央和华北局的指示，进行一系列巩固新生政权的政治运动。包括土地改革运动、剿匪肃特、抗美援朝、镇压反革命运动（简称"镇反运动"）、爱国丰产运动①、整党运动、"三反""五反"等运动。这些运动对于巩固新生的民主政权、开创安定团结的政治局面、维护社会稳定、统一民众思想、恢复经济发展、促进社会进步都起到至关重要的作用，为中国共产党积累执政经验、探索社会主义理论、形成社会主义发展模式奠定了一定的实践基础。

平原省成立时，全省的土地改革工作进展状况很不平衡。有1000万人口的老区、半老区，虽然在1947年全部进行了土改，平分土地，但大部分没有发给土地证，原冀鲁豫区颁发土地证者只占结束土改村的6%，约有30%的村庄或多或少地存在土改遗留问题，约有10%的村庄尚未结束土改；有218万人口的恢复区，土地大致平分，但土地改革不彻底；全省尚有282万

---

① 解放初期，在广大农村开展的以增产丰收为内容的爱国运动，后发展为全社会各行业的爱国增产节约运动。

人口的新区未进行土地改革。因此，在老区、半老区、恢复区彻底结束土改，在新区开展土地改革运动，废除封建剥削制度，建立广大农民的个体经济，就成为平原省的一项主要任务。到1950年3月，全省老区、半老区和恢复区结束土改工作，除一小部重灾区外，绝大部分地区彻底完成。土改遗留问题得到解决，确定了地权、财产，解除了广大农民的顾虑，极大地调动了农民的生产积极性。平原省的新区土改，属于全国新区首批土改，在工作中遇到许多新问题。在土改过程中，一开始是限制和打击富农经济。后来，按照中共中央和华北局的指示精神，采取保存富农经济的政策，更加有利于减少土改运动的阻力，有利于稳定民族资产阶级，有利于发展农村经济。全省新区土改运动，从1949年10月下旬开始，分两批进行。每一批土改都经历发动群众、划分阶级、没收分配土地、复查总结等几个阶段。到1950年4月初，新乡、安阳、聊城、濮阳地区的新区土改和老区、半老区、恢复区的结束土改工作全部完成，并全部颁发土地证。但菏泽、湖西两地区除部分村庄完成土改外，在灾区尚有649个自然村未进行土改，有2044个村存在土改遗留问题，有8000多个自然村未发给土地证。到1951年秋冬，紧密结合生产进行土改"补课"，全省土地制度改革胜利完成。

　　抗美援朝战争开始后，根据中共中央和华北局指示，中共平原省委于1950年11月3日发出《开展抗美援朝保家卫国运动的指示》，要求各级党委大力组织开展抗美援朝运动。1951年1月，平原省首届各界人民代表会议通过《发动全省人民以实际行动展开抗美援朝，保家卫国运动案》，号召全省1600万人民高举爱国主义、国际主义旗帜，以实际行动开展抗美援朝保家卫国运动。3月，中共平原省委制定《关于继续普及与深入抗美援朝，保家卫国运动的计划》。根据中央和省委的指示，全省各地成立抗美援朝分会。全省社会各界层层召开会议，广泛开展时事和形势宣传教育，利用新闻媒体，深入发动群众，进行控诉美帝国主义罪行、示威游行、组织志愿军代表团和朝鲜人民访华代表团巡回进行革命英雄教育等活动。中共平原省委在各专区、县成立宣传委员会，训练宣传队伍，普遍建立宣传网、传授站、读报组。据1951年9月26日《平原日报》报道："安阳专区共培养了近2万名宣传员；湖西专区64%的党支部都培养了宣传员，组织了400个宣传队，宣传队拥有12万份宣传品、7个幻灯、8个留声机、20个收音机，到农村进行宣传时，组织了35个时事政治展览棚，宣传点130处，听众多达40万。"中共平原省委还利用重大节日广泛深入地开展宣传教育活动。1951年春节，安阳专区有2/3的村庄开展宣传；新乡专区6个县共有57万人参加县区春节宣传。其他如"五一""七一""八一""十一"等重大节日，各地都组织盛大的宣传活动，利用贴近群众、为群众所熟知和容易接受的民间文艺形式进行宣传教育。新乡、安阳2市有2万工人举行反对美帝武装日本的示威游行，以厂为单位组织工人座谈，控诉侵朝美军罪行，让群众"忆苦思甜"，开展新旧社会对比，唤起广大群众的爱国热情。同时，还向群众介绍抗日战争和解放战争的经验，增强民众打败美帝国主义的信心。五一国际劳动节期间，新乡、安阳、焦作、汲县等工人较集中的地区及各专署所在地，发动干部、学生、社会青年、妇女、工商界、市民及近郊农民，举行大规模的游行示威。在农村，组织农民分乡或分区游行。据统计，全省参加游行示威者达650万人，有778万人参加和平签名运动。6~9月，《平原日报》连续报道中国人民赴朝慰问团第五分团深入平原省农村、巡回向区县群众作报告的盛况。平原省抗美援朝运动的蓬勃开展，使全省人民接受爱国主义教育，普遍制定以爱国增产、捐献武器和优抚工作为重要内容的爱国公约，把爱国思想与实际行动结合起来，支援抗美援朝，推动各方面工作的开展。

平原省成立之前，国民党当局在平原省辖区残留下一大批分散的武装股匪（政治土匪）、反动党团骨干和各类特务分子。平原省成立后，中共平原省委和平原军区把剿匪和取缔反动会道门作为一项重要任务，领导全省军民继续开展对敌斗争。1950年10月，中共中央发出《关于镇压反革命活动的指示》，平原省开展的剿匪与取缔反动会道门斗争和镇压反革命运动同步进行。全省各级党委和政府广泛发动群众，深入开展镇反、剿匪和取缔反动会道门斗争，从实际情况出发采取一系列有力措施。从镇反运动开始到1951年9月，全省逮捕、镇压一批反革命分子，各类反革命分子受到毁灭性打击。1951年11月，省委根据第四次全国公安会议精神，分析总结平原省镇反运动开展情况，重新明确镇反工作总的任务与要求。到1952年年底，全省99%的地方镇反工作结束。全省5类反革命骨干分子（土匪、恶霸、特务、反动会道门头子和反动党团骨干）受到各种惩处的占93%。清查出一般的敌伪党团军政人员16万人，取缔反动会道门以及发动道徒退道25万余人，消灭股匪400股5000余人。同时，取缔旧中国的娼妓、吸毒、赌博等丑恶现象，社会风尚为之一新，国民党残留在平原省的反革命势力基本肃清。

除土地改革、抗美援朝、镇压反革命（含剿匪与取缔会道门斗争）运动之外，中共平原省委、平原省人民政府在中共中央和华北局领导下，先后部署开展一系列大大小小的群众性政治运动，这些群众性运动包括第一次整风运动、连队民主运动、"三查"运动、忠诚老实政治自觉运动、清理"中层"运动、民主改革运动、对电影《武训传》的批判运动、"三自革新"学习与教会民主改革运动、清理中内层运动、爱国丰产运动、农业生产互助合作运动、文化教育战线和各种知识分子自我教育和自我改造运动、"三反"运动、文学艺术界整风学习运动、爱国增产节约运动、"五反"运动、工农业领域中开展的劳动竞赛运动以及商贸系统中开展的物资交流运动等。这些系列运动为在全省范围内肃清敌匪反特、统一人民思想、净化发展环境、开创社会稳定和安定团结的政治局面，巩固新生的人民民主政权起到一定作用。

六

平原省成立之初，由于全省大部分地区多年处于战争状态，各项生产遭到严重破坏。尤其是农业生产，在遭受战争破坏的同时，严重的水旱灾害和其他自然灾害连年不断，十年九决的黄河严重威胁着广大民众的生命财产安全，全省人民的生活极度困难。

1949年，全省自然灾害不断。入春以后，天旱不雨，很多地方没有耕种上春苗，紧接旱灾的是虫害、霜灾、雹灾、风灾以及各种病虫害等，达20多种。秋季大雨成涝，河水上涨或决口成灾。1949年，全省受灾人口351.55万，水旱灾面积4000余万亩，共减产粮食24亿斤。1950年秋后天旱，后又多雨，淹坏麦田约70万亩。1951年春干旱无雨，大部麦田受旱，共计减产2.33亿斤。1950～1952年的3年中，全省均先旱后淹，尤以濮阳、聊城两专区约2000万亩为甚。以受灾粮食作物计算，3年共计减产约34亿斤。1952年，由于虫、旱、风、雹灾害，在9279个村庄约有83万人口、800余万亩土地的地区造成不同程度的灾荒。

除了严峻的灾害，政治形势也影响着农业生产。1949年，全省农业生产是在战争情况与繁重的战勤任务下进行的。群众一方面支前与敌人进行斗争，另一方面进行生产，农民的牲畜都难以全力用于生产。同时，由于干部南调，生产中的领导力量严重不足。干部大批南下北上，前半年太行行政专署第四、第五专区15个县、2个市仅政权干部第一批渡江即输出211人。

平原省成立后，省委、省政府在稳定社会秩序的同时，对辖区农业生产的恢复与发展给予了极大重视。1949年8月，中共平原省委召开扩大会议对全省秋季工作和第二年春季工作进行部署，就加强农业耕种和贯彻土地改革等事项作详细规划，着重强调加强秋收、秋耕、秋种工作和防汛工作，对部分受灾地区的贷种、贷粮、贷款以及组织群众生产自救、节约度荒等工作进行具体布置。同月，平原省人民政府下发《关于目前工作方针的决定》，再次强调要把恢复与发展农业生产作为全省工作的第一要务。随后，平原省对农业生产采取一系列具有针对性的具体措施，如调整种植结构、组织抗旱点种、开发水利、耕畜增殖等。省农林厅成立后即刻组织建立农场、兽医站、技术推广站、棉花生产推进站等多种农业扶助机构，大力扶持农业生产。全省各个灾区发动群众开展生产自救。

平原省存在大量灾民。例如，1949年有灾民270万人，1950年有120万人，1951年有299万人。中央人民政府在平原省的农业生产和救灾方面给予大力支持，除在政策上采取"国家收购棉、麻、土特产品，供应生产生活资料，直接扶持群众的农业生产"的措施外，中央指示平原省开展"生产自救、节约度荒、社会互助、以工代赈和辅之以必要的救济"以及在"保证不饿死一个人，不使灾民流离失所，保持生产元气的前提下进行救灾工作"，以国家贷款的形式贷给平原省大批粮食和救灾款，使灾民度过灾荒，保持生产发展。3年间，国家发放贷粮3.17亿斤，救灾粮4389万斤，贷麦种3385万斤。仅1949年冬至1950年春，在修河复堤中以工代赈就使灾民获粮1.6亿斤，运粮使灾民获粮5682万斤。国家银行发放各项专业贷款共计5733亿元①。大力扶持和帮助农民群众组织起来，兴修水利、防治病虫、增施肥料、添购牲畜、增修农具等。对农业生产的恢复与发展起到极大作用。

经过艰苦奋斗，平原省农业生产有了很大发展。1952年，全省粮食总产量达到93亿斤，超过1952年原定86亿斤的计划，为抗日战争前的113.86%，为1949年的169.53%；棉花（皮棉）总产量达2.18亿斤，超过1952年原定2亿斤的计划，为抗日战争前的215.89%，超过战前（指解放战争前）1倍以上，为1949年的380.38%。在生产中，出现许多打破历史纪录的高额产量：有的农户小麦每亩产887.8斤，安阳棉场的棉花每亩产籽棉826斤。农民生活有显著提高。农村中新老中农已占总户数80%~90%，一般地区有20%~40%农户有余粮，农民的再生产投资亦有很大增长。

从1949~1952年的3年间，平原省在农业全面发展的同时，工业也得到全面恢复和发展，主要产品产量达到或超过历史最高水平。1949年，全省原有的62个厂矿生产规模得到扩大，新建50个厂，职工由13930人发展到28385人，资金由978亿元发展到3192亿元，资金的公私比例由88：12发展到91：9。主要产品的产量：煤业为抗日战争前的145.33%，纺织业为抗日战争前的114.16%，农具工厂生产扩大到1950年的863%。全省工业总产值超过敌伪时期的2.5倍，超过抗日战争前的20%~30%。在各项产品获得大幅增长的同时，全省工业装备水

---

①指当时流通的旧币，1955年3月1日中国人民银行发行新人民币，新旧币比值为1：10000。

平和技术水平明显改善，生产经营管理水平得到很大提高。在工农业生产总值中，工业比重由1949年的9%发展到1952年的12%。全省基建投资达4000亿元，重点放在机电与煤业等工业方面，改变过去消费资料工业与生产资料工业的比重，夯实了全省工业基础。

七

黄河横贯平原省全省。西自济源流入，经孟县等18县，至东阿县入山东省，长480余公里。这段黄河，自古就是洪水多发地段，是黄河有名的"豆腐腰"。民国后期，由于治理不力，加之战乱不断，黄河堤防常年失修，破烂不堪，十年九决，两岸人民的生命财产安全没有保障。平原省成立后，治黄防汛工作成为全省重要任务之一。

1949年春到平原省成立，全省受灾面积达700万亩，受灾人口250万。8月，中共平原省委扩大会议所作的《对秋季工作的布置》中提出"在全省看来，一切服从治黄"。刚成立的平原省把治理黄河放在全省工作的第一位。

1949年8月，平原省水利局成立。平原省对黄河主要进行两个方面的治理：一是加强防汛，加固黄河大堤；二是修建"引黄灌溉济卫工程"。

在黄河防汛方面，平原省人民政府把工作重点主要放在维修堤坝、抗洪抢险上。平原省刚成立就遇到严峻的防汛任务。从1949年7~10月，黄河出现5次大洪峰，其中9月14日，花园口出现12300米³/秒的洪峰，是百年罕见的大洪水。14~18日，两岸堤坝出现漏洞200多处，受河水冲刷的堤坡岌岌可危。中共平原省委调集4000余名干部，15万名民工奋力抢险，最终保住了大堤，但两岸仍有2120个村庄被洪水淹没，80万人受灾。9月18日，中共平原省委组建成立省、专署、县三级黄河防汛指挥部，赶赴黄河坝头现场指挥。

1950年6月26日，平原、河南、山东3省人民政府及黄河水利委员会（简称"黄委会"）在开封举行会议，讨论黄河防汛工作，筹备成立黄河防汛总指挥部，统一领导黄河防汛工作。会议按照中共中央决定，任命河南省人民政府主席吴芝圃为主任，山东省人民政府副主席郭子化、平原省人民政府副主席韩哲一、黄委会主任王化云任副主任。同年7月，平原省黄河防汛指挥部正式成立，省政府副主席韩哲一任主任。

平原省在3年中对黄河进行一系列修护工程，对境内的卫河、运河、漳河等河流也进行整固。仅1950年就完成汛铺96座，整险土方428.24万立方米、木桩3.55万根、秸料171.73万斤，河流未发生大溃决。当年2月，中共平原省委发出《关于治黄复堤工作指示》，明确提出复堤方针"以防比1949年更大洪水为目标，加强复堤工程，大力组织防汛，确保大堤不发生溃决"，要求沿黄各县人民政府积极组织群众抢修黄河大堤。仅原武、阳武两县就组织3万人参加修堤，平原军区所属部队组织4000人参加黄河复堤工程。

3年中，全省整修堤防共动用2284万余工日[①]，修堤4043.06万土方[②]。修筑溢洪堰，预防

---

①每人每天工作8小时为1个工日，2人工作3天为6个工日，以此类推。
②挖土、填土、运输的工作量通常都用立方米计算，有时也简称土方。

异常洪水，治黄工作走上主动。在961.9公里的黄河、沁河两岸堤线上，完成64万立方米石工，修整各种坝埽1781道，修垛578个，护岸1258段。培训防汛人员26.6万余人，形成守护黄河一支强大的主力军。在治黄防汛中贯彻"防汛、生产两不误"方针，保证黄河"豆腐腰"堤坝不发生溃决。

全省除进行大规模修复黄河大堤工程外，1950年水利部设置黄河水利委员会主持进行"引黄灌溉济卫工程"。该工程主要由渠首闸、总干渠和干、支、斗、农、毛渠及相关建筑物组成。渠首闸在黄河北岸铁路大桥以西1500米处武陟县境内，总干渠流经武陟、获嘉、原阳、新乡等县，至新乡市郊汇入卫河，全长50多公里。排水系统由干、支、斗、农、毛五级渠道组成，经东、西孟姜女河流入卫河。

1951年3月，渠首闸动工兴建，1952年3月，第一期工程顺利完工，4月14日举行通水典礼。平原省人民政府主席晁哲甫为工程题名为"人民胜利渠"。该项工程是中华人民共和国成立后兴建的第一个大型引黄灌溉工程，可以灌溉40万亩农田。工程全部完工后，沿黄河各地区有72万亩农田受益。当年10月31日，中央人民政府主席毛泽东在黄河水利委员会主任王化云的陪同下，视察人民胜利渠渠首闸和"引黄济卫"入口处。

八

随着新民主主义政治制度和经济制度的建立，全国各地迅速建立和发展新民主主义文化教育事业和其他社会事业。平原省同全国一样，采取多种措施，恢复发展文化教育事业，建立医疗卫生设施，发展城市社会福利事业。加强基础设施建设，恢复和发展交通运输和贸易，使全省财政状况得到根本好转。

平原省委、省政府根据全省实际情况，按照《共同纲领》规定，对旧有文化教育事业进行彻底改革，组织领导知识分子学习改造运动，开展对电影《武训传》批判。3年间，全省各地通过报纸、广播电台等新闻媒体宣传党的政策、进行思想教育、表扬先进典型、纠正工作中的缺点，指导生产实践，广泛动员与组织群众坚定政治信念，完成各种任务，逐步消除帝国主义、封建主义和买办势力在文化领域中的影响，广大知识分子转变了思想立场，树立为人民服务的观念，促进全省文化教育事业发展。

全省教育工作重点是尽快增加师资数量、解决经费和教师困难问题。平原省为晋、冀、鲁、豫、苏5省交界地，民风醇朴强悍，勤苦耐劳，但教育比较落后。建省之初，全省没有一所高等学校；全省学龄儿童入学率25%，落后于京津、河北、山西、察哈尔地区，稍高于绥远地区。针对当时情况，省教育厅于1950年7月向教育部报告，列举平原省文教事业面临的四大问题，即无大学、中学不足，师资不足，地方教育经费不足，请求拨款建校舍。教育部及时作出批示给予大力支持。经过3年努力，全省教育工作取得长足发展，尤其在中、小学和农民业余教育上成绩显著。建省时，全省有小学12769所，学生72万人，教师2万余人；到1952年上半年，小学发展到19171所，学生163万人，教师3.8万人。学龄儿童入学率由25%提高到50.6%。普通中学和师范学校由54所增加到97所，学生由1.6万人增加到5.3万人，为国家培养1.5万余名普通中学和师范学校毕业生。至 1952 年 11 月，全省有幼儿园 167 所，幼儿 6743 人，教师 293 人；小学附设幼儿班 30 个，幼儿 1016 人，教师 31 人。

除基础教育外，平原省还发展高等教育、技术专业教育、农民业余教育、职工业余教育、部队业余教育、干部速成教育。1950 年 10 月，中共平原省委第八次会议决定在新乡市筹建平原大学。1951 年 3 月，经教育部批准，平原大学改为平原师范学院。7 月 5 日，中央人民政府政务院批准赵纪彬任平原师范学院院长。同年，北京农业大学（长治分校）与平原省立农业学校合并升格为平原农学院。至 1951 年，全省有师范学院和农学院两所高校，各系科共 16 个班，学生 728 人。

全省文化事业得到恢复和发展。各地成立文化馆 72 处，有无线电收音机 277 部，幻灯机 217 部，有线广播机 32 部，电影放映队 26 个，建立俱乐部 121 处，农村图书馆 1566 处及大量文化站等群众性文化组织。

全省城市职工社会福利事业有很大发展，国营企业对职工实行劳动保险制度，公教人员实行公费医疗制度。据全省 22 个企业统计，修建职工宿舍 1991 间，达到平均每人 5 平方米；建工人食堂 17 个、澡堂 17 个、托儿所和幼儿园 5 个、医务所 10 个，普遍建立图书馆、俱乐部、业余学校等。

平原省在卫生工作方面，除成立省、市、专区人民医院外，还设立县卫生院 48 家、县卫生所 9 处、区卫生所 277 处，普遍建立各级防疫委员会、村文教卫生委员会与村卫生委员制度。全省 83% 的村建立村卫生组织，成立接生站 311 个，培训接生员 1.7 万人。开展群众性爱国卫生运动，贯彻"防重于治"的方针，增进人民的身体健康。全省 11 种主要传染病死亡率由 1950 年的 7.2% 降为 1952 年的 3.9%。

全省交通运输和贸易事业得到恢复和发展，城乡经济活跃，市场繁荣，物价稳定。1952 年，全省公路发展到 3049.3 公里，较 1949 年增长 3 倍以上。3 年间，完成桥梁涵洞工程 705 处，完成物资转运 22056.98 万吨公里，有组织的群众运输车辆达 2.4 万多部。仅 1952 年灾民运输就获利 86 亿元。全省加强航运、航道码头及公私船舶的管理，重视老根据地交通事业发展，便利老区人民的交通运输。

全省电信事业飞速发展。1951 年较 1950 年电话线路增长 26.1%，1952 年较 1951 年增长 33.3%。1952 年，全省电话线路长 7.9 万公里。平原省辖区内新乡和安阳 2 市、6 个专署驻地、56 个县、428 个区全部通话，地方线路与国营干线衔接可通全国各地 120 多个城市。同时，电信机构蓬勃发展。1949 年，全省仅新乡、安阳 2 个电信局，60 个邮局，800 个邮政代办所。至 1950 年各专署所在地建立电信局，全省邮局增加到 66 个，代办所增加到 930 余处。1951 年又增设电信局 2 处、地方电话站 50 余处、邮局 2 处、代办所 20 余处。1952 年邮政局、电信局机构合并后，全省共辖邮电局 8 处、电信局 2 处、邮政局 68 处、地方电话站 50 余处、邮政代办所 960 处。

全省财政状况获得根本性好转，超额完成国家各项税收任务，保证各项事业与行政管理费用的开支，做到"收入不得减少，开支不得超过"的财政要求，支持全省工农业生产和社会事业发展。

九

　　平原省省会设在新乡市，对新乡市经济发展和社会稳定起到极大促进作用。经过3年的城市建设，新乡市发展成为交通便利、文化氛围浓厚、工农业较发达的平原省中心城市。

　　1948年11月，中共新乡市委、新乡市人民政府在新乡县小冀镇成立。1949年5月5日，驻新乡的国民党四十军与中国人民解放军签订协议，接受改编。5月7日，中国人民解放军举行入城仪式，市直各机关入城，接管城市工作，正式成立新乡市。新乡市以原新乡县城为基础，划分周围14个自然村为市区，面积10.5平方公里，人口5.77万。8月20日，平原省成立后，新乡市成为平原省省会。11月，又划入15个自然村，面积扩大到37平方公里。12月，新乡市共辖4个区29个行政村45条主要街道，总户数15870户，总人口6.9万，耕地面积4万亩。截至1952年9月，新乡市辖4个区75个行政村44个自然村，总户数发展到22445户，总人口增加到14.1万，耕地面积9.2万亩。

　　3年间，新乡市工农业经济发展的各方面指标均超过解放战争前的水平，创历史新高。1949年，全市农业总产值649万元（1952年不变价，下同；以下均折合成新人民币）；工业总产值800万元。1952年，全市农业总产值1018万元，较1949年增长56.8%；工业总产值4721万元，较1949年增长490.1%。1950年，市财政收入61.3万元，财政支出59.7万元。1952年，市财政收入403.8万元，较1950年增长558.7%；财政支出328.2万元，较1950年增长449.7%。新乡市在交通运输、邮政电信、文化教育、医疗卫生、城市建设等方面取得长足发展。

　　平原省从成立到撤销，仅3年多时间，全省各地各项工作均取得辉煌成就，显示出中华人民共和国政治经济制度的巨大优越性，表明中国共产党不但有能力领导人民推翻国民党黑暗统治，而且有能力领导人民建设繁荣昌盛的社会主义新中国。平原省存续的时间虽然短暂，但它所取得的成就及发展过程中的经验和教训值得后人借鉴。

大事记（1949.8～1952.11）

1949 年

8 月

1 日 华北局发出调整华北行政区划的通令，决定在冀南、豫北、鲁西南衔接地区成立平原省，省会设在新乡市，由华北人民政府管辖。

12～15 日 中共平原省委第一次扩大会议在菏泽召开，宣布省委组成人员名单，潘复生、赵时真、晁哲甫、刘晏春、张承先、刘致远、韩哲一、戴晓东为省委委员，潘复生任书记，赵时真任副书记，刘晏春任组织部部长，张承先任宣传部部长，戴晓东任社会部部长。潘复生、赵时真分别就平原省秋季工作安排和建省问题讲话，会议通过省委《关于几个问题的决定》，宣布各地、市委组成人员名单。

20 日 中共平原省委、平原省人民政府、平原军区在新乡市举行成立大会。

同日 平原省人民政府成立。晁哲甫、潘复生、赵时真、刘致远、贾心斋、韩哲一、戴晓东、王振华、王路宾、袁子扬、孙照寰、杜毓沄、王化云、安志成、姜纪五、万丹如、安法乾、刘玉峰、牛连文、高镇五、赵霖为政府委员。晁哲甫任主席，贾心斋任第一副主席，韩哲一任第二副主席。省政府各部门负责人同时确定。

同日 平原军区成立，刘致远任司令员，潘复生任政治委员，张开荆任副司令员，刘德海任参谋长，赖春风任副参谋长，谢良任政治部主任（后为副政委兼政治部主任），张正光任政治部副主任。

同日 中共平原省委发出《关于各地、市委，专署，市政府主要干部配备的通知》，确定平原省所辖各地区主要领导人选。

同日　中共平原省委青年工作委员会成立，葛步海任书记。

同日　中国新民主主义青年团平原省工作委员会成立，与中共平原省委青年工作委员会一套机构、两个牌子。

同日　中共平原省委妇女工作委员会成立，万丹如任书记。

同日　平原省水利局成立，牛连文任局长。

21日　新华通讯社平原分社在新乡市成立，尹承伊任社长。

22日　中共平原省委机关报《平原日报》创刊发行，并发表第一篇社论：《为建设新平原省而奋斗——庆祝平原省的建立》。罗定枫任平原日报社社长。

同日　广济河疏浚工程完工，沿岸的济源、沁阳、温县3县数十万亩良田得到灌溉。

25日　中共平原省委发出《关于加强训练干部准备土改的指示》，决定将华北革命大学分配的学生、革命干部学校学员与秋季毕业的中学生2000余人集中培训，选择一批分配到新区、恢复区参加土改。

本月　原冀鲁豫行署保育院（1944年11月成立）由山东菏泽迁到新乡市，改名为平原省保育院。

本月　平原省文物管理委员会成立。接收冀鲁豫行署、太行行署移交的文物，有甲骨文、陶、铜、铁、瓷器共计1570件，书籍93752册（其中有《大藏经》半部）、清末时期字画454幅、碑帖86帖。

9月

6日　平原军区机关报《平原战士》创刊。

16日　黄河水位暴涨，在黄河北岸寿张县枣包楼决口，洪水进入民埝以北金堤以南地区，同时南岸梁山县大陆庄民埝也发生溃决，洪水进入东平湖。梁山县全县及寿张县金堤南部地区2120个村庄被洪水淹没，80万人受灾。

18日　中共平原省委决定：立即成立省、专署、县三级黄河防汛指挥部，加强黄河防汛，确保大堤不溃决。省防汛指挥部由韩哲一、王化云任正、副指挥长，刘晏春任政委，在坝头办公，指挥黄河防汛抢险。

20日　平原省人民政府发出《关于紧急救灾工作指示》，要求各级人民政府必须以防水救灾作为中心任务，采取紧急措施，进行救灾。

22日　淇县、浚县、汤阴3县人民群众在淇县城内联合召开公审大会，公审反革命分子、土匪头子。

26日　平原省中苏友好协会筹委会成立。

本月　平原省图书馆在新乡市成立。

本月　中共平原省委在新乡市成立平原人民广播电台，10月31日试播，次年3月正式播音。

10月

1～12日　中国共产党平原省第一次代表会议在新乡市召开。出席会议代表249人。会议讨论通过《平原省基本情况与建设任务》《关于今冬明春工作的决议（草案）》《平原省今冬明春农副业生产计划》《平原省今冬明春生产救灾节约度荒计划》和有关土地改革工作的3个文件：《老区、半老区的基本情况与方针任务（草案）》《恢复区基本情况与土改整党工作方针（草案）》《新区土地改革的方针政策报告提纲（草案）》。

2日　平原省直机关及新乡市各界群众3万余人举行盛大集会，庆祝中国人民政治协商会议胜利闭幕和中华人民共和国成立。

同日　郑州至安阳铁路修复通车。

12日　平原省民主妇女联合委员会正式成立，方丹如任主席。

15日　焦作县改为焦作矿区，直属新乡专署领导。吴宇化任区长。

20日　安阳专署漳南县撤销，其所辖区域分别划入河北省临漳县、魏县和平原省邺县、内黄县。

20日　新乡专署所辖封丘县划归濮阳专署领导。

29日　平原省人民政府发出严禁偷挖古墓破坏古迹的训令。

31日　华北人民政府撤销，平原省人民政府由中央人民政府直接领导。

同日　平原省供销合作总社成立。

11月

4~19日　平原省第一次工会代表会议在新乡市召开，到会代表155人，实业公司所属各厂矿的经理列席会议。会议传达全国总工会工作会议决议，听取社会部部长戴晓东所作工会工作报告，制定全省工会工作计划，通过10项决议，选出平原省总工会筹委会，赵时真当选为主席。

12月

13日　北京至安阳铁路修复通车。

30日　中共平原省委将中国共产党平原省第一次代表会议讨论通过的《老区、半老区的基本情况与方针任务（草案）》《恢复区基本情况与土改整党工作方针（草案）》《新区土地改革的方针政策报告提纲（草案）》3个文件，印发各地贯彻执行。

同日　平原省人民政府发出《关于颁发土地证工作的指示》。

1950 年

1月

1日　平原省教育厅主办的《平原教育》创刊。

11日　平原省首届英雄模范代表会议召开，出席会议的英模代表450人。

12日　中央人民政府拨给平原省衣服6万件，解决灾民穿衣困难。

19日　平原省人民政府决定将新乡、安阳两个人民法院分院合并于平原省人民法院，湖西人民法院分院合并于菏泽人民法院分院（同年年底，湖西分院、菏泽分院分开办公）。

21日　中央人民政府内务部副部长陈其瑗率领灾区视察组到达新乡，考察平原省灾情。

27日　中共平原省委发出《关于抓紧生产度过灾荒，为大生产作好准备的指示》，要求各级党委及人民政府抓好生产，做好救灾工作，安定社会秩序。

28日　平原省人民政府发布《关于进行土地制度改革工作布告》，要求未实行土地改革的地区，除灾情特别严重的，一律于冬、春季按照"中间不动两头平"①的政策实行土地改革。

同日　中苏友好协会平原省分会正式成立。

同日　平原省人民政府决定将全国总工会公布的《关于劳资关系暂行处理办法》《关于私营工商企业劳资双方订立集体合同的暂行办法》和《劳资争议解决程序的暂行规定》3个文件作为平原省处理劳资关系的准则，发给各地遵照执行。

2月

3日　平原省人民政府发布《加强1950年社会教育工作的指示》，要求各级政府巩固现有冬学②，发展小学，县以上机关普遍办一所新型正规的机关业余补习学校。

10日　中央人民政府政务院召开第十九次会议，听取平原省人民政府关于生产救灾工作汇报，并决定拨粮急赈。

同日　平原省人民政府发出《关于加强生产救灾工作指示》，要求各级政府迅速将分配各地的贷款315亿元、救济粮207.5万公斤、贷麦种150万公斤发放给灾区群众，组织灾民生产自救、抢种麦子，实现中央提出的"不饿死一个人"的号召。

19日　平原省人民政府财经委员会筹备会成立，韩哲一任主任。

20日　平原省人民政府人事局成立，郭良才任局长。

21日　中共平原省委、平原省人民政府从省直机关抽调140余名干部组成灾区工作团，由平原省人民政府副主席韩哲一率领分赴灾区，开展救灾工作。

24日　平原军区所属部队组织4000余人参加黄河、沁河复堤工程。

27日~3月16日　中国共产党平原省第二次代表会议在新乡市召开。出席会议代表185人。会议通过《1950年工作方针与任务的决议》《平原省1950年工业生产计划》《农业生产计划》及《关于加强党的教育工作，提高党员干部政治思想水平与文化水平的计划》。

3月

10日　中央人民政府政务院派中央燃料工作部副部长吴德、农业部副部长罗玉川和华北局组织部部长王从吾组成中央代表团，到平原省帮助工作，吴德任主任。

同日　中央救灾委员会派视察组到平原省协助与推动救灾工作。

---

①指坚决不动中农（包括富裕中农）的土地，只将地主所有土地、富农（指老富农）出租、佃进的土地拿来与雇农、贫农均分。
②指农村在冬闲时开办的季节性学校。

13日 平原省人民政府决定将原武、阳武两县合并为原阳县，仍归新乡专署领导。

15日 中共平原省委严肃处理"濮阳运粮事件"，对专员刘镜西予以当众警告，直接分管此项工作的副专员李立格被撤销职务。濮阳专区在1949年秋运送公粮中，没有进行有效组织，造成运粮群众因饥饿、寒冷死亡4人，病者8人，冻死牲畜355头。

28日 农业部拨给平原省自耕犁、收割机、脱粒机等新式农具、水车3500部。平原省人民政府决定在安阳县、滑县、菏泽县建立3个推广站，帮助农民推广使用新式农具。

本月 黄河春季加固工程全面动工。平原省人民政府组织沿黄各县5.5万余名民工，对黄河两岸大堤进行修整加固。

4月

2日 中共平原省委作出《关于加强税收工作的决定》，平原省人民政府发布《加强税收工作通令》，要求各级党委、政府加强领导，定期检查税收工作，保证税收政策贯彻与税收任务完成。

同日 濮阳、内黄、滑县、林县、南乐、清丰、汤阴、淇县、汲县、延津、原阳、修武、武陟、安阳14个县相继发生蝗虫、土蚕、地蛆、蚜虫等虫害。各地政府组织群众进行扑打和药物灭虫。中央人民政府派人携带农药到平原省帮助扑灭虫害。平原省人民政府在新乡市、单县、聊城县建立病虫防疫站。

5日 中国人民银行总行拨小米250万公斤，无息贷给灾民，帮助平原省灾区群众进行生产自救。

10日 平原省人民政府发出《关于严格执行中央人民政府政务院〈关于统一国家财政经济工作的决定〉的决定》，要求各级政府紧缩人员编制，清理仓库物资，节约开支，统一财政收支管理，加强税收工作。

16日 平原省人民政府决定成立平原省工业学校、农业学校、医科学校、财经学校和工农速成中学（3月筹建），并于当年招生。

24日 平原省人民政府决定成立各级机构编制委员会。

25日 平原省人民政府发出《关于深入生产救灾工作的指示》，要求各级政府做好救灾工作。拨救济粮50.5万公斤，救济无生产能力、生活无法维持的烈军属及老弱孤寡困难户。

28日 平原省人民政府发布《关于建立省、市、县各级人民检察署的训令》，要求迅速成立市、县人民检察署，并对各级检察署的机构设置、人员编制作出规定。

本月 中国人民保险公司平原省分公司营业部成立。

5月

4日 平原省人民政府发出《关于救灾工作指示》，要求各级政府认真组织灾民还乡生产，并拨粮25万公斤，作为还乡路费补助。省财政厅、省供销合作总社再次订立协议，贷出杂粮400万公斤，帮助灾民度荒。

20日 平原省保卫世界和平签名运动委员会成立。

25～30日 新乡、安阳、濮阳、聊城4专区22个县降冰雹，大如茶碗，历时1小时，受灾人口120余万。27日，平原省人民政府召开紧急会议，派副主席贾心斋赴灾区视察慰问。

30日　平原省人民政府发出《关于雹灾区抢救工作紧急指示》，要求灾区各级政府采取措施，稳定群众情绪，组织群众抢收抢种，搞好副业生产，节约度荒。

6月

5日　中央人民政府财经委员会决定从东北给平原省调杂粮2000余万公斤，豆饼1500余万公斤，用杂粮换小麦，用豆饼预购棉花，避免新麦上市价格跌落，确保农民收益。责成各级供销合作社直接与农户办理预购手续。

6日　平原省人民政府决定成立办公厅、财经委员会、监察委员会、检察署等机构。文化局与教育厅合并为文教厅，保育院划归文教厅领导；荣军管理局划归民政厅领导；公路局、航务局改为处，划归交通厅领导。

24日　中共平原省委根据中共中央、华北局《关于整党工作的指示》，决定在全省进行整党整干工作。省直机关首先进行整党。

26日　平原省、河南省、山东省人民政府及黄河水利委员会在开封举行会议，讨论黄河防汛工作。中央决定成立黄河防汛总指挥部，统一领导黄河防汛工作。河南省人民政府主席吴芝圃任主任，山东省人民政府副主席郭子化、平原省人民政府副主席韩哲一、黄河水利委员会主任王化云任副主任。

7月

9日　平原省黄河防汛指挥部和各地河、湖防汛指挥部成立。

11日　中共中央、华北局调吴德、罗玉川到平原省委工作。吴德任省委书记，潘复生改任副书记。罗玉川任平原省委委员、平原省人民政府第一副主席。

19日　平原省人民反对美帝国主义侵略中国领土台湾和朝鲜人民共和国运动委员会成立，决定在全省开展反对美帝国主义侵略中国领土台湾和朝鲜人民共和国运动周活动。

22日　全省普降暴雨，24个县遭受水灾。

25日～8月24日　中国共产党平原省第三次代表会议在新乡市召开。出席会议代表175人，会议讨论通过省委《关于继续贯彻整党整干工作计划》。

26日　全国煤矿总局与焦作矿务局举行授奖大会，授予刘九学小组安全生产模范班称号。刘九学为焦作矿务局李封矿采煤队队长。

30日　平原省人民政府发出《关于秋季移民工作的指示》，决定从菏泽、湖西、濮阳、聊城4专区向黑龙江、松江省移民3万～5万人，以解决因连年灾荒失去生产条件的灾民生活问题。省政府专门召开移民工作会议，具体部署移民工作。

31日　平原省人民政府发出《关于暴雨后排水防汛紧急指示》。

8月

1日　聊城专区、湖西专区、新乡专区公安部门分别破获国民党匪特地下组织"山东省鲁西人民反共自卫救国军第一纵队""中国人民反共抗俄救国军直属行动支队""温县政府地下组织"。匪首及匪徒百余人全部落网。

9日 平原省失业工人救济委员会成立。

14日 平原省人民政府发布《关于认真贯彻"禁止妇女缠足"的命令》，提倡妇女放足，以保护妇女健康，解放妇女生产力。

21日 平原省人民政府召开全省工业英雄模范会议，总结交流工业生产经验和学习推广马恒昌小组①的生产先进经验，选举出席全国英模代表大会代表。

21日 平原军区召开部队与民兵英模大会，选举赵传运、李发春等7人为出席全国英模代表大会代表。

31日 中央人民政府政务院任命晁哲甫为平原省人民政府主席，罗玉川、贾心斋、韩哲一为副主席，吴德、潘复生、赵时真、刘致远等23人为人民政府委员会委员。

本月 平原省监察委员会成立。

9月

6日 农业部拨给平原省玉米脱粒机，五寸、七寸解放式沙黏土犁等1900余部，省政府决定在湖西专区、聊城专区设立农具站，培训人员，把这批农业机械以互助组为中心进行推广。

12日 平原省人民检察署成立，戴晓东兼任检察长，李祥任副检察长。11月，正式挂牌。

同日 平原省人民政府监察委员会成立，赵霖任主任，陶东岱任副主任，委员有赵霖、陶东岱、孙照寰、谢良、王志刚、高宗智、万丹如、葛步海、刘玉峰、王路宾、安志成、罗定枫、刘洪庆、杨汉章、崔东府。

20日 平原省人民政府发出《关于建立经济保卫工作组织的决定》，要求各地重视煤矿、工厂、公司、银行、航运、供销合作社等经济部门的安全保卫工作，成立保卫工作机构，确保工矿企业等经济部门安全。

10月

2日 平原省人民政府贷放麦种250万公斤，帮助灾民、贫苦农民解决种麦困难。

31日 平原省人民政府发出《关于建立各级人民监察委员会机构，开展监察工作的指示》，要求各市、县人民政府成立监察机构。

本月 中共平原省委第八次会议决定，在新乡市筹建平原大学。1951年3月，平原大学改为平原师范学院。

本月 平原省电信指挥局在原新乡电信局、平原省电话局基础上成立。

本月 平原省文物管理委员会配合夏鼐、郭宝钧等率领的中国科学院平原省调查发掘团开始在辉县进行考古发掘工作。

---

①马恒昌为齐齐哈尔市第二机床厂铣床分厂轴齿车间主任，全国劳动模范。马恒昌小组是轴齿车间的一个车工小组，创建于1949年4月，多次被省和国家授予"特等劳模小组""先进集体""革命的熔炉、战斗的集体""不断革命的红旗"等称号。

11月

3日 中共平原省委发出《关于开展抗美援朝，保家卫国运动的指示》，要求各级党委深入开展抗美援朝，保家卫国运动。

4日 平原省人民政府颁发《关于镇压地富倒算的布告》，严惩地富分子倒算行为。各级司法部门先后处理地富分子倒算案件580余起。

同日 中共平原省委统战部成立，晁哲甫兼任部长。

同日 安阳地区公安机关破获"河南省豫北剿匪司令部"案，52名要犯全部落网。18日，邺县人民政府召开公审大会，将8名要犯处决。

6日 平原省各民主党派、人民团体发表联合宣言，表示以实际行动支援抗美援朝，保家卫国运动。

18日 平原省人民政府召开全省第一次司法工作会议，传达贯彻政务院与最高人民法院《关于镇压反革命活动的指示》，研究部署镇压反革命工作。

26日 平原省人民检察署正式挂牌成立。

本月 《平原青年》创刊。

12月

1日 平原省文化艺术界联合会正式成立。

17日 平原省人民医院在新乡市正式建成（该院1949年11月始建。平原省撤销后改为河南省第三人民医院）。

1951年

1月

5～17日 平原省第一届各界人民代表会议在新乡市举行。会议听取省委书记吴德《关于目前形势的报告》，省政府主席晁哲甫《关于平原省建省以来的政府工作及今后方针任务的报告》，副主席罗玉川《关于财政预算执行情况及1951年财政概算（草案）的报告》，副主席韩哲一《提案审查报告》；讨论制定《1951年平原省工作方针和任务》；通过《发动全省人民进一步以实际行动开展抗美援朝，保家卫国运动》《关于镇压反革命活动》《加强拥军优属工作》《关于建立地方财政制度》4项决议案和《平原省人民政府暂行组织条例》；选举晁哲甫为省政府主席，罗玉川、贾心斋、韩哲一为副主席，牛连文等33人为省政府委员会委员；选举吴德为平原省协商委员会主席，潘复生、赵纪彬、解方、魏明初为副主席，赵纪彬兼秘书长，于健等65人为委员；决定在新乡市建立人民英雄烈士陵园。

11日 平原省人民政府发布《取缔一切反动会道门组织的布告》，坚决取缔反动会道门。

14日 平原省公安部队在广大人民群众积极协助下，破获反动会道门组织"白阳三罗大同龙华会"阴谋暴乱案，7名匪首分别在濮阳县、范县、朝城县、濮县公审处决。

16日　平原省烈士陵园奠基典礼在新乡市举行。

同日　中共平原省委决定调整平原省人民政府财经委员会成员，任命罗玉川为主任，吴德、韩哲一为副主任，潘复生、赵时真等11人为委员。

18日　平原省协商委员会第一次委员会在新乡市举行。会议选举吴德、潘复生、赵纪彬、解方、魏明初、刘致远、高宗智、葛步海、万丹如、王冠军、鲁定华、李秀真、卢自然为省协商委员会常务委员，讨论制定协商委员会的联系制度。

2月

1日　平原省人民政府发出《关于建立工农干部文化补习学校的指示》，决定在省直机关和各专区建立一所工农干部文化补习学校，提高工农干部文化水平。

28日　中共中央批准杨珏任中共平原省委员、省委秘书长兼组织部副部长，免去其中共安阳地委书记职务。

3月

5日　曹幼民任中共安阳地委书记，免去其副书记职务。

13日　平原省人民政府、平原省协商委员会及新乡市人民政府、市协商委员会举行联席会议，学习中央人民政府颁布的《惩治反革命条例》，听取省公安厅厅长戴晓东、市协商委员会主席贾云标关于镇压反革命工作的报告。

20日　中共平原省委决定，各地、市委建立统战部，县、镇、矿区由地委指定县委一人兼做统战工作。

24日　平原省人民政府再拨150.6万公斤救灾粮，要求各级政府进行生产自救、社会互济、以工代赈，做好春季救灾粮发放工作。

4月

8日　中央人民政府政务院任命晁哲甫为平原省人民政府主席，罗玉川、贾心斋、韩哲一为副主席，牛连文等33人为委员。

12日　平原省人民政府召开省政府委员会议，副主席罗玉川作抗美援朝及农副业生产的报告，省公安厅厅长戴晓东作镇压反革命活动的报告，省政府委员赵纪彬作筹建平原省文理学院（后为平原师范学院）经过的报告，会议通过有关人事任免事项。

18日　中国人民志愿军第二批归国代表团到达新乡市，受到省、市党政军机关及各界民众2万余人欢迎。

21日　志愿军代表高巢、李激涛、王剑魂等在新乡市作抗美援朝英雄事迹报告。

29日~5月2日　中共平原省委召开治黄工作会议，沿黄河各地委书记、专员、县长参加会议。会议决定加修博爱县沁堤至封丘县临黄堤段，濮阳县金堤至东阿县段加高培厚。沿黄20余个县动员30万人参加。

5月

1日 全省650万人民群众举行抗美援朝、反对美国帝国主义侵略、保卫世界和平示威游行。

3日 中共中央批准:李艺林任中共安阳市委书记,免去其安阳市委副书记、安阳市人民政府市长职务;免去杨珏兼任的安阳市委书记职务;李相虞任安阳市人民政府市长,免去其副市长职务。

19日 平原省省会新乡市各界人民举行廖亨禄追悼大会。廖亨禄生前任中国人民赴朝慰问团第二分团副团长、平原军区干部管理部副部长,5月6日在朝鲜前线进行慰问时,被美帝国主义的飞机轰炸扫射牺牲。

24日 聊城专区博平县等19个县38个区降冰雹,大如鸡蛋、蒸馍、碗口,房屋被砸塌,树木被砸秃。

24日 长垣县石头庄溢洪堰开工建设。

28日 平原省人民政府发出紧急指示,要求灾区各级人民政府要以生产救灾为中心工作,采取紧急措施,稳定人心。

6月

12日 中共中央批准:魏晓云任中共平原省委宣传部副部长兼省委党校副校长,免去其濮阳地委书记职务;宋玉玺任濮阳地委书记,免去其濮阳地委副书记职务。

28日 中共平原省委发出《关于开展批判〈武训传〉的指示》,要求各级党委开展对电影《武训传》的批判。

7月

5日 中央人民政府政务院批准赵纪彬任平原师范学院院长。

22～25日 全省连降暴雨,汤阴、内黄、汲县等46个县低洼地区积水成灾。少数内河漫溢决口。淹没土地1100余万亩。受灾面积850余万亩,受灾群众298万人。省委、省政府连续数次发出排水和生产救灾的紧急指示,并拨救济粮275万公斤,中央拨救济粮200万公斤,以粗粮换细粮600万公斤,保畜、副业贷麦种900万公斤,保畜副业贷款300亿元,以扶植灾区发展手工业、副业生产。

25日 中共平原省委企业党委成立,潘复生兼任书记,陶力任副书记。

8月

6～17日 中共平原省委召开全省干部会议,传达贯彻全国组织工作与宣传工作会议精神及华北局指示。参加会议的有地、市、县委书记,组织部部长、宣传部部长,厂矿党委书记,地、市团工委书记,地、市妇联主任,共355人。与会人员学习中共中央《关于整顿党的基层组织的决议》《关于发展新党员的决议》及刘少奇作的《为更高的共产党员的条件而奋斗》的报告等文件,讨论加强党的政治思想工作领导问题。会议要求各级党委正确贯彻党的总路线总政策,继续克服与解决政治工作与经济工作分离问题,会议还讨论部署整党问题。

12日　中央人民政府北方老革命根据地访问团晋冀鲁豫分团一行39人，在副团长王从吾率领下，到平原省老根据地访问。王从吾一行代表中共中央、中央人民政府毛泽东主席，访问革命烈士家属、军人家属、革命残废军人和老区广大人民群众，并携带毛泽东主席亲笔题词"发扬革命传统，争取更大光荣"和中央人民政府的慰问信、纪念章以及礼品等。

23日　长垣县石头庄溢洪堰（又名滚水坝）竣工。溢洪堰全长1500米，宽49米，高2.9米。

24日　平原省人民政府决定成立平原省生产救灾委员会，晁哲甫任主任，贾心斋、解方任副主任。

9月

2日　平原省人民政府决定由平原省立农业学校与渊源于延安自然科学院生物系的北京农业大学长治分校合并，在辉县成立平原省农学院，先设大学本科农艺、森林、畜牧兽医3个系，附设各种专修班和在职干部训练班等，以满足农业生产建设急需。

9日　平原省纺织工会邀请华新、成兴、中原、豫北4个棉纺厂党政工团负责人及技术人员30余人，座谈推广郝建秀工作法[①]，决定成立郝建秀工作法推广委员会，在华新纱厂举办郝建秀工作法学习班。

10月

13日　中共平原省委发出《关于做好〈毛泽东选集〉出版宣传工作的指示》，要求各级党委组织干部、党员认真学习毛泽东思想，提高政治理论水平。省委决定举办党史教员训练班，培训省、专区、县机关党史教员，并成立党史研究组，指导全省干部学习党史。

16日　中共平原省委批准省委组织部《关于区委组织与领导暂行办法》和《关于农村支部工作暂行办法》，印发至各地试行，以健全党委制，克服党政不分，转变一揽子领导方法和加强农村支部组织建设。

17日　平原省第一届体育运动大会闭幕。大会设田径、球类、民族舞表演赛、马戏团单项表演、拳击、汽车驾驶术、围棋等项目，参会运动员1000余人。

11月

1日　中共平原省委决定成立省委办公厅，王庭栋任主任。省委政策研究室并入省委办公厅。

同日　平原省人民政府颁布《禁绝鸦片烟毒办法》，严禁制造、贩运、售卖、私存鸦片及其他毒品。

5日　平原省省直机关为支援灾区人民生产度荒，掀起节约募捐运动，捐款1300余万元和一部分衣物。

9日　平原省人民政府决定成立平原省邮电局，肖永昌任局长。

13日　中共平原省委、平原省人民政府、平原军区及各群众团体发出指示或通知，要求在全省掀起大规模的宣传贯彻执行《婚姻法》运动。

---

① 郝建秀是青岛第六棉纺厂工人，"郝建秀工作法"是全国纺织工业的先进典型。

18日 平原省人民政府决定拨款3.8亿元支持灾区教育工作,以解决灾区师生生活困难,照顾烈军干属子女,保证学校按时开学。

21日 平原省人民政府生产救灾委员会为全面深入地开展爱国主义生产自救运动,决定再次抽调近百名干部,组成灾区工作检查团,分赴菏泽、湖西、濮阳、聊城地区灾区检查帮助救灾工作。省政府决定拨粮6000万公斤贷发给灾区群众。

21~26日 平原军区召开第一次部队和民兵功臣模范代表会议,总结交流经验,表彰功臣模范,军区司令员刘致远作报告。

24日 中共中央批准杨珏兼任中共平原省委纪律检查委员会第一副书记,戴晓东兼任第二副书记。

12月

3日 中共中央、华北局批准安志成任平原省人民政府财经委员会第二副主任。

5日 中共平原省委召开省、市直属机关干部动员大会,要求在全省开展反贪污、反浪费、反官僚主义(简称"三反")斗争,省委书记吴德作动员报告。

20~27日 中国共产党平原省第四次代表会议在新乡市召开。会议中心议题是增产节约、反对贪污、反对浪费、反对官僚主义问题,吴德、潘复生传达中共中央和华北局《关于开展反贪污、反浪费、反官僚主义斗争的指示》。会议确定1952年工作方针和任务,通过《平原省1952年工作大纲》《开展增产节约运动的决议》等文件。

30日 平原省人民政府文教委员会成立,晁哲甫兼任主任,张承先兼任副主任。

1952年

1月

1日 菏泽地区平息反动会道门"一心天道龙华圣教会"暴动。13名负隅顽抗的道首被当场击毙,逮捕骨干分子23人。

6~13日 平原省第一届各界人民代表会议第二次会议在新乡市召开。省政府主席晁哲甫致开幕词,省委副书记潘复生作政治报告。省政府副主席贾心斋作《关于抗美援朝,保家卫国运动工作情况的报告》,省公安厅厅长戴晓东作《1951年镇压反革命工作报告》,省财政厅厅长安志成作《1951年度财政预算执行情况的报告》,会议通过相应的决议。

10日 中共中央、华北局决定调吴德到天津市工作。潘复生任平原省委第一书记、罗玉川任第二书记,赵时真任副书记。批准刘刚、谢良、安法乾、魏晓云、王路宾为省委委员。刘刚任省委组织部副部长,免去其新乡地委书记职务。

19日 平原省省直机关"三反"运动全面开展,省委第一书记潘复生作《全面深入地、大张旗鼓地开展坦白检举揭发贪污、浪费、官僚主义的斗争动员报告》。

30日 中共平原省委发出《关于在厂矿继续深入开展"三反"斗争的指示》,要求各级党委亲自领导，并抽调一批干部下去帮助工作。

31日 中国人民志愿军战斗英雄归国代表徐恒录、杨连第、陈超等6人到平原省作英雄事迹报告。

同日 中共平原省委遵照中共中央与华北局指示，召开各地、市委书记会议，统一部署在全省城市工商界大张旗鼓地开展反对行贿、反对偷税漏税、反对盗骗国家财产、反对偷工减料、反对盗窃国家经济情报（简称"五反"）运动。

2月

3日 中共平原省委举办全省中等学校教师学习班，1500余人集中到新乡市学习。省政府主席晁哲甫作动员报告，省委宣传部部长张承先作开展"三反"斗争的报告。

8日 平原省人民政府发出通知，韩哲一调华北行政委员会工作，经政务院会议通过免去其平原省人民政府副主席职务。

16日 平原省人民政府发出《关于立即加强灾区春耕生产救灾工作的紧急指示》。

26日 平原省人民政府拨给灾区春季救济粮小米308.7万公斤，并要求于3月15日前发到灾民手中。

3月

3~5日 中共平原省委召开各地、市委书记联席会议，讨论"三反""五反"运动。会议强调要把"三反"和"五反"运动紧密结合起来，在运动中要正确贯彻党的政策。同时，要注意做好防旱、春耕生产救灾工作。

9日 中共中央主席毛泽东批转平原省委《关于武陟等县正确贯彻政策，追缴赃物、赃款的通报》，并批示："此件很好，请各级党委一律照办。"通报介绍武陟县等关于追退赃物、赃款的几项政策规定。

4月

6日 平原省人民政府决定拨救济粮900万公斤，帮助外逃灾民还乡生产。

10日 温县劳动模范张图书创造谷子亩产510斤的最高纪录，受到农业部奖励，奖金100万元。

14日 新乡县人民胜利渠举行放水典礼，庆祝引黄济卫灌溉第一期工程竣工。平原省人民政府副主席罗玉川和水利部、黄委会，山东省、河南省、平原省水利局等代表参加典礼。该渠可灌溉新乡、获嘉县40万亩良田。

15日 全省文艺工作者400多人集中在新乡市进行整风学习。

18日 中共平原省委决定从全省抽调234名干部集中学习后，转向工业建设工作。

29日 平原省人民政府召开第九次全体委员会，会议通过省政府《关于大力领导和扶植老根据地人民恢复与发展经济、文化建设的决议》；决定除中央拨给老根据地建设贷款50亿元，救济费12亿元外，省财政再拨出100亿元补助老根据地建设；决定成立平原省老根据地建设委员会，罗玉川任主任，贾心斋等16人为委员。会议还通过省政府《关于结束"三反"运动与迅速大力转向生产及经济建设工作的决议》。

5月

7日　中共中央、华北局批准戴晓东任平原省人民政府副主席，免去其省公安厅厅长职务，王路宾任省公安厅厅长。

15日　平原省人民政府拨出救济粮50万公斤，帮助灾区群众度过春荒。

30日　平原省人民政府文化管理局成立，局长袁声任兼广播电台台长。

6月

1日　中共中央、华北局批准罗定枫任中共平原省委宣传部第二副部长。

9日　中共中央批准逯昆玉兼任濮阳专署专员、耿起昌任新乡专署专员。

23日　武陟县农民郭建文创造小麦亩产504.5公斤的新纪录，农业部、省农林厅派人总结其丰产经验。

30日　中共中央批准王维群任中共平原省委企业党委副书记兼工业厅厅长，免去其聊城地委书记职务。

7月

1日　中共中央批准杨海鹏任中共新乡市委书记，刘峰任副书记；刘清训任中共湖西地委书记，郭有智任湖西专署专员；周海舟任中共聊城地委副书记，马景汉任聊城专署专员；徐雷健任中共菏泽地委书记。

6日　省直机关"三反"运动基本结束。

22日　平原人民出版社成立。

27日~8月2日　平原省老根据地人民代表会议在新乡市举行。出席会议代表374人。会议听取省委第一书记潘复生作的《为加强平原省老根据地建设、争取更大胜利而奋斗》报告和省政府主席晁哲甫作的《平原省老根据地建设工作纲要》说明。

28日　中共平原省委决定抽调一批干部，由潘复生、罗玉川、刘晏春、张承先、杨珏、刘刚等带队，分别深入工矿、农村，推动工农业爱国增产节约竞赛运动。

31日　中共平原省委决定成立工矿企业、农业两个增产节约竞赛委员会，省工矿企业爱国增产节约竞赛委员会主任罗玉川，副主任王维群、高宗智、陶力；省农业增产节约竞赛委员会主任晁哲甫，副主任罗玉川、潘复生、安志成。

8月

5~10日　平原省人民政府召开第二次全省民政工作会议，确定秋、冬两季召开的各市、县、矿区人民代表会议一律代行代表大会职权，并着手进行乡村基层政权建设工作。

25日　中共平原省委发出《关于建立焦作矿务局党委的通知》，钱初航任书记，程立夫任第一副书记，张超任第二副书记。原党委依此改组。

30日　全省扫盲工作会议闭幕。会议交流推广速成识字法和开展扫盲运动的经验，确定推行祁建华"速成识字法",开展扫盲运动。

9月

4日 平原省人民政府委员会举行全体会议,传达华北司法改革座谈会精神,决定成立省政府司法改革委员会,贾心斋任主任,戴晓东、姚伟杰任副主任。

12日 中共平原省委发出《关于建乡问题的指示》,要求秋、冬两季在全省普遍完成建乡工作,党组织建立总支委员会,政权组织根据省政府建乡实施方案,成立乡政府。

23日 平原省人民政府召开全省第一次统计工作会议,讨论贯彻省政府《关于加强统计工作的决议》,建立统计报表制度。

27日 中共平原省委发出《关于加强爱国卫生工作的指示》,要求各级党委、政府掀起大规模的清洁卫生运动。

同日 中共中央批准张新村任中共聊城地委书记,免去其地委副书记职务。

10月

10～16日 中共平原省委召开地、市委书记及组织部部长联席会议。潘复生传达华北局冬季6项工作安排和中共中央关于撤销平原省建制的决定。罗玉川传达省委工作计划,刘刚传达省委整党建党工作计划。与会人员一致同意华北局及省委工作安排,坚决拥护中共中央关于撤销平原省建制的决定。

14日 平原省人民政府发布命令,将濮阳专区的范县、濮县、观城、朝城4县划归聊城专署领导。

31日 中共中央主席、中央人民政府主席毛泽东在河南省视察黄河后,到新乡视察人民胜利渠和引黄济卫(河)入口处。省委第一书记潘复生、省政府主席晁哲甫、平原军区司令员刘致远等陪同。

11月

1日 毛泽东返京途中到汤阴车站视察岳飞故里碑。10时到达安阳,在潘复生、晁哲甫、曹幼民(安阳地委书记)、刘方生(安阳市委书记)等省、市领导陪同下,视察安阳殷墟和袁世凯墓。

15日 中央人民政府委员会第十九次会议通过《关于调整省、区建制的决议》,决定撤销平原省建制。

16日 中共平原省委发出《关于正确执行中央撤销平原省建制决定的指示》,要求各级党委和全省干部服从组织,做好平原省的结束工作和移交工作。

20日 平原省人民政府发布《撤销平原省建制的命令》。根据中央人民政府委员会第十九次会议决议,将原属河南省的林县等27个县(含东明县)和新乡、安阳两市及焦作矿区划归河南省;原属山东省的高唐等29个县划归山东省,其中,菏泽专区东明县原属河北省,因治黄及建设工作的便利,划归河南省。以上市、县、矿区及专署组织机构、干部等,均随区划转移不变。

22~23日 平原省人民政府委员会与省协商委员会举行联席会议，省政府主席晁哲甫作《关于撤销平原省建制的报告》，会议审议省协商委员会《关于两年来会务工作的报告》，通过《关于执行中央人民政府撤销平原省建制的决议》和省一届三次各界人民代表会议程序及大会主席团、正副秘书长名单。

26~30日 平原省第一届第三次各界人民代表会议在新乡市召开。会议传达贯彻中共中央关于撤销平原省建制的决议，省委第一书记潘复生作《关于拥护中央关于撤销平原省建制决定》的重要讲话，省政府主席晁哲甫作《三年来政府工作基本总结报告》。会议通过《关于拥护与贯彻执行〈中央人民政府撤销平原省建制的决议〉的决议》。省政府从1952年12月1日停止行使职权，移交结束工作的一切事宜，由成立的结束移交办事处负责处理。平原省人民政府及所属机关，于11月30日撤销，自12月1日所有行政事宜由山东、河南两省分别接受办理。

12月

1日 平原省结束移交办事处成立，张承先任主任，戴晓东、刘刚任副主任。

2日 《平原日报》发表终刊词，从12月3日正式停刊。

本月底 平原省完成结束移交工作，中共平原省委向中共中央、华北局写出《关于平原省结束移交工作的总结报告》。

第一章

机构　建置

　　平原省处于山东、河南、山西、河北、江苏之间,为5省旧治的接合部,面积约5万平方公里。平原省大致是春秋时期诸侯国卫国的旧地。1945年3月29日,河南新沦陷区被日军划为"平原省"。中国共产党在抗日战争与解放战争中先后建立冀鲁豫、太行、冀南3个解放区,使该地区联结成为一个战斗整体,并在抗日战争中成立平原分局,形成比较自然的行政统一区域。1949年5月,华北完全解放。6月19日,冀鲁豫区党委拟定《平原省区划及省委、省府、军区各级干部配备草案》,报请中共中央华北局批示。7月25～27日,华北局召开第三次委员会扩大会议,通过关于变更华北行政区划及河北、山西、平原省人民政府组织机构与人事任命等重要决议。8月1日,发出调整华北行政区划的通令,决定在冀南、豫北、鲁西南衔接地区成立平原省,省会设在新乡市。

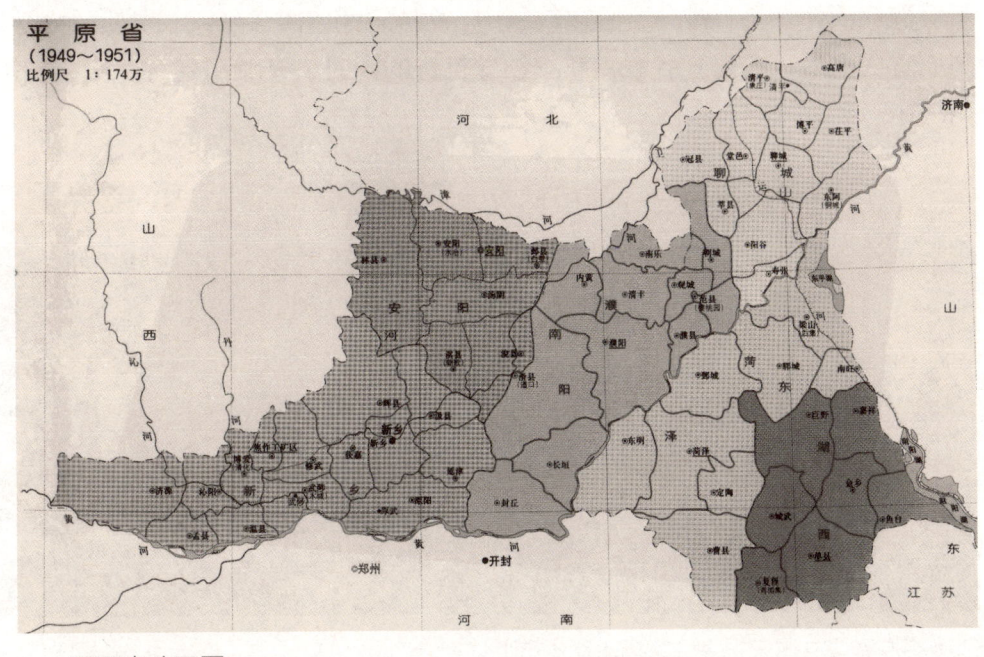

平原省政区图

第一节 机 构

1949年7月25~27日，中共中央华北局召开第三次委员会扩大会议，通过关于变更华北行政区划及关于河北、山西、平原省人民政府组织机构与人事任命等重要决议。在中共平原省委领导集体组建的同时，平原省人民政府主要领导人经由华北人民政府任命，开始组建领导班子。7月28日，华北人民政府发布通令，宣布平原省人民政府委员，平原省人民政府主席、第一副主席、第二副主席名单。8月12~15日，中共平原省委第一次扩大会议在菏泽召开。会议根据中共中央和华北局的决定，宣布中共平原省委组成人员名单，通过《平原省委第一次扩大会议关于几个问题的决定》，中共平原省委正式宣告成立。省级以下组织机构经省委讨论通过，并报经华北局批准。同时，奉中国人民解放军华北军区命令，平原军区领导班子组成，任命军区司令员、政治委员、参谋长、副参谋长和政治部主任、副主任。至此，平原省党政军各主要领导班子组建完毕，正式进入工作状态。

位于新乡市的中共平原省委旧址

在平原省省级党政军领导机构成立的同时，各地、市及合并县的领导机构相继成立。各地、市委、专署的干部配备与省政府各部门相同，基本上是从原冀鲁豫、太行两个行政公署下辖各专署干部直接移交过来的。

在原冀鲁豫、太行、冀南、太岳地区，共产党领导下的工人、农民、妇女、青年和文学艺术等群众团体在抗日战争、解放战争中，为发动和组织群众，夺取革命胜利，发挥了积极作用。平原省成立后，在建立各级党政军领导机构的同时，开始组建工、青、妇等群众团体。

平原省成立时庆祝大会会场（新乡市）

一、省 委

1949年8月，中共平原省委成立，隶属中共中央华北局。平原省委主要工作机构有政策研究室、办公厅、组织部、宣传部、统战部、社会部、纪律检查委员会等。

1949年8月12日~15日，中共平原省委第一次扩大会议在菏泽召开，这是中共平原省委研究决定建省工作的第一次重要会议。参加该次会议的有平原省委委员和各区地委书记。会议根据中共中央和华北局的决定，宣布中共平原省委组成人员名单：潘复生、赵时真、晁哲甫、刘晏春、张承先、刘致远、韩哲一、戴晓东为省委委员，潘复生任书记，赵时真任副书记，刘晏春任组织部部长，张承先任宣传部部长，戴晓东任社会部部长。

1949年，中共平原省直属机关委员会（简称"平原省委直属党委"）成立，隶属于平原省委组织部。主要职能是：负责平原省委直属机关党的工作，对省委直属机关的党员进行教育、管理和监督，发展新党员，开展党的纪律检查工作，对违纪党员教育处理，指导省委直属机关的总支、支部开展党的工作。1952年11月撤销。

1951年，中共平原省委企业委员会（简称"平原省委企业党委"）成立。是隶属于中共平原省委的组织机构。主要职能是：保证党的路线方针政策在厂矿企业的贯彻执行和生产任务的完成，领导平原省厂矿企业开展政治运动，对省各大中型骨干企业主要领导干部实施管理、教育和监督。

1952年11月，根据中共中央关于调整省区的决议，撤销平原省建制，省委第一书记潘复生调任河南省委第一书记，所辖地、市党组织分别划归河南、山东省委领导。

中共平原省委委员合影

二、省政府

1949年8月20日15时，按照华北人民政府通令，中共平原省委、平原省人民政府、平原军区在新乡举行成立大会。平原省成立后，省政府机关设民政、财政、教育、文化、卫生、工业、农业、商业、交通、公安、法院、监察、劳动、人事、水利、河务、粮食、税务、银行、合作事业等工作部门。

根据华北局指示和省委会议决定，省委、

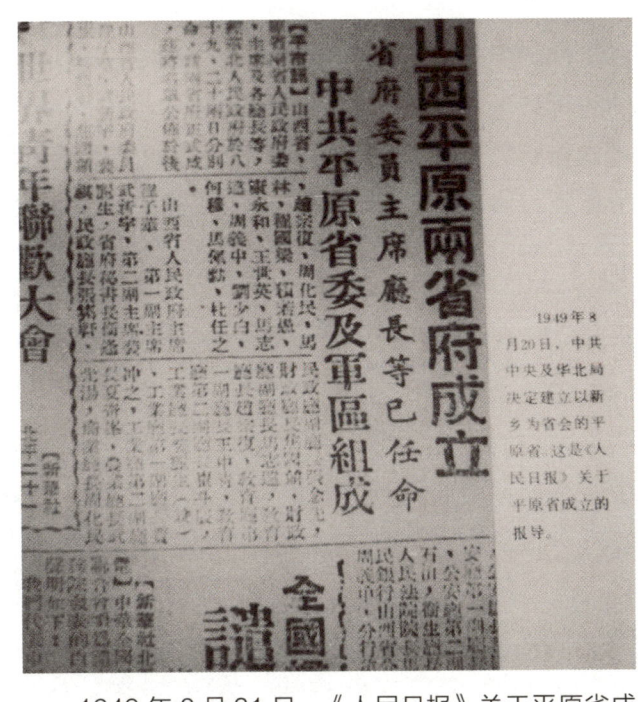

1949年8月21日，《人民日报》关于平原省成立的报道

省政府各主要部门领导人具体安排如下：

晁哲甫、潘复生、赵时真、刘致远、贾心斋、韩哲一、戴晓东、王振华、王路宾、袁子扬、孙照寰、杜毓沄、王化云、安志成、姜纪五、万丹如（女）、安法乾、刘玉峰、牛连文、高镇五、赵霖为省人民政府委员。省政府主席晁哲甫，第一副主席贾心斋、第二副主席韩哲一；省政府秘书长袁子扬；民政厅厅长孙照寰；财政厅厅长袁子扬（兼任），副厅长雷峻山；教育厅厅长王振华，第一副厅长巩廓如，第二副厅长王儒林；农林厅厅长姜纪五，副厅长杨节；工业厅厅长韩哲一（兼任），副厅长程重远；商业厅厅长杜毓沄；公安厅厅长戴晓东，副厅长王路宾；交通厅厅长牛连文；劳动局局长晁哲甫（兼任）；合作委员会主任安法乾，副主任刘玉峰；省人民法院副院长姚伟杰；卫生局局长李奕；黄河河务局局长张方，副局长袁隆；税务局局长赵惠卿，副局长翟肇基；粮食局局长王兆祥，副局长刘培岑；水利局局长牛连文（兼任）；中国人民银行平原省分行经理王沛霖，副经理薛际春；实业公司经理程重远（兼任），副经理张华文。

1949年8月20日，平原省水利局成立。主要职能是：负责开展平原省水利工作，包括水利计划的制定与实施，水文勘查、测量，水利工程建设，抗旱、防汛工作，农田水利建设与管理，水资源的开发利用。内部机构设有秘书科、工程科、会计科（后改为财务科），后增设行政科、人事科。1952年11月，平原省水利局撤销。

1949年8月，平原省农林厅成立。主要职能是：保证党和国家各项农业政策的贯彻落实，负责制定平原省农业、林业、畜牧业的发展规划，领导全省农业、林业、畜牧业的生产和科学技术推广，促进农业经济发展。1952年11月，平原省农林厅撤销。

1949年8月20日，平原省黄河河务局成立。

1949年8月20日，平原省商业厅成立。主要职能是：组织城乡物资交流、生产资料和生活资料的收购、分配、调拨、供应管理。1952年11月，平原省商业厅撤销，业务移交河南、山东两省。

1949年，平原省粮食局成立，隶属于平原省财政厅。主要职能是：宣传贯彻党对粮食工作的方针政策，制定系统内工作计划和措施，负责全省粮食收购、储存、调运、供给等工作。内设机构有秘书室、行政科、保管科、加工供给科、会计科、工程科、经营管理科。1952年11月，平原省粮食局撤销。

1949年8月，中国人民银行冀鲁豫分行与太行分行合并为中国人民银行平原省分行（简称"平原省分行"），直属华北银行，代理华北金库、平原省金库业务。1949年10月，华北银行撤销，平原省分行直属中国人民银行，代理平原省金库业务。1952年11月，平原省分行撤销，并入河南省分行。平原省分行既是国家银行，又是商业银行。主要职能是：在所辖范围内履行中央银行有关职责，领导、管理、协调下级金融机构，监督、稽核金融业务、金融市场，代理国家金库；吸收存款，管理贷款，汇兑款，肃清敌伪假币，清理敌伪财产，扶持工农业生产，管理金融机构、金融市场、物价和金银，核定国营企业和信用合作社资产等。内设机构有秘书科、人事科、检查科、计划科、业务科、现金科、会计科和农业放贷科。下辖新乡、安阳、濮阳、聊城、菏泽、湖西6个专区办事处，新乡市设营业部，县（包括道口镇）根据大小分设甲等支行2个、乙等支行15个、丙等支行27个、丁等支行13个。1951年4月，根据总行指示，改专区办事处为中心支行，新乡市和安阳市亦改设中心支行，撤销新乡市营业部。平原省分行作为总行派出机构，在银行业务和干部管理上实行垂直领导。

1949年8月20日，平原省公安厅成立。平原省公安厅是省政府领导下主管全省公安工作的行政机构，主要职能是：城乡治安管理、案件侦破、社会情报收集、机关保卫工作、水陆交通及邮电检查、监狱管理、外侨管理。内部机构有秘书处、治安处、侦缉处、技术研究室、公安队，直属单位有省立公安干部学校、黄河河防公安局。1950年1月，内部增设经保处、武装处、劳改处、干部处。省公安厅先后设置7处、1队、1室、1校和1局，共计30多个业务部门。3月，省公安厅卜辖新乡、安阳、濮阳、聊城、菏泽、湖西6个专署公安处和新乡、安阳两个省辖市公安局及56个县公安局。1952年11月，平原省公安厅撤销。

1949年8月，平原省人民法院成立。平原省人民法院是国家审判机关，同时行使司法行政职能。主要职能是：与公安、检察部门一道打击反革命分子破坏活动和其他刑事犯罪活动，巩固人民民主专政。内设机构有秘书室、司政处、审判处和检查处。省人民法院成立后，在安阳、新乡、濮阳、聊城、菏泽、湖西6个专区设立分院，新乡、安阳2个市设立法院。各县根据不同情况分设相应机构，其中甲等县设立法院，乙、丙、丁等县设立司法科。新乡、安阳、菏泽、阳谷4市县设立省法院直属自新院①，各县设立看守所。1950年1月，新乡、安阳两市法院和新乡分院合并入省法院，湖西分院合并入菏泽分院，濮阳分院合并入安阳分院，后又恢复原建制。11月，根据省政府训令，自新院和看守所移交各级公安机关管理。1952年11月，省人民法院撤销。

1949年8月20日，平原省教育厅成立。1950年8月，平原省教育厅与平原省文化事业管理局合并成立平原省文教厅。主要职能是：主管全省各类学校教育、工农教育、业余教育及其他有关教育事项。1952年11月，省教育厅撤销。

1949年8月20日，平原省民政厅成立，隶属平原省人民政府。主要职能是：贯彻国家民政工作方针政策，负责全省区划调整、政权建设、优抚工作，退役军人安置工作，扶贫救灾，侨务和少数民族工作，兴办社会福利事业等。省民政厅负责全省机构编制和组织人事工作，这是民政部门特定历史时期所具有的职能。省民政厅内设机构有办公室、行政科、建政科、社会科、优抚科、干部科、直属人事科。直属单位有荣誉军人一校、荣誉军人二校、荣誉军人教养院、荣教院附属医院、荣誉军人接肢被服厂和荣誉军人招待所。1952年11月，省民政厅撤销。

1949年8月20日，平原省交通厅成立，内部机构设有秘书室、技术室、行政科、统调科、会审科；直属单位有运输公司、转运公司、黄河河运公司、卫河河运公司、公路局、航务局。1952年11月，平原省交通厅撤销。

1949年8月，平原省卫生局成立。1951年7月，改为平原省卫生厅。主要职能是：贯彻执行国家有关卫生工作方针政策，主管全省卫生行政、防疫保健、医药化验检查、医院管理等事务，发展全省卫生事业。内部机构设有办公室、人事、医改、防疫、保健等科室，有工作人员30人。平原省卫生局成立时，地址设在新乡市石榴园街西头，1952年2月，搬迁至新乡市健康路中段。1952年11月，平原省卫生厅撤销。

1949年8月，平原省工业厅成立，内部机构设办公室、企划室、经理科、人事科、机电科、

---

① 旧时称改正过失或错误，重新做人的地方。

矿业科、食品工业科、轻工科，编制69人。主要职能是：在中央、省政府领导下，监督国营工业经营管理；对私营工业在政策上进行指导与扶植；根据国营工业恢复与发展情况，尽可能给各种手工业以技术上的改进与提高。1952年，平原省工业厅撤销，其业务由河南省人民政府接管。

1949年9月，平原省财政厅成立。主要职能是：编制平原省财政收支预算，税收管理，行政、企业财务管理，财经业务指导，基建拨款，监督等工作。二级机构有平原省税务局、平原省粮食局、平原省房地产公司、平原印刷厂、交通银行平原支行、平原省保险公司、平原省财政学校7个单位。1952年11月，平原省财政厅撤销。

1949年9月，平原省税务局成立。主要职能是：负责平原省税收管理、征收工商税、所得税、营业税等各种税款。1952年11月，平原省税务局撤销。

1949年10月，平原省供销合作总社成立，隶属平原省人民政府和华北供销总社双重领导。主要职能是：在农村征购农副产品，销售工业品和日用品，指导、监督和检查政府决议、指示、规章制度、命令的执行情况。内设机构有主任室、办公室、组导处、计划经济处、财务处、生产处、供应处、推销处、总会计科和运输科，所属单位有合作货栈和省供销合作学校。1952年11月，平原省供销合作总社撤销，业务并入河南省供销总社。

1949年11月，平原省文化事业管理局成立。1950年8月，平原省文化事业管理局与平原省教育厅合并为平原省文教厅。1951年12月，平原省文化教育委员会（简称"省文教委"）成立。省文教委是省政府的职能机构，负责管理全省文化、教育、宗教等项工作。内设机构有办公室、计划处、干部教育处、宗教事务处、新闻出版处。1952年5月，平原省文教厅改组分离出平原省文化事业管理局（简称"省文化局"），与省文教委合署办公。省文化局隶属省政府，是管理全省文化事业的行政机构。主要职能是：贯彻党的文艺方针，宣传党的方针、政策，管理全省社会文化、艺术、美术工作，管理全省各类文艺团体及电影发行放映、图书、文物等工作。内设社会文化科、艺术工作科。直属事业部门有科学普及协会、电影放映队、文物管理委员会、平原省文工团、平原省艺术学校、曲艺队、美术社、戏改委员会、平原影剧院。1952年11月，省文化局撤销。

1949年，平原省组建成立省劳动局，这是省政府领导下主管全省劳动工作的行政机构。主要职能是：负责劳动力调配、劳资关系、安全生产、职工福利。

1950年，平原省财政经济委员会成立，受中央财政经济委员会与省政府领导。主要职能是：接受省政府与中财委工作任务，指导各厅、局财经部门工作，拟定、审核财经工作方针、计划、组织力量完成财经工作重大任务，协调财政金融机构之间工作关系。1952年11月，省财委撤销。

1950年9月，平原省监察委员会成立。这是省政府的一个工作部门，在业务上受中共中央监察委员会和华北人民政府监察委员会指导，内部机构设有秘书室、研书室、监察处。主要职能是：检查和监督省直各机关团体、企业、事业单位工作人员贯彻党和国家方针政策情况，对损害国家和人民利益的违法乱纪行为和事件进行处理，受理人民群众对各级国家机关、企业、事业单位工作人员违法失职行为的检举和控告，对所属县区监察机关工作进行指导。

1950年11月26日，平原省人民检察署正式挂牌成立。主要职能是：保卫《中国人民政治协商会议共同纲领》和人民政府各项法律、法令、政策之实施，巩固人民革命政权，保卫人民利益,对一切危害国家人民利益的反革命分子、公务人员的违法乱纪行为,任何国民个人或集团侵犯国家、侵犯人民利益的刑事案件,负有检察责任。1952年11月,省人民检察署撤销。

1950年11月,中央政府成立中华人民共和国人事部。省政府根据中央1950年12月电示,将民政厅干部科和省政府办公厅人事处合并,成立平原省人事局,直接归省政府主席领导。1952年5月,平原省人事局改为平原省人事厅,7月2日正式挂牌,是省政府领导下主管全省人事工作的行政机构。主要职能是:负责平原省行政系统区(科级)以上干部的任免、调配;各厅局领导下的企业股级以上人员的任免、调配;干部的学习、教育、培训、工资、福利、考核工作。1952年11月,平原省人事厅撤销。

三、平原军区

平原省成立后,在组建省委、省政府的同时,奉中国人民解放军华北军区命令,组建平原军区,领导班子组成人员如下:军区司令员刘致远,政治委员潘复生,副司令员张开荆,参谋长刘德海、副参谋长赖春风,政治部主任谢良、副主任张正光。

四、协商委员会

平原省各界人民代表会议协商委员会(简称"平原省协商委员会")成立于1951年1月16日。主要职能是:协同政府筹备人民会议,在人民代表会议闭幕之后,组织各代表以各种方式向各界人民传达会议的决议,经常与各代表联系,接受他们的意见,并经过他们汇集人民的意见,及时反映给人民政府,审议政府交议的文件和法案,协助政府动员人民参加各种运动,发起并推动各民主党派、人民团体、民主人士进行时事教育和政策学习。平原省协商委员会主席吴德(1951年1月任)、潘复生(1952年1月任)。

平原省协商委员会合影

五、群众团体

(一)工 会

1949年11月,平原省总工会筹备委员会(简称"省总工会")成立。11月4~19日,平原省第一次工会代表会议在新乡召开,到会代表155人。此次会议通过第一次工会代表会决议,选举出平原省总工会筹委会。赵时真兼任筹委会主席,高宗智任副主席,侯湘龄为秘书长。

省总工会筹委会成立后，一方面负责总工会筹备工作，一方面指导各地工会工作，以尽快把全省工人阶级组织起来。

平原省总工会筹备委员会是中华全国总工会所属的省级地方组织，是全省地市县工会组织和各产业工会的领导机关。主要职能是：教育组织工人职员执行政府法令、政策，遵守劳动纪律，开展劳动竞赛，参加生产管理，保证生产计划的完成；保护工人职员群众利益，监督行政领导，执行政府法令所规定之劳动保护、劳动保险、工资标准、安全规则。内设机构有办公室、秘书处、组织部、文教部、劳保部、财务部。下辖新乡、安阳、濮阳、聊城、菏泽、湖西、6个专区办事处，新乡、安阳2个市总工会，纺织、教育、黄河、邮电、手工业（店员）5个产业总工会，焦作、安阳2个矿区总工会。1952年11月，省总工会撤销。

1951年，金乡县教育工会成立合影

（二）新民主主义青年团

1949年8月20日，中共平原省委新民主主义青年团平原省工作委员会（简称"团省委"）成立，与平原省委青年工作委员会（简称"省青委"）一套机构、两个牌子，葛步海任书记。同日，中共平原省委发出通知，明确各地、市的团委、青委主要领导成员，对全省各级青年组织筹建工作起到推动作用。

团省委是全省各级青年团组织的领导机关，受青年团中央和中共平原省委双重领导。主要职能是：贯彻中共中央、平原省委和青年团中央指示，执行全省团员代表大会决议，团结带领全省团员和各族青年，为完成党在各个历史时期的任务而奋斗。团省委内部机构设组织部、宣传部、青年部、少年儿童部、学生部，总编制18人。1952年11月，团省委撤销。

（三）妇　联

1949年8月，中共平原省委妇女工作委员会成立，万丹如任书记。10月初，经原冀鲁豫、太行、冀南3地区妇联商榷，成立平原省妇联筹委会，推选万丹如、吴利珍等11人为筹备委员，负责筹备事宜。10月12日，平原省民主妇女联合委员会（简称"省妇联"）正式成立。同日，在新乡召开全省第一次妇女代表大会，通过各级妇联的组织简章，选举万丹如、吴利珍等15人为省妇联委员。万丹如任主席。

省妇联是中华全国民主妇女联合委员会的团体会员，是在中共平原省委领导下的全省各阶层、各界民主妇女联合的统一战线组织。主要职能是：团结各阶层、各民族妇女大众，彻底反对帝国主义、摧毁封建主义及

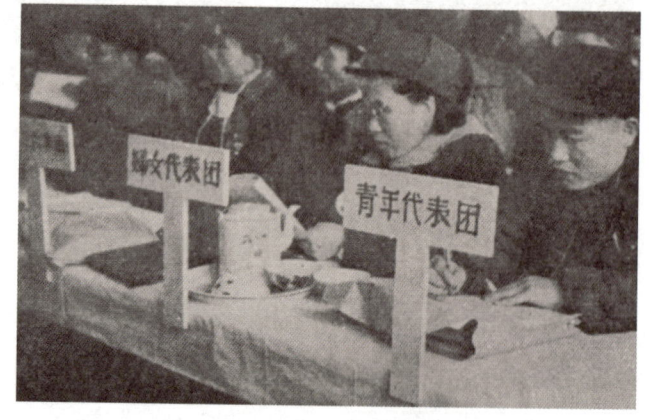

青年与妇女代表团在人民代表会议上

官僚资本主义，为建设新中国而奋斗，努力废除强加给妇女的一切封建传统习俗，保护妇女权益及儿童福利，积极组织妇女参加各种建设事业，实现男女平等、妇女解放。内部机构有组织部、宣传部、妇婴福利部、生产事业部、女工部。下辖6个地区、2个市的妇联和各县妇联。1952年11月，省妇联撤销。

1950年，湖西地委领导与省委领导合影

六、地 区

1949年8月12~15日，中共平原省委第一次扩大会议结束之后，发布《平原省委第一次扩大会议关于几个问题的决定》，明确省级以下组织机构、编制原则以及地委级主要干部。各地、市委、专署的干部配备，基本上是将原冀鲁豫和太行两个行政公署下辖各专署干部直接移交过来。

1949年8月21日，中共平原省委发出《关于各地、市委、专署、市政府主要干部配备的通知》，确定平原省下辖各地区主要领导干部名单。

具体人事安排如下：

新乡地委书记刘刚、副书记高宗智，专员于健、副专员耿其昌，军分区司令员张公干、政委刘刚（兼）、副政委杨明山；

安阳地委书记杨珏、副书记宋玉玺，专员吕谦、副专员程耀吾，军分区司令员王远芬、政委杨珏（兼）、副政委佘积德；

濮阳地委书记魏晓云、第一副书记李进宝、第二副书记王志刚，专员刘镜西、副专员李立格，军分区司令员孙正乾、政委魏晓云（兼）、副政委杨真；

聊城地委书记王维群、副书记兼专员陶东岱、副专员马景汉，军分区副司令员岳舜卿、政委王维群（兼）；

菏泽地委书记杨海鹏、副书记兼专员逯昆玉、副专员郭心斋，军分区司令员张耀汉、政委杨海鹏（兼）、副政委张希平；

湖西地委书记鹿渠清、副书记李广德，专员马冠群、副专员刘公然，军分区司令员王月亭、政委鹿渠清（兼）、副政委石厚刚。

新乡市委书记贾云标，市长贺一平、副市长王锡璋；

安阳市委书记杨珏（兼），副书记兼市长李艺林、副市长李相虞。

1949年8月底至9月上旬，各地、市委分别召开直属机关干部会议，宣告新的地、市委、专署和军分区领导机构成立。各地在

1949年5月，新乡市人民政府成员合影

新的地委领导下,进行部分县区合并,基本恢复老县,根据省委有关基层工作方针,妥善处理地、县合并后各级干部接收与分配,完成各级党政军领导机构的组建工作。

第二节 建 置

平原省是由原冀鲁豫解放区及太行、太岳、冀南3解放区各一部合成,依照旧区划,平原省为河南、山东、河北3省各一部合成。1949年8月20日,平原省人民政府成立,隶属华北人民政府,省会设在新乡市。全省辖新乡、安阳、濮阳、聊城、菏泽、湖西6个专区,58个县和新乡、安阳2个省辖市,1个焦作矿区(原焦作县),8个市辖区、6个城关区、411个农村区、13218个行政村、42073个自然村,人口1500余万,耕地面积2740余万亩。全省大部分地区是革命老根据地(近1000万人口),一部分是恢复区和新解放区(500多万人口)。

1949年10月15日,焦作县正式改为焦作矿区(县级单位),直属新乡专署。20日,奉华北人民政府电令,安阳专署漳南县撤销,其所辖区域分别划为河北省临漳县、魏县和平原省邺县、内黄县;同日,新乡专署所辖封丘县划归濮阳专署。31日,华北人民政府撤销,平原省直属中央人民政府。据1949年年底统计,平原省外来人口增多;部分农村区进行调整增加;全省耕地面积整合扩大。

1950年3月13日,原武、阳武两县合并设置原阳县,驻阳武。至此,平原省辖56个县。9月,中央人民政府增设华北事务部。11月,平原省改属中央人民政府华北事务部。

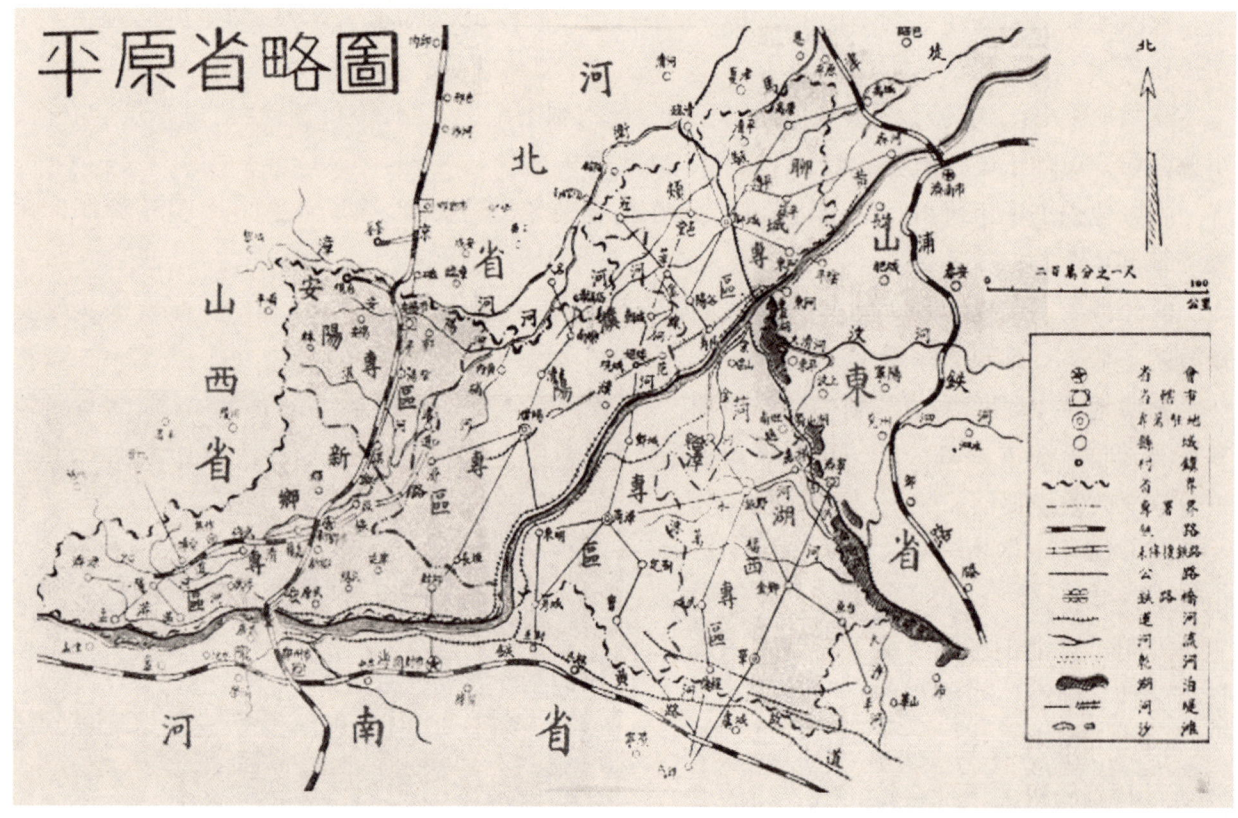

平原省区划图

1949年10月平原省建置概况一览表

表1-2-1

建置名称	建置时间	驻地	隶属关系与所辖区域
平原省	1949.8.20	驻新乡	平原省成立，隶属华北人民政府。1949年10月，隶属中央人民政府。1950年11月，隶属华北事务部。1952年4月，隶属华北行政委员会 辖新乡、安阳2市及新乡、安阳、濮阳、菏泽、湖西、聊城6专区，共58个县、1个矿区、6个城关区
	1952.11.30		平原省撤销 新乡、安阳、濮阳3专区27个县划归河南省；菏泽、湖西、聊城3专区29个县划归山东省
新乡市	1949	驻小冀镇	平原省省辖市（省会），省人民政府驻地 1952年划归河南省
安阳市	1949	安阳县析置	平原省省辖市 1952年，划归河南省
新乡专区	1949	专署驻焦作	辖新乡（驻小冀镇）、汲县、辉县、修武、武陟、获嘉、博爱（驻清化镇）、沁阳、温县、延津、原武、阳武、济源、孟县14县和焦作矿区及汲县城关区。1950年3月13日，原武、阳武2县合并为原阳县，驻阳武。1950年，撤销汲县城关区，改设为镇 1952年，新乡专区划归河南省
安阳专区	1949	专署驻安阳市	辖安阳、林县、邺县、漳南（中华人民共和国成立后由临漳县漳河以南及安阳之各一部组成，驻崇义集，1949年10月20日撤销）、淇县、汤阴、浚县7县 1952年，安阳专区划归河南省
濮阳专区	1949	专署驻濮阳	辖濮阳、清丰、南乐、濮县、范县、观城、朝城、滑县（驻道口）、封丘、长垣、内黄11个县及濮阳城关区 1950年，撤销濮阳城关区，改设为镇 1952年，将濮阳、清丰、南乐、滑县、封丘、长垣、内黄等县划归河南省（仍设濮阳专区）；将濮县、范县、朝城、观城4县划归山东省
聊城专区	1949	专署驻聊城	辖聊城、堂邑、博平、清平、高唐、茌平、东阿（原东阿县黄河以西部分，驻铜城）、寿张、阳谷、莘县、冠县11县及聊城城关区。1950年，撤销聊城城关区，改设为镇 1952年，聊城专区划归山东省
菏泽专区	1949	专署驻菏泽	辖菏泽、定陶、曹县、东明、鄄城（由濮阳黄河以东部分析置，驻鄄城）、郓城、梁山（由东平湖西、寿张之黄河以东与郓城之一部组成，驻梁山）、南旺（由汶上县运河西及郓城东南部分组成，驻曹庄）8县及菏泽城关区。1950年，撤销菏泽城关区，改设为镇 1952年，将菏泽、定陶、曹县、鄄城、郓城、梁山、南旺7县划归山东省（仍设菏泽专区）；东明县划归河南省
湖西专区	1949	专署驻单县	辖金乡、单县、鱼台、巨野、城武、嘉祥、复程（中华人民共和国成立后由曹县、城武2县析置，驻青崮集）7县及单县城关区。1950年，撤销单县城关区，改设为镇 1952年，湖西专区划归山东省

1949年12月平原省行政概况统计表

表1-2-2

建置	县数	区数	自然村	行政村	户数	占全省%	人口数	占全省(%)	耕地数（亩）	占全省(%)	牲口数（头、匹）	大车数（辆）
新乡市		4			15870	0.41	69702	0.42	40379	0.08	1597	206
安阳市		4			11758	0.28	59059	0.36	64071	0.13	509	35
新乡专区	14	84	7989	2619	619320	16.00	2746694	16.80	8663771	18.10	343056	43320
安阳专区	6	52	2971	2137	374557	9.68	1762511	10.80	5011315	10.40	175866	13777
濮阳专区	11	99	6531		763091	19.70	3254657	19.90	9328966	19.50	325433	141076
聊城专区	11	92	6371	5443	626816	16.20	2541683	15.60	8917161	18.60	234839	41331
菏泽专区	8	79	9515		861876	22.20	3396436	20.80	9137909	19.00	236066	
湖西专区	7	69	8696		592149	15.30	2460161	15.10	6617218	13.80	191215	28750
合　计	57	483	42073		3865437	100	16290903	100	47741790	100	1508581	

1952年11月平原省老根据地村、户、人口、耕地数目统计表

表1-2-3

省别	地区别	县数	村数	户数	人口	耕地（亩）	备考
山东省部分	菏泽专区	7	4042	394540	1626662	4569974	东明县未列入
	湖西专区	7	2755	198741	752356	2112078	
	聊城专区	12	5641		2395703		濮县、范县、观城、朝城4县已计入
	合　计	26	12438		4774721		
河南省部分	濮阳专区	6	3473	453184	1942920		
	新乡专区	10	576	162439	669016	2152977	濮县、范县、观城、朝城4县已划出
	安阳专区	5	697		575614		
	东明县	1	308	29832	132241		
	合　计	22	5054		3319291		
总　计		48	17492		8094512		

1952年4月，中央撤销华北事务部，改设华北行政委员会，平原省隶属华北行政委员会。

1952年，根据政务院关于调整区、乡区划指示，全省进行区划调整。10月14日，省政府发布命令，将濮阳专区之范县、濮县、观城、朝城4县划归聊城专署。11月，全省农村区整合调整完毕，比建省之初增加了58个农村区，共计469个农村区。平原省原以行政村为基层行政单位，为适应大规模生产建设需要，根据中共中央指示并参照河南、山东执行办法，在原行政村基础上建行政乡（每乡人口约2700人，每乡配备干部编制平均3人），取消行政村，全省共建乡6512个。

至1952年11月，平原省辖2个市、6个专区、56个县、8个市辖区、6个城关区、469个农村区、6512个乡、42573个自然村，人口发展到415万户1776万，耕地面积增加到5450余万亩。

1952年，由于国家财政经济情况基本好转和各项社会改革基本完成，全国由经济恢复时期过渡到大规模建设时期，中央人民政府委员会在8月7日第十七次会议和11月15日第十九次会议分别通过决议，合并一些省区，恢复部分原来的行政区划。1952年11月30日，平原省撤销，共存续3年又3个月。

根据中央区划调整决定，平原省所辖新乡、安阳2市和新乡、安阳、濮阳3个专区划归河南省，共计27个县（不含范县、濮县、观城、朝城4县，含东明县）、1个矿区、8个市辖区、3个城关区、229个农村区、3106个乡、17598个自然村，867万人；平原省所辖聊城、菏泽、湖西3个专区划归山东省，共计29个县（含范县、濮县、观城、朝城4县，不含东明县）、3个城关区、240个农村区、3406个乡、24975个自然村，909万人；其中，菏泽专区东明县原属河北省，因治理黄河需要，不再划归河北省，在这次区划调整中划入河南省。

一、省辖市

（一）新乡市

新乡市位于平原省西南部。1949年12月，全市下辖4个区28个行政村45条主要街道，总户数15870户，总人口8.5万。

第一区位于市区中部，东起环城河，西至京汉铁路，南起孟姜女河，北至卫河；第二区位于市区北部，东起杨岗，西达冀场，南至卫河，北至小朱庄；第三区位于市区东部，东起牧村、留庄营，西至环城河，南达马小营，北至卫河；第四区位于市区西南部，东起藏营，西至八里营，南达朱召，北至孟姜女河。

1951年9月，新乡县留庄营等27个自然村划入市区。1952年9月，全市下辖4个区75个行政村44个自然村，全市总户数2.2万户，总人口14.1万。

（二）安阳市

安阳市位于平原省西北部。1949年12月，辖第一、第二、第三、第四区。

1949年前，位于新乡市的卫河风光

1952年9月，辖4个区86个行政村60个自然村。

1949年12月，总户数1.1万户，总人口5.9万。1952年9月，总户数2.2万户，总人口12万。

1952年11月，平原省撤销建制，安阳市划归河南省，为省辖市。

二、专　区

平原省的6个专区分别为：新乡专区、安阳专区、濮阳专区、聊城专区、菏泽专区、湖西专区。

（一）新乡专区

新乡专区位于平原省西南部。东接濮阳专区，西靠山西省垣曲县，南与河南省开封市、郑州市、洛阳市接壤，北与安阳专区毗邻，西北与山西省阳城县、晋城县、陵川县交界。专署驻焦作。共辖14个县，内有原太行区的9个县：新乡、获嘉、温县、辉县、汲县、修武、武陟、博爱、沁阳；有原冀鲁豫区的3个县：延津、原武、阳武；有太岳区的2个县：孟县、济源。以上各县府除新乡县驻小冀外，其余均驻该县县城。1949年10月，焦作矿区成立。

1949年12月，辖14个县1个矿区77个区2062个行政村7475个自然村；总户数65.7万户，总人口280.8万。1950年3月，原武、阳武2县合并为原阳县。1952年9月，辖13个县1个矿区89个区2456个行政村8111个自然村。总户数68.9万户，总人口318.1万。1952年11月，平原省撤销，改属河南省。

（二）安阳专区

安阳专区位于平原省西北部。东接濮阳专区，西依太行山与山西省壶关县、平顺县为邻，南与新乡专区接壤，北与河北省临漳县、磁县毗邻。专署驻安阳。共辖7个县，内有原太行区的6个县：安阳、林县、邺县（安阳县的东部）、漳南（临漳县漳河以南部分）、汤阴、淇县；原冀鲁豫区的1个县：浚县。以上各县府除邺县驻崇义外，其余均驻原县城。1949年10月20日，漳南县县制撤销。

1949年12月，辖6个县48个区2170个行政村3430个自然村；总户数39.4万户，总人口174.5万。1952年9月，辖6个县55个区1924个行政村3472个自然村；总户数43.7万户，总人口185.9万。1952年11月，平原省撤销，改属河南省。

（三）濮阳专区

濮阳专区位于平原省中部。东与菏泽专区相望，东北与聊城专区接壤，西与安阳专区相连，西南与新乡专区为邻，南与河南省开封市搭界，北部与河北省邯郸专区交界。专署驻濮阳。共辖11个县（均属原冀鲁豫区）：濮阳、朝城、观城、濮县、南乐、清丰、滑县、封丘、长垣、内黄、范县。以上各县府均驻原县城。

1949年12月，辖11个县82个区5426个行政村6913个自然村；总户数76.1万户，总人口326.9万。1952年9月，辖11个县92个区6255个自然村；总户数80.4万户，总人口349.2万。1952年10月14日，平原省人民政府将专区所辖的濮县、范县、观城、朝城4个县划归聊城专区。1952年11月，平原省撤销，改属河南省。

（四）聊城专区

聊城专区位于平原省东北部，东南滨黄河与菏泽专区、平阴县交界，西靠卫运河与河北省邯郸、邢台隔水相望，南依金堤河与濮阳专区毗邻，北、东北与山东省德州接壤，南北直距

138公里，东西直距114公里。专署驻聊城。共辖11个县，内有原冀鲁豫区的6个县：聊城、茌平、博平、阳谷、寿张、东阿（黄河西的东阿部分）；原冀南区的5个县：高唐、清平、堂邑、莘县、冠县。以上各县府除东阿驻同城外，其余均驻原县城。

1949年12月，辖11个县67个区5589个行政村6494个自然村；总户数63.4万户，总人口259万。1952年9月，辖11个县74个区2087个行政村6291个自然村；总户数64.8万户，总人口271.7万。1952年10月14日，濮县、范县、观城、朝城4个县划归聊城专区管辖。1952年11月，平原省撤销，改属山东省。

（五）菏泽专区

菏泽专区位于平原省东部。东与湖西专区为邻，西与濮阳专区交界，南、西南、西北分别与河南省商丘、开封接壤，东北、北与山东省济宁、泰安，聊城专区相连。专署驻菏泽。共辖8个县（均属原冀鲁豫区）：菏泽、曹县、东明、定陶、郓城、鄄城、南旺、梁山（东平湖西、寿张县东，前名昆山）。以上各县府除梁山驻集镇外，其余均驻原县城。

1949年12月，辖8个县82个区2497个行政村9395个自然村；1949年12月，总户数84.5万户，总人口341.2万。1952年9月，辖8个县94个区9591个自然村；全区总户数87.7万户，总人口358.3万。1952年11月，平原省撤销，改属山东省。

（六）湖西专区

湖西专区位于平原省东南部，因其大部位于南阳、独山、昭阳、微山四湖以西，故称湖西地区。西、西北与菏泽专区接壤，西南、南、东南与河南省虞城县、安徽省砀山县、江苏省丰县相连。专署驻单县。共辖7个县（均属原冀鲁豫区）：单县、金乡、鱼台、巨野、城武、嘉祥（济宁县西部）、复程（曹县东南部分）。以上各县府除复程驻集镇外，其余均驻原县城。

1949年12月，辖7个县64个区1875个行政村8657个自然村；1949年12月，总户数59.6万户，总人口252.2万。1952年9月，辖7个县71个区1558个行政村8749个自然村；总户数64.7万户，总人口267万。1952年11月，平原省撤销，改属山东省。

三、县　区

（一）新乡专区辖区

新乡县　新乡县位于平原省西南部，东、东北邻延津县、汲县，西与获嘉县毗邻，南连原阳县，北与辉县接壤。县境东西宽32.7公里，南北长34.5公里。

1949年8月，属平原省新乡专区。1949年12月，辖6个区233个行政村339个自然村；总户数4.2万户，总人口23万。1952年9月，辖6个区211个行政村308个自然村；总户数4.4万户，总人口24万。1952年11月，平原省撤销，改属河南省新乡专区。

沁阳县　沁阳县位于平原省西南部，北依太行，南眺黄河。地处太行山南麓、黄土高原和华北平原交界处，境内有山地、丘陵、平原。地势北高南低，由西北向东南倾斜。最高点海拔1116.9米，最低点海拔110米。东邻博爱县，西接济源县，南与温县、孟县毗邻，北界山西省晋城县。

1949年8月，属平原省新乡专区。1949年12月，辖5个区165个行政村401个自然村，区公所分别驻城内、西万、西向、柏香、木楼。1952年，增设第六区，区公所驻西王曲村；总户数 4.6 万户，总人口 17.2 万。1952 年 9 月，辖 6 个区 106 个行政村 401 个自然村；总户数 5.1 万户，总人口 20.7 万。1952 年 11 月，平原省撤销，改属河南省新乡专区。

辉　县　辉县位于平原省西南部，太行山与华北平原过渡地带。东靠汲县，西、西南与山西省陵川县、修武县交界，南临获嘉县、新乡县，北同林县，山西省壶关县相接。县境南北长 65 公里，东西宽 52.5 公里。

1949 年 8 月，属平原省新乡专区。全县划为 10 个区。一区驻城内、二区驻南寨、三区驻黄水、四区驻高庄、五区驻张村、六区驻峪河、七区驻赵固、八区驻薄壁、九区驻南村、十区驻夏峰。1949 年 12 月，辖 8 个区 344 个行政村 1267 个自然村；总户数 6.4 万户，总人口 30.1 万人。1952 年 9 月，辖 10 个区 342 个行政村 1354 个自然村；1952 年 9 月，总户数 6.8 万户，总人口 32.4 万。1949 年 12 月，1952 年 11 月，平原省撤销，改属河南省新乡专区。

济源县　济源县位于平原省西南部。东和沁阳县、孟县毗邻，西与山西省垣曲县接壤，南隔黄河与河南省孟津县、新安县相望；北依太行、王屋两山，和山西省阳城县、晋城县交界。县境东西长 66 公里，南北宽 36.5 公里。

1949 年 8 月，属平原省新乡专区。1949 年 12 月，辖 6 个区 213 个行政村 1662 个自然村，区公所分别驻庙街、轵城、辛庄、思礼、大峪、邵原；总户数 5.5 万户，总人口 21.9 万。1952 年 9 月，辖 8 个区 213 个行政村 2046 个自然村；总户数 6.1 万户，总人口 25.5 万。1952 年 11 月，平原省撤销，改属河南省新乡专区。

孟　县　孟县位于平原省西南部。东连温县，西与济源县接壤，南濒黄河，与河南省孟津县、巩县隔河相望，北接沁阳县。

1949 年 8 月，属平原省新乡专区。1949 年 12 月，辖 5 个区 179 个行政村 401 个自然村；总户数 4.7 万户，总人口 17.1 万。1952 年 9 月，辖 6 个区 183 个行政村 401 个自然村；总户数 5.4 万户，总人口 21.8 万。1952 年 11 月，平原省撤销，改属河南省新乡专区。

温　县　温县位于平原省西南部。东邻武陟县，西邻孟县，南与河南省荥阳县、巩县隔河相望，西北与沁阳县接壤，东北隔沁河与博爱县交界。县境东西长 31.5 公里，南北宽 24 公里。

1949 年 8 月，属平原省新乡专区。1949 年 12 月，辖 5 个区 156 个行政村 245 个自然村；总户数 4.3 万户，总人口 15.7 万。1952 年 9 月，辖 6 个区 145 个行政村 245 个自然村；总户数 5.1 万户，总人口 22.2 万。1952 年 11 月，平原省撤销，改属河南省新乡专区。

修武县　修武县位于平原省西南部，太行山南麓。东、东北和获嘉县、辉县接壤，西南与博爱县毗连，南和武陟县为邻，北、西北同山西省陵川县、晋城县搭界。县境南北长 40 公里，东西宽 36.25 公里。

1949 年 8 月，属平原省新乡专区。1949 年 12 月，辖 5 个区 181 个行政村 397 个自然村；总户数 3.8 万户，总人口 17.3 万。1952 年 9 月，辖 6 个区 109 个行政村 467 个自然村；总人口 15.3 万。1952 年 11 月，平原省撤销，改属河南省新乡专区。

博爱县　博爱县位于平原省西南部。东与焦作矿区、武陟县、修武县接壤，西与沁阳县相邻，南与温县隔河相望，北与山西省晋城县毗邻。

1949 年 8 月，属平原省新乡专区。1949 年 12 月，辖 5 个区 189 个行政村 391 个自然村，区公所分别驻清化、奚英镇、东界沟、阳庙、柏山；总户数 4.6 万户，总人口 18 万。1952 年 9

月，辖 6 个区 184 个行政村 378 个自然村；总户数 4.9 万户，总人口 19.6 万。1952 年 11 月，平原省撤销，改属河南省新乡专区。

延津县　延津县位于平原省西南部。东邻封丘县、滑县，西连新乡市，南界原阳县，北与汲县、浚县接壤。南北宽约 40.5 公里，东西长约 42.5 公里。1945 年属冀鲁豫第四专区。

1949 年 8 月，属平原省新乡专区。1949 年 12 月，辖 6 个区 129 个行政村 398 个自然村；总户数 4.3 万户，总人口 23.4 万。1952 年 9 月，辖 7 个区 132 个行政村 392 个自然村，区公所分别驻城关、大城、寇庄、王堤、小店、夹堤、马庄；总户数 4.6 万户，总人口 25 万。1952 年 11 月，平原省撤销，改属河南省新乡专区。

获嘉县　获嘉县位于平原省西南部。东与新乡县相连，西与武陟县、修武县接壤，南与原阳县毗邻，北界与辉县相望。东西宽 21.4 公里，南北长 34 公里。

1949 年 8 月，属平原省新乡专区。1949 年 12 月，总户数 5.6 万户，总人口 18.5 万。1950 年，辖 5 个区 145 个行政村 247 个自然村，区公所分别驻城关、三位营、中和、亢村、程遇。1952 年，增设第六区，驻大马厂。1952 年 9 月，辖 6 个区 150 个行政村 247 个自然村；总人口 20.6 万。1952 年 11 月，平原省撤销，改属河南省新乡专区。

原阳县　1949 年 8 月，在平原省成立之时，原武县、阳武县为两个县。1950 年 3 月，经中央人民政府批准，原武县、阳武县正式合并为原阳县。

原阳县位于平原省西南部，黄河北岸。东与封丘县接壤，西与获嘉县、武陟县搭界，南隔河与河南省郑州市、中牟县、开封市相望，北与延津县、新乡县毗邻。境域东西最长处约 60 公里，南北最宽处约 30 公里。

1949 年 8 月，属平原省新乡专区。1949 年 10 月，全县划为 7 个区，一区驻杨湾，二区驻福宁集，三区驻齐街，四区驻大宾，五区驻官厂，六区驻原武，七区驻马庄，后增设城关区；1949 年 12 月，辖 7 个区 189 个行政村 678 个自然村；总户数 5.8 万户，总人口 29.7 万。1950 年 3 月，经中央人民政府批准，原武县、阳武县正式合并为原阳县。1952 年 9 月，辖 8 个区 183 个行政村 707 个自然村；总户数 5.8 万户，总人口 30.9 万。1952 年 11 月，平原省撤销，改属河南省新乡专区。

武陟县　武陟县位于平原省西南部，东接获嘉县、原阳县，西邻温县、博爱县，北界焦作矿区、修武县，南濒黄河与河南省荥阳县隔河相望。东西长 45 公里，南北平均宽 20 公里。

1949 年 8 月，属平原省新乡专区。1949 年 12 月，辖 7 个区 252 个行政村 423 个自然村；总户数 6.2 万户，总人口 28 万。1952 年 9 月，辖 7 个区 254 个行政村 399 个自然村；总户数 6.8 万户，总人口 31.2 万。1952 年 11 月，平原省撤销，改属河南省新乡专区。

汲　县　汲县位于平原省西南部，太行山东麓。东、东北与淇县接壤，西与新乡县、辉县为邻，南与延津县相连，北与林县毗邻。南北长 43 公里，东西宽 35 公里。

1949 年 8 月，属平原省新乡专区。1949 年 12 月，辖 6 个区 202 个行政村 601 个自然村；1949 年 12 月，总户数 4.3 万户，总人口 17.9 万。1952 年 9 月，辖 6 个区 201 个行政村 675 个自然村；总户数 4.2 万户，总人口 19.9 万。1952 年 11 月，平原省撤销，改属河南省新乡专区。

焦作矿区　焦作矿区位于平原省西南部，东与修武县接壤，西与博爱县搭界，南与武陟县相连，北与山西省陵川县交界。东西长 30 公里，南北宽 19 公里，总面积 370 平方公里。

1949 年 8 月，属平原省新乡专区；10 月，改为焦作矿区。1949 年 10 月，焦作矿区辖 19

条街道和东王封，西王封，李封一、二、三街5个自然村。1949年12月，矿区总户数5936户，总人口2.4万。1950年2月，博爱县的东冯封、西冯封划归焦作矿区。1952年，博爱县的六家作等3个行政村和修武县店后等24个行政村划归焦作矿区。1952年9月，全区下辖43个行政村91个自然村；矿区总户数1.7万户，总人口8.4万。1952年11月，平原省撤销，改属河南省新乡专区。

（二）安阳专区辖区

安阳县 安阳县位于平原省西部。东连邺县，西接林县，南隔羑河与汤阴县为邻，北隔漳河与河北省磁县、临漳县相望。

焦作矿院内的近代建筑

1949年8月，属平原省安阳专区；10月，撤销漳南县。1949年12月，辖9个区408个行政村549个自然村；总户数7.5万户，总人口30.8万。1952年9月，辖10个区409个行政村581个自然村；1952年9月，总户数7.9万户，总人口31.8万。1952年11月，平原省撤销，改属河南省安阳专区。

汤阴县 汤阴县位于平原省西部，东与内黄县隔河相望，西与林县相邻，南与浚县、淇县相连，北与安阳县、邺县接壤。

1949年8月，属平原省安阳专区。1949年12月，辖7个区281个行政村482个自然村，区公所分别驻城关、鹤壁、鹿楼、宜沟、西柳圈、古贤、任固；总户数5.4万户，总人口24.9万。1952年9月，辖8个区294个行政村513个自然村；总户数5.8万户，总人口27.8万。1952年11月，平原省撤销，改属河南省安阳专区。

淇县 淇县位于平原省西部，东临浚县，西依太行与林县相连，南与汲县接壤，北与汤阴县为邻。

1949年8月，属平原省安阳专区。1949年12月，辖4个区152个行政村365个自然村；1949年12月，总户数2.4万户，总人口10.5万。1952年9月，辖4个区152个行政村377个自然村；总户数2.7万户，总人口11.7万。1952年11月，平原省撤销，改属河南省安阳专区。

浚县 浚县位于平原省西部，卫河纵贯全境，淇河沿西部边界南流。东邻滑县，西隔淇河与淇县接壤，南、西南与延津县、汲县毗邻，北与汤阴县搭界。

1949年8月，属平原省安阳专区。1949年12月，辖8个区503个行政村625个自然村，区公所分别驻城关、小河、王庄、钜桥、屯子、新镇、善堂、道口；总户数6.8万户，总人口30.2万。1952年，在一、二、四、五、八区结合地带设第九区，区政府驻白寺。1952年9月，辖9个区240个行政村587个自然村；总户数7.2万户，总人口33.3万。1952年11月，平原省撤销，改属河南省安阳专区。

林县 林县位于平原省西部，太行山东麓。东与安阳县、汤阴县、淇县接壤；西依太行山与山西省壶关县、平顺县为邻；南与辉县、汲县相连；北以漳河为界，与河北省涉县隔河相望。东西宽29.4公里，南北长74公里。

1949年8月，属平原省安阳专区。1949年12月，辖12个区513个行政村804个自然村，区公所分别驻城关、合涧、原康、三井、临淇、泽下、东姚、河顺、横水、东岗、任村、姚村；总户数10.1户，总人口45.6万。1952年7月，增设南陵阳、舜王峪、茶店3个区。1952年9月，辖15个区540个行政村884个自然村；总户数13万户，总人口49万。1952年11月，平原省撤销，改属河南省安阳专区。

邺县

邺县位于平原省西北部。东与内黄县相接，西和安阳县毗连，南与汤阴县为邻，北与河北省磁县、临漳县接壤。

1949年8月，属平原省安阳专区。同年10月，划安阳县城区及近郊置安阳市，移安阳县治水冶镇，后又拆安阳、临漳二县，撤销漳南县，在漳河以南地区置邺县，治所驻崇义集。1949年12月，辖8个区313个行政村605个自然村；总户数6.9万户，总人口32.2万。1952年9月，辖9个区289个行政村530个自然村；总户数6.9万户，总人口32万。1952年11月，平原省撤销，改属河南省安阳专区。

漳南县

漳南县位于平原省西北部。东南与内黄县相接，东北与河北省魏县毗连，西部与邺县相邻，北部与河北省临漳县接壤。

1947年，由河南省内黄、临漳和河北省魏县3县析置(临漳县后属河北省)，因在漳河以南得名，治所驻崇义集。1949年8月，隶属平原省。1949年10月20日县制撤销，所辖仍归各县。

（三）濮阳专区辖区

濮阳县 濮阳县位于平原省中部，东、东北与濮县及观城县毗邻，西、西南与滑县及长垣县交界，南、东南与东明县、菏泽县、鄄城县隔河相望；北、西北与清丰县、内黄县相连。

1949年8月，属平原省濮阳专区。1949年12月，辖16个区1213个行政村1326个自然村，区公所分别驻胡村、孙王庄、昌湖、田楼、新习、五星、梁庄、杜堌、王称堌、白堽、庆祖、八公桥、徐镇、梨园、郎中、海通；总户数13.9万户，总人口58.9万。1952年9月，辖17个区369个行政村1338个自然村；总户数14.7万户，总人口63.5万。1952年11月，平原省撤销，改属河南省濮阳专区。

长垣县 长垣县位于平原省中南部，东、东北与东明县、濮阳县相接，西、南与封丘县为邻，东北、北与濮阳县、滑县接壤。南北长45公里，东西宽35公里。

1949年8月，属平原省濮阳专区。1949年12月，辖10个区205个行政村743个自然村，区公所分别驻城关、参木、孟岗、大苏庄、满村、樊相、丁栾、佘家、常村、张寨；总户数8.1万户，总人口39.1万。1952年9月，辖11个区215个行政村744个自然村；总户数8.5万户，总人口41.2万。1952年11月，平原省撤销，改属河南省濮阳专区。

内黄县 内黄县位于平原省北部，东接清丰县，南接濮阳、滑县，西连邺县、汤阴县，北邻河北省魏县。东西宽21.1公里，南北长55公里。

1949年8月，属平原省濮阳专区。1949年12月，辖8个区465个行政村818个自然村，区公所分别驻城关、东庄、后河、梁庄、石盘屯、井店、亳城、楚旺。1949年，总户数7.5万户，总人口31.2万,其中,农业人口31.1万人。1952年9月,辖9个区186个行政村505个自然村;总户数7.8万户,总人口33.8万。1952年11月,平原省撤销,改属河南省濮阳专区。

南乐县 南乐县位于平原省北部,东、东北与朝城县接壤,西北、北与河北省魏县、大名县为邻,南、东南与清丰县、观城县毗连。

1949年8月,属平原省濮阳专区。1949年12月,辖6个区350个行政村378个自然村,区公所分别驻城关、韩张、福堪、谷金楼、张浮丘、近德固;总户数5.9万户,总人口22.2万。1952年9月,辖6个区137个行政村343个自然村;总户数6万户,总人口23.9万。1952年11月,平原省撤销,改属河南省濮阳专区。

清丰县 清丰县位于平原省中北端。东与观城县毗连,西邻内黄县,南与濮阳县接壤,北靠南乐县,西北隔卫河与河北省魏县相望。东西长约35公里,南北宽约25公里。

1949年8月,属平原省濮阳专区。1949年12月,辖8个区543个行政村717个自然村,区公所分别驻城关镇、六塔、仙庄、马村、古城、韩村、固城、柳格;总户数8.4万户,总人口34.6万。1952年9月,辖9个区237个行政村606个自然村;总户数8.5万户,总人口35.9万。1952年11月,平原省撤销,改属河南省濮阳专区。

范县 范县位于平原省中东部。东与寿张县为邻,西北、西南与观城县、濮县相连,南、东南与鄄城县、郓城县、梁山县毗邻,北与朝城县接壤。全境南北长20公里,东西宽42公里。

1949年8月,属平原省濮阳专区。1949年12月,辖4个区351个行政村452个自然村,区公所分别驻城镇、张庄、龙王庄、颜村铺;总户数3.4万户,总人口13.7万。1952年9月,辖4个区83个行政村363个自然村;总户数3.5万户,总人口14.5万。

范县境内的临黄大堤

1952年11月,平原省撤销,改属山东省聊城专区。

濮县 濮县位于平原省中部。东北与范县接壤,西、西北与濮阳县、观城县相连,南临黄河与鄄城县相望。

1949年8月,属平原省濮阳专区。1949年12月,辖4个区233个行政村356个自然村;总户数2.8万户,总人口12.2万。1952年9月,辖4个区74个行政村231个自然村;总户数3万户,总人口12.8万。1952年11月,平原省撤销,改属山东省聊城专区。

滑县 滑县位于平原省西部。东与濮阳县毗连,西与延津县、浚县接壤,南与长垣县、封丘县为邻,北与内黄县交界。

1949年8月,属平原省濮阳专区。1949年12月,辖14个区920个行政村943个自然村;总户数13.2万户,总人口58.3万。1952年9月,辖17个区411个行政村957个自然村;总户数14.4万户,总人口64.6万。1952年11月,平原省撤销,改属河南省濮阳专区。

封丘县 封丘县位于平原省南部。黄河流经南界和东界。东北、北与长垣县、滑县毗邻,西、西北与原阳县、延津县接壤,南隔河与河南省开封县、考城县相望,北与滑县相连。东西宽48.7公里,南北长38.2公里。

1949年8月,属平原省濮阳专区。1949年12月,辖8个区个576行政村个576自然村,区公所分别驻城关、大村、黄德、鲁岗、荆隆宫、留光、曹岗、黄陵;总户数6.6万户,总人口32.6万。1952年,增设冯村为第九区。1952年9月,辖9个区151个行政村577个自然村;总户数6.9万户,总人口35万。1952年11月,平原省撤销,改属河南省濮阳专区。

观城县　观城县位于平原省中北部。东南、南与范县、濮县为邻,西与清丰县毗邻,西北、东北和南乐县、朝城县接壤。

1949年8月,属平原省濮阳专区。1949年12月,辖3个区228个行政村220个自然村;总户数2.6万户,总人口10.9万。1952年9月,辖3个区74个行政村228个自然村;总户数2.6万户,总人口11.5万。1952年11月,平原省撤销,改属山东省聊城专区。

朝城县　朝城县位于平原省东北部。东南、南与寿张县、范县为邻,西南、西和西北与观城县、南乐县、河北省大名县毗邻,北、东北和冠县、莘县、阳谷县接壤。

1949年8月,属平原省濮阳专区。1949年12月,辖3个行政区321个行政村363个自然村;总户数2.8万户,总人口11.3万。1952年9月,辖3个区87个行政村363个自然村;总户数3.9万户,总人口12万。1952年11月,平原省撤销,改属山东省聊城专区。

(四)聊城专区辖区

聊城县　聊城县位于平原省东北部。东、东南靠茌平县、东阿县,西、西南依堂邑县、莘县,南与阳谷县毗邻,北与博平县接壤。南北最长距50公里,东西最宽40公里。

1949年8月,属平原省聊城专区。1949年10月,全县划为10个区,区公所分别驻老韩庄、孙堂、李楼、王行、王屯、乔庄、芦庄、辛城海、潘屯、沙镇。1949年12月,辖7个区717个行政村836个自然村,区公所分别驻许堂、于集、小店子、梁庄、闫觉寺、二十里铺、沙镇;总户数5.9万户,总人口25.5万。1952年9月,辖8个区181个行政村919个自然村;总户数6.3万户,总人口28.1万。1952年11月,平原省撤销,改属山东省聊城专区。

堂邑县　堂邑县位于平原省东北部。东、南与聊城县毗邻,西接冠县,西北、北与河北省馆陶县、山东省临清县,清平县接壤,东北与博平县相连。

1949年8月,属平原省聊城专区。1949年12月,辖5个区550个行政村599个自然村;总户数5.8万户,总人口20.8万。1952年9月,辖6个区155个行政村626个自然村;总人口22.4万。1952年11月,平原省撤销,改属山东省聊城专区。

高唐县　高唐县位于平原省东北部。东与山东省禹城县、齐河县为邻,西、西北与清平县,山东省夏津县接壤,西南与博平县相连,南、东南靠茌平县,北与山东省恩县毗邻。南北长45公里,东西宽42公里。

1949年8月,属平原省聊城专区。1949年12月,辖6个区549个行政村605个自然村;总户数55523户,总人口22.8万。1952年9月,下辖6个区170个行政村562个自然村;总户数59169户,总人口23.6万。1952年11月,平原省撤销,改属山东省聊城专区。

阳谷县　阳谷县位于平原省东北部。东邻东阿县,西接莘县,南、西南与寿张县、朝城县接壤,北接聊城县。南北长30公里,东西宽39公里。

1949年8月，属平原省聊城专区。1949年12月，辖8个区759个行政村852个自然村；总户数7.2万户，总人口33.2万。1952年9月，辖9个区170个行政村784个自然村；总户数7.4万户，总人口34.8万。1952年11月，平原省撤销，改属山东省聊城专区。

莘 县 莘县位于平原省东北部。东南与阳谷县以金线河为界，西、西南与朝城县毗邻，西北与冠县相连，东北与聊城县接壤。

1949年8月，属平原省聊城专区。1949年12月，辖6个区293个行政村506个自然村，区公所分别驻城关、燕店、宋庄、王奉、张鲁、十八里铺；总户数5.3万户，总人口21.2万。1952年9月，辖6个区309个行政村524个自然村；总户数5.4万户，总人口22.1万。1952年11月，平原省撤销，改属山东省聊城专区。

冠 县 冠县位于平原省东北部。东与聊城县为邻，西与河北省馆陶县、大名县相望，南、西南与莘县、朝城县接壤，东北与堂邑县毗连。

1949年8月，属平原省聊城专区。1949年12月，辖5个区377个行政村389个自然村；总户数5.3万户，总人口18.2万。1952年9月，辖6个区267个行政村381个自然村；总户数5.1万户，总人口19.5万。1952年11月，平原省撤销，改属山东省聊城专区。

清平县 清平县位于平原省东北部。东北、北与高唐县、山东省夏津县接壤，西南、西与堂邑县、山东省临清县毗邻，南与博平县相连。

1949年8月，属平原省聊城专区。1949年12月，辖5个区310个行政村338个自然村；总户数4.9万户，总人口19.8万。1952年9月，辖5个区211个行政村332个自然村；总户数5.1万户，总人口20.7万。1952年11月，平原省撤销，划归山东省聊城专区。

茌平县 茌平县位于平原省东北部。东邻山东省齐河县，西靠聊城县，南接东阿县，西北、北与博平县、高唐县相连。

1949年8月，属平原省聊城专区。1949年12月，辖6个区591个行政村637个自然村；总户数5.7万户，总人口22万。1952年9月，辖6个区167个行政村618个自然村；总户数5.8万户，总人口22.8万。1952年11月，平原省撤销，改属山东省聊城专区。

博平县 博平县位于平原省东北部。东邻茌平县，西与堂邑县为邻，南接聊城县，东北、北与高唐县、清平县毗邻。

1949年8月，属平原省聊城专区。1949年12月，辖5个区415个行政村484个自然村；总户数4.6万户，总人口19.2万。1952年9月，辖6个区119个行政村471个自然村；总户数4.7万户，总人口20.5万。1952年11月，平原省撤销，划归山东省聊城专区。后建制撤销，辖区划归茌平县。

东阿县 东阿县位于平原省东北部。东、南以黄河为界，与山东省平阴县、梁山县隔河相望；西、西南与阳谷县、寿张县为邻；西北、北与聊城县、茌平县相连；东北与山东省齐河县接壤。南北长52.5公里，东西宽24.5公里。

1949年8月，属平原省聊城专区。1949年12月，辖7个区561个行政村623个自然村，区公所分别驻耿庄、高囤、高集、于集、刘集、广粮门、牛角店；总户数7.1万户，总人口31.7万。1952年9月，辖9个区210个行政村561个自然村；总户数7.4万户，总人口33万。1952年11月，平原省撤销，改属山东省聊城专区。

寿张县 寿张县位于平原省东北部。东与梁山县隔河相望,西与范县毗邻,西北、北与朝城县、阳谷县接壤。

1949年8月,属平原省聊城专区。1949年12月,辖6个区439个行政村526个自然村;总户数5.1万户,总人口22.4万。1952年9月,辖7个区128个行政村513个自然村;总户数5.3万户,总人口23.6万。1952年11月,平原省撤销,改属山东省聊城专区。

(五)菏泽专区辖区

菏泽县 菏泽县位于平原省东南部。东接巨野县,西与东明县相依,南、东南与曹县、定陶县相连,北邻鄄城县,西北隔黄河与濮阳县相望。南北纵距48公里,东西横距55.5公里。

1949年8月,属平原省菏泽专区。1949年12月,辖12个区305个行政村1654个自然村。区公所分别驻岳楼、何楼、三教堂、杜庄、黄堽、吕陵、王浩屯、高庄、小留、安兴、辛集、沙土;总户数13.5万户,总人口53.8万人。1952年9月,辖14个区378个行政村1731个自然村;总户数14.3万户,总人口59.6万。1952年11月,平原省撤销,改属山东省菏泽专区。

曹县 曹县位于平原省东南部。东临复程县,南、西南与河南省商丘县、民权县、考城县毗连,东北、北和西北与城武县、定陶县、菏泽县接壤。东南、西北长77.6公里,南北最大纵距47.6公里。

1949年8月,属平原省菏泽专区。1949年12月,辖12个区522个行政村2102个自然村,区公所分别驻城关、季集、古营集、后姜楼、莘家集、韩集、桃源集、大马庄、申庄寨、大郑庄、仲堤圈、大义集;总户数12.3万户,总人口51.2万。1952年9月,辖15个区332个行政村2165个自然村,区公所分别驻普连集、季集、古营、大黄集、莘家集、韩集、桃源集、大寨集、魏湾、土山集、仲堤圈、大义集、梁堤头、砖庙、城关镇;总户数12.9万户,总人口55万。1952年11月,平原省撤销,改属山东省菏泽专区。

定陶县 定陶县位于平原省东南部。东、东南与城武县为邻,西、北与菏泽县相接,南与曹县相依,东北与巨野县交界。南北纵距32公里,东西横距40公里。

1949年8月,属平原省菏泽专区。1949年12月,辖8个区985个自然村,区公所分别驻城关、仿山、陈集、孟海、黄店、冉堌、南王店、力本屯;总户数8.1万户,总人口31万。1952年9月,辖9个区111个行政村987个自然村,第九区驻杜堂;总户数8.1万户,总人口33.1万人。1952年11月,平原省撤销,改属山东省菏泽专区。

梁山县 梁山县位于平原省东部。梁山县因境内有梁山而得名。东、东北与山东省汶上县、东平县、平阴县接壤,南、西南与南旺县、郓城县相连,西北、北与寿张县、东阿县毗邻。南北最长63公里,东西最宽43公里。

1949年8月,属平原省菏泽专区。1949年12月,辖9个区765个自然村;总户数8.1万户,总人口33.6万。1952年9月,辖11个区867个自然村;总户数10.7万户,总人口36.5万。1952年11月,平原省撤销,改属山东省菏泽专区。

郓城县 郓城县位于平原省东部。东、东北与南旺县、梁山县相邻,西接鄄城县,南靠巨野县,西北隔黄河与范县相望。南北最长44公里,东西最宽35.71公里。

1949年8月,属平原省菏泽专区。1949年12月,辖14个区350个行政村1219个自然村;总户数16.6万户,总人口64.6万。1952年9月,辖17个区274个行政村1400个自然村;总户数17.1万户，总人口68.8万。1952年11月，平原省撤销，改属山东省菏泽专区。

鄄城县 鄄城县位于平原省中东部。东连郓城县，西、西北与濮阳县、濮县、范县接壤，南邻菏泽县。南北长37公里，东西宽32公里。

1949年8月，属平原省菏泽专区。1949年12月，辖10个区1161个自然村；总户数9.6万户，总人口38万。1952年9月，辖10个区1140个自然村；全县总户数9.5万户，总人口39.3万。1952年11月，平原省撤销，改属山东省菏泽专区。

东明县 东明县位于平原省中南部。东与菏泽县相连，西、西北与长垣县、濮阳县毗邻，南与河南省考城县为邻，东南与曹县接壤。南北最长55公里，东西最宽35公里。

1949年8月，属平原省菏泽专区。1949年12月，辖9个区812个行政村855个自然村；总户数8.3万户，总人口35.6万人。1952年9月，辖10个区193个行政村841个自然村，区公所分别驻刘楼、刘庄、于谭寨、柳寨、小井、三春集、玉皇庙、沙窝、城关、焦园；总户数8.8万户，总人口38.8万。1952年11月，平原省撤销，改属河南省郑州专区。

南旺县 南旺县位于平原省东部。东邻山东省汶上县，西与郓城县毗邻，南、西南与嘉祥县、巨野县相连，北与梁山县接壤。

1949年8月，属平原省菏泽专区。1949年12月，辖7个区508个行政村557个自然村；总户数6.9万户，总人口30.4万。1952年9月，辖8个区460个自然村；总户数6万户，总人口26.8万。1952年11月，平原省撤销，改属山东省菏泽专区。

（六）湖西专区

单县 单县位于平原省东南部。东邻江苏省丰县，西连复程县，南、西南接安徽省砀山县、河南省虞城县，西北、东北靠城武县、金乡县。南北最大纵距33公里，东西最大横距50公里。

1949年8月，属平原省湖西专区，为专署驻地。1949年12月，辖12个区598个行政村2071个自然村，区公所分别驻大许河、孚岗、黄岗、杨楼、蔡堂、大寨、龙王庙、终兴、张集、曹马、徐寨、黄寺；总户数10.9万户，总人口47.8万。1952年9月，辖15个区356个行政村2339个自然村；总户数15万户，总人口58.1万。1952年11月30日，平原省撤销，改属山东省湖西专区。

城武县 城武县位于平原省东南部。东与金乡县为邻，西与定陶县、曹县接壤，南、东南与复程县、山东省单县相连，北与巨野县毗邻。南北纵距约39公里，东西横距约41公里。

1949年8月，属平原省湖西专区。1949年12月，辖8个区332个行政村1288个自然村；总户数8.6万户，总人口34.8万人。1952年9月，辖9个区217个行政村1310个自然村；总户数9.1万户，总人口37.1万。1952年11月，平原省撤销，改属山东省湖西专区。

巨野县 巨野县位于平原省东南部。东与嘉祥县相邻，西与定陶县、菏泽县接壤，南、东南与城武县、金乡县相连，北、西北与郓城县、鄄城县毗邻，东北与南旺县搭界。南北纵距42公里，东西横距49公里。

1949年8月，属平原省湖西专区。1949年12月，辖11个区28个行政村986个自然村；总户数11.1万户，总人口44.7万。1952年9月，辖12个区52个行政村965个自然村；总户数11.5万户，总人口47.8万。1952年11月，平原省撤销，改属山东省湖西专区。

复程县 复程县位于平原省东南部。东与单县相邻，西与曹县相连，南与河南省虞城县相连，北与城武县接壤。

1949年8月，属平原省湖西专区。1949年12月，辖7个区307个行政村1119个自然村；总户数5.7万户，总人口25.9万。1952年9月，辖7个区187个行政村1125个自然村；总户数6.3万户，总人口27.5万。1952年11月，平原省撤销，改属山东省湖西专区。

嘉祥县　嘉祥县位于平原省东部。东临山东省济宁市，西靠巨野县，南、东南接金乡县、鱼台县，北依南旺县。东西宽22公里，南北长47.5公里。

1949年8月，属平原省湖西专区。1949年12月，辖10个区810个自然村，区公所分别驻城关、金屯、纸坊、仲山、牟海、万张、疃里、安居、王贵屯、喻屯；总户数9.4万户，总人口40.7万。1952年，设唐口区，9月，辖11个区225个行政村820个自然村；总户数9.6万户，总人口41.5万。1952年11月，平原省撤销，改属山东省湖西专区。

金乡县　金乡县位于平原省东南部。东邻鱼台县，西、西北靠城武县、巨野县，西南、东南与单县及江苏省丰县交错，东北与嘉祥县相连。东西最大横距26公里，南北最大纵距41.5公里。

1949年8月，属平原省湖西专区。1949年12月，辖8个区416个行政村1204个自然村，区公所分别驻城关、霄云、高河店、胡集、羊山、马庙、鸡黍、兴隆；总户数7.6万户，总人口30.8万。1952年5月，新设九区（化雨）。1952年9月，辖9个区398个行政村1191个自然村；总户数7.9万户，总人口32.4万。1952年11月，平原省撤销，属山东省湖西专区。

鱼台县　鱼台县位于平原省东南部。东濒南阳湖、昭阳湖，西与金乡县接壤，南与江苏省沛县、丰县毗邻，北和嘉祥县为邻。南北最大纵距为23.5公里，东西最大横距为37.5公里。

1949年8月，属平原省湖西专区。1949年12月，辖7个区128个行政村995个自然村，区公所分别驻城关、李阁、罗屯、武台、旧城、谷亭、临湖；总户数5.1万户，总人口22.7万。1952年，增设第八区（老砦）。1952年9月，辖8个区123个行政村999个自然村；总户数5.1万户，总人口22.3万。1952年11月，平原省撤销，改属山东省湖西专区。

第二章

中国共产党

1949年8月，中共平原省委成立，隶属中共中央华北局。

平原省成立后，省委先后召开4次中共平原省党代表会议，从形势任务、方针政策和干部作风上，系统纠正各种错误思想，牢固树立以生产建设为中心的思想，确定安定团结、恢复发展生产的方针，在社会改革、巩固新政权、稳定社会局势、恢复工农业生产以及交通运输、文教卫生事业、平抑物价等方面做了大量工作，取得显著成绩，为实现党的工作重心转移、完成恢复国民经济的历史任务奠定了基础。1952年11月，根据中共中央关于调整省区的决议，平原省建制撤销，所辖地、市党组织分别划归河南、山东省委领导。

位于新乡市的中共平原省委旧址

第一节 工作重心转移

1949年8月,平原省有282万人口的新区未进行土地改革,有1000万人口的老区、半老区土改基本完成,218万人口的恢复区土地大体平分。经过长期战争,农业生产受到严重破坏,全省粮食总产量为27.45亿公斤,为抗日战争前的67.16%,棉花总产量为战前的56.64%。城市工商业大部遭到破坏,加上灾情严重,群众生活贫困,迫切要求进行生产救灾,恢复经济与发展生产。恢复区与新区则要求迅速完成土地改革,扫清反革命残余势力,稳定社会秩序。

中共平原省委旧址

平原省成立后,中共平原省委通过3次党代表会议的召开,在思想上和行动上,组织实施由战争到和平、由土改到生产的转变,实现党的工作重心转移。

经过3年的社会改革,全省从各个方面肃清反动影响与旧时代的污毒,划清阶级界限,充分发动群众,建立和健全各种革命组织。全省建立基层组织党支部16450个,党员26.86万人,占总人口的1.51%;发展团员33.06万人,占总人口的1.86%;工会会员11.38万人;供销社社员605.21万人,占总人口的33.91%;民兵发展到163.32万人,占全省总人口的9.1%,有8651个村实行民兵制,重点试建一个民兵基干团,有33个连、10个排,共有基干民兵9176人;建立村妇女代表会10855个,妇女代表17.36万人。1952年夏秋,全省在未进行土改的沿湖、沿河灾荒地区649个自然村、有土改遗留问题的2044个自然村、未发给土地证的8000余个自然村,紧密结合生产,进行补课,土地改革全面完成,在全省范围内彻底废除封建制度,解放社会生产力。

一、确立工作重心

1949年10月1~12日,中共平原省第一次代表会议在新乡召开,确定新的工作方针,布置1949年冬季和1950年春季工作。中共中原省委书记潘复生、平原省人民政府主席晁哲甫等因赴京参加中国人民政治协商会议第一次会议和开国大典,故会议由省委副书记赵时真主持,平原军区司令员刘致远、省政府副主席韩哲一、省委组织部部长刘晏春、省委宣传部部长张承先等出席会议,分别讲话。

平原省成立时情况比较复杂,全省既有1000余万人口的老区、半老区,又有218余万人口的恢复区和282万人口的新区。其中还有270万人口的灾区。各地区情况不同,工作任务不同。根据华北局指示和省内复杂情况,这次会议集中讨论了《平原省第一次党代表会议决议草案》,初步提出1949年冬至1950年春的总任务,分别提出各地区不同的工作方针。这次会议确定恢复和发展生产的方针,决定以生产救灾为全省工作中心,结合生产完成土改、整党,加强剿匪、治安。

平原省第一次党代表会议之后,全省地、市、县先后召开党代会和各界代表会议,贯彻省第一次党代会精神。由于各地情况不同,尤其是在党内存在着"重土改轻生产"的认识,各地贯彻执行以生产为中心的方针很不平衡。

在完成土改的地区中,安阳、菏泽和新乡等地的一部分村庄贯彻的最好,出现农村各阶层积极团结生产的新气象。一些地区尤其是土地大体平分的地区,对以生产为中心的方针贯彻不力。濮阳地区是老区,土改完成,仍确定全区60%的村为土改村,地委还把土改、建政、生产等工作机械地划分为三个阶段,影响了以生产为中心方针的贯彻执行。湖西地区曹县12区的土地大体平分,但县委仍确定贯彻土改为中心,派400名干部深入25个行政村搞土改,严重阻碍生产。在郓城、鄄城、东明、菏泽等县,有一部分村庄,干部进村后口头上讲生产,实际上进行整党、土改,把生产当作开场白,或者根本不号召、不领导生产,也不宣布政策,结果群众情绪低落,工作走弯路。

菏泽、湖西地区的大部分灾区,没有认真贯彻省委"组织生产度荒"的方针,未能形成广泛的群众性的生产自救运动。梁山县有100多个村、南旺县有50~60个村的生产救灾工作无人领导,只向上级多要救济粮,不去积极组织生产。有些县要来粮食迟迟不发,对灾民生活不关心。1949年11月,省政府拨给灾区无息贷粮,有的地区几个月后才起运。募捐救灾的衣服,有的长期搁置在县政府,灾民纷纷逃离,致使灾区面积不断扩大,灾情继续恶化。

在开展生产与土改等各项工作中,干部作风不民主,强迫命令方式盛行,有些干部甚至随便打、骂、扣押群众,违反党的政策。1949年,濮阳专区在秋征运粮中,由于领导患上严重的官僚主义,没有进行具体的组织工作,粮到无人收,车辆积压,群众等待数天,在雪地露营,结果冻死饿死4人、伤8人,冻死牲畜355头,给群众造成重大损失。

第一次党代会制定的以生产为中心的方针,在全省党内没有得到正确理解,缺乏有力措施,贯彻落实不力,生产成绩较差。当时各级领导干部在思想上对由战争到和平、由土改到生产这一历史性转变认识不够,对党内单纯农业社会主义思想估计不足,对干部由战争胜利而产生的居功自傲以及工作中的强迫命令作风和某些破坏政策违法乱纪的行为缺乏系统教育与纠正,妨碍了党政方针的贯彻执行。在干部中普遍存在对发展生产的意义认识不足的问题,认为"土改是革命,生产不是革命""生产不用领导""生产是没把葫芦";在群众中存在着"怕冒尖""怕露富""怕吃大锅饭"等思想顾虑。由于"工作重心转移"没有被提到战略高度来认识,没有引起全党各级干部的足够重视,加之对党内存在的许多糊涂观念解决不力,影响了平原省党的工作重心的顺利转移。

二、纠正工作偏差

1949年年底至1950年年初,华北局组织部部长王从吾到平原省检查工作,深入城乡群众,开展一个月的调查研究,发现许多问题。1950年2月1日,华北局根据王从吾汇报情况,作出《对平原省工作的指示》。指出这些问题直接妨碍以生产为中心方针的贯彻,影响党的工作重心转移,分析平原省普遍存在的问题,明确提出解决办法:必须切实制定完全符合平原省情况的生产计划及实现这些计划的具体办法;必须立即颁发土地证,宣传并切实执行政策,保障财权地权；认真贯彻生产自救方针，充分运用召开党代会和人民代表会议的办法，讨论并制定县、区、村和农户的生产自救计划，领导组织群众生产自救，度过灾荒；积极发动群众生产，增加收入，并要整理财政，减少开支，认真评产，使税收公粮合理，还要严格的公粮保管制度；要深入进行民主教育，反对强迫命令，干部犯法必须依法处理，各级领导应以身作则，自我批评，养成民主作风；政府应明文宣布反动会道门、土匪为非法组织，严格取缔妨害生产、扰乱社会秩序的非法活动，改造一切不务正业者从事生产，使反动会道门头子、土匪分子无机可乘。

华北局还作出《对平原省城市工作的几点指示》，指出平原省在稳定城市秩序、恢复生产上有一些成绩，但在几个重要问题上仍存在偏差：一是新乡、焦作的工业生产恢复差，管理乱；二是新乡、焦作两市不少干部对于依靠工人阶级和发展工业生产的基本方针有抵触；三是城市的合作社还没有普遍建立；四是不注意在工人中发展党员，群众没有核心，领导无依靠，工作无力，任务不能贯彻。

华北局两个指示，深刻地指出平原省工作中存在的主要问题以及解决这些问题的措施和方法，对全省各级领导认清形势，统一思想，纠正偏向，贯彻执行以生产为中心的工作方针，实现工作重心转移，具有重要的指导意义。

1949年12月，平原省委采取措施贯彻华北局指示，纠正工作中缺点错误。针对濮阳地区贯彻以生产为中心方针不力问题，中共中原省委先后派省委宣传部部长张承先、组织部部长刘晏春前去指导工作。12月13日，濮阳地委召开县委书记联席会议，检查和分析该地区没有形成有组织有领导更有力的生产运动的原因，批判"冬闲生产没搞头"思想，进一步贯彻以生产为中心的方针。省委、省政府组织150余人的灾区检查团，由省政府副主席韩哲一和省委委员、公安厅厅长戴晓东率领，深入灾区检查、指导生产救灾工作。1950年1月，省委根据王从吾在平原省检查工作的意见，认真总结第一次省党代会后的各项工作，认为省委在方针、政策上是比较明确的，但组织领导问题解决不够，严重影响党的方针政策的贯彻及任务的完成。1月18日，省委作出《关于建立检查工作制度，改善与健全各级组织领导的指示》，要求各级建立检查工作机制。

1950年3月，根据华北局指示，中共平原省委召开第二次党代会，从形势任务、政策思想、干部作风上系统纠正各种错误思想，贯彻安定团结、恢复发展生产的方针，从指导思想上由战争、土改转到大生产运动。8月，省第三次党代会贯彻中央三中全会"争取国家财政经济情况根本好转"的决议，开展以反官僚主义、命令主义为主的整风整党运动。全省各地检查分析生产中缺乏宏观经济建设的观点，如注意农村，忽视城市；注意农业，忽视工业；注意生产，忽视运销；注意季节生产，忽视长期建设；对国营经济与合作社的领导不够等。进一步批判缺乏精打细算、心中无数、盲目无计划、单纯任务观点、强迫命令作风。在党员干部中加强马克思主义和毛泽东思想及党的总政策、总路线教育。各地召开各界

平原省第二次党代会主席团合影

人民代表会议、党代表会,发扬民主,开展批评与自我批评,提高党的组织性与纪律性,党群关系得到极大改善。

根据华北局和省委指示,各地召开会议,讨论检查领导工作中存在的问题,向省委汇报。濮阳地委在检查报告中指出:过去地委领导工作之所以没有做好,指导思想上的偏差是根本原因。各级领导对以生产为中心的战略意义认识不足,对由战争到生产建设的历史性转变不了解,在指导思想上把结束土改、整党工作与生产分割对立起来,把生产当作空洞口号。究其原因是各级领导思想方法上的经验主义。新乡地委检查报告中说:地委领导存在的问题就是严重包办和自流现象同时并存,以党代政,包办各个时期的中心任务和干部工作,其他部门和工作是自流的,形成领导干部的疲累、被动、不全面,大大降低领导的作用,也降低各种组织应起的作用,这种现象在县区更为严重,很不适应当前生产运动。湖西地委的检查报告认为:领导上习惯老一套做法,强调深入农村创造经验,领导干部当了工作员,包办下级,放松领导作用,没有自觉建立检查工作制度,使工作走弯路。特别对严重灾荒认识不足,救灾情况掌握不够,使党的生产自救方针未能贯彻到村。安阳、聊城、菏泽地委结合实际,详细检查组织领导工作。各地委在检查的基础上提出改进组织领导、建立检查制度、加强党委办公力量的工作意见。

通过省二次、三次党代会,全省各地领导经济建设的观点更加明确,深入贯彻奖励与保护生产的政策。各地经过剿匪治安、土地改革,群众生产热情空前高涨,度过严重灾荒。1950年,全省粮食总产量为35.26亿公斤,达到解放战争前水平的86.27%,超过1949年28.2%。农业生产的恢复,促进城市工商业的恢复,全省国营、合作社、私营贸易经营总额达14988亿元。

随着生产的恢复与发展,各地产生埋头生产不问政治的思想倾向。群众生产情绪高,但政治表现涣散;党员干部愿意单干,不愿领导互助,干部中革命成功的满足思想较严重,所谓"三十亩地一头牛,老婆孩子热炕头",产生躺倒不干现象,出现严重的"和平麻痹"思想。特别在朝鲜战争爆发、国际斗争形势紧张的情况下,敌特分子大肆造谣破坏,地主反攻倒算,形成社会秩序一时的混乱,严重影响生产。指导思想上出现偏差:单纯提倡生产致富,强调保护与鼓励农民个体生产的积极性,忽视农民组织起来的积极性,对组织起来的方式方法贯彻不够。二次党代会上提出允许党员雇工的存在,没有把生产斗争与政治斗争紧密结合起来。在贯彻安定团结生产中,片面强调胜利后反动势力的分化与应当争取的一面,放松对反革命残余势力的警惕,产生"宽大无边"的偏向。在新区土改中产生和平分田的偏向。部分地区土改基本完成后,过于强调群众迅速转向发展生产,对结合生产来解决土改遗留问题关注不够。安阳、新乡专区结合生产解决土改遗留问题做得较好,菏泽、湖西地区在"坚决关死土改之门"的口号下,土改遗留问题拖延解决,对农村生产建设产生负面影响。工作中的偏差,在开展抗美援朝、镇压反革命、爱国丰产运动中得到逐步克服。1951年8月,省委扩大干部会议后,开展反对不问政治倾向的斗争,工作偏差得到系统解决。

三、整顿干部队伍

平原省第一次党代会后,全省工作重心在从战争转到生产建设的过程中,省委及各级党委在组织领导上和工作方式上存在一些问题。1950年3月6日,华北局向中共中央的报告中明确指出平原省"党的领导问题":第一,对上级指示研究不够,对下情了解很差,往往硬搬上级或别处的方针与经验,这是工作上发生偏差最基本的原因;第二,在领导方式上不善于组织检查、总结经验、抓住中心、推动全盘;第三,包办代替,以党代政的作风很普遍,省委甚至未明确把生产工作授给政府负责,形成"党委忙得厉害,政府闲得难办";第四,总体领导上对于各级干部中打骂群众、逼死人命等违法乱纪问题,不能严肃及时处理,没能有效改善干部作风。

中共平原省委高度重视工作中存在的问题。在省第二次党代会上,省委总结经验教训,查摆组织建设和思想作风建设方面的问题。省委书记潘复生在会议上对党的领导问题作出深刻系统的检查。这次会议决议把提高党的思想领导、转变作风、改善组织领导摆到大生产运动的关键地位,制定各项措施。第二次党代会后,平原省及时进行整顿干部作风、开展反对官僚主义、命令主义的运动。全省各地通过党代会、干部会及各界代表会,结合总结春耕夏收夏种等工作,发扬民主,自上而下地开展批评与自我批评,揭发处理一批违法犯纪事件,批判官僚主义和命令主义,对各级干部作风进行初步整顿。

吴德在省党代会上作报告

1950年3月10日,为加强平原省领导工作,政务院第二十三次会议决定指派燃料工业部副部长吴德、农业部副部长罗玉川、华北局组织部部长王从吾3人组成中央代表团,由吴德任主任率代表团协助平原省委工作。4月11日,平原省直属机关1000余人在省政府大礼堂召开大会欢迎中央代表团。潘复生、晁哲甫代表省委、省政府致辞欢迎。中央代表团的到来,加强省委领导,有力促进了各项工作开展。7月11日,中共中央和华北局决定任命吴德、罗玉川为省委委员,吴德为省委书记,潘复生改任副书记,罗玉川为省政府第一副主席。1951年2月,杨珏调任省委委员、省委秘书长。吴德等到平原省后,经过调查研究,肯定省委及潘复生在前段工作中的成绩,实事求是地指出存在的问题,强调要在省委前段工作的基础上,努力贯彻执行中共中央和华北局的指示及省第二次党代会确定的任务和方针。

省委加强各级党的组织建设工作,调整充实濮阳地委领导班子,安阳地委副书记宋玉玺调任濮阳地委副书记。按照省委第二次党代会决议要求,各地健全党委制,发扬党内民主,加强党的建设。针对县区基层党组织存在的问题,省委重点加强区委的各项制度建设。对于党内民主制度建设,省委要求各地委、县委在1950年秋季前选择一两个县区,召开党代表大会,总结和推广经验,以在冬春之际进行县、区、村各级党组织民主选举,并形成制度。全省各部门建立相关工作制度,加强党对各部门的领导。

1950年3月22日,省委向中共中央、华北局作出《关于1949年秋征屯粮入库工作的检查报告》,省委对1949年秋征屯粮入库工作所犯的严重错误进行认真检讨,分析事故产生的原因,省委应负领导责任。省委发现这一重大问题后,没有严格责成地委作详细检查和处理,也没有及时向华北局作书面报告,是严重的无组织无纪律行为。省委对领导责任认识不足,对自己检查不够,请求"华北局给予处分"。省委领导带头作检查,促进了全省上下开展批评与自我批评活动。中共平原省委纪律检查委员会作出《关于濮阳专区运粮事件的处理决定》,给予省政府粮食局副局长刘培岑、濮阳专署专员刘镜西、副专员李立格等5名党员干部纪律处分,以严明党的纪律。全省处理一批违法乱纪人员，受到广大群众的拥护，改善了党群关系。

1950年4月28日，华北局给平原省的指示信中再次提出平原省党员干部的民主作风问题，要求平原省在党内开展反对强迫命令斗争，进行批评与自我批评，提高干部和党员的思想觉悟，联系群众，走群众路线。7月，中共平原省委总结"区村领导转变的经验"，上报华北局。华北局肯定平原省经验，作出重要批示。根据华北局批示，平原省委组织部提出《关于区村领导情况与今后改进的意见》，要求各级党委进一步探索和总结区村领导转变的经验，以适应形势发展、工作需要和群众要求，并形成一些必要的制度，彻底克服包办代替和"一揽子"的工作方法。在党的组织建设方面，全省各地向群众公开党的工作内容。据1950年湖西、菏泽、濮阳、新乡4地委统计，辖区共有9627个农村支部，有6512个支部公开了党的工作，占总数的67.6%。农村党组织工作公开后，得到群众监督，密切了党群关系。未公开的支部于1951年全部公开。全省各地结合中心任务，对工厂、农村党支部进行初步整顿，以纯洁党的组织，提高党的战斗力。

为进一步开展对党内各种不正确思想与作风的斗争，省委作出《关于贯彻党中央〈在报纸刊物上展开批评和自我批评的决定〉的指示》，指出：在报纸上进行批评和自我批评，是巩固党与人民群众联系、保障党和国家民主化、加速社会进步的必要方法；是提高人民群众觉悟和积极性、吸引人民群众踊跃参加国家建设事业的重要步骤。省委要求各级党政领导机关干部以及群众团体中的党员干部，对群众的公开批评，必须采取热烈欢迎和坚决接受的态度，要进行思想检查，树立党员干部在开展批评与自我批评上的正确态度，克服工作中严重的官僚主义、命令主义作风。

1950年，全省有党员干部与非党员干部共38160人。从文化水平看，文盲10749人，占28.17%；初级小学文化程度10470人，占27.43%；高级小学文化程度10502人，占27.53%；中学文化水平6215人，占16.29%；大学文化水平222人，占0.58%。在非党干部中知识分子占相当数量。党员干部文化水平最低的是区级干部，文盲半文盲占绝大多数。干部文化水平低，制约着政治水平的提高，在贯彻党的政策、领导经济工作、掌握科学技术方面遇到很大困难。大批干部南调后，提拔的新干部较多，政治水平不高。全省党员干部共23182人，其中抗日战争前入党者254人，占1.25%；抗日战争时期入党者9935人，占42.75%；解放战争时期入党者13002人，占党员干部总数的56%。抗日战争时期的老干部，在革命斗争中受到一定锻炼，但普遍缺乏系统的政治教育，政治上盲目性和工作上经验主义现象较多，大多数干部对新形势了解不深刻，对生产建设的重大战略意义认识不足，缺乏经济建设知识。一些干部开始滋生和平享受思想。不少干部贪图享受，停滞不前，缺乏长期建设的事业心。农村党员中，怕被说富、怕"共大堆"（财物充公、以富济贫）及吃"大锅饭"的思想很严重，阻碍生产建设工作的顺利开展。

针对全省党员干部的实际状况，按照华北局指示，省委加强党的思想作风建设，把"加强党的教育工作，提高党员干部政治、思想、文化水平"作为全省当务之急。省第二次党代会通过《平原省委宣传部关于加强党的教育工作，提高党员干部政治思想水平与文化水平的计划》。按照这一计划，省委举办省委党校训练班，培训县区主要干部。训练内容着重进行新民主主义建设与马克思列宁主义基本理论教育，培养具有初步理论知识，能够担任组织学习的领导干部和经济建设工作的领导骨干。各地委训练班普训一般区级干部。各县举办支部党员训练班,采取冬季集训与结合生产的分村巡回训练等方式进行。经过一年多的培训,全省近25万名党员普训一遍。全省各地还不断加强在职干部的培训学习。省级举办工农速成小高班,着重提高党员干部文化程度,县以上机关普遍举办正规业余补习学校,区级单位组织学习小组,消灭干部中的文盲与半文盲。

第二节　建立新民主主义政治制度

平原省成立后,中共平原省委十分重视民主建政工作,在继承冀鲁豫、太行、冀南等行政公署基层民主政权建设的基础上,进一步发展壮大。根据中共中央和华北局指示,省委对"人民代表会议制"进行完善和发展。从区、县、市到省,逐步建立各界人民代表会议制度,加强各级人民民主政权建设,开创全省安定团结的新局面,保证全省各项社会改革和恢复国民经济任务的完成。

平原省第一届各界人民代表会议全体代表合影

1951年1月5~17日,平原省第一届各界人民代表会议召开。1月16日,大会酝酿成立平原省协商委员会,选举产生平原省协商委员会主席、副主席及委员。平原省协商委员会的主要职能是:协同政府筹备人民会议;在人民代表会议闭幕之后,组织各代表以各种方式向各界人民传达会议决议;经常与各代表联系,听取他们的意见,并经过他们汇集人民的意见,及时反映给人民政府;审议政府交议的文件和法案;协助政府动员人民参加各种运动;发起并推动各民主党派、人民团体、民主人士进行时事教育和政策学习。1952年11月,平原省协商委员会撤销。

一、行政公署民主建政

平原省是在冀鲁豫、太行、冀南等行政区的基础上建立起来的,各项工作有一定基础。平原省成立之前,冀鲁豫、太行、冀南革命根据地(后来称边区政府、解放区)已开展一些基层民主建政工作。

抗日战争时期,中国共产党在革命根据地基层民主建政方面实行"各级参议会制度"。解放战争时期,在解放区逐步推行"人民代表会议制度"。

平原省成立之初，中共农村基层的建政工作在老区已经一定成就，人民代表会议制度开始试行。在新解放区，形势仍然严峻。新区刚刚解放，全国战争尚未结束，恢复生产迫在眉睫，当时的建政工作和生产工作结合在一起，进展很困难，许多地区领导不知如何把握有关政策。

基层干部数量需要补充，文化程度需要提高，干部培养是民主建政工作的重要内容。需要开办训练班，组织干部学习，提拔培养干部，补充缺额。

平原省成立时，各行政公署民主建政工作极不平衡。

二、区、县、市人民代表会议

1949年11月，华北局作出决定，要求"今冬明春在全华北地区，不论老解放区或新解放区，一律普遍建立村、区、县三级人民代表大会或各界代表会议（制度）"。中共平原省委认真贯彻执行中共中央和华北局指示，把建立各界人民代表会议制度作为一项重要工作列入议程，要求各级党委高度重视，加强领导，从实际出发，不断总结经验，推动全省各级各界人民代表会议制度的建立和健康发展。平原省区、县、市各界人民代表会议大致经历三个发展阶段。

平原省单县人民政府第二届各界人民代表会议代表合影

第一阶段，1949年8月~1950年10月，全省区、县、市各界人民代表会议普遍召开。1949年8月30日，中共中原省委致信新乡、安阳两市市委和各地委，贯彻华北局关于"3万人口以上城市必须召开各界代表会议"的指示，指出"成立各界人民代表会议尚无经验，应好好学习中央指示和太原、石家庄、上海等地经验，但注意外地经验不能生搬硬套，要着重根据自己情况进行准备，并注意随时总结自己的经验"；同时就代表人选产生方法等提出意见，要求"中小城市开各界代表会议，应当作一个大事去办"。10月，省第一次党代表会议提出"不论新区、老区、恢复区以及城市，在县一级未建立人代会之前均须按中央指示，定期召开各界人民代表会议，以加强党与群众的联系"。12月，全省贯彻中央人民政府颁布的省、市、县各界人民代表会议组织通则，进一步明确各界人民代表会议的产生、组成、任期、职权、活动规则与程序。省委书记潘复生参加新乡县各界人民代表会议，了解情况，总结经验，指导工作，由省委及时通报安阳、汤阴、莘县、沁阳、博爱及菏泽各县召开各界人民代表会议的经验和问题。1949年年底，全省57个县（漳南县已撤销）及菏泽、汲县城关镇、濮阳城关区、焦作矿区开过一次各界代表会议，安阳地区各县召开两次，新乡市开过三次，安阳市开过两次。各界代表会议的普遍召开，对密切政府和群众联系，推动土改和生产等各项工作起到促进作用。但在工作初期，各地大多属于"奉命召开"，会议代表指派者多、选举者少，领导报告时间长、讨论短，会议决议的贯彻是"说得多、做得少"，形式主义比较严重。

为加强民主建政工作，省第二次党代表会议检查各界人民代表会议的情况，批判各种错误思想，明确要求"为把生产方针政策任务普遍深入贯彻下去，动员各界人民团结一致进行生

1951年1月,新乡专区参加平原省首届各界人民代表会议的代表合影

产,必须普遍学会与开好各界人民代表会议,并使之成为制度"。这次会议提高了各级领导干部对各界人民代表会议性质、作用及其重大意义的认识。接着在全省开展反对官僚主义、命令主义的整风运动中,又自上而下检查和批评对代表会议的不正确认识,克服"左"倾思想与宗派情绪,扩大各界人民代表会议的民主化程度。每次各界人民代表会议,均以安定团结促生产为中心,重点贯彻生产致富政策;由政府领导检查工作,报告财政收支;发扬民主,开展批评与自我批评;认真处理提案,积极贯彻会议决议。

第二阶段,1950年10月~1951年9月,各界人民代表会议逐步走向制度化。1951年年初,平原省第一届各界人民代表会议的召开,为各区、县、市各界人民代表会议走向制度化起到示范与推动作用。全省传达贯彻中央人民政府政务院《关于人民民主政权建设工作的指示》,使广大干部群众进一步提高认识。省委及时总结全省各区、县、市各界人民代表会议的情况,进一步要求"各级领导必须加强代表会议的领导使之制度化";"各级代表会议应定为制度,不许少开,对政策执行情况、干部思想作风应随代表会之召开定期进行检查,不可时紧时松。县各界代表会,应普遍设立常驻机关,密切与代表联系"。按照省委要求,各地逐步加强各级人民代表会议制度建设。各市县普遍建立驻会机构,大都有定期会议制度;常委会分区分界联系代表,代表分片分组联系选民,基本形成制度。各地普遍加强常委会与协商委员会工作,建立定期联席会议制度与工作制度。1951年春,济源、朝城两县率先召开代行人民代表大会职权的各界人民代表会议,选举县长、县人民政府委员。两县的人民民主政权在民主制度上更加充实,在组织形式上更加完备,为全省各县召开代行人民代表大会职权的各界人民代表会议,开创了新经验。各界人民代表会议均以抗美援朝、镇压反革命和开展爱国丰产运动为主要内容,经代表会讨论协商,作出决议,传达贯彻,形成广泛的群众运动,推动各项工作的完成。

第三阶段,1951年9月至1952年年底,各界人民代表会议在全省范围内普遍代行人民代表大会职权。1951年9月19~30日,在中央人民政府政务院的领导下,由中央人民政府华北事务部主持召开第一次华北县长会议。这次会议的中心议题是贯彻中央人民政府和政务院关于巩固与发展人民民主政权的指示,讨论进一步加强县人民代表会议工作。在华北县长会议的推动下,平原省召开专员、县长会议,检讨忽视建政工作的错误思想,检查分析未很好执行《共同纲领》和各项组织通则的原因,研究加强人民代表会议代行人民代表大会职权工作的措施,推进各县人民代表会议工作。继济源、朝城两县之后,寿张、莘县两县召开代行人民代表大会职权的人民代表会议。根据华北县长会议决议,计划于1952年春季在各市、县、矿区普遍召开代行人民代表大会职权的各界人民代表会议,因开展"三反""五反"运动,延至秋后召开。截至1952年10月,有24个县、1个矿区(焦作)召开代行人民代表大会职权的各县人民代表会议。1952年年底,全省各市、县全部召开(平原省撤省交接后,此项工作由河南、山东两省如期完成)。全省区级有半数召开人民代表会议;村级80%以上召开人民代表会议,大多选举村长、村政府委员会，加强乡村政权建设。各市协商委员会和县常务委员会普遍成立。人民代表会议在全省成为巩固的经常性制度。

三、平原省第一届各界人民代表会议

各区、县、市各界人民代表会议的普遍召开，为全省各界人民代表会议的召开奠定了广泛的群众基础。省委、省政府十分重视平原省第一届各界人民代表会议的筹备工作。1950年9月7日，平原省人民政府第七次政府委员会议，根据中央人民政府颁布的省各界代表会议组织通则，通过《准备召开省各界代表会议的决定》，确定平原省第一届各界人民代表会议的任务，决定组织省各界人民代表会议筹备委员会，负责筹备工作。10月5日，省委召开会议研究省各界人民代表会议筹备委员会人员名单，决定在筹备委员会中成立党组，党组中成立干事会，由吴德、潘复生任正副书记，晁哲甫、罗玉川、韩哲一、刘致远、高宗智、万丹如、袁子扬、陶东岱参加干事会；葛步海、罗定枫、郭良才、成百福、马金明、安法乾、李秀真、刘九学等人员参加党组。省委要求加强省各界代表会议筹备工作的组织领导。

根据省委指示精神，经省政府与各方面协商，邀请各界有代表性的39名人士组成省各界人民代表会议的筹备委员会。晁哲甫任主任，吴德、罗玉川、贾心斋、高镇五任副主任。委员有：王伟烈、王晏卿、王文波、白友河、成百福、安法乾、李秀真、李秀如、李丹林、孟仲衡、范伦五、马金明、侯中田、高宗智、耿鸿枢、袁子扬、崔风高、

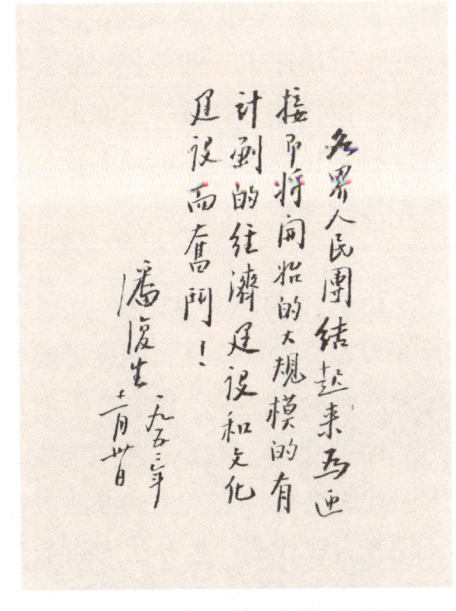

中共平原省委书记潘复生手迹

平原省各界人民代表会议徽章

平原省各界人民代表会议筹备委员会委员合影

陶东岱、郭良才、郭文喧、冯兰馨、万丹如、张清涟、杨汉章、葛步海、赵天瑞、赵霖、潘复生、樊厚甫、刘致远、刘九学、卢自然、韩哲一、罗定枫。秘书长袁子扬，副秘书长陶东岱、郭良才、卢自然、赵纪彬。

代表资格审查委员会委员合影

10月7日，省人民政府召开筹委会首次会议，明确筹委会具体任务。这次会议制定并通过《平原省各界人民代表会议代表产生的办法》。代表产生主要采取推选和邀请两种办法。

10月中旬，省委、省政府发出指示，要求各级党委和政府认真贯彻执行《关于召开省各界人民代表会议代表产生的办法》，做好产生代表的工作。省政府下发《对于执行召开省各界人民代表会议代表产生办法的指示》，要求各级政府必须由负责人亲自领导，仔细研究该项办法，在选举代表中发扬民主，注重代表的代表性。省代表会议筹备委员会及时总结推广观城等县民主推选代表的经验。11月9日，省政府下发《关于召开省各界人民代表会议开展深入宣传工作的指示》，制定《关于召开省各界人民代表会议的宣传提纲》，要求各地区在群众中进行深入宣传动员，做到家喻户晓，使广大干部与群众积极推选代表和准备提案。为做好提案的收集和整理工作，省各界代表会议筹备委员会对征集提案作出明确规定，要求提案内容应为某一地区广大人民迫切需要解决的重大问题，以及有关平原省生产建设应兴应革事宜，并要求分别整理成提案。

12月17日，省各界人民代表会议筹备委员会召开第二次会议，决定省各界人民代表会议于1951年1月5日在新乡市召开，同时邀请代表增加15人。

1951年1月，湖西专区参加平原省首届各界人民代表会议的代表合影

1951年1月5日，平原省第一届各界人民代表会议第一次会议在新乡市开幕。到会代表428人（原产生442人，有14人因故缺席），包括共产党、省政府、部队、民兵、地区、职工、妇女、青年团、学生、生产劳动模范、文化教育新闻界、科学技术界、医药界、工商界、合作社、烈军工属[①]及荣誉军人、少数民族、渔民、开明绅士、民主人士等代表，共组成17个代表团。代表的广泛性显示了全省人民空前大团结。

---
①烈士、军人和革命工作人员家属。

1月5~8日举行预备会议，讨论通过筹备工作报告、大会主席团及秘书长名单，讨论代表资格审查委员会名单、代表提案审查委员会名单，代表资格审查报告和各种规章草案，讨论政府工作报告和提案中的问题，进行相应修改和补充。

1月9日，省各界人民代表会议正式举行。省政府主席晁哲甫致开幕词，省委书记吴德作《关于目前形势的报告》。1月11日，省政府主席晁哲甫和副主席罗玉川分别向大会作《关于政府工作报告》和《关于1950年财政预算执行情况及1951年财政概算草案》的报告。会议对晁哲甫和罗玉川的报告进行讨论，各代表团推选30名代表在大会上发言，一致拥护这两个报告，表示坚决为实现1951年的方针和任务而奋斗。1月14日，提案审查委员会主任委员韩哲一向大会作《提案审查报告》。全体代表一致通过4项重大提案：发动全省人民进一步以实际行动开展抗美援朝保家卫国运动案、镇压反革命活动案、加强拥军优属工作案、建立地方财政制度案。

省政府主席晁哲甫

1月15日，大会讨论酝酿省政府主席、副主席、委员候选人及协商委员会主席、副主席、委员候选人名单。16日，首先选举产生省协商委员会主席、副主席及委员。吴德当选主席，潘复生、赵纪彬、解方、魏明初当选副主席，于健等60人当选为委员。随后，会议以无记名投票方式，选举产生省政府主席、副主席及委员。晁哲甫当选省政府主席，罗玉川、贾心斋、韩哲一当选副主席，牛连文等29人当选为委员。1951年1月17日，大会完成各项任务后闭幕。省协商委员会副主席潘复生向大会致闭幕词。这次会议标志着平原省人民民主政权走向规范化。

1952年1月6~13日，平原省第一届各界人民代表会议第二次会议在新乡市召开。省政府主席晁哲甫致开幕词。省委副书记潘复生作政治报告。省政府副主席贾心斋作《关于抗美援朝保家卫国运动工作情况的报告》，省公安厅厅长戴晓东作《1951年镇压反革命工作报告》，省财政厅厅长安志成作《1951年度财政预算执行情况的报告》，会议通过相应的决议。

1952年11月26~30日，平原省第一届各界人民代表会议第三次会议在新乡市召开，会议传达贯彻中共中央关于撤销平原省建制的决议，省委第一书记潘复生作《关于拥护中央关于撤销平原省建制决定》的重要讲话，省政府主席晁哲甫作《三年来政府工作基本总结报告》，会议通过《关于拥护与贯彻执行〈中央人民政府撤销平原省建制的决议〉的决议》。省政府从1952年12月1日停止行使职权，成立结束移交办事处负责处理移交结束工作一切事宜。平原省人民政府及所属机关于11月30日撤销，自12月1日所有行政事宜由山东、河南两省分别接受办理。

平原省第三次各界代表会议全体代表合影

第三节　建立新民主主义经济制度

平原省成立后，各级党组织和人民政府认真贯彻新民主主义经济建设的方针政策，从实际情况出发，改组旧经济体制，恢复和发展生产，在全省范围内形成新民主主义经济结构，通过稳定物价的斗争，确立国营经济的领导地位，发展合作社经济、扶植资本主义工商业、对资本主义经济进行社会主义改造，废除封建土地制度，统一财经，建立起新的经济基础。

一、建立国营经济

平原省的社会主义国营经济是在继承和发展解放区公营经济和通过没收官僚资本的基础上建立和发展起来的。

民主革命时期的根据地和解放区，为满足军需民用而建立的公营企业是中国最早的社会主义性质的经济。中华人民共和国成立后，各解放区的公营企业转归国家所有，转变为社会主义性质的国营企业，成为中国社会主义国营经济的来源和基础之一。太行、冀鲁豫解放区转归的一批公营企业成为平原省地方国营企业的主要来源。

平原省从太行和冀鲁豫两个解放区接收的公营经济有厂矿企业、金融机构、贸易公司及交通运输业。其中，工业方面有振裕火柴厂、平原机器厂、金钟烟厂、黄河造船厂，以及辛庄、鹤壁、都里、小西天4个煤矿和新建中的道口榨油厂，共9个单位；各地区、县、部队经营的机关生产企业25个。商业方面有冀鲁豫贸易公司、分公司以及太行第四专署的贸易公司，在此基础上改组成立的平原省粮食、花纱布、百货、煤建、油脂、盐业、猪鬃7个公司，下设100多个商业机构，3600余名职工。金融机构有专区办事处10个（太行2个、冀鲁豫8个）、城市办事处5个（太行的新乡、安阳，冀鲁豫的濮阳、聊城、菏泽）。支行75个（太行区16个、太岳区2个、冀南区5个、冀鲁豫区52个），共有各级金融干部1985人，在此基础上成立中国人民银行平原省分行。在交通运输方面有汽车运输公司、黄河航运公司及多种运输业。平原省还有60个邮局及800个邮政代办所。

公营企业虽然数量不多，规模不大，但它们是社会主义国营经济的前身，在战争年代对支援革命战争、打破敌人经济封锁、满足根据地或解放区军民生活需要，以及对夺取民主革命的胜利，发挥了重要作用。它们为人民政府积累了管理经济的经验，培养了一批经济管理人才。对中华人民共和国成立初期没收和接管官僚资本，建立和管理好平原省国营经济具有不可忽视的作用。

平原省还接管一批官僚资本主义企业，壮大社会主义国营经济。随着安阳、焦作、新乡等地相继解放，各地军事管理委员会和人民政府将国民党政府和官僚资本家所控制的工厂、矿山、银行、邮电、铁路、航运以及贸易机构等全部收归人民政府所有，转变为社会主义国营经济。没收的官僚资本主要有金融机构，包括中国银行、中央银行、交通银行、中国农民银行以及河南省银行在新乡、安阳的分支机构；工业企业，包括焦作煤矿、中国安阳打包厂、通丰和普润两个面粉厂、新乡水电厂、新乡油厂、豫北纱厂、平原印刷厂等10余个企业；交通运输企业包括道清铁路和京汉铁路新乡、安阳段及其所属企业，新乡、安阳、焦作的邮局；商业企业包括焦作煤业公司、酒业专卖公司。官僚资本企业中，除焦作煤矿、中国安阳打包厂、酒业专卖公司、银行、铁路等转归国家所有的国营企业，其余大部分企业转变为平原省地方国营企业。

1951年年初，根据中央人民政府政务院发布的《企业中公股公产清理办法》和《关于没收战犯、汉奸、官僚资本家及反革命分子财产的指示》，平原省对隐藏在新乡华新纱厂、六合沟煤矿等民族资本企业中的官僚资本进行彻底清理，将其收入归人民所有。通过没收官僚资本，全省社会主义国营经济集中辖区内绝大部分近代企业，控制经济命脉，成为国民经济中的领导力量。据1950年统计，全省工业中，国营企业产值比重占86.94%，私营工业产值占13.06%。社会主义国营经济的建立为新生的人民民主政权奠定经济基础，成为全省国民经济恢复和发展的重要力量。

二、发展合作社经济

合作社经济是新民主主义经济的重要组成部分。中共七届二中全会决议要求"必须组织生产、消费和信用合作社，建立中央、省、市、县、区合作社的领导机关"。

平原省成立后，省委、省政府十分重视建立合作社经济。1949年8月，省政府在《关于目前工作的决定》中提出："有步骤地发展各种合作社，特别是供销社，要在土改已经完成和大体完成地区，以县为单位有重点地进行，取得经验，逐步推广。"1949年10月，平原省第一次党代表会议通过《关于今冬明春工作决议案》，指出："必须大量组织互助合作。首先在老区半老区以及灾荒严重之新区恢复区，要普遍建立县区供销合作社，有重点地逐步发展村社，普遍地发展小型互助与农副业结合的生产合作社，使合作社在组织群众冬季农业副业生产、沟通城乡交流中起巨大作用。"1950年3月，平原省第二次党代会决议明确提出："加强党对合作社的领导，有计划有步骤地发展供销社，改造旧社，加强县社，建立与健全县分社（或者区社）、村社，要在业务下乡、组织群众生产中发展社员。"决议确定的工作方针为全省建立和发展合作社指明了方向。

平原省成立之前的老解放区已开始建立合作社经济。1948年下半年，黄河北5个县有103个村合作社发展信用业务。太行解放区的新乡、安阳两个专区，建立一批供销合作社。如：温县建立小型合作社100个；林县有合作社491个，社员2000多人。1949年2月，冀鲁豫区供销合作社筹备处成立，抽调干部在濮阳等县试点。各地区、县一级的供销社筹备处相继成立。1949年下半年，全区各地普遍建立供销社基层组织，信用合作社在各地迅速发展。

平原省成立之后，省政府设立合作委员会，地区、市、县各级政府相继设立合作社管理机构。1949年10月，平原省供销合作总社（简称"省合作社"）和专区、市、县联合社成立，各级党委和政府向供销合作社输送大批优秀干部。1950年上半年，全省合作社有干部3965人，在6个专区和56个县内均成立专区、县合作社，建立县分社（含区社）298个，建立村社4298个。发展社员105.93万人。

各级政府财政部门在经济上对合作社大力扶持，委托合作社收购和代销商品，规定价格，在税收和银行贷款利息上给予优先和优待。如：银行贷款优先，利率较国营商业低10%；国营商业的商品优先供给合作社，12种主要商品按批发价优惠2%~6%；减征营业税20%，新建社一年内免收所得税。

省合作社成立之初就提出"从商业入手开展业务"的工作方针。1950年4月27日，省合作社向各地市县社发出"关于在救灾业务中认真贯彻组织群众生产和组织合作社的指示"，强调贯彻"在组织生产中结合建社"的方针，及时纠正在合作社干部中存在的"非生产的脱离群众的单纯任务的偏向"。5月23日，省合作社第一次代表会议在新乡召开，会议确定夏季合作工作方针：以扶植农业生产为主，发扬民主，健全村社，广泛开展合同与信贷业务。9月底，省合作社召开第二次代表会议，贯彻中华全国供销合作总社工作者首次代表会议（简称"全国合作社代表会议"）精神，认真总结检查全省合作社工作，进一步明确合作社性质、任务与方针，纠正一些干部轻视商业的观点和经营上存在的官僚主义，决定依照全国合作社代表会议精神，对已有合作社进行普遍整顿与改造。中共平原省委号召全党学习《合作社法（草案）》及中央人民政府副主席刘少奇、中央财经委员会第一副主任薄一波的报告，以整风精神总结检查合作社工作，强调加强各级党委对合作社的领导，要求对已有合作社进行普遍整顿与改造。

在各级党委和政府的领导下，全省合作社经济得到迅速发展。1950年下半年，全省有农村供销社6900余个，城市消费社32个，生产社61个，社员143万人，资金400余亿元。自1949年1月～1950年8月，全省供销总值约4亿公斤小米。收购棉花650万公斤，小米1000万公斤，土布5000万尺，山怀货22.5万公斤，供给大小农具70万余件，棉粮种子100万公斤，肥料1250万公斤。在组织全省物资交流、巩固国营商业的领导地位、减除中间剥削、供给社社员生产与生活资料、推广农副产品及支援灾区人民生产度荒上，发挥重要作用。

三、扶植资本主义工商业

中华人民共和国成立后，中国共产党和人民政府坚持民族资本与官僚资本区别对待的方针，对私人资本采取利用、限制和改造的政策。

平原省成立后，中共平原省委从全省实际出发，贯彻执行党对资本主义工商业的政策，扶植有利于国计民生的私营工商业。省政府把"引导与鼓励私人资本向有利于国计民生之工商业发展，并在此条件下予以扶植"作为工作方针，加以贯彻执行。建省之初，全省落后的农业和手工业个体经济占有绝对优势，现代工业产值仅占工农业总产值的9%，低于全国平均水平。工业中，私营工业产值占工业总产值的13.06%。商业流通领域，私营商业占的比重较大。1950年3月，省委第二次党代会决议要求"贯彻发展生产、劳资两利方针，有计划订立集体合同，稳定劳资关系，提高生产率"。1950年，私营商业占总经营额的49.27%。

全省资本主义工商业主要分布在新乡、安阳等城市。平原省成立时，新乡市有纱厂、面粉、榨油、发电、铁工等工厂149家，职工1667人，但只有成兴纱厂处于半停产状态，其余工厂全部倒闭，商户外逃，市场萧条。安阳市除几家铁工业、针棉织业等手工业外，只剩下一些旅馆、饭店、澡堂等服务行业。为迅速恢复私营工商业，全省各级党委和政府采取了一系列措施。

在全省工商界和广大工人店员中广泛宣传党的保护工商业政策。新乡、安阳两市召开有代表性的工商业座谈会，市党政领导亲自到私营企业进行慰问，反复阐明党的"发展生产、繁荣经济、公私兼顾、劳资两利"政策，解除工商业者顾虑，动员开工生产，举办职工训练班，动员工人返厂复工。

恢复交通，解决运输问题。组织工人抢修铁路。1949年10月，新乡至焦作、新乡至郑州、

中华人民共和国成立初期卫辉华新纱厂　　　　　　平汉铁路新乡段通车

新乡至安阳全部通车。组织分散船民开展卫河水运。平原省与华北各省、东北、西北、中南等地迅速建立贸易关系，为恢复工商业创造条件。

扶植有利于国计民生的私营企业。银行发放工商贷款，帮助私营企业克服流动资金困难，使不少私营工商业迅速复厂开业。1950年1~5月，私人工商业贷款共89亿元，占全部贷款25.33%。新乡铁工业和安阳纺织业户大部分得到贷款。私人经营土产，一贯予以扶植。下半年，工商业私营贷款比例由25.33%递增至54.92%。国营公司和国营企业采取订货、交换、预购的办法扶植私营工商业的恢复和发展。1949年下半年，安阳市国营专业公司和合作社采取加工、代购、代销等方式对全市私营棉织业进行扶持。其中，加工棉纱1972捆，代购棉纱2400捆，代销成品折棉纱788捆。全市私营棉织业在生产中共使用棉纱12480捆，其中国营公司和合作社扶持近半数。12月底，原本几乎全部倒闭的棉纱业有156台铁织机恢复生产。安阳市粮食公司委托私营企业大和恒面粉厂加工小麦，占该厂生产量的47%。新乡市成兴纱厂勉强开工，但无棉花，国营贸易公司采取以花换纱的办法进行扶持，使其得以继续开工。其他各地私营的铁工厂、织布厂等也在政府扶植下，得到恢复和发展。

组织城乡物资交流，繁荣市场，解决私营工业企业的原料及销路问题。工厂复工，出现原料和成品销售的困难。新乡、安阳两市将此问题作为全市工作重心，在各次代表会中详细讨论，研究解决。同各地联系，建立贸易关系；在城市建立农民招待所，举办生产展览、物资交流大会和百货大会，增强城乡间物资交流，为私营工商业生产打开销路。

各项措施的实行使有利于国计民生的行业在很短时间得到恢复和发展。1949年5月，新乡刚解放时，全市工商业剩630家，5月底恢复到1197家；1949年年底达到2399家；1950年4月发展到2529家，其中私营工商业有2488家。安阳刚解放时，全市商业户仅剩130家，到1949年12月发展到3213家。

1950年3月以后，全国范围内实行财政经济工作的统一领导和管理，财政收支接近平衡，物价趋于稳定，国内财经状况出现好转。但是，随着物价稳定，社会虚假购买力消失，一些投机性的私营工商业失去市场。加上私营工商业盲目发展以及国营经济过快发展，致使全国经济结构出现失衡，造成各地市场呆滞、商品积压、生产萎缩、私营厂店停工歇业等局面。平原省和全国一样，各城市出现类似严重情况。1950年3月底，安阳市工商业停业者630家，新乡市私营工商业有264家歇业，占全市私营工商业总数的10%以上。

为使有利于国计民生的私营工商业摆脱困境，党和政府开展对工商业的调整工作。根据1950年4月中央人民政府第七次会议关于"采取适当措施帮助资本主义工商业解决困难"的指示精神，平原省人民政府有关部门和各地市政府召开银行、贸易和税收会议，采取有效措施调整工商业，扭转被动局面。

调整公私关系。工业方面，扩大对私营工商业的加工订货和收购产品，使之能够维持生产，渡过难关，通过货价和工缴费取得正当利润。商业方面，调整公私经营的范围和价格。根据政务院指示，国营商业一般只经营粮、煤、纱布、食油、盐等，其他零售业务由私商和小贩商经营，进行市场调剂。全省国营公司经营的主要是大宗农产品和部分外销的农副产品，其余商品的组织经营由私商收购和贩运。为照顾运、产、销三方利益，在零售和批发、产区和销区、原料和成品之间以及季节和季节交替之间规定适当差价，鼓励私商贩运，活跃城乡经济。资金方面，人民银行对私营工商业贷款，适当降低利率，帮助私营工商业克服资金周转困难。税收方面，工商税的征收办法由原来的民主评议改为"自报查账、依率计征"等办法。

调整劳资关系。从有利于生产、维护工人阶级的民主权利出发，采取劳资协商办法解决劳资纠纷问题。在各地市政府劳动部门和工会的参与下，不少企业和行业建立劳资协商会议，协商结果多数都签有"劳动集体合同"或临时协议。遇到劳资双方争持不下的情况，劳动部门实行仲裁。凡是劳资协商好的地方都提高了资方的经营信心，发挥了劳方的生产积极性。新乡成兴纱厂经劳资协商，工人在生产中，主动加班一小时，扭转生产的被动局面。安阳大和恒面粉厂劳资协商后，极大促进生产发展，每月产面粉4万余袋，超过国民党统治时期最高产量的70%以上。

调整产销关系。各地市人民政府召开会议，公私企业代表共同参加，按照"以销定产"原则，通过协商，制定各行业产销计划，使公私企业在生产中减少盲目性。

随着国家经济形势的好转，全省调整措施取得明显成效。市场开始活跃，私营工商业又有新的发展。1950年10月，新乡增加私营工商业397家，安阳增加300家。

四、形成国家资本主义经济

中华人民共和国成立后，在打击投机资本的过程中，开始对资本主义经济的社会主义改造。平原省私营工商业在1950年的调整中，不同程度地采纳国家资本主义经济形式。其中，以加工订货为主的国家资本主义初级形式发展较快。全省各主要工业加工订货占私营工商业生产总量的状况：1950年，面粉占28.33%，棉纱占26.39%；1951年，面粉占18.6%，棉纱占85.56%，棉花占81.94%，漂染占60.76%，蛋品占100%。

平原省建立的少数公私合营企业是国家资本主义的高级形式。为扶植私营工业，一些国营公司和机关团体积极向私营工商业投资，产生公私合营企业。1949年5月，太行实业公司向新乡德庆祥油厂投资18余亿元，成为全省最早的公私合营企业。6月，中国人民解放军七十军投资几十万斤小米，与新乡市平原蛋厂实行公私合营。1950年年初，上海诚德纺织厂迁至新乡，与华北军区后勤部合营组建新乡市平原纺织股份有限公司。10月，卫辉华新股份有限公司正式宣布实行公私合营。

平原省采取公私合营措施，初步形成一定规模的国家资本主义经济，对实现从新民主主义到社会主义的转变、迅速恢复国民经济、完成对生产资料私有制的社会主义改造起到积极作用。

五、废除封建土地制度

平原省成立时，全省有1000万人口的老区、半老区在1947年全部进行土改，平分土地，但大部分未发土地证（冀鲁豫区发给土地证者只占结束土改村的6%），约有30%的村庄或多或少存在土改遗留问题，约有10%的村庄未结束土改。有218万人口的恢复区，土地大体平分，但土改不彻底，地富漏网户较多，贫雇农窟窿户较多。有282万人口的新区未进行土地改革。在老区、半老区、恢复区彻底结束土改，完成新区土改，废除封建剥削制度，建立广大农民的个体经济，成为中共平原省委的一项主要任务。

1949年10月，平原省第一次党代表会议根据华北局《关于新区土改的决定》，从全省实际情况出发，制定结束土改和新区土改的方针政策。1950年春末，全省除重灾区外，基本完成土改。1951年冬季，全省土地改革运动全面完成。

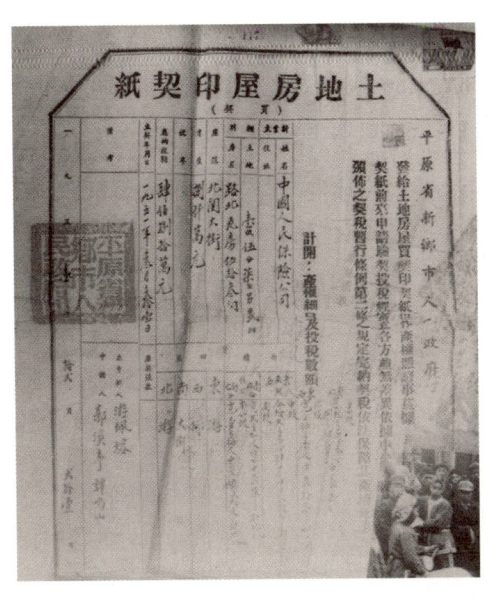

新乡市人民保险公司在土改后颁给农民的土地、房屋保单

全省土地改革完成，彻底废除封建剥削的土地制度，解放农村生产力，树立贫雇农民在农村的政治优势，加强工人阶级领导的工农联盟，促进农业生产的恢复和发展，推动农村教育文化事业的发展，为建立新民主主义经济制度创造重要条件。

（一）老区、半老区和恢复区结束土改

老区、半老区和恢复区的基本方针是"以生产为中心结合进行结束土改"。针对老区、半老区和恢复区的不同情况，省委制定不同的政策和方法。

根据老区和半老区的情况，省委规定已结束土改区，在解决遗留问题时，不再对地权作任何变动，主要是迅速颁发土地证，以法律形式保护人民的土地财产所有权不受侵犯。对某些遗留问题，如回归人员安置、公用占地的处理等，省委提出具体解决办法：对无地的逃荒归来户应从公共财产中尽量设法安置，或多发农具，吸收其参加合作社；敌伪归来的人员可根据其生活技能、劳动能力分别组织其就业或转业，必要时可给予贷款扶植；因公路占地无法生活者，除由政府酌予补偿安置外，也应采取贷款或参加合作社等办法解决其生活困难，帮助其转业；排水占地，应由受益地区负责补偿。对未结束土改的地区，省委指出：除查漏网地富、清理贪污、多占以及清理黑地、公地、庙地、绝户地外，贫农合法分得土地一律不动，中农土地亦一律不动；填补窟窿户，补偿中农，安置地富，依其情况分别加以处理；结束土改必须依靠贫雇农、团结中农去进行。

根据恢复区的复杂情况，中共平原省委将其分为两类：一类是土地已经平分，但土改不彻底；另一类是未进行土地改革，地主统治未打垮。前一种属于结束土改，后一种需要贯彻土改。

对于前一种情况,省委规定的方针是在发展生产的同时,进行结束土改。由于土地已经平分,封建剥削制度基本废除,农民处于优势,没有必要再平分土地,也无需再来一次纠正。土改只需在一定范围内,用抽补方法调剂土地,满足翻身不彻底的贫雇农的要求。关于结束土改进行抽补的政策,省委规定,必须根据"既满足贫雇农要求,又照顾中农利益"的原则,贫农合法分得土地与所有中农土地一律不动,确定地权,安心生产。把抽动重点放在清查漏网地富、清理非法强占、分配不公及干部贪污多占的土地财产,注意清理黑地荒地、团体地、公地、庙地、学田、绝户等地。对于后一种情况,基本上是贯彻执行新区土改的方针政策。

中共平原省委第一次党代表会议后,老区、半老区和恢复区分批分期结束土改。按照省委部署,各地派出大批干部,组成工作组,深入结束土改村,贯彻以生产为中心结束土改的方针,从总结生产中发动群众,反复宣传土改的唯一目的就是废除封建土地剥削制度,发展农业生产。在发动群众的基础上建立人民代表大会。在人民代表大会领导下,按标准进行划阶级,着重清查漏网户与改定中农成分。划完阶级成分之后,由人民代表大会决议,没收征收漏网地富的封建土地财产,讨论填补、补偿、安置方案,经群众反复讨论,没有异议,则进行调剂。调剂完毕,迅速确定地权,发给土地证。

为加强对结束土改工作的领导,中共平原省委非常重视及时总结和推广各地经验。1949年冬,安阳专区在贯彻以生产为中心结束土改的方针下,20天中有350个村结束土改工作。省委随即推广安阳专区的基本做法和经验。同时,推广博爱县、淇县以土改推动生产的经验;推广沁阳县在划阶级成分中实行自报公议、民主评议的经验;推广安阳、邺县进行深入思想动员、具体指导、完成丈地的经验;安阳县加强组织、科学分工、填发土地证的经验等。

针对一些地方没有正确贯彻执行以生产为中心进行结束土改方针的问题,省委及时给予公开批评。1949年12月31日,《平原日报》公开批评郓城县部分农村"口头上搞生产,实际上是以土改为中心"的错误做法。濮阳地委把生产和结束土改对立起来,省委发现后立即派有关领导前去纠正。曹县在土地大体平分的农村仍盲目进行贯彻土改工作,省委通报批评并要求县委纠正。省委还及时批评和纠正土改中"左"倾问题。1949年12月3日,省委第4号通报转发安阳地委"严格坚决纠正一切违反政策的错误"的指示,具体介绍邺县、汤阴等县在结束土改中不断发生打人、扣人等严重违反政策的情况,要求凡进行土改的干部都必须加强学习和检查自己,坚决克服"左"倾冒险主义残余思想与行为。《平原日报》上发表短评《坚决纠正土改中左倾蛮干打人扣人等现象》,公开进行批评。

1950年3月,除一小部分重灾区外,全省老区、半老区和恢复区的结束土改工作全部完成。通过解决土改遗留问题、确定地权,解除广大农民的顾虑,调动农民生产的积极性。邺县四区16个村群众,用两天半时间修渠10公里(渠面宽1丈、深1丈),不少村民为修渠跑5公里以外借工具;一区恢复花房13个、油房10个、粉房25个。崇义等村群众抢着消灭荒地。庞家弯、小寨两村6天内增加35头牲口。还有3个村改修茅房316间,新盖房187间。修武县结束土改两个月,49个村新买牲口500头;23个村购买农具近2000件,修理和新买大小车(指农用人力和畜力车)100余辆。

(二)新区完成土改

老区、半老区和恢复区进行结束土改的同时,新区开始开展轰轰烈烈的土地改革运动。

全省新区有6641个村庄，282万人口，实有耕地883.11万亩，分别占全省老区、半老区和恢复区总数的17.5%、20%、18.6%。其中，新乡地区有3150个村庄，占新区的47.43%；人口150.84万，占53.49%；实有耕地481.51万亩，占54.52%。安阳地区有629个村庄，占新区的9.47%；人口31.13万，占11.04%；实有耕地144.38万亩，占16.35%。濮阳地区有813个村庄，占新区的12.24%；人口33.39万，占11.84%；实有耕地115.88万亩，占13.12%。菏泽地区有1263个村庄，占新区的19.02%；人口39.52万，占14.01%；实有耕地90.61万亩，占10.26%。湖西地区有786个村庄，占新区的11.84%；人口12.12万，占4.3%；实有耕地50.72万亩，占5.74%。新乡、安阳两市郊区的一部分村庄，人口15万，占新区的5.32%。新区有两种情况：一是没有进行过任何工作的纯新区；一是拿枪分田（指农民武装护地，一手拿枪、一手分田、全力支援前线的状况）、走马哄浮财（浮财指金钱、粮食、衣服、什物等动产）而后又被地主完全倒回去的地区。新区中的纯新区占少数，大部分是经过拿枪分田的地区。

没有土改的新区仍然保留着封建剥削的土地制度。新区农村的一般情况是地主与富农以10%左右的户数占整个土地的50%，而户数占50%的贫雇农只占15%左右的土地，地主每人平均占有土地约为贫农的30倍。封建生产关系严重束缚着农村生产力发展，是恢复和发展生产的最大障碍。

1949年8月，中共平原省委制定下发《新区土地改革的方针政策报告提纲（方案）》（以下简称"《提纲》"），把新区土改作为一项重要政治任务进行布置，要求各地发动群众开展剿匪反霸斗争，培训干部，培养骨干，积极做好新区土改的准备工作。由于对新形势认识不足，《提纲》要求新区土改"从反霸斗争入手"，发动群众"诉苦挖根""开展大会斗争"。该斗争方法与华北局关于新区土改的方针政策不完全一致，重复了老区土改中"左"的错误。10月10日，华北局作出《关于新区土改决定》，为新形势下开展新区土改指明方向。

平原省第一次党代表会议根据华北局《关于新区土改决定》精神，进一步讨论平原省新区土改问题。会议认为必须认清新区由于全国胜利形势、老区土改影响及剿匪和初步社会改革所引起的阶级关系变化的新形势，强调必须按照华北局新区土改决定，有政策有领导有计划有步骤地稳步完成，反对经验主义，保证不重复错误。会议确定新区土改必须贯彻土改结合生产的方针及各项具体政策和措施，明确提出新区已具备土改条件，不应从反恶霸入手。要求：斗争方式不要千篇一律地开大会，应强调运用农民代表大会、人民代表会议，从政治上思想上组织上充分发动群众，划清与地富的阶级界限，彻底实行土改；那些认为只有面对面撕破脸皮的斗争大会才能锻炼群众，这是经验主义，必须彻底纠正；中农不动政策应认真宣传执行，不动中农满足不了贫雇农要求的观点是"左"倾经验主义的错误想法，必须彻底纠正；关于恶霸的解释必须按华北局指示执行；关于"杀人问题"，必须克服"左"的情绪，采取不杀少杀的方针；地富分子有意抵抗土改以假卖赠送等方式分散隐蔽财产，查有实据者一律不予承认，并要揭露地主阴谋，加强农民团结；被地主收买欺骗的农民，在启发其觉悟与地富划清界限之后，平分土地，可尽量先将原地分给他们，以利团结；但属真卖者不应不承认，以免引起农民之间的对立；分散的财产转向工商业者不再变动；烈军工属按平分原则不应多分；关于在谁种谁收政策下地主收的粮食，按华北局指示，地主亲自劳动所得不应按浮财分配。

为保证新区土改运动顺利开展，中共平原省委要求做好土改各项准备工作。1949年8月下

旬，省委作出《关于加强训练干部准备土改的指示》，指出："为顺利完成土改，立即准备与训练足够的在数量上与质量上确能掌握土改政策的干部，有决定意义。"要求各地委根据各地土改范围和工作需要，大力培养干部。省委决定：在建省合并机关调整组织中，必须挤出相当数量的干部充实基层，加强县区土改骨干，各工作组要有掌握政策、领导土改的核心干部；要培训一批知识分子参加土改，除省委计划集中培训的2000余名大学生和中学毕业生，分配到新区、恢复区参加土改外，各地委要培训一批贫苦的愿为人民服务的知识分子参加土改；各县要培训一批为人正派、常年参加劳动的积极分子，以便与外来干部相结合，进行土改；所有抽调参加土改的干部，必须经过很好的培训，掌握有关土改、整党的路线政策，许可做与不许可做的事要分清。

除层层培训土改干部外，全省各县普遍召开县党代表会议（或扩大会）及各界人民代表会议，有的县还召开区农民代表会，传达贯彻华北局《关于新区土改决定》，贯彻执行省委关于新区土改的方针政策，制定各县具体的土改工作计划。

1949年10月下旬，平原省新区土改运动分两批进行。第一批于1949年冬季开展，第二批于1950年春季进行。每一批土改都经历发动群众、划分成分、没收和分配土地、复查总结等几个阶段。组织成立以贫农为骨干的团结全体中农及一切劳动人民的区、村农民代表会及农会，前者为领导土改的最高权力机关，后者为土改的执行机关。普遍运用村农代会的形式，贯彻土地改革政策，讲阶级，分清敌我界限，广泛发动群众，组织队伍，形成农民运动。划分成分普遍实行"自报公议、三榜定案"的办法。第一榜，自报成分，分级讨论，由农会评议；第二榜，组织群众集体讨论，工作组审定；第三榜，反复征求各方意见，允许申辩，可以复议，由农代会通过最终定案。农会及村长通知地富分子执行，交出财产，进行土地和财产分配。满足贫雇农要求，适当照顾中农，对地主也分给同样一份土地；对地主的工商业一律不动，对中小地主、富农，实行减租废债，没收他们多余的部分。在分配土地时，需要丈量土地，经过丈地查出的大量黑地，也作分配。最后由农会发给土地证，巩固土改成果。

在方针、政策和步骤上引导广大干部和群众正确贯彻党的土改路线，防止"左"倾错误。省委副书记潘复生等先后深入新乡县、湖西地区，调查研究，总结经验，指导工作。为加强上下联系，交流情况，1949年11月～1950年3月，省委发出近百份土改工作通报，及时推广好的经验，发现问题，及时纠正。12月5日，省委通报单县、鱼台、浚县、莘县在土改中发生侵犯中农利益的情况，在《平原日报》上公开批评纠正。12月6日，通报长垣县组织"贫农团"提出"有仇报仇、有冤报冤"的报复性口号，批评他们实行"左"倾政策与经验主义做法，要求"地委、县委必须立即派专人对当地干部进行严格检查与处理，并将结果报告省委"。

平原省新区土改属于全国新区首批土改，工作中遇到许多新问题。省委坚持从实际出发，重视调查研究，及时请示华北局，创造性地解决一些带政策性的问题。例如，1949年12月，华北局同意中共平原省委提出的建议，以农业收入为主的富裕中农，不应将其与资本主义剥削合并计算；采取'一顶一'的计算方法。从而避免在划分成分中出现偏差。

1949年12月21日，省委再次请示华北局几个问题。对于这些复杂问题，华北局都及时答复。

（1）纺织、教书、行医业应肯定算为主要劳动。若家中有一人每年从事此种劳动满4个月者，该家即算有主要劳动，其劳动收入应计入总收入内。按普通情形某家有一人每年从事4个月主要劳动，虽有土地出租，亦不是地主。但在特殊情况下，须有不同处置。可按照中共中央1933年"关于土地斗争中一些问题的决定"中劳动与附带劳动内最后一段执行。

（2）城市中小商贩、手工业者、职员、工人及一般贫民，因无劳动力出租一部分土地是允许的，既肯定是上述成分，其所出租土地绝不会过多；若其出租土地过多且此项收入为其主要生活来源者，则已不能成为上述成分，而属于剥削阶级。故出租土地之数量不必有所规定。

（3）土改特定条件下的租佃关系，指老弱孤寡及无力之军工烈属或兼营其他职业而无力从事耕种者。土改中，中农出租土地部分，若其因劳力不足或从事其他劳动而出租者，可以允许出租。土改后个人土地可自由处理，故富裕中农继续买地出租应不加限制。

（4）所提某户自己土地超过一般中农，但又租地雇工经营，本人从事投机性商业，应按富裕中农处理。仅将其租种地主之土地没收分配，其余土地财产一概不动。

省委根据华北局答复的精神，对于佃农租种地主土地的所有权、谁种谁收以及市郊土改的特殊问题等，作出明确的政策规定，保证土改顺利进行。

华北局推广新乡县新区土改经验、阳谷县颁发土地证经验以及安阳县解决土地纠纷的经验。这些经验对于华北地区和全国新区土改运动具有重要参考作用。

1950年4月初，新乡、安阳、聊城、濮阳地区的新区土改和结束土改工作彻底完成，全部发给土地证。菏泽、湖西两地区除部分村庄完成土改外，灾区有649个自然村未进行土改，有2044个村存在土改遗留问题，有8000多个自然村未发给土地证。1951年秋冬，结合生产进行土改"补课"，至此，全省土地制度改革全面完成。

第四节　巩固新政权

中华人民共和国成立初期，中共平原省委根据中共中央和华北局指示，在全省范围内开展抗美援朝、镇压反革命、爱国丰产、"三反""五反"、反对不问政治倾向斗争、整党以及司法改革、肃毒、思想改造等一系列群众性运动，巩固新生的人民民主政权，开创安定团结的社会局面，保证和促进国民经济顺利恢复和发展，为大规模经济建设到来创造条件。

一、抗美援朝运动

1950年10月初，中共中央作出"抗美援朝，保家卫国"的决策。10月19日，中国人民志愿军赴朝作战。25日，中央发出《关于在全国进行时事宣传的指示》。12月，发出《关于进一步开展抗美援朝的指示》，要求各地迅速开展抗美爱国思想教育运动。

1950年11月3日，平原省成立"抗美援朝分会""和平运动签字运动委员会""反对美国侵略台湾、朝鲜委员会"。在总会统一指导下，组织动员全省人民订立和执行爱国公约、优待军烈属、捐献飞机大炮，以实际行动支援抗美援朝战争。同日，中共平原省委发出《开展抗美援朝，保家卫国运动的指示》，要求各级党委把开展抗美援朝，保家卫国运动当作重要政治任务深入开展。1951年1月，平原省首届各界人民代表会议通过《发动全省人民以实际行动展开抗美援朝，保家卫国运动案》，号召全省1600万人民高举爱国主义、国际主义旗帜，以实际行动开展抗美援朝，保家卫国运动。3月，省委制定《关于继续普及与深入抗美援朝，保家卫国运动的计划》，要求"务使每一处，每一人都受到爱国教育，都能积极参加这个爱国行动"，规定在五一劳动节前着重普及，"五一"以后各地在普及的基础上把运动引向深入。全省各地成立抗美援朝分会，深入开展爱国主义与国际主义教育，迅速掀起抗美援朝运动高潮。

平原省群众支援抗美援朝

（一）宣传教育

全省各地充分运用各种形式，广泛进行时事和形势宣传教育。普遍召开干部会、劳模会、各界人民代表会议、工商会、教员会、宣传员会等，组织时事报告，发动群众控诉美帝国主义的侵略罪行，批判亲美、崇美、恐美的错误思想，把抗美援朝运动与现实斗争、群众生活体验结合起来。各地组织大规模爱国示威游行，展示全省人民的强大力量，把平原省抗美援朝运动引向深入。全省参加游行示威者650万人，参加和平签名运动者

1951年2月，获嘉县人民欢送819名青年赴朝参战

778万人。各地利用丰富多彩的宣传工具和群众喜闻乐见的文艺形式，在各类重大节日展开大规模宣传教育活动。

省委、省政府组织志愿军代表和朝鲜人民访华代表团进行革命英雄主义教育。1951年4月21日，志愿军代表高巢、王剑魂等到达新乡、安阳两市作报告，两市共组织12万人到场聆听，同时全省各地广播电台向广大群众播放报告录音，不少群众感动得流泪，有的甚至写血书要求到朝鲜前线去。1951年6~9月，中国人民赴朝慰问团第五分团深入平原省农村，巡回向区县群众报告赴朝慰问实况。1952年2月，中国人民志愿军归国代表王机、丁永金、李淑英、李树润和朝鲜人民访华团代表姜哲吉、姜大兴等分别到平原省各市、地、县作报告，听众达110万人。

（二）支援前线

全省上下掀起参加志愿军赴朝作战热潮。各地大批青年工人、农民和学生积极响应党的号召，空前踊跃地报名参加志愿军和军事干部学校。平原省顺利超额完成两次扩军任务。有数万名优秀青壮年志愿参军，有5000名青年学生参加军校及志愿军护理队。全省到处呈现出母亲送儿子、妻子送丈夫、兄弟争相入伍的动人景象。安阳专区4个县就有父送子、妻送郎、兄弟争相参军等模范事迹1176起。在征收的新战士中有70%以上是为抗美援朝参军的。全省各地为前线及时输送兵源，从人力上支援抗美援朝。在朝鲜战场上，孙占元、贠宝山、栗振林、李文彦等一批平原省籍的战士获战斗英雄称号，为全省人民争了光，为祖国赢得了荣誉。新乡机务段数百名铁路职工、汽车司机纷纷报名参加运输队，到朝鲜前线担任战地的各种运输任务；

全省医务工作者组织一批医疗队,为中朝部队服务;新乡市医务工会自动组织有60名队员的两个反细菌战志愿防疫队,主动要求到反细菌战的最前线。

(三)增产竞赛

全省广大工农群众热烈响应毛泽东发出的"增加生产,厉行节约,以支持中国人民志愿军"的号召,开展热火朝天的增产节约运动。广大工人响亮地提出"工厂就是战场,机器就是枪炮"的战斗口号,积极开展爱国增产节约运动。1950年冬,全省有30个厂矿参加竞赛运动,取得显著成绩。焦作煤矿井下工作效率提高31.5%,全局效率提高2.5%,伤亡下降34%;安阳子针矿产煤率提高30%;小西天矿日采率提高25.6%。华新纱厂锭产量由1.054磅增至1.2磅,提高13.9%;成兴纱厂锭产量由0.59磅增至0.781磅,提高32.5%,质量均比过去提高。焦作大华铁厂由过去30%的废品率下降至3%;新乡油厂出油率提高7.9%;道口油厂出油率提高16.6%。在竞赛运动中,各厂矿有48个小组向马恒昌小组应战,涌现出刘九学、魏山、李安立、李廷林、马希寅等100个模范先进小组。1951年,全省工业迅速恢复与发展,国营与地方国营9个厂矿,全年生产总值为1950年的140.58%。随着工农业生产的提高,经过调整工商业,组织城乡物资交流,工商业得到迅速发展。1951年,全省国营、合作、私营贸易经营总额达33667亿元,较1950年增长124%。

在农村广泛开展爱国增产竞赛运动,努力提高农作物产量。全省有百余个互助组向全国劳模李顺达应战。在省内,村与村、组与组、人与人广泛展开竞赛。林县、莘县、博爱等15个县,有662个互助组开展竞赛运动,推动全省的农业生产。在爱国丰产运动中,被发动起来的农民以高涨的爱国热情,制定爱国丰产计划,学习丰产经验,决心在生产战线打胜仗,报答国家对农民的关怀。1951年,农业生产在各种自然灾害破坏下,粮食总产量达到35.27亿公斤,保持1950年丰收水平,为抗日战争前86.29%;棉花总产量为0.67亿公斤,超过抗日战争前水平的31.28%。

1951年12月,中共平原省第四次党代会作出决议,号召全省人民"开展增产节约运动,为全面提高厂矿工作和增产10万吨粮食而奋斗"。全省爱国增产竞赛运动进入一个新的发展阶段。

(四)响应爱国号召

1951年6月1日,中国人民抗美援朝总会向全国人民发出推行爱国公约、捐献飞机大炮和优待烈属的三大号召。为贯彻执行抗美援朝总会三项爱国号召,6月12~22日,平原省召开首届抗美援朝代表会议,通过《关于响应抗美援朝总会三大爱国号召的决议》,号召全省人民广泛推行爱国公约,踊跃捐献飞机大炮,认真做好优待军烈属和镇压反革命等工作,努力把抗美援朝运动引向深入。

全省各级机关、团体、学校、工厂、农村、互助组,以及各家各户多数都制定了爱国公约。全省各地登记的户口中订立爱国公约的家庭占70%~80%。广大工人农民爱国增产、工商界积极经营踊跃纳税、学生努力学习、机关工作人员努力工作,全省各界人士用不同方式和实际行动履行爱国公约,支持中国人民志愿军。广大人民群众在"后方多流一点汗,前线少流一滴血"的口号下,发扬爱国主义和国际主义精神,踊跃开展增产捐献运动。因平原省灾情比较严重,人民负担重,能力有限,省委根据中共中央和华北局指示,于1951年12月10日指示各地"停止捐献"。但全省人民坚持继续自愿捐献。截至12月26日，各地缴至省人民银行的捐款达535亿元，折合战斗机36架，超额完成省抗美援朝代表会议认捐30架飞机的计划。至1952年5月，全省人民共捐献价值相当于47架战斗机的捐款，超过原定计划56.6%。在贯彻三大爱国号召的运动中，广大群众还提出"先军属、后自己"的口号，把优待烈军属工作当作巩固国防和支援部队的重大任务，通过代耕竞赛活动和优抚等措施，保证烈军属的生活和生产，鼓舞前线指战员的士气。

二、剿匪与取缔反动会道门

平原省成立初期，为安定社会秩序，巩固新生的人民民主政权，保卫生产建设和新区土改，各级党组织和人民政府，领导全省人民开展剿匪与取缔反动会道门斗争，取得重大胜利。

1949年8月，平原省成立，人民民主政权在全省建立。但国民党政府在平原省遗留下一大批分散的武装股匪（政治土匪）、反动党团骨干和各种特务分子，他们不甘心失败，继续与人民为敌，采取各种方式进行破坏和捣乱，妄图推翻新生的人民民主政权。据统计，国民党在全省遗留和潜伏的政治土匪有400余股5000余人，反动党团骨干分子6000余人，敌伪还乡人员13.7万人，反动会道门百余种。国民党逃至台湾后，不断派特务潜入平原省进行破坏活动。

平原省地处5省接合部，地理历史条件复杂，封建势力大，加上新乡、安阳等地解放较晚，敌特、土匪、反动会道门的破坏活动十分猖獗。全省400余股土匪中，有特务直接派遣组成；有当地敌伪军官、惯匪、逃亡地主、还乡人员中的反革命分子、散兵游勇等组成；有逃兵、村干部和民兵中的坏分子结合兵痞组成。各种股匪大者数十人，小者5～6人不等。股匪散布各地，到处流窜，烧杀抢劫，破坏交通，制造暴乱，无恶不作。1949年，各地发生杀人、抢劫、爆炸、聚众暴动等案件有1.3万余起。1950年第一季度，发生各种案件4328起，损失公粮25万公斤，暗杀导致革命干部伤亡60余人。反动会道门遍布全省农村，种类很多，主要是"一贯道、圣贤道、中央无极道、老母会、铁冠道"等。反动会道门多为匪特掌握，其骨干分子多系土匪头子、地主、流氓。各会道门利用灾荒及党和政府工作中的某些失误，造谣惑众，制造混乱，进行反革命暴动。抗美援朝战争爆发后，匪特、会道门的破坏活动更为嚣张。"中国苏鲁豫皖五省联合义勇救国军""豫北剿匪总司令部"等15种反革命组织和曾策动24个县企图暴乱的"白阳三罗大同龙华会"大肆造谣，叫嚷"第三次世界大战马上爆发""朝鲜战争之后，反攻大陆，时机已到"，散布"红阳落，白阳出""大劫将临，入道免灾"，欺骗群众入其圈套，策划武装暴动，组织地下军伺机行动。土改已完成地区不断发生地主向农民反攻倒算事件，威胁农民退回土改中所分得的土地、耕牛和房屋。

平原省成立后，省委、省军区把剿匪和取缔反动会道门作为一项重要任务，领导全省军民继续开展对敌斗争。1949年8月，中共中原省委第一次扩大会议明确提出"坚决彻底肃清匪特，加强社会治安"任务，要求"必须加强一元化领导，统一指挥，军事清剿、政治攻势与发动群众反恶霸地主相结合，挖掉匪特社会基础，彻底捕灭匪特，保卫生产"。10月，省第一次党代会进一步研究剿匪治安问题。平原军区召开干部会议，制定1949年冬季和1950年春季剿匪工作方针，要求全区部队必须在党的一元化领导下，加强团结统一，坚决彻底肃清匪特，安定社会秩序。根据省委、军区确定的剿匪方针，军区所属部队采取适当分散的办法，以团、营或连为单位，在新区追剿股匪，捕捉匪特。组织工作队，在当地党委的统一领导下，参加生产和土改工作，发动群众，开展肃匪反霸斗争。匪特在省内腹地遭受清剿后，转到平原省与外省接合部进行活动，尤其是黄河两岸与河南、山东的接合部。菏泽军分区与河南陈留军分区、湖西军分区与商丘军分区及徐州军分区、新乡军分区与郑州军分区分别取得联系，举行会议，加强外线清剿。在多方密切配合下，剿匪部队在省际接合部和边境地区很快消灭大股武装土匪。

在城乡勒令反动党团骨干分子和敌伪还乡人员登记，取缔各种反动会道门。1949年秋，安阳专区首破会道门反革命活动，解散"一贯道"反动组织。这是一个披着迷信外衣，在国民党特务直接指使下，进行各种反革命活动，企图举行暴动的反动组织。它分布在安阳专区各县，有10余个分会，约5000名道徒。解散后，在安阳专区各县逮捕68名首要道首，各中小道首到政府悔过者296人，收缴土壳枪59支，八音枪7支，红缨枪271支，反动迷信宣传品5263种。在曹县捕获会道门头子并制止酝酿中的暴动活动。在单县逮捕高楼抢粮事件的要犯，稳定社会秩序。1949年，全省军民团结战斗，开展剿匪、反特、取缔反动会道门和登记还乡人员并强制其改造等工作。共破获特务案件551起，登记管训和逮捕特务、国民党及三青团等反动党团分子9778人，破获匪特电台13部，缴获长短枪9153支，消灭土匪5251人，破获其他各种案件7651起。在取缔会道门中登记会道门头子2569人，争取5.3万余人退出会道门。

1950年春，遭受打击的匪特仍有321股2247人，分散隐蔽，夜聚明散，流窜于城乡接合部与工作薄弱地区，继续进行破坏活动。2月18日，省委发出《关于肃清土匪会道门保卫生产的指示》，确定4个重点区：曹县、复程、城武等县及接合部；金乡、嘉祥、鱼台、南旺等县；长垣、封丘、延津、原阳等县接合部；邺县、汤阴、浚县、内黄等县接合部。各重点区所属地、县委负责派得力干部，组织部队、公安、民兵及有关部门力量，进入重点区结合生产进行活动。每一地区以一个地委为主建立双方主动的定期联系制度，与邻县辖区密切配合，及时交换情报，统一行动，使土匪、反动会道门无隙可乘。建立以菏泽、湖西、安阳、新乡4个地委为主的4个剿匪重点接合部工委及指挥部。5月15日，省委扩大会议通过《关于继续贯彻肃清匪特取缔会道门的指示》，强调"在四个重点区，党委要加强统一领导，组织公安及武装部门密切结合，更大地组织力量，争取在秋前，基本上肃清武装股匪、取缔政治性武装性的会道门，以保卫生产"。平原军区召开党委扩大会议和剿匪工作会议，制定1950年剿匪工作训令，作出肃清匪特、剿尽匪枪、安定社会秩序的决定。省公安厅召开公安干部扩大会议，制定剿匪工作计划。全省上下统一思想，明确方向，加强部队和地方武装的密切结合，保证剿匪和取缔反动会道门斗争有领导、有计划、有步骤地进行。

为加强组织力量，省委增设濮阳剿匪治安委员会和京汉路郑新段联合护路委员会指挥部。平原军区派出13个连队，又从军区军政干校抽调550名受训的部队干部，组成4支工作队，奔赴4个重点区。在各重点区工委领导下，部队、公安、民兵密切配合，组成强有力的武装力量。按照政治瓦解与军事清剿相结合的方针，剿匪部队和工作队广泛宣传政策，发动群众，订立防匪公约，加强农村公安员、民兵、村干部的治安责任，建立大众情报网、民兵联防，形成有领导的群众性肃匪工作阵营。曹县、复程、城武等县分别召开公审大会，依法处决会道门暴动要犯5人。全省广泛开展对反动会道门的宣传攻势和取缔工作。省委领导戴晓东等到菏泽、湖西两地区组织公审、宣传和取缔工作。对于隐蔽流窜的匪特、惯匪及反动会道门头子，采取内线打入，掌握敌情，跟踪追击，重点清剿，不仅打击流窜股匪，而且及时破获和平息敌特分子、反动会道门企图武装暴动的重大案件。

1950年5月，聊城公安处经过8个月的侦查，破获反革命组织"山东鲁西人民反共自卫救国军第一纵队"；济南、聊城、临清、堂邑及天津、南京、苏州等地，捕获匪第一纵队"司令"及96名匪特要犯。5月7日，湖西公安处在湖西军分区，徐州、砀山公安局协助下，破获"中国人民反共抗俄救国军直属行动支队"，将敌特19名要犯全部逮捕。6月22日，新乡公安处破获温县伪"县政府地下组织"，将伪地下"县长"等11名主犯逮捕。7月31日，郸县公安局破获"河南省豫北剿匪司令部"，52名土匪全部落网，8名首犯判处死刑。9月13日，濮阳、菏泽、聊城等专署公安处统一行动，破获"白阳三罗大同龙华会"企图于9月18日举行大暴动的大案。该会范围包括濮阳专区濮县、范县、观城县、清丰县、朝城县、滑县与菏泽专区梁山县、南旺县，湖西专区嘉祥县，聊城专区寿张县、阳谷县、莘县、冠县13县。事前菏泽、濮阳专署公安处进行侦查，于9月13日晚开始剿匪，捕获会首要犯50余人。9月22日，省委发出《关于制止会道门的指示》，要求进一步加强肃匪取缔反动会道门的政策教育，加强农村治安工作，防止会道门活动，把破案、集训与发动群众三者结合起来，深入开展斗争。10月18日，华北局通报转载《平原省委制止会道门活动指示》，肯定了平原省的做法。

1950年，全省剿匪和取缔会道门斗争取得显著成绩。共消灭股匪3026人；捣毁反动会道门和特务组织19个；破获一般案件4442起；镇压首恶分子397人；集训、登记悔过、改造、管制敌伪还乡人员、流氓、惯匪、反动地主等14014人；取缔反动会道门中小头目576人，会徒10.06万人，基本摧毁匪特巢穴及其社会基础。

大股土匪消灭后，1951年平原省开展以民兵为骨干的群众性肃清散匪工作，广泛建立群众性情报网和侦缉小组，采取内线清剿与外线捕捉的办法，给匪特以有力的打击。结合镇压反革命运动，广泛宣传政策，发动群众，检举土匪，收缴武器。组织61个小型侦查队，哪里有土匪就到哪里剿，区与区相结合、城市与乡村相结合，迫使土匪无处可逃。共毙俘土匪534人（镇压反革命运动中成批逮捕的匪犯不在其内），缴获轻机枪4挺，小炮7门，冲锋枪8支，长短枪1562支，其他杂枪1706支，长短枪子弹37537发，炮弹97发，手榴弹945个。

平原省开展剿匪和取缔反动会道门的斗争，沉重打击了国民党残余势力，保护了人民生命财产，稳定了社会秩序，为彻底镇压反革命活动，安定团结生产，巩固新生的人民民主政权创造了条件。

三、镇压反革命运动

1950年3月18日，中共中央发出《严厉镇压反革命分子的指示》，要求各地必须对反革命分子以严厉及时的镇压，绝不能过分宽容，任其猖獗。但在镇反工作初期，有些干部存在着麻痹轻敌思想，把"镇压与宽大相结合"政策，片面理解"宽大无边"，致使一些作恶多端的反革命分子未能受到应有的惩罚。10月10日，中共中央发出《关于镇压反革命活动的指示》，重申中央关于镇压反革命的方针政策，即"镇压与宽大相结合"，要求坚决纠正"宽大无边"的倾向。政务院、最高人民法院和第二次全国公安会议都对镇压反革命工作作出具体部署。

平原省各级党委和人民政府坚决贯彻执行中共中央关于镇压反革命分子的指示精神，全面开展镇压反革命、剿匪和取缔反动会道门的斗争。有些地方在执行政策上存在不同程度的"宽大无边"。主要表现在对反革命镇压不够,重罪轻判,久押不问,对犯人看管不严,甚至轻易释放。新乡地区有一匪首"2次被捉,2次逃跑,3次被公安局释放"。封丘县杀害18人的惯匪被释放。1950年1~8月,各地在押犯逃跑420人,其中反革命案犯80人。"宽大无边"倾向在客观上助长了反革命气焰。朝鲜战争爆发后,反革命分子气焰更加嚣张。仅1950年7月,全省就发生抢劫、暗杀、放火、割电线等严重案件145起,暗杀干部20多人,占上半年的45.1%。反动地主向群众反攻倒算的案件达500多起。

1950年10月、11月,中共平原省委、平原省人民政府召开全省公安会议和司法会议,贯彻中共中央、政务院及最高人民法院关于镇压反革命指示,联系工作实际,检查纠正执行政策中"宽大无边"偏向,划清政策界限,整顿作风,改进工作,为开展镇压反革命运动进行思想和组织准备。1951年1月,平原省第一届各界人民代表会议通过《镇压反革命案决议》。2月,省委召开地、市委书记和专署、市公安处长参加的省委扩大会议,传达华北局扩大会议精神,明确镇压反革命方针、政策和策略,研究布置全省镇压反革命第一个战役方法步骤,强调加强党的领导,广泛发动群众,有计划有步骤地开展斗争。

省委十分注重发动和依靠群众,吸收各界人士参加,把发动群众开展反革命斗争与公安、司法等专门机关工作结合起来,打破关门主义和神秘主义。各级党组织通过各种代表会、干部会、座谈会、各界联席会、控诉会,以及公审反革命分子大会,广泛利用电影、幻灯、报纸、广播、宣传小册子,向人民群众揭露反革命分子罪行,讲清镇压反革命的必要性和意义,号召人民积极参加镇压反革命运动。全省60%以上的群众参加运动,84%的地区群众参与率超过70%,一些地区群众参与率达到90%。全省参与运动的群众包括工人、农民、知识界、工商界、宗教界等各行各业各阶层,涵盖青年、成年、老年、妇女、儿童各个方面。3~5月,聊城专区参加群众达到214万人,占该区总人口的83%;安阳专区达到200万人以上,新乡专区参与群众最为广泛。各地群众纷纷行动起来,主动检举、揭发和协助政府追捕反革命分子。仅新乡、安阳、湖西3个专区,在3个月中,共有5万多名群众在大会上控诉。安阳专区收到群众控诉状1.94万件,有的亲自到政府告发,有的在审判时与反革命分子对质。新乡专区涌现出十几万积极分子,成为群众与反革命斗争的骨干。人民群众的积极行动,形成镇压反革命的天罗地网,许多反革命分子被迫自首,有力促进了反革命分子的分化瓦解。

为巩固成绩和避免可能发生的错误,1951年5月中旬,中共中央召开第三次全国公安会议,确定对镇压反革命运动采取适当收缩和更加谨慎的方针。5月26日,省委召开地、市委书记和专署、市公安处、局长联席会议,传达第三次全国公安会议决议和公安部部长罗瑞卿的报告,结合全省实际,研究部署继续深入镇压反革命运动的主要内容和计划。会议认为必须贯彻杀、关、管、放全面政策。运动的发展在地区间、阶层间与深度上均不平衡。发动好的地区须加以提高和巩固,发动差的或根本未发动的少数地区亟待继续深入发动。会议决定停止大捕大杀,把捕人批准权收到地委,杀人批准权收到省委。

1951年,省委制定关于清理积案计划,要求组织成立省、专署、市、县各级清案委员会,大力清理积案,全面贯彻镇压反革命各项政策。委员会由各级党委、政府与所属公安、司法、检察等部门及各级武装部、工会、青年团、妇联主要负责人组成,吸收民主人士参加。6月1日,

根据华北局转发《平原省委关于清理积案的计划》，各地集中力量清理积案，10月底基本清完。清案后，被关押的大部分犯人转入劳动改造，省委抽调干部组织劳动改造总队。省委发出《关于加强管制反革命分子工作的指示》，省政府颁布《关于管制反革命分子的试行办法》，全省普遍建立管制制度。省、专区两级机关开展整风审干运动，清理"中""内"层问题。全面贯彻政策、深入发动与团结各阶层人民，有效打击与分化瓦解敌人。

各地贯彻执行"镇压和宽大相结合"的政策，即"首恶者必办，胁从者不问，立功者受奖"，以《中华人民共和国惩治反革命条例》为镇压反革命量刑标准。严格控制捕杀权限、谨慎审查捕杀名单，保证镇压反革命运动健康发展。全省逮捕一批反革命分子，镇压一批反革命分子，其中有土匪、惯匪、黑枪手，有敌伪党团骨干分子，有特务地下军，有反动会道门头子和恶霸地主等。全省各类反革命分子遭到毁灭性打击，镇反运动取得决定性胜利。

1951年11月，省委根据第四次全国公安会议精神，分析了全省镇压反革命运动开展情况。各地镇压反革命工作开展极不平衡，有20%的地区属于没有解决问题或根本未动的三类村庄，亟待解决；有45%的地区属于不完全彻底的二类村庄，需进行彻底完成与巩固群众优势；有35%的地区是彻底完成的一类村庄，需巩固群众热情，继续开展经常性斗争。未受严重打击的隐蔽特务及反动会道门仍在暗地活动。

1951年11月至1952年4月底，全省镇压反革命工作总任务与要求是：迅速清理积案，追捕在逃反革命分子，坚决发动三类村，巩固提高一、二类村；将区以上机关干部及工矿企业职工、中、小学教职员普遍清理一次；取缔一切尚未取缔和取缔后仍在阴谋复辟的反动会道门组织。

1952年，全省各地继续深入开展镇压反革命运动，对一切隐蔽反革命分子彻底搜捕、严厉惩处、扫除残余、巩固成果。1952年年底，全省99%的地方镇压反革命工作彻底完成或基本完成。全省5类反革命骨干分子受到杀、关、管各种惩处的占反革命骨干分子总数的93%。共清查出一般敌伪党团军政人员16万人，取缔反动会道门、动员道徒退道25万余人，消灭股匪400股5000余人。国民党残留在平原省的反革命势力基本肃清。

随着镇压反革命运动由全面转向深入，各级党组织在工厂、矿山、交通等行业广大干部职工中开展民主改革运动，进一步清查反革命分子，解决民主管理问题。在城市居民中开展民主改革和社会改造运动，清除社会各个角落封建反动势力，扫除历史上遗留的娼妓、赌场和吸、贩烟毒等社会恶习，城市建设走上健康发展的道路。

四、"三反"运动

1951年10月，中共中央政治局扩大会议决定，在全国开展精兵简政、增产节约运动。10月23日，中共中央主席毛泽东在政协一届三次会议开幕词中向全国人民提出：增加生产，厉行节约，以支持中国人民志愿军，这是中国人民今天的中心任务。大规模爱国增产节约运动在全国各地展开。随着增产节约运动深入发展，各地暴露和发现大量惊人浪费现象、贪污现象和官僚主义问题。12月1日，中共中央作出《关于实行精兵简政、增产节约、反对贪污、反对浪费和反对官僚主义的决定》。1952年1月1日，毛泽东在中央人民政府团拜祝词中号召：我国全体人民和一切工作人员一致行动起来，大张旗鼓、雷厉风行地开展一个大规模的反对贪污、反对浪费、反对官僚主义的斗争，将这些旧社会遗留下来的污毒洗干净。1月4日，中共中央发出《关于立即限期发动群众开展"三反"斗争的指示》。

为贯彻执行中共中央和华北局关于开展增产节约和反贪污、反浪费、反官僚主义运动的指示，省委相继召开地市委书记会议、厂长会议、协商委员会党组扩大会议、省直全体干部会议、全体党团员动员大会、全省宣传员会议，学习文件，统一思想，发动群众，广泛开展增产节约和"三反"运动。

平原省群众上街开展"三反"宣传活动

经过发动群众，各地暴露和发现大量严重的问题。1951年12月10日，省委发出《关于反贪污案件的检查处理及今后发动反贪污斗争的通报》（以下简称"《通报》"）。《通报》指出："根据省委纪律检查委员会与检察署受理的案件，干部党员贪污受贿现象实为严重问题，这是开展增产节约的最大障碍。"省纪委上半年统计，在违法违纪受处分的区以上干部党员中，有因贪污、受贿、蜕化、躺倒而受到开除党籍的，还有一批受到留党察看、撤销工作、警告、劝告等处分。省检察署统计14个县的材料，1～8月的201件违法案件中，贪污渎职95件，其中受贿68件、偷盗物资11件、挪用公款10件、放高利贷4件、携款潜逃2件，合计占违法案件的47%。贪污的干部中，有县委书记，如南乐县一任县委书记3次贪污达240万元，被留党察看；有县长做投机生意，资金达100余石粮食；有财政厅行政会计等24名干部及群众集体贪污3.45万公斤小米；省政府机关水电股股长及会计、技工等4人集体贪污公款396万元，伪造假单据285万元；郲县武装部部长放高利贷等。省政府直属机关1～11月的20件贪污案中，财经部门干部占8件、政法部门干部占4件、文教部门干部占5件、其他占3件。

《通报》指出：从县委书记、县长到一般干部，从党内干部到党外干部，从财经部门干部到文教部门干部，从个人到集体的贪污现象，说明贪污问题绝不是个别人或个别部门的问题，是较普遍的严重问题，必须引起党内外全体人员的重视，必须进行深入检查，展开群众性的民主运动，进行反贪污、反浪费、反官僚主义的斗争，肃清资产阶级思想影响，扫清增产节约道路上的障碍。

中共中央和华北局对省委的《通报》作出批示，认为平原省委这一《通报》集中暴露了地方干部中存在着严重贪污腐化情况，足以发人深思。希望在党内刊物上发表，各省、市、区党委都要参考。

省委《关于开展增产节约反贪污反浪费反官僚主义运动的第一次简报》中，指出在浪费方面和官僚主义方面存在着严重问题。企业管理方面，缺乏经济核算观点，形成积压资金、成本提高的严重现象。如火柴厂每月占有流动资金31.8亿元，实际只需要6.7亿元；小西天煤矿占有流动资金42.9亿元，实际只需要6.9亿元；新乡百货公司仓库积压的牙膏可卖两年。基建方面，计划不周，大材小用，偷工减料，新房漏雨是较普遍现象。如，新乡自来水厂修新水库未经钻探，发现地下流沙层后，临时打桩，浪费5亿元和13.5万公斤粮食；省荣军教养院仓促施工，前后损失3800万元。生活方面，许多干部错误认为"进城了，要讲派头、讲大方"，要克服"土气"，铺张浪费现象普遍存在。省委机关仅电话费一项，7月就超出预算7倍多；省政府某一干部打长途电话长达91分钟；省政府电灯费9个月超过2000万元；《平原政报》等文印，没有精简计算，浪费1300万元。机关组织方面，有些机构重叠，人浮于事，公文旅行，手续繁杂，来往推诿，表格多，开会多，形式主义、文牍主义现象严重，加上官僚主义，导致浪费人力现象极为严重。如菏泽县缺乏精密计算，灾民因无粮可运，放回空车280辆。有灾民说"没有救灾，反而造灾"。贪污、浪费、官僚主义在全省严重而普遍存在，给党和人民造成重大损失。

1951年12月20～27日，中共平原省第四次党代表会议召开，"增产节约、反对贪污、反对浪费、反对官僚主义"为中心议题。吴德、潘复生传达中共中央、华北局关于"三反"斗争指示，报告全省1952年工作要点。会议用3天时间讨论关于开展"三反"问题，学习华北局规定的各项政策。会议要求在政策上采取坚决而又慎重的分析态度，注意划清思想界限和政策界限。会议部署全省"三反"斗争步骤：首先，作动员报告，思想发动；其次，坦白、检查、检举、揭发；再次，分别处理，建立制度。整个斗争过程贯彻首长负责、亲自动手、发扬民主、发动群众的方式方法。这次会议在党内统一思想，明确政策，研究步骤，加强领导，推动了"三反"运动的开展。

1952年1月6～13日，平原省第一届各界人民代表会议第二次会议召开。省委第一书记潘复生（1952年1月吴德调离平原省，潘复生任平原省委第一书记）作政治报告。报告指出："贪污腐化已成为社会主要危险，为广大劳动人民所不满，如不迅速彻底解决，就会遗害人民，遗害革命，脱离群众。"报告明确提出肃清贪污、浪费现象和反对官僚主义的主要措施。会议通过政府工作决议，为全省大张旗鼓地开展群众性"三反"斗争指明方向、任务和方法，为团结广大人民群众投身到大规模"三反"运动中作总动员。

从1952年1月起，"三反"运动在全省范围内逐渐形成高潮。"三反"运动大体经历三个阶段。

第一阶段为全面发动和检举揭发阶段。1951年12月平原省第四次党代会之后，省委派出检查组，在元旦假日期间到省农林厅等省直单位检查工作，督促"三反"运动。1952年1月2日，潘复生在省直5000人干部大会上作《关于全面展开反贪污、反浪费、反官僚主义运动的动员报告》。1月5日，中共平原省委召开省委和省政府各厅、局长及地委级干部会议，以及500余人的县级干部会议，反复动员，要求全省各级领导带头，以身作则，层层检查，限期向省委作书面检查报告，省委向华北局作书面检查报告。凡不写报告者以违纪论处。放手发动群众，从整风入手，自上而下开展坦白、检举、揭发运动。

1月6日，省委发出《关于坚决处理压制民主者和派人检查"三反"斗争经验的通报》（以下简称"《通报》"）。《通报》要求在省级机关设立意见箱，发动检举。华北局对《通报》给予充分肯定，发出《关于领导干部凡未在一定的干部会议上检讨者必须补课的指示》，再次肯定平原省的做法，强调"任何领导人不能以任何理由不作检讨，凡检讨均不能敷衍塞责，并以此作为各单位'三反'斗争是否真正开展起来的重要检查标准之一"。

1月19日，中共平原省委召开省直和新乡市直属机关万余人干部大会，潘复生作动员报告，号召"全体干部战斗起来，全面深入地、大张旗鼓地展开坦白、检举、揭发贪污、浪费、官僚主义的斗争"，宣布在全省范围内开展第二个大的战役，集中火力向大贪污分子进攻。省委委员分工负责，坐镇督战，并派出地委级干部10人、县级干部70人分赴地委、工矿及经济部门，协助指挥作战。2月4日，省委召开地、市委书记扩大会议，批判"三反"中"右"倾麻痹思想，决定从2月6～25日，组织第三个战役，制定"打虎"计划，交流"打虎"经验，确定"打虎"步骤。2月17日，省委向华北局汇报"平原省打虎计划"，华北局同意省委计划，认为平原省委对"三反"运动的领导是健康的，对今后运动的分析估计与做法也是正确的，希望贯彻实行，并注意在每次战役以后进行一次休整，以保证"三反"运动的圆满胜利。根据华北局指示，省委发现在克服右倾思想后，由于领导思想不够清醒，片面追求数字，以至于发生逼供、打人等违反政策问题。省委明确提出：要分析敌情，心中有数，做到没有材料不斗，没有本单位节约检查委员会批准不斗，防止急躁逼供。

第二阶段为对证追赃和定案处理阶段。1952年3月3～5日，省委召开地、市委书记会议，总结"三反"运动打"老虎"情况，确定下步方针与步骤。会议认为大部分地区和单位"捉老虎基本彻底，高潮已过"，但未完全对证材料、追缴赃物，必须组织一个对证材料、追退赃物的战役，其目的是实事求是地辨别真伪，将"老虎"打透打净，不漏掉一个"老虎"，不冤枉一个好人，这将是一个斗争最尖锐、最复杂、最艰苦的战役。会议要求：各级指挥部应以坚决、严肃、慎重的态度组织这一战役，不能松劲；提倡细致分析，重证据重材料，周密进行布置；进一步发动群众贯彻政策，调查研究，开展家属工作，对"老虎"攻心斗智，追退赃物；经群众分析评查，本人填表总结，领导审查批准，最后定案处理。"老虎"问题解决之后，应及时处理一般贪污问题，划清占便宜、浪费和贪污界限；贪污者经群众鉴定，本人填表，退赃悔过，分别处理；在党委领导下，吸收有关部门人员，组织专门处理"三反"案件委员会，在委员会下设档案组管理资料、表格、档案等，设资财管理组负责登记、保管追退赃物，以便统一转交银行。

3月初，省委发出《关于武陟等县正确贯彻政策追缴赃物赃款的通报》，总结新乡地委、武陟、沁阳、安阳、林县、邺县在组织这一战役中重视调查掌握材料、正确贯彻政策的经验，重点介绍武陟县对42只"老虎"对证情况："有证据有赃款下落、彻底定案的21只；接近定案的10只；难定案的6只；不是老虎的3只；怀疑的2只。"为彻底搞透，防止偏颇，武陟县规定："现存赃款、赃物立即交出；不便于立即交出者（如投资未回账等），可先交证件；原物已消耗者可登记，开清单；确实挥霍掉者，本人申请，群众评议，听候领导处理；追赃中不准损伤他人（如亲属）财产，更不准封门、停业、逼供等。"3月9日，中共中央主席毛泽东批转这一通报并作重要批示："此件很好，请各级党委一律照办。"华北局作指示："平原省委关于正确贯彻政策追缴赃款赃物的通报很好，兹刊出，希仿行。"

3月中旬，中共平原省委发出《关于学习〈中央节约检查委员会关于处理贪污、浪费后克服官僚主义错误的若干规定〉的指示》，要求各级党委组织干部学习，领会中央政策精神，提高政策思想水平。按中央和省委要求，在对证追赃、定案处理的工作中，实事求是地辨别真伪，不枉不纵，深入调查研究，算大账、算细账，做到有理有据，严肃慎重，对证核实。要根据"多数从宽，少数从严，坦白从宽，抗拒从严，惩治与改造、严与宽相结合"的方针，举行坦白退赃大会，对贪污分子展开政治攻势，对大批真诚悔过者宽大处理，对一批证据确凿而拒不坦白者严肃处理。全省上下出现坦白、检举和处理的"三反"运动高潮。4月，省委通报对证追赃、定案处理情况。6月，定案处理工作基本结束。

第三阶段为建设阶段。建设阶段是"三反"运动的总结阶段，主要工作是思想建设和组织建设。新乡地区一部分县转入建设阶段比较早，总结了经验。4月，省委秘书长杨珏到新乡地区各县深入了解关于"三反"建设阶段的情况，给省委写了《关于新乡地区"三反"建设阶段情况的报告》，着重介绍原阳、延津、武陟3县建设运动的经验。5月，全省56个县，除湖西专区5个县、菏泽专区4个县仍在继续进行追赃定案外，其余47个县均转入建设阶段。省委要求：正在进行建设阶段的工作者，必须认识到做好建设阶段工作是巩固"三反"斗争胜利成果与顺利转入经济建设、开展大规模生产运动的关键；应重视思想发动，提高阶级觉悟，认真进行划清界限、交代关系、民主补课等工作；应发扬干部的积极性，树立新榜样，重视新气象的表扬与总结。6月下旬，全省除9个县因打农业害虫等原因未结束外，其他地区建设阶段基本结束。

在"三反"运动建设阶段，广大干部觉悟有很大提高，划清了工人阶级和资产阶级思想界限。在组织建设上，整顿组织、精简机构，建立起工作、学习制度。虽然"三反"运动取得一定成效，但省委发现仍存在一些问题：虽然划清了与资产阶级的思想界限，但资产阶级思想在各方面影响没有彻底纠正；反贪污、反浪费比较彻底，但反官僚主义不彻底；交代关系有很大成绩，但对交代出的问题未处理；已处理的贪污分子，思想觉悟有提高，但少数人仍没有完全认识自己的错误，有消极不满情绪。6月，省委先后发出《关于巩固"三反"运动成果的指示》《关于"三反"运动中几个问题的指示》《关于继续贯彻反官僚主义斗争的指示》。这些指示强调："三反"运动的结束并不是反贪污、反浪费、反官僚主义斗争的结束，也不是反对资产阶级思想侵蚀斗争的结束，应把"三反"精神长期贯彻到各项工作中去，不断清除资产阶级思想影响，巩固工人阶级领导权，要为巩固"三反"运动成果不懈斗争。

华北局肯定和转发了平原省委关于巩固"三反"成果的指示，根据华北局和省委指示，全省各级党委积极开展工作，从思想上、作风上、组织上、制度上巩固"三反"运动成果，树立和发扬实事求是、从实际出发、密切联系群众的作风。

五、"五反"运动

在"三反"运动揭发和清查贪污分子的过程中，不断发现许多贪污分子的违法行为和社会上不法资本家的违法活动有着密切关系。资本家的违法活动，腐蚀一批国家干部，引发和助长贪污、浪费、官僚主义，严重破坏国内经济建设。其主要表现有：行贿、偷税漏税、盗骗国家财产、偷工减料、盗窃国家经济情报（简称"五毒"）。

1952年1月26日，中共中央发出《关于首先在大中城市中开展"五反"斗争的指示》，要求在全国一切城市，首先在大城市和中等城市，依靠工人阶级、团结守法的资本家及其他市民，向违法的资产阶级开展一个大规模的坚决的彻底的反对行贿、反对偷税漏税、反对盗骗国家财产、反对偷工减料和反对盗窃经济情报的斗争，以配合党政军内部反对贪污、反对浪费、反对官僚主义的斗争。2月上旬，"五反"运动在全国展开。

中共平原省委对省内市、区、镇、县情况进行认真调查研究和分析。全省2市、1矿区、7个镇，44个县城、1090个小集镇中，10万人以上有新乡市；近10万人有安阳市；3万人以上有焦作、道口、汲县、菏泽；1万人以上有汤阴、水冶、沁阳、博爱、濮阳、长垣、聊城、单县、谷亭。这些城镇分为3种类型：一是有近代化工业，行政领导机关所在地，如新乡、安阳、焦作、汲县；二是商业比较发达，行政领导机关所在地，如濮阳、聊城、菏泽、单县等城镇；三是工业品、农业品集散地的各小集镇。据"三反"运动揭发的材料和典型调查，在3种类型的城镇中，都不同程度地存在资本家的违法活动。

第一类城市中，以新乡市为例：与公家关系最密切、盗骗行为最严重的有营造、木商、木工、窑业、五金电料、油漆、石灰、铁工、纺织、烟工、布业、百货食品、货栈、粮行等15个行业，共853户，占全市工商业27.8%。其中以营造及与营造有关的木商、窑业、五金为最严重。各行业不法行为较多的有500～550户，占工商户16%～17%；严重的有50～60家，占工商户1.6%～1.9%。

与公家虽有来往，但行贿、盗骗等现象没有前一类行业严重的有食品、杂货、颜料、运输、化学手工、竹木工业、茶业、修配、缝纫、纺织、饭业11个行业，共693户，占全市工商户22.6%。

与公家来往关系不大，但有漏税问题的共33个行业1523户，占全市工商户49.6%。

第二类县城中，以汲县为例：与公家关系最密切、行贿盗骗行为最严重的有建筑、木料、粮行、皮毛行、杂货栈、山货、油行、铁工厂、花行、烟业10个行业，共86户，占全县工商户4%。

与公家经济来往比较密切、偷税漏税比较严重的有杂货、百货、酒业、油业、盐业、肉业、布业、医院、中西药房、油漆、成衣、照相、酱菜、果品、烟厂15个行业353户，占工商户16.1%。

与公家来往不多，本钱不大，只有漏税行为的有摊贩、石灰、青菜、饭铺、小店、文具摊、理发、澡堂、磨坊、染房、铁匠、铜匠、轧花、打绳、丝线、锣底16个行业1459户，占工商户66.7%。

第三类集镇中：与公家关系最密切、行贿盗骗行为严重的有粮行、花行、牙纪、盐商、油行等行业；其他多系摊贩、行商有漏税行为。

把"三反"运动进行到底，有效遏制干部被腐蚀，保卫国家经济建设，同时进行"五反"运动，严厉打击资本家"五毒"行为，成为省委、省政府一项重要工作。

"五反"运动首先从新乡、安阳两市开始。1952年1月15日，新乡市工商联召开会议，动员全市工商业者积极参加反行贿、反偷税漏税运动，大胆检举坦白。16日，成立新乡市工商界节约检查委员会分会（简称"市工商界分会"），领导工商界"五反"运动。17日、20日，市工商界分会分别召开全市工商业者大会。副市长王锡璋作动员报告，号召不法资本家限期向人民政府坦白。为迅速开展坦白检举运动，保护检举者，王锡璋宣布7条纪律：营业时间不准随便延长；歇业必须向工商局申请，按照开歇业规定办理；解雇工人必须按照工会规定办理；对工人、店员、学徒的政治权利不能以任何借口加以侵犯；不准涂改账簿，毁灭证据；对人民政府或节约检查委员会派去的检查组，必须据实报告，接受检查，不得敷衍欺骗或拒绝检查；不准对检举揭发人进行利诱、威胁或报复行为。对违反7条纪律者，坚决严厉惩办。26日和2月10日，召开两次坦白检举大会，逮捕19名违法严重、拒不坦白的资本家，打击资产阶级嚣张气焰，激发广大工人、店员的积极性，轰轰烈烈的"五反"运动迅速展开。

中共新乡市委进一步分析研究工商界全面情况，划分阶级成分（资本家、独立劳动者或家

庭商业户）和5种类型（守法户、基本守法户、半守法半违法户、严重违法户、完全违法户），区分各行业对国计民生的利害关系，确定分别对待政策。全市普遍举办工人、店员培训班和业余培训。经过培训，发现490名积极分子，争取73名高级职员，处理26名资本家代理人，掌握资本家大量材料。在此基础上，宣布对守法户与基本守法户的相关政策，以典型事例阐明对后3种类型户的处理政策。经过大量细致的工作，团结90%以上工商户，形成广泛的"五反"统一战线，使少数罪大恶极的资本家陷于孤立。

安阳市分别召开工商业者大会和职工、店员大会，市委书记李艺林作动员报告，发动开展"五反"运动。坦白检举阶段，揭发出不法资本家，涉及金额5000万元以上有4个人，1亿元以上有14人。

焦作、汲县、菏泽、聊城、水冶镇等地发动群众开展"五反"运动，逮捕少数问题严重的资本家。

1952年2月下旬，中共平原省委总结工商界"五反"运动情况，指出："目前除新乡市开展较好外，各县城均甚差。"主要存在问题是：领导干部忙于"三反"运动，"五反"指挥部领导不强，各级党委对城镇工作重视不够，经验缺乏，材料不足，准备不充分，成绩不大；对"五反"性质及政治意义认识不足，有认为"五反"就是消灭资产阶级的错误看法；对"五反"运动的方针政策不明确，运动中打击谁、孤立谁、团结谁、依靠谁，观点极为模糊，以致造成某些混乱现象。为纠正这些问题，省委介绍并推广新乡市开展"五反"运动的做法和经验，特别强调"五反"一定要在"三反"开展起来之后，各级领导能腾出手来组织强有力的指挥部方可进行。

根据全省实际情况，省委对平原省"五反"运动作出决定：必须加强春耕、生产救灾工作的领导。新乡、安阳两市及地委所在地的城关，可继续进行"五反"运动，取得经验，但必须有强有力的领导。县委所在地城关，正在进行"五反"的应告一段落，停止下来，将干部抽回，总结经验，开始春耕生产，组织物资交流。刚开始未展开的县，坚决停止，不准再进行，集中力量进行"三反"运动。春耕之后，各地作出计划，经省委批准之后再进行。在"五反"中关于捕人问题，必须具备三个条件：一是完全违法；二是抗拒"五反"；三是人缘不好（包括多数资本家都认为不好的人）。不具备或不完全具备上述三个条件者，不能轻易捕人。严禁对工商户私自进行检查和传讯，逮捕资本家必须经过批准手续。一般县级所属城镇或专署直属镇，须经地委、专署批准，送省委备案；省属市须经省委、省政府批准。

根据省委决定，全省8个镇和大多数县城"五反"运动随即停止，避免"五反"运动在小城镇盲目开展和偏差，保证"五反"运动在新乡、安阳两市健康发展。

3月以后，"五反"运动逐步转入定案处理阶段。3月8日，中央人民政府政务院批准和公布《北京市人民政府在"五反"运动中关于工商户分类处理标准和办法》（以下简称"《标准和办法》"），以有无违法行为及其违法行为的轻重大小、违法性质的恶劣程度为基本标准，将工商户分为5类，并根据"过去从宽，今后从严；多数从宽，少数从严；坦白从宽，抗拒从严；工业从宽，商业从严；普通商业从宽，投机商业从严"的5条基本原则，对各类工商户制定处理办法。根据这一《标准和办法》，新乡市在百货、文具两个行业做典型试验。3月26日，确定和宣布守法户与基本守法户。办法是先经工人讨论，再经工商户讨论，然后发通知书；步骤是先处理守法户和基本守法户,再处理半守法户,最后集中力量处理严重违法户和完全违法户。处理后两类户,采用"过关"形式,有重点地深入检查,务求查尽"五毒",搞透挤净。

4月初,华北局转发中共新乡市委关于确定与宣布守法户与基本守法户的报告,肯定新乡市做法。安阳市根据中央政策和北京市经验,划分5类工商户,对各类工商户采取不同的处理方式。

5月,华北局召开第二次"五反"会议,要求对工商大户的划分进行复审、核实与退补,进一步落实党的政策。这次会议对争取"五反"斗争的胜利结束有决定意义。中共平原省委和新乡、安阳两市委分别传达贯彻会议精神。

新乡市委集中组织4名市委委员具体分工,对全市工商大户的5类划分情况进行复审与核实。省委第一书记潘复生直接参加指导。根据行业经济特点,结合实际情况,经过分析研究,确定大户标准是:"工厂25个工人以上者;商店5个店员以上者;资金1亿元以上者;有上层代表性者。"确定对83户大户的5类划分比例:守法户12户,占14.15%;基本守法户25户,占30.12%;半守法半违法户33户,占39.75%;严重违法与完全违法户13户,占15.63%。同时核实退补比例:资金总额739亿元,1951年经营额3000亿元,利润额250亿元,所得税39亿元,违法额235亿元,退补罚款80亿元,已退款20亿元,捐献款21.8亿元。华北局对新乡市的做法给予充分肯定。

安阳市委对5类工商户进行复审、核实。5月29日,召开全市工商户大会,宣布处理意见。

6月中下旬,新乡市、安阳市先后宣布"五反"运动胜利结束,号召广大工商业者转向生产经营。

新乡、安阳两市"五反"运动结束后,省委根据华北局统战会议精神,准备结束小城镇"五反"工作。1952年9月,省委作出《关于结束小城镇"五反"的指示》指出:全省8镇和大多数县城进行过1个月到2个月左右的"五反"运动,2月下旬虽然城镇"五反"运动暂时停止,但由于"五反"运动未宣布结束,"五反"中揭发出来的问题未加处理,因而有一部分工商业者的情绪仍然动荡不安,不敢经营,消极应付,等待处理。为繁荣市场,发展生产,活跃物资交流,争取在秋前,正确地谨慎地结束小城镇的"五反"运动。

省委进一步要求:正确贯彻政策,凡是在"五反"停止后,过去虽有"五毒"行为,但能积极生产经营有成绩者,结束"五反"运动时应从宽处理,惩治个别,教育一般,不分类、不过关,依据现有材料,实事求是,认真核实,分别对待,加以处理,达到既有利于杜绝"五毒",又有利于发展小城镇经济的目的。并决定在贯彻发展生产、繁荣经济、开展物资交流的中心工作中结合进行结束"五反"运动,任何孤立进行结束"五反"运动的做法都是错误的。

根据省委指示,全省小城镇转入"五反"运动结束工作。9月上旬至10月25日之间,各地以半个月的时间进行结束工作。10月底,省委召开各地、市委统战部长会议,总结小城镇结束"五反"运动工作。

六、整党运动

1950年5月1日,中共中央发出《关于在全党全军开展整风运动的指示》,各地党组织按照中共中央布置开展大规模整风运动。1951年2月,中央政治局扩大会议提出从1951年下半

年起,用3年的时间有计划、有准备、有领导地进行一次整党任务。1951年3月28日~4月9日,中国共产党第一次全国组织工作会议召开,会议着重分析全国革命胜利后党的组织情况和存在问题,通过《关于整顿党的基层组织的决议》和《关于发展新党员的决议》。会议要求全党的基层组织进行一次普遍整顿,在全体党员中进行一次关于共产党员必须具备的八项条件的教育,特别是在关于社会主义、共产主义前途教育的基础上,对每一个党员进行认真审查和登记。自1951年5月开始,中华人民共和国成立后的第一次整党工作在全党有计划有步骤地展开,到1954年春基本结束。

1950年3月,中共平原省第二次党代会后,全省在整顿各级领导机关作风的同时,开始对基层党组织进行初步整顿。首先对工厂、农村的党组织进行调查,了解情况。7月,各地开展系统的有重点的整顿支部试验。如聊城地区到11月先后开展55个支部重点试验,获得一些成功经验。全省各级党委制定切合实际的集训整党计划。

1950年11月15日,中共平原省委制定《关于1950年冬集训党员、整顿支部的计划》。省委认为,经过省第三次党代会后的整风,党内存在的骄傲自满情绪、官僚主义、命令主义作风得到一定遏止和克服,党员干部政策水平有所提高,党群关系有所改善。但党员思想作风和党的基层组织状况仍然问题严重。老区党员大多经过各种斗争考验,思想觉悟较高,核心和骨干作用较强,但在胜利形势下,部分党员产生居功自傲、特权思想,工作中命令主义作风很严重。有部分党员产生"革命成功"思想,安于现状,停滞不前,或者躺倒不干,甚至堕落腐化。某些地区在"大参党运动"[①]中,把一些不够党员标准的人吸收到党内,甚至使少数投机、异己、流氓分子混入党内。新区在生产、土改中发展党员一般比较慎重,个别吸收,公开建党,其成分多是贫雇农,工作积极热情,与群众关系较好,但这些党员普遍思想觉悟低,核心作用差,土改完成后,不少人想"散伙、换班",为人民服务观点未确立;有的地区发生"拉夫突击"现象,使不纯分子混入党内。恢复区党组织经过游击战争反复拉锯,变化很大,大部分党员参加过游击与腹地斗争,受到斗争考验,但胜利后功臣思想、宗派情绪很严重,作风简单粗暴。由于政策教育不够,很多人存有"狭隘报复"思想,政策观点不够明确;有部分支部组织比较混乱。城市、工厂、矿山建党不平衡,大部分为新党员,积极热情,能起带头作用,与群众有一定联系,但接受系统教育不够,思想觉悟不高。

根据新乡、聊城两个地委对14个县2819个支部的综合统计,农村党支部大致可分4类:第一类支部682个,占24.2%,多数党员工作积极,关心群众利益,但党内外民主制度不健全,组织生活、党的教育活动进行得不经常;第二类支部1452个,占51.1%,少数党员积极,多数党员工作被动,一般能完成任务,但强迫命令较严重,党群关系不好;第三类支部685个,占24.3%,少数优秀党员不占领导地位,一般党员不起作用,有些党员干部贪污腐化,闹宗派斗争,甚至横行霸道,党群关系恶劣;第四类有个别支部被地富分子、反动分子、反动会道门所把持。全省党的思想作风不纯是普遍现象,少数组织不但不纯且有严重问题。

省委制定的集训党员和整顿支部的具体计划是以县为单位集中培训村干党员,培养整顿支部骨干。培训内容主要是生产政策、群众路线、时事教育和党的基本知识4项。整顿重点是第

[①] 中华人民共和国成立前后,老区为配合土改运动开展的迅速发展党员、扩大党组织运动。

一、第二类支部。第四类支部由各地、县委派专人协同区委慎重处理。中共平原省委要求,在整党中对那些混入党内的异民、投机、蜕化、变节等分子,必须清洗出党,但要采取慎重态度,要经过原有组织进行处理。对落后分子,经过一定时期教育不能提高到党员标准者,应依组织手续劝其退党;对真正不愿革命要求退党者,应由组织批准其退党,但不能将其与投机异己分子和落后分子混淆,必须分别处理,处理后仍应采取团结教育改造方针,加强领导。

按照省委集训整顿支部计划,全省开始有步骤有领导地整党工作。整党从1950年12月初开始,到1951年4月底基本结束,各县先集训后整顿。全省共集训党员4.97万人,占全省农村党员总数的20.6%;非党员0.8万人,总计5.77万人。整顿支部2135个,占全省农村支部总数的36.35%。整顿工厂支部16个。经过整训,广大党员提高了思想觉悟,划清了敌我界限,明确了群众路线,克服了革命成功思想和命令主义作风。党员积极面由原来的30%~50%提高到60%~80%,促进了基层党支部工作开展。在整顿组织中,清洗了少数异己、投机分子和个别破坏分子;劝退了不够条件的落后党员。聊城、菏泽、湖西、新乡4个地委28个县,共清理出1619人,占整顿支部党员的5.9%。全省集训农村党员干部和整顿支部运动,初步纯洁了队伍,改造了支部,评出模范,树立榜样,有力地推动了各项工作。省委组织部对运动进行系统总结,认为整个运动既有可喜成绩和经验,也存在不少未解决的问题。

1951年5月,根据全国组织工作会议精神,中共平原省委对组织部《关于1951年工作方针与具体任务的草案》作补充修改,要求各地做好整党准备工作,重点做好整党试验,要准备一定数量干部和培训组织员。省委派出4个组分别到安阳、濮阳、新乡、菏泽地委督导工作。其他各地委根据各自能力组织1~2个组,开展整党重点试验。试验中主要解决以下几个问题:怎样对党员进行教育,特别是共产主义与共产党员标准的教育,怎样讲,党员才能接受;在教育后怎样登记党员,是否全部登记(要求城市党员必须全部登记),怎样登记不流于形式,怎样对党员作鉴定;对鉴定结论作怎样处理;整党小组怎样对村支部进行教育和推动其他工作;怎样健全村级组织与加强支部领导问题。

省委指示:"各地委党校现有学员作为第一批组织员,毕业后凡适合做整党工作者,一律从事党务或整党工作,作为区级整党骨干和助手。"省委要求第二批集训于6月20日前后开始,各地委党校集中辖区内党务干部和新转入党务部门干部进行培训;第三批集训于8月15日前后开始,争取立秋前结束。

5月中旬,全省范围内选择老区的内黄县魏庄、半老区的沁阳县王曲村、恢复区的曹县双庙王村、新区的郓县东石桃村4个村进行典型试验。创造性地开展共产主义和共产党员标准教育、党员登记、审查、鉴定等工作,取得经验。9月,省委组织部对4个农村支部整党试验工作进行总结,向华北局递交《关于四个农村支部整党试验经验的报告》,详细介绍整顿基层支部步骤、关于共产主义和共产党员标准教育情况以及关于党员登记、审查与鉴定情况。通过农村支部整党试验,基本统一思想认识,澄清错误观念,明确努力方向。9月30日,华北局对该报告给予充分肯定,摘要通报各地参考。

1951年8月28日,省委在重点整党试验基础上,制定《关于1951年冬集训党员与整顿支部的计划》,要求自1951年冬至1953年年底,全党认真进行一次系统的共产主义与中国共产党党章教育,将工矿、街道、农村党员普训一遍,完成全省所有党的基层组织和支部整顿。

1951年，全省共整顿支部1015个，集训党员2.68万人。1951年12月至1952年3月底，全省集训党员6万人，整顿支部3500个。

1951年镇压反革命运动中，有些地区结合进行整党，划清革命与反革命界限，提高党员思想觉悟，打退地主分子反攻倒算，初步整顿了组织。

1952年，根据中共中央《关于在"三反"运动的基础上进行整党建党工作的指示》，中共平原省委于8月制定《关于整党建党工作的计划》《关于机关、学校及工厂、矿山整党建党的指示》，要求：县以上机关、学校在"三反"运动基础上，本着存在什么问题整什么问题的原则，结合进行党员标准八项条件教育，进行整党；厂矿整党根据不同情况不同要求，结合爱国增产节约竞赛运动进行；各地必须积极完成建党准备工作，有重点、有计划、有准备地进行党的建设，在一年以内发展一批新党员。

1952年9月，省委制定《关于农村今冬明春"三反"及整党建党的计划》，开展农村"三反"和整党试验。省、地、县进行整党试验支部有84个，共清洗出118人，占参加整党党员人数的5.6%。这次整党结合党员八项条件教育，着重解决党员剥削思想与剥削行为，提倡组织起来发展生产，反对贪污、浪费和官僚主义，树立节约增产和群众路线作风，纯洁组织。

1950年冬至1952年年底，经过几次整党，全省党员普遍接受"在执政情况下，怎样做一个合格共产党员"的教育，全党思想和政治水平有所提高。通过组织清理，党的队伍更加纯洁，基层组织战斗力得到提高。同时，各级党组织本着慎重的方针，在完成土改的新区和城市工矿企业、机关学校中发展一批新党员。1952年发展4075人，初步改变了基层组织和党员分布不平衡状态。

第五节 政治建设

平原省成立之时，全省有党员21.92万人，支部14221个。党员大多经历过土地革命时期（少数党员经历大革命时期）、抗日战争与第三次国内革命战争的锻炼与考验，对敌斗争勇敢，完成任务坚决，作风艰苦朴素。但由于接受马克思主义、毛泽东思想教育不够，政策思想水平较低，官僚主义、命令主义作风较为严重。3年间，在中共中央和华北局领导下，全省党的政治思想建设取得很大成绩，干部作风有明显转变。

一、思想建设

由战争到和平、土改到生产、乡村到城市、经济恢复到经济建设的历史转变中，巩固与提高党的领导具有决定意义。中共平原省委通过加强马克思列宁主义、毛泽东思想教育，开展各种反不良倾向斗争，不断巩固与提高党的领导。

1949年12月，省委出版党内刊物《平原建设》，传达党的政策、方针、指示、任务，及时交流各地经验，教育党员干部，推进全省党的建设工作。省委要求各级党委必须认真组织对党刊的阅读研究，不断为党刊撰稿、集稿、提供改进意见。《平原建设》自创刊到停刊，始终在中共平原省委直接领导下组织发行，3年共出版155期，每期印发6000册，成为指导各地党员和党组织开展工作的有力武器。

全省多数党员由于长期处在农村，文化层次较低，组织教育不够，在社会历史的大转变中，暴露出许多思想问题。例如，绝对平均主义的空想农业社会主义思想、领导生产中的保守落后思想、片面的农民观点、革命成功居功自傲思想、强迫命令思想，个别人还有破坏政策、违法乱纪等思想行为。随着国民经济的恢复与发展，资产阶级思想倾向开始滋长，如埋头生产不问政治、投资私商、放账、雇工经营等，少数党员甚至贪污腐化、蜕化变质。

3年间，中共平原省委在全党和全体干部中多次进行大规模整风整党、思想改造运动，解决党员干部中形形色色的思想问题。平原省第二次党代会集中批判单纯的农业社会主义思想、违法乱纪行为与强迫命令作风。平原省第三次党代会纠正领导生产中的保守思想、片面农民观点，坚决反对官僚主义作风。在电影《武训传》思想批判运动中，纠正资产阶级改良主义思想，对不问政治倾向的思想作坚决斗争。在恢复和发展经济过程中，把生产与政治斗争结合起来，进行"三反"运动，划清无产阶级与资产阶级思想界限。按照党员标准八项条件进行整党。在整党过程中，每个支部都要经过学习、登记、审查、处理4个步骤，最后对每个党员进行评议。把党员划分4类：即具备党员条件的；不完全具备党员条件，必须加以改造提高的；不够党员条件的消极落后党员；混入党内的阶级异己分子、叛变分子、投机分子、蜕化变质分子。对后两类分别作出处理。1952年，整党运动与"三反""五反"运动相结合，整风整党工作更加深入普及。

中共平原省委不断加强各级党员干部的马克思列宁主义、毛泽东思想与总政策总路线的系统教育工作，重点加强工农干部的文化学习。3年间，省委组织在职干部进行社会发展史、政治经济学、帝国主义论、中国通史、近代史、中共党史的学习。特别是"三反"运动后开展的中共党史学习运动具有空前规模，各级领导干部带头学习，广大党员干部学习热情空前高涨，各地参加学习的干部达2.43万人。全省各地有专职理论教员76人，兼职教员12人，学习辅导员968人，理论教员、学习辅导员的配备使学习活动逐渐走向组织化、制度化。省委大力支持和加强各地培训工作，整顿充实省、地两级党校、干校与县级训练班。全省共培训党员干部1.82万人，集训党员14.26万人，培训知识分子2.3万人。

（一）社会思想改造

随着抗美援朝、镇压反革命以及"三反""五反"运动的开展，特别是第一次全国宣传工作会议的召开，全省各地普遍接受刘少奇关于加强思想批判工作的指示精神，提高宣传工作的阶级性与战斗性。在各阶层广大人民中逐步肃清封建的、买办的、法西斯的反动思想影响，划清工人阶级与资产阶级、小资产阶级的思想界限，巩固工人阶级思想领导权。全省广泛开展对社会各阶层广大人民群众的思想改造运动。

宗教界"三自革新"运动[①] 平原省有天主教118处，教徒9.64万人；基督教堂76处，教徒1.11万人；共有教会194处，教徒10.75万人，外籍人员41人，教会医院20处，孤儿院1处。参加"三自革新"运动者达70%以上。经过"三自革新"运动，在一般教徒中，提高爱国觉悟，初步清除帝国主义影响，取缔反动组织。外籍人员有22人被驱逐出境或申请回国，受帝国主

---

① 自治、自养、自传的爱国运动。

义资助的教会学校 3 所、医院 1 所被政府接收。全省 2 个市 9 个县发现反动组织"圣母军"。至 1952 年 11 月，有 2 个市 5 个县对"圣母军"进行取缔。其中，新乡市开展取缔工作较为彻底，菏泽、滑县、长垣、濮阳等处的"圣母军"未进行取缔。1952 年 10 月，组织民主党派、民主人士、工商界、机关人员、宗教界五种人士进行《中国人民政治协商会议共同纲领》（简称"《共同纲领》"）的学习，推动五种人士按照《共同纲领》进行自我教育与自我改造。

学校教职员思想改造与组织清理工作　全省中等学校教职员共有 4183 人，有 2433 人经过思想改造运动，其余 1750 人多系新吸收人员，未进行思想改造。经过思想改造与组织清理工作，全省中等学校教职员中基本上肃清反动思想影响，批判资产阶级和小资产阶级的"超阶级""超政治"观念，单纯文化、业务、技术观点及个人主义思想。提高知识界的政治思想觉悟和参加国家文教建设的热情，扩大工人阶级在中等学校中的思想阵地。整顿组织，清除反动分子 138 人，配备和培训政治教员 120 多人。

文艺界整风运动　1948 年 5 月新乡解放，文艺工作者入城之后，受到资产阶级思想的影响和腐蚀，不少老干部追求安逸享受，注重个人名誉地位，严重脱离群众，逐渐在政治方向上有所动摇，脱离毛泽东思想文艺路线。新参加工作的文艺干部，不少保持着资产阶级、小资产阶级思想，未得到根本改造。根据中共中央与华北局指示，"三反"运动后期，全省集中文艺工作者 400 余人，开展近 3 个月的文艺整风学习运动。经过学习，绝大多数文艺工作者认识到资产阶级思想本质、资产阶级思想影响与腐蚀的严重性、小资产阶级思想对革命文艺事业的危害性，划清工人阶级与资产阶级和小资产阶级的思想界限，巩固工人阶级的思想领导，贯彻毛泽东的文艺路线方针。在思想觉悟普遍提高的基础上，制定创作计划与演出计划，组织文艺干部下乡下厂，深入群众，体验生活。全省文艺工作者，特别是剧改工作很有成绩。截至 1952 年年底，所有演出单位均提前超额完成预订计划，完成创作计划目标任务。

（二）党内思想整风

中共平原省委在全党动员，统一思想、统一部署，集中力量，在各级党内外干部中开展全面系统的思想整风运动。

1950 年年初，平原省第二次党代会发扬民主，开展批评与自我批评，批判空想的农业社会主义思想和生产不用领导的自流论，整顿强迫命令、违法乱纪作风。全省各级党委召开党代会、干部会以及各界代表会议，发扬民主，发动群众，开展批评与自我批评，批判强迫命令作风，处分一批严重违法乱纪干部，惩治少数坏分子。

1950 年 10 月，平原省第三次党代会在贯彻平原省第二次党代会精神的基础上，在全省范围内，以批评与自我批评的方法，开展自上而下和自下而上的干部整风运动。县以上机关集中检查批判官僚主义，区以下集中批判命令主义；普遍检查和批判以功臣自居，骄傲自大、轻敌麻痹思想，倡导树立深入基层、调查研究、掌握政策、关心群众、走群众路线的工作作风，提高广大干部阶级警惕，明确敌情观念，加强人民民主专政思想，为开展镇压反革命运动与爱国生产运动做思想准备。

潘复生在党代会上作报告

1951年5月，全省以老干部为骨干，在干部中进行有领导、有准备、有计划、有步骤、有明确政策的整风审干运动。历时4个多月，对各级主要干部进行重点审查。参加整风审干的骨干和新干部共1.86万人。经过各级各部门教育启发，开展批评与自我批评，全省整风审干运动形成个人自我思想的改造运动，提高广大干部尤其是新干部思想觉悟。绝大部分党员干部自觉交代自己的历史问题、思想问题、党派问题等，逐步树立全心全意为人民服务的革命人生观。整风审干运动达到各级干部思想改造目的，整顿了组织、纯洁了革命队伍、惩治了反革命分子。全省共交出反动证件1354件，交出长短枪73支、机枪1挺，电台、收音机、电话机各1部。

1951年夏季，在全省范围内，特别是教育、文化界中开展电影《武训传》思想批判运动，批判武训的封建奴才思想，纠正资产阶级改良主义思想。省委在全党各级干部中开展"反对不问政治倾向"的斗争，批判干部中"埋头生产""埋头业务""脱离政治"的思想倾向，加强无产阶级思想领导，推动全省爱国生产运动的开展。

1952年1月，省委组织5.42万名党员与非党干部参加"三反"运动，纠正和批判革命胜利后滋长的资产阶级思想，集中反对贪污、浪费、官僚主义，划清阶级界限、整顿党和政府各级组织，进一步巩固党的领导与人民民主专政。

（三）全员政治教育

建省之初，中共平原省委把"加强党的思想建设，巩固与提高党的领导"作为一项重要工作，在加强思想斗争和政治教育方面下功夫。

党内外思想斗争　3年间，省委在全体党员干部中进行多次大规模整风、整党，思想改造，批评与自我批评运动，纠正各种非无产阶级思想以及脱离党的路线的各种错误倾向，转变作风，保证党的路线的贯彻执行。1950年3月，平原省第二次党代会后，集中对单纯农业社会主义思想、违法乱纪行为、强迫命令作风进行批判和斗争。10月，第三次党代会开展全体干部整风运动，着重反对生产领域中的官僚主义、命令主义作风。1951年夏，开展对电影《武训传》的批判运动，参加该运动的干部达2.5万人、教职员和学生3万余人，重点纠正资产阶级改良主义与封建奴才思想。在思想领域内开展反对不问政治倾向的斗争。1952年开展的"三反""五反"运动，纠正资产阶级影响，克服资本主义倾向，划清工人阶级与资产阶级的思想界限，明确党的路线与社会主义前途。"三反"运动后，省委宣传工作会议在全党系统全面进行对资产阶级"划清界限，密切合作""既团结又斗争"的政治教育，清除党员干部中滋生的"左"倾思想。广大农村开展确保农村生产方向的政策教育，保证由"三反""五反"运动顺利健康过渡到爱国主义增产节约运动。

在开展批评与自我批评的思想斗争中，省委机关报《平原日报》起到很大推动作用。省委坚决贯彻中共中央关于"在报纸刊物上开展批评与自我批评的决定"，与各种惧怕批评与抵抗批评的行为进行坚决斗争，提高广大人民参与国家建设的积极性，加强党与人民群众的密切联系。3年间，《平原日报》揭发与批判重大事件40多次，收到读者来信5.8万多封，有4800多人亲自到报社询问和解决问题。

党员共产主义教育　3年间，全省共集训党员14万余人。在教育的开始阶段，主要针对党员干部中产生的和平麻痹、革命成功思想与单纯的农业社会主义思想进行，注重开展时事教育和前途教育，但没有从根本上解决思想问题。1951年全国组织工作会议召开后，全党认识到必须进一步加强党员共产主义信仰和理想以及中国共产党党章的教育，确保广大党员牢固树立为共产主义事业奋斗到底的革命人生观。全省各地系统地开展关于共产党员标准的八项条件教育。"三反"运动中，把党员标准教育与批判资本主义倾向斗争联系起来。至1952年11月底，全省开展的党员共产主义教育活动没有彻底完成，有3000多个支部未根据党员标准的八项条件进行整顿，10余万名党员未进行培训，培训中缺乏系统教材，党内未配备专职支部教员。

马克思列宁主义、毛泽东思想教育 1950年3月，平原省第二次党代会作出《关于加强党的教育提高党员干部政治思想水平与文化水平的决议》。3年间，全省组织在职干部进行社会发展史、政治经济学、帝国主义论（初级组学习中国革命读本）、中国通史、中国近代史、中共党史以及中华人民共和国成立前后各个重大事件的时事政策学习。全省参加学习的干部2.43万人，绝大多数领导干部能带头学习，亲自组织学习。各地通过建立理论教员、学习辅导员制度，使学习逐渐走向组织化与制度化。全省共有党校7所（省委1所、地委6所），各级党校及干部学校共培训干部1.82万人，占全省干部29%以上。

二、作风建设

中共平原省委根据党的民主集中制原则，在全省各地广泛发扬民主，深入开展批评与自我批评，统一思想，不断提高党的战斗力。

建省后，平原省发生一些重大事件和工作失误，如濮阳、聊城运粮事件。华北局对平原省工作给予检查和批评。省委坚决贯彻中共中央关于"在报纸刊物上开展批评与自我批评的决定"，在各级报纸上公开检讨省委工作上的缺点与错误，接受人民群众监督与批评。全省各地各级党委认真进行公开检查检讨工作，批判和克服党员干部中存有惧怕和抵触批评的思想情绪，加强党与人民群众的联系。

各地在党代会、各界代表会议上发扬民主，开展批评与自我批评，处理违法乱纪事件，改善党群关系与政民关系。全省建立各级人民检察机关与党的纪律检查组织，严肃认真谨慎地处理群众来信，对实行群众监督、严肃党的纪律起到很大作用。3年间，省委在组织全省实现工作重心转移的过程中，利用"批评与自我批评"这一武器，增强党的统一团结，巩固工人阶级领导权，密切联系群众，加速社会改革、经济恢复与国家建设。全省各地批评与自我批评的氛围不断得到营造，大多数党员干部能虚心、诚恳、严肃、认真地对待批评，纠正个人错误，树立正气。

三、党内整顿

1949年冬至1950年春，老区、半老区有一定党组织基础的地区，结束土改与生产运动同步进行，整党运动和发展党员同步进行。1950年3月，据平原省二次党代会不完全统计：聊城、濮阳、新乡3个地委15个县经过整党的支部占64.7%，但工作不平衡。沁阳、温县、孟县3县全部开展整党运动，滑县只有32.8%的支部进行整党。全省培训党员6.6万人。此次整党从总结战争和土改经验、肯定成绩、发扬党内民主、开展批评与自我批评、吸收群众代表参加，到公开党的工作、检查党内右倾包庇思想观点、结束土地改革、整顿党风、建立村人民代表会议制度等，有步骤地开展一系列工作。整党运动促进全省工作重点转向生产，密切了与群众联系，扩大了党的影响。

1950年冬至1951年春，各地集训农村党员和整顿党组织同步进行，主要开展"时事、政策、群众路线、党的基本知识"四大教育。提高广大党员的思想觉悟，克服党内"革命成功"思想和空想农业社会主义思想，树立生产观念，组织起来走发展生产的道路。1951年4月底，整党运动基本结束。此次整党进一步反对强迫命令作风和树立走群众路线作风，集训党员4.97万人，占农村党员的20.6%；整顿支部2135个，占农村支部的16.35%；党员积极面由原来的30%~50%提高到60%~80%。

1951年夏季后，整党工作主要围绕党员标准的八项条件进行教育。此次整党进一步加强服从组织和为人民服务思想，贯彻组织起来开展生产的方针，整顿支部1015个，集训党员2.68万人。进一步清除党内坏分子和不够标准的党员。夏季，重点开展整党试验的有199个支部。冬季，整党的有774个支部。此次整党吸收群众代表参加，提高党员思想觉悟，进一步密切党群关系，但存在着单纯教育的偏向、与实际工作结合不够的问题。

1952年夏季，进一步开展农村整党和"三反"运动试验。省、地、县委共试验84个支部。这次整党在继续进行党员标准八项条件教育中，着重解决党员剥削思想与剥削行为，提倡组织起来发展生产，反对贪污、浪费和命令主义，树立节约增产和走群众路线作风。

厂矿、机关、企业、学校党支部整顿工作，在"三反"运动基础上，根据"缺啥补啥"原则进行党员标准八项条件的教育，解决"三反"运动中遗留问题，统一对"三反"认识，巩固"三反"成果，进一步纠正资产阶级和小资产阶级思想以及官僚主义、自由主义、平均主义、名誉地位思想，结合进行发展党的工作。1952年10月底，整党运动基本结束。

1951年，有的地区在镇压反革命运动中进行整党，划清革命与反革命界限，提高党员思想觉悟，打退地主分子反攻倒算，清洗坏分子，劝出退党，初步整顿组织。1952年秋季，各地在三类、四类村进行整党。6个地委在9120个村发动群众，解决土改、镇反运动中的遗留问题，结合进行整党共计1212个村。

除1950年春以前的整党未作统计外，本次党内共整顿支部3151个，占农村支部的21.1%；参加整党党员5.85万人，集训党员7.55万人，占农村党员的23.88%。

1952年，全省共有党支部16405个，党员26.86万人；其中农村党支部14925个，党员24.53万人。

第六节　组织建设

1949年8月平原省成立时，正是全国革命取得决定性胜利、解放战争即将结束、有4227名北方各省、地、县、区干部南调之际。全省各县、区面临干部不足、骨干少、任务重的局面。在中共华北局组织部领导下，省委根据不同时期的中心任务，针对干部的组织与思想状况，尤其是农村党的基层组织情况与思想情况，围绕"战争到和平、土改到生产、农村到城市的历史转变"主题，开展一系列政治思想改造工作。全省各部门配合协助、共同努力，完成各个时期的组织工作。

1949年9月，中共平原省委直属机关委员会（简称"省委直属党委"）成立，隶属于平原省委组织部。主要职能是：负责平原省委直属机关党的工作，对省委直属机关党员进行教育、管理和监督，发展新党员，开展党的纪律检查工作，对违纪党员教育处理，指导省委直属机关党组织开展党的工作。

1951年，平原省整风审干办公室成立，这是中共平原省委为配合镇压反革命运动和"三反"运动在党内对干部进行整风审查而设立的一个临时机构。其主要职能是：整顿审查干部队伍中的不纯洁现象，清除反革命分子，巩固干部队伍。

中共平原省委旧址一角

在全省干部教育上，省委贯彻阶级教育、爱国主义教育与国际主义教育理念，树立党员干部全心全意为人民服务的思想以及关心群众、走群众路线的工作作风，培养党员干部的国家观念和组织性、纪律性，结合中心任务进行形势与政策教育，开展大规模的社会改革和思想改革运动，提高全省党员干部的政治思想和政策水平。

1952年11月，省委直属党委撤销。

一、干部队伍整顿

中共平原省委从全局出发，选择调配适合整党的干部，组织起来进行集中训练，确保整党干部全面深入领会与掌握整党原则、方针和政策，在省内开展重点领域整党试验，了解党内情况，取得实践经验，制定相关计划与措施，有准备、有步骤地在全省范围稳步推行整党运动。

省委把整顿巩固和纯洁党的组织作为增强党的组织性与纪律性的关键。经过整风整党、审干与"三反"运动，县区以上机关干部全都进行整顿，基层组织有3151个支部进行整党，清洗隐藏在党内的各种坏分子及蜕化变质分子共计7199人，自动退出和劝退不够党员标准的落后分子3339人。在运动中涌现出大批积极分子，全省新发展党员74989人。各级党委按照德才兼备的原则提拔大批干部，充实到党政机关和经济部门，保证经济恢复任务的完成。全省抽调4797名干部到工矿企业经济部门，加强工矿与经济部门工作。

中共平原省委坚持与破坏政策违法乱纪行为进行斗争，要求各地坚持请示报告制度，并抓住对一些突出事件的处理，在全省党员干部中开展思想教育和思想斗争。经过一系列斗争，各地违法乱纪行为得到遏制，无组织、无纪律状态基本克服，党的统一性、组织性、纪律性得到加强，党的战斗力进一步提高。

到1952年11月平原省撤销时，全省干部整顿和党建工作未完成原定计划，存在一些遗留问题。例如，新干部大量增加，整体政治思想和领导水平相对偏低，教育和培养工作未开展；反官僚主义、命令主义斗争不彻底；必要的检查工作制度没有建立；全省有1.17万个基层支部没有整顿，约有10万名党员没有参加培训；不少经济企业部门没有按规定配备专职政治思想工作干部。

二、干部队伍建设

至1952年年底,全省共有干部66441人,包括2900余名新吸收干部和正在集中培训的干部。其中,省级干部11人,地专级干部271人,县级干部3199人,区级干部14649人,一般干部46078人,技术人员2233人。各地干部缺额1060人。各级骨干缺额很大,特别是县、区委级干部缺额更大。

针对全省干部人事工作,省委坚持执行三条原则:一是各级党委大力贯彻德才兼备的干部政策,大胆大量提拔干部;二是随着组织扩大与新组织建立,争取编制满员;三是大量培养和培训干部,特别是区、村干部。团结教育改造新知识分子干部。

3年间,全省各级各系统组织形式和编制进行3次调整,基本适应工作发展和需要。全省提拔地、专级干部170人,县级干部2581人,区级干部10074人,共12825人。各地贯彻团结改造知识分子的方针,吸收新干部23225人。上调中共中央、华北局及其他地区干部中,有地、专级干部69人,县级干部271人,区级干部484人,一般干部569人;南下贵州及福建妇女干部1010人;两项共计2403人。从各地、县调省工作的干部中,有地、专级26人,县级203人,区级208人,一般干部117人,登记时未分级的1015人,共计1569人。省委贯彻执行中共中央、华北局"团结教育改造知识分子"方针。3年共吸收23225名知识分子。调入工矿企业干部中,有地、专级21人,县级153人,区级151人,一般干部104人,登记时未分级(1950年和1951年调入数)1099人,共计1528人;调入合作社、税务局、银行、贸易等经济部门干部,仅1950年就有3269人。"三反"运动后,省委发现各地对工业和财政经济部门干部重视不够,为加强工业、财经部门政治思想领导,省委指示在这些部门配备专司政治工作的副职,调动大批政治能力较强的干部转到工矿及经济、贸易部门。至1952年11月,全省工矿干部基本满员,各厂长、经理配有两三名副职,各地技术干部缺额仍较大;各专署、县财政监察机构大体配齐。为加强国防建设,全省动员261名干部参军,动员3126名青年学生、90名青年工人参加各种军事学校,动员护理员(高级小学学生)和勤杂人员(农民)729人参军或参加各种军事学校,共计4206人。

省委在提拔、培养、调整干部和团结、教育、改造知识分子干部方面取得很大成绩,形成一套切实有效的工作经验和做法。每年每季逐级根据形势发展,制定干部工作计划,逐级贯彻检查干部工作计划的执行情况。全面贯彻德才兼备干部政策,批判保守思想(单纯资格观点)、脱离政治的单纯文化、技术观点以及不顾大局的本位主义思想。在具体提拔干部上,采取领导与群众相结合、提拔干部与经常性系统全面了解干部以及严格审查历史材料相结合、提拔干部与提拔前后的教育培养以及具体帮助相结合。在团结教育改造知识分子上,坚决贯彻以工农干部为骨干、团结教育改造知识分子干部的方针,批判老干部中居功自满、盲目排挤知识分子的关门主义思想,批判忽视工农干部的单纯文化、技术观点,反对那种对知识分子只讲团结而对其自高自大、看不起群众、不愿艰苦、不切实际的小资产阶级意识不敢进行批评、一味迁就的思想。

提高干部政治理论、政策水平及文化水平,建立健全省、地两级党校、干校和县级训练班以及省级各专业干部学校。如省合作干校、省财经干部学校、省团校、省工会训练班、省公安干部学校等。3年共培训老干部1.82万人、新知识分子2.3万人。省委党校举办1期理论学习班和1期党史训练班。省干校培训学员的辅导员有46人。建立工农速成中学1所，学生573人；建立工农文化补习学校7所，毕业1126人，1952年有学员1647人。省、专区、县三级建立机关业余文化学校，共297个班，学员2.53万人。区级设专职文化教员，建立区干部经常性文化学习制度。凡不参加文化学习的干部都要参加理论学习，建立经常性理论学习制度。

三、发展党员

建省之初，平原省有党员22.62万人，约占人口的1.5%。其中，农村党员20.15万人，支部12017个，党员分布很不平衡。1949年年底统计的57个县（漳南县于1949年10月撤销）中，党员占人口3%以上的县有10个，2%的县7个，1%的县10个，1%以下的30个县。厂、矿党的组织很薄弱，多数没有党组织。1949年冬和1950年春，农村发展党员6.17万人，新乡市发展61人，安阳市发展96人。新党员中，贫雇农占69.18%，中农占21.85%。在发展党员过程中缺乏计划性，缺乏对组织干部的严格培训，党务干部不熟悉党建工作。新党员思想教育和积极分子培养工作的内容手续不完善。各地建党同时公开原有支部与党员。1950年9月，除聊城地委外，5个地委的11625个党支部中公开7437个，占64%。

根据中共中央指示，全省于1950年8月停止党组织和党员的发展工作。1952年上半年，在干部中进行"三反"运动，秋季在整党的基础上重新开始党组织的发展工作。至1952年11月，新乡、安阳两市工厂企业，焦作、安阳煤矿，汲县华新纱厂等单位共发展党员440人；省直属机关发展党员199人；农村在群众中发展党组织和党员，6个地委共发展党员3436人。这次党组织发展工作有统一计划，干部学习建党文件，订出具体要求。在党组织发展过程中，召开会议，提出问题，对照文件，分析研究，提高党务干部业务工作能力。大量选择积极分子，进行党员标准八项条件教育，支部党员具体分工，个别教育与审查培养相结合。正确掌握党员标准，克服偏高偏低现象，严格按照中央规定的手续进行。

1952年11月底，机关、企业、厂矿、学校基本完成整党并发展了一批党员。但农村基层组织尚有11770个支部未经过整党，部分党员思想觉悟不高，不善于走群众路线。有些支部宗派矛盾未得到解决。农村有3159个行政村没有党员，有1412个行政村有个别党员，工厂党员数量很少。

四、建章立制

中共平原省委共召开4次党代会，在健全党委制、加强党的领导、发扬党内民主方面做了大量工作。各地（市）县根据省委党代会精神，分别召开3~4次地（市）县党代会，143个区召开区党代会。各地党代会，会前充分准备，会上发扬民主，开展批评与自我批评，集中解决党内思想和工作中主要问题，统一思想，统一步骤，认真处理大会提案，规范会议流程，提升了各级党委的领导水平。

各地重点召开区党代会。至1952年11月，全省有20个区召开党员代表会议，选举区委。省委、省政府直属党委会和6个地直党委会以及绝大部分县直属机关总支委员会，召开党代表大会或党员大会，总结工作，明确任务，选举直属党委和总支委会。

全省各级党委普遍建立与健全请示报告、会议、汇报、总结、检查工作等制度，保证党的统一领导。在党委统一领导下，党、政、军、群团等明确分工，基本克服党政不分和"一揽子"领导方法，增强党内团结。

省、地区、县三级党委高度重视解决区村领导班子建设问题，各地基本克服战争时期区村领导上的游击状况。开展改善区村领导重点试验工作，形成教育培养干部、取得经验、逐步推广的工作方法。加强区级核心干部建设，健全区委会，明确委员分工，建立工作制度；健全各部门委员制，在区委统一领导下分工负责；区委建立检查工作制度，深入基层，督促工作。

第七节　宣传教育

平原省成立后，省委及时对全省所处的历史状况和存在的实际问题进行分析研究，确定全省宣传教育工作所担负的历史任务。一是加强党的思想工作，巩固与提高党的领导，以便进行由战争到和平、由土改到生产、由乡村到城市、由恢复到建设的历史转变。二是加强大生产运动的宣传鼓动工作，推动经济恢复与改建工作的迅速完成。三是加强思想阵线工作，开展各阶层广大人民的思想改造运动，肃清各种反动思想影响，批判资产阶级与小资产阶级思想，确立工人阶级思想领导权，以巩固革命政权，保证革命运动继续深入。四是加强党对政治思想工作的领导，加强宣传教育工作的内部建设。

3年间，在中共中央和华北局领导下，平原省宣传教育工作基本完成各项历史任务，为大规模有计划的经济建设与文化建设的到来奠定了思想基础。

中共平原省委旧址一角

一、社会宣传

1949年10月，中共平原省第一次党代会上提出的工作方针是："积极领导恢复与发展生产，进一步巩固工农联盟。"但在转向生产中遇到思想抵抗，人们普遍存在对发展生产意义认识不足，认为"土改是革命，生产不是革命""生产不用领导"；存在单纯的农业社会主义思想；群众产生"怕冒尖""怕露富""怕再分再斗""怕吃大锅饭"的思想顾虑，严重影响生产运动的开展。

1950年3月，省委召开第二次党代会。根据会议精神，党的宣传工作在实践中重点解决三方面问题：一是开展大生产运动的党内外思想动员，集中批判单纯的农业社会主义思想，宣传奖励与保护生产的各项政策，解除各种思想顾虑，推动生产运动开展，纠正空洞的政治宣传，把宣传工作深入群众生活中。二是全面系统地加强党员干部的政治思想教育与文化教育工作，

开展对违法乱纪、破坏政策等不良倾向行为的斗争。三是各地突出加强党对宣传工作的直接领导。

经过一系列宣传教育工作,全党工作重心基本转移到生产建设上。单纯的农业社会主义思想得到克服,群众生产热情高涨。"生产发家、劳动致富"成为群众性行动口号,农村出现新气象。

1950年9月,中共平原省第三次党代会后,省委检讨生产中缺乏完整的经济建设观点与官僚主义、命令主义作风问题,全省生产观点更加明确,生产运动更加深入,工农业生产得到恢复与发展。

这一时期,各地出现许多新的思想问题。例如,提倡单纯生产致富,强调鼓励个体生产的积极性,忽视农民组织起来的积极性,对组织起来路线的宣传与贯彻不够,甚至为清除群众生产顾虑,允许党员雇工、放账,助长了小生产者的自发趋势。随着生产的恢复和发展,互助组组织逐渐涣散,党内滋生资本主义倾向。宣传工作没有把生产斗争与政治斗争紧密结合,只注意生产宣传,忽视时事宣传,和平麻痹思想严重滋长,放松对帝国主义进攻与反革命残余势力破坏的警惕,产生"埋头生产不问政治"的倾向,群众生产情绪高,但政治情绪涣散。干部中革命成功思想较为严重,满足于"三十亩地一头牛,老婆孩子热炕头"的现状。有些基层干部躺倒不干,搞个人生产。人民民主专政松弛无力,敌特造谣破坏得不到应有打击。特别是在朝鲜战争爆发、美军仁川登陆、国际斗争形势紧张的影响下,敌特分子大肆活动,地主分子反攻倒算,造成社会秩序混乱,严重影响人民民主专政的巩固与社会生产运动的发展。

对于这些存在的思想问题,经过抗美援朝、镇压反革命、爱国生产运动的深入开展,全省各地各阶层广泛进行形势教育、爱国主义与国际主义教育,逐步肃清崇美、恐美、亲美思想,划清革命与反革命界限。把开展生产运动与保卫祖国、巩固国防任务紧密结合起来,使和平麻痹思想、埋头生产不问政治倾向的党员干部思想上有了很大改观。

1951年8月,省委召开干部扩大会议,贯彻全国宣传工作会议精神,指出加强党的思想工作、巩固无产阶级思想领导权的重要性,系统纠正把政治工作与经济工作分离的错误观点。全省深入开展思想教育活动,批判缺乏长期对敌斗争观点而不断产生的和平麻痹思想;批判小生产者只顾个人利益而不顾国家利益的自私思想与单纯生产致富观点;批判经济部门单纯业务观点、单纯营利观点、单纯技术观点;批判文教部门单纯文化观点、单纯艺术观点。

经过爱国生产竞赛运动中的参观评比活动,各地开展比爱国、比互助、比增产,突出宣传贯彻"组织起来"的优越性,互助组织有很大发展,全省55%以上的农户参加互助组,互助合作运动成为农村工作主导方向。各地"生产到顶"的保守思想被打破,不断创新单位面积高额产量。工矿企业由政治改革进入生产改革,在爱国增产节约竞赛运动中,突出宣传与推广先进生产经验,与落后保守思想以及资本主义的经营、管理、技术观点进行斗争,打破旧的生产定额,大力提高生产效率,完成增产节约任务,改善生产管理,为实行经济核算制打下基础。

二、内部建设

3年间,平原省县以上各级党委不断认清加强政治思想领导的重要性,不重视宣传教育工作的偏向基本得到纠正。抗美援朝、镇压反革命、爱国生产三大运动以及"三反""五反"运动之后，县以上各级党委把加强宣传教育工作提高到巩固工人阶级思想领导权的高度上。经济部门开始注重配备副职，或指定专人做思想政治工作。不少地区结合一定时期的形势与任务，以党委为核心，系统进行党内外思想大发动，提高群众完成任务的积极性，工作呈现出活跃局面。

建省之初，不少宣传干部对宣传工作存在错误与糊涂的认识。有的干部认为"宣传工作空洞，抓不住，不如做实际工作"；有的干部脱离全局斗争和整体运动，孤立地搞宣传工作；有的借口参加中心工作，放弃宣传工作；有的抱怨领导不重视，不积极主动搞好宣传工作。通过开展各项运动，广大宣传部门干部纠正错误思想，明确认识到：宣传工作是思想工作，思想阵线上的斗争是整个阶级斗争不可缺少的一部分；宣传工作是最尖锐的阶级斗争，要经常为巩固工人阶级思想领导权而斗争；只有在思想阵线上取得胜利，方能保证整个革命运动的胜利。大多数人认识到思想工作也是最实际的工作。不少单位能主动研究新情况、钻研相关业务，向党委提出工作方案，成为党委思想工作的助手。

建省之初，宣传部门缺乏经常性系统工作，宣传工作本身缺乏组织与制度保证。1951年1月1日，中共中央颁布《关于在全党建立对人民群众的宣传纲的决定》。全省以党的宣传纲为核心，团结广大非党宣传队伍，形成一支强大的有组织的宣传力量，党的宣传工作走向经常化、系统化、规范化。理论教员、学习辅导员制度的建立，党的教育网逐渐形成。至1952年11月，全省报告员有3000余人，宣传员达23.4万人以上，占全省总人口数的1.3%。湖西专区宣传员比例达到2.17%。全省工矿宣传员有2700余人，占厂矿工人总数的5%左右，多者达9%；专职理论教员76人，兼职2人，学习辅导员1005人。全省有文化馆72处，文化站20处，农村图书馆2714处；有线广播电台38座，收音机站293处，收音机近千部；电影队26支，职业剧团与半职业性剧团115个，农村剧团1618个；读报组9872个。各地还有大量黑板报、广播筒等。全省形成一支规模庞大的有组织的宣传大军，党的号召深入各个方面和各个角落。党对宣传工作的经常性领导制度逐渐落实。中共平原省委宣传部通过各种会议、指示、通报以及宣传员手册进行经常性指导，至1952年11月，宣传员手册发行11万份。每两个月以省委名义发布宣传要点，召开直属机关宣传会议，布置一定时期宣传工作，统一宣传语言、宣传步调。各县大多能定期召开宣传员代表会议。

第八节　统一战线

中共平原省委重视统战工作，成立各级协商委员会，广泛开展统一战线工作，团结民主人士、工商业者、少数民族人士、爱国知识分子，推动社会各项建设事业。特别是经过各界人民代表会议的召开与抗美援朝运动的开展，统一战线工作得到发展与壮大。

1950年11月，中共平原省委统战部正式成立，晁哲甫兼任部长。在同级党委直接领导下，各地、市委普遍成立统战部，各县、镇、矿区由地委指定县委一名领导干部兼做统战工作，全省统一战线工作得到组织上的保证。经过1951年全国秘书长会议及华北局两次统战部长会议后，全省统战干部参加各种运动，推动各种运动发展，贯彻党的统一战线政策，工作中取得不少成绩与经验。

由于各级领导缺乏经验、情况不熟悉，加上组织机构不健全，特别是统战干部理论水平普遍较低，统战工作也存在一些问题。例如，思想改造学习运动不普遍不彻底，工作不够深入；各县常委会领导力量薄弱；全省工商界联络工作方面，不少干部思想上存在不愿与私商为伍、不愿接近私商与工商联、不愿使工商联在工商界中成为一个有威信的组织，各地工商联大部分未成立；在民主党派、民族、宗教工作方面缺乏调查研究和理论指导，各方面情况不熟悉，政策研究能力差。除新乡市天主教"三自革新"运动开展较好和各地在各界代表会议中注重吸收各方代表之外，其他工作基本没有开展。对党外民主人士的统计管理工作欠缺。

一、统战会议

1951年12月5～9日，中共平原省委召开统战工作会议，各地、市、县委统战干部及省直机关代表90人参加会议。晁哲甫作《关于平原省1951年统战工作概况和1952年统战工作任务的报告》，贾云标传达华北统战工作会议精神及决议，吴德作增产节约和统战工作如何结合中心工作的报告，晁哲甫作总结报告。会议通过《关于加强与提高人民民主统一战线工作的决定》。会议联系工作实际，进行检查讨论，批判统战部可有可无和无工作可做的思想，提高对统战工作必要性和重要性的认识，确定1952年统战工作总任务是："大量动员与组织各阶层与各界人民进一步扩大抗美援朝工作、增加生产、厉行节约，并广泛开展思想改造运动和广泛系统地组织对毛泽东思想学习，使全省人民民主统一战线工作进一步加强和提高，巩固人民民主专政。"会议确定五大中心工作：

一是领导和组织各界人民自我教育和自我改造运动，广泛开展对毛泽东思想的学习。

二是开展工商界统战工作，建立与健全工商业联合会，加强党的领导，使工商业联合会成为党和国家领导与管理私人工商业者的有力武器。

三是加强人民代表会议及政权机关和协商机关（包括各县常委会）统战工作，加强人民代表会议及各级协商机关领导，充实机构。县级常委会建立与健全组织，有驻会委员协助政府工作，有力贯彻政策法令，推动三大运动。

四是进行党外人士调查工作，切实按照省委统战部调查提纲进行，1952年年底完成对县级科长以上人物及各界有代表性党外人士的调查，分期完成，有案可查，执行3个月汇报一次的制度。

省政府主席晁哲甫与回族代表座谈

五是建立与健全各级统战部机构，凡是未配备副部长的应迅速配备，地委统战部应配备专职干部5人，1952年上半年配齐。县级政权，统战内容丰富，华北局决定成立县委统战部，设专职副部长1人，干事2～3人。首先应配齐统战部副部长，干事逐渐配齐。政权机关、工厂、企业、大中学校、人民团体党的组织均应设统战委员管理本部门统战工作。

会议要求省委统战部协助中国民主同盟

会在新乡市建立组织，条件成熟时帮助其适当发展；宗教工作要切实加强领导，继续推动宗教革新运动；少数民族较多的地区，必须进一步开展民族团结工作，做好调查研究，准备有重点进行区域自治的试验。

会议明确统战工作要为党的中心工作服务的指导思想，确定统战工作任务、范围及对象。

1952 年 8 月 19～28 日，中共平原省委再次召开统战工作会议，贯彻中共中央、华北局统战会议精神，联系全省实际，着重解决干部思想、对资产阶级认识、未来一段时间工作三个问题。会议要求全省各级统战部门必须重视团结、改造资本家，使其在工人阶级、国营经济的领导下，按照《共同纲领》原则发展生产和经营。会议明确 1952 年下半年工作重点是开展各界民主人士思想改造运动、开展工商界统战工作；开好代行人民代表大会职权的各界人民代表会议和加强协商机关统战工作；强调加强对统战工作领导，迅速健全各级统战部组织机构和制度。

二、民主人士思想改造

省委组织全省 46 名高级民主人士参加中南区江西土改工作团，深入农村工作 77 天。通过参加社会实践，省内高级民主人士对土地改革和农民运动的伟大与正义有新的认识；在政治思想意识上有了转变和提高，对农民表示同情、对地主表示痛恨；对自身政治立场、阶级观点（非无产阶级的观念）、工作方法（教条主义的思想方法）进行深刻检讨，批判和平土改与良善地主的思想观点。

在教育部门，全省中等学校教职员参加整风审干的 2764 人（内有小学教员 300 人），通过运动，纯洁文教系统组织，巩固思想阵地，划清敌我界限，扭转反动立场，纠正超阶级超政治改良主义以及个人清高等错误思想，提高广大教职员工思想认识。

在工商界开展"五反"运动。全省除 2 市 8 镇、43 个县城工商业者（约有大小资本家 1000 余人）进行思想改造外，还组织省协商委员会委员参加新乡市的"五反"运动。

1952 年 6 月，省委成立省学习委员会，组织开展全省各地各界人士思想改造学习运动，重点学习《共同纲领》及中央财经委员会主任陈云在全国工商联筹备委员会上所作报告的七项政策，各地思想改造运动转化为经常性工作。11 月底平原省撤销，全省规模的思想改造学习运动仍如火如荼地进行。各地组织起来开展学习运动的有：省协商委员会组织的 67 人、新乡市 100 多人、安阳市 34 人，长垣、修武、汲县、濮阳、道口、聊城、博平、单县、嘉祥、菏泽等 14 个县 1000 余人。

三、工商联组织发展

全省 2 市、8 镇、49 个县城中，有小集体（不完全统计）1183 个，工商户 14.68 万户（含小摊贩）。其中，有 2 市、8 镇、43 个县城、33 个小集体、3.42 万户工商户进行过"五反"运动。各地资本家有 1000 户以上，其中资本家大户不到 100 家，约占资本家总数的 7%。大小资本家总数占工商户总数 1% 左右。大中资本家绝大多数集中在新乡、安阳 2 市，8 镇次之，县城有一些小资本家。

新乡、安阳 2 市"五反"运动分别于 1952 年 6 月底和 7 月初结束。各地小城镇"五反"运动于 1952 年 9 月初至 10 月 25 日之间陆续结束。

"五反"运动之后,全省社会经济秩序趋于稳定。各级党委通过做深入细致的政治思想工作,帮助广大工商业户解除各种顾虑,稳定情绪,不少工商业者增加投资,刷新门面,增加工人、店员数量,扩大生产经营,积极参加城乡物资交流活动,全省初级市场呈现出活跃氛围。

全省2市、8镇、46个县成立了工商业联合会。新乡、安阳2市"五反"运动结束后,根据中共中央指示,整顿全市各行业组织,改组市工商业联合会,清除"五毒"俱全、人缘极坏的人,增加为人正派、积极热情的商人。工商联全面改组,密切各方关系,增加领导威信,组成人员中涵盖大、中、小各个层次商户,汇集全市各个行业工商业代表人士。其他各镇及大部县城工商联组织在"五反"运动结束后,进行改组与整顿。4个县按照新颁布的工商联组织条例成立工商联,克服少数大户把持操纵现象。1952年1月,省第二次各界人民代表会议召开之后,省工商联筹委会经过工商界代表协商正式成立,产生委员24人。1952年7月,全省工商联系统选出6名代表参加全国工商联筹备代表会议。各代表返回平原省后,分别在新乡、安阳两市和濮阳城关向全体工商户传达会议精神,组织讨论学习。至1952年11月,除部分县工商联未成立,其他各地工商界学习活动方兴未艾。

四、政权协商

1951年4月,全国秘书长会议要求各地政权机关开展统战工作。平原省人民政府及时作出相关指示传达贯彻。1952年8月,省政府召开秘书主任与重点县秘书会议,检查总结全省机关统战工作,提高认识,交流经验。各地政府机关支部统战委员制度普遍建立,机关统战工作逐步开展。担任职务的党外民主人士基本做到有职有权;各级机关发扬民主、遇事协商;各地从事统战工作人员积极性得到调动,工作效率提高。

各地代表会普遍形成制度,做到代行人民代表大会职权的有新乡市和济源、朝城、莘县、寿张4县,个别县工作开展较差。各界代表会代表人选方面,关注代表人员的代表性与代表面,照顾少数民族、妇女代表。回民代表占全省代表6%(回民人口占全省总人口的0.5%),妇女代表比例由1950年10.4%提升到1952年12.7%。新乡市各界代表会中妇女代表占全市代表总数17.6%。省委注重发扬民主、征求意见、协商研究,为1952年冬季全省普遍实行代行人民代表大会职权提供参考和指导。各地市县协商会、常委会普遍成立,全省政权协商工作走上健康发展的道路。濮阳、汲县、莘县等驻会委员结合中心工作,深入农村基层联系代表、联系群众,贯彻政策、法令,收集和反映群众意见与要求;群众来信、来访日渐增多,常委代表与群众关系日益密切;群众普遍反映委员代表能反映实际问题,敢于管事;各个委员和代表的主人翁意识日渐增强。1952年8月,省协商会召开省、市、县协商委员会常委会代表会议,总结"三反""五反"运动成果,研究如何开好代行人民代表大会职权的各界代表会议,明确常委会性质、任务与工作范围,交流各地工作经验,布置未来一段时间工作。至1952年11月,全省各地各界人民代表会议形成制度,逐步规范,为普遍实行人民代表大会职权打下良好组织基础。

五、民主党派,民族、宗教工作

(一)民主党派

平原省没有民主党派组织,只有分散的民主党派成员,其中有民盟成员9人、民建成员1人、民革成员 6 人、工农民主党成员 1 人，计 17 人。除民盟成员较为集中外（大部分成员在师范学院及省级机关），其余民主党派成员分布在全省各地。民盟在学校有发展基础，民建在新乡市有发展基础。华北局统战部决定在平原省成立民盟和民建组织（其余党派暂不发展，不成立组织）。至 1952 年 11 月，省委帮助民盟成立盟员学习小组，组织盟员学习民盟章程、性质、任务以及发展原则，筹备民盟省级组织。帮助民建发展成员，开展调查研究，筹备市级组织。

（二）民　族

平原省民族除汉族外主要是回族。据不完全统计（缺安阳专区统计），全省有回族居民 1.89 万户 8.09 万人；清真寺 251 坊，分布在 5 个专区 46 个县 57 个区 286 个村（缺濮阳专区村数）。回民参加各级代表会的代表有 115 人，村干部有 425 人。各地有回族学校 3 所。广大回族群众在土地改革中普遍分得土地，回民中工商业者有一定发展，回民生活得到改善。全省回汉关系比较融洽。平原省成立

回族代表在代表会议上

后，省委积极贯彻党的民族政策，加强民族团结，帮助回民及其他少数民族不断提高文化素质和政治觉悟，帮助各个民族开展必要的社会改革运动。

（三）宗　教

土地改革后，农村不少天主教徒和基督教徒自动脱教。新乡市对天主教、基督教开展全面系统、较为彻底的"三自革新"运动，其他各地基督教、天主教"三自革新"运动开展得不普遍、不彻底。省委组织 55 次相关人员召开座谈会，推进"三自革新"运动。至 1952 年 11 月，运动开展情况大体分三种类型：一类新乡市做得最好；二类安阳市与焦作镇，虽开展活动，但不彻底；其余各地为三类，只进行部分宣传工作，个别地区未开展运动。

随着"三自革新"运动的深入开展，工作中出现新问题和新动向。基督教中各种各样活动非常频繁，有的向政府施加压力，其中以小群派活动最为活跃。一些地区天主教的神父不积极参加活动。

3 年间，省委取缔"圣母军"，组织教徒进行爱国主义教育，培养教徒中思想进步的积极分子，在全省各地发动教徒参加和平签名、订立爱国公约、开展保卫世界和平运动和学习时事的活动。各地教徒大都参加各种爱国活动，普遍树立反帝爱国意识，思想上得到改造。

全省佛教、道教在土改后有很大变化，僧侣、道士中的青壮年人绝大多数还俗娶妻、安家生活、参加生产、自食其力，投身到社会改革中，未还俗者也大部分参加生产劳动。至 1952 年 11 月，全省庙宇中建筑比较完整、僧道人数相对较多，在佛教道教中保持一定威信的，主要有安阳专区浚县浮丘山、大伾山和湖西专区嘉祥县清山等地寺庙道观。浚县浮丘山、大伾山寺院，解放战争前有僧道 60 余人，土地 300 亩，房屋 396 间，战争中受到摧残与破坏。1952 年 11 月，浮丘山有道士 21 人，僧 3 人；大伾山有道士 7 人，僧 1 人。老道吴太和，老僧慈顺、

朝顺等人在僧道界以及当地群众中较有威信，是僧道中的代表性人物。这些人解放初期对中国共产党的政策持怀疑态度，行为上敬而远之。经过思想教育和政策宣讲工作，逐渐相信政府、靠近政府，参加各种爱国主义活动。中共浚县县委帮助他们解决生产生活上的各种困难，使之情绪安定，县人民代表会议吸收他们作为宗教界代表，农村中一些宗教活动也请他们参加。

伊斯兰教没有进行"三自革新"运动。这项工作主要围绕贯彻民族政策、加强民族团结、促进经济发展、尊重少数民族风俗习惯等方面开展。

第九节 纪检监察

1949年12月，中共平原省委纪律检查委员会成立。1950年4～5月，各地、市、县党委纪律检查委员会分别建立。全省纪律检查工作在党委领导下不断加强探索，规范程序，初步形成一套纪律检查工作运行机制。3年纪律检查工作形成的重要经验是：围绕党的中心工作，服务大局；通过对违法违纪案件处理，教育党员、群众，使广大党员、群众掌握党的纪律原则；纪律检查工作要依靠群众力量，变成群众性监督检查。

1950年8月，平原省监察委员会成立。是省政府的工作部门，在业务上受中共中央监察委员会和华北人民政府监察委员会指导，内部机构设有秘书室、研书室、监察处。主要职能是：检查和监督省直各机关团体、企业、事业单位工作人员贯彻党和国家方针政策情况，对损害国家和人民利益的违法乱纪行为和事件进行处理，受理人民群众对各级国家机关、企业、事业单位工作人员违法失职行为的检举和控告，对所属县区监察机关工作进行指导。

3年间，全省纪检监察工作扎实开展，取得显著成绩，赢得各级党委的高度重视和信任。但全省纪检监察工作也存在发展不平衡、不全面、不深入的问题。

一、检查处理

1950年1月，省纪律检查委员会配备和充实人员，迅速进入工作状态。接手处理的问题大部分是1949年遗留问题，少部分是1947年、1948年遗留问题，极个别属于1946年形成和积压的老案。6月，省委召开各地、市委纪律检查委员会秘书会议，学习传达中共中央决定成立纪律检查委员会精神，明确纪律检查工作方针，讨论确定平原省纪律检查工作细则，制定报告、总结、请示、批准等制度，提出纪律检查工作为党的中心任务服务，争取主动，防患于未然，在全党进行纪律教育，提高党的纪律自觉性，积极负责地监督别人等一系列工作要点。10月，省委召开各地、市委纪律检查委员会秘书会议第二次会议，确定重点检查财政、经济部门；对公安、司法部门进行全面检查；努力克服纪律检查工作消极等待、单纯处分的现象。

省纪律检查委员会与新乡市委纪律检查委员会检查通丰面粉厂，发现很多问题；新乡地委纪律检查委员会检查大华铁工厂；聊城地委纪律检查委员会重点检查税务部门，发现干部严重违反政策、勾结私商走私偷税现象；安阳地委纪律检查委员会检查专区合作货栈。其他各地、市委纪律检查委员会普遍开展对经济部门党的纪律检查。各地对检查出的问题，以通报或在党刊、报纸上公开等方式教育全党。

各地、市纪律检查部门在开展工作中主动研究党内思想问题，结合案件进行教育活动。安阳地委纪律检查委员会调查汤阴等县干部放高利贷问题后，在干部党员中进行了广泛教育。

1951年8月，中共平原省委传达中央纪律检查会议精神，进一步明确纪律检查工作的任务与范围，全省纪律检查工作走向规范。12月，全省开展"三反"运动，各级纪律检查委员会成为党委领导下"三反"运动办公室，协助党委开展反贪污、反浪费、反官僚主义运动。

省纪律检查委员会通过处理各地违法违纪案件，维护党的纪律，保证党的统一领导，纯洁党的组织，提高党的战斗力。对党内产生的各种不良思想倾向进行严肃的斗争。在斗争中遵照毛泽东"治病救人、惩前毖后"的指示，以教育改造为主，纪律处分为辅，处分党员干部时，贯彻"经过支部大会讨论，受处分本人参加，并允许其申辩，然后作出正确结论，本人签名盖章，上级党委批准"的方针，充分发扬民主，以达到教育全党的目的。

1950年1~10月，党员干部因犯错误受处分后，改正错误，给予取消处分者有826人。从受处分党员犯错误性质看，主要有以下几种：贪污腐化者、官僚主义者、强迫命令者、脱党者、泄密者、8种坏分子、蜕化变质者、失职者、违反组织纪律者、违反政策法令者。"三反"运动中受党纪处分者主要有：贪污者、挥霍浪费者、严重官僚主义者、蜕化堕落者、阶级异己分子等。从"三反"运动中受处分党员级别看：有地委级别或相当地委级别者，有县委级别或相当县委级别者，有区委级别或相当区委级别者，也有一般党员干部。从"三反"运动中受处分党员分布系统看：有党务工作者、政法工作者、财经工作者、文教工作者、人民武装工作者、群众团体工作者等。

1951年12月，全省开展的反贪污、反浪费、反官僚主义运动，实质上是一次有领导的群众性纪律大检查运动。各级党委在加强党的教育、提高干部觉悟的总原则下，对一部分违法违纪党员进行了必要的纪律处分。

二、党纪教育

省纪律检查工作开始之初，面临严峻的形势和任务。战争结束不久，全省党内无组织无纪律现象严重。各级党委对纪律检查委员会机构的建立和工作虽然重视，但对纪律检查委员会建立的意义认识不足，认为"纪律检查工作只是消极地处分党员"，忽视对业务工作的指导。省委要求各地各级纪律检查部门必须主动开展工作，主动与党的中心任务相结合，主动向党委经常性汇报，提出问题，请求指示。

全省纪律检查工作紧密结合各种社会运动进行。在镇压反革命运动中，检查党员包庇反革命分子行为；救灾中，检查贪污、官僚主义现象；运粮、屯粮中，检查党员官僚主义失职行为；贯彻《婚姻法》中，检查处理党员干部破坏婚姻政策、违法违纪行为。具体事件的检查处理，以在报纸上公布、党内通报等各种形式，教育全体党员及群众，推动各项运动发展，纯洁党的组织。

各地纪律检查部门通过对各种问题和案件的处理，在党员干部中进行党纪教育。教育全体党员加强纪律观念与群众观念，克服违法违纪、命令主义、官僚主义现象。在人民代表会议上公开处理、在报纸上公布与群众有直接关系的问题，征求意见，明确政策，教育群众，密切党群关系，正确开展工作，把党的纪律检查工作建立在党内外广大群众监督的基础上。

"三反"运动中,各地纪律检查部门也检讨了本系统干部中思想观点与群众观念不强的问题,检讨了对党员、群众检举、控告、申诉案件"照转不办"的官僚主义态度。各地纪检部门重视对检举、控告、申诉案件的检查处理,基本做到"事事有着落,案案有交代",认真检查处理积压的检举、控告案件,激发广大党员群众积极性。农村党员群众到省纪律检查委员会控告、检举、申诉的事情日益增多。

三、信访和监察工作

1951年,县以上各级政府设立人民问事处,接待与研究处理人民来访和来信,加强政府和群众的直接联系。1951年6月~1952年10月,省政府机关收到群众来信1852件,接待人民来访638起,计2490件(次)。其中,17件因地址不详无法处理,662件转至专区、县未回报结果,其余1811件均进行处理,包括直接处理和转送专区、县后上报处理结果。在处理人民来信过程中,各地加强人民监察通讯员及人民检举接待室工作,持续开展反对干部不重视群众疾苦、办事严重拖拉、对群众问题不关心、敷衍了事等官僚主义作风。

第十节　党校建设

平原省存续期间,中共平原省委党校在省委直接领导和全校教职员共同努力下,共开办4期16个班的普通班和理论、党史、政治、文化4个专业班,共计20个班,培训干部人数2383人。1952年平原省撤销后,省委党校划归华北局领导。

一、干部培训

省委党校举办普通班4期共有16个班1984人。培训对象主要是专区委干部、区级干部及部分一般干部和基层农村工作的党员干部。第一期、第二期培训期为三个月,第三期培训一年,第四期培训期半年。培训课程根据时间长短有深浅繁简不同,总体上安排都是从社会发展史教学开始,让学员获得社会发展规律一般知识,使之树立革命的基本观点和人生观,然后进行中国革命基本问题及新民主主义建设中各种政策的教学,最后进行整党建党学习和思想总结。在教学方式上,贯彻理论联系实际、讲授与讨论相结合的方法。

从普通班的教学经验和实际效果看,省委党校教学模式比较成功。建省初期党的初级干部,有较丰富的工作经验,但缺乏基本理论和基本政治观点,革命人生观不够明确,学校经过研究分析和讨论,针对实际情况,精选内容,编排课程,循序渐进,进行教学,学员满意,收效良好。

第二期增设理论班,学员有95人。主要是专区委以上(县级干部占1/2)程度较高的党员干部,原计划培训时期为一年,因无专职教员讲课,教学时常间断,一年半后才毕业。培训课程为社会发展史、政治经济学、帝国主义论、新民主主义革命的理论和政策以及中国共产党党章,目的是提高干部的政治理论及政策思想水平,提升领导能力。

第三期增设党史教员训练班,学员有87人。主要是从各地专县市机关和部分区干部中抽调文化理论水平较高的区一级干部。培训时间原计划5个月,因参加"三反"运动未按时结业。

培训课程为中共党史。培训目的是培养县区干部中的党史教员。学员学习情绪饱满，贯彻教学计划效果良好。

第四期增设政治班和文化班。政治班学员有117人，绝大部分是由学校系统抽调的政治工作干部（教导干事、教导员）及一部分省、地直属机关区级干部。其中党员78人、团员39人，老干部较少，新干部较多，学员文化水平较高，但缺乏实际的革命斗争锻炼。培训时间半年。培训课程为中共党史及整建党（整党与建党）两种，目的是通过对党史及整党建党学习提高学员的政治思想觉悟，改造思想，以便回到学校加强对学校的政治思想领导。学员学习情绪和学习成绩比较理想。文化班学员有100人。主要是工作历史较长、文化水平低的专区委以上的党员干部，培训时间为一年半至两年。主要课程是文化知识学习和中国革命基本知识教育，目的是提高学员文化水平和政治觉悟。学员学习结束后，文化要求达到高小毕业程度，政治觉悟要求进一步提高，以克服学员在具体工作中遇到的困难和问题，奠定工作学习基础。

1952年，党校教学计划和进度安排，普通班和政治班按原定计划于年底前结束培训。文化班原定计划为一年半至两年，由于平原省撤销，刚开课两个多月，只进行速成识字教学，其他课程未进行，未能完成预定的教学计划。

二、学员分流

1952年11月底平原省撤销，党校学员共有党员565人，包括普通班348人、政治班117人、文化班100人。学员除省直机关人员按省分配干部处理精神进行处理外，其他各地干部各归原地区，按并省后新区划分流如下：

普通班348人，属于原平原省直属机关者16人。属于河南省者175人（包括新乡市直属机关10人、安阳市直属机关11人），其中濮阳专区61人（东明县4人在内），新乡专区61人，安阳专区32人。属于山东省者157人，其中聊城专区74人（濮阳、范县、观城、朝城4县10人在内），菏泽专区45人，湖西专区38人。

政治班共117人。属于原平原省直属机关者20人。属于河南省者57人（包括新乡市直属机关13人、安阳市直属机关7人），其中濮阳专区15人，新乡专区17人，安阳专区5人。属于山东省者40人，其中聊城专区19人（濮阳、范县、观城、朝城4县8人在内），菏泽专区13人，湖西专区8人。

文化班共有100人。属于原平原省直属机关者16人。属于河南省者41人（包括新乡市直属机关3人、安阳市直属机关3人），其中濮阳专区11人（东明县2人在内），新乡专区16人，安阳专区8人。属于山东省者43人，其中聊城专区16人（濮阳、范县、观城、朝城4县3人在内）、菏泽专区17人，湖西专区10人。

第十一节　历次党的代表会议

1949～1952年，中共平原省委共召开4次党的代表会议。

一、第一次代表会议

1949年10月1～12日，中国共产党平原省第一次代表会议在新乡市召开，出席会议的代表249人，列席代表253人，并邀请民主人士贾心斋、赵霖参加会议。省团代会及省妇代会的代表150人列席会议，会议将青年、妇女工作一并讨论布置。省委书记潘复生、省政府主席晁哲甫等赴京参加中国人民政治协商会议第一次会议和开国大典，这次会议由省委副书记赵时真主持。省军区司令员刘致远、省政府副主席韩哲一、省委组织部部长刘晏春、宣传部部长张承先出席会议。会议讨论通过《平原省基本情况与建设任务》《关于今冬明春工作的决议（草案）》《平原省今冬明春农副业生产计划》《平原省今冬明春生产救灾节约度荒计划》和有关土地改革工作的3个文件：《老区、半老区的基本情况与方针任务（草案）》《恢复区基本情况与土改整党工作方针（草案）》《新区土地改革的方针政策报告提纲（草案）》。会议确定1949年冬至1950年春的主要工作任务是以生产、救灾和土地改革为中心。土改、整党工作尚未结束的地区，以生产为中心，完成整党，结束土地改革，结合进行建党建政。灾区做好生产救灾工作，结合生产救灾完成土改、整党，做好剿匪治安工作。

二、第二次代表会议

1950年2月27日～3月16日，中国共产党平原省第二次代表会议在新乡市召开。出席会议代表185人，列席代表235人，聘请来宾3人。会议传达学习华北局对平原省农村生产、党员干部作风和城市工作的指示，讨论贯彻安定团结、恢复发展生产的方针。会议通过《1950年工作方针与任务的决议》《平

中共平原省第二次党代会全体代表合影

原省1950年工业生产计划》《农业生产计划》及《关于加强党的教育工作，提高党员干部政治思想水平与文化水平的计划》。会议要求各级党委提高领导水平，转变作风，团结各阶层人民，贯彻生产方针，学会领导生产和经济工作，克服经验主义，正确贯彻党的方针政策，战胜困难，完成增产任务。

三、第三次代表会议

1950年7月25日～8月24日，中国共产党平原省第三次代表会议在新乡市召开。出席会议的代表175人，列席代表227人，并邀请党外人士4人列席会议，省直机关县以上干部听报告的109人，共计511人。吴德传达毛泽东主席在中共七届三中全会上的报告，潘复生作第二

次党代表会以来的工作检查和整党工作报告，罗玉川作夏收夏种工作总结报告。会议讨论通过省委《关于继续贯彻整党整干工作计划》，决定进一步开展整风整党运动。

四、第四次代表会议

1951年12月20～27日，中国共产党平原省第四次代表会议在新乡市召开，出席会议代表174人，列席代表334人，共计508人。会议中心议题是增产节约，反对贪污、反对浪费、反对官僚主义问题。由吴德、潘复生传达中共中央、华北局关于《关于开展反贪污、反浪费、反官僚主义斗争的指示》，报告平原省1952年工作要点。会议要求在政策上采取坚决而又慎重的分析态度，注意划清思想界限和政策界限。会议部署全省"三反"斗争的步骤，确定1952年工作方针和任务，通过《平原省1952年工作大纲》《开展增产节约运动的决议》等文件。

第十二节　贯彻中央撤省指示

1952年11月15日，中央人民政府委员会举行第十九次会议，通过《关于调整省、区建制的决议》，指出平原省缺乏经济中心城市，河南、山东两省在经济和文化建设中需要恢复原来建制，撤销平原省建制更有利于大规模经济和文化建设。

中央人民政府决议公开前，省委接到中共中央和华北局关于撤销平原省建制指示。1952年9月上旬，省委在贯彻华北局《关于冬季六项主要工作指示》和讨论制定《关于今冬明春工作计划大纲》中，在省直各部委主要负责干部中传达中央关于省区调整指示，要求各地认真做好各项工作的同时，着手准备有关撤销平原省建制的工作事宜。省委成立6个领导小组，草拟平原省委、省政府、平原军区及省直各部门3年工作基本总结和移交方案。省委决定"一切铺摊子的工作，均停止；历史遗留问题一律在分省前解决；当前工作及有关1953年建设计划的准备工作，必须做好，不准松劲"。

1952年10月10～16日，省委召开地、市委书记、组织部部长联席会议。中共平原省委第一书记潘复生传达国内形势与华北局冬季6项主要工作安排以及撤销平原省的意义，罗玉川传达省委工作计划，刘刚传达省委整党建党计划。会议同意华北局及省委冬季工作安排，拥护中央撤销平原省决策。会议明确指出："全省今冬明春（1952年冬到1953年春）的中心任务是继续深入开展工、农业生产和物资交流的爱国增产节约运动，并以此为中心结合做好整党建党、建政工作，开展文化识字运动，加强冬训工作，为大规模经济和文化建设做好准备。"为防止区划变动出现工作上的松懈情绪，会议要求各地认真做好4项工作：（1）从形势上、建设上，动员全党认识调整区划迎接大规模经济建设的重要意义。（2）各地应主动与山东、河南取得联系，派人参加山东、河南的物资交流会议，密切人民群众的联系，以利今后工作。在地区划分后，地委、县委更应主动分别向山东、河南请示报告，更多地反映工作情况，使山东、河南省委很快熟悉情况，实现领导。（3）变动交接期间，要强调组织性、纪律性，对所有干部及人员一定负责到底，使之各得其所，反对非组织的要求工作，一律服从党的分配。在财政上要严格纪律，防止任何浪费、损坏、抓一把等违犯纪律的现象发生。（4）各地委要主动做好冬季工作，省委领导在贯彻冬季工作中结合进行结束交代工作。

会议号召全党动员起来，保证完成党和人民交给的艰巨而光荣的任务。按照会议精神，结合贯彻冬季工作，省党、政、军及各团体分别成立结束、移交工作委员会，下设办公室，具体进行结束、移交的准备工作。潘复生、晁哲甫分别到河南、山东两省具体协商结束、移交步骤及工作衔接问题。经商定，两省对各专区、县的交通联系、党刊和报纸供应均自11月开始，各专区、县分别派人参加两省的物资交流会及各种工作会议，保证在移交期间工作不受损失。

11月10日，华北局、华北行政委员会、华北军区代表及山东、河南两省代表团到达新乡。省委召开两省代表团负责人和省直厅、局长以上主要负责干部会议，研究确定具体移交工作内容和步骤。11月14日，分系统、分部门，采取齐头并进的方式进行工作交接。至11月25日，除财经、企业部门财务手续未清外，结束、移交工作基本完成。

根据华北局指示，11月26～30日，平原省第一届第三次各界人民代表会议召开。会议出席代表319人，列席代表63人。会议邀请山东、河南两省派代表参加，两省和各界开始建立联系。华北行政委员会主任刘澜涛向会议发来贺电，肯定平原省建省3年来取得的成绩，祝贺平原省"已经胜利完成了历史任务"；指出中央撤销平原省建制的决定是适时的和完全正确的，这是平原省工作的胜利，是全省人民和全体干部努力的结果；并向全体代表提出三点希望：一是广泛、深入宣传中央撤销平原省建制的重大意义，要在河南、山东两省的党和政府领导下，继续发扬革命传统，再接再厉，创造更大的胜利；二是动员广大人民继续深入开展工、农业生产和物资交流的爱国增产节约运动，切实做好各项工作，迎接大规模经济建设和文化建设高潮的到来；三是加强各阶层人民之间的团结，巩固人民民主统一战线。

会议中心议题是传达贯彻中共中央关于撤销平原省建制的决议。潘复生作政治报告，号召全体代表深入宣传撤销平原省建制的积极意义，动员各界人民做好各项工作，迎接大规模经济建设与文化建设。晁哲甫作《平原省三年政府工作基本总结》报告，详细阐述全省在社会改革、经济建设、治黄、治河、文教、卫生、政法等工作方面取得的重大成绩及存在问题。河南省人

平原省撤销前，省地、市委书记在扩大会议上合影

1952年11月，平原省委机关全体工作人员合影

民政府副主席嵇文甫、山东省协商委员会副秘书长分别代表两省人民向会议致贺，向将要到两省工作的干部和将要参加两省经济建设和文化建设的各界人民表示热烈欢迎。各地、市负责人、工商界及工农业劳动模范相继发言。

11月30日，会议通过《关于拥护与贯彻中央人民政府撤销平原省建制的决议的决议》，指出：

（1）遵照中央人民政府委员会指示，平原省所属地区自1952年12月1日起即分别划归山东、河南省人民政府领导。

（2）遵照政务院华北行政委员会指示，平原省人民政府于1952年12月1日起停止行使职权，且分别向山东、河南两省人民政府办理移交工作，在停止行使职权后，结束移交中的一切未尽事宜，即成立平原省结束移交办事处继续负责处理。

（3）大会代表及平原省各级人民政府立即向全省各界人民广泛传达中央人民政府关于撤销平原省建制的决议，并说明这一措施的重大意义，使之家喻户晓，并动员各界人民在毛泽东、中共中央、中央人民政府及山东、河南省的领导下，亲密团结，积极深入开展工、农业生产及物资交流的爱国增产运动，做好今冬明春各项工作，以实际行动迎接中国大规模的有计划的经济建设与文化建设的新的伟大任务。

（4）平原省所属各级人民政府，在工作交替时期，要毫不松懈地领导广大人民做好当前工作，服从两省领导，更好地完成各项任务。

同日，平原省人民政府发布《平原省人民政府布告》，宣布区划归属。

1952年12月1日，《平原日报》发表《中共平原省委告全体党员书》，号召26万名党员坚决拥护中央撤销平原省建制的决议，团结各界人民，在山东、河南两省党和政府的领导下，继续发扬革命传统，再接再厉，创造更大的胜利。

由于平原省委和省政府强有力的组织领导及高度负责精神，在结束移交工作中，采取自上而下，由党内到党外，由干部到群众，有领导、有准备、有步骤地稳步进行，圆满完成了结束、移交工作。

第三章

人民政府

1949年8月20日,平原省人民政府正式成立,直属华北人民政府领导,省会设在新乡市。1949年10月,华北人民政府撤销,省政府受中央人民政府直接领导。1950年11月,改属华北事务部领导。1952年4月,隶属华北行政委员会。省政府下辖政权组织有6个专员公署(新乡、安阳、濮阳、聊城、菏泽、湖西),2个省辖市政府(新乡、安阳),58个县政府(1950年3月后辖56个县政府)。省政府机关设民政、财政、教育、文化、卫生、工业、农业、商业、交通、公安、法院、监察、劳动、人事、水利、河务、粮食、税务、银行、合作事业等工作部门。

3年间,全省各级党政机关和广大人民共同努力,克服困难,完成争取财政状况根本好转的历史任务。平原省人民政府本着团结各阶层人民大力恢复与发展生产的总方针,根据形势发展及历次省各界人民代表会议决议,确定具体方针与任务,发动群众,完成全省社会改革,各项事业迅速发展,黄河及省内河湖堤防巩固,财政状况实现基本好转。全省工农业生产得到恢复改造;贸易、合作及其他财经工作不断发展,逐步实行有计划的经济建设;国营经济发挥主导引领作用,带动私营工商业发展;农村生产与组织起来相结合,临时互助组变为长期互助组,农业生产合作社深入发展,农产品单位面积产量全面提高;水利、防虫、技术、林业及治理黄河取得成效;学校、社会教育与医卫事业发展良好,群众性爱国卫生运动广泛普及,为迎接大规模经济建设和文化建设奠定了良好基础。

省政府委员会委员合影

第一节　稳定财经

1950年6月，中共七届三中全会明确提出在3年时间内全国人民的中心工作是为争取国家财政经济状况的基本好转而斗争，并制定完成这一任务的工作纲领、战略方针和各项具体政策，为国民经济的恢复指明方向。

1950年6月，平原省财政经济委员会（简称"省财委"）成立。省财委受中央财政经济委员会（简称"中财委"）与省政府双重领导，主要职能是：接受省政府与中财委工作任务，指导各厅、局财经部门工作，拟定、审核财经工作方针、计划，组织力量完成财经工作重大任务，协调财政金融机构之间工作关系。1952年11月，省财委撤销。

省政府代表团在大会上

省委、省政府认真贯彻执行中共七届三中全会确定的方针政策，领导全省人民大力恢复和发展农业生产，通过工矿企业民主改革和生产改革，恢复和发展工业生产，开展有重点的经济建设，合理调整工商业，沟通城乡物资交流，发展贸易，促进和实现国民经济的恢复和发展，完成实现财政状况基本好转的历史任务。

一、恢复发展农业

省委、省政府把恢复和发展农业生产作为全省经济工作重点，明确要求老区于1950年、新区和恢复区于1951年，农业生产恢复到解放战争前水平。

1950年3月15日，省政府根据土改后农村实际情况，制定十条保护与奖励农业生产政策：一是确保人权、地权、财权不受侵犯；在土改完成地区，迅速发给土地证，保护农民对土地及财产所有权，允许农民自由经营、自由处理。二是提倡互助合作，允许单干、自由雇工；宣传生产致富、劳动发家，提倡节约，反对浪费；动员妇女参加生产劳动，但严禁强迫命令。三是发展供销合作，加强城乡互助，增进物资交流，保护贸易自由；鼓励私商从事土产购销，其合法利润予以保护。四是执行奖励农业税制，依土地产量评定负担，力求公平合理，负担固定；凡勤劳耕作的增产收入一律不再加征；严禁一切违法摊派及贪污敲诈勒索等非法行为，违者严惩。五是凡在农业生产中达到增产的劳动英雄和技术能手，政府给予精神与物质奖励。六是发放生产贷款，保护自由借贷；对农村自由借贷，政府不加限制，

农村职工代表团在大会上

贯彻有借有还原则，如有强借强贷，以侵犯他人财产论处。七是不违农时，除政府规定义运外，严禁支差，减少农民负担，达到政简民勤。八是培养选拔劳动英雄、模范工作者，召开劳模大会，进行生产竞赛，营造劳动生产致富热潮。九是安定生产秩序，严禁偷盗破坏分子抢劫，取缔反动会道门，镇压国民党特务、反革命分子，安定社会秩序，保证生产。十是普遍召开县区各界代表会或人代会，发扬民主，及时解决生产问题，贯彻执行生产政策。

3年间，全省农业得到迅速恢复和发展。解放战争前粮食总产量为81.75亿斤，1950年70.52亿斤，为战前的86.27%。1951年在扩大棉田、相对减少粮食播种面积与遭受严重水灾的情况下，粮食总产量70.54亿斤，稳定在1950年水平，为战前的86.27%；非灾区单位面积产量112.25斤，较1950年单位产量98.46斤提高14%。1952年总产量93.07亿斤，为战前的113.86%，为1949年的169.5%。棉花总产量战前为1.01亿斤，1950年总产量1.17亿斤，为战前的115.87%；1951年总产量1.33亿斤，为战前的131.28%；1952年总产量2.18亿斤（因部分棉田被淹和棉蚜危害减产），为战前的215.89%，为1949年380.3%。按播种亩计算，战前粮食亩产114.9斤，棉花亩产29.7斤；1952年粮食亩产126.7斤，棉花亩产33.8斤，各地出现许多打破历史纪录的高额产量。畜牧、林业方面，全省总牲畜数量较战前增长47.9%。其中，大家畜（指大牲口，体型较大，须饲养2～3年以上才发育成熟的牲畜，如马、牛、驴、骡、骆驼等，不含羊和一周岁牲畜）221.84万头，较战前增长40.9%；羊163.69万只，较战前增长8.4%；猪68.87万头，较战前增长86%。全省保护野生幼林117万亩，封山育林30.61万亩，沙荒造林（新造林）20.72万亩，零星植树5803.65万余株。农民生活水平显著提高，农村中新老中农占总户数80%～90%，一般地区有20%～40%农户有余粮，农民再生产投资有很大增加。

（一）兴修农田水利

根据全省"十年九旱，先旱后淹"及黄河横贯、涝河交错的特点，省委、省政府制定"防涝与防旱并重，结合兴修农田水利"的方针，对全省各主要河、湖进行大范围较彻底的整修。1950年，进行南阳湖复堤与各入湖河头治理、南运河西堤培修、安山堵口、金线嵌筑堤等工程；1951年，进行赵王河干支流、马颊河、潴泷河、四新河、卫河、洙水河、孟姜女河局部疏浚工程；1952年，进行赵王河、四新河全线疏浚工程等。全省完成422条大小河道的修防工程，大部分地区在一般降水量情况下可减免淹地719万余亩。在农田水利方面，新乡、安阳两专区恢复与修建较大渠道60条、小渠5975条，完成引黄灌溉工程及淇门抽水灌溉试验，扩大浇地面积192万亩，较原有渠道浇地增长3倍以上。以聊城、濮阳专区为重点区域，新打砖井6.94万眼，下泉2494眼，挖土井33.8万眼，池塘、水窖2.26万个，推贷水车6.39万辆，扩大浇地149.1万余亩。全省渠井浇地增加到341.69万亩，总浇地面积是原有水浇地面积217.42万亩的157.16%。

（二）推广生产技术

全省发展1.1万余个群众性技术组织，培养技术骨干39万余人，建立技术推广网，引导农民改进耕作技术。各地推出七寸步犁等新式农具1874部，提倡套犁，做到三耕三耙，改进耕作质量。发动群众建立良管区12处，开展种子改良、选换良种运动，评出群众公认良种50种，小麦良种占总麦田50%以上。棉花"斯字四号"及"二B"普及全省62%的农村。大力提倡养猪积肥与开展积肥运动，施肥量较1949年增长1倍，施肥面积逐年扩大。在整地、施肥、选种、播种、中耕、灌溉、防止虫害等方面，开展试验，创造和推广成功经验，各地涌现许多先进典型。全省数十个农场全面改进耕作技术，单位面积产量持续提高。1952年，农场小麦每亩平均产量超过全省平均产量79%，起到了典型示范作用。

（三）开展生产互助

新翻身的农民在生产中存在着资金、耕畜、农具不足的困难，许多农户无法形成独立生产能力，要求组织起来互助合作。各级政府坚持自愿互利、典型示范的原则，大力宣传互助合作的优越性，教育引导和帮助农民组织起来。各地农民互助合作运动由临时到长期、由低级到高级、由小到大迅速发展起来。1950～1952年8月，组织起来户数达总户数的55.04%，长期固定互助组占29.63%。各地试办106个农业生产合作社。1952年11月，全省合作互助数占总户数的55.2%，占全省劳力的58.4%，其中长期互助组占31.9%。部分地区合作互助数达到70%～80%。高级形式农业生产合作社在统计的37个县中组织了106个，涵盖1524户。

（四）组织爱国丰产竞赛

1951年，全省以成百福、曾广福等劳动模范为先进典型，组织爱国丰产竞赛运动。1952年春，以地方国营农场为核心，合作互助组织为基础，劳动模范为骨干，农民群众层层带头、连环挑战，形成全省规模的爱国丰产竞赛运动。新乡、安阳、聊城、湖西、濮阳5个专区有56个地方国营农场、54个农业生产合作社、8144个村、33247个互助组、45.9万户农户制定生产计划，开展丰产竞赛。1952年，小麦生产获中央及省政府奖励的单位81个，受到专县奖励的单位4万多个。1952年秋季，6个专区23个县中有139个单位符合中央及省政府生产奖励标准，创造水、旱、山、沙各种不同地区丰产新纪录。

（五）进行生产救灾

1949年秋，全省有灾民270万人；1950年有灾民120万人；1951年有灾民299万人；1952年有灾民83万人。省委、省政府坚决执行中央"生产自救、节约度荒、社会互助、以工代赈和辅之以必要救济"方针，在"保证不饿死一个人，不使灾民流离失所，保持生产元气"的要求下，提出"在灾区以生产救灾为压倒一切的中心任务"，建立各级生产救灾委员会。在灾区召开各级人民代表会议、干部会贯彻生产救灾方针，发动群众进行生产自救运动。灾区人

人民胜利渠

民开展防涝、抗旱、兴修水利、河渠修防等工程。除治黄治河防汛防涝工作外，共修整和新开人民胜利渠、广利渠、民主渠等较大渠道60余条。1952年，试办沟洫畦田30余万亩。全省有水田559.1万亩。完成引黄济卫人民胜利渠通水，灌田40余万亩。开展大规模防治病虫害运动。1952年，全省364万余亩耕地中发生蝗虫、蚜虫、红蜘蛛、豆虫等严重虫害灾害，各地群众连续奋战，治虫灭虫，至1952年10月，除蚜虫对高粱作物还有损害外，其余虫害基本消灭。省政府通过银行和合作社，共贷麦3385万斤，贷放生产扶植粮3.17亿斤，以工代赈粮2亿多斤。1949年冬至1950年春，修河复堤中以工代赈使灾民获粮1.6亿斤，向灾区运粮5682万斤，对无力生产灾民发放救济粮4389万斤。全省供销系统共收购灾区土布1.45亿尺，发放粗粮（粗粮换麦子）1.9亿斤，使群众减少付利息与获得生产利润折合粮食达1.22亿斤。

3年间，全省推广杀虫药械2.9万架，防除病虫害，保证收成。国家给予农业生产极大支持，国家贷款（包括合作肥料贷款）5714亿元。在灾区，发放贷粮1.585亿公斤，救灾粮2194.5万公斤，贷麦种1692.5万公斤，老灾区度过灾荒，达到丰收。1952年，由于虫、旱、风、雹灾害，使全省9279个村庄83万人口、800余万亩土地造成不同程度灾荒。灾情分散，形势严峻，省委、省政府及时澄清情况，组织生产，度过灾荒。

（六）发放农业贷款

为帮助土改农民兴修水利，解决牲畜、农具、种子、肥料等困难，省人民银行1950年发放农业贷款836亿元；1951年为1520亿元，较1950年增长82%；1952年为3358亿元，较1950年增长301.67%。至1952年9月底，农贷余额1714亿元，其中公营农业475亿元、农民贷款1239亿元。发放农田水利贷款1218亿元，占全部农贷21.32%；发放肥料贷款1406亿元，占全部农贷24.61%；发放耕畜贷款675亿元，占全部农贷11.81%；发放灾区贷款861亿元，占全部农款15.07%。帮助农民建立信用合作社，集中利用农民分散自有资金互助互济。3年间，各级政府在财力物力上大力支持农民生产，共计发放农贷5714亿元。

二、恢复发展工业、手工业

平原省原有工业基础薄弱，经营管理落后，遭受战争摧残严重。1949年10月，省委第一次党代会确定"必须以相当力量恢复与发展城市工业与手工业"的任务。1950年3月，省委第二次党代会通过《平原省1950年工业计划》，提出"采取有重点的恢复与改造，实现公营工业，积极准备动力、交通、水利及机器制造业，以公营工业为领导地位，带动公私工业及手工业"的方针。1950年年底，省委制定《平原省工业生产建设计划大纲》，明确提出"在1950年建设基础上，管好与改进现有工业；进行农业交通建设；大力发展电力工业；恢复煤业与纺织业；提高改进机器工业与铁工业；维持现有面粉业、榨油业、火柴业，解决其加工原料困难；卷烟业改进

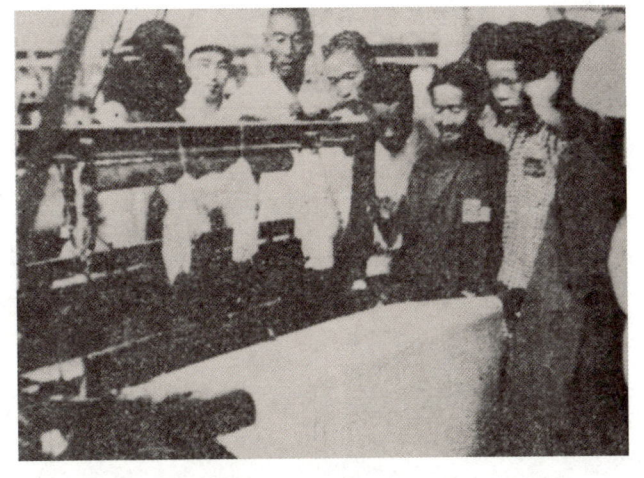

代表们参观中原纺织厂电动织布机

质量;试办小型锻铁、玻璃及农药、油脂精炼分解工业",确定3年工业建设进度、生产计划指标及具体政策措施。

至1952年11月,全省工业产值占国民经济比重的12%。各地有国营、公营、公私合营、合作社及私营较大企业112个(新建厂矿较多)。据38个较大企业统计,1952年生产总值比1950年提高250.3%,比1951年提高86.4%,超过战前的20%。其中,电业、农具制造业、棉纺业发展最快,榨油、煤、面粉等行业有较大发展,新建有漂染厂、骨粉厂、机器厂等。各行业生产质量显著提高,棉纱接近全国标准,油脂达到出口标准,水车优质耐用。私营工业在国家扶植下得到改造和全面提高。政府给成兴纱厂贷款70亿元,采取加工订货等扶植措施,全厂设备更新,扩大生产规模,新添锭子占原有锭子31.8%,产量提高157.1%。全省贯彻执行劳动政策,25人以上的厂店劳资关系基本规范。

据12个较大公营工矿企业统计,国家投资1343亿余元,在加工订货、贷款扶持、解决产运销方面给予支持。全省工业生产秩序确定后,及时进行民主改革,激发职工主人翁的思想,反对封建把头,废除不合理的封建制度。各级政府派往工矿企业干部2478人。各地进行整风审干,肃清反革命残余分子,开展民主大检查运动,确立劳动纪律,推行合理化建议,建立民主管理制度,运用

1951年,满载煤炭的火车从鹤壁陈家庄煤矿开出

先进企业管理方法,加强产供销工作;贯彻执行工会法与劳保条例,重视工人福利工作,调整工资,缩短工时,加强卫生保安;清除"三害"①"五毒"②,提高职工生产积极性,明确公、私厂矿经营观念及与国营贸易、合作社的关系;强调"安全第一、质量第一",发动爱国增产节约运动。在22个国、公营厂矿生产竞赛中,工人创造了不少突出成绩。焦作煤矿煤炭全员日产量由1.12吨提高到1.24吨;普润面粉厂面粉日产量提高47%;纱厂工人看锭提高40%,最高达到150%;平原机器厂水车生产率比1951年提高25%;华新纱厂20支纱由丙级提升为甲级;焦作煤矿推广"空心炮""快速掘进"等先进工作方法,井下作业由平均每人日采量2.81吨提高到4.7吨;建筑公司试行苏长友砌砖法,由每组日砌800砖提高到4000砖(2米以下的墙基砌砖);平原机器厂自创设备40多台,其中戴保民创造的双头车床,使水车大架生产效率提高25倍;焦作矿区刘九学安全生产小组经验在全国推广。

(一)工矿企业民主与生产改革

1950~1952年,全省国营企业开展民主改革与生产改革运动。全省国营企业有一部分是没收官僚资本主义企业,接管企业时采取"不打烂旧机构""维持原职原薪原制度"政策,企业中保留不少旧有人员和旧管理制度,隐藏封建把头和反革命残余势力,企业内部存在各种不同工资制度,严重束缚了工人群众生产积极性。建省之初,平原省人民政府对这些工矿企业进

---

① 国家机关内部出现的贪污、浪费和官僚主义问题。
② 不法资本家的行贿、偷税漏税、偷工减料、盗骗国家财产、盗窃国家情报的行为。

行了特务和反动党团登记、解散反动工会、清除反革命分子等。

1950年2月28日,政务院财经委员会发出《关于在国营工厂建立工厂管理委员会的指示》,指出企业改革的中心环节是废除旧的管理制度,建立工厂管理委员会,实行工厂管理民主化。1950年4月,全省煤矿、纱厂、搬运业和建筑业中发动工人开展斗争,废除搜身制、封建把头制和包工制。1951年4月,省委召开城市工作会议,决定对民主改革不彻底的厂矿进行"补课"。1951年10月,省工业会议进一步研究布置工矿企业实行民主改革问题,会议分析全省工矿企业民主改革不彻底、不平衡情况,明确规定民主改革方针、政策和具体步骤,要求充分发动工人群众,有领导、有计划、有步骤地对国营工矿企业内部残余的反革命势力进行系统清理,对遗留旧制度进行彻底废除。

民主改革 一是改造旧企业领导机构,建立新的工厂管理委员会和职工代表会议,吸收工人参加管理,实行企业管理民主化。1950年,全省各主要国营工矿企业在发动群众基础上对管理制度进行全面改革,建立有厂长、副厂长、总工程师和其他生产负责人以及职工代表参加的工厂管理委员会,实行企业管理民主化。各工矿企业通过工人群众选举建立职工代表会议。全省20个主要厂矿中进行民主大检查,开展自上而下批评与自我批评,发动合理化建议运动。焦作矿务局第二矿员工在工人大会上一次就提出78条合理化建议。

焦作煤矿一角

二是废除搜身制、把头制、包工制等压迫工人的管理制度,肃清封建残余势力。1950年4月,根据中央燃料部关于废除把头制的指示,焦作煤矿开展反把头运动,将全矿残余封建把头制彻底废除。焦作、新乡建筑业和安阳各厂矿发动群众,揭露控诉封建包工制及封建把头罪恶行径,对封建把头予以处理。纺织企业中废除搜身制。1951年,全省各厂矿企业结合镇压反革命运动进行民主改革"补课",对未受清理和处置的封建把头恶霸、隐藏的反革命分子、混入工矿的逃亡地主做进一步处理。各厂矿企业进行内部整顿,建立新的劳动制度和劳动组织,把一批在技术上有经验、在群众中有威信的工人和职员提拔到行政、生产管理的领导岗位,企业各级领导权掌握在工人阶级手中。

三是加强工人阶级内部团结。旧中国给企业留下的职工队伍中地域界限分明、帮派分割、职员和工人对立等情况,严重阻碍工人阶级团结。消除职工队伍内部对立,加强整个工人阶级团结,成为改造旧企业内部关系的重要内容。各个工厂党组织和管理委员会在工人中间开展加强团结活动,对少数参加过反动党团的工人、职员进行改造教育;对欺侮过工人的职员和技术人员进行批评教育;对由于行会帮派、地域观念造成隔阂的工人,进行教育,开展批评与自我批评,揭露敌人分裂工人队伍的阴谋,达到相互谅解和团结的目的。

四是改革旧的分配关系,建立按劳分配制度。根据按劳分配原则,调整极不合理的工资和奖励制度。1950年2月,省直14个厂矿中进行调资,以8等42级工资为标准,统一计算单位。

调整后的平均工资为 67.5 饻①，较调整前提高 28.38%。1951 年 7 月，进行第二次调整，划分轻、重工业产业顺序，各厂矿分三等进行，将多等工资制改为八级工资制。在 10 个厂矿推行计件工资制。

生产改革 一是在经营管理工作中建立严格的经济核算制。各国营企业实行严格的经济核算，废除官僚资本统治时期遗留下来的腐朽落后的经营管理制度和贪污浪费现象，克服一部分干部受战争年代影响存在的"供给制"思想。按照新的社会主义企业管理方法，严格计算生产中的消耗和成本，精打细算，厉行节约；努力提高劳动生产率，用最小限度的劳动消耗，生产出尽可能多的产品，以收抵支，取得赢利。不少企业认真登记、严格核实企业财产，划清企业流动资金和固定资产；在开展增产节约、创造生产新纪录基础上，制定合理生产定额，实行定额管理；建立和实行生产责任制与质量检查制；改革不合理工资制度；建立严格预算制度和精确成本核算制度；建立和加强企业计划和统计工作等。

二是在生产管理中大力推广和使用新技术。全省煤矿深入贯彻燃料工业部《在国营煤矿全面推广新的生产方法的决定》，废除过去长期采用的高落式与方栓式采煤方法，采用和推广新的采煤方法。焦作煤矿砌井达到原班进度 16.4 米的新纪录；小西天煤矿煤回收率达 83%，超过中央厚煤层标准的 8%；王家岭、子针煤矿薄煤层回收率达 90%。纺织部门普遍推广郝建秀工作法和 1951 年织布工作法，全省棉纱产量大幅增长。机械部门推广 41 种新工作法，直角车床的创造使水车质量、数量、效率超过中央规定的标准，且成本降低。电业部门普遍做到安全运转。面粉业生产质量达到规定标准。榨油、卷烟等轻工业在生产效率和业绩上均有提高。

（二）改造扶植手工业

平原省手工业相对发达，在国民经济中占有重要地位。安阳市解放初期登记的工商业户有 3435 家，其中手工业 1165 家，占总户数的 34%。各地城镇乡村农民的生产生活资料主要靠手工业供给。

中共平原省委第二次党代会提出"恢复与发展有销路、能出口、城市农村需要的手工业，并提高技术、提高质量、改良工业、降低成本；凡能围绕工业有发展前途者应大力支持；凡无发展前途者，应有计划实施改变"。

1950 年 8 月，省委召开小城镇会议，对手工业生产的恢复和发展进行研究和部署。1951 年 4 月，省委书记吴德在城市工作会议上指出"手工业在全省比重很大，大部分是有前途的。各级领导应重视这一工作，分别行业，加强研究，确定方针。认为不用领导、没前途，使其自流，是不对的"。要求全省各地加强城镇工作和对工业手工业的领导。

各级政府采取措施扶植手工业生产。把铁木、机织、泥木、运输、皮麻等行业作为扶植重点。组织手工业合作社、联营、联购、联销，解决腿短、资金少、经营和销路困难。国营经济部门、合作社与手工业签订合同，加工订货。安阳市国营加工占手工业产品 40%～50%，新乡市纺织业加工占 68%。召开手工业代表会议，加强工会工作，推行集体劳资合同，成立劳资协商委员会，改善劳资关系，改进劳动条件，提高工人觉悟，促进生产发展。

---

①中国共产党领导的老解放区曾用过的一种计算货币的单位，一饻等于若干种实物价格的总和。

1952年，据8个城镇统计，手工业户数较1950年增长21%。

三、恢复发展城乡贸易

建省初期，平原省城乡贸易处于萎缩和停滞状态。城市工业所需原料、燃料和器件无法满足，产品销售不出去；农村所需生产资料和生活资料无法买到，农副土特产品无人收购。城乡阻隔、货流不畅的局面严重阻碍工农业生产的恢复和发展。

省政府贯彻《共同纲领》关于"发展生产，繁荣经济，城乡互助，内外交流"的方针，恢复城乡贸易、发展交通事业、组织货物运输、稳定市场物价，促进了工农业生产恢复和发展。

（一）国营商业体系

1949年8月，平原省人民政府组建商业厅，统一领导和管理全省商业贸易工作。在省商业厅领导下，以老解放区贸易公司为基础，改组成立平原省粮食、花纱布、百货、煤建、油脂、盐业、猪鬃7个公司。1950年成立省土产公司。根据各公司业务需要在各地成立分支机构。到1952年年底，全省基本形成各种门类的国营商业系统。据1952年统计，全省共有粮食、百货、花纱布、煤建、土产、油脂、畜产、石油、医药、盐业、零售、信托12个国营专业公司，215个经营单位，7031名职工。国营商业商品批发额占全省商品总批发额的83.78%，零售额占16.22%，粮食、棉花、纱布、煤炭、食油、食盐等重要商品的供应通畅。3年间，国营商业推销商品总值30876.91亿元，收购总值35385.24亿元。其中，收购粮食11.77亿斤、销售粮食12.73亿斤。收购棉花194.71万担，其中1949年收购8.16万担；1950年收购28.73万担，占商品棉65.69%；1951年收购54.29万担，占商品棉68.41%；1952年收购103.53万担，占商品棉75.12%。土特产经营收购总额为2506.07亿元，销货总额1859.87亿元。工业品推销方面，国营商业销售总额达14751.22亿元，其中1949年111.04亿元、1950年1750.59亿元、1951年5037.14亿元、1952年7852.45亿元。国营商业贸易主要经营粮、棉、布纱、煤炭、木材、土产、百货七大商品，在购销与加工订货中，贯彻扶植生产与带动私人工商业者政策，调节市场供求关系，克服不合理季节差价，减缩工农业品剪刀差额，打击私人资本主义投机行为。在农村土特产经营方面，寻找销路，积极促销，除火硝、皮硝销售困难，其他土特产基本售完。据1952年调查，土特产占农民总收入17.8%。如果以1950年农民购买力为100（每人为15万元）计算，1951年农民购买力为136，1952年为176.6。全省工业销售额，1952年比1950年增长348%。

（二）合作社商业

1952年9月底，全省有基层社1883个，社员602.52万人，干部2.57万人。合作社3年间供销总值53573亿元，其中推销总值3392亿元、供应总值19981亿元。若以1950年供销总值为100计算，1951年为308，1952年为839。推销方面主要收购皮棉1.76亿斤、小麦4.46亿斤、菜籽4831.02万斤、花生仁4992万斤；供应方面主要供应新式农具1.56万件、饼肥5.24亿斤、水车6.14万部、农药269.25万斤、煤炭68.08万吨、洋布46.1万匹、海盐1.23亿斤。合作社商业大力支持灾区群众生产自救，收购灾民土布1.45亿尺、苇席600万领、皮硝707.61万斤；收购灾区各种冷背货物（指不常用的货物）价值289亿元，仅土布一项，灾民获利折合大米3619万斤；代政府发放以粗换细粮20.8亿斤，麦种2688.19万斤。

（三）私营商业

平原省建省初期，私营商业在全省商业中占有较大比重，尤其农村集镇有众多小商小贩，走乡串户，兼搞短途运输，在贩运工业品下乡、收购和推销农副土特产品中起到重要作用。省政府在确保国营经济领导地位和稳定市场的条件下，对有利于国计民生的私营商业采取扶持和发展政策，在经营范围、批零差价、税收政策、银行贷款等方面给予照顾，帮助私营商户端正经营方向，改进经营作风。据新乡、安阳两市与濮阳、聊城、单县、菏泽、焦作、道口8个城镇统计，1952年有工商户1.28万个，资金603.4亿元；较1950年户数增长70%，资金增长242%。全省私营商业额，1950年为7385亿元，1951年增长140%，1952年增长286%。私营商业占社会商品总经营额比重，1950年为49.27%，1951年为52.93%，1952年为46.28%。据1952年统计，私营商业占社会商品总零售额的61%，占批发额的16.22%。

（四）经济贸易

3年间，平原省调整工商业，组织物资交流，确立国营经济领导地位，城乡经济、公私经济有很大发展。1952年，国营合作社与私商营业总额61744亿元，较1950年增长311%。其中，国营合作经营比重占53.72%，私营占46.28%。有关国计民生的主要商品，国营合作经营占绝对优势。除棉花、纱布统购外，粮食经营占市场经营总额的70%，煤占80%，盐占90%，煤油占100%，糖占80%，火柴占70%，豆饼肥料占80%。1952年，私商发展到14.68万户，较1950年的10.17万户增长44.3%。公私劳资关系有很大改善。贯彻工商业政策，解除私营个体的顾虑，大力组织物资交流，克服市场阻滞现象，城乡市场呈现购销两旺景象。1950年，全省公、私、公私合营经营总额14988亿元；1951年33667亿元，较1950年增长124%；1952年61744亿元，较1950年增长311%。其中：国营经营额1950年5369亿元，1951年比1950年增长110%，1952年比1951年增长327%；合作社经营额1950年1614亿元，1951年增长145%，1952年增长515%；公私合营1950年经营额620亿元，1951年增长9%，1952年下降46%；私营经营额1950年7385亿元，1951年增长140%，1952年增长286%。3年间，国营推销总值30876.9亿元，收购总值35985.23亿元。其中，粮食收购5.885亿公斤，出售6.365亿公斤；棉花收购1.95亿担，占商品棉65.69%；土特产收购总额为2506.67亿元，销售总额为185.99亿元。在工业品推销上，3年销售总额为14751.22亿元。

（五）物资交流

中共平原省委、平原省人民政府在各地组织各种物资交流大会，沟通城乡经济，刺激工农业生产，为城市工业品下乡、农村土特产品出售打开销路。1950年冬，省政府召开土产会议，要求各地组织城乡物资交流，推销土产。各地组织大规模物资交流大会，

平原省举办物资交流展览大会

全省 85 种土副产品推销出 73.6%，折合大米 8.15 亿斤。1951 年，省委要求"把物资交流工作贯彻全年"，各地组织形式多样的交易会，如庙会、百货大会、物资交流展览会等，推销工业品和农副土特产品。1951 年 10 月，省政府组织 1247 名农民代表赴天津参观华北区城乡物资交流展览，派贸易团参加华北区及外省物资交流会，订立合同。1952 年，全省国营贸易与合作社开展以推销工业品为主的爱国竞赛运动。8 月，省委作出"关于大力开展物资交流运动的指示"，要求各地

翻身的农民在集市上购买农具

迅速搞活市场，大力组织工业品下乡，收购主要农产品和土特产品。至 1952 年 11 月初，全省召开专区、县集镇初级市场、物资交流会 157 个，成交总额 2972 亿元。

四、稳定市场秩序

平原省成立之初，全省面临十分严峻的财政经济困难，各级政府既要恢复国民经济，又要承担大量军费和公职人员开支，还要安置救济灾民和城市失业人口，财政支出猛增，财政收入严重不足。

困难的财政形势冲击市场，加剧物价暴涨的混乱局面。主要原因：一是国家财政困难，货币发行过多。1949 年 7～10 月，国家人民币发行量增长近 3 倍。平原省人民政府筹备时，1949 年 8 月 11～16 日，仅 6 天时间，省银行预拨支出 3.88 亿元，致使金库无力支付，通货发行剧增。二是投机商人乘机兴风作浪，推波助澜，加剧市场混乱和物价波动。中华人民共和国成立初期，几次全国性物价猛涨，直接原因就是投机商人哄抬物价所致，平原省也是如此。1949 年，平原省发生水灾，粮食减产，灾民 270 万人，市场粮食紧俏，投机商人大肆抢购套购囤积粮食，市场价格急剧上涨。10 月中旬，新乡市场每斤小麦 187 元，小米每斤 180 元。11 月下旬，小麦上涨到 570 元，小米为 500 元。聊城每斤小麦涨为 1000 元，小米为 909 元。菏泽小麦为 724 元，小米为 677 元。投机商人又趁机压低棉价，按国家规定，棉粮比价为 1 斤棉换 8.5～10 斤小米。但在新乡 1949 年 9 月 14 日以前棉价为 750 元，折合小米 5.7 斤，菏泽每斤棉折合 6.3 斤，聊城为 7.2 斤，直接损害了棉农利益。1950 年春，在全国物价上涨风的影响下，平原省又一次物价猛涨，全省批发物价指数 1 月为 129.35，3 月上涨到 271.72。

为控制市场，稳定物价，全省各级人民政府采取有力措施，同投机商进行坚决斗争，取得了阶段性胜利。

（一）打击投机资本

加强金融管理，打击金银、假币投机。平原省人民政府成立后，立即颁布《金银管理办法条例》，禁止金银自由流通。按照这一规定，各地对银圆黑市进行坚决打击。新乡、菏泽两地查获银圆黑市交易数十起，没收银圆 6942 元，黄金 20 余两。安阳共兑进银圆 1160 元，黄金 6 两。动员各地的 59 家银匠楼转入有利于国计民生的生产活动。发动群众揭露敌人和奸商发行

假票破坏金融市场的活动。有假票市场的地方，普遍设立假票识别所，结合行政管理深入开展反假票斗争，使各城市公开的银圆市场大体消灭，反假币斗争收效显著。郓城、南旺等县，银圆有较长历史，广大农村集镇还是半公开使用，牲口、土布等大宗交易多以银圆交易或计价。为取消银圆及物物交换市场，在这些地区积极开展货币下乡工作，组织力量重点检查城镇和集市，严厉打击银圆投机分子，对一般群众进行宣传教育、动员兑换，对物物交换市场进行整顿。通过开展一系列的活动，全省金银投机市场基本取缔，人民币迅速占领市场，对稳定物价、打击投机起到重要作用。

依靠国营贸易部门控制主要商品，通过集中抛售，打击投机资本。鼓励城乡物资交流，以打破战争造成的城乡流通阻滞的局面。国营贸易公司组织货源，将其控制的主要物资，包括粮、棉、布、纱、食油、盐和煤等，相继投放市场，平抑物价。尤其在调整粮棉价格比值上稳定物价。在产棉区，棉农多以售棉所得钱款买粮，而当地粮少缺乏调剂，因此粮价上涨。要调整棉粮价格的比率，需从调剂粮食供求、平稳粮价入手。省内各国营贸易公司大量出售粮食，适当提高棉价。1949年9月、10月，全省各贸易公司出售麦子100万公斤，解决棉区麦种困难问题。新棉上市后，在政府领导下积极组织力量收购。新乡市由银行拨款收购棉花12.5万公斤，对当时棉价提高起到很大作用。为避免棉粮价格竞涨情况发生，在省财经委员会统一领导下，开展赊购工作，货币抛出相对减少，缓和粮价上涨。购棉期间，各国营商店、百货公司大量出售工业品，使部分货币回笼。

加强市场管理。全省实行工商业登记，未经政府批准，不得擅自开业，对摊贩进行全面整顿，开辟一些集中贸易市场；规定各种货物牌价，牌价一经规定，不轻易更改；依靠群众检举和取缔投机活动，对投机倒把分子按情节轻重分别给予处理；保护正当的私营工商业。

为稳定物价，省政府采取多种办法紧缩通货。发行折实公债；开展折实存款，大力回收货币；健全税务机关，加强税收；除特许外，暂停一切贷款，加紧催收到期贷款，减少市场货币流通量，遏制投机商人活动。

（二）统一财经

为解决国家财政亏空和消除赤字，从根本上稳住物价，1950年3月，中央人民政府政务院颁布《关于统一财政经济工作的决定》。中共平原省委、平原省人民政府及时贯彻该决定，赢得财经状况初步好转。

1950年4月1日，平原省召开财政会议，讨论和部署如何坚决贯彻政务院《关于统一国家财政经济工作的决定》。会议强调：要明确认识在全国胜利后财经工作统一的重要性和必要性，一切应从全局出发，打消地方主义与本位主义观点。会议批评财经工作中轻税思想和狭隘的仁政观点。集中解决增加收入、节约开支和统一管理三个主要问题。会议重新制定1950年财政收入概算。4月18日，省政府作出《关于严格执行〈中央人民政府政务院关于统一财政经济工作的决定〉的决定》，对统一财经工作提出具体措施：

第一，节约支出。成立省编制委员会，限期对人事干部进行统一编制和调整，实行定员定额，改变人浮于事的状况。成立各级仓库物资清理调配委员会，清理粮库和公营工厂、公司仓库，5月底以前完成清查任务。

第二，整顿收入。保证完成平原省全年4亿公斤的公粮任务。加强税收工作，充实税务机构，抓紧重点税收，保证完成全省 0.84 亿公斤的税收任务。责成公债推销委员会保证 4 月完成公债任务缴入金库。责成工业、商业两厅将各个省直国营企业利润折旧金缴归财政厅，公营企业及合作社须按规定缴纳税款。

第三，统一财政收支管理。公粮统一管理，各级粮仓无省粮食局命令，不得支付公粮。所有税款及其他财政收入一律按照规定当日入库。实行国家机关现金管理，一切公营企业机关、部队及合作社等，所有现金及票据，除准予保留的限额外，其余必须按照中国人民银行存款办法存入当地中国人民银行或其委托机构。新乡、安阳两市从 6 月起试行按期编制现金平衡的收支计划。省财政厅在中央财政部划拨粮食数量省内统一划拨，以省粮食局命令执行；在中央财政部划拨省税款及公债款全省范围内统一划拨库款，由分金库命令执行。无省财政厅的命令，绝对不得动支挪用公粮与库款。还要加强对国营贸易的领导，在各县设置粮食、百货、土产三公司的分支机构，统一国营贸易计划，并加强粮食、棉花等物资的调运工作。

全省上下各级党政机关认真贯彻中央《关于统一财政经济工作决定》精神，严格执行省政府有关规定。全省农民踊跃缴公粮；城乡居民积极纳税，购买公债；银行系统加强现金管理，回笼货币；贸易系统集中统一调剂物资。平原省财经工作纳入全国统一领导、统一管理系统之中。在中央统一部署下，完成全省物资大调运，基本保证生产需要和城乡人民、灾区人民生活需要。收入增加，支出缩减，财政收支状况好转。1950 年，平原省财政收入超过 2700 万公斤粮食，其他收入超过 239.5 万公斤；财政支出节余 1500 余万公斤。金融物价转向稳定，银行存款增幅较大，货币流通速度明显减慢，财政收支接近平衡，从根本上扭转通货膨胀局面。1950 年 1 月，全省批发物价指数 129.35；3 月，上涨达 271.72；4 月，回落到 180.31；12 月，回落到 172.25，物价基本趋于稳定。1952 年 8 月，新乡市物价指数降低至 95.2，较 1951 年 12 月下降 4.8%。其中杂项工业品降 13.5%，粮食回落 0.2%，土特产上升 12.1%。全省物价飞涨的混乱局面基本结束，财政状况开始好转，社会主义国营经济领导地位基本确立。

（三）缩小剪刀差

全省工农业剪刀差缩小。以新乡为例，1952 年 8 月，新乡市棉纱每件换小米 3875 公斤，较 1950 年 12 月下降 17%，较 1951 年 11 月下降 11.84%；白布换小米 147.435 公斤，较 1950 年 12 月下降 7.5%，较 1951 年 11 月下降 11.07%；白糖换小米 4.025 公斤，较 1950 年 12 月下降 34.2%，较 1951 年 11 月下降 8.36%；食盐换小米 0.525 公斤，较 1950 年 12 月下降 26.6%，较 1951 年 11 月下降 7.1%。9~10 月，新乡市继续调整价格，部分工业品价格再次降低。

五、实现财政状况根本性好转

3 年间，全省进行货币管理、储蓄、汇兑、保险及农业贷款，发放工商贷款 9695 亿元。农业税历年完成预定任务并有超额。查田定产、贯彻依率计征，全省耕地有所增加，群众负担公平合理。总体税收方面，1952 年较 1951 年增长 62.3%。粮食管理、征收及屯运方面取得显著成绩。各地认真执行预决算制度，加强财政管理，清理小公家务①与机关生产，堵塞漏洞，完善制度，

---

① 各级党政军、学校、党派、人民团体及其所属各部门、各单位历年积累的现金和物资，通称"小公家务"。

合理解决部分体制问题。全省各专区、市、县普遍进行财政清理。1952年下半年，各地加强地方财政管理工作，贯彻执行中央"保证、允许、禁止"原则，减轻人民负担，合理使用地方财政从事生产建设。

1952年年底，全省财政状况实现根本性好转，超额完成国家各项税收任务，保证各项事业与行政管理费用开支，做到"收入不减少，开支不超过"的财政要求，有力地支持了工农业生产和保持市场物价稳定。

全省农业生产占国民经济90%，工商业比重比较小。3年间，在组织财政收入上，农业税收任务均超额完成。平原省接受国家农业税收任务，共计小米15.445亿公斤，实际完成17.74亿公斤，超额14.68%。工商业税收任务，除1949年外均超额完成任务。3年间，共接受中央税收任务8667亿元，实际完成12515亿元，超额44.3%。支出方面，1950年决算88.44%，1951年决算95.04%，1952年决算85%左右。收入年年增加，支出年年有余。全省财政开支比重由供给财政逐步转为建设财政。财政总支出中，行政管理费用比重逐年下降，由1950年的58.27%降为1952年的28.13%。经济建设、文教卫生建设比重逐年增长，由1950年38.54%增至1952年的59.36%。其他支出1952年占12.54%，其中以粗换细贷粮1500万公斤，麦种贷粮500万公斤，主要支持农业生产。财政开支用于建设事业达60%以上。

第二节　社会事业

中共平原省委、平原省人民政府重视民生保障，开展各项社会建设，注重劳动、教育、科学、体育、卫生、交通、电信等社会事业发展，人民生活水平和质量显著提高。

1950年，平原省组建成立省劳动局，负责劳动力调配、劳资关系、安全生产、职工福利。3年间，各地大力贯彻《工会法》《劳动保险条例》以及其他各项劳动法令，对失业人员安置救济，对公私关系进行协调。25人以上私营厂店劳资关系基本规范。全省职工工资调整后较调整前普遍提高30%。25人以上厂店工时减少到8～10小时，职工福利得到改进。据不完全统计，全省新建职工宿舍5695间，食堂51个，医院、医务所26所，养老院、职工业余休养所、疗养室14所，理发室21个，合作社12个，互助会14个，饮水站43个，托儿所9个。各地25个百人以上厂矿实行劳动保险条例。各地登记失业人员2.17万人，介绍就业人员1356人。开支小米26万余斤，拨款11.76亿元。1952年11月，享受劳保待遇职工有2.8万人。

省政府贯彻新民主主义教育方针，重视教育工作与劳动生产密切结合，学校大门向劳动人民和工农大众敞开。1952年年底，全省中等学校中工农成分学生占83%，开始执行小学五年一贯制教育。中小学教材注重结合实际工作进行选择。各地普遍创办工农文化补习学校、民校，在民校中进行生产知识传授和各项生产政策以及社会前途教育。各地放映有关生产的电影与幻灯片，举办有关生产技术、经验、成绩的展览会。全省范围开展扫除文盲工作，推行速成识字法，各地建立速成识字班3833处，学员12.22万人。小学发展到19170所，为1949年的141%；学生163.22万人（含超龄与不及龄儿童33.05万人），为1949年的199.3%；教师3.81万人，为1949年的185.5%；学龄儿童入学率由1949年的25%发展到55.6%，增长1.2倍；中等学校发展到108所（含技术学校11处），为1949年的2倍，学生发展到55158人，较1949年增长2.4倍。3年毕业1.5万余名中学生，分别参加工作或升学。全省中学、师范学校由建省时的54所增加到97所，学生由16240人增加到52956人。高等教育、技术教育方面，先后成立师范学院、农学院、工业学校、医科学校、财经学校。全省职工业余学校发展到68所，学员2.16万人，为1950年的3倍。农民常年业余学校发展到38670所，学员205.55万人；民校高级班1125处，学员30881人。工农速成中学1所，学员776人。工农干部文化补习学校7所，学员2038人。干部业余学校68所，学员25351人，为1950年的2.1倍。社会教育方面，建立文化馆72个、俱乐部121个、农村图书馆1566个，有无线电收音机277部、幻灯机217部、有线广播机32部、电影放映队26个队；县乡文化站等群众性文化组织普遍建立。

1951年7月，中华全国体育总会筹备委员会平原省分会筹备委员会（简称"省体育分会筹委会"）成立，隶属省政府领导。主要职能是贯彻执行国家发展体育运动方针、政策，制定全省体育工作计划、制度、规划并领导与督促各体育组织实施，向群众进行开展体育运动宣传教育，举办体育活动。1951年8月，中央人民政府政务院发出《关于改善各级学校学生健康状况的决定》。全省各个学校开展体育锻炼运动。1951年年底，平原省开始试点推行中华全国体育总会公布的第一套广播体操。全省体育事业虽有一定发展，但处于萌芽阶段，各项运动很不普及。1952年11月，国家体育运动委员会（国家体委）成立。同月，平原省体育分会筹委会撤销，相应组织机构没有建立。

全省卫生工作方面，除建立省、市、专区人民医院外，有县卫生院48所、县卫生所9所、区卫生所277所，各级防疫委员会、村文教卫生委员会、村卫生委员普遍建立。全省83%的村建立村卫生组织，有接生站311个。3年间，平原省先后防止东明、原阳等8个县10余次大规模流行性传染病，加强季节性传染病、职业病、地方病防治。天花基本消灭，传染病大为减少。全省11种传染病平均死亡率由1950年的7.2%降到3.9%，治愈黑热病患者4.9万余人。各地建立公立医院60个、疗养所6个、医药合作

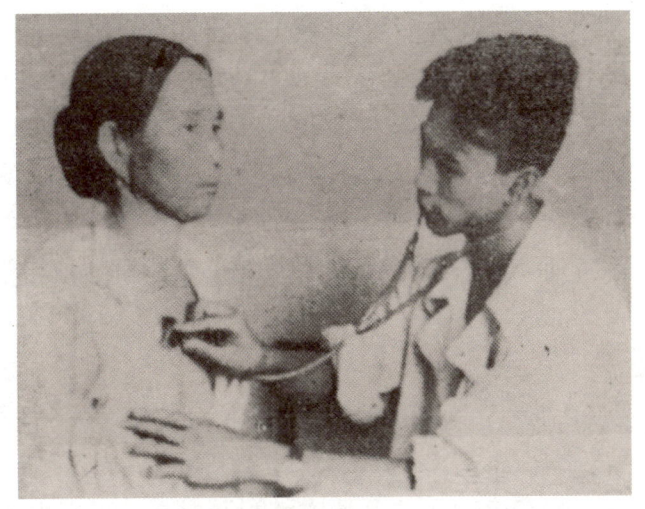
医务人员为劳模检查身体

社260个，共有床位3847张，比1949年增长9.6倍。公私营工矿单位普遍改善卫生设备，重视工人健康。在妇幼保健方面，训练接生员1.81万人，建立妇幼保健院147个、妇幼保健站15个。各地工厂、农村普遍创建托儿所。全省组织建立私人联合医院4个、联合诊所255个，私人诊所发展到1296个，有床位389个。联合医院和私人诊所在协助政府扑灭传染病、开展卫生宣传、推进环境卫生治理等方面起到很大作用。1952年，为反对美国细菌战，全省广泛开展爱国卫生运动，50%以上群众受到教育。各地普遍开展"三净五灭"[①]群众性卫生运动，环

---

①街道院子厕所净、厨房锅碗用具净、身上衣服被子净；消灭虱、蝇、蚊、蚤和老鼠。

境卫生大为改善。1952年1～9月，全省改良水井5.83万眼、厕所45.58万个、填污水坑5.26万个、捕鼠445.13万只、捕蝇8万多斤、打死癞狗6202条。全省出现300多个卫生模范村。医疗卫生工作中贯彻中西医为人民服务方针。各地中西医生共有2.02万人，有1.84万人参加卫生工作者协会或医联会。

1952年，全省公路发展到3049公里，较1949年增长3倍以上。3年共完成桥梁涵洞工程705处，完成物资转运任务2.21亿吨公里，组织群众运输车辆2.4万余部。仅1952年灾民运输获利86亿元。加强航运、航道码头及公私船舶管理，重视老根据地交通事业发展。

1951年较1950年增长电话线路26.1%，1952年较1951年增长33.3%。1952年，全省电话线路总长9183公里。新乡、安阳2市，6个专署驻地，56个县，428个区全部通话，地方线路与国营干线衔接，可通全国各地120多个主要城市。1949年，全省电信机构仅有新乡、安阳2个电信局，60个邮局，800个邮政代办所。1950年，各专署所在地成立电信局，全省邮局增办66个，代办所增至930余处。1951年，又增设电信局2处，地方电话站50余处，邮局2处，代办所20余处。1952年，邮政局、电信局机构合并，全省共辖邮电局8处、电信局2处、邮政局68处、地方电话站50余处、邮政代办所960处。

3年间，人民物质生活水平显著提高，文化生活状况明显改善。1951年，据安阳、新乡、濮阳、聊城专区各典型村调查，有20%～40%的农户有余粮，新老中农占总户数80%～90%。城市居民生活得到改善。城镇居民就业人数迅速增加，失业人数普遍减少。全省职工工资普遍增长，实际平均基本工资较1950年提高20%，绝大部分工人工资达到或超过抗日战争前水平。1950年，平均每人购买力为15万元；1951年，平均每人购买力为20.5万元，是1950年的136%；1952年，平均每人购买力为26.6万元，是1950年的176.6%。城市职工社会福利事业有很大改善。国营企业对职工实行劳动保险制度，公教人员实行公费医疗制度。据22个企业统计，修建职工宿舍1991间，平均每人5平方米。建工人食堂17个、澡堂17个、托儿所和幼儿园5个、医务所10个，普遍建立图书馆、俱乐部、业余学校等。

第三节　黄河治理

1949年8月，平原省水利局成立。根据堤坝、险工长度与行政区划情况，省水利局下设4个修防处，21个修防段（其中，濮阳修防处6个段、菏泽修防处5个段、聊城修防处4个段、新乡修防处6个段），19个工程队，6处水文站（艾山、孙口、小董、高村、苏泗庄、阳城），5处水位站（阳城、木药店、石头庄、陶城埠、南桥）。8月20日，平原省黄河河务局成立。9月18日，平原省成立省、专署、县三级黄河防汛指挥部。省防汛指挥部由韩哲一、王化云分别任正副指挥，刘晏春任政委。

1950年6月26日，平原、河南、山东3省人民政府及黄委会在开封举行会议，主要讨论黄河防汛工作。会上，中共中央决定成立黄河防汛总指挥部，统一领导黄河防汛工作。河南省人民政府主席吴芝圃任主任，山东省人民政府副主席郭子化、平原省人民政府副主席韩哲一、黄委会主任王化云任副主任。同年7月，平原省黄河防汛指挥部正式成立，省政府副主席韩哲一任主任。

3年间，全省整修堤防共动用2284万余工日，修堤4043万立方米，钻探出穴洞4.77万个。预防异常洪水，修固溢洪堰，完成引黄灌溉济卫工程，可灌溉70余万亩农田。

一、防汛滞洪

平原省黄河防汛标准是："保证陕县1933年同样洪水两岸大堤不生溃决。"全省除每年组织30余万防汛大军外，以长垣县石头庄溢洪堰溢洪，保证堤防安全。全省分沁黄、金临、梁山3个滞洪区，涉及1855个村、94.95万人，土地270.58万亩。当异常洪水降临，根据需要和规定对各滞洪区开堤放水。各级政府事先做大量准备工作，避免或减少人民群众生命与财产损失。

封丘县黄河泥沙淤积

平原省黄河防汛工作重点是维修堤坝，抗洪抢险。1949年9月，刚成立不久的平原省遇到十分严峻的秋汛洪水，9月14日，黄河花园口出现12300米^3/秒的洪峰，百年罕见。9月6日~10月7日，黄河水上涨长达一个月。其中，9月13~21日，平原省境内全线水位最高，情况险峻，从长垣贯台到山东齐河，两岸所有坝垛相继坍塌蛰陷；14~18日，阴雨连绵，洪水持久不下，堤身浸透，两岸堤坝出现漏洞200多处，堤坝变为险工，情况危急。省委调集4000余名干部、15万民工奋力抢险，堵塞漏洞240处，保住大堤，但两岸仍有2120个村庄被洪水淹没，80万人受灾。9月18日，省、专署、县三级黄河防汛指挥部成立，主要领导韩哲一、刘晏春、王化云赶赴黄河坝头现场指挥。

平原省在黄河防汛指挥部、黄河河务局及水利局的组织下，对黄河开展一系列修护工程，对境内卫河、运河、漳河等进行整修。1950年2月，省委发出《关于治黄复堤工作指示》，明确提出复堤方针：以防比1949年更大洪水为目标，加强复堤工程，大力组织防汛，确保大堤不发生溃决。要求沿黄各县人民政府积极组织群众全力抢修黄河大堤。仅原武、阳武两县就组织3万人参加修堤。1950年，全省共完成汛铺96座，整险土方428.24万立方米，木桩3.55万根，秸料171.73万斤。

1952年汛期，除进行各放水口门的勘查外，反复做爆破试验，以便必要时用爆破方法开堤滞洪。全省沿河防汛区各级党政首长负责防汛工作，深入防汛区检查指导；广泛开展宣传运动，发动群众，使之家喻户晓；工具料物齐备，人员充足，组织训练有素的防汛队伍。至8月中旬，准备工作基本完成。沿黄河两岸965公里堤坝上，建立专区指挥部6个（金堤、溢洪堰分指挥部在内），县指挥部25个，区指挥部86个，区以下指挥所128个。修整防汛屋667座，临时防汛庵836座。参加防汛干部1434人，勤杂人员199人，工程队991人，临时工程队849人，长期防汛员2422人，临时防汛员43837人，钻探队1568人，抢险队2.6万人，预备队12.64

范县邢庙黄河险工

万人,共计20.37万人。组织救护船2785只,组织第二防线(后备军)约30万人。各地防汛工具和物料准备充分:秫秸和柳枝1100余万斤,土车1.25万辆,土篮、土筐4.2万个,铁锨6.5万把,木桩9.7万根。为彻底消除隐患,防止大堤溃决,开展爱国主义钻探竞赛运动。麦前共钻896.16万眼,平均钻644眼发现洞穴一处。按已钻出洞穴数字计算,每华里平均7处。东明县最多,全县堤长123华里,共钻探54.66万眼,发现隐洞1341处。该县八区柳林村钻出抗日沟(即抗日战争时,干部挖的隐蔽沟)一个,长12米、高1.5米。菏泽双河岭在50米距离内钻出两个大洞,其中一个为抗日沟,长24米、高1.5米。东阿钻出红薯窖一个,方圆2米。武陟县北王村钻出敌人挖的地下室一个,其中有水井、伙房、办公室等9个。入汛之后又进行重点钻探,共完成55.82万眼,钻出大小洞1841处,捕捉獾、狐72只。

全省沿河防汛区(缺两个县)有2306个村庄,分三种情况:一类村,完全组织起来,思想发动充分,工具物料齐备,订出防汛计划与防汛爱国公约,该类村有712个村,占总数的30.88%;二类村,工具物料齐备,组织健全,但分工不明确,群众发动不充分,防汛与生产矛盾尚未完全解决,有1075个村,占总数的46.62%;三类村,形式上组织起来,但工作简单化,村干部强迫命令,群众未得到很好发动,有519个村,占总数的22.5%。

各地滞洪区积极开展各项准备工作,凡有滞洪任务的县、区,除进行思想发动,还要做好搬家计划和抢险准备。1952年8月,武陟县滞洪区男女全半劳力有52%参加防汛组织;转移粮食210万斤、衣服2.3万余件、农具2456件;搭避水台268座、安全庵634处;准备救护船69只、木筏276个;在滞洪区村庄成立搬家抢救委员会,对船只物品进行登记。除各县设法安置外,有些县与其他县订立互助合同。各地注重解决防汛与生产矛盾,贯彻互助合作政策。郓城防汛区有122个村,其中73个村有6953户经过防汛准备参加互助组。

二、工程建设

(一)修 堤

平原省境内黄河、沁河(黄河支流)两河堤坝长达995.8公里。

黄河堤坝分别为南北两岸临黄堤、北岸金堤、严善人民埝、梁山民埝(徐庄民埝)等。

北岸临黄堤分上、中、下三段:上段自孟县东曹坡到长垣姜堂,长222余公里,临背河悬殊最大达12米,堤身高大但隐患颇多。中段自长垣大车集到寿张枣包楼止,长176余公里,是防汛最紧要的一段。下段自寿张顾营至东阿李营,长62余公里,绝大部分修有后戗,此段特点是:河槽比较固定,河窄溜急,险工特多,尤其是艾山卡水抬高水位,大水时期形势严峻。北岸金堤自濮阳至寿张严营,长120.35公里,自贾垓以下,在1949年蓄洪时,有多处透水、管涌成流现象。严善人民埝自枣包楼至顾营，长18.65公里，为发挥蓄洪效能，保卫生产，该段小水坚决守，大水坚决开放滞洪。

南岸临黄堤自东明娄寨至梁山十里铺，长184余公里，因单线防守，较北岸稍强，但新险工较多，基础较薄弱，1952年汛期发生险象最多；梁山段汛期常临背受水，防守困难。梁山民埝（徐庄民埝）自十里铺至徐庄，长6.35公里，其作用与严善人民埝相同。

沁河南北两岸堤坝长155余公里，堤坝土质较好，隐患较多，洪水来猛去速，防守不易。

沁河河道险工

中华人民共和国成立前，黄河、沁河两河堤坝千疮百孔，十年九决，平均每4~8公里就有一处开口痕迹。中华人民共和国成立后，平原省每年进行修堤工程。3年共培修大堤961.9公里，完成土方4043.06万立方米，从事修防人力达2284.3万个工日，修防费折合小米4.14亿斤。大堤断面长垣一带较国民党统治时期大7.3倍，东阿一带大3.08倍。一般堤顶宽度由4~7米增加到9~10米。

全省堤坝险工82处，为加强防守不致溃决，坝、埽逐渐由秸料改为基本石化工程，3年中共修整坝、埽1781道，修垛578个、护岸1258段，总长122.08公里。

全省堤坝种树植草，防风浪冲刷堤身。至1952年，种植葛芭草（此草可防堤土冲失）1984.49万丛，植柳树300万余株。

（二）石头庄溢洪堰工程

1951年春，中央人民政府批准黄河水利委员会在平原省长垣县石头庄修建溢洪堰以控制黄河异常洪水的方案。5月24日，石头庄溢洪堰工程开工建设，8月20日，工程完工。近3个

1950年平原省境内黄河、沁河堤线长度统计表

表3-3-1　　　　　　　　　　　　　　　　　　　　　　　　　　　　　　　　单位：米

堤段名称	起始地点	长度
临黄北区上段	孟县东曹坡—长垣姜堂	222003
临黄北区中段	长垣大车集—寿张东影堂	169368
临黄北区下段	寿张曹堤口—东阿李营	70560
北岸金堤	濮阳城—寿张曹堤口	100000
临黄南堤	东明娄寨—梁山十里铺	164683
沁河南堤	沁阳伏背—武陟方陵	75960
沁河北堤	博爱东庄—武陵白马泉	79020
严善人民埝	枣包楼—陶城埠	28740
徐庄民埝	十里铺—徐庄东	6357

月时间，运料施工同时进行，完成在旧中国需3年才能完成的巨大工程。石头庄溢洪堰全长1500米，堰前沿有一条紧联大堤的控制堤，整个工程包括堰本身、东西裹头、导水堤、控制堤、防洪堤等。全部工程完成土方90万立方米、圆桩2400根、板桩2.1万根、砌石4.5万立方米、铅丝笼装石2.6万立方米、柳枕约9万米；运输总量达25万吨。除运输外，施工共用技工16万人，民工100余万人。溢洪堰的修成使黄河即使发生23000米^3/秒异常洪水，也能确保临黄堤，固守金堤，减少灾害。

石头庄溢洪堰是中华人民共和国成立后在黄河下游干流上修建的第一座滞洪工程，在中游水库未完成前，是防御异常洪水所采取的临时性措施。遇异常洪水时，可溢出5000～6000米^3/秒流量，控制排泄效能，使河南、平原、山东3省在防汛上增加安全，减轻黄河洪水对农田的威胁。

（三）引黄灌溉济卫工程

引黄灌溉济卫工程主要由渠首闸、总干渠和干、支、斗、农、毛渠及相关建筑物组成。渠首闸在黄河北岸铁路大桥以西1500米处武陟县境内，总干渠流经武陟、获嘉、原阳、新乡等县，至新乡市郊汇入卫河，全长50多公里。排水系统由干、支、斗、农、毛五级渠道组成，经东、西孟姜女河流入卫河。

人民胜利渠鸟瞰

该工程酝酿起始于1949年11月。水利部召开各解放区水利联席会议，决定1950年开始进行"引黄灌溉济卫工程"，设置黄河水利委员会，由水利部直接领导。12月，经政务院第十二次政务会议通过，任命王化云为黄河水利委员会主任。1950年年初，黄委会编制出《引黄灌溉济卫工程计划书》，由水利部转报政务院。4月20日，平原省水利局在淇门西建成卫河上第一座提灌站，安装13台8马力柴油机，抽卫河水浇地。同年秋季，苏联专家库拉耶切夫由黄委会副主任赵明甫陪同，前往河南省引黄工地现场，研究"引黄灌溉济卫工程"。10月，政务院总理周恩来批准《引黄灌溉济卫工程计划书》。1951年1月，水利部部长傅作义、副部长张含英及苏联专家布可夫到新乡引黄工地，指导"引黄灌溉济卫工程"渠首闸的施工准备工作。同年3月，渠首闸动工兴建，黄委会成立"引黄灌溉济卫"工程处。平原省的新乡、获嘉、武陟、汲县、原阳、延津各县成立"引黄灌溉济卫"工程指挥部。工程处共调集500名干部、1万多名民工投入工程修建。第一期工程主要是渠首闸、总干渠和部分干、支、斗、农、毛渠。经过一年紧张施工，完成土方776万立方米。1952年3月，第一期工程顺利完工，4月14日举行通水典礼。平原省人民政府主席晁哲甫为工程题名为"人民胜利渠"。该项工程是中华人民共和国成立后兴建的第一个大型引黄灌溉工程，可灌溉40万亩农田。工程全部完工后，沿黄河各地区有72万亩农田受益。当年10月31日，国家主席毛泽东在黄委会主任王化云的陪同下，视察人民胜利渠渠首闸和"引黄济卫"入口处。

"引黄灌溉济卫工程"和当时全国各地建设一样，有苏联专家的帮助。1952年11月7日，

《平原日报》刊登一篇题为《在引黄济卫工程上苏联专家给我们的帮助》的文章，介绍苏联专家布可夫、沙巴耶夫和安得诺夫对工程施工所做的贡献。在各方共同努力下，平原省治黄工作取得重大突破，对治理全省黄河沿岸地区水旱灾害、保证农业生产起到关键作用。

（四）锥探工作

全省开展锥探工作，捕捉獾、狐、地鼠等害物，防范大堤溃决，消灭隐患。1949年，东阿防汛员王洪香用铁丝在康口村一带侦查出暗洞，是锥探大堤的萌芽。1950年春，在原阳与封丘两县堤坝进行重点试验，逐步推广。原阳起初用打井的围长4厘米锥，封丘锥探模范靳昭（1952年春被河北永定河管理单位聘走）创造6号钢丝锥，发明尖楞锥头，进一步发展锥眼灌浆到灌沙，以灌沙方法发现洞穴。锥探在全省堤坝普遍展开，效率由每锥每日40眼提高到800眼。1950年，组建7650人的锥探大队。至1952年11月，共锥2386.07万眼，锥出洞穴4.77万个，捕捉獾、狐等6312只。洞穴较大者，如原阳县北孔庄大暗洞长15米，径宽1.7米，可容纳40余人；菏泽双合岭獾洞长26米，径为6分米，27个支洞纵横交叉，横贯大堤。锥探工作开辟了消灭黄河堤坝隐患的新方法。

第四节　移民工程

中华人民共和国成立后的边疆移民与新政权成立基本同步，从一开始就具有较大规模，在巩固边防、解决就业、加快边远地区开发建设、应对灾荒等方面发挥了重要作用。边疆移民类型有两种，即政府组织的集体移民和农村人口的自发移民。政府组织的集体移民是中华人民共和国成立初期边疆移民的主流，平原省移民主要属于这种类型。

1950年，由于平原省靠湖地区积水未干，小麦收成不好，湖堤尚未修复，黄汛行情到来后，靠湖沿河地区，将大量被淹，尤其是蓄洪地区农民长期无出路，各地移民要求非常迫切。1950年下半年，平原省在中央统一领导下，开展了一定规模的移民工程。

平原省移民主要是解决受灾严重的农民生计问题。对重灾区农民采取移民到解放较早、生产恢复较好的东北地区。此次移民工作由中央内务部统一管理，协调迁出省与迁入省共同进行。移民包括华北地区6万多农民，分批分期移民至东北地区。其中涉及平原省辖区的定陶、菏泽、曹县、寿张等几个受灾较严重的地区，前后共计5万余人。

1950年5月，平原省人民政府主席晁哲甫正式向中央人民政府提交关于平原省灾区移民问题。7月15日～8月5日，第一次全国民政工作会议期间，平原省民政厅副厅长郭良才与东北有关人民政府具体商洽移民交接事宜。中央批准平原省移民2万人，与东北有关地区订立协议。移民所需经费由中央人民政府财政部负责解决。7月30日，省政府发出《关于秋季移民工作的指示》，决定从菏泽、湖西、濮阳、聊城专区向黑龙江、松江省移民3万～5万人，以解决因连年灾荒失掉生产条件的灾民生活问题。省政府专门召开移民工作会议，具体部署移民工作。

中国人向来注重安土重迁，不到万不得已，不肯背井离乡、迁往他处，尤以农民为甚。平原省移民同样遇到当地农民的抵触。省政府在宣传动员移民工作中，遇到的最大困难是灾民穷家难舍的思想。1950年下半年，河湖水势较小，湖旁秋粮有部分收获，加上朝鲜战争爆发后的谣言影响，灾民徘徊犹豫情绪加重。为稳定移民情绪，激发移民积极性，保证移民工作顺利进行，省委、省政府以及相关县区开展多项措施进行广泛宣传动员。寿张、梁山、嘉祥等县分别召开县区代表会或灾村村干部代表联席会，对当地长期受灾情况与东北情况进行对比，向群众反复宣传讲解，结合每个村实际情况进行具体动员，1950年9月初，梁山、寿张等移民县分别选派灾民代表15人去东北实地参观，参观回来的灾民代表向群众介绍东北情形，鼓励群众自发进行相互串联，带动不少群众迁移。1950年12月5日，《平原日报》第一版以《东北人民政府早已准备妥当，欢迎我省移民前往生产——黑龙江省已准备好土地、房屋、家具》为题，详细报道接收方情况。接收移民的松江、黑龙江两省各级人民政府对移民工作很重视，6月、7月即开始准备工作。黑龙江省在人民代表大会上讨论这一问题，省政府负责人亲自下乡检查，县（区）联席会上作讨论。为更好地完成准备工作，各县组成移民接待委员会。松江省各县也都成立类似组织。为消除移民对迁移地的种种疑虑，接收方在吃住方面进行细致安排。为解决移民住房问题，群众纷纷自发腾房子、倒炕、搭新炕。松江省还盖了一部分新房和修理了一部分旧房。吃的问题主要由政府贷粮解决。日常家具由各县动员群众自动帮助。如松江省一些地方开展"献一件物"运动。到达迁移地后，土地问题各县除准备生荒外，还准备一部分熟地。松江省平均每户移民能分到半垧（东北地区一垧地约合1公顷即15亩土地）地。有些县群众自动给移民种下秋菜。各接收移民县订出计划，移民到后，立即组织搞生产。早来的移民可以卖劳力，参加秋收工作；晚来的可搞各种副业。松江省鸡西县计划组织移民到矿区干活及打洋草、采棒子、木耳等。迁移旅途中有关问题已准备就绪，铁路沿线设立供应站，供食供水，各县成立接待站。卫生部在锦州、沈阳、长春设立移民急救站，为移民治疗临时疾病，以便移民平安到达地点，参加东北农业生产。

《平原日报》以《我省移民到达松江后，当地政府妥为安置》为题，对较早到达东北的移民安置情况做了详细报道，进一步动员灾民参加移民。省政府派出护送人员带回来许多寿张县移民的大批信件，将部分信件内容加以公布。1951年4月25日，《平原日报》以《在黑龙江省人民政府帮助下，去年华北6万移民已铺下发家致富底子——政府先后贷给粮食2000万斤、马牛3000余匹》为题，对移民安顿情况进一步做报道。文中介绍："华北已有6万余移民分批移至黑龙江省，并被安置在土地肥沃、人口较稀、有荒可开的讷河等12个县。6万多移民在各级政府贷粮、贷款和广大农民的帮助下，经过自己生产劳动，普遍具有生活、生产资料，初步打下生产发家的物质基础。"文中引用一些具体数字，对当地政府为移民所做的帮助进行说明："为帮助移民搞生产，黑龙江省人民政府今春发放2350匹马，870头牛，平均每两户贷得一匹牲口，解决生产上的主要问题。全省移民今年（1951年）共开荒8874垧，分得熟地7026垧，租种熟地12000多垧。"文中对移民的生产、收入情况作介绍："干部重视移民工作，在春耕前，各地普遍组织移民进行副业生产，很多劳动好的移民有了家底，日子一天天上升。春耕前副业收入很大，仅海伦县统计，收入2亿多元。讷河县一个村17户移民收入1500多万元。甘南县二区向阳村移民李老头，两个半劳力今年种四垧地，计划到秋季买一匹马，来年多种地。"

内务部农村福利司编纂的《建国以来灾情和救灾工作史料》记载："1950年春，平原省移出灾民12855人，这些人被分别安置在原黑龙江省和松江省的庆安、铁力、富锦、鸡西、汤原等地。"《黑龙江移民概要》记载："1950年秋季，黑龙江先后10次接收关内移民8291人，其中平原省 6918 人。"

1950 年下半年至 1951 年上半年，平原省移民工程基本完成。平原省移民工程缓解了省内灾情，减轻了政府财政负担，对提升平原省灾民的生活状况及促进中原地区与边疆地区文化交流融合，起到一定的推动作用。

第五节　人事工作

3 年间，全省人事工作根据每个时期总任务要求，提高全省干部的政治觉悟与政策水平，适当合理解决干部的福利问题，大量提拔调配与招收干部，成立各种培训机构，组织在职干部学习，提高各级干部政治、文化和政策水平，基本保证每个时期政治任务的完成。

1950 年 11 月，中央人民政府成立中华人民共和国人事部。省政府根据中央 1950 年 12 月电示，将民政厅干部科和省政府办公厅人事处合并，成立平原省人事局，直接归省政府主席领导。1952 年 5 月，平原省人事局改为平原省人事厅，是省政府领导下主管全省人事工作的行政机构。主要职能是：负责平原省行政系统区（科级）以上干部的任免、调配；各厅局领导下的企业股级以上人员的任免、调配；干部的学习、教育、培训、工资、福利考核工作。1952 年 11 月，平原省人事厅撤销。

全省组织机构与干部数量随着形势发展与任务需要逐年扩大增加，特别是企业事业部门有很大需求。据不完全统计，1949～1952 年企业事业部门设置情况为：1949 年 169 个单位、1950 年 378 个单位、1951 年 638 个单位、1952 年 1950 个单位。全省各级政府部门干部数量也呈现出增加趋势。

政府行政部门干部 1952 年较 1950 年增长 23.8%，企业事业部门干部 1952 年较 1950 年增长 3.7 倍。从干部总数看，1952 年较 1950 年干部增长 1.2 倍。

政府行政机关干部（不包括专业学校干部）：政法系统有 9785 人，占干部总数的 21.2%；文教系统有 1166 人，占总数的 2.54%；财经系统有 6875 人，占总数的 4.7%；事业部门有 10537 人，占总数的 22.9%；企业部门为 17629 人，占总数的 38.3%。在全省 45982 名干部中，县级以上干部 1321 人，占总数的 2.87%；区级干部 7732 人，占总数的 16.81%；区助级和办事员级干部 36929 人，占总数的 80.31%。

1950～1952年平原省全省各级政府部门干部数量

表3-5-1　　　　　　　　　　　　　　　　　　　　　　　　　　　　　　　　　单位：人

年度	行政部门实有干部数	企业事业部门实有干部数	共计
1950年	13587	7608	21195
1951年	21567	17857	39424
1952年	17826	28156	45982

一、干部思想教育

中共平原省委、平原省人民政府在贯彻执行中央政治任务的前提下,要求各级领导定期向干部作政治形势报告或政治思想报告,各级各部门把培养教育干部当成重要任务之一,有计划、有步骤地组织这一工作。各部门把工作和政治任务联系起来,克服干部中单纯任务观点与行政命令作风;在日常学习和工作中及时肯定成绩,指出缺点,纠正各种官僚主义作风。强调各地开展运动必须是:首长亲自动手,发扬民主,主动开展批评与自我批评;在分析处理干部时,必须严肃细致、加强调查研究、掌握材料、实事求是地处理。

3年间,全省多次开展大规模的政治改革与思想改革运动。1950年,全省上下对濮阳运粮事件深入检查,开展批评与自我批评,加强各地各机构的组织性与纪律性,整顿各级政府工作人员中强迫命令与违法违纪工作作风。1950年10月,开展干部整风运动,县以上机关集中检查

平原省主席晁哲甫手迹

与批判命令主义,批判以功臣自居、骄傲自大、轻敌麻痹思想,确立深入基层、调查研究、掌握政策、关心群众、走群众路线的工作作风。1951年夏,开展电影《武训传》的批判运动,参加运动的干部和教职员5万余人。6月,开展整风审干运动与反对不问政治倾向的思想斗争,加强各级干部为人民服务的观念,克服与纠正干部中单纯业务观点、技术观点和某些脱离政治的思想倾向。1952年年初,全省组织8.5万人参加(涵盖各地党政系统)"三反"运动,批判革命胜利后在资产阶级猖狂进攻下各级干部中所滋生的资产阶级思想,打退资产阶级进攻,在干部思想上划清工人阶级与资产阶级界限,纯洁与整顿各级政府组织,巩固工人阶级领导权。"三反"运动末期,大力开展反官僚主义斗争,进行批判"杨培要思想"运动,揭发与批判工作中的官僚主义作风和平均主义、自由主义以及名誉地位的小资产阶级思想,在评级过程中深入贯彻思想教育工作。经过一系列政治思想改革运动,全省干部的政治觉悟、政策水平、工作效率和工作作风有很大改善。

二、干部提拔和调配

建省之后,平原省采取"大量提拔干部"方针政策。特别是"三反"运动后期,《人民日报》发表《大胆提拔干部》社论,引起各级领导高度重视,平原省响应号召,大胆提拔优秀干部。据1951年和1952年两年统计:全省提拔县级以上干部1008人,区级干部1473人。3年间,平原省向外输送大批干部。调赴中央和华北的干部有543人,其中地专级14人、县级114人、区级242人、一般干部173人。全省各地各部门之间进行大批干部调剂工作。

在全省提拔和调配干部工作中,各地人事部门虽然强调依靠工人阶级,提拔与培养工农干部,但提拔的工人干部较少,之后,各地在贯彻德才兼备干部政策时,开始注重培养和提拔工农干部。

省委、省政府坚决批判各种不相信工农干部的错误思想，对"工农干部文化低、技术差、经验少，提拔起来干不了"等不正确思想，用具体实例和工农先进典型加以批判。各地人事部门本着"提拔与培养干部相互结合"的原则，采取多种形式，有计划培养与培训大批工农干部，为贯彻"大量提拔干部"方针打下良好的基础。全省采用领导与群众相结合的提拔干部方法，在干部评定评级过程中贯彻党的德才兼备的用人政策。通过领导推荐、群众评议、综合评级，把一些出类拔萃的优秀干部提拔到领导岗位。省委、省政府在提拔和调配干部中及时批判某些部门的本位主义与保守思想，一是强调特殊和垂直，结果形成老干部积压、新干部提不上来、年轻干部不满，出现部门与部门之间提拔不平衡现象。二是往外调配干部时，有将能力弱、文化低、政治条件差的干部送出去的现象。

省委、省政府要求各地正确对待"三反"运动中犯错误干部的使用，以严肃负责的态度对待犯错误的干部，采取"惩前毖后，治病救人"的方针。对犯错误的干部，不能歧视冷淡，应当热情相待，真诚帮助，把严肃处理和热情帮助结合起来。各地按照省委、省政府要求，主要领导和人事部门对犯错误干部采取个别谈话、召开小型座谈会、了解与听取他们的思想与意见，具体帮助解决其思想问题。对接受教育较快者及时加以鼓励，增强其改正错误的信心；对受处分的干部定期进行审查与鉴定，肯定成绩，指出缺点，明确其努力方向，根据具体情况，采取不同的措施。对觉悟确有提高、实际行动确已改正错误的干部，按手续办理撤销处分，适当提拔使用；对改正错误不坚决，甚至坚持错误拒绝改造的干部，继续延长或加重处分。

省委、省政府规定："三反"运动中犯有严重错误而受处分者，在其处分未撤销以前，一律不准提拔；但错误轻微未受处分，经过半年考验，对错误有深刻认识与改正，合乎提拔条件者，应根据具体情况适当提拔与大胆使用；对有历史问题的干部，经过整风审干及"三反"运动，长期考验无问题者，应作出结论，确无问题者，可按德才条件适当提拔使用。

全省干部人事工作坚持贯彻德才兼备的干部政策，明确规定提拔干部条件，即：历史清楚、政治可靠、工作积极负责、有培养前途、和群众有密切联系、为群众所拥护。提拔干部时充分重视群众意见，把领导审查和群众意见相结合，把日常培养与重点提拔相结合，提拔干部前有计划有准备，注重在各次运动中发现与培养积极分子，克服平时不注意培养干部、提拔时单从表面印象出发的现象。在提拔干部中注重干部政治品质和业务能力，纠正单纯资格观点、单纯文化观点和技术观点，杜绝亲朋关系、私人情面提拔干部。全省各地普遍注重提拔妇女干部，对妇女干部适当照顾。对那些嫌"妇女带孩子，事多麻烦，工作效率太低"，拒绝使用妇女干部的错误思想进行坚决斗争。各地人事部门有计划、有步骤地培养与吸收一批妇女干部参加当地政权工作，对发动全省妇女参加生产与贯彻《婚姻法》起到重大作用。

三、干部培养

平原省成立后，全省各项事业飞速发展，需要的干部数量日益增加，而干部政策水平、政治思想赶不上形势与任务的要求。为适应这一情况，全省各地招收综合素质较高的干部作为培训干部加以短期培训，充实到各种组织机构之中，全面开展培训在职干部、组织在职干部进行学习活动。3年间，除中央、华北及外省输送来的604名大、中专学生外，平原省在1951年和1952年两年中，招收大批在乡知识分子与农村、工厂的工农干部，经过短期培训后，分配到不

同工作岗位上。1951年吸收招训干部8649人，1952年吸收招训干部5220人，两年共吸收招训干部13869人。至1952年11月，全省有省、专署干部学校7所，各专业、事业培训学校10所。省、专署干校除招训外，还培训在职干部。省干校于1951年、1952年两年训练在职干部1568人；专署干校1952年培训在职干部1754人，其他专业学校培训在职干部2683人，共培训在职干部6005人。两项共计招训与培训在职干部19874人，对充实各地行政事业机构，提高干部政治思想文化和政策理论水平起到积极作用。省、专署、县各级人事部门为适应工作需要，开办一批特色训练班。为培养工农干部，提高他们的文化水平，1950年成立工农速成中学1所，毕业生739人。全省成立工农文化补习学校7所，学生2038人，学生为3年以上工龄的工农干部。

全省招训干部工作对迅速提高各地各部门干部综合素质起到重要促进作用。但在招收人员时，未进行严格审查与控制，部分资产阶级不法分子乘机混入政府部门，给国家造成一定的损失。

全省在职干部培养教育工作围绕各个时期中心政治任务，有计划地大量培训工农骨干和技术人员。其中，培训新干部以政治教育为主，培训老干部是政治和业务并重，培训时间一般两个月左右。培训之后，立即分配到实际工作中，在实际工作中再提高，做到学以致用。各地实行首长负责、层层带头、严格制度、加强组织领导。有些部门设置专门领导负责学习工作，采取深入检查与具体指导相结合、表扬与批评相结合的方法。各地专署干校培训方针是"做啥学啥"，集中培训一个业务部门干部，加强针对性，注重政治与业务相结合。各地贯彻在职干部每日两小时的学习制度。其中，文化水平较高的干部学习理论知识，文化水平较低的干部组织成立机关业余学校进行学习。"三反"运动中，在职干部的理论文化学习制度曾一度停顿，"三反"运动后即行恢复。据统计，省政府直属系统参加学习人员：高级组38人，中级组494人，初级组3833人，机关业余学校学员1914人，共计5829人。

四、干部福利

在长期革命斗争中，广大干部物质生活水平普遍较低。革命胜利后，随着国家财政经济情况基本好转，各地干部生活条件有所改善和提高。"三反"运动后，中央人民政府颁布全国供给制和工作人员统一增加津贴的试行办法。1952年7月，中央人民政府颁布各级人民政府工作人员及各种技术人员不同类别的工资标准。

1951~1952年，根据中央有关指示精神，省委、省政府制定各种有关供给制、薪金制以及人员福利方面的规定，按照"既照顾国家财政经济困难，又适当解决干部具体问题"的原则，进行干部福利补助提升工作。

1951年，国家给平原省发放干部家属救济粮100万斤、救济款14.94亿元；1952年，发放救济款27.8亿元。国家拨发的粮食和钱款，基本解决了全省部分干部家庭无劳力、遭灾或其他特殊困难问题。据统计，1951年春被救济干部占全体干部的20%左右。中央为解决供给制、薪金制中一些干部的特殊问题，于1952年夏给平原省拨发干部福利金11.7亿元，解决一些干部的特殊问题。

1951年和1952年，根据中共中央有关规定，平原省批准婴儿保育与补助203人。1952年批准干部子女教养补助227人。两年共批准行政部门薪金制人员1572人。

为更好地解决干部疾病治疗问题，全省专署、县各级成立保委会，医药费由各级保委会统一掌握开支。平原省干部在长期革命战争和艰难困苦情况下工作,因劳致疾者特别多,造成1952年超支医药费9.8亿元。各地人事部门对久病不愈者,一般批准离职休养。1951年,全省批准离职休养人员428人,1952年上半年批准离职休养人员424人,患病主要有肺病、神经衰弱、肠胃病、心脏病等。从参加革命工作时间上统计,1936年前参加革命工作者占1.6%,1937~1945年参加革命工作者占68.4%,1945年后参加革命工作者占30%。1952年7月,保委会取消,干部疾病治疗工作由公费医疗实施预防管理委员会统一管理。

为解决干部疗养问题,全省建立省属疗养院2处。1952年8月,省政府拨款8.72亿元,新建安阳、聊城、菏泽3个专区疗养院。1952年夏,省政府提出应从积极方面出发,注重加强干部平时健康状况。全省各地在干部中开展文化娱乐和体育活动,严格遵守工作时间和作息时间,保证文体活动时间。省、专区两级开展活动情况较好,县、区较差。在干部日常生活和工作上,全省贯彻中央"以防预为主,治疗为辅"的卫生方针,各地还开展群众性的爱国卫生运动。

1952年8~10月,根据中央颁发各级人民政府工作人员津贴、工资标准,全省开展大规模的评级运动。这次评级成为考核干部与教育干部的一个重要步骤。通过开展群众性鉴定,克服长期以来干部的平均主义思想,使每个干部重新认识自己,看到自己的优缺点,找到努力方向。

各地人事部门在解决干部福利待遇方面,也存在一些未尽人意的地方。1952年批准离职休养人员424人当中,有人在专区、县医院住院,有人分散在农村疗养,对这些干部政治上关心及解决家属困难方面做得不够;对患有慢性病的干部,经检查后须离职休养者,没有给予适当休养机会;对健康干部,开展文体活动不够;对干部家属救济,特别是灾区及无劳力户救济工作不到位。

第六节 迎接大规模的经济建设

从1949年8月平原省成立到1952年11月平原省撤销,中共平原省委、平原省人民政府领导全省人民经过三年多艰苦奋斗,巩固新政权,纠正工作偏差,确立恢复和发展生产的工作重心。采取各种措施,发展经济,建立新民主主义经济制度。医治好战争创伤,完成中华人民共和国成立初期恢复和发展国民经济的历史任务,完成中国共产党成立平原省的初衷和使命。根据中共中央和华北局的指示,省委、省政府从平原省的实际出发,做好各项准备工作,迎接大规模的经济建设和文化建设到来。

1951年12月下旬,省委第四次党代表会议召开。根据华北局《关于把领导的重点转到工业生产和进一步发展农业生产的两个决定》,会议制定新的工作方针,即"省委和市委将工作重心转到城市和工业上,地委县委仍以农业生产为重心,但应加强城镇和集市及工矿、手工业工作"。这是党的工作重心由革命转入建设的进一步贯彻,为全省人民迎接大规模经济建设高潮指明了方向。

一、加强城镇工作

平原省第四次党代会作出《关于加强城镇工作的决议》,明确提出城镇工作的任务,即"在继续贯彻抗美援朝、开展增产节约运动、加强对手工业生产和物资交流工作领导的同时,必须用足够的力量,发动与依靠工人阶级,有领导、有步骤地完成民主改革工作",规定"凡专署所在地之城镇应由地委一人兼任镇委书记,直接归地委领导;县属镇应由县委一人兼任镇委书记,属县委领导,另设副书记;各个工厂企业中党群工作应统一归当地市镇领导;省、地、县应有专门领导城镇工作的干部"。

1952年1月10日,中共中央、华北局决定吴德调任天津市委副书记兼市长,潘复生任平原省委第一书记,罗玉川任第二书记,赵时真任副书记,新增刘刚、谢良、安法乾、魏晓云、王路宾为省委委员。省委调整后,为加强工业领导,成立省委企业党委,由潘复生兼任书记,王维群、陶力为副书记。省委发出《关于加强工业领导的指示》,强调:工业建设是国家经济建设中心,省委领导重心转向工业;各地委领导虽以农业为主,但对所属小型工业及手工业必须加强领导,作为经常性重要工作之一,定期研究讨论,检查公私企业与手工业工作;各市委将工业生产作为领导重心,具体组织各厂、矿爱国增产节约竞赛运动,以迎接经济建设高潮的到来。

1952年,省委制定《关于加强工矿干部的计划》,抽调1000多名干部(其中180人上调华北局),经过短期培训,充实到全省各个工矿。调配干部分3批进行。第一批抽调地、专级干部20人,县级主要干部109人,一般县级干部75人,区级主要干部50人,一般干部254人,共508人。第二批抽调地、专级干部30人,县级主要干部60人,一般县级干部40人,知识分子干部50人,共180人。第三批抽调地、专级干部10人,县级主要干部92人,一般县级干部85人,区级主要干部244人,知识分子干部90人,共521人。在抽调的地、专级干部中,地委正副书记、委员,正副专员占50%;一般地、专级干部占50%。县委主要干部与一般县级干部之比例为6∶4。县级主要干部中,每县抽调县委正副书记一人、正副县长一人。区级主要干部包括区委正副书记、正副区长及级别相当的干部。省委选调优秀干部转入工业战线,从组织上为迎接大规模工业建设创造条件。

1952年7月,省委决定结束"三反"运动,全力转向爱国增产节约竞赛运动,先后成立工矿企业、农业两个增产节约竞赛委员会。工矿企业爱国增产节约竞赛委员会主任罗玉川,副主任王维群、高宗智、陶力;农业爱国增产节约竞赛委员会主任晁哲甫,副主任罗玉川、潘复生、安志成。省委抽调大批干部由省委领导潘复生、罗玉川、刘晏春、张承先、杨珏、刘刚等带队分别深入工矿、农村检查和督促爱国增产节约竞赛运动开展情况。

二、大规模农业生产互助合作运动

平原省第四次党代表会议后,全省集中培训党员2.6万余人,县区分别召开互助代表会议、劳模会,组织农民代表到天津参观。1951年9月9日,中共中央发出《关于农业生产互助合作决议(草案)》,全省党内彻底纠正忽视互助合作偏向,自上而下进行"组织起来"①政策宣传教育,推动互助合作组织发展。1952年10月,全省共有44.65万个互助组(农业生产合作社),组织起来的户数由1951年的38%增长到55%,组织起来的劳力占总劳力的58.4%,土地占总土地的53.9%,牲畜占总牲畜的60.47%。

---

① 指组织农民开展农业生产互助合作运动。

第四章

军 事

1949年8月，平原军区在原冀鲁豫军区（含太行两个分区）基础上组建成立。平原军区所辖晋、冀、豫、鲁、皖5省接合部，西北依太行山，东南接微山、东平两湖，黄河横贯其间，卫漳运河相互交错，地形复杂，物产富饶，民风强悍，人口约1500万。在近代革命史上，该地区长期被敌伪据守、分割、扫荡、抢掠，连年战争，人民元气大受摧残。全省辖区封建势力雄厚，反动会道门匪特别猖獗。省内驻扎的人民解放军从长期斗争中不断发展壮大，始终保持优良战斗作风。平原军区存续3年间，全省社会状况得到极大改善，残破局面不复存在，土匪特务基本肃清，封建势力偃旗息鼓，人民元气总体恢复，新生的民主政权更加巩固。人民解放军由游击走向正规、由分散走向集中，成为剿匪治安与国防力量的一支铁拳。

在华北军区和中共平原省委的领导下，平原军区克服种种困难，基本完成剿匪、生产、整训、扩军、上调、兵役征集、部队升级、志愿军南下支前、人民武装建设、转建复员、"三反"运动、整党、防疫以及文化学习等各项历史任务，有力地支援了抗美援朝，巩固了社会治安与民主政权。军队建设由战争状态转入和平建设，又由和平建设转入战备阶段，组织形式、工作方式与工作作风不断改善。至1952年年底，平原军区历史任务由战争时期对外营兵为主转为和平时期对内民兵后备役为主，为义务兵役制度建设创造条件，打好基础。为适应新形势，部队及时调整战略思路，探索工作方式，总结经验教训，初步摸索出部队扎根地方搞建设的经验模式。

1949年，新乡市群众在火车站欢迎人民解放军

第一节 剿匪治安

1949年，徐州、安阳、新乡相继解放后，不少伪匪人员携枪还乡，为非作恶。至1949年5月，平原省境内有伪顽还乡人员5000余人，集股活动武装土匪有63股1500余人，其中，最大股匪80～90人，机枪4挺。经大力清剿、政治瓦解，剿灭武装土匪千余人。1949年年底，全省还有3～5人或10～20人小股武装土匪，总计1000余人。受到打击后的匪特采取公开与隐蔽、集中与分散、潜伏与外逃、合法与非法等方式对新政权负隅顽抗。1950年6月，美国发动侵朝战争后，内地匪特曾一度猖獗，逃往外地匪首纷纷返回，到处封官委任，组织土匪武装。全省发现各种特务组织达32种，反动会道门有排、连、营、师编制与番号，到处酝酿暴动，敌我斗争局势紧张。

平原军区采取"发动群众政治瓦解为主，结合军事清剿"的方针，派出剿匪部队13个连，23个武装工作队（1700人），分遣匪情严重的地区，结合县区实际情况，发动群众，组织群众和民兵协助剿匪治安工作，积极开展活动，主动出击。半年时间，共计捣毁破获国民党匪特组织及各种反动会道门19个，剿灭武装匪特3000余人，取缔会道门徒1万余人，有力打击了匪特、会道门社会基础，基本肃清省内大股匪，顺利进入全省肃清散匪阶段。

1951年春，平原省境内有3～5人或5～10人小股武装散匪百余人。全省开展以民兵为骨干的群众性肃匪工作，广泛建立群众性情报网和侦缉小组，采取内地清剿与外线捕捉的办法，给匪特以有力打击。经过开展大张旗鼓的镇压反革命运动，绝大多数散匪被迫向人民政府悔过自首。但少数漏网、罪大恶极的反革命分子，暗中活动更加猖獗，破坏手段更加阴险恶毒。针对这种情况，平原军区派出侦缉队和工作小组61个共482人，分遣各地，结合中心工作，整顿村级组织，发动群众，划分治安责任区，实行专案侦破，结合外区捕捉，历时近一年，共捕获匪特2000余人（含外区捕回612人）。至1951年年底，平原省境内尚有匪特47人。1952年，开展"三反"和"五反"运动之后，剿匪工作曾一度放松警惕、失去领导，给反革命分子活动以喘息之机，一些漏网外逃匪特秘密潜回，串通各个组织力量、会道门以及反动地主乘机活动，致使社会秩序一度混乱。各级领导高度重视，先后成立省、专署治安办公室，恢复各级治安组织，积极组织力量进行破案，严厉打击反革命活动，保障社会秩序安全稳定。至1952年11月，仍有个别散匪窜扰，全省进入发动群众逐个捕捉、杜绝匪源匪患阶段。

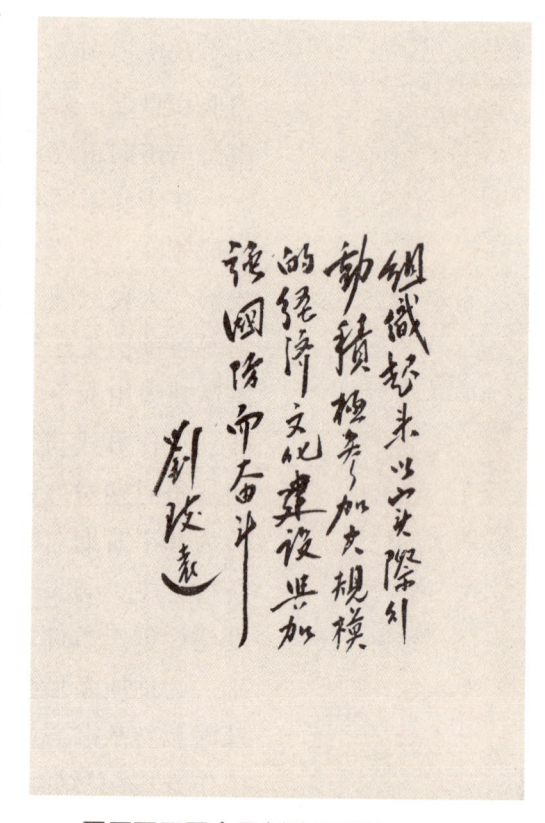

平原军区司令员刘致远手迹

第二节 部队建设

随着各项社会改革运动的深入发展，平原军区在部队组织序列以及人员增减流动方面均有较大变化。3 年间，平原军区机关建设方面，共新建、撤销、上调的部有 23 个、处 12 个、科 68 个、校 6 个、院 3 个、队 106 个、局 7 个；部队建制方面，共新建、上调、撤销旅部 2 个、团部 35 个、营部 137 个、连队 729 个；人员增减流动方面，除内部流动外，实增人员 50951 人，实减人员 63565 人。

一、部队训练

平原军区对所辖部队在训练上，完成从游击走向正规、从单一突击训练走向全面系统化训练的历史性转变。老部队指战员不但从教育形式上走向正规，在思想上也认识到必须经过正规化训练，才能担负未来战争的艰巨任务。新兵经过严格训练，普遍由具有散漫生活习惯的农民，逐渐变为有组织、有纪律、有礼节、有步兵各种技术素养的战士。通过开展全方位、严格的系统训练工作，所有部队走向正规，全军干部、战士政治素养得到提升，业务技术由生疏走向熟练，部队整体战斗力明显加强。

1951 年，平原军区各分区轮训司务长、上士、炊事班长 442 人，卫生员 857 人。至 1952 年 11 月，平原军区各部先后共训练班以上军事干部及老战士 9438 人，司号人员 162 人，通信干部 321 人，供卫干部 858 人（卫训队尚有在训学员 120 人未计入）。据不完全统计，3 年全军共训练培养各级各方面干部、战士 12163 人。全军各级干部不但能胜任工作、补足缺额，还及时完成历次干部上调任务。在训练方式上，除由学校、分区教导队担任训练外，各团、营均设有短期速成训练班，担负起大批量训练干部的任务。但部队训练因时间较短，内容不多，带有很大的突击性和速成性。军事训练习惯于单一突击，不善于有机配合，学用一致有差距。

二、通信工作

平原省建省之初，平原军区各部驻地分散、交通困难。经过 3 年努力，平原军区基本完成全区各项通信建设任务，通信工作的组织及传递日益完善。全区除无线电、有线电外，由过去徒骑通信组织发展为军邮局，建立正常、规范、迅速、及时的联络制度。全区共架设电线 548 里，无线电由 1949 年的哈特莱三灯机到合作主振式机及四灯机。通信作报方法上由单发到通发，由使用波长到使用周率。各地指战员和技术人员不断钻研学习，基本掌握日趋复杂的通信技术。全区 3 年共收发报 1184.3 万个字，对紧急和带有时间性要求的任务起到快速保障作用。修理工作上，充分发挥修理人员积极性、创造性，挖掘利用破旧器材潜力，克服器材质量差，供应不足困难，保证各项通信工作的需要。

三、后勤工作

随着部队的变化与调整、发展与整编，全区后勤工作基本完成各项物资保障任务，在战备、练兵、剿匪、部队物资补给以及后勤自身建设方面均获得显著成绩。全区贯彻执行统一标准制

部队代表团在代表会议上

度，做到一切开支经过预决算，核实人数，消除吃空名（吃空饷）现象；实施经济民主，每个单位均按月公布账目，广大战士有效参与监督，促进各种经费合理使用。全区各种费用均做到专款专用，"本位"及"小家当"思想基本不存在，澄清处理大小家务，节约大批资财，仅单棉军衣收旧率达70%以上。

后勤工作完成历次部队上调的运输任务。3年间，除运输人、马、部队之外，运输各类物资达1920.02万吨。接收治疗部分抗美援朝志愿军伤员。1951年，平原军区代华北军区制作单衣19万套、衬衣2.9万套，全部按时保质完成任务。全区部队的被服装具均按季节、标准及时供给补充。充分利用平原军区家当（约12.25亿元）为各部解决实际问题。全区共新建营房876间、军械仓库19间、军需仓库65间。军区各部在"不坏、不修，不漏、不补，自己动手"的原则下，扩大各地军房修补面积，全区军房面积达8921.64万平方米。对各地仓库进行全面细致检查，开展事故防范教育，3年未发生任何安全责任事故。

（一）部队生产

全区原有生产单位31个。1950年，参加农业生产的战士共9320人，开垦荒地1.81万亩，耕种公田3639.9亩，租种耕地1368.9亩，共计开展农作物生产耕地达2.31万亩，全年收入米174.8万斤。在水利方面，参加水利建设的士兵有3366人（濮阳、聊城、菏泽分区及警一团），共完成3003.66万立方米，获利43.57万斤米。全区其他副业收入146.62万斤米。农业、水利、副业3项总收入365万斤米。在生产红利合作上，改善部队生活，解决部分福利事业，补助部队经费不足。仅1951年补助部队各项开支及修建军区营房费用达48亿元。

（二）军械工作

平原省建省之后，平原军区清理检修全区历年积存的军械物资，彻底销毁废坏弹药，修理与擦拭各种库存械弹，保证部队装备及物资的及时供应。1952年6月，散存各地的军械物资彻底集中，计上缴大小炮667门、轻重机枪1613挺、步马枪9435支、废坏武器及废铁204吨、各种装具39813件、步枪子弹3002.3万发、各种炮弹21766发。军区根据上级有关指示，前后销毁各种弹药660万吨。销毁方法上，最初采取入土、投河方法。由于一些战士思想麻痹，技术不过硬，在销毁废坏弹药时，连续发生爆炸伤人、死人事故。随着部队管理水平及技术人员技能水平的提高，全部采取逐件拆卸的办法，为国家节省了钢铁，并消除了安全隐患。

（三）卫生工作

平原军区贯彻以预防为主的方针，卫生工作完成种痘与各种预防注射。1951年，完成对新兵体格检查，传染病率显著减少。全区药材管理和各项卫生制度基本建立，领导上加强管理力度，各项制度不断补充与完善。全区医院工作有很大改进。据不完全统计，通过军队医院及各地疗养所、休养室治疗，先后归队的解放军伤病员有6164人，治疗志愿军伤病员270人。1952年，全区普遍组建成立防疫组织，加强群众性卫生防疫工作，对部队广大指战员健康起

四、制度建设

平原军区始终高度重视各项制度建设，明确提出制度建立与健全是顺利推行各种工作的基本保证。全区各种制度逐步规范统一，各分区各部进行内务、纪律条令学习，严格制度、贯彻执行。至1952年11月，全区机关档案、登记、统计、会议、汇报、请示报告及各部队会议、汇报、点名、作息管理等制度基本健全、系统和正规。平原军区机关自1949年由军区司令部带头开始执行集体办公制度，改变原先各据一方的手工业办公方式，促进各项工作之间互相衔接、相互了解与支援，克服中间环节过多、手续烦琐、公文旅行的弊端，各项工作问题的解决快捷及时，高效准确。1950年，全区各地各部制定完善分工细则，人人有事，各有专责，严格执行比考制度，激发每个指战员的积极性和事业心。全区机关工作逐步克服了游击式不正规的散漫现象，改变为集体、紧张、正规的工作状态，逐步树立起良好的工作作风。各个分区、团、营、连工作制度不断健全、完善和巩固。1952年年底，全省各县、区、村人民武装部大多建立比较正规的制度，保证了各项任务的完成。

第三节　人民武装

平原省建省初期，全区有民兵17.3万人，1950年年底，民兵发展到32.7万人。平原军区十分重视地方人民武装的组织整顿与发展工作。先后在老区、恢复区普遍开展整顿民兵组织工作，有重点地试编632个行政村民兵共41903人；在新区结合剿匪治安、生产、民主政权建设与土改运动，建立民兵组织，发展民兵11.24万人。1951年，结合抗美援朝、镇压反革命与爱国丰产运动，逐步健全各级民兵组织领导机构。1951年年底，全省民兵78.56万人，占总人口4.6%。各地整顿12875个村民兵组织，清理混入民兵队伍中的反动地主、惯匪、流氓等10655人，撤换村干部2476人，培养提拔积极分子21203人。纯洁基层组织，加强内部团结，巩固新生政权。1952年，全省组训民兵，准备征兵，广泛开展动员教育活动。各地群众响应祖国召唤，踊跃参加民兵，民兵组织空前壮大。至1952年年底，全省民兵有152.92万人，比1949年增长近9倍；7019个村实行民兵制度，占总村数59%。全省形成民主专政可靠的基础与巩固国防强大的后备力量。

一、民兵训练

中华人民共和国成立后，民兵中普遍产生革命成功、和平麻痹、居功特权、交枪不干现象，个别民兵甚至违法乱纪，兼身为匪。朝鲜战争爆发后，部分民兵产生"三怕思想"（即怕第三次世界大战、怕原子弹、怕参军）。1950年冬，平原军区在整顿组织基础上，组织各地民兵开展政治教育为主的训练运动，历时4个月，受训民兵23.86万人（占当时民兵总数的71%）。通过训练，广大民兵提高了政治觉悟，坚定了信心，树立了斗志，为1951年参军、镇反、爱国捐献打下良好的基础。

1950年5月，新乡军分区人民武装干部轮训队毕业合影

抗美援朝期间，全省民兵报名参军者3.33万人；镇压反革命运动中，民兵站在斗争最前线；80%以上民兵制定了爱国公约；民兵爱国捐献超过16亿元；在各种社会运动中，民兵中涌现出575名英雄模范。

1951年10月，各地训练民兵军政人员2.87万人。配合全省生产运动，本着"以政治教育为主，军事教育为辅"的方针，在民兵中开展普训运动。11月中旬，全省9154个行政村、65.21万民兵（占当时民兵总数的83%）参加普训。这次普训到1952年3月结束，历时4个月。据聊城等4个军分区统计，各地民兵参加全年经常性间隙训练者有70%以上。1952年秋季，平原军区发动全省民兵开展体育活动。菏泽等4个军分区建立训练站和传授站，弥补当地民兵教员数量不足问题。经过长期教育训练，部分地区初步实现地方武装由民兵制度到义务兵役制度的转变。广大民兵脱离小农经济思想，转变为爱国主义思想，认识到个人的利益与国家利益一致性和义务兵役制的合理性。不少青年民兵表示愿意接受义务兵役制度，努力为国防建设服务。

1950年，平原军区分批轮训县、区武装干部。1951年，一批民兵干部正式调到部队工作。为弥补各地干部不足问题，军区集训883名村干部与在乡知识分子，充实到县、区地方武装组织机构中。3年间，利用农忙空隙，各分区集中训练村干和民兵军政教员11.59万人。1952年，为从根本上提高各级地方干部素质，军区采取以文化教育为主开展速成的方法，使551名各地工农干部初步具备初中文化水平。1952年5月，各地举办10期共741人由部队转做民兵工作的干部训练班。通过一系列干部训练，提高了广大基层干部的政策业务水平，克服了部分人员不安心民兵工作的思想倾向。不少干部充实到地方组织，各地武装机构基本补足缺额。

二、转业工作

1952年4月，第一期转业回乡人员2.3万人，绝大部分是久经锻炼的老战士和参加农村生产建设以及组织民兵训练的骨干。其中，党团员占34%，排至团级干部占9.4%。转业回乡后，90%的人员进入生产，30%的人员参加互助组，40%的人员被选为村长、党团支书、人民代表、民兵干部及参加民兵组织。有少数脱离农业生产，转到企业、合作社等部门工作。这批转业人员在各自生产战线上以及民兵工作中表现积极突出，赢得当地广大群众的称赞，涌现出很多模范人物。如范县小砦村王良，组织7个互助组，发展40个民兵，被选为县常委委员。至1952年11月，回乡军人缺房少地者5765人，安置5533人。由于发动群众不够，准备工作不周，全省转建军人（1953年以前退伍的军人称为"转建军人"）尚有232人缺房少地，生活困难。

平原省转业建设委员会

（1951年11月23日成立）

主 任 委 员：晁哲甫
副主任委员：刘致远　罗玉川
委　　　员：孙照寰　刘晏春　张承先
　　　　　　贾心斋　雷俊三　谢　良
　　　　　　赖春风　曾新泮　谷萍芳
　　　　　　戴晓东　路　华　王锡璋
　　　　　　蒋中岳　李秀真　洪学玉
　　　　　　于　光　王振华　安法乾
　　　　　　王沛霖　牛连文　苏厚润
办公室主任：刘培岑
副 　主 　任：张逢祥　陈　克

平原军区整编委员会

（1951年11月23日成立）

主　　　任：赖春风
副 　主 　任：杨明山
委　　　员：刘致远　谢　良　曾新泮
　　　　　　王玉峻　王时春　刘金池
　　　　　　国　宪
办公室主任：国　宪
秘　　　书：梁明轩　赵东山　王毅轩

第五章

政 法

平原省存续期间的政法工作处于萌芽阶段,全省政法工作重点是摧毁旧法制、创建新法制,主要包括民主政权成立、维护社会秩序、营造安定团结的政治局面等。

第一节 公 安

平原省建省之后，省委提出"安定团结，发展生产""长期打算，适时破案，打击现行反革命活动"的方针。1949年8月，平原省公安厅成立。中共平原省省委委员、平原省人民政府委员、社会部部长戴晓东兼任平原省公安厅厅长。平原省公安厅主要在城乡治安管理、案件侦破、社会情况收集、机关保卫工作、水陆交通及邮电检查、监狱管理、外侨管理等方面开展工作。全省公安机关采取坚决果断行动，迅速肃清残敌，解散反动组织，摧毁国民党特务机关潜伏组织，捕获惩治首恶分子，取缔反动会道门，镇压反革命分子，扫除旧中国遗留的污秽，严厉打击敌人嚣张气焰，巩固新生的人民民主政权，保卫和支持抗美援朝、土地改革以及国民经济恢复工作的顺利进行。

一、肃清残敌

平原省建省之初，全省各地有流散武装土匪5000余人，反动会道门80个近30万人，国民党残余、流散人员18万人。其中，老区（聊城专区，濮阳专区清丰、南乐2县，新乡、安阳2专区中位于太行山区部分县）有良好群众基础，社会状况较好；恢复区（湖西、菏泽专区）有不少反革命分子，全国解放后陆续潜回，社会状况不稳定；新区（京汉铁路沿线各市、县）国民党残余势力潜伏、分散、流窜，社会状况较为混乱。

各地反动残余骨干分子相互勾结，进行反革命活动，组织地下军、伪政权，开展"地下游击"，公开杀人、抢劫、反攻倒算、制造谣言、煽动会道门暴动、破坏生产，严重威胁人民群众生活生产。1949年，各地发生治安案件1.3万起，其中，杀人案1202起、抢劫案1764起、倒算案71起、会道门活动暴乱案827起。1949年8月，全省各级公安部门对敌伪、党、团、军、政、特务、流散人员进行登记、集训、审查、处理；对危害群众的武装土匪、反动会道门进行重点清剿和取缔。历时一年，全省共登记敌伪流散还乡人员16万人，集训6万人。剿匪工作由党委统一领导，公安、武装部门密切结合，在嘉祥与巨野、定陶与东明、封丘与原阳、浚县与邶县4个重点地区交界处，采取调查研究、宣传政策、发动群众、政治争取与军事清剿相结合的方针，剿灭土匪3000多人。取缔反动会道门工作以专区为单位，重点取缔政治反动性明显的"一贯道""圣贤道""中央无极道"等，全省登记大小道头1万余人，道徒退道者24万人。沉重打击了反革命势力，维护了社会稳定。但在肃清残敌过程中，一些部门对"镇压与宽大相结合"政策片面理解为"宽大无边"，对敌打击不够，致使一些怙恶不悛的反革命分子没有受到应有的制裁。

二、镇压反革命

1950年10月10日，中共中央作出《关于镇压反革命活动的指示》（中央"双十指示"），要求各级党委全面贯彻"镇压与宽大相结合"政策，坚决镇压罪大恶极、怙恶不悛的反革命首要分子。全国迅速掀起大张旗鼓地镇压反革命运动，重点打击特务、土匪、恶霸、反动党团骨干和反动会道门头子（简称"五种反革命骨干分子"）。平原省各地及时纠正"宽大无边"偏向，贯彻坚决镇压方针。

全省公安部门发动群众，打击地主反攻，处理地主倒算案7000多件。1951年3月，全省统一步调，开展大规模的镇压反革命运动。全党动员，群众动员，公安、武装、司法、检察等有关部门密切配合，各级干部坚决贯彻执行"镇压与宽大相结合、严肃与慎重相结合"政策，对五种反革命骨干分子进行严厉镇压。对罪大恶极、血债累累、严重危害国家利益的反革命分子，予以镇压；对罪该处死但民愤不大或虽危害国家利益但未达到严重程度的反革命分子，判处死刑，缓期二年执行，强制劳动，以观后效；对罪恶不严重的反革命分子，依犯罪事实，分别判处有期徒刑或交群众管制。一些反革命分子在国家威慑与群众压力下，主动向政府登记悔过，向政府报告情况，检举首要反革命分子或向政府投案自首。

全国第四次公安会议后，全省在镇压反革命基础上，针对镇反运动遗留的问题开展清查处理。1952年7月初至11月底，各地发动群众、调查研究、培训干部、纯洁组织，解决镇反运动中不彻底的问题。

1952年11月，全省镇压反革命运动基本完成。各地五种反革命骨干分子中93%受到镇压、关押、管制的处理。其中，土匪占94.3%，特务占94%，恶霸占94.6%，反动党团骨干分子占91.4%，反动会道门头子占88.5%。全省99%的地区镇反运动比较彻底，群众充分发动起来。各地缴获长短枪3万余支，轻重机枪115挺，小炮18门。严厉打击反革命分子各种破坏活动，从而为巩固新生政权，保证土地改革和经济恢复工作提供了保障，全省社会秩序更加安定。

全省部分专区、县边界和省际交界处的少数村庄镇反运动不彻底；某些湖、河渔民及船户中没有系统地进行镇反运动；镇压反革命案件中有2500余件未清理完成。

1952年10月，第五次全国公安会议召开，确定全国范围内全面彻底完成镇反运动。平原省公安厅积极贯彻第五次全国公安会议精神，彻底扫清反革命残余分子、彻底解决镇反遗留问题、加强侦查治安建设与经济保卫工作，巩固镇反运动成果，迎接国家大规模经济建设的到来。

三、案件侦破

全省公安部门普遍建立侦查组织，开展各项案件侦查工作。配合镇反运动，破获重大案件，侦捕罪大恶极的外逃反革命分子，建立隐蔽战线及特情工作。在对敌斗争中，深入调查研究，采取"打击敌人与自身建设相结合、专门工作与群众路线相结合"方针，逐步掌握长期内线侦查斗争方式，提高全系统技术侦查能力和专案质量，在各种斗争中教育和锻炼干警。

全省各地破获"山东鲁西反共自卫救国军""山东鲁西反共复活小组""白阳三罗大同龙华会""豫北剿匪司令部""河北平匪联合会"等重大特务案件21起，捕获特务532人；破获曹县反动会道门暴乱、湖西高楼抢公粮仓库、新乡割电线等重大政治案件及治安案件1万余起。召开公审大会，镇压曹县反动会道门暴乱要犯等。沉重打击了反革命势力，稳定了新中国初期的社会秩序。

四、治安管理

全省公安系统在经济保卫、群众教育等治安管理上，一方面为中心工作服务，保卫各项经济建设顺利开展；另一方面在服务中心工作中促进公安事业发展。

（一）经济保卫

各地公安部门结合职工登记、整风审干、民主改革、"三反""五反"运动，加强经济保卫工作。

公安部门与相关部门密切配合，依靠和发动职工群众，发扬民主，按照"先公营后私营、先工矿后贸易、先要害后一般、先大厂后小厂"的原则，在各地建立经常性的保卫工作制度。全省机关、工矿、企业、学校内部开展有计划、有步骤地发动职工进行"清理中、内层运动"[①]，清理出一批混入内部的反革命分子，分别作相应处理。纯洁各方组织，加强内部团结，提高工作与生产效率。

1952年，全省46个主要工矿中成立保卫机构。各地83%的要害部门建立安全保卫机构。全省各地澄清职工面貌，清除反革命分子，建立治安保卫委员会28个，安全小组366个。各地建立特情组织若干，破获一批政治案件，保卫了工矿企业安全生产。

1952年，全省86%的农村建立治安保卫委员会与治安小组，加强群众性的治安保卫工作，有力支持与推动抗美援朝、爱国丰产运动。但全省有14%的乡（村）群众治安保卫组织没有建立。

（二）群众教育

全省公安部门在各项社会运动中放手发动群众，利用壁报、快板、幻灯、民校、巡回展览等各种方式，向群众进行宣传教育，揭露反革命罪行，表明政府态度，给群众撑腰做主，解除群众顾虑，提高群众觉悟，打击反革命气焰。各地召开声势浩大的公审控诉大会，控诉反革命罪行，引导与号召群众把私仇变为公愤，把公愤变为力量，协助政府调查、检举、逮捕反革命分子，壮大群众声势，使反革命分子无藏身之所。

群众纷纷起来检举控诉反革命分子。仅新乡、安阳、湖西3专区3个月内计有5万名群众在公审大会上进行控诉；安阳专区两个月内收到群众检举信1.68万件。各地涌现许多人民群众协助政府检举追捕反革命分子的事例。

各界人民代表会议、各级协商委员会吸收各界民主人士参与审判工作；公安、司法部门携卷下乡，巡回就审，广泛征求群众意见，教育和提高群众政策水平与主人翁自觉意识，把镇压反革命运动变成政府与群众的共同行动。各地团结各阶层人民群众，依靠群众力量解决政府想不到和办不到的事情，扩大与巩固人民民主统一战线，推动抗美援朝、爱国丰产等各项运动发展，社会气象焕然一新。

五、劳改管制

全省各级公安部门贯彻"首恶者必办，胁从者不问，立功者受赏"原则，结合惩治反革命有关政策，通过镇压、关押、管制、释放等手段处理案件，向群众进行政策教育。发动群众参与管制反革命分子，向群众进行政策教育。各地公安部门通过对被管制人员的调查研究，实事求是、划清界限、分别对待，对工作粗糙、乱捕、乱扣、逼供等不妥当情况及时予以纠正。实行首长负责，认真审查捕杀名单，严格控制，谨慎处理，保证政策正确执行，打击与分化敌人。

[①] 1951年5月，中共中央发动清理"中、内层"运动，是一场旨在清除党政军机关内部反革命分子的全国性政治运动。

平原省公安厅执行中共中央劳动改造方针，不断加大对罪犯管制力度。全省劳改生产实行统一领导、通盘筹划、三级（省、专区、县）负责的方式，从无到有、从小到大，由分散到集中。1952年，全省劳改系统拥有大小铁工厂、木工厂、骨胶厂、营造厂、机织厂、石灰窑、砖瓦窑、硫黄窑等41处，开垦荒地1.2万余亩，组织劳改总队参加溢洪堰、引黄济卫、赵王河等水利工程建设。平原省监狱和新乡、安阳2市以及湖西、安阳、新乡、濮阳4个专区劳改农场达到自给自足、少有盈余。聊城、菏泽2个专区自给自足的劳改基地超过80%。

各地执行行政管制、思想教育与群众监督劳动相结合政策，改造反革命分子。很多犯人在劳动改造中转变为新人，回家后能守法生产。劳改工作得到群众广泛拥护。

六、队伍教育

全省各级公安机关重视公安干警的思想教育，组织学习政策，及时总结经验，推动各项工作开展。

各地在发动群众中教育公安干警，充分认识专项工作与群众路线相结合的必要性，树立调查研究、精密细致的工作作风，克服干部中单纯技术观点与粗枝大叶作风；镇反运动出现"宽大无边"倾向时，贯彻"坚决镇压"方针，扭转干部和平麻痹的思想，警惕乱捕乱押的"左"倾思想；怙恶不悛的反革命分子被镇压，出现可捕可不捕问题时，重点克服"左"倾思想，坚决执行中共中央"收缩"指示，转向全面清案，警惕右倾偏向发生，反革命残余基本肃清。清理遗留积案时，一些干部群众还存在多捕多杀思想，各级有关部门严格掌握审批权限，摸清情况，慎重对待，避免犯错误；在各项业务中，注重干部思想教育，在侦查业务中重点克服干部不顾隐蔽、不问政治思想的偏向；镇压反革命运动后，全省公安系统内部存在的孤立主义、本位主义、不问政治等思想倾向基本得到纠正。

"三反"运动后，全省公安系统内部开展"反旧警察作风"运动，贯彻群众路线，纠正官僚主义、特权思想、违法乱纪等现象；抓住典型事件予以曝光，发动群众检举揭发，大张旗鼓地公开处理，树立方向，推动工作；教育群众，密切公安部门与群众关系，提升干部政治思想觉悟和水平，提高工作效率；围绕中心任务，不断开拓业务工作，保卫工农业生产，扫除经济建设中的障碍，维护社会安定和政权稳定。

七、直属单位

（一）平原省省立公安干校

平原省省立公安干校前身是冀鲁豫区保卫干部训练班，成立于1947年8月16日，隶属冀鲁豫区党委社会部。初建时驻地在山东省菏泽县城北红庙村。1948年6月，迁至淇县。1949年8月20日，平原省成立，迁至汲县城关，改称为平原省省立公安干校，隶属平原省公安厅。下设3室1股1食堂，3室1股分别为办公室、医务室、会计室、行政股。

平原省省立公安干校在平原省时期，共办学习班6期，培训公安干警300余人。

1952年11月，平原省省立公安干校撤销。

（二）平原省黄河河防公安局

平原省黄河河防公安局前身是冀鲁豫边区黄河河防公安局，成立于1947年8月19日，隶

平原省公安厅副处级以上历任领导人简表

表5-1-1

机构名称	姓名	职务	任职时间	籍贯
平原省公安厅	戴晓东	厅长（省委委员，省政府委员，社会部部长）	1949.8~1952.5	安徽省萧县
	王路宾	副厅长（省委委员，省政府委员，社会部副部长）	1949.8~1951.5	聊城县
		厅　长	1952.5~1952.11	
	李　祥	副厅长	1952.5~1952.11	山东省长清县
平原省公安厅一处（又称秘书处，后改称办公室）	李　祥	处　长	1949.8~1950.10	山东省长清县
	李　真	副处长	1949.8~1950.10	江苏省丰县
	李　真	处　长	1950.11~1952.5	江苏省丰县
	张树风	副处长	1950.12~1952.5	山西省武乡县
	张树风	主　任	1952.5~1952.11.15	山西省武乡县
平原省公安厅二处（治安处）	荣俊山	处　长	1949.8~1950.1	
	周健民	处　长	1950.1~1952.11.15	江苏省铜山县
	邵万春	副处长	1949.11~1950.4	山东省肥城县
	赵新亭	副处长	1950.1~1951.6	范　县
	吴集群	副处长	1951.6~1952.11	山西省阳城县
平原省公安厅三处（又称侦缉处，后改为侦查处）	王建华	处　长	1949.8~1950.12	山西省黎城县
	宫　震	副处长	1949.8~1952.11	山东省东平县
	李先贤	处　长	1950.12~1951.9	濮阳县
	张醒民	副处长	1951.4~1952.11	东阿县
	王　洪	处　长	1951.9~1952.11	山东省馆陶县
技术研究室	宋书林	主持工作	1949.8~1950.3	
	何　普	主　任	1950.3~1950.10	清丰县
公安队（又称警卫营，1950年1月扩建为公安大队）	魏　震	队　长	1949.8~1952.11	
	桑　跃	副队长	1949.8~1952.11	
	杨　波	副政委	1949.8~1952.11	
	高　雷	政委（兼）	1949.8~1952.11	山西省黎城县

续表

机构名称	姓名	职务	任职时间	籍贯
平原省黄河河防公安局		局　长	1948.8～1952.11	清丰县
	杨志先	局　长	1950.11～1952.11	梁山县
平原省省立公安干校	王路宾	校　长	1949.8～1950.11	聊城县
	李先贤	教务主任	1949.8～1950.11	濮阳县
	王　健	教务副主任	1949.8～1950.11	山东省禹城县
	刘子华	副校长	1950.11～1952.11	聊城县
经保处	王闰山	处　长	1950.1～1951.1	清丰县
	荣俊山	处　长	1951.1～1952.11	
	唐　纪	副处长	1950.1～1952.11	河南省内乡县
	谢春风	副处长	1952.10～1952.11	莘　县
武装处	周建民	处　长	1950.1～1952.11	江苏省铜山县
	高　雷	副处长	1950.1～1952.11	山西省黎城县
劳改处	高大同	处　长	1950.1～1950.7	山东省
	胡紫青	副处长	1950.1～1952.11	
	李进宝	副处长	1950.1～1952.11	
干部处	王路宾	副厅长兼干部处处长	1950.1～1952.11	聊城县
	刘子华	副处长	1950.1～1952.11	聊城县
	何　普	副处长	1950.10～1952.11	清丰县
	李先贤	副处长	1951.9～1952.7	濮阳县

属冀鲁豫行署公安处领导。其任务是维护黄河两岸治安，防匪防特，防止和打击敌对势力利用黄河搞破坏活动。至1949年6月15日，该局先后设置行政、治安、管理3个科和东明县湖家渡、封丘县陈桥2个分驻所及13个派出所，编制共380人。冀鲁豫边区黄河河防公安局初建时驻地在山东省朝城，后迁到山东省东明县北坝头。8月20日，平原省成立，该局与原冀鲁豫九行署公安局合并，改称平原省黄河河防公安局，隶属平原省公安厅。局下设3科1队，分别为秘书科、治安科、侦查科、公安队。

1949年11月，平原省黄河河防公安局由山东省东明县北坝头迁入平原省新乡市。同年12月31日，平原省黄河河防公安局撤销，黄河两岸治安工作移交当地各县公安机关管理。

第二节 人民法院

1949年8月,平原省人民法院由原冀鲁豫区人民法院和太行区人民法院合并组建成立。平原省人民法院是国家审判机关,同时行使司法行政职能。主要职能是:与公安、检察部门一道打击反革命分子破坏活动和其他刑事犯罪活动,巩固人民民主专政。省人民法院成立后,在安阳、新乡、濮阳、菏泽、湖西、聊城6个专区设立分院,新乡、安阳2市设立法院。各县根据不同情况分设相应机构。

平原省地处5省接合部,新乡、安阳两地解放较晚,敌伪统治顽固,国民党残余势力较大,老区、半老区、恢复区、新区兼而有之,社会状况、案件性质错综复杂。全省人民法院机构多系新建,缺乏司法工作经验。各地法院系统结合各项社会改革运动,经过不断探索,审判及司法工作初步形成有效工作机制,对惩治犯罪分子、保障人民权益、维护社会稳定、巩固人民民主政权作出一定贡献。全省司法工作起到保障人民民主权利、镇压反革命活动、保卫生产建设、巩固人民民主专政作用。人民司法工作机制在探索中创造出不少切实可行的工作方法。如,采用巡回审判、就地审判、刑事集训、民事集体调解、人民法庭、群众管制等各种依靠人民、便利人民群众的工作方法,发挥司法工作的应有效能。但由于当时司法体制和审判程序不够健全,对人民政权和人民司法新生事物不熟悉,一些司法干部中存在严重的封建残余思想和作风腐败、不实问题,某些单位存在旧中国司法人员和蜕化变质分子掌握审判工作的组织上不纯现象,加上个别领导不懂业务,导致在全省司法工作中发生不少问题。1952年9月中旬,根据中共中央指示精神,全省开展大规模的司法改革运动,公安部门进行反旧警、反违法乱纪改革运动。各地政法系统从干部思想上进行改造,从组织上进行调整,建立健全新的规章制度,清理积案,巩固改革成果。

一、处理土改遗留问题

平原省建省初期,全省新区和部分灾区未实行土地改革,封建势力与残存的国民党势力相互勾结继续压迫人民,抢劫偷盗、杀人放火、分散土地、破坏耕畜农具、破坏社会秩序、抵抗土改情况时有发生。全省法院结合公安部门进行肃匪斗争,维护社会治安,及时惩办不法分子,保卫土改运动。

土改运动中出现少数错斗中农现象,发给土地证时存在不少土改遗留问题,包括错划成分、地界争执和战争期间遗留的宅基地纠纷问题。1950年3月,仅安阳县就发现遗留问题3000余件。全省进入结束土改分发土地证阶段之后,不法地主和旧富农以"错划成分"为借口,进行各种反扑活动。5月,仅获嘉县就发生80余户地主、旧富农反扑活动,公然抢收强种。

全省各级人民法院贯彻保护中农政策,本着说服教育原则,发动农民群众,采取当庭调解与集体调解方式,迅速正确处理大批案件,打退地主、富农反扑活动,划清是非界限,加强农民内部团结,调动农民生产积极性,推动土改运动转向生产运动。

二、反倒算斗争

抗美援朝运动开始后,隐藏在农村、城市、工厂、学校以至于机关团体中的反革命分子普遍进行活动，地主、旧富农进行反攻倒算。新乡县80%以上的村庄发生地富倒算。1950年7月23日，中央人民政府政务院和最高人民法院发出"严厉镇压反革命活动"指示，平原省各级人民法院根据各地反革命活动情况，联合公安、民政等部门，大量组织巡回就审小组，深入重点区、村，结合抗美援朝宣传，在全省范围开展反倒算斗争。11月4日，平原省人民政府颁布《关于镇压地富倒算的布告》，严惩地富倒算活动。各级司法部门先后处理地富倒算案件580余起。

1951年1~3月，全省处理地主、富农倒算案6000余件，追回倒算果实全部退还农民。对不法地主和旧富农倒算罪行，根据情节轻重，分别处以交村管制、有期徒刑或者镇压，巩固农村民主秩序，激发群众抗美援朝和爱国增产积极性。

三、审判工作

平原省建省之后，全省审判工作对于打击各类犯罪分子、维护社会稳定、巩固新生政权作出应有贡献。全省开展各项社会政治运动中，各地人民法院发动群众，深入调查，结合积压案件情况，认真谨慎处理各种运动中的遗留问题。广泛开展群众性办案活动，解决多年未结积案。在清案过程中，重点清理各类反革命案件，对各类婚姻案件则采取慎重处理方法。

1952年9月，全省（缺6个县数据）共积压刑事、民事案件8128件。其中，反革命案件2178件，普通刑事案件1749件，民事案件4201件。未结案件中大多是"三反"运动和司法改革运动期间积压下未经过核实的案件。3年间，共处理各类刑事案件7.69万件，民事案件8.29万件。

（一）政治案件审判

平原省政治案件审判主要是清理各类反革命案件。各级人民法院在干部中纠正"宽大无边"的错误偏向，检查麻痹思想，提升人民民主专政意识，清理大批案件，重点打击反革命活动。在清案过程中，加强审判机构，修订审判制度。1951年3月，全省各地以人民法院为主成立审判处，配合有关部门组成检查、巡回审判组，迅速处理大批案件，正确贯彻"镇压与宽大相结合"政策。在处理这些案件上，各地普遍采取大张旗鼓的方式，通过典型案件、真人真事，向群众进行政治教育。全省各地99%的群众得到发动，掀起群众性检举、揭发、控诉反革命分子热潮，涌现出许多先进人物。

1952年11月，全省基本肃清反革命势力。湖西、菏泽两区边界处部分落后村庄没有发动群众开展镇反运动，占全省村庄总数1%；各地有少数外逃反革命分子没有捕获；极个别地区存在地主、富农秘密反攻倒算活动；部分在判的反革命分子，财产未被没收和处理；清理案件中有遗留问题，部分案件没有判处。

（二）刑事案件审判

全省刑事案件审判的重点是处理各类贪污案件。在"三反"运动中，各级人民法院一方面从内部战胜资产阶级思想的侵袭，一方面以法院为主组建节约检查委员会刑事处理组，承担审判贪污犯的任务。省直属机关清查出贪污犯由省人民法院直接审判，省内其他贪污犯处理由省人民法院审核。在处理这些贪污案件中，省法院受节约检查委员会领导，结合各机关进行调查对证，认真执行中央人民政府公布实施的《中华人民共和国惩治贪污条例》。在坦白交代中，省法院组织人民法庭，重点审判典型贪污案犯，公开宣判，亮明政策，推动运动发展。在定案退赃阶段，省人民法院重点打击狡猾刁赖分子，配合退赃定案斗争。新乡、安阳两市人民法院配合有关部门，组成人民法庭，审判大量盗窃国家资财、狡猾抵赖拒不坦白的不法分子。

（三）民事案件审判

全省民事案件审判重点是处理各类婚姻家庭纠纷案件、公审典型婚姻案件（附带婚姻刑事案件）。"三反"运动结束后，省人民法院一方面通过清理婚姻积案，宣传婚姻政策；另一方面选择阻止婚姻自由、惨杀妇女的重大案件，在犯罪分子犯罪地点进行公开审判处理。全省各地普遍张贴布告进行婚姻政策宣传教育。省人民法院联系有关部门，以法院为主抽调15名干部组建成立《婚姻法》宣传督导队，深入新乡专区温县、孟县、博爱等地重点督导《婚姻法》贯彻落实情况，及时总结各地先进经验。

1950年5月~1952年8月，全省处理有关刑事、民事婚姻案共有3.9万件，其中婚姻刑事案7015件，惩罚侵犯妇女与子女权利、虐待与惨杀妇女罪犯。1951年，判处死刑犯15人、判处有期徒刑犯1643人，对贯彻《婚姻法》起到推动作用。但全省封建婚姻制度残余依然存在，封建与反封建婚姻斗争十分激烈。

四、司法调解

全省各级人民法院坚决履行"人民权益保卫者"的职责，坚持全心全意为人民服务宗旨，走群众路线，相信群众、依靠群众、公正维权。在工作中，杜绝形式主义的"群众通过"，接受群众监督；扭转命令主义作风，认真宣传政策，提高群众觉悟，指导群众进行政治斗争。

各地人民法院采用集体调解方式处理人民内部纠纷。事先充分准备，培训骨干，培养当事人中的积极分子；通过骨干和积极分子，在群众中发扬民主，了解情况，熟悉案情；以讲课方式定期召集当事人，讲明政策，教育群众；运用群众力量，分组进行调解。

农村按片区划分，适宜开展集体调解，不误生产，随时沟通；宣传政策，相互启发；促进当事人化解矛盾，加强群众内部团结。对全省普遍存在又急需解决的遗留问题，各地人民法院采取以区或县为单位进行扩大范围集体调解。1950年春，安阳县颁发土地证时，发现3000余件土改遗留问题，阻碍了发证工作的顺利进行。县人民法院组织人员到县、区连续进行多次扩大集体调解，80%以上案件在集体调解中圆满解决。

城市人口集中的地方，集体调解更加方便快捷。1950年6月，新乡市人民法院在5日内连续进行3次集体调解，到案数量133件，处理110件，占到案总数82.7%。群众普遍反映"这样的会多开几次，打官司的就少了"。

集体调解案件中，同类性质案件相对容易处理，因发生案件情况相似，采取处理原则基本一致，易于掌握，处理迅速；对于性质不同的案件，因属于人民内部矛盾，各地人民法院采取说服教育方式，分别加以解决。部分地区在实行集体调解时，法院干部临时把区、村干部拉进调解委员会，事先没有经过充分准备，效果不理想，群众影响不好。针对这种情况，各地分别建立健全区、村基层人民调解组织，克服某些法院干部思想认识不足和工作中不严谨做法，全省人民调解工作逐步走上制度化、规范化。

五、落实《婚姻法》

1950年4月30日，经毛泽东主席签发，中央人民政府公布《中华人民共和国婚姻法》（简称"《婚姻法》"），这是中华人民共和国成立后颁布的第一部基本法律，自1950年5月1日起施行。《婚姻法》颁布后，全省各级人民政府迅速组织全体干部进行学习贯彻。

全省各级人民法院组织相关人员在深入学习《婚姻法》的基础上，奔赴各个党政机关、企事业单位，通过具体案件讲解，开展广泛的宣传教育活动。1951年冬，省人民法院在新乡和安阳两市落实《婚姻法》较为先进地区，集中组织力量，配合有关部门，处理典型案件，开展大张旗鼓地宣传贯彻《婚姻法》群众性教育活动。

平原省人民政府对贯彻《婚姻法》过程中出现的问题高度重视，作出详细计划和指示，要求各地在全省范围内进一步深入开展群众性贯彻《婚姻法》运动。1952年，全省各级人民法院联络民政、妇联等有关部门深入检查《婚姻法》执行情况，教育各级司法干部和群众从思想上彻底划清新旧婚姻制度界限。对某些惨杀妇女案件和其他具有重大教育意义的案件，经审讯成熟、完善材料，确定典型案件，在全省普及教育。各地有关部门通力配合，注重发现与培养自由婚姻模范，树立典型，宣传政策，教育群众。

全省各地贯彻落实《婚姻法》的情况极不平衡。莘县、林县、温县自由婚姻较多。1951年8月~1952年6月，温县全县结婚1022对。其中，自主自愿者332对，占32.5%；由父母主持，双方同意者554对，占54.2%；完全包办者136对，占13.3%。但妇女财产权利、子女抚养等问题未能得到很好地解决。

安阳、新乡、濮阳、聊城等专区多数县自由恋爱、自由婚姻逐渐增多，但阻力大，家庭纠纷剧烈，有个别地区出现因婚姻问题惨杀妇女的血案。湖西、菏泽两专区较差，自由婚姻仅在个别先进村庄有出现。嘉祥、巨野、南旺、梁山等地还有早婚、缠足等陋习，妇女因婚姻问题自杀情况较为严重。

六、司法改革运动

1952年8月17日，《人民日报》发表《必须彻底改革司法工作》社论。30日，中共中央发布《关于进行司法改革工作应注意的几个问题的指示》，明确司法改革目的是"彻底改造和整顿各级人民司法机关，使它从政治上、组织上和思想作风上纯洁起来，使人民司法制度在全国范围能够有系统地正确地逐步建立和健全起来"。其主要内容包括：批判旧司法观点；整顿旧司法人员；对旧政法教育进行相应整顿改造。9月初，平原省开展大规模的群众性、政治性司法改革运动。运动以全省法院系统为主，包括公安、检察及政府执法部门，本着"反对旧法观点和改革司法机关"原则，坚决贯彻"组织整顿与思想改造相结合"方针，对司法人员进行思想改造，对司法机关进行彻底整顿。

全省各级人民法院首长带头，普遍检查，开展典型批判，对具体案件纠错、平反、改判，以实际行动深入发动群众检举、揭发问题，从内部和外部两方面认真揭露批判旧法观点及给人民群众带来的危害。据新乡、安阳、湖西、濮阳4个专区及新乡、安阳两市统计，各地司法机关内部检查出错判、错押以及因作风恶劣造成人民损失的案件有4915件，从外部检举揭发的案件有 9046 件。

司法改革运动教育干部认识到旧司法观点是国民党反动阶级用以统治劳动人民的法律观点，与巩固人民民主专政、保卫人民利益的人民司法在性质上有根本区别，澄清思想，划清新旧司法界限，明确敌我立场，进一步纯洁组织。

全省司法干部队伍整体思想认识提升是司法改革运动的一个重要成果。运动之前，部分干部（主要是老干部）产生消极懈怠情绪，认为"司法工作是冷差事""是在刀刃上工作"，做司法工作时间长了工作按部就班、不紧不慢、拖拖拉拉，有些司法干部要求转业。仅菏泽专区8个县人民法院就有6个院长不愿做司法工作。运动之后，各地干部消极懈怠的负面情绪被群众揭发出来，反映出不少干部对人民司法工作重要意义的认识不足。全省司法战线多方位多层次批判各种负面思想，批判脱离群众的坐堂问案以及旧司法思想与旧司法作风，扭转干部思想作风问题，提升司法干部走群众路线的自觉性。

全省各地相继建立各种联系群众工作制度，巩固司法改革成果。各地在运动中总结出不少好的经验和工作方法，如组织陪审、建立调解委员会、巡回审制、集体调解、定期召开当事人座谈会以及复核、逮捕等制度，不断加以明确、补充和完善。全省法院系统根据各地工作经验，分析综合，制定相关办事原则和条文。例如，如何产生陪审员和调解委员、陪审员权限和调解委员会工作范围如何界定、巡回小组如何组织和怎样进行工作等，以便各地具体运用、正确实践，防止旧司法观点侵袭，巩固人民法院与人民群众的密切联系。

司法改革运动从"旧司法人员"手中夺回审判大权，巩固人民民主新政权，初步形成司法领域的政法合一、司法非职业化、群众路线三个重要特点，对全省法制建设产生了深远影响。

七、队伍建设

平原省建省之初，全省58个县2个市（包括省人民法院及省分院）共有司法干部与法警328人。各级政府（含市、县）设有司法科。1951年，改建人民法院，全省分设6个分院。1952年7月，全省司法干部增至728人（包括法警100人），其中老干部374人、新知识分子干部215人、旧法人员与旧职人员39人。司法干部中有中共党员194人、青年团员155人、参加过反动党团者56人、参加过反动会道门者39人。全省司法系统骨干大多属于党团员和解放区成长的老干部，队伍基本纯洁。

全省各地司法队伍建设发展不平衡，干部素质参差不齐，人员编制不足。湖西、安阳、新乡、濮阳4个专区干部发展状况较好。

（一）组织建设

各级人民法院在组织领导上经常向同级党、政领导机关汇报工作情况，提出意见，取得党政领导的具体指导。各地人民法院与有关部门通力合作，互通情报、互相支援、共同组织、一致行动，对迅速办案、提高效率、促进各项运动开展起到重要作用。在镇压反革命运动中，各级人民法院与公安、检察部门密切配合；在贯彻《婚姻法》中与民政、监察、妇联等部门紧密联系；在处理较大案件过程中组织有关部门会审；在处理各种专业性案件时，吸收有关部门及社会各界人士共同审判。各有关部门思想一致、行动统一，发挥集体力量，促进各项工作开展，克服法院案件多、力量薄弱、人手不够等问题，较好地完成了各个时期的工作任务。

全省司法系统经过"三反"运动对各级组织普遍进行整顿,在司法改革运动中进一步开展组织清理整顿工作,取得显著成效。据新乡、安阳、湖西、濮阳4个专区和新乡、安阳2市及省人民法院统计,在干部调整过程中,对调进司法战线的干部都经过严格慎重挑选,其政治素质普遍较高,进一步纯洁了组织。如新乡专区调进的9名干部中,有县公安局副局长1人、县妇联主席4人、区妇联主席2人、连指导员1人、营参谋1人,9名干部中8人是中共党员。

全省各地普遍建立陪审、调解、巡回审判等各种联系群众的组织制度和工作制度,全面巩固和发展了人民法院与人民群众的联系。

(二)思想建设

平原省建省之初,各地司法部门工作经验欠缺,对司法形势判断不足,忽视干部思想长期教育,低估了旧司法观点对干部思想的侵袭。在资产阶级猖狂进攻、反革命分子拉拢收买以及旧司法人员腐蚀下,一些意志薄弱的司法工作人员发生违法乱纪、贪污受贿、贪赃枉法、纵放反革命分子等严重事件。为挽回政治上的影响,教育干部,全省司法部门对各地不法分子进行了严厉惩处。对犯有贪污受贿、贪赃枉法、包庇纵放反革命分子、依仗权势奸淫妇女等一系列严重罪行,造成恶劣影响的执行死刑。省政府召开全省司法工作会议,结合处理温县前法院院长案件,在全体司法人员中进行反贪赃枉法、反官僚主义斗争。

全省各级人民法院本着"人民法院是人民民主专政重要工具之一"的原则,对司法干部进行思想改造。3年间,各地法院和干部围绕国家中心任务,在各种运动中把法院日常工作作为政治任务完成,推动了各项运动的开展,保障了每个时期中心政治任务的顺利进行。各级人民法院及时克服孤立办案、不问政治、脱离群众、脱离运动、松懈无力等错误思想和行为,扭转工作中的被动局面;遇到困难和问题,谨慎处理、敢于硬碰硬,担负起了人民专政的职责。

全省人民法院在开展各项审判和司法工作中密切联系人民群众,取得群众支持。处理反革命案件时,各地法院带卷下乡、巡回就审,依靠群众,搜集材料,对证事实,处理案件,向群众进行政策教育,调动群众积极性,协助镇压反革命活动。全省各地利用重点审判、公开宣判、组织宣传棚、展览会,利用漫画、幻灯、传单、布告、黑板报、广播筒等形式,向群众进行普法教育,收到良好效果。全省各地在各项社会改革运动中,对群众检举、揭发的问题进行认真核实、对证和处理,大部分问题得到妥善解决。至1952年11月,全省各地人民法院干警仍在进行清案工作。

第三节 检 察

1950年11月26日,平原省人民检察署(简称"省检察署")正式挂牌成立。主要职能是:保卫中国人民政治协商会议《共同纲领》和人民政府各项法律、法令、政策之实施,巩固人民革命政权,保卫人民利益,对一切危害国家和人民利益的反革命分子、公务人员的违法乱纪行为、任何国民个人或集团侵犯国家、侵犯人民利益的刑事案件,负有检察责任。

平原省人民检察署成立之后,主要工作是迅速建立健全各级机构,结合各项运动开展工作。10月,全国第一届编制会议召开,决定精简国家机关,提出让检察机关只保留名义,不设机构,

不配备干部,工作由公安机关兼办,全国各地进行中华人民共和国成立以来第一次精兵简政工作。正在筹建的平原省各级检察机关受到较大的影响。

1950年,省检察署成立前,全省有重点地成立了11个市、县检察署。1951年4月,省政府通令各专区、县普遍成立检察署。至1952年11月底,全省共成立分署6个、市署2个、县署45个、矿区署1个,共54个基层单位。

1950～1952年,省检察署执行上级各项任务,贯彻最高人民检察署"六二〇指示",配合公安、人民法院开展工作。各地检察机关结合工农业生产,与有关部门通力合作,检查重大违法案件及执行政策偏差;抓住典型,恰当处理,发动群众,广泛宣传。各级检察干部履行检举犯罪、监督守法职能;各地检察机关成为与违法现象进行斗争的重要力量。全省检察部门在工作中不断积累经验,培养干部,扩大检察机关在人民群众中影响力,为检察工作全面发展打下基础。

1950～1952年,全省检察系统工作处于起步阶段,司法改革运动没有彻底完成;各分、市、县检察署受理诸多案件未能完全处理;工矿企业中检察工作思路还不够清晰。

一、清理反革命案件

平原省各级人民检察署成立之初,主要任务是围绕恢复国民经济、土地改革、镇压反革命、抗美援朝等中心工作,参与案件研究处理。各地检察长大多由公安局局长兼任。

各级检察署在参加镇压反革命运动中,密切配合公安、人民法院等有关部门协同作战,进行检举反革命分子、清理案件、组织检查及受理群众控诉等工作。1951年,省检察署裁判、复核反革命案2000余件,直接受理群众控诉反革命案件21起。各县人民检察署全部参加清案工作。在清案过程中,采取下乡就审、发动群众检举控诉、召开群众大会、由检察署公诉反革命罪恶等方式,严厉打击敌人,教育群众。全省各级检察署经常性地组织检查组下基层、到厂矿、入机关、进学校,点面结合,开展一般性或重点性深入调查,认真采集各方信息资料。对各地量刑标准、捕押制度以及监狱管理等各方面情况进行检查,掌握第一手资料,发现问题,协商解决,促进全省镇压反革命运动健康发展。

全省各分、市、县检察署针对大量积压案件,本着"尽量少积压、不积压"的原则,组织力量,联络有关部门,采取有效方法,逐一谨慎处理各类反革命案件。

至1952年11月,各地检察机关配合人民法院、公安部门基本完成司法改革工作及肃清残余反革命分子任务。各地检察干部在具体工作实践中不断提升政治思想水平和业务工作能力。

二、刑事检察

全省检察机关在各地工矿企业及农村生产组织中开展重点检察工作,开创群众性检察途径,培养骨干,进行法纪教育,建立检察通讯员制度,与反革命分子和违法分子作斗争,为工农业生产保驾护航。

各地检察机关对不法资本家"五毒"行为及时进行调查处理,发现一起处理一起,建章立制,加强防范措施。

全省检察部门积极推动《婚姻法》贯彻执行,一方面调查处理各地反《婚姻法》案件,教育干部；另一方面积累正反两方面典型材料，深入开展宣传贯彻《婚姻法》。

1950～1952年，省检察署通过查办性质恶劣、社会危害大的重点典型案件，扩大影响，深入开展法律政策宣传，教育各级干部和人民群众。省检察署本着"实事求是、认真严谨"的原则，进行深入调查、反复核实，彻底检查每个环节，确保证据确凿、材料翔实、定性准确。各地大张旗鼓地进行公开处理，社会反响很大，有力地推动了各项群众运动开展，促进了积压案件的解决。

三、法纪检察

平原省各地检察部门主动检查各级干部违法乱纪案件，重点检查区、村干部强迫命令和侵犯人权的行为。在处理错捕、错管案件上，以教育干部为主，严格捕管手续，严防错捕事件发生。

全省各级检察署协同各机关干部，共同开展"三反"运动（在新乡、安阳两市同时开展"五反"运动）。在"三反""五反"运动过程中，贯彻政策，划清工人阶级与资产阶级思想界限，肃清检察干部队伍中贪污、浪费、官僚主义流毒，锻炼各级检察干部，提高干部政治觉悟，纯洁各级检察组织，保证运动正常健康发展。

"三反"运动中，全省各地大部分检察干部成为"三反"运动办公室成员，深入进行"打虎"、检查与处理案件工作，与贪污分子展开面对面斗争。濮阳县分署干部直接领导百货、花纱布、酒业、土产四大公司反贪污斗争；濮县检察署组织检查组在捉"老虎"过程中查出一批反革命分子。各地检察部门在"三反"运动中，重点检查违反政策现象，发现问题，及时上报，纠正运动中偏向。各地检察部门在"三反""五反"运动中注重选择培养"打虎"积极分子，把积极分子发展为检察通讯员，通过积极分子发现问题，处理大批案件。

反官僚主义和司法改革运动中，全省各地检察部门一方面检查自身官僚主义作风和旧司法思想问题；另一方面发动检察干部及检察通讯员，配合公安、人民法院等有关部门，检查与揭发错捕、错判等严重案件，发动群众，推动各项运动开展，锻炼各级检察干部。

四、综合治理

中华人民共和国成立初期的社会治安综合治理工作主要是发动群众，教育群众，挖掘清理反革命分子，揭露公务人员违法乱纪行为，扫除烟毒、娼妓等旧中国时期的恶习陋习，惩治一切危害国家和人民利益的任何个人或集团。全省各地检察部门协同公安、人民法院等部门按照"专项工作与群众工作相结合、惩办与教育相结合"原则，坚持群众路线，深入开展各项工作。

全省检察部门发动群众，开拓思路，创新方法，建立与群众密切联系的信息渠道，广泛收集各类信息，调动群众的积极性。1950～1952年，省检察署在各专区、市、县署开展"在人民群众中发展检察通讯员"工作。各地迅速成立检察通讯员队伍，重要公众场所普遍设置群众控诉箱（举报箱），拓宽信息收集渠道，为群众检举、揭发、控诉提供方便和支持。通讯员制度和控诉箱设立成为各地群众检举揭发犯罪行为的两条重要渠道。全省采取"先城镇后农村，以点带面，逐步推广"的方针，从各地行政机关单位开始试行，取得经验，推广到工矿、企业、学校；再从城市发展到集镇和乡村。检察通讯员和控诉箱成为各地检察部门联系群众、收集举报信息的重要来源，对推动全省检察工作起到重要作用。安阳市人民检察署在城市设置3个控诉箱后，发出通告，宣传控诉箱作用，仅一天就收到举报案和群众来信15件。1952年7月，范县人民检察署在一个月之内收到通讯员反映案件23件。至1952年11月，全省发展检察通讯员1298人，设立控诉箱309个。

全省各地在建立群众信息渠道方面，不断完善制度，规范程序。各级检察机关向群众广泛宣传通讯员和控诉箱作用，密切联系群众，按时开箱，取证资料，认真处理有关问题，及时向群众反馈处理意见、报告处理结果。

全省各地检察部门对通讯员的领导和控诉箱的管理设有专人负责。各地在确立发展通讯员时，先向群众说明检察通讯员的职责和条件，进行思想动员，在群众了解设立通讯员意义之后，由检察部门提出名单，组织群众参与，小组讨论，大会通过，最后经检察署审查批准。控诉箱普遍设置在公开场所和群众经常来往地方，便以群众投送信件。

五、申诉控告

1950～1952年，全省各界群众通过各种方法交给各级检察署办理的案件有5898件。其中，人民群众通过控诉箱控诉区、村干部违法乱纪案件最多。

全省各级检察部门重视群众来信来访，多数群众控诉案件及时得到答复和处理；案情简单，直接处理；案情复杂，配合有关部门进行调查处理；对一些重要典型案件，经调查核实，及时进行公开处理；对群众来件的积案问题，全省检察机关结合司法改革运动，采取分批集体处理和会同群众代表共同办理的方法解决积案。至1952年11月，全省各地检察部门收到群众投诉案件中，处理完毕案件3885件，未处理案件2013件。

六、队伍建设

1952年11月，全省有检察干部153人（干部总数按编制每分署5人、县署3人、市矿区署各6人，编制共183人，实际缺编30人）。其中，安阳专区分、县署7个单位，干部21人；新乡专区分、县署13个单位，干部35人；濮阳专区分、县署8个单位，干部26人；新乡市署5人；安阳市署3人；湖西专区分、县署6个单位，干部15人；菏泽专区分、县署5个单位，干部13人；聊城专区分、县署13个单位，干部35人。

全省检察干部队伍政治素养较高。湖西、安阳2分署及所辖其中10个县署干部中，中共党员占67%，青年团员占15%，群众占18%。各地干部文化水平相对不弱。安阳、菏泽、湖西、聊城4分署（所辖县署大部在内）与新乡、安阳2市署共76名干部中，粗通文字者1人，初小程度者14人，高小程度者41人，初中程度者19人，高中程度者1人。

全省干部编制分配状况：分署编制检察长1人，秘书1人，检察员3人；市署（含矿区署）检察长1人，秘书1人，检察员4人；县署检察长1人，检察员2人。各分、市署缺检察长3人、秘书3人、检察员12人，共缺18人；各县署缺检察长25人、检察员38人，共缺63人。各地总计缺少对应岗位编制81人。各分、市署多出助理检察员与一般干部14人，各个县署多出一般干部37人，共多出51人，补充编制上人数不足，干部总数量上仍缺编30人。

（一）业务培训

平原省人民检察署成立后，高度重视各级检察干部业务能力的提高，确立"在各项社会改革运动中锻炼干部、在具体工作实践中提高干部"的指导思想。全省检察部门组织人员参加各种社会实践活动,紧密结合镇压反革命、"三反""五反"以及司法改革等重大社会政治运动,在运动中开展检察工作,及时总结经验,拓宽工作思路,提高业务工作能力。

省检察署不断加强各级干部政策业务学习,开办各种训练班,轮训在职干部,进行业务知识培训;以分署为单位有计划地临时抽调各县检察干部,组成检查组,检查重大案件,深入开展工作,在实践中培养干部;及时总结交流和推广各地经验,在日常工作中熏陶干部;组建各地检察机构时,注重配备专职检察长,提拔优秀干部,充实与健全各级检察机构,在岗位上锻炼干部。

1951年冬季,省检察署与省人民法院联合举办训练班,从政治理论和业务知识上培训各地检察干部,基本改变检察干部中理论欠缺、业务不熟的状况。

(二)工作创新

全省各地检察机关坚持走群众路线,密切联系群众,主动创新工作方式;广泛建立检察通讯员制度,设立控诉箱,拓宽信息渠道,收集各类相关信息,切实加强领导与管理;及时处理群众来访来件,建立经常性调查研究工作机制;积累材料,准确发现问题,抓住典型事件,组织力量,检查处理;健全汇报制度,密切上下级联系,及时总结工作,推广交流经验。

各地检察机关在对敌斗争(如镇压反革命运动)和解决人民内部矛盾斗争(如反对官僚主义、贯彻落实《婚姻法》宣传以及司法改革运动等)中,坚持"抓住典型,以点带面,大力开展宣传教育,扩大社会影响"的工作方法,在全省范围狠抓典型案件,取得经验,逐步推广。

第六章

群众团体

1949年8月，平原省成立后，中共平原省委高度重视群团工作，先后组建新民主主义青年团、妇联、工会、抗美援朝分会、学生联合会、中苏友好协会平原省分会筹委会等群团组织。各群团组织履职尽责，在中国共产党领导下，更广泛地团结和组织群众，创造性开展工作，取得一定成效，为群团工作开展奠定基础，积累经验。

第一节 工 会

1949年11月，平原省总工会筹备委员会（简称"省总工会"）成立。省总工会是中华全国总工会所属的省级地方组织，是全省地市县工会组织和各产业工会的领导机关。省总工会成立后，采取各种措施，教育职工遵纪守法，组织开展劳动竞赛，参加生产管理，保证生产计划的完成；保护工人、职员的利益，执行劳动保护、劳动保险、工资标准、安全规则等政府所规定的法令，各方面工作都有一定进展。

1949年11月4～19日，平原省第一次工会代表会议在新乡召开，到会代表155人，实业公司所属各厂矿经理列席会议。此时，全省有26个工会组织，7693名工会会员。此次会议传达全国总工会工作会议决议，确定全省工会工作计划，通过第一次工代会决议，选举出平原省总工会筹委会。赵时真兼任筹委会主席，高宗智任副主席，侯湘龄为秘书长。省总工会筹委会成立后，一方面负责总工会筹备工作，一方面指导各地工会工作，以尽快把全省工人阶级组织起来。

1952年11月，全省职工有22万人，除机关工作者外，职工17.6万人。工会会员11.29万人，占职工总数67.9%。其中，包括煤矿、纺织、机电、食品、火柴、印刷、建筑、搬运、邮电、黄河、公路运输、店员手工业、金融、教育、文艺和医务工作者。各县镇有总工会64个。全省有脱产工会干部550人。25人以上厂矿有155个，共有职工3.35万人。较大厂矿主要分布在新乡、安阳两市及焦作、安阳两个矿区。全省共有基层工会组织1781个，有小组长以上干部1.83万人。3年间，省总工会开办6次训练班，培训小组长以上干部7383人。各地有模范小组241个，劳动模范796人，模范工作者712人。

平原省湖西专区各县工会干部联席会议代表合影

全省各行业工会工作发展不平衡。大厂矿和搬运行业工作较好，群众普遍发动，涌现出一批先进基层工会，如成兴、水电厂、普润、大和恒、水冶华昌烟厂、汲县搬运工会等。店员手工业工会干部多为新产生的积极分子，热情高，但业务生疏。建筑业工人不固定，流动性大，工会问题较多。文艺和医务行业工会工作处于自流状态，活动内容很少。

一、复工整顿

1949年5月7日，新乡市和平解放。人民解放军完成接管任务后，即以复工为主，进行限交器材、登记反动特务党团及会道门分子。在此前后，整个华北地区陆续进入复工整顿时期。8月20日平原省成立后，各地迅速举办职工训练班，进行思想教育，大小厂矿及时复工，近2万名职工得到就业。

复工后，不少厂矿工资制度不合理，未及时调整，职工情绪消沉。根据省第一届工代会精神，各地于1950年1～2月进行调资运动。职工工资普遍提高30%～40%。有8个厂矿由临时工资制改为等级工资制，有6个厂矿扩大计件工资制人数。全省各地经过自报公议、技术站队、三榜定案，初步改变工资过低和同工不同酬现象。职工情绪高涨，群众需求由调整工资走向安全生产和民主管理。

1950年2月7日，《人民日报》发表题为《学会管理企业》社论（简称"'二七'社论"），提出工人阶级要努力恢复和发展生产，就必须学会管理企业，把官僚资本主义企业改造成为新民主主义企业。4月，全省各地开展"二七"社论学习，在干部中进行依靠工人搞好生产，实行民主管理的教育。全省20个主要厂矿进行民主大检查和保安大检查，开展批评与自我批评，发动合理化建议运动。各地广泛开展安全生产活动，煤矿着重改进井下工程，地面工厂着重检修机器，普遍建立保安制度。全省厂矿工伤事故明显减少，生产秩序初步稳定。全省21个主要厂矿中结合定员调整劳力，一部分多余劳力有组织地进行转业。各地煤矿扩大长期工，缩小临时工，矿工岗位逐渐固定。焦作矿区长期工人数由占工人总数的40%提升到100%；马甸矿由1000名工人大轮班改为580名长期固定工。部分厂矿将一部分非生产人员组织到生产中。在焦作矿区、焦作建筑业以及新乡白石山石匠工人中开展反"把头"运动，安阳各矿进行反"把头"准备工作。

1950年7月，全省开展大规模生产竞赛运动。参加竞赛的单位有30个厂矿、3个手工业工厂和店员工会的5个基层组织。生产竞赛运动对提高企业生产效率、完成生产任务、建立小组工作、培养劳动模范、整顿劳动纪律、进行劳动光荣教育等方面起到很大作用。涌现出焦作煤矿刘九学安全生产模范小组，在全省起到典型示范作用。

1950年年底，全省各个厂矿在生产竞赛基础上，开展评成绩经验、评缺点失误、评干部和积极分子的"三评"运动。参加运动

单县第一次劳模大会全体代表合影

的基层单位有69个，人员7794人。在"三评"运动基础上，1951年2月，省总工会召开生产工作会议，专题部署争创模范小组生产运动，进一步推进生产的恢复与发展。1950年年底，历时一年半的复工整顿基本结束。

二、政治改革

全省复工整顿阶段，各地出现生产脱离政治的倾向。1951年4月，省城市工作会议后，全省围绕抗美援朝运动，先后开展控诉运动、和平签名运动与增产捐献运动。各地在爱国主义教育基础上，普遍制定小组爱国公约。全省4万名职工、3544个小组订立爱国公约；10万余名职工参加"五一"示威游行和保卫世界和平签名运动；各地职工捐献22亿元。据新乡市35个基层单位统计，参加控诉职工达1.3万人，苦主1473人，涌现出积极分子613人，检举出一批

反革命分子。抗美援朝运动使爱国主义和国际主义教育深入人心，"工作吃饭、不问政治"的现象明显减少，"没有国就没有家"的理念逐步树立。

1951年9月，平原省工业会议后，全省大部分厂矿从控诉运动阶段转向坦白运动阶段。坦白运动中，对于一些罪恶累累、民愤极大的反革命分子，各个厂矿组织开展斗争大会。23个厂矿共处理把头恶霸287人。坦白运动后期，全省开展团结运动，自上而下地进行批评与自我批评，具体解决各种关系上存在的阶级问题，消除隔阂，结合翻身教育和前途教育，整顿组织，进行改选。有些厂矿在团结运动后期进行了生产大检查，修订了爱国公约。

1952年1月，全省各地开展"三反"运动和"五反"运动。各厂矿企业和各主要城镇参加这一运动的职工占全省职工总数的90%以上。经过诉苦斗争、检举揭发、对比回忆、阶级归队等运动，划清工人阶级和资产阶级思想界限，学会与资本家既团结又斗争，增强国家主人翁的责任感。全省国营、公营企业在工人中进行"洗澡擦背和职员交关系（交朋友）"运动，进一步唤起职工阶级自觉、革命自觉和前途自觉。各个城镇开办业余政治训练班，对私营企业员工进行社会主义前途教育。全省各地结合各厂矿发展远景，通过讲形势、讲前途，具体解决各种思想问题；通过讲阶级、讲剥削、回忆厂史、典型诉苦、生活对比等方式，揭露资产阶级自私自利、唯利是图、贪污敲诈、堕落腐化等罪恶行为；让职工认识到工人阶级的大公无私、勤劳俭朴、阶级友爱、集体主义的高尚品质。各厂矿企业与职工关系得到改善，各式各样小宗派被清理，工人阶级内部团结进一步加强。

三、爱国增产运动

1951年10月23日，毛泽东在政协一届三次会议开幕词中号召"增加生产、履行节约，以支援中国人民志愿军，全国要出现一个普遍高涨的爱国增产运动"。全省上下以经济活动为主的爱国增产节约运动成为省总工会的中心工作。全省工业、交通、贸易以及较大基层行业于1952年7月、8月开展爱国增产节约竞赛运动。部分发动迟缓单位，经过统一思想，解决积存问题，组织力量参与竞赛。有8个单位经过调整工资相继进入竞赛运动。全省参加竞赛的厂矿有28个，共2.05万职工，占全省25人以上厂矿总人数的85.07%。竞赛运动本着"安全第一、质量第一"的原则，以完成和超过增产节约任务为目标，以贯彻生产改革为中心内容，以推广先进经验为基本环节，这与以往突击竞赛有很大不同。

各大厂矿从总结和检查上半年生产经验和教训开始，确定各自重点。如，焦作煤矿重点提高效率，小西天煤矿重点改善安全，纺织业在保证质量基础上提高产量，电业重点降低煤耗，机器业在巩固质量前提下提高数量和效率。各大厂矿在竞赛前，由行政部门提出生产指标和竞赛计划，经过工会代表会议动员，发动各个车间、各个小组制定相应计划，在各小组计划基础上，修订全厂计划。在讨论计划过程中发现带有普遍性的职

焦作煤矿一角

工思想问题。如，一些职工受以往突击竞赛影响，认为竞赛就是"突击一时、热闹一阵"，怕提高定额，怕紧缩人员，不愿提高计划等。针对职工思想问题，各级工会组织负责人深入小组，结合爱国主义教育，反复讲解竞赛目的、意义和要求，克服职工保守主义思想，从小组开始由点到面做工作。把制定计划和发动群众、动脑筋、找窍门、推广先进经验相结合。先进经验推广后，各地出现生产脱节现象。例如，焦作煤矿采煤率提高，搬运速度跟不上；机器厂机工效率提高，烘炉翻砂赶不上；各厂普遍存在原料材料供应短缺现象。在解决问题中，一部分厂矿运用订立联系合同以及进行生产过程大检查，动员技术人员到车间研究生产，发动薄弱部门职工找窍门、提速度。各地职工情绪高涨，"动脑筋、找窍门""劳动光荣，争取模范""学习先进经验"等现象成为新风尚。各行业操作方法改进、合理化建议增多、新纪录不断涌现。据新乡、安阳及焦作煤矿统计，共提出合理化建议1187件，采纳707件。各地向全省、全国推广先进经验。煤矿方面有马六孩的多孔送道循环作业、刘九学安全生产经验、空心放炮、深孔爆破、快速支柱法等；纺织业方面有郝建秀工作法、1951织布法、细纱李淑云落纱法、粗纱李秀云工作法、筒子接头法、新摇纱工作法、细纱保全揩车流水作业法等；机器制造业方面有多刀多刃高速切削法、流水作业等；电气方面有快速检修、科学循回检查法、烧低质煤等；卷烟业中有张淑云包装工作法、双手撩边卡烟法等；建筑行业中有苏长有砌砖法、木工流水作业法、新式画线法等。安阳市工厂职员中涌现出快速结账和快速统计法。

1952年9月中旬，全省工会会员代表会议召开。会议总结3年工作，进一步作生产动员，提出在"安全第一、质量第一"原则下，更广泛、更持久地开展爱国增产节约竞赛运动。要求各地进行分批分期有计划地整顿基层组织活动，创造模范基层，培养典型，树立旗帜，推动全盘工作。继续推广速成识字法，持续开展扫盲运动，深入贯彻全省工农扫盲会议决议。各地基层组织协助做好安全、卫生工作，有计划有重点地做好劳保福利工作。各级工会利用所积存经费，有计划地举办各种切合群众需要的福利事业，发挥工会作用。

1952年年底，各厂矿在生产上取得突出成绩。据7个厂矿统计：1～9月，完成增产节约任务1.67亿元，占总计划的71.94%，生产效率显著提高。焦作煤矿业直接采煤效率由日产0.8吨上升到5.4吨；纺织业由日产0.98磅上升到1.27磅；白花率由1.5%下降到0.8%，最低0.25%。机器业中，平原机器厂每部水车用工由30.78工时减少到22.09工时。榨油业中，华安油厂由日榨棉籽2700公斤提高到2900公斤。面粉业中，普润厂日产面粉由2300袋提高到2450袋，产粉率由81%提高到83%。电业中，新乡电厂煤耗由1.3公斤下降到0.85公斤。

四、职工教育

随着工会群众基础加强和大规模经济建设需要，各地在职工中开展强化共产主义思想教育、文化教育及扫盲运动，协助党委进行党团基础组织建设，增强党在职工中核心领导地位。

至1952年11月，据新乡、安阳两市和焦作、安阳两个矿以及6个办事处统计，12.74万名职工中有文盲、半文盲8.5万人，参加文化学习者2.04万人，占文盲、半文盲总数25%。百人以上厂矿入学率70%，部分较大厂矿入学率80%以上，个别厂矿（中原纱厂、王家岭矿）入学率较少，约占40%。从一字不识的文盲到认识千字以上者5000余人。省总工会在重点实验速成识字法方面，组织13期培训班，学员584人，培养师资524人。全省工矿企业有业余学校 51 个、俱乐部 54 个、图书馆 85 个、业余剧团 35 个、秧歌队 15 个、歌咏队 35 个、扩音器 31 个、电影机 4 部。

五、保险福利

全省厂矿 3 年间进行两次工资调整。1951 年 11～12 月，各大厂矿根据中共中央及华北局指示，进行调整工资工作，实行副八级工资制，统一以分值计算工资单位，调整结果使职工工资待遇提高 10%～30%，基本做到合理，多数满意，推动了生产。

较大厂矿的工时多数改为 8 小时，最多不超过 9 小时；小厂矿多数改为 10 小时。安全、卫生及职工劳动条件与生活条件得到改善。店员手工业经过"五反"运动后开始调整劳资关系，一部分行业中工资、工时、福利得到解决。

平原省第一届劳动模范名单（1949年）

表6-1-1

姓名	性别	年龄	籍贯	荣誉称号
成百福	男	44	林　县	农业特等
王玉花	女	23	博爱县	农业甲等
张升敬	男	65	孟　县	农业甲等
莫保莲	女	19	林　县	农业甲等
张万义	男	52	博爱县	农业甲等
孔宪文	男	32	济源县	农业甲等
王三的			安　阳	农业甲等
常妞德	女	29	邺　县	农业甲等
任修身	男	46	内黄县	农业甲等
鲁福云	女	34	濮　县	农业甲等
张又彬	男	50	清丰县	农业甲等
王尚训	男	28	滑　县	农业甲等
荆玉梅	女	36	冠　县	农业甲等
曾广福	男	40	莘　县	农业甲等
陈娥梅	女	26	冠　县	农业甲等
王玉兰	女	27	莘　县	农业甲等
陈守菜	女	27	定陶县	农业甲等
邓福龙	男	36	南旺县	农业甲等
刘文昌	男	29	曹　县	农业甲等
安　英	女	26	复程县	农业甲等

续表1

姓名	性别	年龄	籍贯	荣誉称号
谢龙飞	男	36	单县	农业甲等
焦□新	男	24	济源县	农业乙等
褚占莲	女	25	温县	农业乙等
马标林	男	42	辉县	农业乙等
彭占魁	男	52	获嘉县	农业乙等
宋元龙	男	46	沁阳县	农业乙等
吴风云	男	32	温县	农业乙等
秦秀英	女	18	修武县	农业乙等
侯家□	男	43	武陟县	农业乙等
□福兰	女	34	济源县	农业乙等
杨尚志	男	28	淇县	农业乙等
李俊英	男	28	浚县	农业乙等
胡全	男	40	汤阴县	农业乙等
邓金镶	男	48	邺县	农业乙等
袁玉成	男	38	汤阴县	农业乙等
李喜□	女	46	清丰县	农业乙等
陈金山	男	46	濮阳	农业乙等
刘振东	男	26	濮县	农业乙等
白文卿	男	40	清丰县	农业乙等
史景亮	男	32	濮县	农业乙等
姜玉琴	女	22	菏泽	农业乙等
桑翠娥	女	46	东明县	农业乙等
邓振京	男	37	菏泽	农业乙等
刘廷怀	男	46	东明县	农业乙等
吕志刚	男	40	金乡县	农业乙等
程庆锡	男	60	单县	农业乙等
□海鸿	女	58	复程县	农业乙等
张如池	男	46	阳谷县	农业乙等
姜荣华	男	33	高唐县	农业乙等

续表2

姓名	性别	年龄	籍贯	荣誉称号
李洪文	男	44	清丰县	农业乙等
刘成文	男	46	堂邑县	农业乙等
常秀英	女	36	茌平县	农业乙等
李芝菊	女	34	东阿县	农业乙等
赵凤莲	女	41	堂邑县	农业乙等
徐士达	男	30	高唐县	农业乙等
张　坤	男	34	邺　县	农业丙等
许圣诗	男	50	安　阳	农业丙等
马金堂	男	51	安　阳	农业丙等
贾玉科	男	41	安　阳	农业丙等
石玉殿	男	56	林　县	农业丙等
谢丑只	男	30	安　阳	农业丙等
李砚海	男	43	林　县	农业丙等
苏振海	男	43	汤阴县	农业丙等
王德荣	男	30	浚　县	农业丙等
张玉祥	男	33	浚　县	农业丙等
张显堂	男	42	浚　县	农业丙等
汪希志	男	36	浚　县	农业丙等
李念荣	男	46	定陶县	农业丙等
蔡长宽	男	65	定陶县	农业丙等
邓克新	男	36	菏　泽	农业丙等
胡金标	男	36	菏　泽	农业丙等
田□祥	男	61	菏　泽	农业丙等
□善用	男	60	南旺县	农业丙等
韩同厚	男	36	南旺县	农业丙等
王启现	男	59	梁山县	农业丙等
金万发	男	51	东明县	农业丙等
王希仲	男	48	郓城县	农业丙等
盛秀英	女	29	鄄城县	农业丙等

续表3

姓名	性别	年龄	籍贯	荣誉称号
王郭氏	女	43	梁山县	农业丙等
李轩氏	女	44	南旺县	农业丙等
张爱云	女	31	菏泽	农业丙等
曹英	女	22	梁山县	农业丙等
张瑞云	女	17	郓城县	农业丙等
薛之忠	男	28	长垣县	农业丙等
张随现	男	41	长垣县	农业丙等
史同珍	男	39	内黄县	农业丙等
李建邦	男	53	濮阳	农业丙等
王廷选	男	40	滑县	农业丙等
胡心光	男	48	范县	农业丙等
刘福财	男	37	范县	农业丙等
郝清田	男	51	范县	农业丙等
杨福增	男	42	滑县	农业丙等
胡同义	男	32	滑县	农业丙等
李景善	男	54	南乐县	农业丙等
关润身	男	46	清丰县	农业丙等
郝抗三	男	61	清丰县	农业丙等
鲁芳选	男	40	濮县	农业丙等
马爱云	女	35	濮阳	农业丙等
韩相菊	女	16	清丰县	农业丙等
□喜娥	女	21	濮阳	农业丙等
张美兰	女	19	南乐县	农业丙等
李兆动	男	63	获嘉县	农业丙等
桑金花	女	38	获嘉县	农业丙等
张元进	男	50	原阳县	农业丙等
裴长友	男	40	原阳县	农业丙等
冉继福	男	50	延津县	农业丙等
郑动	男	39	延津县	农业丙等

续表4

姓名	性别	年龄	籍贯	荣誉称号
陈玉才	男	42	辉县	农业丙等
胡树口	男	31	孟县	农业丙等
段守贵	男	61	济源县	农业丙等
薛佑福	男	29	孟县	农业丙等
程天珍	女	22	孟县	农业丙等
张天会	男	48	博爱县	农业丙等
皇春振	男	45	博爱县	农业丙等
丁国世	男	54	修武县	农业丙等
李聚全	男	60	温县	农业丙等
张应河	男	48	沁阳县	农业丙等
任云祥	男	47	沁阳县	农业丙等
景长富	男	33	沁阳县	农业丙等
李清莲	女	22	武陟县	农业丙等
袁金生	男	36	新乡	农业丙等
刘运东	男	38	新乡	农业丙等
王正选	男	46	新乡	农业丙等
张洪安	男	63	东阿县	农业丙等
刘建业	男	37	阳谷县	农业丙等
钟玉宝	男	40	阳谷县	农业丙等
唐福来	男	58	阳谷县	农业丙等
吕长祥	男	58	东阿县	农业丙等
刘月望	男	39	茌平县	农业丙等
王玉晋	男	51	博平县	农业丙等
杨金安	男	46	清平县	农业丙等
马洪珠	男	35	清平县	农业丙等
杜庭增	男	51	聊城	农业丙等
李金林	男	50	聊城	农业丙等
李炳贵	男	62	聊城	农业丙等
杨德龙	男	59	冠县	农业丙等

续表5

姓名	性别	年龄	籍贯	荣誉称号
王绍仲	男	41	堂邑县	农业丙等
李桂英	女	37	莘　县	农业丙等
段玉琴	女	42	高唐县	农业丙等
韩金兰	女	38	茌平县	农业丙等
钱王氏	女	50	聊　城	农业丙等
谢王氏	女	49	聊　城	农业丙等
袁金芳	女	33	博平县	农业丙等
刘兰英	女	38	东阿县	农业丙等
申四英	女	45	东阿县	农业丙等
王秀璋	女	51	清平县	农业丙等
韩秀兰	女	19	莘　县	农业丙等
冯二会	女	28	莘　县	农业丙等
刘凤英	女	39	高唐县	农业丙等
王殿臣	男	55	单　县	农业丙等
靳方言	男	53	嘉祥县	农业丙等
王金升	男	36	单　县	农业丙等
贾尚臣	男	39	嘉祥县	农业丙等
苏风来	男	37	嘉祥县	农业丙等
崔树田	男	37	金乡县	农业丙等
田如玉	男	31	鱼台县	农业丙等
彭来一	男	24	巨野县	农业丙等
李金贵	男	29	复程县	农业丙等
刘福贤	女	31	复程县	农业丙等
赵玉春	女	35	寿张县	农业丙等
马家怀	男		修武县	农业丙等
罡振家	男	41	修武县	农业丙等
牛璋成	男	41	修武县	农业丙等
李启贤	男		堂邑县	农业丙等
马景士	男	40	城武县	副业甲等

续表6

姓名	性别	年龄	籍贯	荣誉称号
徐信花	女	21	滑县	副业甲等
杨芳娥	女	45	范县	副业甲等
张春芳	女	44	寿张县	副业乙等
王保俊	男	34	淇县	副业乙等
李海庆	男	35	巨野县	副业乙等
张如山	男	34	巨野县	副业乙等
侯玉芝	女	46	清丰县	副业丙等
杨长文	男	46	朝城县	副业丙等
徐士友	男	38	长垣县	副业丙等
晁香玉	女	30	内黄县	副业丙等
谷爱香	女	46	内黄县	副业丙等
张如秀	女	44	观城县	副业丙等
马学雷	男	39	温县	副业丙等
路□亮	男	39	辉县	副业丙等
赵禄合	男	44	辉县	副业丙等
高学银	男	23	嘉祥县	副业丙等
贺全友	男	50	沁阳县	副业丙等
李玉英	女		焦作	副业丙等
李元□	男	29	单县	副业丙等
朱友启	男	58	嘉祥县	副业丙等
师兴忠	男	61	寿张县	农业生产甲等
李玉芝	女	25	濮阳	农业生产甲等
原桂英	女	45	博爱县	农业生产甲等
高秀英	女	25	淇县	农业生产乙等
乔秀珍	女	45	沁阳县	农业生产乙等
王东梅	女	30	观城县	农业生产乙等
刘雪来	男	48	莘县	农业生产乙等
狄华	男	40	辉县	农业生产乙等
王瑞兴	男	26	梁山县	农业生产乙等

续表7

姓名	性别	年龄	籍贯	荣誉称号
宋守庭	男	44	观城县	农业生产乙等
张志礼	男	34	鄄城县	农业生产乙等
魏□花	女	44	林　县	农业生产乙等
范桂英	女	30	安　阳	农业生产乙等
魏兰英	女	30	单　县	农业生产乙等
刘文周	男	58	阳谷县	农业生产乙等
刘振东	男	33	林　县	农业生产乙等
盖光和	男	50	寿张县	农业生产乙等
召心重	男	36	南乐县	农业生产乙等
张永珍	女	37	浚　县	农业生产丙等
何玉兰	女	25	淇　县	农业生产丙等
傅炳修	男	28	汤阴县	农业生产丙等
杨得□	男	63	汤阴县	农业生产丙等
韩中和	男	30	汤阴县	农业生产丙等
杨玉印	男	40	邺　县	农业生产丙等
刘安金	男	39	安　阳	农业生产丙等
孙　礼	男	29	淇　县	农业生产丙等
王秀峰	男	41	郓城县	农业生产丙等
王华贵	男	44	鄄城县	农业生产丙等
潘孝全	男	60	曹　县	农业生产丙等
张□修	女	47	鄄城县	农业生产丙等
赵树德	男	52	濮　县	农业生产丙等
徐良动	男	46	濮　县	农业生产丙等
罢贞修	女	34	长垣县	农业生产丙等
王保山	男	33	南乐县	农业生产丙等
傅贵生	男	38	内黄县	农业生产丙等
马爱隆	男	56	南乐县	农业生产丙等
周金城	男	55	朝城县	农业生产丙等
聂孟存	男	39	滑　县	农业生产丙等

续表8

姓名	性别	年龄	籍贯	荣誉称号
安贵英	女	25	武陟县	农业生产丙等
丁书林	男	34	济源县	农业生产丙等
崔秀山	男	45	汲县	农业生产丙等
王庭槐	男	35	温县	农业生产丙等
陈家泽	男	22	济源县	农业生产丙等
袁俊武	男	56	武陟县	农业生产丙等
张清来	男	52	济源县	农业生产丙等
乔石林	男	57	武陟县	农业生产丙等
王文云	男	47	武陟县	农业生产丙等
魏一顺	男	35	茌平县	农业生产丙等
袁文彩	男	35	博平县	农业生产丙等
马金明	男	49	堂邑县	农业生产丙等
任长中	男	43	阳谷县	农业生产丙等
宋长泰	男	51	高唐县	农业生产丙等
刘长义	男	33	茌平县	农业生产丙等
刘泰成	男	43	博平县	农业生产丙等
张邵氏	女	51	城武县	农业生产丙等
杨德运	男	41	鱼台县	农业生产丙等
李存芝	女	37	朝城县	军工属甲等
成郁章	男	50	林县	军工属甲等
张玉兰	女	23	沁阳县	军工属甲等
蒋文显	男	43	范县	军工属乙等
陈英	女	37	单县	军工属乙等
程函书	男	43	长垣县	军工属乙等
张文莲	女	42	金乡县	军工属乙等
孙玉宝	男	67	汤阴县	军工属乙等
李秀莲	女	47	清丰县	军工属乙等
韩宪文	女	35	曹县	军工属乙等
董心贤	男	37	滑县	军工属丙等

续表9

姓名	性别	年龄	籍贯	荣誉称号
马怀然	男	54	内黄县	军工属丙等
巨秋海	女	47	朝城县	军工属丙等
刘桂芬	女	20	濮阳	军工属丙等
马松芝	女	26	濮阳	军工属丙等
魏桂英	女	39	辉县	军工属丙等
齐庆云	男	64	南乐县	军工属丙等
郭秀梅	女		汲县	军工属丙等
李忠山	男	62	东阿县	军工属丙等
燕玉梅	女	16	单县	军工属丙等
李念民	女	26	城武县	军工属丙等
倪巧云	女	35	曹县	军工属丙等
郭贵福	男	24	林县	荣军甲等
□宜相	男	33	金乡县	荣军乙等
李永禄	男	32	获嘉县	荣军丙等
张德明	男	29	观城县	荣军丙等
吴洹	男	44	汤阴县	兽医乙等
丁芝芳	男	60	获嘉县	兽医乙等
杨四伦	男	57	阳谷县	兽医丙等
苗景秀	男	38	济源县	兽医丙等
李兆令	男	33	高唐县	种畜业乙等
辛世增	男	53	沁阳县	种畜业乙等
刘玉德	男	56	温县	种畜业丙等
李万□	男	26	濮县	护路乙等
杨兆令	男	52	博平县	护路乙等
董清元	男	48	郓城县	护路丙等
魏承先	男	36	阳谷县	护路丙等
王法修	男	56	林县	合作社乙等
酒傅心	男	48	济源县	合作社乙等
牛沾田	男	50	安阳	水利乙等
吴炳申	男	34	邺县	水利乙等
刘振元	男	28	林县	民主家庭乙等

说明：姓名中的"□"为字迹缺失

平原省第一届工业劳动模范名单（1950.8）

表6-1-2

姓名	性别	年龄	工作单位及职务	荣誉称号
刘九学	男	45	焦作矿务局李封矿班长	工业劳动模范
桂文成	男	48	汲县华新纱厂梳棉部领班	工业劳动模范
刘鸿庆	男	29	新乡市通丰面粉厂修机部领班	工业劳动模范
薛林蔚	男	55	新乡市维新铁工厂木工	工业劳动模范
赵长俊	男	53	新乡市同泰蛋厂蛋白部领班	工业劳动模范
赵邦安	男	52	安阳华安蛋厂副技师	工业劳动模范
吴茂林	男	49	焦作煤矿机厂总领班	工业劳动模范
王作荣	男	48	小西天煤矿生产大队长	工业劳动模范
郜仲元	男	47	安阳电灯厂机务领班	工业劳动模范
王仁江	男	46	新乡市中原纺织公司	工业劳动模范
潘兰洲	男	46	焦作煤矿生产组长	工业劳动模范
王锡麟	男	46	安阳普润面粉厂领班	工业劳动模范
李廷林	男	46	新乡市成兴纱厂清棉部机工	工业劳动模范
徐开泰	男	43	新乡水电厂水管工	工业劳动模范
王连臣	男	43	聊城裕民铁工厂生产组长	工业劳动模范
李培文	男	42	新乡市平原机器厂研究室主任	工业劳动模范
路存心	男	41	安阳辛庄煤矿工务科长	工业劳动模范
韩希文	男	40	小西天煤矿生产大队长	工业劳动模范
安树元	男	40	新乡市成兴纱厂修机部领班	工业劳动模范
赵玉山	男	40	新乡市中原纺织公司	工业劳动模范
赵伯钧	男	38	安阳打包厂开车	工业劳动模范
任景升	男	37	新乡榨油厂领班	工业劳动模范
吕法治	男	35	焦作配件厂生产委员	工业劳动模范
许传毫	男	35	焦作煤矿运搬班长	工业劳动模范
刘 森	男	34	安阳辛庄煤矿机务班长	工业劳动模范
李种堂	男	33	六河沟煤矿工会常委	工业劳动模范
李忠禄	男	32	焦作大华铁工厂烘炉班长	工业劳动模范
纪 羊	男	32	安阳大众煤矿工人	工业劳动模范
杨金斗	男	32	湖西大众铁工厂工人	工业劳动模范

续表

姓名	性别	年龄	工作单位及职务	荣誉称号
司存礼	男	31	汲县工农铁工制造厂	工业劳动模范
张克俭	男	31	安阳火柴厂机工组长	工业劳动模范
李怀德	男	31	焦作煤矿采煤班长	工业劳动模范
王成义	男	30	道口裕兴油厂工人	工业劳动模范
王兴祥	男	29	安阳子针煤矿拉车组长	工业劳动模范
李祥庭	男	29	新乡市邮局分发处业务员	工业劳动模范
毕全禄	男	28	焦作煤矿电机班长	工业劳动模范
刘法家	男	27	汲县华新纱厂电机工	工业劳动模范
王佩漾	男	25	安阳裕兴烟厂工务员	工业劳动模范
李明堂	男	25	新乡市北新染织厂织布工人	工业劳动模范
邵乐义	男	24	焦作煤矿采煤生产组长	工业劳动模范
曾元治	男	23	菏泽曙光烟厂磨刀工	工业劳动模范
尚太福	男	21	新乡市汽车公司司机	工业劳动模范
郭凤英	女	19	汲县华新纱厂车工	工业劳动模范

全省享受劳动保险的较大厂矿共26个。铁路、邮电、黄河、酒业专卖公司所属各单位以及新乡市搬运工会有3万余名会员也享受劳动保险。福利方面，全省有职工医院1个、医务所24个、澡堂54个、合作社12个、理发室26个、饮水站43个、食堂48个、托儿所9个、疗养室11个、业余休养所2个、养老院1个、营养餐食堂3个。

六、私营企业职工权益

全省私营企业采取措施，有计划、有步骤地调整劳资关系，合理解决工资、工时、福利等问题。各地落实签订集体合同，总结和推广先进经验，澄清私营企业干部阶级立场，教育干部，提高领导水平。

1952年，"五反"运动开始后，私营企业职工也积极参与。新乡、安阳两市参加"五反"运动的私营企业职工在90%以上，积极分子占33%。"五反"运动后，新乡、安阳两市和焦作、水冶、菏泽、濮阳、聊城、汲县、道口、单县8县（镇）工会组织协同有关部门，对私营企业进行组织整顿、培训骨干、贯彻政策、发动和教育工人店员、主动团结资方、发展生产。

1952年7~8月，各地调整私营企业劳资关系，解决职工工资、工时、福利等问题。据2市8镇统计，共有私营行业252个，厂店3960户，职工6569人。原签订行业集体合同的有110个、厂店合同163个、职工劳资协议30个。经过组织整顿，签订合同行业增加到171个，占行业总数67.9%；厂店合同2646个，占总户数66.8%；职工劳资协议3463个，占职工总数52.7%。

签订合同有三种方式，一是从厂店合同到行业合同；二是从行业合同到厂店合同；三是同行业、同类型的厂店分片制定合同。其步骤分为：选择重点，了解情况，找出问题，分析研究、进行劳资两利和发展生产教育；劳资双方分别酝酿，准备草案；双方选出代表，见面协商；签订合同，大会贯彻，具体执行。

签订合同做到具体实际、重点突击。厂店合同增多，期限较短，结合生产，满足工人要求，推动生产发展。合同签订后，不少行业生产效率提高50%，有的行业提高100%。职工工资提高20%。大部分工人店员除伙食外，平均每月收入10万～15万元；学徒工基本上管吃管穿，一年学徒每月2万元，两年学徒每月4万～6万元，三年学徒每月6万～9万元。工时调整一般是10～11小时，最多不超过12小时，具体执行上有早上班早下班、迟上班迟下班、两头缩短、轮流作业四种形式。

各地私营企业福利待遇普遍提高。医药费方面，多数私营企业采取职工养病在一至三个月期间由资方完全负责，超过三个月者由个人负责；事假方面，职工请假一个月至一个半月，路费及途中膳宿费由资方负责；工作服装方面，多数企业给职工冬夏各做一套。

第二节　新民主主义青年团

1949年8月，中国新民主主义青年团平原省工作委员会（简称"团省委"）成立，与平原省委青年工作委员会一套机构、两个牌子。是全省各级青年团组织的领导机关，受青年团中央和中共平原省委双重领导。主要职责是贯彻中共中央、平原省委和青年团中央指示，执行全省团代表大会决议，团结带领全省团员和各族青年，为完成党在各个历史时期的任务而奋斗。

团省委把党的中心工作作为青年团的中心工作，在组织建设、党的助手、宣教工作中取得很大成绩。建立各地青年团组织，参加运动，开展教育，引导青年团团结在党的周围；不断探索工作方式、总结经验、自我完善、创新工作机制。

一、调整思路

平原省建省以后，各级青年团组织对如何发挥党的助手作用思路不清晰，对"助手与教育"相结合方针不明确，出现团务工作与党务工作不协调现象。某些干部过分强调团的系统领导，对党委抽调团干部做中心工作有抵触情绪，不善于结合党委部署安排团的工作；有的干部把党的中心工作与团务工作相对立，或者单纯搞团的工作，或者只做党的工作，认为团的系统领导可以取消、团干部可以"毕业"。

1951年11月，青年团中央一届二中全会召开，周恩来作政治报告，号召团员青年要在抗美援朝、国防建设、增产节约和思想改造运动中做党的有力助手，特别在增产节约中，团要在党的领导下向贪污浪费现象作坚决彻底的斗争。全会通过《青年团的目前情况与工作》《关于开展增产节约活动》两个决议。全省各级党委领导团委认真讨论学习和贯彻落实团中央两个决议和政治报告内容，统一思想，明确方向。各地团组织开始注重培养干部和有计划地向党政输送干部。

全省各级党委重视青年团工作，历次党代会、干部会议均吸收团的干部参加，讨论党的方针任务，统一安排团的工作。

1952年8月，青年团中央一届三中全会召开，刘少奇作政治报告。会议期间，毛泽东两次主持中共中央会议讨论青年团工作，提出两个问题：党委应如何领导青年团、青年团应如何工作。全会通过《关于当前工作问题的决议》，强调学习是青年团更加突出的任务。

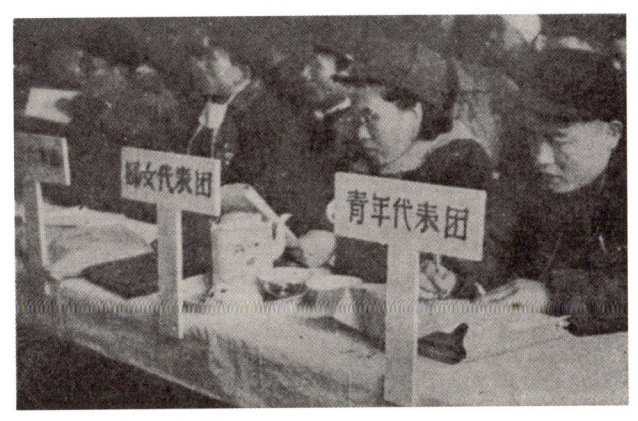

青年代表在代表会议上

10月，平原省各级团委召开团的干部会议或团代会，逐级传达青年团中央三中全会决议，对全省干部思想产生重大启发。团省委把"巩固团服从党的领导"作为工作指导思想，要求各级团委采用"深入工作总结经验"的方法帮助下级团委开展工作，推广先进典型，把团的领导工作提高一步。

二、组织建设

平原省是由冀鲁豫、太行、冀南、太岳行政区各一部分合并而成。1948年，仅有个别村根据中央建团提议试建团的组织。1949年元旦，中央建团决议公布后，各地传达贯彻中央建团决议，选配与培训干部，开始重点建团。至平原省成立时，全省有1024个团支部、2.1万名团员。

团省委于1949年10月12～13日召开第一次青年干部扩大会议，研究确定全省建团的工作方针与任务。此时，在原建团工作的基础上，全省已成立1204个团支部，其中工厂支部6个、农村支部685个、机关支部219个、学校支部281个、街道支部13个，共有青年团员21027人，初步摸索出一些领导经验。根据这种情况，会议提出"今后全省建团工作的总方针，即在团的现有基础上，今冬明春要紧密结合党的生产运动为中心，完成土改、整党、建政与加强文化教育工作，有重点、有步骤地进行普遍建团"。根据这一方针，团省工委就老区、半老区、新区、工厂、学校、机关的建团工作提出具体要求。会议还讨论各地建团的计划。平原省各地总结重点建团经验，逐步推广。全面贯彻"全党建团""在运动中建团"方针，各级党委把建团工作当作重要任务之一，在中心运动中向全党干部布置建团工作。各地建团坚持中央建团决议和团章规定的原则，纠正提高或降低团员条件偏向，团组织发展健康迅速。至1950年9月，全省团组织有8625个支部、16.48万名团员。团组织在一年中增长7倍，遍及各县各区、较大厂矿及中等学校。

1950年8月～1952年11月，是青年团组织巩固和继续发展时期。各地团组织发展迅速，但团的领导与教育工作跟不上。1950年6月，全省有30%的团支部，组织坚强，工作活跃，发挥作用大；有50%的组织，缺乏领导与教育，发挥作用不够；有20%的组织，领导与教育十分薄弱，组织松懈，其中少数支部存在组织不纯现象。根据青年团中央1950年3月组织工作会议精神，1950年8月，平原省召开全省青年团县委书记会议，总结团的工作，提出巩固团组织方针。1950年冬，青年团中央扩大常委会议提出"巩固组织，迎接斗争"的任务。团省委及时召开团地委、市委书记会议，传达贯彻青年团中央扩大会议精神，提出在巩固团组织基础上，重点抓好整顿组织、加强领导、教育团员、发挥作用等工作。各地结合整党工作，加强对团员的共产主义教育，整顿团的基层组织。1951年3月，召开全省团县委组织部长会议，总结整顿团支部经验，制定整顿团支部计划。至1952年冬季，全省共整顿农村团支部3200余个。在整顿工作中，贯彻教育为主方针，结合和推进每个时期党的中心工作，达到纯洁组织、提高团员觉悟、健全支部领导、活跃支部生活目的。

各地逐步加强干部配备和干部培训工作，充实团的领导机构，提高团的领导能力。全省共提拔团的各级干部1959人（省属厅级6人、县级314人、区级1639人），向党输送团的专职干部735人、基层干部8204人。全省采用团校、团训班、讲习会以及片村轮训等方式，结合整党培训和其他各种培训，共培训团专职干部2540人，团基层干部7.19万人。在组织领导上运用团代会加强团委制，动员不脱离生产的团区委及各行各业的积极分子，深入工作，总结经验，加强支部领导，发挥团组织在各项中心工作中的助手作用。1951年8月，团省委举办团支书讲习会，学习关于党团基本理论及党的各项政策，交流团组织领导经验，解决县区团委普遍存在的"中心工作与团务工作矛盾"问题，讨论如何提高团组织领导和进一步发挥党的助手作用问题。1952年，有1个地委、2个市、38个县、305个区召开团代会。各县、区能经常召开团支书联席会议或支委干部大会。全省不脱离生产的团区委和兼职团区委干部有2600余人。全省拥有积极分子近2万人，包括优秀团支书、学习辅导员、少年儿童队辅导员、小学教员、生产和学习模范团员等。积极分子是青年团后备干部培养对象。至1952年11月，全省团专职干部编制除省一级及厂矿外共1896人，实有团干1811人，缺85人。

团省委加强对团员的教育，在各项中心工作中发挥党的助手作用。各地青年团组织向团员青年进行团的基本知识讲座与宣传，配合开展建团工作。1950年8月，在团基层组织有一定规模后，全省开始重点加强团的教育工作。1951年2月，团省委召开团县委宣传部长会议。各地充实团宣教干部，成立传授站，建立健全团课制度。青年团中央和团省委分别普训地、县、区团委宣教干部。在抗美援朝、镇压反革命、思想改造、"三反""五反"及爱国生产等运动开展过程中，各地加强对青年团员政治思想教育及团的组织教育，提高团员政治觉悟，发挥团组织作用，巩固和壮大团的各级组织。

1952年前三季度，各地发展青年团员9.74万人，全省有学习传授站1270个，学习辅导员9570人。至1952年9月，全省成立1.57万个团的基层组织（团支部），有团员33.05万人，其中女团员6.72万人。各厂矿团支部有131个，团员4273人；农村团支部1.26万个，团员24.99万人；机关团支部1020个，团员1.26万人；学校团支部1568个，团员5.16万人；街道团支部277个，团员4643人；其他团支部53个，团员1497人。全省团的基层干部7万余人。各地有2.45万名青年团员加入中国共产党，团的后备军作用日益增强。

三、社会运动

平原省成立后，党在新区、半老区、恢复区发动群众实行土地改革与结束土改工作。各地团组织引导青年参加土改运动，对青年积极分子进行教育与培训，在土改运动中发展团员9万余人。

在抗美援朝运动中，各级青年团组织对团员和青年进行爱国主义和国际主义教育。全省有1523名团员和青年参加志愿军伤病员护理队。各地报名参加军事干校的青年1.34万人名，共录取1959人，其中团员占录取生总数的65.9%。1951年春季，全省23个县完成1.6万人参军任务，其中团员占16.4%。延津县全县有33%的团员参军。各地团员带领青年投身到签订爱国公约、捐献飞机大炮、优待烈军属、和平签名以及爱国卫生等一系列群众运动之中。

在镇压反革命运动中，各地青年团员在宣传党的政策、控诉反革命分子以及协助人民政府缉拿反革命要犯等方面作出贡献。各地农村团员带领青年参加民兵，进行军事、政治训练，担负维持地方治安的任务。

《婚姻法》颁布之后，各级团委配合妇联，协助党和政府在人民群众中进行关于《婚姻法》宣传工作，支持男女青年争取婚姻自由的斗争。各地封建婚姻制度遭到废除，自由婚姻逐渐增多。1952年，全省有8000余对男女青年自由结婚，建立新的美满夫妻关系；有3万余对男女青年解除旧的婚姻制约，建立互敬互爱的新家庭。

全省有3万余名青年和团员参加"三反""五反"运动，从中受到教育。各地团员青年政治觉悟得到提高，团的组织得到锻炼。新乡、安阳两市私营企业中受雇的青年工人在与不法资本家斗争中广泛建立团组织。

四、生产建设

在工农业生产战线上，青年和团员表现出高度的劳动热情和积极性，善于接受新鲜事物，富有创造精神。各厂矿青年团组织发动青年职工参加爱国增产节约竞赛，学习先进技术，在生产中涌现出一批青年劳动模范。焦作煤矿青工曹品良在基本建设工程中创砌井日进16.4米的全国新纪录。豫北纱厂青年女工李连娣坚持郝建秀工作法，将全厂平均白花率由0.65磅降至0.29磅，最低达0.17磅；5月红旗竞赛中，26天获得22次红旗；她的小组"包教包学"，使12个小组掌握郝建秀工作法。纱厂青年女工刘桂英、薛代英、顾素琴，面粉厂青工魏春山等青年团员，都是全省著名青年劳模，成为职工群众的榜样。

农村青年团员在爱国丰产运动和互助合作运动中发挥带头作用，团结青年农民，带动家庭，响应党和政府号召，参加互助合作，推广新技术，学习丰产经验，在抗旱、打井、开渠、治水、防涝、植棉、治虫、浸种、选种、积肥以及推广新式农具和新的耕种方法等项工作中，青年团组织都显示出突击队作用。全省农村有65%的团员参加互助合作组织，部分地区高达90%。各地互助组组长中团员占15%。

各级青年团组织团结青年参加治黄、复堤工程。有1000多名团员参加黄河"溢洪堰"工程、"引黄济卫"工程，多数团员被评为模范。据寿张、濮阳、金乡、封丘、阳谷5个县统计，在716名模范中有团员119人。

在爱国丰产运动中，各地涌现许多青年劳动模范和丰产模范，受到政府奖励。郓城县九区厂窑门青年团员钱广进，1951年一亩谷子收455余公斤。观城二区苏村青年团员苏洪全，1952年二亩六分丰产谷子，每亩收503公斤。鱼台二区刘庄青年团员李贤玉，1952年一亩七分小麦丰产地（旱地），平均每亩收300公斤。冠县四区王刘八寨青年团员王明林，1952年九分玉米地（水地）丰产510公斤。武陟东石寺青年团支书李钦民，1952年一亩四分小麦丰产地（水地），每亩收326.5公斤。各地都有团员领导的互助组被选为县、区模范互助组。

五、宣传教育

全省各级团委围绕中心工作，采用多种多样方式，对团员和青年进行政治思想教育。结合各种社会改革运动开展实践教育，提高团员青年的思想觉悟和爱国热情，向群众进行宣传，成为党宣传工作中的得力助手。各级团组织向党组织输送6万余名青年团员担任党的宣传员。

1950年3月，省委第二次党代表会议批判党内严重的农业社会主义思想，贯彻"恢复与发展生产"方针。各地青年团组织通过团代会、团员会、团课、团训班以及青代会、民校等形式，在团内外青年中协助党委进行大生产运动宣传动员，开展生产政策教育活动，克服绝对平均主义思想，提高群众的生产积极性。

1950年冬季，各地结合整党运动在团员中进行共产主义教育。全省9万名青年团员参加整党运动，接受党员标准八项条件为主要内容的整党教育。1951年，开展抗美援朝教育和镇压反革命运动，克服团员青年不问政治的思想倾向。农村爱国丰产运动中，全省团内外青年进行"组织起来"教育。1952年7~9月，各地农村团组织开展"组织起来"集中教育，共培训团在职干部和团学习辅导员3494人。有20万名团员参加团课学习，推动互助合作运动。不少地方在教育过程中，结合评比运动进行现实教育。

六、文化普及

随着工农业生产的恢复与发展，全省男女青年学习文化热情日益高涨。各地团委及部分团支部在农村积极参加农业技术委员会或推广组，开展文化技术学习推广活动。安阳地区普遍建立"小农场"，仅林县就有"小农场"189个。各地通过参观评比、派人参加政府组织的技术训练班、聘请农场技术人员或当地劳模上技术课等方式，学习浸种、拌种、选种、治虫、棉花技术、管理宽垄密植等科学农作法。1950年，在厂矿重点推广师徒合同，普遍成立技术研究小组，上技术课，引导和组织团员青年进行技术学习。1951年，各地通过训练班、技术表演、实地参观等方式，组织青年团员和青工学习先进工作法。爱国增产节约竞赛运动中，各地青年团组织协助党、政、工推广先进经验。

全省文化学习运动中，青年团历年是办冬学、民校的骨干力量。1952年，农村有76%的团员参加初级或高级民校学习。1952年5月，重点试验速成识字运动开展后，全省有26万人入学，其中青年占83%，有不少团员成为学习模范。有许多文化程度高的团员担任扫盲教师，如莘县、武陟县扫盲教师中团员占20%。全省近万名青年工人参加职工业余文化学校学习，有110万名青年农民参加民校学习。青年团员在各种学习组织中发挥模范和骨干作用。

1952年，全省6万多名青年在中等以上学校学习，比1949年增长3.3倍；有163万多名儿童在小学校学习，占学龄儿童的69%，比1949年增长1倍。大、中学校青年团组织贯彻"团结同学，开展新民主主义学习"方针，结合各项政治运动，对学生进行政治思想教育。各地学生学习文化科学知识，锻炼体魄，爱国热情和为人民服务积极性逐日俱增。团领导的少年儿童队在各地小学陆续建立。全省有33万名少先队员，6576名辅导员。少年儿童队在协助学校培养教育新一代方面开展了许多有益的活动。

1952年8月，青年团中央第一书记胡耀邦指出"学习成为中国青年更加特别突出的任务"。团省委围绕胡耀邦的讲话精神，指导青年团工作，号召和引导全省团员和青年迎接新形势新任务、努力学习、参加祖国建设，更好地协助党完成各项新的历史任务。

第二节 妇 联

平原省建省之后，全省妇女普遍受到爱国主义与国际主义教育，认识到国家利益、个人利益和妇女解放的一致性。1949年10月，平原省民主妇女联合委员会（简称"省妇联"）成立。省妇联团结全省妇女，打破封建传统束缚，保护妇女儿童权益，组织妇女参加各种建设事业，实现男女平等、妇女解放。随着全省各项社会事业的迅速发展，妇女积极参加社会生产、参与民主建政、改革家庭制度与经济制度、树立家庭民主意识，成为社会财富的创造者，政治地位和经济地位不断

妇女代表在座谈

提高。全省782万人口的老解放区及部分新区，基本解除旧家庭制度对妇女的束缚，妇女社会地位提高，婆媳关系融洽，互敬互爱，家庭和睦。全省女工福利待遇明显改善。1952年，各地女工平均工资比1949年提高100%。

一、组织建设

全省各级妇女代表会是领导妇女执行政策法令的中坚力量，也是广泛团结群众的良好组织形式与工作方法，成为联系上级与下级、领导与群众的桥梁纽带。3年间，全省各县普遍召开妇女代表会议，264个区召开妇女代表大会，7795个行政村成立村妇女代表会。妇女代表联系的妇女群众有300万人。妇女代表会成为团结妇女群众的有力组织。但各地妇女工作不平衡，一些县妇联不能按计划召开年度妇代会。

二、妇女运动

全省各级妇联贯彻1948年中央关于解放区农村妇女工作的决定和第一次全国妇女代表大会城市工作方针，执行1950年全国妇联执委扩大会议的决议，坚持"妇女解放运动以参加生产为中心"的原则，提高全省妇女政治觉悟与自身解放意识。3年间，各级妇联深入厂矿车间、街道、农村及农民家庭，发动妇女，参加生产，进行劳动，改造世界观，实现男女平等；开展妇女解放前途教育；纠正"好男不当兵，好女不做工""不劳动是福，劳动生产是命苦"的封建扭曲心理。各地城乡妇女得到广泛发动与组织。

（一）社会活动

省妇联在不同时期政治任务中，结合业务，制定计划，报请省委批准，联合有关部门分工合作，有计划有组织地贯彻妇女解放政策。在县以上各界代表会议上，介绍妇女工作经验，让各界人士关心妇女解放、支持妇女斗争。在各种政治运动中，有计划有重点地参加各部门会议，如互助合作代表会议，劳模会，抗美援朝代表会，宣传员代表会议，民政、司法工作会议等，在各种会议上提出妇女工作的具体意见，及时协商，分工合作。召开妇女代表座谈会，围绕中心工作做好妇女工作。精心组织撰写专题报告，在各级工会委员会议、协商委员会代表会议、省直机关干部会议以及学校和工厂各重大会议上汇报妇女工作开展的情况，提请有关部门高度重视和帮助解决妇女工作问题。配合有关部门加强宣传工作，深入集镇、庙会、街道、郊区、村庄进行政治形势讲演座谈，运用展览棚、展览室开展妇幼卫生工作及婴儿健康教育，深入贯彻《婚姻法》。在全省各地建立固定场所的广播站，指导妇女工作，形成制度，不定期地召开各地妇女代表会议，推进各项工作。

各级妇联围绕"整体发动群众与解决妇女切身问题相结合"的原则，把妇女工作融入党的中心工作和各项社会运动中，分别发动与组织，在各项活动中注重解决妇女切身问题。

土地改革运动中，各地妇女积极参加，分得土地，经济上获得利益，经济地位逐渐提高。

抗美援朝运动中，各级妇联提出妇女工作要"消减空白点"，做到"家喻户晓、妇孺皆知"。全省80%以上的妇女受到爱国主义宣传教育，广泛参加抗美援朝运动。各界妇女捐献飞机大炮款3.13亿元，慰劳款1.4亿余元，慰问袋3万多件，慰劳品4.54万件，书写慰问信数千封，有200多万名妇女参加和平签名运动。新乡县有70%以上的户（含所有劳力妇女）制定爱国公约。在"有钱出钱、有人出人"的倡导下，各地出现妻送郎、母送子参军的感人场面。湖西专区嘉祥县有35名妇女送子送郎参军赴朝。

镇压反革命运动中，全省各地妇女提高阶级警惕性，树立敌情观念，积极参加诉苦、检举、密报、管制反革命分子等工作。安阳市有73名妇女担任治安组组长，涌现出滑县郭大娘捉特务的典型事例。

爱国生产互助运动中，各地妇女"组织起来"的自觉性日益提高，封建落后的保守思想逐渐克服，树立起劳动光荣思想。妇女和男人一道参加以家庭为单位的互助组。基础好的地区，组织起来的妇女达到当地劳力妇女总数的70%～80%，彰显出妇女在互助生产中的重要作用。

全省生产、救灾、复堤等艰巨任务中，各地妇联贯彻生产自救方针，进行人定胜天教育。各界妇女表现出巨大潜力，得到家庭与社会的尊重。

各地封建旧俗得到根本性扭转。《婚姻法》的贯彻使妇女解除封建婚姻带来的痛苦。在省妇联倡导下，各地开展家庭民主合理分工，解决妇女参加农业生产和家庭劳动的矛盾，妇女家庭和社会地位不断提高。

（二）生产劳动

全省各界妇女积极参加祖国经济建设，在工业、农业、手工业以及生产自救方面大显身手。

工业方面。安阳豫北纱厂推广郝建秀工作法后，全厂白花率由1.73磅降低到0.62磅。最突出的优秀女工李连娣，白花率降至0.23磅，创出低于郝建秀白花率的新纪录；看锭能力由280枚提高到600枚；产量由0.93磅提高到1.04磅；在1952年5月26天的红旗竞赛中，个人独得22天红旗。中原纱厂涌现9个月不出次布的优秀女工顾素琴。全省各厂矿企业中有105名女职工被评为模范典型。城镇居民中的劳动妇女获得广泛生产门路。新乡、安阳两市，1950年有5522名妇女参加工业加工、军需加工及市政建设等工作。1951年，从业妇女增加到1.09万人。1952年，更多的妇女群众参加工厂生产。

农业方面。1950年，全省妇女参加季节性农业生产者达到妇女劳力总数的50%~60%。1951年，全省4万名妇女受到技术培训。1952年，妇女参加生产者达到70%~80%，部分村庄妇女达到90%。涌现出大批妇女劳动模范。在爱国丰产竞赛中，大批妇女走上互助合作道路。据4个专区统计，有118万名妇女参加互助组，组织起来的妇女占妇女劳动力总数的50%以上。涌现出国营博爱农场女拖拉机手李曼萍、定陶县农业生产合作社生产学习模范陈素珍、莘县互助劳动模范王玉兰等先进典型，以及王玉花、李存芝等闻名全省的妇女劳动模范。王玉兰种植的小麦每亩平均产量300斤，丰产亩达600斤；路黄氏改造盐碱地，提高单位面积产量，超过当地群众产量的2倍。各地妇女为争取小麦丰产，积极参加防旱抗旱运动。据4个专区14个县58个村调查，有4243名妇女参加打砖井、挖土井，共计423眼，修渠长15312丈。

生产自救方面。灾区有大量妇女参加供销、生产、消费合作社，开展生产自救运动。1950~1952年，有200万名妇女参加纺织生产，共织土布9492万平方尺，获利384.7亿元。1952年，有30万名妇女从事编织劳动，仅草帽编织一项就获利50余亿元。妇女成为生产救灾运动中的主力军。在基层供销合作社中有200余名优秀妇女当选为合作社主任、理事，团结与组织群众进行生产自救。

1952年下半年，全省各级妇联组织妇女参加工农业生产，促进城乡物资交流，巩固互助组，重点发动妇女参加农业生产合作社，参加秋季评选，总结生产经验，制定新生产计划，参加小麦冬锄、冬浇与积肥，保证来年小麦丰产。在农业生产中加强女工政治思想教育，宣传女工模范事迹，树立女工典型，维护女工权益。

三、宣传教育

全省各级妇联在领导妇女参加各种运动过程中，发动群众，开展思想教育、扫盲运动、培养妇女干部、贯彻《婚姻法》等大量工作。

（一）思想改造

各级妇联针对妇女具体情况，按照不同年龄、不同阶层、不同家庭状况，分别对象，采取不同方式，开展政治宣传和思想教育，解决不同人的思想问题，引导和团结妇女参加各种社会改革运动。

爱国售棉运动中，针对青年妇女担心售棉后自己不够用的思想顾虑，各地妇联召开"青年妇女会"和"老太太会"进行动员，一方面鼓励青年妇女把棉花卖给国家，另一方面动员婆婆们保护青年妇女应得利益。

发动妇女参加生产过程中，各级妇联逐一破除妇女的封建思想障碍。土改后，妇女分得土地，但旧中国妇女几乎不参加农业劳动，重家务轻劳动的封建落后思想十分严重。针对这种情况，各级妇联提出"劳动光荣""男女平等"口号，教育妇女和群众树立"劳动生产求解放"思想意识，提高人民群众劳动自觉，带动妇女参加农业生产。

妇女参加生产后,产生"埋头生产、不问政治"的思想。在抗美援朝、镇压反革命、爱国增产三大运动中,各级妇联重点进行国家利益、个人利益和妇女解放的一致性教育。思想动员、宣传教育和典型事例相结合,激发了妇女参加生产的劳动热情。

各地妇联组织专家劳模对妇女进行技术传授,推广科学管理农作物方法,克服生产中保守思想,坚定妇女走互助合作道路。各级妇联考虑到妇女在旧中国是最受压迫的阶层,在各种运动中对妇女有特殊照顾,针对不同妇女的实际情况,做耐心细致的工作,反复进行自我教育,团结带领和帮助她们参加各种社会运动。

(二)扫盲运动

中华人民共和国成立前,劳动妇女受教育的权利被剥夺,妇女文盲占文盲人数的绝大多数。中华人民共和国成立后,全国掀起扫盲运动,平原省妇女学习文化活动不断普及与发展。1950年,全省男女学员有36万人,其中妇女学员有3万余人,占学员总数的10%。1950年冬,新乡市有640名劳动妇女上识字班,全市女工全部参加职工业余学校,学习写信、记账、开发票、读书看报。1951年,全省男女学员有72.22万人,其中妇女学员9.43万人,占学员总数的13%。1952年,全省男女学员有210万人,其中妇女学员76万人,占学员总数的36.2%。新乡、安阳两市有1.04万名妇女参加民校,占全部民校学员的76%。新乡市速成识字法推行委员会成立后,组成速成识字法实验班12个,毕业学员469人,其中妇女276人,占59%。随着生产的恢复与发展,经过抗美援朝和镇压反革命运动,全省妇女觉悟进一步提高,掌握科学技术、学习文化成为妇女的迫切要求。聊城专区莘县中牟町村入学的68名妇女中,有21人达到高级小学文化程度,43人具有初级小学文化程度,该村11名师范学员中有9名妇女。

(三)培养妇女干部

全省各级党委把妇女工作作为经常性工作给予关注、研究、计划、部署与指导。清丰县库韩村、林县泽下村吸收妇女干部参加支部领导,共同研究工作计划和妇女问题,培养妇女干部,推动妇女工作的开展。

省妇联坚持贯彻群众路线工作方法。一方面动员各部门做好妇女工作;另一方面依靠群众,大量培养积极分子,发挥不脱离生产妇女干部作用,使之成为各种运动骨干,克服干部缺、编制少的困难。鱼台县四区仅两名妇女干部,通过召开区妇女代表大会,吸收24名不脱离生产的妇女委员,深入基层群众之中,解决干部不足问题,促进妇女工作的开展。

在党代表会议上,妇联建议党委吸收同级妇女干部参加或列席,把妇女工作经验与问题向大会作介绍,让妇女干部接受培养和锻炼。各级妇联组织人员深入厂矿农村进行专题调查,提高妇女干部实践能力,丰富领导经验,向党委写汇报材料,供党委参考,促使党委加强对妇女工作领导。不断总结村支部在妇女工作中的先进经验,通过党委通报全省,推动妇女工作开展。在开展互助运动中,各地妇联召开形式多样的会议,如,以区为单位不脱离生产的小规模干部会议、互助"看娃娃"代表会议、"接产员"代表会议、按季节总结布置工作的妇女代表会等,传达政策,培养干部。

妇女领导干部受到人民群众广泛拥护和爱戴。"三反""五反"运动后,各地妇女进一步参加民主建政。1952年,全省有8名女县长,40余名女区长,各县市政府女委员16人。新乡、安阳2市和新乡、聊城、湖西3个专区,妇女担任街村政权干部有2394人,副市长1人,市人民法院副院长1人。全省56个县各界人民代表会议中妇女代表占12%～20%。各地有不少女工成为工会委员。

至1952年11月，全省妇女干部1155人，其中党员699人，占总数60.52%；青年团员271人，占总数23.47%；群众185人，占总数16.01%。党团干部共970人，占总数80%以上。妇联干部中，1949年以前参加革命工作的干部618人，占总数53.6%；1949年以后参加革命工作的干部537人，占总数46.4%。全省妇女干部大多经过抗日战争与解放战争锻炼和考验，是团结群众的核心和骨干。妇联干部中27%的青年团员是各种运动中的积极分子，工作热情努力，是党员发展对象。全省妇女干部文化程度，初中以上163人，占总数14.11%；小学程度495人，占总数42.85%；文盲半文盲497人，占总数43%。全省各行业系统干部平均文化程度相比较，妇女干部文化程度相对较高。

（四）宣传《婚姻法》

1950年4月，中央人民政府颁布《中华人民共和国婚姻法》，打破束缚中国妇女几千年的旧婚姻制度。全省各地组织成立贯彻《婚姻法》委员会，以各级人民政府为主，吸收民政、司法、人民监察、妇联、青年团等部门参加。各级妇联研究婚姻政策，讨论贯彻《婚姻法》具体方案；主动联系各阶层代表性人士参加贯彻《婚姻法》委员会，逐级建立责任制。各级党、政和妇联主要领导在各地干部中作贯彻《婚姻法》报告。各县各界人民代表会议贯彻落实《婚姻法》，制定相关决议。各地结合中心工作开展《婚姻法》宣传教育活动。

各地、市、县采取批判与表扬相结合的方法，运用宣传工具，组织宣传棚、漫画、挂图、歌剧、幻灯，发挥民间艺人的积极性，编写快板、诗歌，宣传《婚姻法》及自由婚姻典型事例。在集镇、庙会、物资交流大会及各种形式会议上宣传教育群众。

各级妇联培养扶植男女自由婚姻模范，结婚典礼时，妇联代表到场参加，县长、区长献花表扬。奖励模范人、模范村，扩大影响，树立典型。各地妇联建议人民政府采取司法工作下乡，轮回公审，遇到问题就地判决。部分城镇召开公审大会，对极少数因婚姻虐待虐杀妇女及干涉婚姻自由造成的严重恶果，乃至民愤极大的犯罪分子，进行公审控诉，就地判决；对干涉婚姻自由或违犯婚姻自主未造成严重恶果的干部和群众，给予深刻揭发和批评教育。公审大会展示了政策威力，教育了群众，许多婚姻纠纷得到正确处理。一些先进地区执行村级分片包干制，解决群众婚姻问题，对妇女进行婚姻登记教育，把登记工作与贯彻婚姻政策相结合，提高妇女觉悟，保障妇女权益。

全省包办买卖婚姻被摧垮，童养媳与早婚恶习被革除，寡妇有再嫁自由，男女关系趋向平等，婚姻纠纷下降，因婚姻问题逼死人的现象减少，民主和睦、团结生产的新家庭不断增多。

四、维护妇幼权益

平原省妇联成立之始，就把提高妇女社会地位，改善妇女劳动条件，保护妇女权益及儿童福利作为重要职责。省妇联内部机构设有妇婴福利部，明确专人接待群众来访，为受害妇女伸张正义。妇联主任、副主任亲自接待处理来信来访，对妇女群众反映的各种问题，深入基层调查落实，弄清情况后，督促有关单位认真解决。各地妇女遇到冤屈和困难，向当地妇联诉说，妇联为受害妇女撑腰说话，赢得群众信任，妇女称妇联为"娘家"。在全省各级妇联的努力和社会各界的帮助下,各地妇女权益基本得到保障,妇女地位有一定改善。

但在有些方面,维护妇女权益工作还相对薄弱。如对女工问题不够重视;妇女不能得到同工同酬、按活评分、按劳取值;对妇女劳模缺少后续跟踪和关爱。

（一）妇幼保健

1949年,全省各地危害妇女儿童生命安全最严重的疾病是产褥热①和四六风②。产妇死亡率达3‰;婴儿死亡率平均达40%,最高地区达70%。至1952年11月,全省近1800万人口,婴儿出生率35‰。平均每年有29万个婴儿死亡。

平原省委、省政府在全省贯彻预防为主方针,省妇联结合卫生部门开展城乡妇幼卫生保健运动。组织各地妇女参观学习各种规模的卫生展览会;利用幻灯、歌剧、挂图等形式,开展卫生知识普及教育。湖西、菏泽、濮阳等地举办209次妇幼卫生展览大会,16.18万名男女群众受到教育,其中大部分是各界妇女。各级政府卫生部门大力培养培训各地接生人员,全省各个城市、农村中有1.7万名接产妇得到思想改造,提升了妇女对新接生法的科学认识。新接生法在城乡普遍推广,各地婴儿死亡率降低到10%。全省涌现出马荣花、汪秀华、陈爱莲、赵忠兰、任爱云等20余名省妇幼卫生模范,这些卫生模范是接产模范,也是宣传模范,带头教育各地妇女讲究个人卫生和经期卫生,群众称赞她们是"妇女救星"。各地逐步对城市女职工和农村妇女实行经期、孕期、产期、哺乳期四期保护制度,做好工厂、农村妇女的劳动保护。

（二）托幼组织

全省各级妇联积极发展托幼组织,解除职业妇女参加劳动生产的后顾之忧,维护妇女儿童切身权益。

全省生产竞赛运动中显示出互助合作的优越性,妇女在增产节约和管理儿童中起到突出作用。据10个县统计,1951年,各地有157个村成立6892个托儿组,受托儿童1.25万人。城市中,豫北、中原、成兴、华新、金钟等较大厂矿,在工会与妇联领导下,成立托儿所、乳儿室,添置简单设备,让母亲们安心工作。

1952年,全省普遍成立机关、工矿托儿所,组建农忙托儿所。至11月,全省农村托儿所占行政村总数的9.8%。淇县88%的行政村成立农忙托儿所。

第四节　其他群团组织

一、平原省学生联合会

1949年12月,平原省学生联合会(简称"省学联")成立。省学联是中华全国学生联合会的团体会员,是平原省高等和中等学校学生会的联合组织。1952年11月,省学联撤销。

---

① "产后发热",指产褥期内,出现发热持续不退,或突然高热寒战,并伴有其他症状。
② 新生儿肚脐破伤风,又称"脐风""七日风",系由破伤风梭状杆菌侵入脐部,产生毒素而引起以牙关紧闭和全身肌肉强直性痉挛为特征的急性严重感染性疾病。

二、平原省抗美援朝分会

1950年11月3日,平原省抗美援朝分会(简称"抗美援朝分会")成立。主要任务是在中国人民抗美援朝总会统一指导下,组织动员全省人民认真订立和执行爱国公约,优待军烈属,捐献飞机大炮,以实际行动支援抗美援朝战争。1952年11月,抗美援朝分会撤销。

抗美援朝分会成立之前,平原省于1950年下半年成立"平原省和平运动签字运动委员会"(即中国保卫世界和平大会委员会平原省分会)和"反对美国侵略台湾、朝鲜委员会"(即中国人民反对美国侵略台湾、朝鲜运动委员会平原省分会)。1950年11月3日,两个委员会合并入平原省抗美援朝分会。

三、中苏友好协会平原省分会筹委会

1949年9月26日,中苏友好协会平原省分会筹委会(简称"省中苏友好协会")成立。省中苏友好协会前身为中苏友好协会新乡分会。主要任务是发展和巩固中苏两国友好关系,增进中苏两国文化、经济及各方面的联系与合作,介绍苏联政治、经济、文化建设经验和科学成就,推动学习苏联运动,提升民众建设国家的热情。1952年11月,省中苏友好协会撤销。

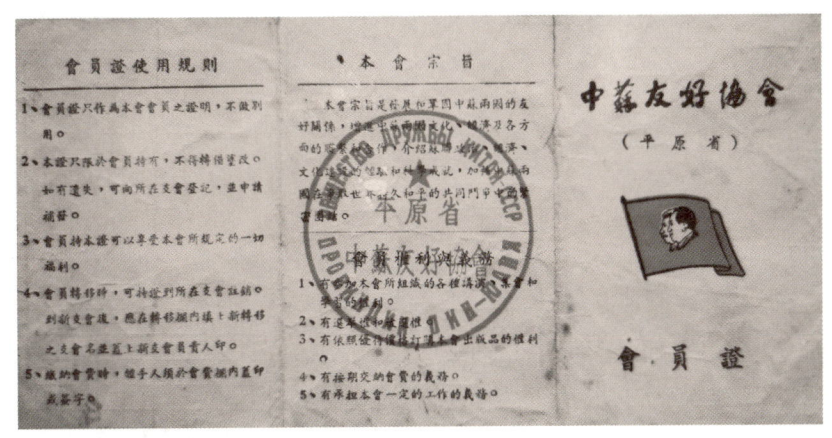

中苏友好协会平原省会员证(封面)

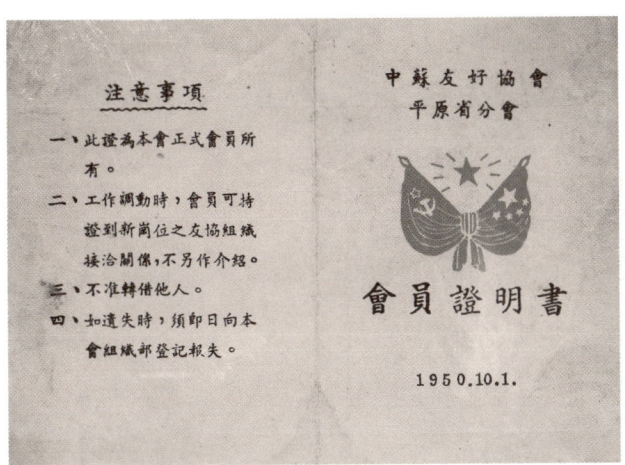
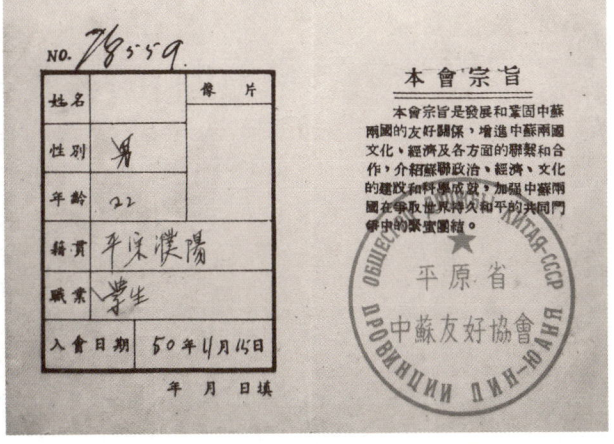

1950年中苏友好协会平原省分会会员证明书

第七章

交 通

平原省成立之前,各地因战争支援前线曾修建大量临时公路,邮政、电信、航运在战争中陆续建立,但大都是分散、临时,不正规。全省境内原有京汉铁路、道清铁路于1949年恢复。建省之后,全省交通事业逐渐整修恢复,物资交流、邮政通信取得初步成绩。

1949年8月20日,平原省交通厅成立,为全省交通行业的行政管理部门。设有秘书室、技术室、行政科、统调科、会审科;直属单位有运输公司、转运公司、黄河河运公司、卫河河运公司、公路局、航务局。

3年间,全省在公路养护、基本建设、汽车监理、邮电企业、航道航运建设、汽运、联运等各项工作中,基本完成中央和省政府的要求。1952年,全省恢复公路班车路线,黄河、卫河、运河通航,邮电日益规范。至1952年11月,全省公路发展到3049公里,较1949年增长3倍以上;完

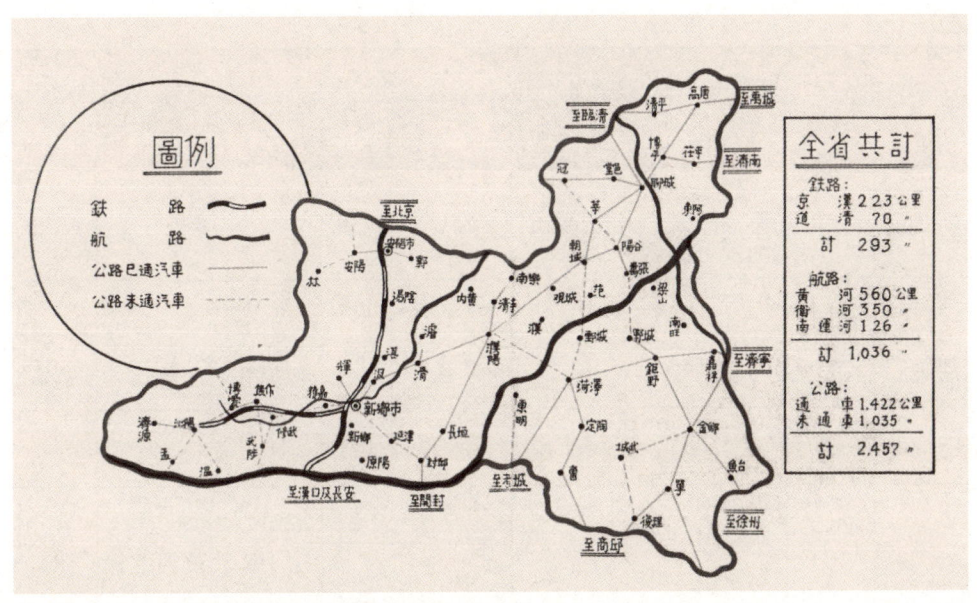

1950年平原省主要交通概况

成桥梁涵洞工程705处，便利交通运输；电话线路发展到9183.5公里，电话畅达各县城，多数通到区，能与外省各大城市通话；完成物资转运任务2.21亿吨公里，有组织群众运输车辆（包括汽车、胶轮马车、铁轮车、手推车，大多是畜力和人力车）2.2万余部。3年间，各种运输纯收益32.26亿元，监理及养路费收入41.53亿元，航运收入2.93亿元，邮电企业总收入479.7亿元。全省交通系统对增加国库收入、发展经济发挥了重要作用。1952年11月，平原省交通厅撤销。

第一节　公　路

平原省各地公路因人力、物力、技术条件限制，大部分属于临时性修建，只能勉强通车，路面均为土质，雨季无法行车，桥涵大多不符合标准。

1949年，在战争时期支援前线临时抢修的公路有24条、长2159.5公里，通车路线972.1公里。1950年，全省各地利用农闲，进行3次民工建勤整修公路，计21条、长1883公里；修建桥涵44座，勘测公路25条、长1658公里。至1952年11月，全省通车路线发展到3049.3公里，通行班车路线1977.4公里，一般公路均能通行汽车；共发动民工投入188.98万个工日，修整各类公路7459.5公里，主要乡道2943公里；完成桥涵工程705座，其中永久性桥涵637座、半永久性桥涵37座、临

平大公路桥梁竣工

1950年平原省公路情况表

表7-1-1　　　　　　　　　　　　　　　　　　　　　　　　　　　　　　　　　单位：公里

路线	长度	经过重要城市（县、镇）	通车路段			不通与未通车路段				备注
			起点	讫点	长度	起点	讫点	长度	原因	
新聊路	259	汲县、滑县、濮阳、朝城、阳谷	新乡市	聊城	259					
菏济路	112	巨野、嘉祥	菏泽	济宁市	112					
菏姬路	82	鄄城				菏泽	姬楼	82	客货少，隔黄河	四野战斗部队南下前修筑
济商路	121	金乡、单县、复程	济宁市	商丘	121					
京汉路	184	安阳市、汤阴、汲县、新乡市、小冀				漳河南岸	黄河北岸	184	有火车	

续表1

路线	长度	经过重要城市（县、镇）	通车路段			不通与未通车路段				备注
			起点	讫点	长度	起点	讫点	长度	原因	
京汴路	177	南乐、清丰、濮阳、长垣、封丘	龙王庙	柳园口	177					
新汴路	77	延津、封丘				新乡市	开封市	77	未修复	有沙滩15里
濮菏路	84	东明				濮阳	菏泽	84	黄河渡口不通	
菏考路	43		菏泽	考城	43					通开封市
菏商路	82	定陶、曹县	菏泽	商丘	82					
安观路	24					安阳县	观台	24	未修复	
林楚路	107	安阳县、安阳市、邺县	安阳县	楚旺	75	林县	安阳县	32	路线不良	通大名
新博路	81	获嘉、修武、焦作矿区	焦作	博爱	20	新乡市	焦作矿区	61	有火车	焦作至济源有班车
巨复路	83	城武				巨野	复程	83	客货少、未通车	四野战斗部队南下前修筑
定徐路	89	城武、单县	单县	省界	30	定陶	单县	59	未修复	
济邯路	104	茌平、博平、聊城、堂城、冠县	茌平	冠县	104					
博商路	29		博平	高唐	29					
临禹路	67	高唐	博平十二里屯（清平）	高唐贾旺（高唐）	67					
聊临路	34		聊城	临清	34					
聊徐路	205	阳谷、寿张、郓城、巨野、鱼台、金乡	聊城	孙口（寿张）	64	孙口	郓城	42	隔黄河、客货少	至徐州
			郓城	巨野	27	巨野	金乡	46	未修复	
			金乡	鱼台	26					
新辉路	16		新乡	辉县	16					
修詹路	35	武陟				修武	詹店	35	尚未修复	
焦武路	23					焦作矿区	武陟	23	尚未修复	
磕坡路	40	济源				济源（磕井）	济源（坡头）	40	尚未修复	
太洛路	82	博爱、沁阳、孟县	沁阳	沁阳	33	沁阳	黄河北岸	47	未修复	太原至洛阳线

续表2

路线	长度	经过重要城市（县、镇）	通车路段 起点	通车路段 讫点	通车路段 长度	不通与未通车路段 起点	不通与未通车路段 讫点	不通与未通车路段 长度	不通与未通车路段 原因	备注
东考路	41					东明	考城	41		四野战斗部队南下时修筑
沁温路	20					沁阳	温县	20	尚未修复	
沁济路	32		沁阳	济源	32					便道通车
聊朝路	65	莘县	聊城	朝城	65					里程系约数
冠阳路	55	莘县				冠县	阳谷	55	客货少	里程系约数，四野战斗部队南下前修筑
滑道路	4		滑县	道口	4					
合计	2457				1422			1035		

1950年平原省班车路线情况表

表7-1-2　　　　　　　　　　　　　　　　　　　　　　　　　单位：公里

路线别	起讫地点		长度	营运单位	行驶车辆 汽车	行驶车辆 马车	备注
新聊路	新乡市	聊城	259	平原公司为主	各开2~6部	来往约50辆	
聊禹路	聊城	禹城	70	平原公司为主	各开3~5部	70辆	
聊济路	聊城	济南市	47	山东公司为主	各开2~4部	30辆	
菏济路	菏泽	济宁	112	山东公司为主	各开1~3部	50辆	
安楚路	安阳市	楚旺	54	邯郸公司为主	2~3部	60辆	该线至大名亦有班车
单徐路	单县	徐州	30	徐州公司	不详	不详	
金徐路	金乡	徐州市	25	徐州公司	不详	不详	新建班车线
菏考路	菏泽	考城	43	平原公司为主	各开2~3部	40辆	
京汴路	龙王庙	濮阳	60	邯郸公司	各开2~4部	约50辆	系由临清发车
济商路	济宁市	单县	80	山东公司		约50辆	
济商路	单县	商丘	41	山东、河南、南车	各开1~2部		
焦济路	焦作	济源	69	新乡专属及长治公司	各开1~4部	铁轮车每日100~200辆	
聊邯路	聊城	邯郸	57	邯郸公司及聊民公司	各开2~4部		
菏商路	菏泽	商丘	82	平原公司，山东、河南商车	各开2~4部	60~70辆	

续表

路线别	起讫地点		长度	营运单位汽车	行驶车辆		备注
					马车		
临禹路	临清	禹城	67	邯郸、山东两公司，河北、山东商车	不详	不详	
新辉路	新乡市	辉县	16	新乡民营站	不详	不详	
京汴路	濮阳	柳园口	117	濮阳民营公司	不详	不详	
郓巨路	郓城	巨野	27	山东商车	不详	不详	系由济宁对开
聊孙路	聊城	孙口	23	聊城民营公司	不详	不详	里程只计阳谷至孙口
合计			1279				

时性桥涵31座。以1949年全省公路通车里程为基数，1950年增长122.2%，1951年较1950年增长59%，1952年较1951年增长60%。

1950年，全省各地有7个汽车监理所，7个公路管理段（专区、市所在地），8个公路汽车管理站等监理护养机构，开展监理、收费、护养工作，维护公路行驶畅通。

全省公路运输根据工农业生产需要，从无到有，逐步发展。1950年，全省设有省运输公司、菏泽运输分公司，濮阳、聊城汽车站，濮阳、聊城、菏泽、单县联运站；新乡、聊城设有民营运输公司及濮阳、菏泽民营汽车站等运输部门；邯郸公司在平原省境内设有安阳、濮阳、聊城汽车站。全年各地办理营运、转运、托运业务，公路货运8669吨，客运84962人。

1952年，全省有省级运输公司4个，县级汽车站49个，公私合营和民营的汽车、马车行站10处，构成全省主要交通网，对全省交通运输起到重要作用。全省有组织运输力量计有汽车185部，载重555吨；胶轮马车2615部，载重3922.5吨；铁轮车17030部，载重12772.5吨；手推车2632辆，载重658吨。3年间，全省陆运6607.17万吨公里。

第二节 铁 路

平原省境内有京汉铁路和道清铁路。京汉铁路北至安阳丰乐镇（今安阳县安丰乡），南达黄河北岸，长223公里。道清线从新乡到焦作李封段，长70余公里，两线计长293公里。

一、京汉铁路

光绪二十三年（1897），清廷与比利时订立借款和筑路合同，商定修筑卢沟桥至汉口铁路，4月开工修建，1905年8月正式运营，始称卢汉铁路，又名平汉铁路，后易名京汉铁路（今京广铁路）。该路设计落后，设备简陋，施工质量低劣，1949年前几经战争创伤，多次遭遇水害，设备失修，线路千疮百孔，破烂不堪。1949年5月，新乡解放，军民协力抢修线路，支援人民解放军南下作战。5月25日、10月11日新乡至郑州段、安阳至新乡段修复通车。1950年，京汉铁路全线恢复通车。

二、道清铁路

1902年，清廷与英国福公司签订协议，修筑道口至泽州（晋城）铁路，7月20日动工修建。1904年3月7日，道口三里湾码头至待王段通车。1905年3月1日，待王至柏山段通车；同年，由游家坟至新乡的接站支线完成。1906年8月1日，由柏山转南向清化镇修筑；1907年3月3日，道清铁路全线通车，全程150.44公里，横跨浚县、滑县、汲县、新乡、获嘉、修武、沁阳7县。每日开行两对客货混装列车。道清铁路通车后，把商贸重镇清化同道口甚至天津连在一起，焦作的煤炭、竹货、"四大怀药"源源不断地运到道口三里湾码头，再通过卫河航运直达天津；天津的工业产品和"洋货"以及各种时尚用品，顺卫河回流到中原内地。1939

中华人民共和国成立初期，京汉线上的安阳车站

道清铁路建成后的焦作车站

年，日军将三里湾至游家坟段长71.36公里的铁路拆除；1945年5月，将常口至清化段长8.71公里的铁路拆除；道清铁路仅存新乡至焦作矿区一段。

1950年，平原省铁路货物转运计127.99万吨（整车9093吨、零担127.08万吨）。

第三节 水 路

平原省主要航行河道有黄河、卫河、南运河3条，受战争摧残与影响，航运多年未整治，航行秩序紊乱，公私船只多损坏破旧。1950年1月，平原省成立黄河运输公司，建造新船30只。卫河由华北内河航行管理局统一管理，新乡设分公司。平原省在新乡设立卫河航运公司，新建船20只。1950年上半年，全省实行重点恢复、整治黄河航运，初步进行船只登记检验发照。经检验后，根据船只新旧程度，核定载重能力，划分航道，教育船工遵守航道秩序。公航机构建立运输负责制、合同制，以协商方式初步厘定运价。省黄河航运公司与民船组织联社，执行低利多运政策。但各管理部门没有统一管理办法、缺少下层组织、缺乏检查，航道秩序依然紊乱，翻船、沉船事件时有发生。

全省不断加强黄河、卫河航道、码头、航政及公私船只管理，对于"客货安全"有较确切的保障。据不完全统计，1949年和1950年两年，各地发生沉船、翻船、碰船的事故近100起，

表7-3-1　　　　　　　　　1950年平原省主要内河航路概况表

主要河道名称	起讫地名	经过省份	可航里程（公里）			水位（米）				可航船舶吨位			
						涨水时		枯水时		涨水时		枯水时	
			计	已设标志里程	未设标志里程	最高	最低	最高	最低	吨位（吨）	吃水（米）	吨位（吨）	吃水（米）
黄河	自济源白沟至东阿传岸	自坡头至封丘段南岸系河南省	560		560	10	5	5	1	100	2	100	
卫河	自博爱至南乐县境元林	经平原省入河北省	285		285	5	2	1	0.4	100	1.5	20	
南运河	自梁山小彭至济宁县石佛	东岸系山东省	126		126	5	2	1	春夏之交断流3个月	100	2	春夏之交断流3个月	

表7-3-2　　　　　　　　　1950年平原省河流主要码头概况表

河流	县别	码头名称	长度（米）	水位（寸）
黄河	封丘	柳园口	200	15
	濮阳	坝头	150	60
	濮县	李桥	80	25
	寿张	孙口	400	35
	东阿	鱼山	500	150
卫河	新乡	新乡市	350	6
	南乐县	亢村	120	7
卫河	滑县	道口	160	7
南运河	南旺	袁口	500	5
	南旺	开河		

1951年60起，1952年减少到33起。全省境内黄河全长480公里，共有码头121个，进行横渡船只有975只。负责黄河航务管理的总机构是航政办事处，辖白坡（孟县境）、柳园口（封丘境）、高村（东明境）、孙口（寿张境）、鱼山（东阿境）5个航政管理所，主要职能是加强航道码头管理，进行船只检丈，颁发牌照，调整航渡船只及横渡票价运价，整治航道、渡口秩序，清理纤道，重点建立船只停靠标志，加强水手政治及安全教育，确保黄河南北交通便利。3年间，平原省航运15449.81万吨公里。

第四节 邮 电

平原省成立前，所辖区域长期战争，电信线路和设备均遭破坏，通信手段十分落后，邮政通信主要依靠车拉、马驮、人挑。平原省成立后，邮电事业逐步恢复与发展。

1949年8月上旬，冀鲁豫区邮政管理局、冀鲁豫区电话总局相继由菏泽迁到新乡。1949年9月，平原省邮政管理局成立，辖60个邮局、800个邮政代办所。11月，原冀鲁豫区电话局与新乡电报局合并成立平原省电信指挥局，隶属邮电部领导，管理平原省电信工作，辖新乡市电信局和安阳市电信局。内部机构设有秘书室、工务科、业务科、局务科。

1950年，平原省各地邮局增为66个，邮政代办所增为930余所。5月，平原省电信指挥局接管焦作、安阳、濮阳、聊城、菏泽、单县（湖西专署驻地）电话局（改称电信局）和道口电话站（改称营业所），新设汲县电信营业所。

1951年11月16日，根据邮电部关于"邮电合一、专业分工"的决定，平原省邮政管理局与平原省电信指挥局合署办公。12月13日，平原省邮政管理局与平原省电信指挥局正式合并改组为平原省邮电管理局。内设机构有办公室、计划科、财务科、供应科、人保科、检查室、邮政科、长途电信科、市内电话科、基建科、长途线路中心站及27个股，共有干部编制210人。兼管新乡市电信局，辖新乡市邮政局、安阳市邮政局、焦作矿区邮政局、56个县邮政局及安阳、焦作、濮阳、聊城、菏泽、单县、汲县、道口（即滑县）8个电信局。

1952年7月1日，安阳、焦作、濮阳、聊城、菏泽、单县、汲县、道口邮局与电信局（所）合并，分别成立邮电局。1952年年底，平原省邮电局撤销，省内所属局分别划归山东和河南两省接管。

一、邮 政

平原省成立之后，全省各地调整和组建干线、支线邮路，保证省内外邮件正常运转，逐步减少速度较慢的步班、驮班、自行车班，加强火车、汽车邮路，提高邮运速度。1949年年底，全省火车邮路仅新乡至焦作64公里；1950年京汉铁路恢复通车，安阳至新乡火车邮路开通，全省火车邮路增至255公里。1949年年底，全省仅有聊城至济宁一条委办汽车邮路；1950年，专区至县开通14条汽车委办邮路，达410公里；至1952年达1248公里。1950年，全省自行车班邮路1199公里，1952年减少至732.5公里。1950年，全省驮班邮路97.5公里，1952年全部撤销。1950年，全省步班邮路107公里，1952年全部撤销，改成排车运输，仅17.5公里。

全省邮政线路建设不断加强，各地邮政业务逐渐发展扩大。1950年开办快递、征询及邮转电报业务；1951年开办代购货物、保价信函、代收货价及送包送汇等业务。业务量快速增加，函件收寄1950年311.6万件，1952年达498.6万件；包裹收寄1950年2.1万件，1952年达7.89万件；汇票1950年开发量3.13万张，1952年达18.93万张；代购业务1951年930次，1952年达6397次。

1950年，各地实行"邮发合一"，报刊发行正式由邮政局统一办理。农村开展土地改革、扫盲、学文化运动，报刊发行量猛增。1950年报刊期发26.45万件，1952年达2011.2万件。邮政业务收入大幅增加，1950年完成59.61万元（折算成新币），1952年完成140.75万元（折算成新币)。

二、电信

1949年前后,全省有新乡、安阳两个电信局,省际均无长途线路,对外通信联络仅靠新乡一部15瓦无线收发电报机。1949年6月,新乡电信局开办电报业务,8月安阳电信局开办电报业务,利用无线收发报机与西安、北京等地联络。1950年年初,新乡、安阳开办长途电话、电报业务。同年5月,平原省电信指挥局接管焦作、安阳、濮阳、聊城、菏泽、单县(湖西专署驻地)电话局,改称电信局,接管道口电话站,改称电信营业所,新设汲县电信营业所,开办长途电话、电报和市内电话等业务,全省报话通信网路初步建立。

平原省成立后,全省电信通信设备及线路快速发展。1950年,架设新乡至焦作、道口至濮阳、濮阳至菏泽、濮阳至聊城、菏泽至单县、新乡至道口、道口至濮阳、新乡至郑州8条干线,共计548公里;购置50瓦、80瓦、100瓦发报机各1部,15瓦收发报机1部,有线电报机(音频振荡器)3部,长途交换机7部,内部交换机100门1台、50门5台、30门5台等通信设备,分别安装到省会新乡市及专署驻地电信局,省际、省与各专区均能通话。长途干线建立后,对长途线路实行管辖区分段管理维护,以保证通话畅通,加强线路维护。新乡电信局负责京汉线新乡至淇县段、新乡至郑州段;新焦线新乡至获嘉段;新濮线新乡至汲县段。安阳电信局负责安阳至淇县段。焦作电信局负责新焦线焦作至获嘉段。道口电信局负责新濮线道口至汲县段、道口至白道口段。濮阳电信局负责新濮线濮阳至白道口段;濮聊线濮阳至范县段;濮菏线濮阳至石庄户段及黄河飞线。聊城电信局负责濮聊线聊城至范县段。菏泽电信局负责濮菏线菏泽至刘庄段;菏单线菏泽至定陶段。单县电信局负责菏单线单县至定陶段。全省长途线路1949年有122.5杆长公里,1952年发展到755.49杆长公里;长途交换机1949年仅有新乡局1台25门,1952年发展到23台271门;市话交换机1949年仅有新乡局2台200门,1952年发展到17台1600门。

地方电信网路发展以省会新乡市为中心,架设各专署及县线路。1950年,全省56个县电话线路全部架通。1951年,全省425个区电话线路全部架通。1952年,省政府拨款对全省线路进行整修。新乡专区整修焦作至温县、焦作至武陟、获嘉至合河3条线路;濮阳专区整修濮阳至清丰、濮阳至内黄2条线路;安阳专区整修安阳至林县、林县至水冶2条线路;菏泽地区整修菏泽至郓城、郓城至南旺2条线路;聊城地区整修聊城至东阿、阳谷至寿张2条线路;湖西地区整修金乡至嘉祥、单县至谷亭2条线路。全省地方电信快速发展。1949年年底线路4504里,至1952年达15.83万里;交换机达57部1528门;电话站达56个。全省新乡、安阳2市,6个专署驻地,56个县,428个区全部通话,地方线路与国营干线衔接可通达北京、天津、汉口、西安、上海、广州、重庆、沈阳等全国各地120余个主要城市。

第八章

经济建设

1949～1952年,平原省各级党组织和人民政府贯彻新民主主义经济建设的方针政策,从实际情况出发,改组旧的经济体制,恢复和发展生产;建立社会主义国营经济和合作社经济;改造和扶植资本主义工商业;初步形成国家资本主义经济;打击投机资本,统一财经,稳定金融物价;加强税收工作,调配税务干部,健全税收机构。在全省范围内形成新民主主义经济结构,确立国营经济主体领导地位,建立全新经济基础,实现了财政经济状况基本好转。

第一节　农林畜牧业

平原省农林畜牧业生产长期处于帝国主义、封建主义、官僚资本主义统治下。连年战争，黄河泛滥，使全省农村经济陷于停滞状态，生产水平落后。1949年建省时，粮食总产量降到战前平均产量的67%，棉花总产量降到战前65.6%，花生、烟、麻等经济作物大幅度减产。随着全国解放战争的基本胜利，全省土地改革基本完成，生产力获得解放。经过爱国主义教育、爱国丰产竞赛运动，贯彻组织起来提高单位面积产量总方针，不断提高耕作技术、推广先进经验，战胜各种自然灾害，自1950年起，生产水平下降趋势开始扭转，并逐步上升。至1952年11月，全省农业生产全面恢复，各项指标超过战前水平。

一、农　业

平原省西部靠山，东南临湖，黄河横贯全省，大部分地区为平原，土地多由黄河冲积而成，土质肥沃，利于农耕；气候温和，适宜于多种农作物的生产。

粮食作物以小麦为主，播种地区遍及全省。其次为玉米、高粱、谷子、大豆、稻子等杂粮，高粱、豆子以湖西、菏泽两专区较多。安阳、新乡两专区多产谷子和玉米。聊城、濮阳两专区，各种杂粮都有种植。红薯除新乡、安阳两专区种植较少外，其他地区均占农产品重要部分，农民用以顶替粮食。

经济作物以棉花为主，为全国主要良棉产区之一。安阳专区东部和聊城专区北部为中心产区，其他地区也有种植。其次为花生、芝麻、烟叶等，花生以黄河故道沙区种植较多，濮阳专区为主要产地。芝麻、麻类、烟叶等，各地均有种植，但数量不多。蔬菜全省各地均有种植，一般以城市附近较多，最有名的为金乡白菜、郓城大葱、嘉祥大蒜、怀庆（沁阳）山药、博爱姜（清化姜）等，栽培历史悠久，品种优良。果树在安阳专区林县、淇县及新乡专区济源、沁阳、修武、获嘉、辉县等山区及半山区种植较多，主要有柿子、核桃、山楂、板栗等；平原地区内黄、濮阳等黄河故道沙区及聊

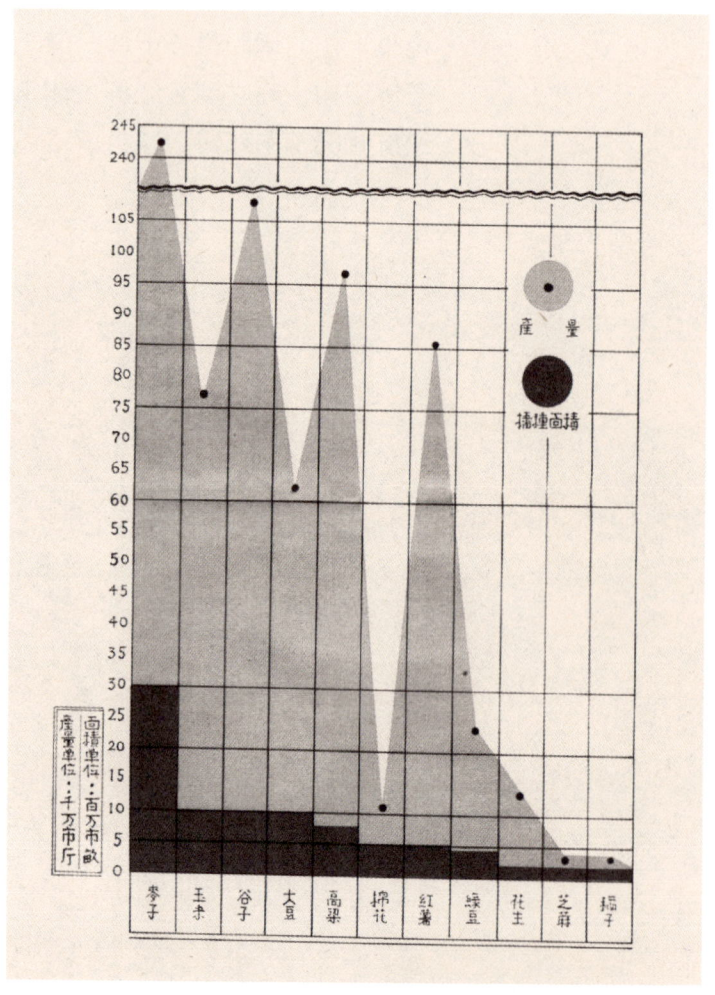

1950年平原省主要农作物播种面积及产量统计图

城专区茌平、博平皆为著名产枣区；新乡专区延津、滑县一带以梨及少量苹果、葡萄为副产；菏泽专区种植柿子、山楂，特别是曹州（菏泽）柿饼最为驰名。花卉种植以曹州（菏泽）牡丹全国闻名。

全省约65%的农作物为一年两作，其余为两年三作，个别为一年三作。1950年，全省可耕地5096万余亩，人口1683万，农业人口占总人口96%。

平原省成立后，土特副产开始有计划、有组织地进行生产。主要有：新乡专区、安阳专区的山货、怀货（指焦作一带特产），聊城专区的乌枣，濮阳专区的草帽辫，湖西专区、菏泽专区的獐子皮、耿饼、水产等。在产销方面，1950年推销土特产品总值8.3亿斤小米，1951年推销总值10亿斤小米，1952年各种产品销路更加广泛。安阳专区、新乡专区等山地恢复发展柞蚕；湖西专区、菏泽专区沿湖地带推广洋麻；以安阳专区为重点，扶持发展烤烟生产。土特产的恢复与发展，为农村经济开辟多方位的生产门路。

3年间，从全省所有农作物生产总值统计（按不变价格计算），如果以1950年总产值为100计算，则1951年为103.2，1952年为143.8。

（一）爱国丰产竞赛运动

1950年春，中共平原省委、平原省人民政府贯彻保护与奖励生产政策，解除农民思想顾虑，批判干部中农业社会主义及"生产不用领导"的错误思想，掀起全省规模大生产运动。1951年，组织爱国丰产竞赛运动，克服"单纯生产不问政治"偏向。在农村加强政治工作，把爱国与丰产紧密结合起来。1952年春，以地方国营农场为核心、合作互助组织为基础、劳模为骨干，农民群众开展层层带头、连环挑战，爱国丰产竞赛运动进一步深化。至1952年秋季，新乡、安阳、聊城、湖西、濮阳5个专区有56个地方国营农场、54个农业生产合作社、3.32万个互助组、8144个村、45.9万户制定了生产计划，开展竞赛运动，根据不同生产季节，组织丰产作物参观评比，交流总结先进经验，召开表彰劳动模范授奖大会，鼓舞群众爱国增产热情。

1952年，全省小麦丰产获中央及省政府奖励的单位有81个，受到专署、县奖励的单位4万个以上。1952年秋季，据6个专区23个县统计，达到中央及省政府丰产奖励标准的有139个单位，创造水、旱、山、沙不同地区丰产新纪录。如，地方国营孟县农场种小麦37.8亩，平均每亩产量207.125公斤，最高产量每亩290公斤，超过全县水旱地平均产量2.5倍以上；汤阴县韩庄农业生产合作社创造旱地小麦平均亩产230公斤、水地亩产393.5公斤的丰产新纪录；武陟南虹桥村阎中立创造旱地小麦每亩384.85公斤的丰产新纪录；武陟县西白水村郭建文互助组种麦33.1亩，平均亩产212.5公斤，郭建文2亩小麦平均亩产429.5公斤，成为互助组创造高额丰产新纪录的典型；巨野东欢口村张学龄2.4亩碱地小麦丰产，亩产319公斤，创造全省碱地小麦丰产最高纪录；武陟县东石寺村李恩同小麦丰产地平均每亩收456.25公斤，创造全省小麦产量最高纪录。

1952年秋季，全省其他农作物也连创佳绩。如，地方国营安阳棉场种棉3653亩，平均每亩107公斤，较1951年增产138%；高额丰产棉2亩，每亩收籽棉[①]413公斤，创全省棉花生

[①]从棉株上采栽下，没有经过任何加工的是"籽棉"；把籽棉进行轧花，脱离了棉籽的棉纤维叫作"皮棉"。一般意义上说的棉花是指皮棉。

劳模代表参观博爱农场

产新纪录。温县马庄全村种植谷子128.56亩，平均亩产353公斤，比1951年增产236.1公斤，创造谷子全面增产新纪录。博平县河西刘村董长海互助组，全组种谷13.5亩，平均每亩收362.57公斤；高额丰产谷2.92亩，创造平均每亩收580.5公斤的新纪录。林县二区东冶村著名林业劳动模范石玉殿创造山坡旱地晚茬玉米每亩收640公斤的新纪录。林县四区秦家岗秦福修互助组1亩山坡地红薯，实收2841.5公斤，创山地红薯最高纪录。全省水地高额丰产谷子、玉米，普遍亩产500公斤以上。各地实现"区区有模范、村村有旗帜"。

1952年冬季，省政府颁布小麦丰产奖励办法，召开38个小麦丰产单位座谈会。这些先进单位联名向全省发起挑战，得到各地响应，迅速掀起规模更大、产量更高的种麦爱国增产竞赛运动。全省参加竞赛的有28个县、73个地方国营农场、5125个村、52个农业生产合作社、6.97万个互助组，25.03万农户，大部分制定出较为切合实际的增产计划，普遍订立在1952年丰产基础上再增产20%左右的目标。

（二）应对自然灾害

针对平原省"十年九旱、先旱后淹"的特点，省委、省政府发动群众进行堤防整修工程，完成溢洪堰工程，修整马颊河、赵王河、洙水河等大小河道422条，大部分地区在一般降水情况下减免淹地719万亩。农田水利方面，新乡、安阳两专区恢复与开挖较大渠道60条，农、毛渠5975条，完成引黄灌溉工程及淇门抽水灌溉试验，扩大浇地面积192.63万亩，较原有渠浇地增长3倍以上。以聊城、濮阳两专区为重点，新打砖井6.94万眼，下泉2494眼，挖土井33.81万眼，挖池塘、水窖2.26万个，推贷水车6.39万辆，扩大井浇地149.1万亩，占原有井浇地95.8%，总计增加渠井浇地341.69万亩，为原有水浇地面积的217.42万亩的157%。其他试办沟洫畦田47.28万亩，台田70亩，谷坊605亩，为水土保持积累了经验。

全省农作物病虫害十分严重，新乡、濮阳、安阳3个专区，主要有棉蚜、棉红蜘蛛、麦蚜、麦红蜘蛛、蝼蛄及原阳、内黄地区蝗虫等病虫害；聊城、湖西、菏泽3个专区，除棉蚜、红蜘蛛，蝗虫、蛴螬外，东阿、阳谷地区小麦腥黑穗病十分严重。3年间，全省主要虫害发生面积达5388万亩。各地群众采用土办法与推广科学技术相结合，开展持续大规模防治运动；推贷杀虫器械2.09万余架，使用农药488万斤，基本战胜了病虫灾害。1950年，各地对病害防治全面展开，主要方法是利用药剂拌种、种子调换、隔耧使粪、施用净粪等；人工捕捉和农药喷洒；进行小麦选种，减轻黄疸等病害。采用的农药主要为红信、氟矽酸钠、滴滴涕、六六六、鱼藤粉、赛力散等。除红信因群众早有习惯使用外，其他新药剂在群众中普遍反映最好的是六六六、滴滴涕，但此类药剂很少，未能大量推广。氟矽酸钠在新乡、安阳、聊城3专区使用，群众反映较好，但在湖西、菏泽两专区使用，大部分群众反映效果不佳。在实际防治中，各级政府破除农民迷信思想，建立防治组织，传播技术，提高防治病虫害意识。

1952年6月12日，中共平原省委发出《迅速扑灭蝗虫的紧急指示》，指出，全省有42个县发现蝗虫蔓延，面积达180余万亩。省委、省政府早于5月10日向全省人民发出捕打蝗虫的紧急动员令。6月3日，省政府召开紧急会议，研究灭虫工作，决定成立指挥部，罗玉川任指挥长。同时派出两个工作组，携带药械赴南旺、浚县灭虫救灾。6月5日，罗玉川、姜纪五（农业厅厅长）等在浚县召开淇县、滑县、汲县、延津等5县负责干部联席会，成立5个县联合指挥部。农业部、华北行政委员会拨来一批药械。指示要求全省人民齐心协力，迅速、彻底消灭虫害。

（三）技术推广

至1952年11月，全省有农场82处（多数农场成立于1950年），耕地面积3.14万亩，职工1416人。经过推进民主管理，全面改进耕作技术，各地农场农作物单位面积产量不断提高。1952年，农场小麦每亩平均产量超过全省平均产量79%，起到示范作用。全省巩固与发展1.1万余个群众性技术组织，培养技术骨干39万余人，建立技术推广组，引导农民积极改进耕作技术。至1952年11月，各地推贷七寸步犁等新式农具1874部；提倡套犁，做到三耕三耙，耕度由3～4寸加深到5～6寸，消灭生茬下种；棉花种植株数由1000株增加到2000株左右。1952年秋，小麦密植由两腿耧宽行变成三腿耧窄行，在原有基础上每亩增加播种量2～3斤，平均每亩播种量达10斤左右。苏联的先进增产技术，逐渐为群众接受。

全省广泛发动群众扭转轻积肥、重细肥思想，提倡养猪积肥与开展积肥运动。1952年，施肥量较1949年增长1倍，施肥面积逐年扩大。新乡、安阳两专区煤炭不缺，柴草较多，能大量积草肥，群众购买力较强，施细肥较为普遍。濮阳、聊城等专区棉产区主要为细肥。湖西、菏泽两专区没有积肥习惯，施细肥有所增加。全省注重分期分地合理施肥，发挥肥料效能。但肥料普遍缺乏，质量较差，尤其是细肥、化肥明显短缺。

在种子改良方面，省委、省政府提出在全省开展"群众性选换良种运动，适当重视良管区建立与健全，以便逐步提高良种质量"。至1952年11月，全省发动群众建立良管区12处，开展选换良种运动，评出群众公认良种50余种，主要有平原50麦（新乡专区）、蚰子麦（濮阳、聊城专区）、徐州438麦、金乡葫芦头（湖西、菏泽专区）、有芒扫谷旦（安阳专区）、碱麦六大品种。经过精选，繁殖推广，小麦良种占总麦田50%以上；棉花斯字4号普及率达62%。

二、林　业

平原省西北边区沿太行一带，林木繁密，战争期间由于过度砍伐，除深山残存少数天然林外，大部分系童山。地理及气候条件方面，全省为很好的落叶阔叶树生长地带。主要树种，在平野及丘陵地多系毛白杨、胡桃、洋槐、楸树、梧桐、泡桐、榆树、小叶杨、桑树、臭椿、美杨、柿树、加杨、皂荚树、法国梧桐等，毛白杨、胡桃、洋槐、楸树、梧桐、泡桐为发展树种；盐碱地、沙地有白蜡、苦楝、柳、柽柳、紫穗槐等，白蜡、苦楝为发展树种；山地多为橡、槲、栗、柿、黄连木等，橡树为发展树种。

平原省委、省政府根据全省林木稀少、破坏严重的情况，遵照中央"普遍保护、重点造林"

的方针，采取一系列措施，恢复与发展林业。省农林厅设立林业科负责全省林业工作，以护林为主要任务，在各地掀起植树造林运动，传播造林科学技术。1951年，林业科改设为林业局，确定普遍护林、大力育苗、重点造林、培训干部、充实机构及进行调查等任务。

（一）护　林

1950年土改结束后，省政府颁布《林权划分办法》，明确林权；颁布《林木保护办法》及有关法令布告，贯彻护林政策，有重点地发展群众性护林组织。全省成立897个自然村护林组织，135人的防火队，在重点地区停止林木破坏。1952年，森林破坏现象基本消除。

（二）调　查

1950年，平原省委、省政府提出"加强调查研究，以制定切合实际和全面长期的林业建设计划，更好地为工农业服务"工作思路，在全省开展粗放调查，进行现有林与防护林重点勘查，统计出全省有荒山宜林地732万余亩，沙城荒地187万余亩，林地170万余亩。1952年，精密调查宜林地7.42万亩，基本掌握全省山沙宜林地的总体情况。

（三）造　林

省委、省政府依靠群众，组织起来，贯彻两利政策，明确分红办法，开展公私与私人合作植树造林运动。全省成立689个造林委员会。在方法上由近及远，由易到难，重点示范，教育群众采用优良树种进行压条及播种造林，消除荒地，保护农田。对山区水土保持与沙区防风固沙起到明显作用。由于对防洪与供应工业建设方面认识不足，特殊用林的营造比重很小；公路堤岸植树没有引起足够重视。

中共平原省委提出"在省内有关地带划定造林区，大力营造特用林、水源林，逐步发展行道林、护岸林"工作思路。1952年秋季，全省以山区、沙区为重点，有计划、有步骤地进行全面分山（下沙）划界工作，明确林地权，开展造林工作，提高群众造林护林的积极性。

至1952年11月，全省抚育原有野生幼林及零星片林117万余亩，封山育林30.61万亩，山、沙荒地造林20.72万亩，育苗8849亩，母树林5615亩，零星植树5803.64万株。

三、畜牧业

平原省牲畜量少质低，家畜主要有猪、羊、鸡等，耕畜主要有牛、驴、马、骡等。

（一）牲畜繁殖

1950年，省委、省政府遵照中央"保护现有、奖励繁殖"方针，结合牲畜量少质低、疫情严重特点，发出禁宰布告；1951年，颁布《保护耕畜暂行条例》，实行屠宰检查，制止滥宰现象。同年，省政府颁布《奖励繁殖耕畜暂行办法》，发动群众多喂母畜，繁殖幼畜。在奖励牲畜繁殖方面，全省组织31处地方国营农场兼营配种业务，扶持发展民营种畜户，以贷款扶持增购优良种畜。1952年，全省共有种畜户1500家，喂养种畜1970头。为提高种畜质量，购买西藏、蒙古种马50匹；建立畜牧场1处，试办人工授精配种。至1952年11月，全省牲畜总数221.84万头，较战前增长40.9%；羊（山羊、绵羊）163.69万只，较战前增长8.4%；猪68.87万头，较战前增长86%；养殖鸡1070.23万只。

（二）疫病防治

平原省地区牲畜疫情严重。建省之后，省政府在全省建立兽医机构，培养培训兽医技术干部，通过组织协调,动员各地兽医 2565 人,进行疫病防治工作。1950 年,鸡瘟(鸡新城疫)普遍流行,死亡率很高。1951 年进行有重点的普遍防疫。1952 年秋季,进行鸡瘟和猪瘟防疫工作,药械分发至各地。1952 年冬季,鸡瘟注射 430 万只,猪瘟注射 9000 头,在防疫上采用封锁、隔离、消毒、掩埋尸体等办法。新乡、安阳 2 个专区 5 个县推广保槽制,结合保险公司有重点地开展牲畜保险业务,保险牲畜 18.23 万头。全省炭疽病区域逐渐缩小,气肿疽病基本控制,有效遏止牛瘟的传入与发展。至 1952 年 11 月,全省共防疫注射牲畜 112.35 万头,治疗 1 万余头。

第二节 水 利

平原省成立后,省委、省政府高度重视水利工作。1949 年 8 月成立平原省水利局,负责水利计划的制定与实施,水文勘查、测量,水利工程建设,抗旱、防汛工作,农田水利建设与管理,水资源的开发利用工作。

1950 年,平原省水利工作确定以防洪排水为主,排除水患,结合进行水利恢复与发展;1951 年,仍以防洪排水为主,确定排防并重,泄蓄兼施;1952 年,明确采取防涝与防旱并重,结合治理的方针,除继续兴修防洪工程外,试办畦田、台田、沟洫、水窖、池塘等水土保持工作,竭力开发水源,由消极防害转向积极兴利。

3 年间,进行了大规模修复黄河大堤工程,完成了引黄灌溉济卫工程;修整内河 422 条,打砖井 6.94 万眼,推贷水车 6.39 万部,变旱田为水田 341 万亩。1952 年,全省有水田 559 万余亩,

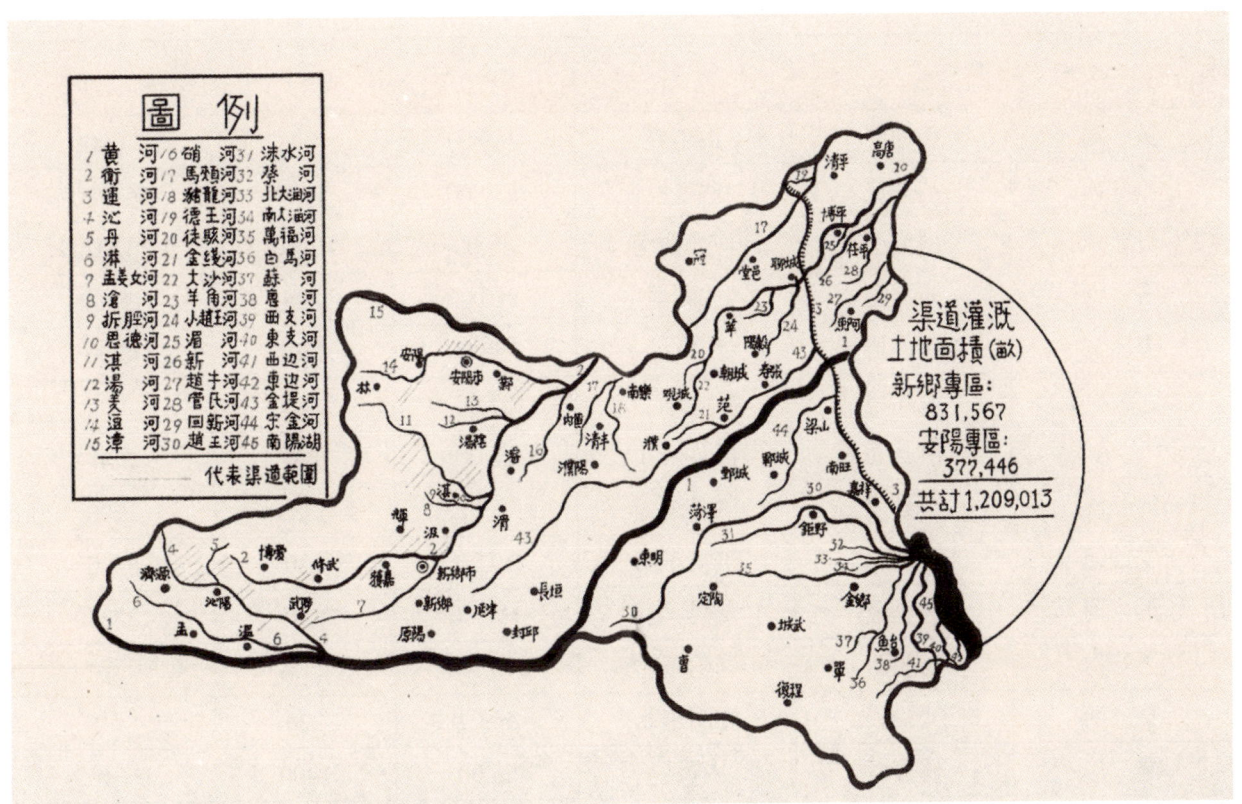

1950 年,平原省主要河流渠道分布概况

比原有水田增长 157%，对战胜水灾、旱灾起到重大作用。

一、防　汛

平原省年平均降水量约 500 毫米，多集中在 7 月、8 月、9 月，全省主要河流 44 条，大部分是排水河道，由于多年失修及黄河溃决等原因，河床淤塞，泄水不畅，每至雨季，滨湖及沿河低洼地区积水成灾。新乡、安阳两专区内，沿山一带较大山泉被利用灌溉，由于封建势力的把持，经常发生纠纷，水利效益不能充分发挥；沿山较小泉水多未被利用；东部地下水较丰富，但缺乏浇地习惯，每当春夏缺雨季节，广大地区干旱成灾，影响农业生产。

（一）防洪排水

平原省成立后，对危害较严重的各主要河、湖进行整修。1950 年，进行南阳湖复堤、各入湖河头治理、南运河西堤培修、安山堵口、金线岭筑堤等工程。1951 年，进行赵王河干支流、马颊河、潴泷河、四新河、卫河新乡市段等局部疏浚工程，洙水河全部疏浚工程，孟姜女河改道工程，南阳湖、南运河、金线岭等堤岸加固工程与整修险工护坡工程。1952 年，进行赵王河、四新河等全线疏浚工程，洙水河整修堤岸工程，南阳湖西堤全部打戗加固工程，南运河择险加戗工程，徒骇河、汤河复堤工程，万福河、马颊河、潴泷河、金堤河干支流疏浚工程，丰民渠等局部疏浚工程，北运河整修建筑物工程与卫河清丰、内黄段建涵排水工程。对已治各河流域以内的排水河沟，由地方自办进行疏通治理。至 1952 年 11 月，全省防洪排水工程共计土方 2766.36 万立方米，修建筑物 518 座、涵洞 328 个、大小桥 151 座、闸 30 座、水簸箕等小型

表 8-2-1　　　　　　　　　　1950 年平原省主要河流表

河流名称	起点	终点	长度（公里）	流域面积（平方公里）	灌溉面积（亩）
黄　河	山西界	山东界	480.00		770000
沁　河	清源境	武陟境	130.00	1300	564900
丹　河	博爱西	博爱西南	40.00	300	132020
漭　河	清源境	武陟境	110.00	825	15000
卫　河	博爱境	内黄境	350.00	4082	8000
孟姜女河	武陟境	新乡境	52.00	375	
沧　河	淇县北	淇县西北	25.00	100	500
拆胫河	淇县北	淇县东南	8.70	35	2500
思德河	淇县西北	淇县东南	19.20	130	6500
淇　河	林县境	淇县境	112.00	1235	122200
汤　河	汤阴西	汤阴东北	40.00	200	
羑　河	汤阴西北	汤阴东北	55.92	220	
洹　河	林县境	内黄境	55.00	1400	166463
漳　河	山西界	河北界	61.84	1650	

续表

河流名称	起点	终点	长度（公里）	流域面积（平方公里）	灌溉面积（亩）
硝河	浚县	内黄	41.00	650	
马颊河	南乐	清平	130.00	3700	
潴泷河	清丰	南乐	68.89	1030	
德王河	清平西北	入马颊河	18.00	90	
徒骇河	朝城	高唐	130.00	3793	
金线河	濮阳	范县	35.00	250	
大沙河	濮阳	朝城	50.00	280	
羊角河	莘县	朝城	20.00	60	
小赵王河	阳谷	朝城	30.00	65	
湄河	博平南	博平东北	10.00	40	
新河	博平南	茌平	60.00	300	
赵牛河	东阿	茌平	29.50	148	
管氏河	茌平西南	茌平东北	30.00	120	
四新河	东阿	茌平	20.00	80	
赵王河	河南界	入南阳湖	230.00	1470	
洙水河	菏泽	入南阳湖	147.00	1450	
蔡河	巨野	入南阳湖	65.00	104	
北大溜	金乡	入南阳湖	40.00	153	
南大溜	金乡	入南阳湖	27.00	101	
万福河	定陶	入南阳湖	121.00	7490	
白马河	单县	入万福河	70.00	700	
苏河	单县	入白马河	40.00	150	
惠河	鱼台	入南阳湖	48.00	300	
西支河	鱼台	入南阳湖	100.00	375	
东支河	鱼台	入南阳湖	70.00	263	
西边河	山东界	入东支河	10.00	50	
东边河	山东界	入南阳湖	20.00	50	
运河	河北界	山东界	220.00		
金堤河	延津	寿张	196.00	3138	
宋金河	郓城	梁山	98.00	686	

建筑物3座。全省大部分地区坡水得到排泄。黄河北岸，濮阳、聊城两专区，一般降水年份基本免淹；黄河南岸菏泽、湖西两专区完成整修万福河工程后，大部分地区免淹。

（二）防汛防涝

平原省委、省政府根据中央"排防并重""有限保证无限负责"的方针，结合爱国生产运动，组织群众防汛防涝，对所有防洪工程进行普遍检查与重点加强，险工处日夜防守。每逢汛期，全省沿湖、沿河地区地方党政军统一领导，建立联合防汛防涝指挥机关，确保南阳湖及运河、卫河、徒骇河、马颊河、赵王河、洙水河等主要河流不发生溃决。异常大雨地区形成涝灾后，进行疏水种麦工作。至1952年11月，全省整修险工570余处，动员人力105万余人；疏水种麦1248万余亩淹地提早下种。1952年，防涝工作提出"争取主动、事前协议"方针。各地存有排水纠纷地区，汛前由省、专区、县、区政府主动组织协商，共达成协议100余件，保障防涝工作顺利进行。

二、农田灌溉

（一）渠道灌溉

平原省渠道主要分布在新乡、安阳两专区。较大渠道有人民胜利渠、广利渠（包括广济渠、利丰渠、永利渠等）、天赉渠、民主渠、幸福万金渠等。建省之前，灌溉工程历经战争，破败不堪，渠道大多失去灌溉作用。建省之后，平原省委、省政府重视渠道利用，进行初步整修。1949年8月22日，广济河疏浚工程完工，沿岸的济源、沁阳、温县3县数十万亩良田得到灌溉。1950年，各地在原有基础上进行有计划、有步骤地恢复与发展。

1950年4月中旬，柴库渠开工整修，8月1日竣工。该渠位于安阳万金渠以北，其各支渠往北地势渐高浇地不顺，天旱时期水源不足，加上战争破坏，已失效能。整修工程共计修干渠14公里，建筑物38座，完成土方15.88万立方米，发动民工6.85万人，工程费用13.15万斤米。整修后增溉1.8万亩农田。

1950年4月24日，广济渠、利丰渠开工整修，5月竣工。两渠位于济源东北8.5公里至龙口处，以沁河为源，受益地区达济源、沁阳、温县。广济渠可灌溉10万亩农田，利丰渠可灌溉2万亩农田。两渠工程整修干渠46公里，改建大小建筑物30座，隧道挖淤70米，实用工程费153.58万斤米。广济渠完成土方36.83万立方米，利丰渠完成土方6.88万立方米。整修后，两渠增加灌溉24万余亩农田。1950年，全省兴修29道民办小渠，全年扩大灌溉面积57.36万亩。

1951年3月，引黄灌溉济卫工程——人民胜利渠开工建设，渠首位于黄河北岸武陟县秦厂村，总干渠流经武陟、获嘉、原阳、新乡等县，至新乡市郊汇入卫河，全长50多公里。排水系统由干渠、支渠、斗渠、农渠、毛渠五级渠道组成，经东、西孟姜女河流入卫河。这是

人民胜利渠

中华人民共和国成立后黄河下游第一项大型灌溉工程,开创黄河下游变害河为利河的新纪元。工程建成后,既可灌溉新乡、获嘉、汲县、延津等县农田,又可输黄河水济卫,增加卫河水量,促进新乡至天津间航运顺通。1952年3月,第一期工程(主要是渠首闸、总干渠和部分干、支、斗、农、毛渠)完工,4月14日举行通水典礼,平原省人民政府主席晁哲甫为工程题名为"人民胜利渠"。该渠可以灌溉沿县40万亩农田,输水量40米^3/秒,其中,20米^3/秒作为灌溉需水量,20米^3/秒输水量济卫。

3年间,全省渠道普遍修复扩建,用民工92万余工作日,完成土方241.38万立方米,增建节制用水大小建筑物8080座,国家贷款额76.67亿元(以上4项人民胜利渠未计在内)。发动与组织群众,进行渠道改革,废除封建势力把持水的旧水规,实行民主管理,成立水利代表会、渠局委员会、专区渠道管理局等组织,建立岁修养护、平整土地、调配作物与经济用水等新制度。至1952年11月,渠道浇地效能提高,全省平均每个流量浇地2.07万亩。全省渠浇地由1949年61.88万亩增至254.51万亩。

(二)井泉灌溉

平原省各地结合抗旱保苗爱国丰产运动,进行打井、下泉、贷水车等工作。各专区大力提倡使用旧井打新井、推贷水车。国家贷款投资1582亿元,支持窑业发展,扶持1740座窑,供给打井用砖。培训下泉工人1724人,增加下泉工具297套。全省召开技术座谈会、水利代表会、窑业座谈会200余次,打井工人、下泉工人、窑业水利户1万余人参加。在水车重点县普遍建立水利委员会或水利管理委员会,组织参观推广"划方打井"先进经验。至1952年11月,共打砖井6.94万眼、下泉2494眼,推贷水车6.39万辆,结合利用旧井扩大浇地149.1万亩,全省浇地由1949年155.54万亩增至304.6万亩。

三、水土保持

1952年,平原省兴修水土保持治本工程。在山区修建水窖池塘2.36万个,抗旱期间受益面积16.04万亩。在平原地区如滑县、观城、原阳、延津、巨野等县,重点试办畦田33.37万亩。在低洼存水地区如南阳湖滨,兴修台田70亩。在较低洼坡地中,修筑沟洫1.4万亩,以保持水土及肥料不流失,避免或减轻旱涝灾害。工程费用节省,收效显著,得到普遍推广。

四、水文观测

平原省水文观测主要侧重于历年最大降水量和最高洪水峰的观测,作为防洪排水工程依据。平原省建省初期,各种测站设备极为简陋。1950年,各专区、县设立汛期临时水位站14处。1951年,全省设立水文站8处,水位站16处;1952年,全省有水文站13处、水位站12处、雨量站56处。

五、水利勘测

1949年,平原省水利局完成卫河测量,河道250公里,流域面积200平方公里;完成广利渠道测量,长39.19公里。1950年,完成南运河西堤、南阳湖堤、金线岭堤及赵王河、洙水河疏浚等工程的测量,长729.44公里,流域面积386平方公里;查勘南阳湖、永利渠等9条河渠。1951年，查勘徒骇河、马颊河、卫河干支流8条河，测量赵王河上游、马颊河、北运河等河道及孟庄渠、甘霖渠等，长437.73公里，流域面积294平方公里。1952年，查勘万福河等8条河渠，配合平原省河务局查勘沁河水库，测量太行堤、长虹渠等河道，长419.98公里。3年间，先后查勘较大河流21条，测量河渠33条，计长1876.34公里，流域面积880平方公里。

1952年，平原省在黄河、沁河两岸建立永久测量站184个，保持常年测量。

濮阳县进行水利勘测

第三节　工　业

平原省成立前，所辖区域以农业生产为主，工业基础较差。大部分工业集中于西部京汉铁路沿线附近的新乡、安阳两地，东部很少。这些工业，解放战争前多为官僚资本所经营，带有官僚封建的落后性。在战争中，新乡、安阳两市长期为国民党军残余部队占据，解放较晚，工业受到严重摧残。平原省成立后，1949年8月，平原省工业厅成立，设置办公室、企划室、经理科、人事科、机电科、矿业科、食品工业科、轻工科等科室，监督国营工业经营管理；对私营工业在政策上进行指导与扶植；根据国营工业恢复与发展情况，尽可能给各种手工业以技术上的改进与提高。

经过有计划地进行恢复、整顿、增建及一系列改革工作，工业得到全面恢复发展。1952年，在全省工农业产值中，工业比重由1949年的9%上升到12%；工业生产总值超过战前20%~30%；公私企业比重由43:7上升到47:3；消费工业与生产资料工业比重由7:3上升到7:6。全省基建投资超过4000亿元，重点放在机电与煤业，改变消费资料与生产资料工业比重，增强全省工业基础。1949年，原62个厂矿得到大规模扩充，新建厂矿50个，职工由13930人发展到28385人；资金由978亿元增加到3192亿元；资金公私比例由88:12变为91:9。产量达到1950年的234%，超过敌伪统治时期的25%，超过抗日战争前的5%。主要产品产量：煤为抗日战争前的145.33%，纺织为抗日战争前的114.16%，农具生产扩大到1950年的863%。工业总产值超过敌伪时期2.5倍，超过抗日战争前20%~30%。生产经营管理有很大提高。

一、工业基础

（一）矿　业

平原省矿产以煤为主，另有铁、铅、铜、硫、硝等矿。

煤矿　平原省煤藏丰富，煤质优良，遍布于太行山东侧各县。北起安阳，南至济源，沿太行山麓，矿窑林立，其中六河沟及焦作煤矿最为有名。煤储藏量据《矿业纪要》记载为29亿吨，

第八章 经济建设

表8-3-1　1950年平原省公私营煤矿概况表

煤矿名称	经营性质	矿区详细地址	矿区总面积			坑井数		地质情况	煤层	煤质	生产能力（吨）	最高年产量（吨）	储量（吨）	附注
			公顷	平方公里	厘米	直	斜							
小西天煤矿	省营	汤阴县娄家沟	31	23	12	7		石炭一二叠纪	已知者三层，90米以下有一层小煤厚0.18米，小煤下15米有大煤厚6米，中间介有页岩0.58米，其下煤厚0.38米	半烟煤	100000	92597	1686000	工人多半工半农，流动性颇大
鹤壁煤矿	省营	汤阴鹤壁西南	329	88	68		2			半烟煤			25731170	计划开凿新井，尚未开工
辛庄煤矿	省营	安阳县二区	30	92		3		石炭一二叠纪	厚3米	无烟煤	75000	73167	1951年1月即回采完毕	工人多半工半农，流动性颇大
都里煤矿	省营	安阳县都里	5	13		3				无烟煤	30000	14934		
子针煤矿	县营	安阳县三家村	713	59		4		石炭一二叠纪接近火成岩	厚度不一，平均3米	无烟煤，微有臭气，略带爆炸性	30000	24600	9860000	
王家岭煤矿	县营	安阳县王家岭				3				无烟煤				子针矿之第二矿
大众煤矿	县营	林县马店	5	59		3			分三层，软、硬、明共厚4米	无烟香煤	45000	4413	50000	战前最高产量为23760吨
新济煤矿	县营	济源县大社村	2500			6		石炭一二叠纪	平均厚5米	无烟煤	25000	5952	162500000	最高年产量系1949年，仅生产80日
六合沟煤矿	私营	安阳县观台					2	石炭纪	共有五层，仅开采有价值的上一层，厚度为3～4米	有烟煤	32617		213055600	60%为可采煤，战前已采出755万吨

产煤分有烟、无烟、半烟煤3种。

烟煤产区以六河沟煤矿为中心，战争中破坏惨重。1950年蕴藏量有4亿吨，该矿平均年产43万余吨。

无烟煤分布于安阳、林县、修武、博爱、济源等县。其中焦作煤田最大（为华北六大矿区之一），储藏量约15亿吨。济源经勘查埋藏量2.34亿吨。

半烟煤以汤阴、鹤壁为中心，北至善应，南至鹿楼，东西宽约5公里，南北长约20公里，储藏量约7.8亿吨。

安阳六河沟煤矿

1950年，全省除民营小窑外，公私营煤矿主要有焦作煤矿、小西天煤矿（省营）、鹤壁煤矿（省营）、辛庄煤矿（省营）、都里煤矿（省营）、六河沟煤矿（私营）、子针煤矿（县营）、大众煤矿（县营）、王家岭煤矿（县营）、新济煤矿（县营），共产煤107万吨。

硫黄矿 博爱县沿山一带硫黄蕴藏较多，矿藏面积约10平方公里，矿层1～10尺，高低不等，含硫质99.78%、砷质0.02%，夹杂物0.2%。战前有矿窑141眼，黄炉500座，工人3500人，年产硫黄250万斤。由于战争及连年灾荒，硫黄业大部分停工。建省之后，省政府曾设硝黄局大量收购，银行贷款扶持，硫黄业逐渐复苏。1949年年底，开工矿窑27眼，黄炉380座，工人1000人，年产65万余斤。1950年，窑数25眼，黄炉311座，工人数1515人，年产140万余斤（恢复生产程度为56.2%）。产品一部分在省内菏泽、安阳、汲县等地销售，供做火柴、药品、鞭炮之用，大部分运销东北、天津、济南等地，做工业原料及化学药品。

铅、铁、硝等矿 辉县及汲县一带铅蕴藏量约4万吨，矿石含铅量75%。有私营金盛合等几家企业以土法开采，年产纯铅20余吨。沁阳铁矿、菏泽硝石均有生产，皆为土法小规模开采炼制。

（二）纺织业

平原省气候温暖，产棉多，为全国主要良棉产区之一。纺织工业在解放战争前即有基础，有安阳广益、汲县华新、新乡成兴3个纱厂（其中华新纱厂规模较大），共有纱锭5.6万余枚，年产20支纱①4万多枚。因战争破坏，1949年仅留华新纱厂、成兴纱厂的1.5万余枚纱锭。平原省成立后，恢复纱锭生产，扩展到4万余枚（为战前的40%），织机由42台增加到400台。因电力不足，织机未能全部开动。1950年，产棉纱

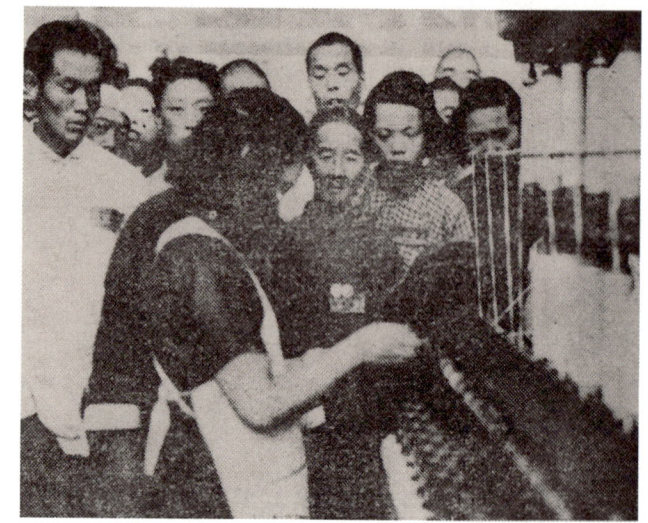

平原省各界代表参加纺织厂

---

①纱支是评定纱线粗细的物理指标，织数越高，棉布就越密、越柔软、越坚实。

1.29万余件，与战前相距甚远，纱支供不应求，价格高昂，利润丰厚。

平原省产棉颇多，交通便利，劳动力充足，宜于发展纺织业。上海、无锡一些纱厂内迁平原省。1950年，上海诚德纺织厂与无锡公泰纱厂迁入新乡，合并建立中原纱厂。1951年4月，新乡和安阳共同组建华新电机织染厂。

（三）电力工业

平原省电厂主要有新乡电厂和安阳电厂。

新乡电厂 建于1940年，发电量约2000千瓦。建省之前，机器破旧未能正常送电。建省之后，恢复生产，新乡电厂排除技术工程上的各种困难，将1360千瓦旧电机修复发电，实际最大发电600千瓦，能供应部分动力用电及室内照明。1951年3月，发生事故处理不当，旧机器彻底报废，换成500千瓦新机器，另安装中央拨给的1500千瓦新机器。1952年，发电能力增加到3000千瓦，年发电量达732万千瓦小时。

安阳市电厂 1949年5月，安阳市军事管制委员会接管安阳电气股份有限公司后改名为（安阳市电灯厂）。9月底，336千瓦发电机投入运行，保证市内用电。1950年7月，解除军管，改名为安阳市电厂。1951年安装100千瓦机组，2月投入运行，同时改造336千瓦机组配套锅炉。1952年10月，安阳市电厂奉命停机，当年发电量52万千瓦小时。

全省有部分企业具备自发电能力。1950年，安阳豫北纱厂安装300千瓦电机；焦作煤矿除原有1100千瓦电机设备外，增加750千瓦电机1部；辛庄煤矿及小西天煤矿均安装电机用于矿井上下照明；汲县、辉县、菏泽、濮阳、水冶、聊城、单县等城镇，相继安装小型水力、火力发电设备。

（四）机器制造业、铁工业

平原省机器制造业、铁工业不发达，多为小型打铁炉，粗具规模的铁工厂仅十几家，集中于新乡、安阳两市。其中以省营平原机器厂最大，有铣、刨、镟、钻等各种车床，是平原省唯一较具现代化设备的工厂。

平原省成立后，机器制造业、铁工业发展较快，尤其是小型农具制造业发展最快。1950年，相关企业主要有平原机器厂（新乡）、维新铁工厂（新乡）、同益铁工厂（新乡）、宏生铁工厂（新乡）、工具制造厂（安阳）、恒昌铁工厂（安阳）、裕民工厂（聊城）、庆达铁工厂（濮阳）、大善铁工厂（焦作）等，主要产品为水车、农具、锅、磅秤、弹花机、轧花机、水压机等。部分设备较完善的工厂，生产卷扬机、引擎、水泵、车床等。

（五）火柴业

全省火柴业有两家企业，即安阳振裕火柴厂（省营）、菏泽恒大火柴厂（私营）。1950年，振裕火柴厂有排杆机11部，只开动7部；恒大火柴厂有排杆机4部。两厂皆生产硫化磷火柴。1950年上半年，因销路不好减产限产。振裕火柴厂采取季节性停工停薪法（曾停工两个月），以缩小生产。恒大火柴厂只开动3部排杆机，进行单班（日班）生产。秋收后，农民购买力提高，火柴销路展开，积存成品很快售出，新产成品供不应求。

（六）卷烟业

平原省卷烟业较发达，大部分卷烟厂集中于菏泽、安阳、新乡、聊城等地。许多卷烟厂原为手工业者，平原省建省之后，增添机器，扩充人员，大量生产。1950年，全省职工人数在

20人以上的卷烟厂有35家（多为私营，4家为公营），有职工2439人，卷烟机51部、切烟机48部。在各烟厂中，安阳裕兴烟草公司（公营）规模最大，由7部小卷烟机发展为6部大卷烟机。1950年生产"金钟"牌香烟144.91万条、"前进"牌香烟68.71万条。新成立的聊城卷烟公司（公营）规模其次，有卷烟机4部、切烟机5部。1950年生产纸烟20万条。菏泽、安阳、水冶等地卷烟业集中，多数为小型私营工厂，产品主要供周围乡村之用。

1951年安阳卷烟厂新建的厂大门

（七）油脂工业

平原省油脂工业不发达，主要是粗制加工。1950年，利用机器榨油者有新乡榨油厂和新建榨油厂，两厂有中型连续式榨油机4部。新乡榨油厂以产棉籽油为主，新建榨油厂以产花生油为主。两厂每日可榨油料3万公斤，因原料和销路问题，生产不正常，时断时续。1950年生产各种油脂约167.7万斤。

手工榨油业遍及各城镇、乡村。较大的油厂有高唐公裕榨油厂（有人力螺旋式榨油机7部）、聊城裕民油厂、博爱大华油厂等。一般乡村油坊多为农民副业生产，以解决当地群众食用为主。

（八）面粉业

1950年，机器制粉业在全省有3家工厂，即省营新乡通丰面粉厂、安阳普润面粉厂和私营安阳大和恒面粉厂，共有钢磨32部，职工400多人，日产面粉7000余袋。1950年，生产面粉2.83万吨，其中省营两厂生产占总数的76%。产品除一部分供应当地，大部销往北京、天津、郑州等地。

（九）蛋品业

平原省蛋品工业历史较久。1911年，裕丰蛋品厂在新乡创设，经营顺利，利润丰厚，相继在道口、安阳、获嘉、博爱、滑县、楚旺、修武、孟县等地建立10余家蛋厂，进入蛋业繁盛时期。后经敌伪及国民党统治的摧残，渐渐衰落。建省之后，省政府积极扶持，各地蛋品业迅速恢复，年产蛋粉6015.5箱。全省鲜鸡蛋产量颇巨，年产约8亿枚，具备蛋品业发展优良条件。因无冻蛋设备，干蛋制品出口不畅，部分蛋厂复陷停工。

二、恢复、整顿、改革

平原省工业发展经历恢复整顿、政治改革、生产改革三个不同历史阶段。

（一）恢复整顿

平原省工业恢复整顿从1949年5月开始，到1950年6月基本完成。

平原省建省之初，冀鲁豫、太行两行政区，接收地方国营煤矿、机器厂、纺织厂、火柴厂等6家厂矿；新乡、安阳两市接收打包厂、面粉厂、电厂及公私合营油厂等6家工厂；各专区、县及部队经营机关生产的卷烟厂、铁工厂、煤矿等25家厂矿；私营面粉厂、纱厂、煤矿等23家厂矿；连同国营焦作煤矿、酒业专卖公司，全省共有公营、公私合营、私营厂矿62家，资

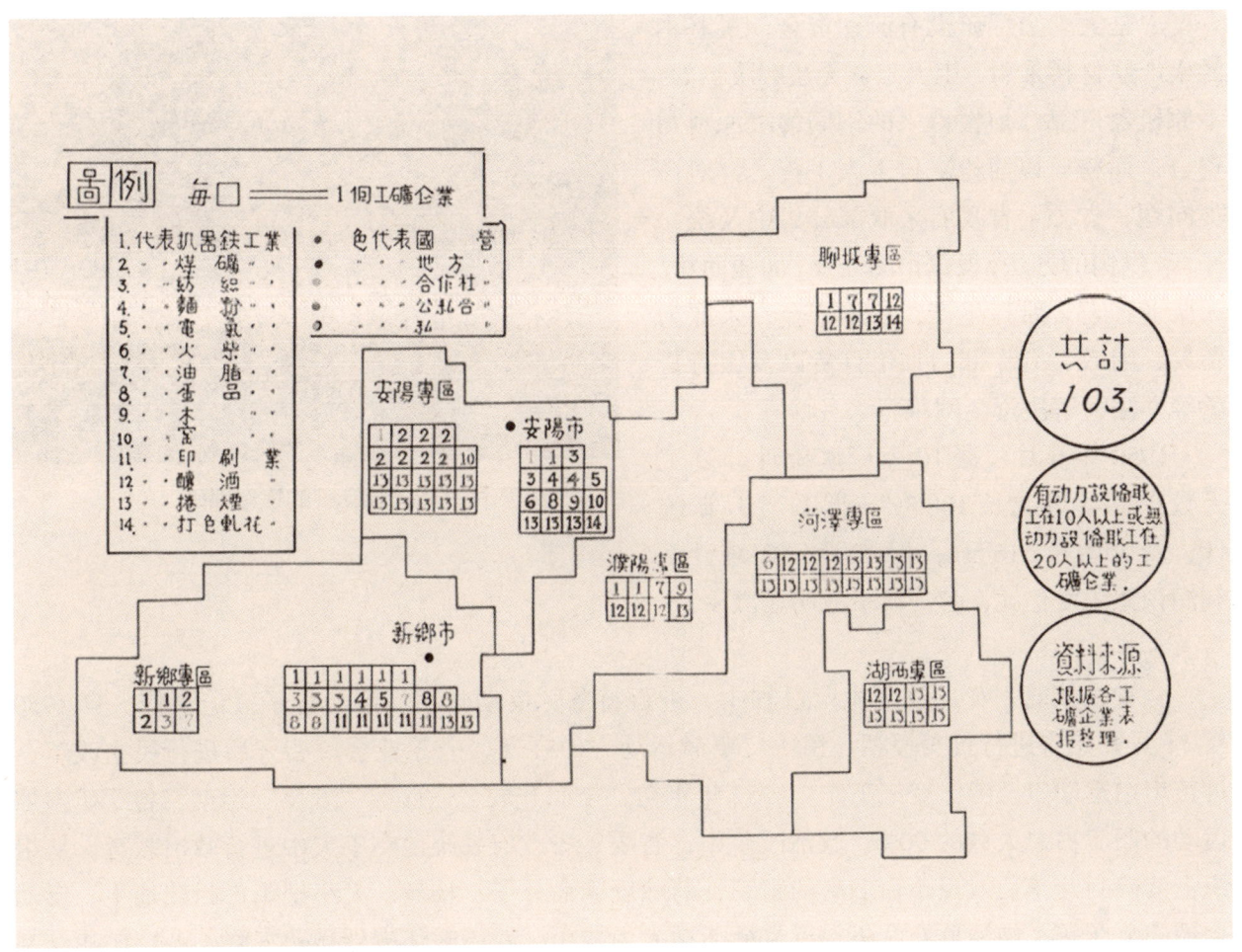

1950年，平原省工矿企业概况图

金977.69亿元，职工1.39万人，其中公营厂矿占79.4%、公私合营厂矿占9.2%、私营厂矿占12.4%。

各地刚接收厂矿企业时，大部分厂矿处于停工状况。各厂矿分为三种情况：

一是可以正常生产。这类厂矿多是从冀鲁豫、太行两行政区接收的设备，组织、人员大体完整。如，都里煤矿、西天煤矿、辛庄煤矿、振裕火柴厂等。

二是缺乏设备，必须修复方可开工。如通丰面粉厂，很多零件被国民党残余部队运走，难以恢复生产。经整顿开工后，面粉质量差，产粉率仅为75%。

三是设备损坏严重，必须修建和增加机器设备才能开工。如新乡电厂，楼顶露天，破砖满地，1360千瓦电机周围挖有500多个洞，大部分机器与零件被盗窃或遭破坏。

省政府及时采取措施，根据各厂不同情况，分别进行整顿复工。经过4～5个月集中整治，至1949年12月，大部分厂矿复工。复工之后，针对各厂面临问题，采取不同措施进一步恢复生产。

一是各厂矿技术人员流失，所剩人员技术水平较低；机器设备残缺破旧，拼凑开工，事故较多。如，新乡电厂频繁发生事故。针对该类问题，省委、省政府执行军事管制，保持原职、原薪、原制度，稳定职工情绪；依靠工人群众，发动捐献器材；实行民主管理，团结技术人员。各厂矿成立管理委员会，改善领导，技术人员积极解决器材与技术困难，推动生产。

二是大多数厂矿没有流动资金，最基本的生产原材料采购、工人工资无法解决。如，平原机器厂靠炸炮楼得来的钢筋解决原料与资金；面粉厂以面粉支付工人工资。针对该类问题，省委、省政府采取部分集中及统一经营、供销的办法，根据市场需要，加强面粉、火柴业经营，维持生产，积累资金；采取为贸易、财政、合作部门加工订货以及银行贷款等办法，解决资金困难。

中华人民共和国成立前的焦作煤矿

1950年6月，据10个厂矿统计，复工人数较1949年增长108.3%；据11个厂矿统计，资金增长516.5%；据12个厂矿统计，利润积累129亿元；各厂矿事故明显减少。

（二）政治改革

全省在接管厂矿、恢复生产过程中，进行特务、反动党团、帮会分子登记工作。自1950年11月开始，进行抗美援朝、镇压反革命运动。1951年，省工业会议召开后进行民主改革、诉苦坦白运动以及劳保登记工作。1952年年初，全面开展"三反""五反"运动，各厂矿参加运动的职工占总人数的90%。政治改革中，省委、省政府系统地在工人中进行政治教育，从组织上清除封建落后或反革命旧有的组织，清除反革命分子、特务、大小把头、封建地主、反动会道门分子等，纯洁群众队伍。反革命活动大为减少，政治破坏事件显著下降。各厂矿建立基层工会160个，有2.24万人享受劳保条例。各级政府机关发扬民主，转变作风，密切干群关系，发挥职工积极性，鼓励支持群众合理化建议，涌现出模范人物796人，模范组织241个。

（三）生产改革

各地人民政府有关部门通过工业普查，发现工业领域中存在的严重问题。诸如，工业生产上，消费工业比重大，动力机器工业比重小，工农业发展不适应；煤矿业中蜂窝式乱开小窑，回收率只有40%~60%，破坏国家资源，工人伤亡惨重；纱厂"千人万锭"，各种设备不平衡；工厂设备普遍残缺，生产中没有操作规程，质量差、效率低；经营管理上只图赚钱不管理生产，搜身制、把头制、12小时以上工作制等旧制度仍然存在。老根据地接收的工厂存在供给制思想，经验主义严重，只生产不考虑成本与销路，缺乏计划性和经济核算思想，对先进技术接受迟钝。

针对这些问题，全省开展生产改革运动。1952年6月，开展爱国竞赛运动。10月，转向生产竞赛的有22个厂矿1.97万人，占全省职工总数的69.13%。

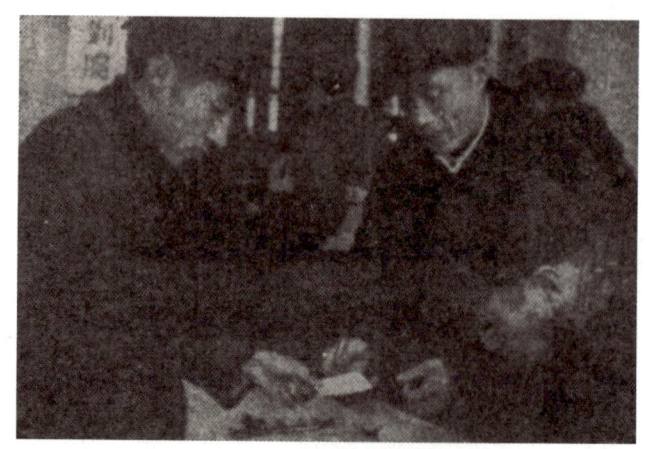

工厂代表参加代表大会签到

全省贯彻执行面向农村、质量第一的工业生产政策。根据农民需要与购买力的提高，改进、改造与提高工业产品质量、规格，依靠农村原料条件，兴办、改建工厂。如，建立道口油厂；金钟烟厂利用土产烟叶产品分级、包装简化等。

根据地方工业特点，省委、省政府采取自力更生，以工业养工业，争取外援，吸收游资，鼓励地方机关及私人资金投入的积极性，争取中央帮助或合营，以解决资金困难，扩大与发展工业的方针。全省工业3年间得到迅速发展，建立较大厂矿18个，资金扩大2.66倍，吸收机关生产投资400余亿元。

省委、省政府在各厂矿企业推行民主管理，改善生产组织。废除搜身制、把头制、扣罚制等旧的制度，组织工会，普遍成立有工人参加的民主管理委员会，发挥工会代表大会作用，贯彻生产管理中的群众路线。建立与巩固责任制、经济公开制、联系合同制、集体合同制、产品检验制等先进科学的管理制度。部分厂矿制定操作规程及车间记录制。建立合理化建议委员会，提高和推动劳动生产效率。

省委、省政府贯彻公私兼顾、劳资两利的政策，采取劳资协商办法，改造私营经济。"五反"运动后，重点执行工人监督政策，促进私人资本增加利润，发展生产。如公私合营的华新纱厂，资本家经营的30年内，没有扩大生产，没有分红股息。中华人民共和国成立不到3年，增长2倍，每股分到2万元股息。私营企业成兴纱厂改装机器，增加2000枚纱锭。

三、经营管理

全省全面实行计划管理工作。工业供销工作执行结合国营、合作经济，团结私人经济，面向农村、面向生产、薄利广销、价廉物美的政策。财务管理实行经济公开、成本公开的先进管理方法，发挥国营经济的优越性，初步实行经济核算制。

（一）培养干部

1949年，各工矿共有干部238人，至1952年11月，增加到3692人。其中，地方转业者占42.95%，军队转业者占11.2%，工人中提拔者占8.3%，留用招聘者占22.59%，培养与中央分配者占8.53%。经营管理干部3157人，占82.8%。科长级以上干部345人，占经营干部的19.2%。技术干部中，技师以上干部61人，占技术干部的11.4%。有关部门经常采取短期培训、召开专门会议、组织工作研究、作报告、带徒弟、参观、派往外地学习等办法，培训培养干部及各业工匠。据1952年统计，省直13个厂提拔干部232人。

（二）调整机构

省委、省政府根据工业发展需要及时调整生产与行政组织形式，推动组织建设。一是改变车间曲线领导制，实行区域制，根据工艺原则整顿划分车间，减少领导层次，方便厂长与所有组织直接接触，及时解决生产中出现的问题，为车间核算制奠定基础。二是增设职能科室，组织上实行科学分工，单列出专门业务部门。三是及时整顿与增设厅、市、专署行政与企业管理组织。如，工业厅3年中进行两次较大调整。1950年，实业公司的企业管理组织改变为工业行政领导组织；"三反"运动后，改成3处3室，充实与加强业务领导。专署、市分别建立企业公司、工业管理局及矿区专业管理局，加强统一领导与专业领导相结合。

各厂矿根据新的组织形式调配充实干部，划分工作范围，调整工作关系。但该次组织机构调整存在"一刀切"现象，部分小厂矿中，行政管理组织庞大，分工过细，人浮于事，增加开支，影响成本，造成人力、财力浪费。据14个厂矿统计，全省各类工业企业的干部职员、勤杂人员平均占总人数的22.93%。

（三）计划管理

1952年，根据国家计划、市场需要、资金能力、技术程度等不同条件，全省公、私各主要厂矿基本实行计划管理。在计划指导下，各行各业明确发展方向，纠正盲目生产偏向，基本做到产销平衡，克服产销脱节或产品过剩、产品极缺现象，工业生产得到恢复与发展。农具制造业3年间增长5倍以上；电业增长10倍；煤产量为敌伪时期的332%，为战前的130%～145%；火柴业为战前的288%。

计划工作随着工业恢复逐步完善。11月，省委、省政府掌握和控制的省直厂矿单位由12个扩大到38个。经研究、改进、普查与清仓核资等工作，不少计划项目由"估计""抄袭"提高到科学计算、心中有数，由旧标准提高到新标准。某些产品由掌握计划产量转变到注意成本核算，由控制某些生产数字，转变到规定指标、定额与有计划统一供销。

全省工业企业建立计划统计组织与制度。培训计划统计业务干部236人。主要厂矿建立计划统计机构。一部分厂建立车间原始记录制度与产品检查制度。38个厂矿建立定期报表、工务、经营旬报与速报4种制度。建立计划的单位对生产计划的制定与执行贯彻始终，逐步健全物资供应、基本建设、财务成本计划。

但计划管理中存在计划编制与执行情况不平衡的问题。对于各项计划制度的执行过程基本准确、比较正常及时的单位是少数。有些厂矿各项计划能及时上报，计划数字与实际情况出入较大。大部分厂矿不以生产实际与供应需要作依据，计划与生产脱节。"三反"运动后接收的机关生产和公私合营的小厂矿，没有计划，使用旧式簿记，缺乏计划人员。全省控制计划的单位有38个，占应控制计划单位的33%，67%的单位计划组织、制度与必要的工作未建立。

（四）促进供销

工业企业供销工作，根据不同时期，采取不同措施。1949年工厂复工后，广泛存在着资金缺少、物资供应不稳、交通不便、市场失调以及国营经济组织不健全、业务未开展的情况。平原省委、省政府及时采取工厂自营与统一供销相结合的办法，调剂有无，减少经营费用，克服资金与供销困难。1951年物价基本稳定，交通恢复，群众购买力初步提高。省政府采取厂矿独立经营与统一计划采购相结合的方法，使厂矿生产适应市场需要，及时指导生产成本与改善产品质量，激发厂矿全面生产的积极性，促进销路进一步打开。1951年下半年，省政府按照中央指示，加强对计划的指导作用，采取加工、包销办法，逐步稳定物价，平衡市场物资供应。供销合同制与其他国营经济相结合，加强工厂计划性，节省资金。1952年，面粉业、纺织业、火柴业、机器制造业、油脂业五大行业订立合同。各行业利润分配，基本做到合情合理。从利润与双方投入总资金对比统计：火柴业商业占利润30%，工业占44%；面粉业商业占45%，工业占59%；纺织业商业占25%，工业占29%。油脂业、机器制造业利润与投入对比不合理。油脂行业商业利润占40%，工业占11.7%；1952年10月，机器厂水车实际成本85.6万元，每部水车仅赚2.2万元。

省委、省政府在组织领导上探索合同分红奖励制度。如，面粉业合同中规定产出率，如果超过合同规定标准,工厂和贸易之间就按照 7∶3 比例进行分红。火柴业合同上规定双方固定利润,超过部分对半分红。

(五)财务成本管理

工业企业财务成本管理由统一供销时期的总会计制发展到独立会计制,再发展到经济核算制。

随着银行业务的发展,全省逐渐实行现金管理划拨清算制度。1952 年经过第二次清产核资,各厂矿财产情况基本清晰。至 1952 年 11 月,全省先进厂矿转向车间小组财务管理工作。按呈报财务计划的 35 个厂,分为三种类型:

第一类厂矿组织健全,贯彻完整的 7 种财务成本管理制度,财产有数,资金有定额,成本计算精确及时,车间记录、材料成品收发保管完善,约占 30%。

第二类厂矿各种制度虽有,但不精确,不完备,多是形式化,约占 25%。

第三类厂矿处于开始建立组织和制度阶段,资金不足,没有成本计算,约占 45%。

12 个省营厂矿成本管理较健全,能按照生产内容及生产方法的不同,分批分步核算成本,有较准确全面的定额,执行计划价格编造成本的办法,起到指导生产的作用。但这些厂矿沿用一级计算制,未能推行车间计算法与工料本票计算法,影响车间成本核算。其他工厂,大部分是估计成本或没有成本计算。

1952 年,省委、省政府在 1951 年清产核资基础上,对 35 个较大厂矿进行清产核资工作。依靠群众、结合技术人员,澄清家底;对固定资产作全面正确估价。1952 年 11 月,各厂矿基本完成清产核资工作。

据 7 个行业 12 个单位统计,3 年中总利润为 773.43 亿元,平均年利润率 24.57%。固定和流动资金合计为 904.28 亿元(不包括基建资金与呆滞、借用资金),流动资金年平均周转 14.2

1949～1952 年平原省不同行业利润情况表

表 8-3-2　　　　　　　　　　　　　　　　　　　　　　　　　　　　　　　单位:%

行业	平均年利润率	1949 年半年利润率	1950 年利润率	1951 年利润率	1952 年利润率
煤矿业	112.00	171.7	97.6	133.0	76.5
面粉业	106.28	174.8	75.0	106.4	73.7
电业	22.30	183.8	8.5	20.6	18.4
榨油业	28.00	100.1	28.9	26.1	11.7
机器业	45.70	451.1	74.6	37.9	24.6
火柴业	74.30	134.7	45.6	84.3	44.9
纺织业	18.00				18.0
总平均年利润率	24.57	171.5	56.3	59.3	25.4

次。面粉业最快，达 77 次。

1949～1950 年，各厂矿流动资金缺乏，主要靠吸取游资、贷款经营，利润率下降。全省物价平稳后，取消独立经营，实行与贸易、合作部门相结合，减少商业利润，两次调整售价，平均降低 11%～38%。售价调整虽导致利润降低，但缩小了工农产品剪刀差。

各行业利润发展存在不合理现象。工业、商业利润分配不合理；部分行业产品销售困难，如，榨油业，半年生产半年停工。有些企业生产管理不善，产量低，开支大。如，中原纱厂利润率低，资金周转率低，单位成本每件纱较华新纱厂高达 60 万元。

四、基本建设

平原省委、省政府根据全省工业资金少、技术低等问题，对工业系统基本建设加大投资力度，基建投入达 4000 亿元左右。工厂设备得以完善，生产能力提高，各地工业逐渐走向正规化。

基本建设投资重点在机电与煤矿业等重工业方面，改变消费资料工业与生产资料工业比重。省直属经营地方工业投资的 2300 亿元资金中，重工业占 53%。

基本建设上采取少投资、多生产的方针，检修易于积累资金的面粉业与煤矿业，重点发展动力、机器、肥料、制造等工业，投资易于建厂的纺织工业。具体工程投资上，进行全面设计，逐步开工，先机器、厂房，后办公室、宿舍、福利设施，采取一屋兼用，永久与临时相结合，既节省资金，又解决实际需要。

全省工业基本建设不断发展，但存在重生产、轻基建，盲目无计划，急于求成，偷工减料，挪用专款等现象。1952 年，建立和充实各级基建管理部门，整顿基建施工单位，贯彻中央规定的基建程序，严格财务管理。1952 年，省营企业基建投资工程总额 1000 余亿元，至 11 月，仅 5 个月完成全年工程的 67%。

五、生产技术

全省工业系统不断改进落后生产方法，提高生产技术，增添设备，扩大规模。

（一）改善设备

1952 年，全省主要工业厂矿机械装备程度普遍提高。54 个较大工厂有新旧大小锅炉 99 个，产生动力 1139.68 万千瓦，其中新增锅炉 50%，利用率 60%；各式电机 30 部，发电 1.55 万千瓦（内有 3460 千瓦未修复），新增 50% 左右，机器的开动运转率达 30%。其他原动力机器 97 部；煤矿井 30 眼，绞车 30 部，水泵 44 部；机器制造业的工作母机 160 台；纱锭 93428 枚，开动的有 63428 枚；制粉机 32 部，榨油机 27 台，卷烟、印刷、电池等其他生产机器 155 台。增加与健全机器设备使生产机械化程度明显改进。焦作王封井下生产基本采用机械化，其他厂矿主要动力及生产过程普遍采用机械，电力占全部动力的 45%。平均每个工人 0.5 马力动力设备，大幅减少人力劳动，改善劳动条件。据 1952 年统计：焦作煤矿直接采煤工效率，由日产 0.81 吨提高到 5.41 吨；纺织业效率由日产 0.98 磅提高到 1.27 磅，白花率由 1.5% 下降到 0.8%，最低降至 0.25%；机械业，平原机器厂每部水车用工由 30.78 工时降到 22.09 工时；榨油业，华安油厂由日榨棉籽 0.27 万公斤提高到 2.9 万公斤；面粉业，普润厂由日产 2300 袋提高到 2450 袋，产粉率由 81% 提高到 83%；电业，新乡电厂千瓦耗煤由 1.3 公斤降到 0.85

中华人民共和国成立初期卫辉纱厂工作情况

卫辉纱厂800匹马力蒸汽引擎设备

公斤。

（二）技术推广

各厂矿企业中普遍推广先进技术、科学知识，提高技术操作水平，提升产品质量，降低产品成本。

煤矿业在规模、产量、质量、效率、安全上，均超过战前水平，赶上或接近华北先进厂矿。西天煤矿改进采煤法，回收率83%，超过中央厚煤层标准8%；王家岭、子针煤矿，薄煤层回收率90%；刘九学安全生产小组，3年无伤亡事故。

机器制造业系新建工业，技术设备简陋，短时间内推广41种新工作法，尤其直角车床的创造，使水车生产质量、数量、效率超过国家标准，成本降低。

纺织工业先进技术推广较慢，部分企业推行新工作法，生产和质量达到一般标准。

在较大厂矿中，普遍成立技术研究组织，开展业务技术培训，总结经验、解决技术上实际问题；在职工中采取理论与实际相结合的办法，提高技术操作水平；在各企业中普遍开展尊师爱徒活动，上班前半个小时上技术课，实行半工半学带徒弟的办法。平原机器厂学徒工3个月可以上机床操作，电厂学徒工半年可操作电机。

全省部分厂矿建立技术管理制度，如，技术保安制度、技术操作规程、机器检修制度、产品标定等，提高与巩固技术，各厂矿企业伤亡事故逐渐减少。煤矿由1950年8.5万吨死亡1人减少到1952年的53万吨死亡1人。

（三）勘探、化验、分析

全省重点地面勘查煤田11处，约38亿吨。对铜、铁、硫黄等矿物进行初步勘探，基本掌握分布情况。3年间，共打钻4259米，扩

焦作矿务局给"刘九学安全生产模范号"授奖

展煤田，克服建矿盲目性，推广先进经验，探钻效率普遍提高，打钻效率由每日平均5米上升到9米，提高80%效率。

1951年，各地开展分析实验工作。电厂煤耗由每千瓦4斤降低到1.7斤；面粉厂煤耗降低40%；对各类矿物进行分析，进一步判明矿物质存储量，推动勘查工作开展。

六、工资福利

全省职工工资福利待遇，随着工业恢复与发展逐年提高和改善。

（一）工　资

复工整顿时期，职工工资普遍不高。1950年2月，省直14个厂矿进行调资，以8等42级工资为标准，统一以"饦"为计算单位。调整后，平均工资为67.5饦，较调资前提高28.38%。该次调资存在"等级太多、差额太小"的缺点。1951年7月，华北局统一领导进行第二次调资，划分轻、重工业，各厂矿分三等进行，将"多等工资制"改为八级工资制，将"饦"改为工资分。该次工资调整，职工平均工资较1950年提高20%，加上附属待遇，较1950年提高34%~49%。两次调资，以普润面粉厂战前中等工人工资作比较，超过战前36.1%。纺织业恢复到战前水平。

1951~1952年，省委、省政府重点推行计件工资制。至1952年11月，10个厂矿推行计件工资制，占职工人数的33.93%。计件工资制提高了工人劳动生产的积极性，如，小西天煤矿原工作12小时，生产效率为0.8吨，实行计件工资后，8小时生产率提高到1.22吨；华新纱厂一年统计，劳动生产率平均提高42.9%，工资提高34.95%。但大部分厂矿仍实行计时工资制，影响职工生活福利和生产积极性。

工资待遇也存在一些不合理现象，不少职工不能以"按劳取酬、技术高低"的原则取得工资，轻工业高于重工业，技术工人低于一般工人。各厂矿之间存在不合理、不平衡现象。纺织业职工平均工资为211.5分，机电业职工平均工资为157.5分，煤矿业职工平均工资为170.1分。

（二）劳动保护与福利

工业生产遵循平原省委"安全第一"的指示。3年间，进行多次保安大检查、卫生大检查、机器检修等工作，及时处理安全生产问题，较好地预防与减少了事故发生。1952年，根据安全卫生大检查结果，各厂矿除及时解决问题外，省政府陆续批拨44亿元用于添修机器和安全福利设施。

1952年，全省较大厂矿改为8~10小时工作制。平原机器厂直接或间接用于工人福利方面的资金占纯收益的27%。据22个厂矿统计，修建职工宿舍1991间，平均每人5平方米；建工人食堂17个，澡堂17间，合作社7个，托儿所、幼儿园5个，医务所10个；普遍设立图书馆、俱乐部、业余学校。工人文化福利生活得到提高，大多数职工由过去"没饭吃没衣穿"的状况变为生活有保障。生活富裕的职工占全体职工的30%，没有节余但能维持日常生活者占50%，生活困难者占20%。

第四节 商 业

1949年8月20日，平原省商业厅成立。遵照中国人民政治协商会议《共同纲领》"以公私兼顾、劳资两利、城乡互助、内外交流的政策，达到发展生产、繁荣经济目的"的经济建设根本方针，组织城乡物资交流，生产资料和生活资料的收购、分配、调拨、供应管理。重点开展四个方面工作：一是壮大国营贸易，恢复与发展城乡内外交流，调剂供求；二是稳定物价，支持工农业生产的恢复和发展；三是扶助各种有利国计民生的经济事业，指导私人工商业向正当轨道发展；四是在国营贸易公司中开展推销工业品为主的竞赛运动。

1951年建成的新乡平原饭店

一、国营贸易

平原省建省之初，旧商业网由于日本侵略军及国民党军队长期摧残掠夺，凋零残破，担负不了恢复与发展经济中与日俱增的商品流通任务。建省之后，以老解放区贸易公司为基础，改组成立平原省粮食公司、花纱布公司、百货公司、煤建公司、油脂公司、盐业公司、猪鬃公司。1950年，成立省土产公司。全省共计8个公司、113个机构、3674名工作人员。1952年，各地公司发展为粮食公司、百货公司、花纱布公司、煤建公司、土产公司、油脂公司、畜产公司、石油公司、医药公司、盐业公司、零售公司、信托公司，共12个公司、215个机构、7031名工作人员。

3年间，国营销售总值30876.91亿元，其中1949年177.11亿元、1950年3637.5亿元、1951年10305.76亿元、1952年16756.54亿元。国营收购总值35385.24亿元，其中1949年2221.1亿元、1950年3891亿元、1951年10793.56亿元、1952年18479.58亿元。国营贸易购销工作在物资交流中占主导地位。

（一）粮 食

平原省是产粮区，小麦播种面积占总耕地的64%。3年恢复期，年年有灾害。1949年灾民270万人，1950年100万人，1951年299万人。粮食成为人民群众的急需物品，需要调剂粮食数量很大。3年间，全省粮田和棉田面积不断扩大，经济作物种植日益增多。省粮食公司累计收购粮食11.78亿斤，其中1949年收购4771.33万斤、1950年收购8891.25万斤、1951年收购3.84亿斤，比1950年增长331.96%；1952年收购6.57亿斤，比1951年增长71.06%。累计销售粮食12.73亿斤，其中1949年售粮2969.73万斤、1950年售粮2.14亿斤、1951年售粮3.42亿斤，比1950年增长59.82%；1952年售粮6.87亿斤，比1951年增长100.84%。

表8-4-1　1950年平原省各国营专业公司贸易情况

公司别	省级			分公司			支公司			小组			其他			年末机构人数总计		占人数总计（%）
	机构	人数	占总人数 %	机构	人数	占总人数 %	机构	人数	占总人数 %	机构	人数	占总人数 %	机构	人数	占总人数 %	机构	人数	
石油	7	674	17.90	19	1497	8.18	32	1033	26.34	59	289	7.37	28	428	10.9	165	3921	100
粮食公司	1	137	9.86	6	655	47.16	12	447	32.18	15	150	10.80				34	1389	36.40
花纱布公司	1	158	19.20	4	438	53.22	3	227	27.58	15			1			23	823	
煤建器材公司	1	63	15.07	2	38	9.09	5	142	33.97				18	175	41.8	26	418	10.95
盐业公司							1	32	30.48				4	73	69.5	5	105	
百货公司	1	126	17.75	5	323	45.49	6	51	7.18	12	58	8.17	18	152	21.4	42	710	18.60
土产公司	1	70	45.16	2			2	46	29.68	3	11	7.10	8	28	18.0	14	155	4.06
总计			56.36	1	1					3	24	43.64				4	55	144.00

1950年年初，在物价上涨、灾情严重的情况下，省政府贯彻大力销售方针，稳定物价、支持救灾。1951~1952年，执行大买大卖方针，在调剂城市和棉区供应、保证棉粮比价及保证麦农生产价值等方面起到决定性作用。

1952年，计划收购小麦4.43亿斤，实际完成3.95亿斤。其中，新乡专区仅完成47%。主要原因一是计划不准，少扣除大麦、菜籽，少估麦种，高估商品粮；二是1952年麦收后虫灾、旱灾迭出，人心动荡，产生惜售思想；三是经济作物区中富裕户囤积粮食；四是麦价偏低，群众食麦量增加。

（二）棉　花

全省棉花收购上保证棉粮比价，鼓励种棉，扩大原棉种植，棉花收购逐年增加。3年共收购194.71万担，其中1949年收购8.16万担、1950年收购28.73万担，占商品棉的65.69%；1951年收购54.29万担，占商品棉的68.41%，比1950年增长88.97%；1952年收购103.53万担，占商品棉的75.21%，比1951年增长90.69%。

1952年，棉花普遍丰收，上市棉产量超过原定计划，货币不足，有关部门不再宣传动员卖棉。为避免伤害棉农，对自愿卖棉者仍大力收购。各专区按计划完成收购任务。至1952年11月，全省棉花市价大体一致。

（三）土特产

平原省土特产品有百余种，按用途主要分为四大类：一是药材类：主要有山药、地黄、牛膝、菊花、红花、天花粉、木瓜、芡实、知母、党参、山楂片等。二是副食品类：主要有红枣、乌枣、莲子、藕、荸荠、菱角、花椒、生姜、黄花菜、柿饼、山楂、瓜子、咸鱼、干虾、杏仁、桃仁、栗子、松花蛋、水烟等。三是手工业品：主要有草辫、竹货、草帽、土布、蒲包、黄丝、粉条等。四是工业原料：主要有硫黄、皮硝、火硝、硝盐、黑矾、青麻、猪鬃、羊毛、羊皮、牛皮、猾子皮、鸭绒、烟叶等。

按贸易性质主要分为三大类：一是出口物资（国内销售少部分）：主要有草帽辫、细皮毛、猪鬃、鸡蛋、桃杏仁等10余种，俗称大路货，战前多销往欧美各国和日本、南洋等地，战时销路阻塞，中华人民共和国成立后逐渐恢复。二是国内调剂制品（出口少部分）：主要有怀山药、硫黄、火硝、皮硝、牛羊皮、土布、乌枣、红枣、柿饼、山楂、松花蛋、竹货等78种（山杂药材一项按30余种统计），战前畅销国内各地，战时销路断绝，建省3年，旧的商贸关系未完成恢复。三是省内自销（省外销售少部分销）：有建筑器材、农副业生产资料及家庭杂用品等30~40种，因工艺粗糙，多供省内各地群众相互调剂用。

土特产产销和流通在国民经济收入中占重要地位。3年间，全省土特产生产总值14967.91亿元（其中种植部分按照生产年度计算，即1950年是1949年秋季的产量，以此类推）。其中，1950年3579.74亿元，占农业商品总收入的20.33%；1951年5397.68亿元，占农业商品总收入的22.88%；1952年5990.54亿元，占农业商品总收入的17.8%。1952年生产比重下降，主要是全省粮食丰产，土特产相对少，但实际生产量逐年上升。

全省各国营贸易公司在土特产（包括皮毛、鲜蛋）经营中，收购总额为2506.67亿元，其中1950年307.51亿元、1951年1003.55亿元、1952年1195.61亿元。销售总额共计1859.87亿元。以1950年销货额作为100计算，1951年增至422%；1952年增至621%。

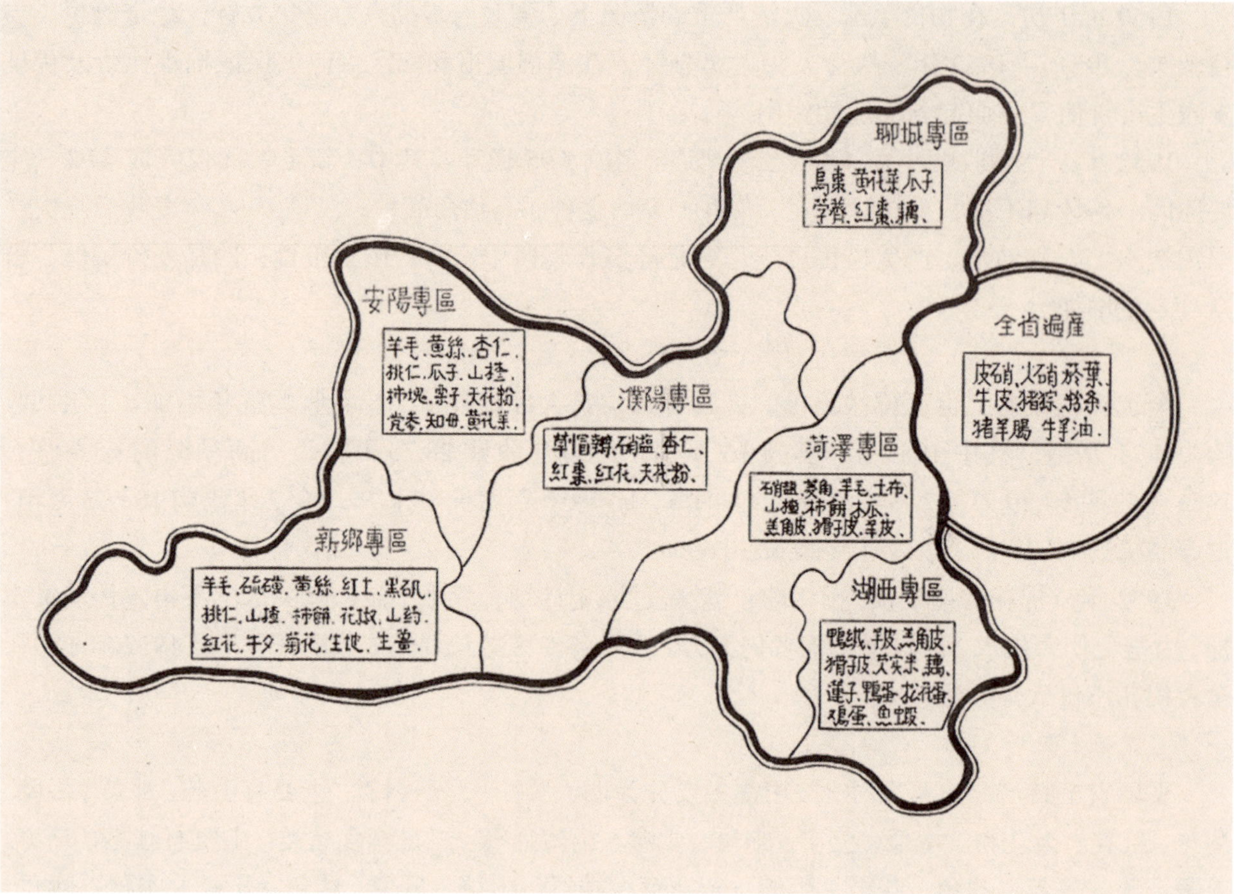

1950年，平原省主要土特产分布概况图

除土硝、土碱和小部分山野药材销路不畅，其他土特产大部分销路较好，有些土特产呈现出脱销状况。

粮食、棉花和土副业产品旺销，市场日渐繁荣。城市职工待遇普遍提高，人民群众购买力显著增强。据统计：平均每人购买力1950年为15万元，1951年为20.5万元，1952年为26.6万元。

（四）工业产品

工业产品在平原省整个社会商品销售中占据重要地位，3年间，全省工业产品销售额逐年增加。国营公司工业品销售总额达14751.22亿元，其中1950年1750.59亿元、1951年5037.14亿元、1952年7852.45亿元。煤炭经营1949年因产量不足，1950年供应不足，1951年后半年产量增加，调入烟煤，至1952年11月，存在积压现象。

棉纱销售因群众有惜售思想，加之纱价偏高，销路不佳。布匹销售因经济分散，重视不够，加之群众有购买名牌货物的思想，销路不佳。新上市的一般布匹不能满足人民群众的需要，群众对府绸、华达呢、毕叽、斜纹、条绒等商品需求较大。

二、稳定物价

1949～1952年，平原省工农业生产全面恢复，超过战前水平，贸易上发展城乡交流，各地物价基本稳定。平原省物价指数变化情况如下：1950年年初，全省市场物价上涨。1月，物价指数 129.25；3 月，上涨至 271.72。3 月下旬，中央采取稳定物价措施，贸易上全力出售。4 月，物价回落至 180.31。12 月，回落至 172.25。以 1950 年 12 月为基数，1951 年物价指数为 107.76，物价大体稳定。1952 年 8 月，以新乡市物价为标准，降至 95.2，较 1951 年 12 月下降 4.8%。其中，各种工业品降 13.5%，粮食微落 0.2%，土特产上升 12.1%。

三、繁荣市场

1950 年后，平原省各地采取一系列措施，扶助有利国计民生的经济事业，指导私人工商业向正当轨道发展，各类商贸市场逐渐繁荣。

全省实行纱布统购，逐年扩大加工订货，保证市场供应，支持工业生产。

全省商贸业依靠合作推销代购金额占合作经营总额的 70%。主要商品供应，如粮、布、煤、盐等对社员实行不同价格优待，扶助合作社发展。

1950 年 6 月，全省开始调整公私关系，引导私营工商户发展。各地正当经营的私营工商业得到健康发展，国营商业继续恢复发展，私营工商业有利可图，达到公私两利。特别是有利于国计民生的工商业有显著增长。安阳市调整公私关系后，铁工、棉织、文具印刷、木作、铁货、

表8-4-2　　　　　　　　　1949~1952年平原省煤炭供应情况表

年份	销售量（吨）	占1950年百分比（%）	每人平均年购煤量（斤）
1949	40911		
1950	306245	100	37.10
1951	614103	200.53	73.10
1952	1105199	360.00	126.00

表8-4-3　　　　　　　　　1949~1952年平原省百货供应情况表

年份	销售额（万元）	占1950年百分比（%）	每人平均年购额（元）
1949	193454		
1950	4564119	100	2766
1951	13945237	305.54	8300
1952	24281471	532.00	22718

表8-4-4　　　　　　　　　1949~1952年平原省纱布供应情况表

年份	销售额（万元）	占1950年百分比（%）	每人平均年购额（元）
1949	702405		
1950	3336488	100	2022
1951	29604049	887.28	17620
1952	35606246	1067.18	20116

表8-4-5　　1950～1952年平原省国家贸易公司对各主要工业加工收购占其生产总量比例

名称（单位）	1950年		1951年		1952年（截至9月底）	
	加工数	占比（%）	加工数	占比（%）	加工数	占比（%）
面粉（袋）	370572	28.32	374473	18.78	1091084	68.29
棉纱（件）	3899969	26.39	18294	85.56	280779	97.47
棉布（尺）			53526	81.94	106380	99.64
漂染业（尺）			33792	60.67	50171	93.10
蛋品（磅）			5930568	100	455138	100.00
植物油（公斤）					822530	60.03

行栈等重点行业增长13%～45%。

私营工商业由1950年的10.17万户17.97万人发展至1952年的22.86万户29.08万人，较1950年户数增长36.6%，人员增长61.9%。据新乡、安阳两市以及濮阳、聊城、浚县、菏泽、焦作、道口等8个城镇统计，私人工商业变化情况：1950年7月，工商业户数为9729户，资金为176.29亿元；1951年7月，户数增至11705户，资金为419.78亿元，较1950年户数增长20%，资金增长138%；1952年12月，户数为12772户，资金为603.4亿万元，较1950年户数增长31%，资金增长242%。从行业变化上看，凡是有利于国计民生的行业，特别是群众生产、生活需要的行业得到发展；凡不利于国计民生的行业，逐渐减少，或仅能维持现状。如，1950年年底至1952年3月，8个城镇百货业户数增长11%，资金增长237%；棉织业户数增长27%，资金增长131%；木作业户数增长50%，资金增长216%；印刷业户数增长45%，资金增长324%。相反，银炉业户数较1950年年底下降7%，造香业户数下降50%，估衣（收卖的旧衣）户数下降64%。

3年间，国营、合营、私营商业经济并肩发展。1950年，全省公、私、合经营总额14988亿元；1951年33667亿元，较1950年增长124%；1952年61744亿元，较1950年增长311.9%。其中，国营经济1950年经营总额5369亿元，1951年比1950年增长110%，1952年比1950年增长327%；合作社经济1950年经营总额为1614亿元，1951年比1950年增长145%，1952年比1950年增长515%；公私合营经济，1950年经营总额为620亿元，1951年比1950年增长9%，1952年比1950年下降46%；私营经济，1950年经营总额为7385亿元，1951年比1950年增长140%，1952年比1950年增长286%。

公私经营比重关系趋于稳定。1950年，国营、合营经济占总经营额（指社会商品总流转额，包括批发和零售在内）50.73%，私营经济占49.27%；1951年国营、合营经济占47.07%，私营经济占52.93%；1952年国营、合营经济占53.72%，私营经济占46.28%。

从零售比重上看，全省国营公司在城市比重大，在乡村比重小。新乡、安阳、焦作、汲县4地国营占41.55%，合营占11.96%，国营、合营共占53.51%，私营占46.49%。就全省总体平均水平看，国营占4.774%，合营占27.22%，国营、合营共占31%，私营占69%。

从批发零售比重上看，1951年四季度，全省9个公司批发占79.8%，零售占20.2%。其中，煤建、石油占比较大，煤建占49.5%，石油占37.44%。

1952年，全省开展销售竞赛运动，贯彻以批发为主方针，采取不同措施，紧缩零售机构，扩大批发业务。从全省10个专业公司第三季度销货总额看，批发占83.78%，零售占16.22%。按种类分，粮食、花纱布、盐业、石油、油脂、畜产品为全部批发；煤建批发占90.07%，零售占9.93%；土产批发占89.7%，零售占10.3%；医药批发占83.4%，零售占16.6%；百货公司批发占70.65%，零售占29.35%。国营零售比重逐渐缩小，私营零售比重逐渐增大。

1952年，省委、省政府本着"促进商贸组织建设、改进业务发展"的原则，在国营贸易系统中结合反对资本主义经营思想，开展以推销工业品为主的劳动竞赛运动。在市场贸易中开展以国营贸易和合作社带头的物资交流活动。国营贸易系统进行彻查仓库，商品站队，公开成本，审查价格，调整价格，发展合同业务，贯彻批发为主方针，进行合理化建议，开展挑战、应战、评比、奖励先进工作者等系列活动。各专区、市、县召开经济代表会、物资交流会、参加华北区及外区外省的物资交流会、解决"五反"遗留问题、纠正局部地区税收上执行政策偏差问题，全省主要市场进入活跃期，市场逐渐繁荣。

至1952年10月，全省召开各专区、县集镇范围的初级市场、物资交流会157次，成交总额2972亿元。国营工业品销售额8月、9月、10月完成计划比例逐月递增。国营、合营关系改善。百货公司和合作社合同往来，县社占51.7%，基层社占56%。9月底调整批零差价，由8%~13%调高到9%~14%，保证私商合理利润，促进私商积极性，批发数量进一步增大。7月以前，百货公司批发占68.39%，9月达到71%。三季度，各公司采纳合理化建议1792件，各项业务显著提高，费用降低1.53%。1952年节省各项费用304亿元，占计划的47%；节省资金1363亿元，占年度计划54%。

四、商业公司概况

（一）平原省粮食公司

1949年，中国粮食公司平原省公司在新乡市成立，隶属中国粮食公司和平原省商业厅双重领导，是统一管理平原省粮食购销、储运的专业公司。内部机构有秘书科、人事科、会计科、业务科、计划科和储运科，下辖新乡、焦作、安阳、濮阳、聊城、菏泽和湖西分公司。分公司下设支公司或粮栈、经营组、转运站、营业部、小组等机构。1952年11月，平原省粮食公司撤销，并入河南省粮食公司。

（二）平原省油脂公司

平原省油脂公司原名华北油脂公司新乡分公司，于1949年成立，隶属华北油脂公司。1951年5月，更名平原省油脂公司，隶属平原省商业厅。主要职能是：负责平原省油料、食用成品油的收购、征购、储运、加工、调拨、销售等业务以及油料价格和油料市场管理。内设机构有财会科、人事科、业务科、储运科、计划科、秘书科。下辖濮阳分公司和菏泽、聊城支公司及新乡、安阳、湖西办事处。1952年11月，平原省油脂公司撤销，主要业务划归河南省商业厅，聊城、菏泽等部分支公司划归山东省。

（三）平原省百货公司

1950年4月，平原省百货公司成立，隶属平原省商业厅，下辖安阳分公司。主要职能是：

负责平原省百货商品、文化商品的收购、分配、调拨、供应，百货企业的经营管理工作。内部机构有业务科、计划科、储运科、财会科、人事科、秘书科。9月，增设焦作、濮阳、聊城、菏泽4个分公司。12月，增设单县支公司，设立新乡推销处。安阳分公司下设水冶（镇）、汤阴（县）2个支公司，汤阴支公司下设邺县、林县2个小组。焦作分公司下设博爱、汲县2个支公司，博爱支公司下辖武陟、温县、沁阳3个小组。濮阳分公司下设道口支公司和楚旺、仙庄2个小组。聊城分公司下设高唐、堂邑2个小组。菏泽分公司下设曹县、郓城、东明3个小组。1952年，平原省百货公司撤销。

新建成的新乡市百货大楼（1952年）

（四）平原省花纱布公司

1949年9月，中国花纱布公司华北地区新乡分公司成立。1950年10月3日，更名中国花纱布公司平原省公司（简称"平原省花纱布公司"），隶属平原省商业厅，其业务受中国花纱布公司和华北区花纱布公司领导。主要职能是：负责平原省棉花收购、征购、储运、加工，棉花价格和棉花市场管理，布匹、棉纱购销工作。内部机构有秘书科、人事科、计划科、财会科、业务科。下辖菏泽、聊城、安阳3个分公司及孟县、小冀、濮阳3个直属支公司。1952年11月，平原省花纱布公司撤销，业务分别划归河南省和山东省。

（五）平原省蛋品公司

平原省蛋品公司原名华北蛋品公司新乡分公司。1950年，改为中国蛋品公司新乡分公司，后更名为平原省蛋品公司，隶属平原省商业厅。主要职能是：负责收购、管理、加工平原省蛋品产业，抑制物价、保证国家调运计划。

（六）平原省畜产公司

1951年5月14日，中国畜产公司平原省分公司成立（简称"平原省畜产公司"），隶属于中国畜产公司华北区分公司。主要职能是：贯彻执行国家有关畜产工作的方针、政策，组织、安排和调整畜产品的收购、流通、生产。内部机构有业务科、计划科、财务科、秘书科、储运科、人事科。

（七）平原省盐业公司

1949年7月，长芦盐业公司新乡分公司成立。1950年3月，改组为中国盐业公司新乡支公司。1951年年初，更名为中国盐业公司平原省直属支公司（简称"平原省盐业公司"）。内设机构有秘书室、计划股、业务股和财务股。公司下辖安阳、道口、菏泽、新乡等5个分销处。1952年，平原省盐业公司撤销。

（八）平原省石油公司

平原省石油公司于1950年4月从油脂公司安阳支公司划分成立，也称中国石油公司安阳支公司，隶属华北石油总公司和平原省人民政府双重领导。主要职能是：贯彻执行国家开展石油工作的方针、政策，制定平原省石油工作计划，组织实施、负责全省石油产品购销供应工作。1950年年底，增设濮阳、菏泽、新乡3个小组。内设机构有业务股、会计股、储运股、秘书人事股。1952年10月，平原省石油公司撤销。

（九）平原省煤建公司

平原省煤建公司原名华北上党煤铁公司，于1949年5月成立，隶属太岳上党区公司。1949年10月，改归华北煤铁公司领导。1949年12月25日，改组为华北煤铁公司新乡分公司。1950年3月，归中国煤业建筑器材公司领导，更名为中国煤业建筑器材公司新乡分公司（简称"平原省煤建公司"），隶属中国煤业建筑器材公司华北区公司和平原省商业厅双重领导。主要职能是：负责管理辖区内煤炭、建筑材料的收购与销售，保障城市煤炭供应，解决经济作物地区农民燃料问题，支持发展建筑业，保障城市建筑材料的供应。内设机构有财会科、储运科、业务科、秘书科、人事科、保卫科等7个科，公司下设3个分公司、1个办事处、17个分销处和转运站。1952年11月，平原省煤建公司撤销。

（十）平原省土产公司

1950年7月，华北土产公司临清分公司改组为平原省土产公司，隶属华北土产公司和平原省人民政府双重领导。内部机构有经理室、秘书科、人事科、业务科、计划科、财会科、储运科。1952年11月，平原省土产公司撤销。

第五节　供销合作

1949年10月，平原省供销合作总社成立，隶属平原省人民政府和华北供销总社双重领导。主要在农村征购农副产品，销售工业品和日用品，指导、监督和检查政府决议、指示、规章制度、命令的执行情况。

1950年7月，中华全国合作社工作者第一届代表会议（简称"全国合代会"）召开，成立中华全国合作社联合总社，通过《中华人民共和国合作社法（草案）》《中华全国合作社联合总社章程（草案）》等重要文件。平原省供销社积极贯彻全国合代会精神，学习两个草案，统一思想，领导和管理全省供销、消费、信用、生产、渔业和手工业合作社。1951年，全面整社。1952年，开展"三反"运动和爱国增产节约竞赛运动。逐步克服资本主义经营思想、官僚主义和贪污浪费行为。各地加强对工业生产合作社的领导和干部配备，逐步健全领导体系。1952年，全省县以上供销社干部8227人，基层社干部17483人，共25710人。业务干部逐年增加，县以上供销社业务干部占干部总数比例：1950年为32.7%，1951年为40.4%，1952年为69.7%。全省各级社培训干部10626人。其中，计划统计干部2220人，会计4915人，棉花分级人员3027人，组导干部150人，基层社主任314人。

省供销社贯彻执行"为社员、为生产服务"方针，推行"公开成本、民主评价"活动，开展与资本主义经营思想斗争运动，实行商品排队，加强成本核算，改善经营，转变某些地区业务上消沉局面。全省供销合作工作迅速发展。各地销货额增加，业务普遍扩大，社组织和社员关系更加密切,许多地方常年积压货物销完,不少地方货物脱销。1952年11月,全省各县社全部公开成本,基层社85%公开。

改进各级社批发业务,建立联社批发站。省供销社在新乡、安阳、焦作、商丘、禹城、道口、元村等地设立批发站。各县社酌情设立。各种商品流转不走弯路,减少手续,改进运输工作,降低商品流转费用。省供销社要求在基层社中建立零售网。根据各地经验基本形成三种形式较好的销售模式:基层社所在集镇建立几个大门市部,如棉站、粮站、百货、杂货、医药等;建立流动供销组,定期轮流到各大自然村实行商品展览,向社员公开成本,销售货物,进行宣传组织工作;在100~200户以上的大自然村设立义务推销员,主要推销香油、火柴、醋、煤油、海盐等,每天开门1~2次,销货2~4小时,销货额中抽0.5%(最高不超过1%)作为推销员报酬,推销员不脱离生产。

省委、省政府要求各级供销社对于手工业独立劳动者加以扶植,有重点进行发展。各地组织手工业者参加工业生产合作社,帮助小生产者摆脱贫困走向工业化,克服小生产者与整个社会需要脱节、与国家经济建设不适应状况。为保证1952年全年肥料供应,省供销社组织榨油生产合作社服务基层,成为基层社的加工作坊。

随着工农业生产的恢复发展,合作社组织逐步扩大,人民群众购买力逐年提高。3年间,供销总值53573亿元。其中,销售总值33592亿元、供应总值19981亿元。以1950年供销总

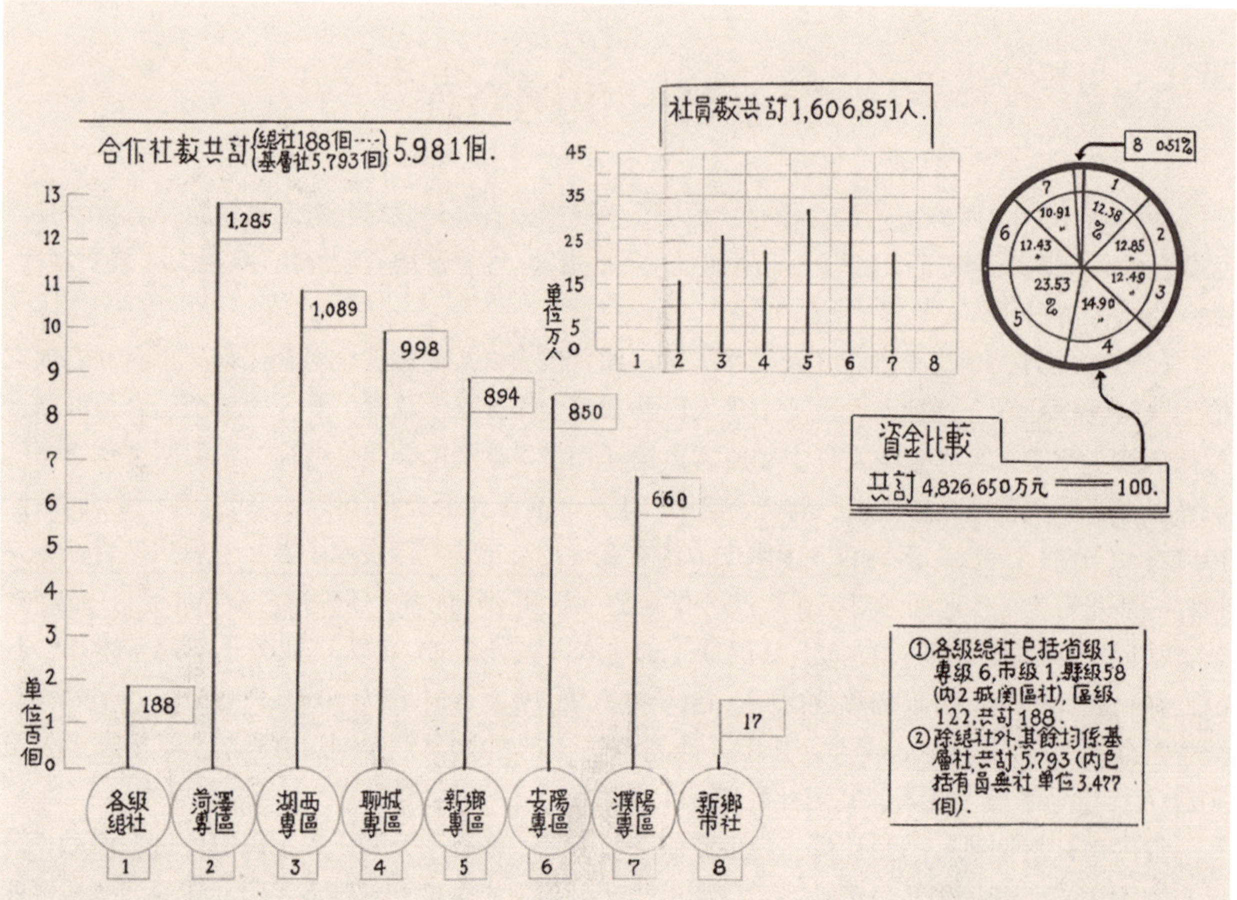

1950年,平原省合作社概况图

值为 100 计算，1951 年为 308%，1952 年为 839%。在销售方面主要是收购皮棉 17557.8 万斤，小麦 44561 万斤，菜籽 4831.02 万斤，花生仁 4992 万斤及其他土特产等。在供应方面主要是供应新式农具 1.55 万件，饼肥 5.24 亿斤，水车 6.14 万部，粮食 269.25 万斤，农药 269.25 万斤，煤炭 68.08 万吨，洋布 46.09 万匹，海盐 2.12 亿斤。保证工农业产品合理比价。

支持灾区群众进行生产自救。3 年间，共收购灾民土布 14479 万平方尺、苇席 600 万张（不完全统计）、皮硝 707.61 万斤；代政府发放以粗换细粮 20797.49 万斤、麦种 2688.19 万斤，收购灾区各种冷背货（冷门、不热销的商品）价值 289 亿元。其中，仅土布 1 项，灾民获利折米 3619 万斤，帮助数百万灾民度过灾荒。

至 1952 年 9 月底，全省有基层合作社 1883 个，社员 605.21 万人（约占全省人口 34%）。3 年经营业务总值 53573 亿元。

1952 年，供销社以收购棉、粮，储备肥料、农具为中心，推销土特产，供应群众所需工业品，开展物资交流。全年业务计划总额 35405 亿元，1～9 月完成 17742 亿元。

一、经营改革

3 年间，平原省各级供销合作社业务经营不断改进。政府和贸易公司委托合作社收购和代销的商品总值 28457 亿余元，占合作社业务经营的 52.5%；国家银行扶持合作社贷款 568.36 亿元。各级政府部门许多工作委托合作社代办，在价格、税收和银行贷款利息上给合作社以优先和优待，扶持合作社业务开展。

（一）合同经营

平原省各级供销合作社在合作社内部与国营经济间开展合同经营，合作社业务迅速扩大，逐步走向有计划经营模式。3 年间，合同经营约占业务总值的 70%。组织内地物资交流，仅 1952 年 8～10 月，据 54 个县统计，召开物资交流会 514 次，订立合同、协议 2 万余件，46 个县成交总值 5193 余亿元。

（二）计划统计

各级供销合作社重视计划统计工作。至 1952 年 11 月，省供销社培训县社以上计划统计干部 508 人，全省县以上社配备计划统计干部 357 人。大部分基层社重视计划统计工作，配备专职干部。有 549 个基层社能造报计划，1315 个基层社能作简速月报表，870 个基层社能报季报表。

1952 年实行计划收购，全年预购棉花 3774.47 万斤，预付物资总值 613 亿元。推行"集体售麦"和"集体售棉"。据统计，定陶县、郓城县"集体售麦"占总收购量 50% 以上，堂邑县、清平县"集体售棉"占总收购量 70%～80%。各县普遍开展订货、预售等新的交易形式，节省大量人力、畜力，减少货品运费与损耗。

（三）技术指导

各级供销合作社重视货物下乡和技术指导工作。许多县社组织烧煤技术改灶组、召开新式农具与化学肥料技术座谈会，教育群众，传播技术。群众看到烧煤的好处纷纷改灶，看到用步犁犁地有"深、稳、宽、平、轻"五大优点后积极购买，看到化学肥料的效用争先抢购，不少地方出现货品脱销。博爱县社发动干部带肥田粉下乡，实地进行试验和技术指导，十几天时间推销 20 余万斤。

（四）优化组织

各级供销合作社根据需要及时调整和优化业务组织机构。1951 年，供应、推销机构分开，工作效率提高。1952 年下半年，设立批发站和零售网。全省县以上设立批发站 174 处，取消县分社，执行省县一级经营，减少商品运转层次，节省流转费用，降低成本。

（五）开展竞赛

自 1952 年 8 月起，各级供销合作社开展增产节约竞赛运动，对官僚主义与资本主义经营思想进行批判，各级供销合作社工作效率普遍提高。如，原规定皮棉 6 天周转一次，籽棉 12 天周转一次，开展增产节约竞赛运动后，资金周转率明显提高，购棉费用降低。至 1952 年年底节约资金 665 亿元。

二、财会管理

全省供销系统在财会管理方面进行清理财产、贯彻新财会制度、培训基层社会计、开辟资金来源、加强财务计划、实行划拨清算等工作，为执行经济核算制奠定基础。

1952 年，全省县以上合作社共有国拨基金 270.07 亿元，地拨资金 27.24 亿元，银行贷款 1809.9 亿元，盈余积累 387.86 亿元。基层社有股金 622.06 亿元。3 年间，资金周转提速，1950 年 2.16 次，1951 年 2.91 次，1952 年 6.14 次；商品流转费提升，1950 年 7.15%，1951 年 7.69%，1952 年 1~9 月为 8.85%；干部经营额提高，1950 年平均每人 9450 万元，1951 年为 17284 万元，1952 年为 34034 万元；利润率降低，1950 年为 3.79%，1951 年为 2.73%，1952 年为 2%。

全省县以上合作社有财会干部 1749 人，占全体干部的 23.9%。会计制度于 1950 年 9 月由"售价售本"改为"进销货制"；1952 年 10 月由"进销货复式记载"改为全国总社颁布的新财会制度。全省县以上合作社学会新会计制度的财会干部占 80%。1952 年，各级合作社建立财务计划制度，第四季度有 47 个县制定了财务计划。

全省县以上合作社和较大集镇社普遍实行货币管理。1952 年第四季度，县以上合作社执行划拨清算，加强财务管理计划性，减少资金浪费。"三反"运动后，各地进行清产核资工作，结合清产核资开展反失职、反浪费运动，纠正各级社干部官僚主义作风，澄清家底，打击贪污浪费行为。

三、基层社工作

（一）农村供销合作社

1952 年 11 月，全省农村供销合作社有 1632 个，社员 591.9 万人，占农村人口 34%。发展较好的社能满足 70%~80% 的社员要求，经营商品种类较多，实行"公开成本、民主评价"，社员占应入社人口的 70%（个别地方接近全民入社），股金达到规定标准（棉区 3 万元、粮区 1.5 万元、城市 2 万元）的 90%，有的达到或超过规定标准，该类社在全省占 30%。发展中等的社能满足 50% 的社员要求，社员占应入社人口的 40%，股金达到规定标准的 50%，该类社在全省约占 50%。发展较差的社满足 30% 的社员要求，经营商品种类少，社员占应入社人口的 20%，股金达到规定标准的 30% 左右，该类社在全省占 20%。

农村供销合作社实行计划统计工作，结合合同，建立零售网，加强经济核算，加速资金周转，建立财会制度和基层社民主制度，有计划地对社员进行政治教育工作，组织爱国丰产运动。在整党运动中整顿基层社干部，清除贪污、浪费现象和命令主义，肃清资本主义经营思想及各种剥削思想。在搞好基层社业务的基础上，有区别、有计划、有步骤地发展社员，扩大股金。

贯彻"为生产、为社员服务"方针，通过收购棉花、小麦、菜籽，供应群众农具、肥料及救灾活动发展社员。部分地区全民入社。有些地区用具体算账方式发展社员，扩大股金。

发动竞赛，开展评比。参加竞赛评比的基层社占90%以上。在评比当中，交流经验、学习经营、克服缺点。

实行计划订货，公开成本，民主评价，公布账目。大部分社统计社员要求；549个社制定季度和年度计划；747个社公布账目；85%的社实行"公开成本、民主评价"。

建立零售网，实行货物下乡，扩大与改善经营方式。至1952年11月，全省成立门市部2404个，分销店1736个，流动供销组914个。

推广合同经营，巩固农业生产社和互助组，提高供销合作社业务的计划性与工作效率。1952年11月，全省有549个社与70个农业生产合作社、3108个互助组订立合同。

（二）消费合作社

1952年11月，全省有消费合作社52个，社员9.97万人。普及全省大的厂矿及县以上机构和一部分中等学校。经营商品一般在100～200种产品，最多的达300种产品。能满足社员要求的社占70%～80%，股金为2万～3万元。大部分社实行民主选举，成立理事会、监事会，设立分销店，建立新式账目，公开成本。

（三）工业生产合作社

1952年11月，全省共有工业生产合作社199个（集中生产者134个），社员6471人，股金14.75亿元；手工业生产小组827个，组员7365人。据50个生产合作社统计，1952年6～8月，供给铁木农具、肥料、生产资料、文教用具等总值43.78亿元。大部分工业生产合作社建立民主制度，评定工资、股金，实行计件工资；个别地方实行累进工资制和超额奖励制；有的实行计划生产与合同经营，开展生产竞赛，建立商品检验制；少数地方建立财产管理和成本核算制度。

第六节　财　政

1949年9月，平原省财政厅成立。主要职能是：编制平原省财政收支预算，税收管理，行政、企业财务管理，财经业务指导，基建拨款，监督等工作。二级机构有平原省税务局、平原省粮食局、平原省房地产公司、平原印刷厂、交通银行平原支行、平原省保险公司、平原省财政学校7个单位。

平原省财政工作按照国家预算保证各项事业与行政管理费的开支。在收支管理上做到"收入不得减少，开支不得超过"，全面开展查田定产、税源大调查，基本掌握农业税与工商业税税源。整顿各项财经制度，根据中央法令拟定各项具体实施办法。整体工作分三个阶段：

1949年8月至1950年年底，由战时财政转向正规财政建设，经大力整顿，粗具规模。平原省建省之初，生产未恢复，物价波动，制度不统一，机构不健全，干部缺乏经验。1950年3月，平原省根据中央人民政府政务院颁布的《关于统一财政经济工作的决定》，成立编制委员会，严格掌握编制。成立物资清理委员会，清理仓库与粮库。统一财政收支管理，任何机关或个人遵照粮库制度与金库制度，不得动支粮、款。农业税方面进行勘地评产，初步掌握地亩产量数字，通过各界代表会议布置征收。工商业税方面召开全省税务会议，充实税务机构，批判轻税思想。初步建立预算制度，强调按预算办事，按照"哪道河里的水往哪道河里流"的原则，无预算的不能批拨粮、款。

1951年，财政建设在粗具规模的基础上进一步巩固与深入。平原省执行中央财政部"继续巩固财政收支统一管理原则，大力组织收入，重点掌握开支，加强经济核算，建立财政纪律"方针，开展"大力组织收入"运动。农业税贯彻查田定产、依率计征，以县为单位统一税率，实行依法减免到户。工商业税加强调查研究，由点到面，掌握税源。农业税与工商业税结合抗美援朝时开展的爱国主义缴粮纳税运动。公粮屯运上创行"征雇运输入仓办法"，节约人力、畜力，减少人畜伤亡。健全预决算制度，重点掌握开支，实行按项拨款，按目报销。人事费开支实行证照管理。全面实行货币管理，所有经费由银行划拨。经济核算方面，地方工业未纳入财政管理范围，未能执行。

1952年，财政工作焕然一新。1952年，财政工作的重要措施是彻底清理各级财政，处理机关生产与小公家务，做到预算外无预算、账外无账；健全预算管理，加强各单位预算责任，管理企业财务；农业税完成查田定产，实行全省统一税率；工商业税开展税源大调查，进一步掌握工商业基本情况。遵照中共中央与华北局指示，大力整顿乡镇财政，筹备建立县财政体系。

一、财政收入

全省农业生产占国民经济90%，工商业比重很小，地方国营企业基础薄弱。农业税和工商业税是全省财政收入重点，其他收入为数不多。农业税每年征收10亿斤小米，工商业税由1950年1600亿元增加到1952年6370亿元。

1949～1952年平原省农业税收完成任务情况表

表8-6-1

年度	国家分配任务数（万斤）	完成任务数（万斤）	完成占分配数百分比（%）
1949	47540	48641	102.32
1950	79347	80738	101.81
1951	80023	98457	123.04
1952	102000	126947	124.43
合计	308910	354828	114.86

说明：1949年只含秋征数字，1952年系国地粮合征数字。其他年度只含国粮数字，不包括地粮附加

1949～1952年度平原省土地产量变化情况表

表8-6-2

年度	地亩数（万亩）	指数（%）	常年应产量（万石）	指数（%）
1949	4823	100	6070	100
1950	5077	105.2	6242	102.8
1951	5322	110.2	6971	114.8
1952	5539	114.8	7780	128.1

1949～1952年平原省工商业发展情况表

表8-6-3

年度		户数	从业人员	资金（亿元）	营业额（亿元）
1949	实数	124599	199306	724	4924
	指数（%）	100	100	100	100
1950	实数	160760	282207	2983	13320
	指数（%）	129	142	412	271
1951	实数	177152	326575	6285	32385
	指数（%）	142	164	868	658
1952	实数	1482256	307173	8258	53424
	指数（%）	119	154	1141	1085

说明：1952年，在"五反"运动中有一部分不利于国计民生的工商业户停业；执行每日营业额不满3万元者予以免税的规定，将一些小的应予免税工商户予以减除，户数、从业人员稍有回落

（一）农业税收入

1949年秋征，年遇灾荒，由于没有把农业税政策向群众交代清楚，发生浚县等地群众请愿事件及其他问题。1950年麦征与秋征，各县通过各界人民代表会议布置征收任务，把政策和任务向群众解释清楚，征收比较顺利。1951年结合抗美援朝运动，经各界人民代表会议发动爱国主义缴粮运动。1952年，农业税征收继续贯彻群众路线。全省每年农业税收均超额完成目标任务。3年共完成35.48亿斤，超额完成4.59亿斤，超额14.86%。

国家农业税收政策总方针是"查田定产、依率计征、依法减免、绝不附加"。全省农业税收按此方针执行。

查田定产　平原省建省之初，农业税基础较为薄弱，只有极少数地区进行过丈地评产，部分地区实行5等11级折亩征收，另有部分地区按播种面收获量估征，还有些地区按自然亩摊派。所有地亩产量数字粗疏，未贯彻到村到户。1950年，全省6887个村庄进行勘地评产，土地增长5%，产量增长3%。1951年，贯彻查田定产。新乡专区沁阳、温县、博爱3个县先行试验。各地召开专门会议大力推行。土地增长5%，产量增长12%。省、县、村土地产量数字基本一致。1952年，继续深入查田定产，土地增长5%，产量增长13%。1952年冬季，有

22个县按土地站队，评等定产，完成定产任务。除个别县区，全省土地产量数字基本真实。县域范围内，各地等产量大体平衡。1952年11月，全省查田定产工作基本完成。以1949年土地产量为基准，全省共增加土地716万亩，增长14.8%；常年产量增加1710万石，增长28.1%。

依率计征和依法减免　1949年秋征与1950年麦秋雨季征收，基本采取任务包干办法。1951年，实行以县为单位统一税率，依率计征。县与县之间，查田定产工作不平衡，在税率上有所调整。一般县每亩全年负担小米21斤。在保证完成国家征收任务前提下，对查田定产较好、土地产量达到真实程度者，酌情降低税率，以不低于小米19斤为限；对查田定产较差，土地产量不真实者，提高税率，以不超过小米22斤为限。在一个县范围内，只准调整产量，不准变更税率。公布《平原省农业税灾荒减免实施办法》，以户为单位，全年统算，依法减免到户，以减免证抵缴公粮。1952年，贯彻中央人民政府政务院《关于1952年农业税工作的指示》《关于受灾农户农业税减免办法》，全省实行统一税率，每亩负担国地粮合征小米22斤，依率计征，依法减免到户。

全年统算和麦秋分征　全省麦田播种占总耕地64%，麦季收获占全年总收获40%。麦收到秋收，时隔3个月；秋收到麦收，时隔9个月。产麦区农民愿意在麦收季节多交麦而秋季少交麦。平原省在贯彻执行"全年统算、麦秋分征"的原则下，根据各地麦秋收获的具体情况，适当调整麦秋征收比例。1950年是第一年实行全年统算，群众不习惯，麦季少征，秋征困难很大。1951年准备麦季多征，因麦收不好，麦秋征收比例没有调整，秋征仍有困难。1952年麦收很好，收入占全年应产量42%，提高麦征比例，占全年负担50%；秋征国地粮合计不超过1951年秋征单计国粮之数，国家征收与群众缴纳轻松顺利。

（二）工商业税收入

全省工商业税收基础较薄弱。旧有工商业不发达，且未调整；税务机构不健全，干部业务生疏；部分干部由农村转入城市，轻税思想普遍，工商业者对税收本质认识模糊，严重影响税收工作。

平原省委、省政府确立"发展工商业，培养税源；加强税源大调查，掌握税源"工作思路，各地工商业迅速发展，营业额逐年递增。

1950年3月，中央颁发统一财经工作决定。4月，全省税务工作会议召开，深入解释税收在国家建设中的作用，扭转轻税思想，贯彻统一税法。各地充实税收机构，调整工商业税收，结合抗美援朝开展爱国主义纳税运动，税收工作打开局面，但偷税漏税现象较为严重。之后，深入贯彻财政税收政策，全省税收工作进一步开展，工商业税收超额完成国家税收任务。

全省各地多次召开各级工商业代表会议、职工店员座谈会、积极分子座谈会，在重点城镇组织税务会议复议委员会，贯彻税收政策、讲明稽征方法、倾听群众意见、了解情况、保证税收。开展爱国纳税护税运动，把"依法积极纳税"作为《爱国公约》主要内容之一。3年间，平原省共接受中央税收任务8667亿元，实际完成12515亿元，超额3848亿元。

税源调查　1949年，税源调查基础很差。1950年，开始重点掌握。1951年，由点到面进行全面税源调查。1952年，在"五反"运动基础上，以了解工商业基本情况为主，结合了解货物税税源与交易税税源，推进全省税源大调查，对全省工商户数、从业人员数、资金额、营业额、应税货物产销数量等方面数字均基本掌握。

1949~1952年平原省工商业税收完成任务情况表

表8-6-4

年度	国家分配任务数（亿元）	完成任务数（亿元）	完成数占分配数百分比（%）
1949	494	494	100
1950	1079	1619	150.00
1951	2094	4032	192.55
1952	5000	6370	127.40
合计	8667	12515	144.39

说明：1949年各区合并，无国家分配任务数，为合计之便，以完成数列国家分配任务数

1950~1952年平原省税额情况表

表8-6-5　　　　　　　　　　　　　　　　　　　　　　　　　　　　单位：%

年度	国家分配任务指数	完成任务指数
1950	100	100
1951	194.07	249.04
1952	463.39	393.45

依法办事和依率计征　1949年，一般城镇普遍采取民主评议办法，乡村集镇按摊贩牌照收税办法征收。该办法自上而下假定分数，以分数套任务，基本属于任务包干分配办法。征税不多，不平衡现象严重。1950年4月，全省税务会议提出"依法办事、依率计征"，以此为原则改进稽征办法。按不同地区、不同工商户分别采取查账计征、民主评议、定期定额3种征收办法。以民主评议为主，把民主评议办法改为自下而上评议分数，根据典型户每分代表税额，确定各户应纳税额，个别不平衡户，酌情调整。1951年，全省贯彻中央"稳步扩大查账计征，切实做好民主评议，适当缩小定期定额"方针，控制税源，采取"建账建票""货运管理""自报互查""扩大调查典型面"等措施。1952年，查账计征户3626户，税额占54.67%；民主评议户60455户，税额占30.83%；定期定额户41108户，税额占14.85%。把评议分数改为直接评营业额和纯益率（相当于净利润率），逐级掌握各主要行业每季营业额的增长率及纯益率。

货物税重点扩大税源控制，实行驻厂征收。至1952年11月，全省专驻征收和兼驻征收厂矿共有纱厂4个、烟厂10个、面粉厂3个、火柴厂2个、煤矿4个、机器榨油厂4个、露酒厂1个。进驻厂矿总体漏洞较少。各地对查定征收与起运征收逐渐进行有效控制。

交易税采取"整顿交易所，改造交易员"方针。1950年，在各个中心集市成立中心交易所，加强对一般交易所领导。1952年11月，全省共有中心交易所266个，一般交易所726个，交易员21.45万人。

打击偷税漏税　据1951年统计，全年参加集体纳税户近10万户，预缴税款者5万户，检举偷税漏税案件1万余起，涌现出护税模范802人。1952年以前，不少工商业户钻空子偷税漏税，各级财税部门及时提出"与偷税漏税现象做作坚决斗争"。1952年以后，在群众中开展两个方面运动：一方面加强纳税光荣、漏税可耻的思想教育；另一方面依靠群众进行护税活动，

开展监督和检举活动,偷税漏税现象得到控制。

(三)其他收入

全省财税系统对地方国营企业及事业单位税收组织力度较小,对其他收入组织乏力,有些领域属于空白。1952年,在"三反"运动基础上,全省地方国营企业纳入财政管理范围,逐渐上缴利润及折旧金。不少厂矿按计划上缴,全年收入487亿元。其他事业费收入也统一列入全省财政预算。清理各级地方财政,共清出1582亿元。其中,机关生产1005亿元、小公家务133亿元,财政清理444亿元。

二、收支管理

建省之后,平原省财政收支管理由战时财政管理走向正规财政管理、由供给财政转为建设财政。全省逐步统一财政收支、严格粮库金库管理、建立健全预决算制度及审会计制度,正规财政管理体系初步形成。

预算管理贯彻"节约支出,整顿收入,统一财政收支管理"方针,达到"收入不得减少,开支不得超过"财政要求。收入逐年增加,支出每年有节余。在收入方面,1950年决算收入为预算的150.27%,1951年为149.48%,1952年为116.12%;在支出方面,1950年决算为预算的88.44%,1951年为95.04%,1952年为85%左右。

全省财政开支逐年增加,其中经济建设与文教卫生事业增加迅速。3年间,全省财政开支增加情况,以1950年总预算为100计算,则1951年为177.5%,1952年为441.5%。

为扶植灾民生产自救与接济缺粮户,全省共拨以粗粮换细粮4273万斤,无息贷给农民。对老根据地拨粮1000万斤,扶植生产。

全省财政开支比重,若以各年度总支出为100计算,则各类支出比重变化如下表:

1950~1952年平原省经济建设与文教卫生建设事业支出情况表

表8-6-6　　　　　　　　　　　　　　　　　　　　　　　　　　　　单元:亿元

行业＼年度	1950	1951	1952
地方国营企业支出	100	346.9	2905.9
农林支出	100	170.1	325.9
水利支出	100	252.6	445.0
教育支出	100	265.1	871.4
卫生支出	100	140.6	603.6

1950年~1952年平原省行业支出比重情况表

表8-6-7　　　　　　　　　　　　　　　　　　　　　　　　　　　　单位:%

年度＼项目	经济建设	文教卫生	行政管理	其他支出
1950	12.80	25.74	58.27	3.19
1951	26.87	39.70	30.26	3.17
1952	25.56	33.80	28.13	12.51

全省行政管理费比重逐年下降，经济建设、文教卫生建设比重逐年增加。其他支出，1952年占12.51%，其中以粗换细贷粮3000万斤、麦种贷粮1000万斤，主要用于支持农业生产。全省财政开支用于建设事业方面达到60%以上。

（一）预决算制度

平原省建省之初，财政管理中借支挪用较为普遍，各项开支得不到保证，预决算制度未确立。1949年11月，平原省预算获批。1950年，全省开始建立预决算制度，预算内开支明确范围，按计划拨付，预算外开支不得侵占预算，各项支出得到保证。1950年，遵照中央规定决算于第二年3月如期造报。1951年结合货币管理，预决算制度进一步加强，决算编造到目。1952年，所有财政收支均编入预算，做到预算外无财政、账外无账。加强单位预算责任，联系财务管理，了解生产计划与事业计划。1952年11月，全省预决算制度基本建立健全。

（二）开支管理

全省各项开支管理不平衡，行政费管理较有经验，事业费管理制定出一些办法，不成熟，企业财务管理刚起步，无经验。

行政费管理 掌握编制与掌握标准。1950年成立编制委员会，实行新编制，把编外人员与编内人员严格划分。编内人员颁发供给证、工资证，按证领报薪给。编外人员，造具名册，按名领发薪给。全省编制人数全面掌握，其中供给证、工资证发放，做到管理明确，使用方便。推广到全省事业费人员管理之中。对婴儿保育、技术津贴、老年费、保健费等，均实行证照管理。掌握供给标准，严格执行中央规定。1950年6月，省直接管理到县，以保证及时供给，避免转发误时。办公等费用方面按照供给标准包干领发，1952年改为在规定标准范围内核实报销，由各专县财政部门负责审核。实报实销比包干领发务实高效。对临时费用，1951年以前临时核批，效果不佳。1952年开始按计划分配，重点使用，效果更好。

事业费管理 1950年3月，中央人民政府政务院颁布《关于统一全国财政经济工作的决定》，对全国财政收支、贸易和物资调度及现金实行集中和统一的管理。同年，省政府颁布《关于各项事业费管理办法的几项决定》，明确各项事业费由各事业部门负责管理，制定各项事业分项具体计划及财务明细，按计划执行。财政部门在财务计划执行上，予以监督。事业费开支得到保障，但财政监督执行较差。1951年，省政府颁布《事业费管理办法》，对事业费开支计划，要求编列到目，对款、项、目的流用，有较严格规定。但执行起来，项目流用很多，有的缺乏核准和同意程序。财政上对经费有管理，对事业无检查监督作用，仅限于按时拨款、书面审核报销。1952年，省政府对《事业费管理办法》加以补充修正，按照预决算暂行条例、货币管理实施办法、基本建设暂行办法等规定，进一步规范管理。各款、项、目的流用减少，各项事业基本按计划完成。

企业财务管理 全省地方国营企业不多，财务管理较差。1950年以前，由实业公司管理，与财政预算不发生关系。1951年，全省地方财政投资一部分，仍由工业部门负责管理。1952年，地方国营企业利润和折旧金与工业投资一并列入预算，纳入财政管理范围。由于对企业财务管理缺乏经验，仅做到按时拨款，专款专用；对预算缴款，不能按计划全部完成；对各企业生产计划缺乏了解与检查。

三、粮食管理

1949年，平原省粮食局成立，隶属于平原省财政厅，负责全省粮食收购、储存、调运、供给等工作。

平原省成立之初，粮食管理工作基础薄弱，缺乏经验，储粮全靠民房和庙宇，简陋分散。各地粮食机构均是从战勤部门改组建立，干部沿袭支应战勤的思想传统，缺乏集中管理粮食的知识和办法。粮食系统干部编制少人员缺，1950年，全省编制1200人。在屯运、保管、计划、建仓等方面遇到困难，连续发生濮阳运粮事件、长垣坏粮事件以及高楼抢粮事件等严重事故。1951年，全省粮食系统编制扩大到1920人，确立"保管工作为第一"的原则，各地粮食部门干部接受教训、吸取经验、逐渐改进业务水平。创行"征雇运输入仓办法"，加强粮站管理，粮食管理步入正轨。1952年11月，全省粮食系统基本完成各项任务，在公粮屯运、仓存保管、计划供应调拨等方面积累了经验。

（一）公粮囤运

3年间，全省公粮屯运近30亿斤，动员牲畜750万头，大车250万辆，人力500万人。

平原省成立之初，公粮屯运由粮食局与粮食公司协议办理，行政上未组织足够力量。1949年，濮阳专区在秋征运送公粮中，没有进行有效的组织，发生严重事故，运粮农民与牲畜在冰天雪地中露宿数天，造成农民冻饿死者4人、病者8人，牲畜死355头。1949年秋屯，共屯运公粮3.8亿余斤，死6人，平均运粮6000余万斤死1人；死牲畜376头，平均运粮100余万斤死牲畜1头。

1950年，整顿粮站组织，规定参加义运人畜条件，工作有所改进。但没有严格执行，"三伏""三九"天运粮，酷暑严寒，道路泥滑，人畜伤亡仍较为严重。1950年夏秋，共屯运公粮7.4亿余斤，死亡13人，平均运粮5800万斤死1人；死牲畜2012头，平均运粮354万斤死牲畜1头。

1951年，总结前两年屯运工作经验教训，全面调查牲畜车辆的数量与质量，创行"征雇运输入仓办法"，囤运工作明显改进。1951年，共屯运公粮7.5亿余斤，死亡3人，平均2.5亿斤死1人；死牲畜70头，平均运粮1100万斤死牲畜1头。

1952年，全面推行"征雇运输入仓办法"，发挥群众运粮积极性。各粮站设立灌仓队，提高过磅灌仓效率。广泛进行安全入仓教育，严格应雇人畜条件。修好道路桥梁，缩短运输里程。有计划地进行屯运，避免"三伏""三九"天气。全年国地粮合计屯运12亿斤，夏屯死亡4人，秋屯没有死亡现象；夏屯死牲畜42头，秋屯死牲畜25头，共计67头。平均运粮3亿斤死1人，运粮1800万斤死牲畜1头，人畜伤亡显著减少。全省大部分地区做到粮食安全入仓，粮仓质量基本达到干净饱满要求。

（二）粮食保管

平原省成立之初，全省共有仓容约5.2亿斤，其中借用仓约占2/3、公有仓占1/3，借用仓与公有仓均简陋分散，设备很差。粮食保管工作缺乏经验，1949年发生"长垣坏粮事件"。长垣县共存粮1200万斤，分存在10个区73个小仓，仓房多为漏雨老屋，低矮潮湿，每仓仅铺豆叶150斤，门窗闭塞，没有通风设备，坏粮170万余斤。

1950年2月，平原省第一次粮食会议上，各地对粮食管理工作做自我检查，统一思想，提高认识。8月，召开全省粮食保管会议，研究学习科学保管办法。各地普遍建立防化工作。

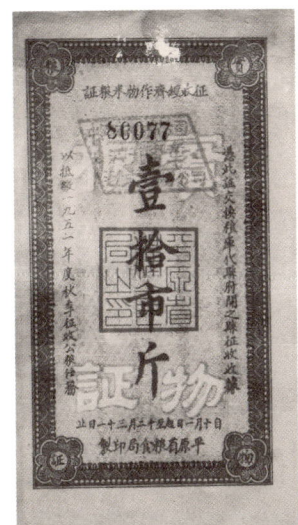 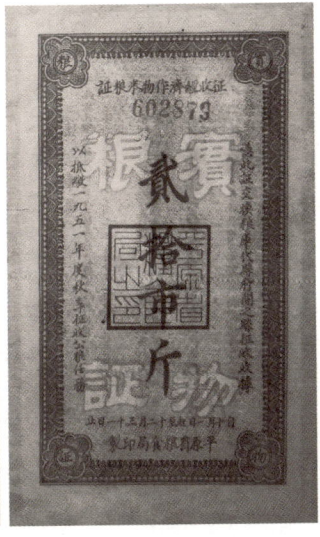  

1951年10月1日，平原省粮食局发行的粮票

1951年，粮食保管贯彻"保管第一""防重于治"方针，普遍加强通风、化验和杀虫工作。公粮入仓前，做好空仓消毒和铺垫设备；检查入仓粮食是否合乎法定规格，特别是粮食水分必须合乎保管标准；实行分仓责任制，督促保管干部认真负责；制定严格定期检查制度；遇到雨季或气候突变及时检查；检查粮仓按照"三层五点法"①进行，发现问题，及时处置，保证粮食不发生大面积霉坏与虫蚀；改善粮食保管条件，各地新建5亿余斤仓房容量，将分散粮库逐渐集中，减少代库员，换为干部直接掌管。1951年，全省仓储情况基本得到控制。

3年间，各地增建仓容，增添设备，实行科学保管办法。至1952年11月，全省有公仓仓容6.2亿余斤，历年添置布袋130余万条，席子50万领，通风笼2.3万余个，化验器、干湿计、杆状米温计、寒暑表、喷雾器、喷粉器等约3000件。全省共保管原粮34.8亿余斤，耗损858万余斤，约为存粮的2.5‰。其中，1952年保管原粮9.6亿余斤，耗损160万余斤，约为存粮的1.7‰，低于中央人民政府规定储粮耗损率不超过5‰的标准。

（三）护粮工作

1949年，为支援前线，单县秋征比例高达收获量的30%，直接引发严重的"春荒"，加之政府救济不力，1950年3月，发生由党员、村干、民兵带领群众抢夺高楼粮库的严重事件，抢粮30万余斤。在善后工作中，政府一方面迅速组织生产救灾，解决农民生活实际困难；另一方面开展政治工作，坚决打击抢粮首要人员，整顿清理内部参与人员。当时全省有护粮队员120人，民兵数百人。事件发生后，全省各地将分散粮食加以集中，实行群众护粮办法。结合镇压反革命运动，各地建立群众性护粮组织。如，护粮委员会、四邻护粮小组（四乡小组）、五村联防等，抢劫事件再没有发生，偷盗事故逐年减少。1952年，偷盗粮食事件基本消灭。据统计，1949年各地粮库失盗23次，损失公粮8万余斤；1950年失盗165次，损失7万余斤；1951年失盗17次，损失3700斤；1952年失盗3次，损失不到100斤。

---

① 粮食抽样检查的一种方法，在粮仓的上中下三层，四个角落和一个中心点进行取样检查。

（四）计划供应

平原省成立初期，数区合并，只有账面移交，无仓库清点。旧粮与入仓新粮混淆不清。省粮食局只管专区粮库，不管县库。会计只记主粮，不记原粮，全省粮食数字无法准确掌握。

1950年和1951年，全省进行两次大规模的清仓查库工作，揭发问题，严格管理，为掌握粮食数字做准备。1951年7月，全省实行新会计制度记载原粮，建立收支日报。11月，省粮食局直接管理到县，及时了解和掌握粮食数字。1952年，麦粮入仓，新粮新账，与旧账分开，开展第三次清仓查库。各县基本做到粮账相符，省粮食局掌握较准确的粮食数字。

自1951年掌握粮食数字后，省粮食局与用粮部门做好供应计划，于月末和季度末进行检查，做到有计划供应。与贸易合作部门联系，把相对方向的粮食调运，互相兑换。1952年，粮食局节约运费100亿元。全省粮食入仓计划、调运计划、供应计划统一考虑，与有关部门密切联系，增加计划性，减少盲目性。

四、乡镇地方财政管理

建省之初，平原省乡镇地方财政管理状况是：原冀鲁豫区所属各县均由专署统一管理；原太行太岳及冀南地区的一些县域由各县管理。1950年2月，省政府确定乡镇地方财政为一级财政，由县统筹办理，由省政府委托专署在其所辖县市范围内，作适当调剂，以作专区性地方事业开支，并以一部分补助地方财政困难之县。乡镇地方财政的预算要经各界人民代表会议通过，报上级人民政府批准，确定各项事业开支大体比例。

1951年1月，省各界人民代表会议通过《关于建立地方财政制度》的决议案，各项事业费开支比例不再作硬性规定，由各县按照具体情况，在"量入为出、重点使用"原则下，自行编列预算，报上级批准。对不便统筹的项目，如，各村小学校舍修补与桌凳添设，修补村道路、桥梁、水利等，经村人代会通过，县政府批准，归各村自筹办理。

1952年下半年，根据中央提出的"允许、保证、禁止"三项原则，对乡镇地方财政进行整顿，发现乡镇财政管理存在三个问题。一是在组织收入方面，各县除农业税附征以外的其他收入，平均仅占农业税附征的21.9%，部分地区不到10%，某些县仅达1.2%；二是保证重点开支不够，如教育经费、村经费等，且各地都有资金挪用挤占现象，本不应村筹的资金过多挤到村筹，增加农民负担；三是农村随意摊派现象比较严重。根据博爱、安阳、封丘、单县、聊城等12个县22个典型村调查，除代耕捐献不计外，随意摊派有22种，占农业税附征的51.2%。省委、省政府针对以上问题提出整顿办法：统一思想，建立健全各级管理机构，规定开支范围与开支标准，制定具体管理办法。按新规定重新批核1952年预算。预算按三个部分编列：第一部分以农业税附征收入与华北补助，保证小学教育与村经费两项开支；第二部分以工商业附加收入，解决农林、交通、水利、民兵等事业费开支；第三部分以上年（1951年）农业税提成、上年（1951年）结转等收入，除补助第一部分之不足以外，解决临时性开支。全省各行业应该保证的各项开支基本得到保证。属于村筹的部分，全省确定具体范围，提出"科目与自愿相结合，确准之后与审查批准相结合"原则。除上述保证与允许之外，其他均予以禁止，由县政府布告正式通知。经过整顿，乡镇地方财政管理步入正轨。

1952年，在"三反"运动基础上，各县、市对地方财政进行认真清理，进一步反贪污浪费，克服地方本位主义，健全县财政管理。

五、基建拨款与保险

基建拨款与保险工作是财政工作的新业务，在这方面，平原省缺乏经验。至1952年11月，全省一方面筹建机构，另一方面重点开展业务。交通银行于1951年成立，试办中央所属各经济建设单位的基本建设拨款，1952年连同省财政的基建拨款也统一管理。对监督专款专用、节约基建开支起到一定作用。

平原省保险公司于1950年成立，以城市强制保险与农村牲畜保险为重点，试办运输保险和火险。保险工作专业性强，缺乏经验，处于重点试办与稳步开展业务阶段。

第七节 税 务

1949年9月，平原省税务局成立，主要负责平原省税收管理、征收工商税，所得税、营业税等各种税款。

1950年，平原省执行中共中央和政务院加强税收工作指示精神，调配大批税务干部，健全税收机构。全省税务系统政治思想领导与政策业务指导相互结合，开展调查研究和稽征管理，贯彻"依法办事、依率计征"方针。团结守法纳税工商业者，带领群众在自觉基础上完善各种纳税组织和护税组织，开展爱国主义纳税和护税竞赛运动。

1952年前，全省税务部门对反偷税漏税认识不够，部分不法分子钻空偷漏。之后，各地偷漏现象减少。全省税务系统加强"纳税光荣、漏税可耻"思想教育，开展群众性监督检举活动。严肃税收法令，贯彻"有理、有利、有节""教育重于处罚"的原则，对偷漏税现象分情节轻重进行适当处理。

一、税源和税收

1949年至1952年10月底，全省共征收税款10876亿元。若以1949年实收数为100计算，则1950年为327%，1951年为815%。

从税种来看，直接税增长速度最快，货物税次之，地方税较慢。直接税和货物税中新增税种及税目较多，工商业迅速恢复，税源扩大。地方税中的交易税税目逐年减少。

各税占全省税收比重随税种、税目的调整而有所变化。1949年，货物税第一、地方税第二，直接税第三。从1950年起，货物税保持第一，直接税升至第二，地方税降为第三。

从地区来看，各地税收指数和比重也有很大变化。具体情况详见表8-7-1。

其中，安阳市发展较为突出，主要原因是该市货物税税源（特别是纸烟）发展较快。

3年间，全省经济迅速恢复和发展，税源逐年扩大，税收逐年增加。省内主要国营、地方国营和公私合营厂矿的生产总量如果以1950年为基数，则1951年为163%，1952年达234%。全省工商业（包括各种经济性质）户数、资金、营业额、从业人员，各以1949年的实有数为100来计算，则1950年工商户数为129%，资金为412%，营业额为270%，从业人员为

1949~1951年平原省税收指数

表8-7-1　　　　　　　　　　　　　　　　　　　　　　　　　　　　　　　　单位：%

税别	税收指数		
	1949年	1950年	1951年
直接税	100	529	1378
货物税	100	367	1024
地方税	100	197	35

表8-7-2　　　1949~1951年平原省税收比重变化情况表

税别	比重		
	1949年	1950年	1951年
总税收	100	100	100
直接税	17.10	27.82	28.88
货物税	43.25	48.82	54.29
地方税	39.65	23.36	16.83

1950~1951年平原省各地税收指数和比重变化情况表

表8-7-3　　　　　　　　　　　　　　　　　　　　　　　　　　　　　　　　单位：%

地区	1950年		1951年	
	税收指数	比重	税收指数	比重
总　计	100	100	248	100
新乡市	100	11.00	252	11.45
安阳市	100	12.52	417	12.63
新乡专区	100	18.70	130	16.22
安阳专区	100	9.50	230	8.58
菏泽专区	100	14.38	235	13.32
聊城专区	100	14.41	203	11.89
濮阳专区	100	12.82	193	9.74
湖西专区	100	6.68	257	7.16

1949~1951年平原省工商业情况表

表8-7-4　　　　　　　　　　　　　　　　　　　　　　　　　　　　　　　　单位：%

区分	单位	1949年	1950年	1951年
户　数	户	124599	160760	177152
资　金	亿元	724	2983	6285
营业额	亿元	4924	13320	32385
从业人员	人	199306	282207	326575

表8-7-5　　　　　　　　1950~1951年平原省货物税主要课税货物产销量情况表

品名	单位	产量			销量		
		1950年	1951年	较1950年增加（%）	1950年	1951年	较1950年产增加（%）
卷烟	箱	33108	57590	74	30179	60995	103
酒	斤	4485538	9712200	117	5598200	12763400	127
棉纱	件	12851	270	33	12727	20851	64
麦粉	袋	1310920	2007720	53	1291411	1954508	51
火柴	件	45475	120383	164	47104	108895	131
煤	吨	922234	1110455	20	913643	154279	69

表8-7-6　　　　　　　　1950~1951年平原省交易税主要课税货物交易量情况表

品名	单位	交易量		1951年较1950年增加（%）
		1950年	1951年	
食粮	百斤	18196577	20795456	14
油类	百斤	371358	664311	78
皮棉	百斤	306779	595315	98
籽棉	百斤	715818	1170667	63
牧畜	头	1373368	1641957	19

表8-7-7　　　　　　　　1950~1951年平原省牲畜屠宰量情况表

畜名	单位	屠宰数		1951年较1950年增（十）减（一）（%）
		1950年	1951年	
猪	头	156870	196873	（十）25
羊	头	208582	267625	（十）28
牛	头	34086	48595	（十）42
马	头	1673	1130	（一）32
骡	头	1655	2082	（十）25
驴	头	5096	10231	（十）100

141%；1951年工商户数为142%，资金为867%，营业额为575%，从业人员为164%。历年数字见表8-7-4。

以1950年与1951年几种主要课税货物的产销量、交易量和牲畜屠宰量进行比较，发展显著。

随着税源扩大和税收增加，税收干部逐年增加。1949年全省编制干部1600人，1950年为1787人，1951年为2100人，1952年为2272人。

二、征收管理

全省税收征管工作总体分为四个阶段。

第一阶段（1949年8月~1950年4月）。全省工农业在战争中所受创伤未完全恢复，旧有工商业未经调整，新区土地改革正在进行，物价波动大，市场不稳。税收工作因建省伊始，机构不全，干部业务生疏，各地稽征办法不一。很多干部职工刚由农村转入城市，轻税思想普遍；工商业者对人民税收"取之于民、用之于民"的本质认识不清，严重阻碍税收工作开展。1950年，全省税务系统建立健全机构，充实干部，整顿原有税收。1月，集中力量贯彻中央税法，有重点有步骤地开征全国统一的工商业税、货物税、印花税、行商税。3月，中央提出加强城市税收工作指示。平原省召开第一届全省税务会议，扭转轻税思想，统一认识、统一办法、统一计划，确定工商业税采取"自报公议，民主评定，结合典型调查"的办法；货物税加强驻厂征收，掌握产销情况，做好评价工作；交易税统一征收范围，整顿交易所，训练交易员。明确城市以货物税、工商业税为重点，乡村以交易税和缉查私酒为重点。配备县委级的县税务局局长。

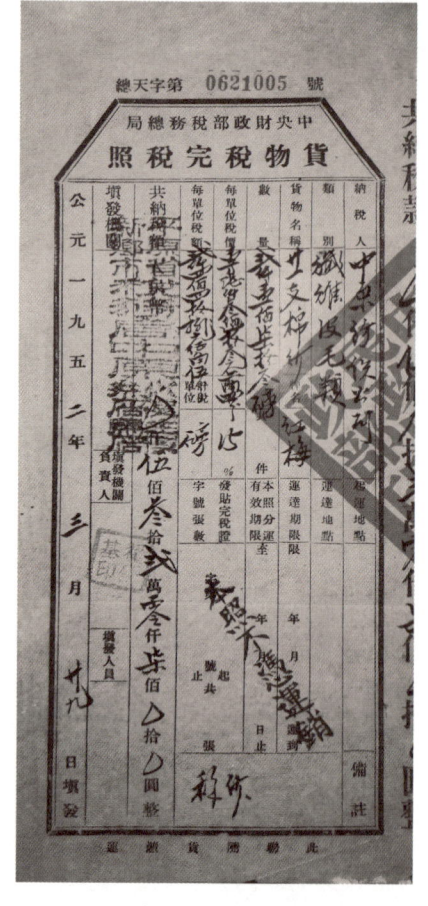

1952年平原省货物税完税证照

第二阶段（1950年5月~1950年12月）。1950年7月，全省税务系统以中央"巩固财政收支平衡与照顾生产的恢复和发展"为原则，调整税收，减并一些应税货物品种，简化手续，改进稽征办法，适当掌握减免政策，强调"依法办事、依率计征""民主协商、大家办税"等原则。通过整党整风及各种干部会议，批判官僚主义、命令主义和单纯任务观点。全省货物税应税货物品种减少20余种；工商业税根据具体商户的不同条件贯彻"查账计征""民主评议""定期定额"3种不同方法；交易税建立中心交易所262个所，培训交易员26094人，淘汰旧牙纪[①]4650人，纠正"吃好汉股""吃盒子""摸码子"[②]等剥削群众的封建陋规，树立公平交易的新风气，贯彻合理负担政策，刺激工商业恢复和发展。1950年，实收税款超出中央核定计划的50%。

第三阶段（1951年1月~12月）。抗美援朝、镇压反革命、爱国丰产运动在全省广泛开展，

[①]旧时那些促进双方成交而从中获取报酬的中间人，也称牙行。
[②]旧时在民间集市交易时讲价的"手语"，即在袖筒里或衣襟下比画手指头，进行讨价还价。

各级政府广泛开展公私贸易,活跃城乡物资交流,进行工矿企业民主改革,全省工商业迅速恢复和发展。各级干部和人民群众在抗美援朝运动中受到爱国主义教育,干部工作积极性提高,纳税人订立爱国公约,保证不漏税不欠税,税收工作顺利开展。全省税务系统根据中央"掌握税源、依法办事、加强组织、完成任务"的税收工作方针,在各地开展爱国纳税和护税运动。1951年,参加集体纳税商户近10万户,预缴税款约5万户,检举漏税案件1万余件,涌现护税模范802人,基本肃清税款拖欠现象,减少偷漏。税政建设和调查研究方面,全省组织纳税互助小组1405个,建立账簿14449户,发货票16668户,整顿交易所409个,新建交易所159个,培训交易员4688人,培训干部460人,招收干部250人。增强重点城镇干部的数量与质量,初步掌握基本税源资料,改进各税具体执行办法。1951年,查获违章漏税案件112万件。

第四阶段(1952年1月~1952年10月)。1952年3月,全省税务系统本着"三反"与"税收"两不误原则,清理组织,调配干部。5月,第三届全省扩大税务工作会议召开,检查3年间政策思想和业务方针,批判右倾思想和官僚主义,确定"彻底摸清税源、严格控制管理""改进各税稽征办法""加强统会计工作,坚持统会计制度"为全年重点工作。中央财政经济委员会提出"先活后收""先收后退"原则,全省税务系统下发《配合恢复经济,保证收入的紧急措施》《关于当前税收工作的决定》,强调"核实退补、简化手续,提高稽征办法,促进城乡物资交流"

1950年中国人民银行平原省分行机构分布一览表

图 8-8-1

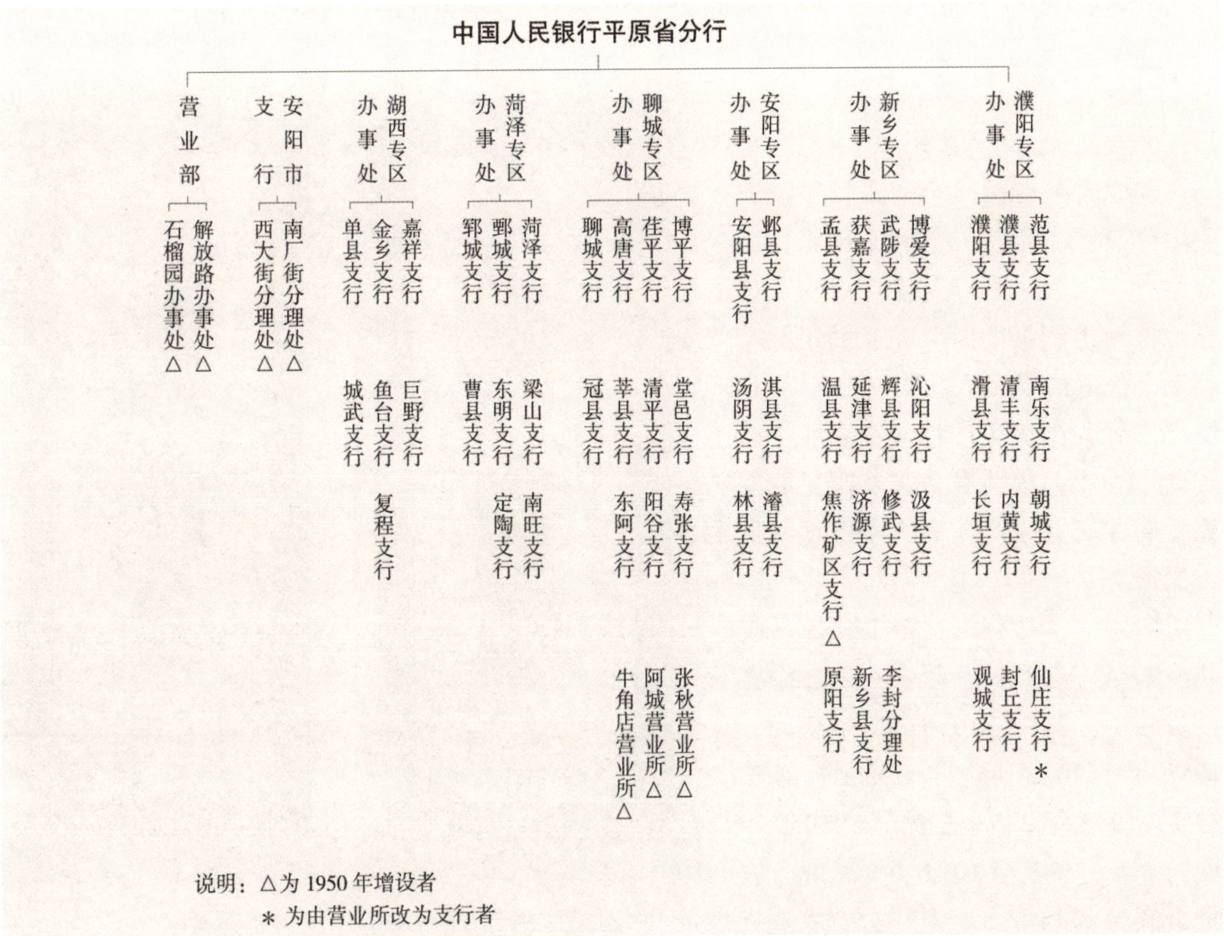

说明:△为1950年增设者
　　　*为由营业所改为支行者

的工作思路，开展全省税源大调查。"三反"运动后，农村集镇少数地区出现征收工商业税干部不耐心协商，简单采取按典型户偷漏率比例增加税收；处理违章案件偏重处罚，引起部分商人不满，个别地方甚至停业。菏泽专区潘溪渡集饭业25户停业两天；新乡专区亢村有20余户申报停业。1952年9月，全省税务局系统逐级召开干部会议，检查官僚主义、命令主义问题，规定整顿乡村税收措施，贯彻中央税收政策，促进物资交流。至1952年10月底，各地区普遍贯彻落实到村，少数干部强迫命令作风基本纠正。

第八节 金 融

1949年平原省成立之后，全省银行业围绕生产救灾、恢复工农业生产等经济建设任务，扶植农、工、商业发展，活跃农村金融，支持灾民生产度荒，集中资金，稳定金融物价，健全国家金融机构。1949年8月，中国人民银行平原省分行成立，直属华北银行。10月，华北银行撤销，改为直属中国人民银行。

自1951年起，全省银行系统扩大组织机构，农村金融工作全面开展，广泛设立营业所。至1952年11月，全省共有县支行53个、中心支行6个、办事处2处、分理处7处、营业所361处。其中，1951年设立营业所170处，占47.09%；1952年设立191处，占52.91%。干部由1949年的1900人增加到6060人。3年间，提拔干部2699人，奖励干部1004人，惩戒干部814人。

一、农村金融

（一）农业生产贷款

平原省分行指导全省银行系统农业生产贷款，坚持"贷款必须密切结合生产，贷款过程即是生产过程"理念，扶植组织互助组。在互助组的基础上，扶植长年互助组及一般互助组，使之发展为高级生产社。在农业生产贷款过程中，提前准备，及时足额发放，确保农业生产，最大限度地降低灾民损失。

1950~1952年，全省银行系统共发放农贷5714亿元（包括合作肥料贷款）。其中，1950年836亿元；1951年1520亿元，较1950年增长82%；1952年3358亿元，较1950年增长301.67%。至1952年9月底，农贷余额为1714亿元，其中公营农业贷

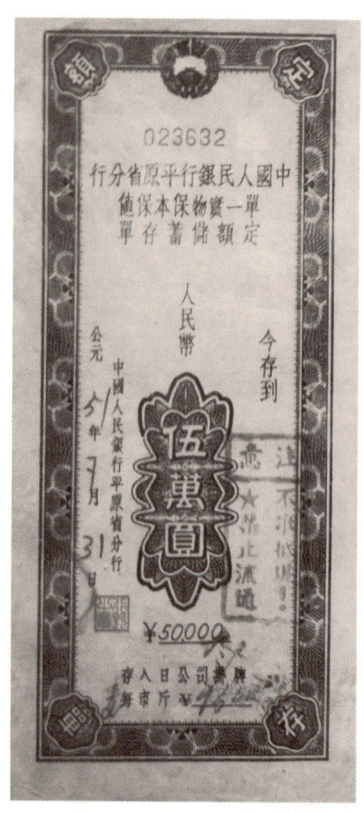 

中国人民银行平原省分行1952年的储蓄存单

1952年9月底平原省各种存款余额统计

表8-8-1

项目地区金额	公共存款 余额（百万元）	公共存款 百分比（%）	私营存款 余额（百万元）	私营存款 百分比（%）	储蓄存款 余额（百万元）	储蓄存款 百分比（%）	合计 余额（百万元）	合计 百分比（%）
安阳专区	58712	8.29	1619	21.910	7956	16.36	68287	8.94
新乡专区	482481	68.17	2828	38.280	23491	48.32	508799	66.62
聊城专区	54214	7.66	986	13.360	5748	11.82	60948	7.98
濮阳专区	36375	5.14	889	12.063	3652	7.51	40916	5.36
菏泽专区	40962	5.79	624	8.450	4777	9.83	46363	6.07
湖西专区	35013	4.95	441	5.970	2995	6.16	38449	5.03
总计	707757	100	7387	100	48619	100	763762	100

1952年9月底平原省各种放款余额统计表

表8-8-2

项目余额地区	公营放款 余额（百万元）	公营放款 百分比（%）	合作放款 余额（百万元）	合作放款 百分比（%）	合营放款 余额（百万元）	合营放款 百分比（%）	私营放款 余额（百万元）	私营放款 百分比（%）	农村放款 余额（百万元）	农村放款 百分比（%）	合计 余额（百万元）	合计 百分比（%）
安阳专区	9489	10.56	15773	7.63	17	0.56	7420	20.79	11.93	8.95	43792	9.53
新乡专区	73965	81.50	113973	55.04	2486	82.26	11388	31.91	18130	14.63	219942	47.88
聊城专区	3342	3.73	37816	18.26	21	0.69	5654	15.84	36759	29.66	83592	18.20
濮阳专区	1923	2.15	18306	8.34			4250	11.91	20263	16.35	44742	9.74
菏泽专区	502	0.56	13484	6.51	465	13.40	3844	10.77	21784	17.58	40019	8.17
湖西专区	429	0.48	7716	3.73	93	3.08	3135	8.78	15914	12.48	27286	5.94
总计	98650	100	207068	100	3021	100	35691	100	123943	100	459373	100

说明：1. 公营放款内包括公营农业475亿元

2. 合作放款内有部分合作肥料贷款，不能划分

款475亿元，农民贷款1239亿元。农业贷款重点在水利事业、肥料生产、扶植耕畜发展和灾区重建方面。

水利贷款 新乡、安阳、濮阳、聊城4个专区为防旱重点区，占水利贷款总数的46.96%（缺1952年上半年统计）。其中，新乡、安阳两专区以修渠塘、筑水坝为主，濮阳、聊城两专区以打井为主。在水患逐渐减少的情况下，菏泽、湖西两专区部分县有打井防旱要求，菏泽专区1952年共打井4321眼。各地打井主要在春季，每年冬季，全省各级银行贷款结合组织烧窑及订砖，提前做好准备工作。3年间，全省银行系统共发放水利事业贷款1218亿元，占全部农贷的21.32%。其中，1950年146亿元，1951年194亿元，1952年878亿元。扶植修开渠道

160条，修打砖井72795眼，贷放及修理水车51263部。

肥料贷款 全省土改后，农民生产积极性提高，施肥需求量增加，肥料贷款逐年递增。1951年，肥料贷款明确重点使用于棉、粮及经济作物区，贷款全部通过供销社发放，银行对供销社监督检查，并监督检查贷款使用情况。肥料来源大部分是东北豆饼，1952年，肥料绝大部分由省油房加工制造。3年间，全省银行系统共发放肥料贷款1406亿元，占全部农贷的24.61%。其中1950年16亿元，系银行直接发放，之后通过合作社发放。1951年贷款245亿元，1952年贷款1145亿元。

耕畜贷款 菏泽、湖西专区由于战争及灾荒影响，牲畜较缺。1951年水灾发生时，两专区出卖牲口甚多。全省耕畜贷款重点在菏泽、湖西两专区。耕畜贷款发放办法主要通过合作社，组织群众，统一购买。灾区保畜贷款主要通过副业活动，保住牲畜，纠正扶植购买饲料的偏向。3年间，全省银行系统发放耕畜贷款675亿元，占全部农贷的11.81%，扶植购买耕畜、种畜及保畜27.33万头。

灾区贷款 1949～1952年，全省水旱虫灾不断发生，1949年及1951年两次水灾最为严重。1949年有灾民350万人，主要受灾地区菏泽、湖西及聊城专区的沿黄河地区，贷粮471.39万斤（折款60亿元）。1951年，水灾遍及全省46个县，被淹土地800万亩，灾民250万人，中央拨贷款300亿元，省委、省政府发动群众救灾储蓄支持50亿元。1952年春，自筹贷出310亿元。1952年虫灾暴发，全省成灾土地400万亩，灾民80余万人。计划贷款280亿元全部发放至各专县。灾区贷款采取多种扶植政策，及时发放，支持灾民生产度荒。3年间，全省银行系统向灾区发放贷款861亿元，占全部农贷的15.07%。

（二）储蓄工作

平原省分行自成立到1950，年主要进行城市职工储蓄。1951年4月，进行有奖储蓄下乡。1951年6月，重点试办储棉。1951年秋季，平原省召开棉区银行储棉会议和灾区银行生产救灾会议，农村储蓄业务在全省普遍开展。有奖储蓄推行中由于缺乏调查研究，盲目分配任务，曾发生严重强迫命令的现象，经扭转及检查，暂停有奖储蓄，开展特约储蓄，各地举办新形式的有奖储蓄。

开展和扩大农村储蓄业务主要办法：一是与国营公司合作社及互助组生产社（或个体农民）订立三角合同，由国营公司合作社负责推销产品，供应生产资料或日用品，储户作出存款用款计划；国家或合作社购销计划与农民收支计划以及银行储蓄计划结合起来，互相保证。二是开展特约储蓄存贷合同，通过农民生产计划具体算账，有余款存到银行；生产上有困难时，银行从生产实际出发给予帮助。

3年间，全省银行共吸收储蓄4792亿元。1950年为200亿元，1951年为1837亿元，1952年为2755亿元。至1952年9月底，储蓄余额486亿元，其中农村储蓄占60%、城市储蓄占40%。

（三）农村信用合作

1949年年末到1950年年初，农村信用合作工作一度发展又一度停滞。1950年下半年，安阳专区林县等地重点试办，在供销社内设立信用部，发展到185个。1952年8月，省经济会议重新明确原有信用部仍由供销社领导，扩大业务，吸收社员、股金，发展为信用社，信用社由银行领导。要求各地区根据情况提出要求，做好计划，稳步发展。

1952年11月，全省有信用社105个，其中聊城、湖西、菏泽专区64个，安阳、新乡、濮阳专区41个。有信用部169个，其中聊城、湖西、菏泽专区129个，新乡、安阳、濮阳专区220个。1952年1~9月，共吸收存款8.12亿元，粮食249.35万斤；放出贷款13.45亿元，贷粮213.87万斤。

二、私营工商业务

（一）贷　款

平原省成立之初，全省大部分厂矿处于停工状态。建省之后，贷款首先用于复工生产。1949年年底，新乡、安阳两市92户公私工厂中得到贷款扶植的占81%，部分工业、手工业迅速复工。1950年加工订货增多，贷款减少。贷款重点扶植农具制造和煤矿发展。如，安阳专区六河沟煤矿及其他小矿，复工晚，困难多，经常贷款；纱厂流动资金主要靠贷款解决。

私营工商业贷款工作大体分四个时期：第一个时期是建省后的恢复时期，主要帮助私营工商业克服流动资金困难，迅速复厂开业；第二个时期是1950年物价稳定后，在工商业改组过程中，结合国家加工、收购，帮助其度过困难或进行转业；第三个时期是1951年下半年，为适应工农业恢复后农特产品推销及工业、手工业产品供应增加的新情况，扩大放款扶植城乡交流；第四个时期是1952年6月"五反"运动后，为改变市场呆滞情况，繁荣市场，采取对私营工商业放款的紧急措施。新乡、安阳两市是平原省进行"五反"运动主要城市，也是紧急措施放款重点地区。随着城乡市场活跃，各县大力发放贷款，至1952年9月底，3个月共发放贷款778亿元；余额356亿元，较1951年6月增长60%。

3年间，全省共发放工商业贷款4847亿元，至1952年9月底，余额356亿元。1952年11月，全省私营工商业贷款工作转向正规，配合各地物资交流会组织发放，以少数资金解决交流中主要问题。

（二）合　同

全省私营工商业状况和特点是户多、分散、资金小，较大成型企业很少。1950年春，新乡、安阳两市试行业务合同。1951年，全省14个城镇开展业务合同。1952年后，平原省分行明确各级行根据私营工商业资金情况、往来繁简、信用程度等，灵活开展初级及中级合同，高级合同由平原省分行指定订立。各地银行系统开展业务合同对促进私营工商业发展与规范起到重要作用。一是由公到私或由私到公的资金通过银行划拨转账，减少现金收付，私人业务情况反映到银行，以便掌握其业务经营；二是通过三角合同使私营与国营企业、合作社的往来更有计划，加强对私营的领导；三是增加银行存款。

3年间，全省私营存款逐年增加，共吸收9785亿元（包括合营企业未受货币管理前存款数）。1952年9月底，存款余额为72亿元。新乡、安阳两市对私营企业联系面由1950年的667户发展到1952年8月的2565户。

三、货币管理

1950年，平原省分行确定"吸收存款，稳定金融物价"为货币管理工作中心任务。4月，各地执行现金管理，编造收支计划。12月，据45个县统计，应管单位1365户，已管1198户，占应管户87.77%；申请库存者836户，占应管户的61.24%。由于现金管理普遍执行，银行与各单位由单纯业务关系变成按计划存取，存款大量增加。12月底，存款额（1650亿元）比3月底（150亿元）增长10倍。大力开展私人存款。新乡、安阳两市及聊城等地与私人存户订立存汇业务合同，12月私人存款比3月份增长7倍。

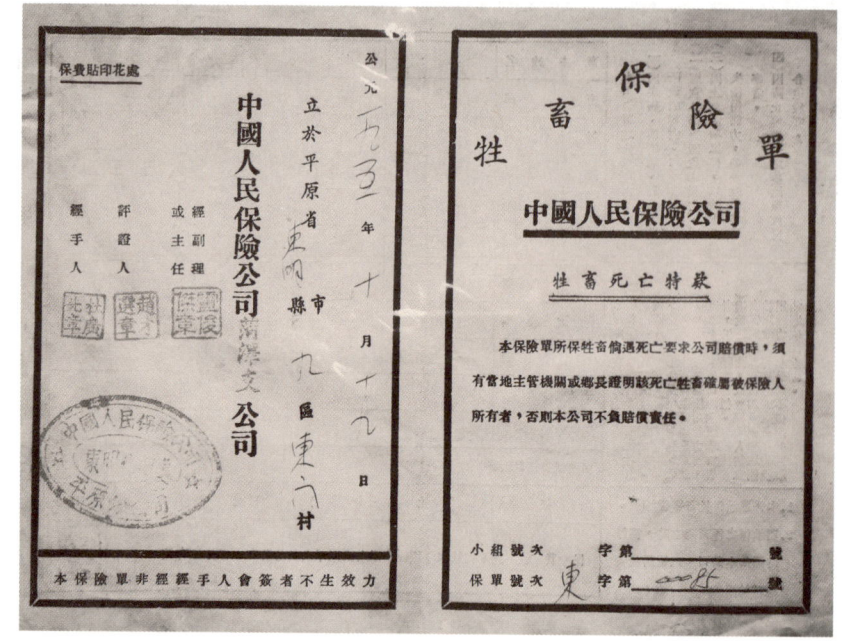

1951年，中国人民保险公司菏泽市支公司牲畜保险单

1951年3月，在8个重点支行的财政、贸易、工业、合作等系统主要部门试办划拨清算。清算单位114个，签订协议者20个。由于不少工作人员对划拨清算认识不够，"三角结算""调现结算"等方式未能巩固推广。1951年下半年，平原省分行广泛推行划拨清算，货币管理在现金归行、编制收支计划的基础上推进一步。各地划拨清算逐步定型化，明确6种结算方式及使用划拨凭证的种类，从组织交易入手，明确监督交易合同办法。划拨清算提升各单位生产经营和资金周转，节约现金使用，减少人力物力的浪费。

3年间，全省银行系统吸收货币管理存款254896亿元。至1952年9月底，存款余额为7078亿元。存款增加使扶植生产的资金明显增加。全省共发放公营贷款4848亿元，合作贷款5693亿元。1952年9月底，公营贷款余额896亿元（内有公营农业475亿元），合作贷款余额2070亿元（包括部分合作肥料贷款）。执行货币管理户数3429户，较1950年8月的781户增长3.37倍；编制货币收支计划户数2856户，较1950年年底的235户增长2.15倍；留用库存限额由1950年年底的683户平均64万元，到1952年9月底的2646户平均51.2万元。

1952年11月，全省货币管理推行到区一级单位（有营业所的地方），重点为分散于农村中的国家企业收购小组和基层社，集中现金于银行，将城市到农村的货币管理单位资金有计划掌握，促进货币流通。

四、其他金融机构

（一）交通银行平原省支行

1951年6月10日，交通银行平原省支行成立，主要业务为基建投资拨款和监督合营企业财务工作。内设人事、秘书、会计、业务、拨款、机动6股，下辖濮阳、安阳、焦作、聊城、菏泽、湖西办事处。1952年9月，按华北区交通银行指示，该行改名为交通银行平原省分行。

1950年中国人民银行平原省分行货币管理单位管理情况表

表8-8-3 单位：个

单位管理类别	应管户数	已管户数
中央企业	274	263
地方企业	204	192
合作事业	129	105
财政收支单位	69	62
机关部队	616	523
机关部队生产单位	50	32
保险公司	1	1
团体及合营单位	22	20
合　计	1365	1198

1950年中国人民保险公司平原省分公司机构统计表

表8-8-4 单位：个

区别	合计	分公司	支公司	代理处
新乡专区	12	1	1	10
安阳专区	3		1	2
濮阳专区	3			3
聊城专区	2			2
菏泽专区	3			3
湖西专区	2			2
合　计	25	1	2	22

1952年11月，交通银行平原省分行撤销，业务移交山东、河南两省。

（二）平原省保险公司

1950年3月，平原省保险公司成立，4月开展承保业务。主要职能是：集中分散的社会资金，补偿因自然灾害、意外事故或人身伤亡而造成的损失。内部机构有秘书股、人事股、宣调股、会计股、财务保险股、农业保险股、业务股。安阳、焦作、聊城、单县、菏泽等地建有支公司。1953年1月，平原省保险公司撤销，业务移交河南、山东两省保险公司。

第九章

民 政

平原省成立后,平原省民政厅随即成立。平原省民政厅负责全省政权建设,优抚、退役军人安置,扶贫救灾,侨务和少数民族工作,兴办社会福利事业等。另外,省民政厅还负责全省机构编制和组织人事工作,这是民政部门特定历史时期所具有的职能。

全省各级民政部门配合每个时期的中心工作,在基层民主建政统筹规划,基层选举和救灾工作,优抚工作,贯彻土改,颁发土地证,贯彻《婚姻法》、婚姻登记以及其他社会改革等方面取得一定成绩,促进全省工农业生产迅速恢复,为大规模经济建设创造了条件。

1951年10月平原省民政厅编制表

表9-1-1　　　　　　　　　　　　　　　　　　　　　　　　　　　单位:人

	厅长室		秘书处				行政处				优抚处						社会处		
	厅长	秘书	处长	秘书科	人事科	财务科	处长	行政科	建政科	地政科	处长	办公室	荣管科	教育科	优抚科	会计科	处长	社会科	救济科
干部	2	1	2	8	3	7	2	4	8	5	2	5	8	5	8	6	2	5	7
合计	2	1	2	18			2	17			2	32					2	12	

第一节 基层民主建政

平原省基层民主政权建设工作以加强县（市）一级人民代表会议为重点。至1952年9月底，全省各县召开各界人民代表会议多者16次，少者6次，平均开过10次左右，基本形成固定制度。1952年，全省有4个县、1个市代行人民代表大会职权，选举县、市长及县、市人民政府委员，其余各地积极准备1952年冬季普遍"代行人民代表大会职权"工作，以促进县一级人民民主政权建设深入发展。至1952年11月，全省基层民主建政工作基本完成历史任务，取得显著成绩。

一、县级各界人民代表会议

全省县级人民代表会议工作进展分为三个时期：

第一个时期，1949年8月平原省成立至1950年8月全国民政会议召开。全省各县均召开3~4次人民代表会议，会议主要内容是围绕医治战争创伤、扫清生产障碍、大力恢复生产等中心政治任务，分别以生产救灾、土地改革、恢复工农业生产为主要议题。在中央及省政府督促指导下，各地代表会议普遍能按时召开，在发扬民主、听取群众批评和处理提案等方面日益改进。部分县成立常委会机构。全省基层民主建政工作在贯彻政策、稳定生产情绪、启发群众政治热情、推动生产恢复以及完成土改、开展救灾等各项重大任务方面起到很大作用。由于干部中对人民代表会议的性质缺乏明确认识，经验不足，存在不少单位对召开人民代表会议不重视、不主动，在会前准备、会中民主协商、会后贯彻决议以及各类提案处理等方面较为生疏或草率，表现出形式主义和单纯任务观点等问题。

第二个时期，1950年8月全国民政会议召开至1951年9月华北区第一次县长会议召开。全省各地通过对中央人民政府内务部部长谢觉哉在全国民政会议上报告的传达学习，干部对民主建政工作有了新的认识。1951年1月，平原省各界人民代表会议召开，为全省各地召开人民代表会议创造了范例，各级领导进一步认识人民代表会议对"团结各界人民共同进行工作"的作用，对人民代表会议工作更加重视。全省各地能主动召开会议，会议内容结合中心工作，注重会前充分准备以及会后通过各种干部会、专业会等形式推动决议贯彻，推动爱国丰产、抗美援朝、镇压反革命三大运动和各项工作开展。在全省代表会议示范和省政府直接指导下，济源、朝城两县于1951年春率先召开代行人民代表大会职权的县各界人民代表会议，选举县长、县人民政府委员，为县一级代表会议"代行人民代表大会职权"树立了榜样。但部分干部对人民代表大会是国家根本制度认识不足，对提案处理和具体办理不重视，民主协商不充分。

第三个时期，1951年9月华北区第一次县长会议召开至1952年11月平原省撤销。华北区第一次县长会议对各地人民代表会议出现的问题和偏向进行纠正，广大干部对代表会议的认识明显提高。全省各地进一步完善会议代表制度，严格各项程序，初步克服工作中的缺点和偏向。在审查代表资格方面，对候选人中干部身份过多、不注重吸收各界人民中优秀代表人士参加的偏向给予纠正。平原省各县"代行人民代表大会职权"的条件基本具备，省政府决定在1951年冬和1952年春，全省普遍完成县、市一级各界人民代表会议"代行人民代表大会职权"。1952年春，全省"三反"运动开始，除寿张、莘县两县于1952年春按时"代行人民代表大会职权"外，其余各地经华北行政委员会批准推迟到1952年秋冬两季进行。1952年11月底前后，平原省在办理撤销和交接工作期间，基层民主建政工作继续进行，有20个县（其中金乡、单县、城武、复程、阳谷、堂邑、冠县、东阿、聊城、高唐、博平、茌平、范县、观城14县属山东；东明、获嘉、林县、淇县、汤阴、安阳6个县属河南）、1个市（安阳市）及焦作矿区在撤省移交之际，由所属省组织召开各界人民代表会议，完成"代行人民代表大会职权"。

二、区、村人民代表会议

3年间，全省绝大部分地区召开过区级人民代表会议，少数先进区经常性召开人民代表会议，各地基本形成制度。全省有80%以上的村建立人民代表会议制度，其中建立人民代表会议的村庄有80%左右完成选举村长、村委任务。平原省区、村基层民主建政工作取得进展。

三、完善代表会议制度

全省县一级各界人民代表会议按时召开，形成固定制度，保证了政府与广大群众的经常性联系。各级人民代表会议中各界群众代表范围逐年扩大，群众基础得到加强。各地人民代表会议界别由开始10个左右增至15~20个，界别包括中共、政府、工会、工人、青年、妇女、农民、学生、文教、医药、合作、劳模、互助、人民武装、烈军工属、荣退军人、少数民族、民主人士等。部分地区人民代表会议界别包括渔民、林牧、航运、市民、宗教等。各地各界别名额分配不断趋于合理，妇女代表过少情况得到纠正。1950年冬，据35个县统计，妇女代表占代表总数的10.4%；1951年8月，据26个县统计，妇女代表占代表总数的11.3%；1952年夏，据23个县统计，妇女代表比例增至12.7%，个别县达到20%。各地对少数民族代表给予适当照顾。全省有回民9万余人，占总人口的5‰，回民参加县代表会议的代表占代表总数的7%。各地在代表产生办法上，选举面逐年扩大。1950年冬，据35个县统计，由人民直接选举的代表占代表总数的53.1%，推选者占35.1%，邀请者占11.8%。1951年秋，据26个县统计，由人民直接选举的代表增至78.2%，推选者降至12.3%，邀请者降至9.3%。1952年夏季，据23个县统计，由人民直接选举者达85%，推选者降至7%，邀请者不超过8%。各县代表的产生，均经过严格审查。个别失去代表资格的代表，依法进行更换，指派顶替现象杜绝。全省各地代表会议的广泛性、严肃性日益增强。

代行人民代表大会职权的县市，各界代表人士有不少被选为政府委员，直接参与人民政府工作。民主协商制度和开展批评与自我批评工作作风在各级代表会议中得到贯彻，政府工作与干部作风有很大改进。各地每次代表会议由政府主要负责人作工作报告，广泛听取代表意见，充分讨论协商，提出修改意见，形成惯例和制度。全省不少地方在召开代表会议前，将会议题提出草案，发至各代表手中，让代表提前准备相关意见或建议；代表会协商委员会及常委会中注重听取各方意见，充分协商，达成一致意见。莘县、寿张县在选举县人民政府县长、副县长、县人民政府委员时，经过酝酿协商，最后取得完全一致的意见。在会议过程中普遍做到报告短、讨论多，小组讨论与大会发言相结合；主席团人员力求广泛，轮流负责；过多干部列席会议现象在多数地区得到纠正；保证代表充分发言，行使民主权利。在全省各地历次代表会议中，各界代表对人民政府工作报告和工作计划提出不少批评和修改意见。1952年春，林县人民代表会议上，代表们对政府在打井工作中"只追求数量不提倡使用"的单纯任务观点与形式主义作风、在修路过程中"只修大路，不修小道"的工作缺陷提出批评。不少地方对各级干部强迫命令和违法乱纪现象进行揭发，各级政府及时纠正工作中的缺点，对违法乱纪的干部进行处理。各地代表会议形成的决议经过反复协商，多次修改，最后一致通过。各地人民代表会议经常性、规范性地召开，弘扬了民主，提升了代表主人翁意识。

3年间，全省各地各界人民代表会议制度逐步健全完善。1950年，全省各县、市代表会中常务委员会和协商委员会普遍设立，不少地方修订充实常务委员会或协商委员会工作机制。1951年，各地普遍成立驻会机构，大部分地区有定期会议制度。常务委员会分区分界联系代表，代表们分片分组联系选民，形成固定和规范的工作制度。1952年，各地政府更加重视人民代表会议工作，组织各界代表进行《共同纲领》及重要政策学习活动，进一步提高代表政治素质，促进各界人民群众之间相互学习和团结进步。各界人民代表会议制度的进一步完善，逐步扩大和密切了党和政府与人民群众的联系，促进了人民内部团结，提高了人民民主专政力量，加强了各级政权建设，推动全省各项工作的顺利开展。

四、贯彻政策

全省各地通过各界人民代表会议的召开，贯彻党的方针政策，团结社会各界群众，促进全省工农业生产恢复，推动各项工作开展。3年间，全省每个时期的中心工作均通过人民代表会议进行讨论，赢得广大人民群众支持，迅速取得巨大成绩。救灾工作通过各级人民代表会议讨论，贯彻救灾方针，发动灾区人民进行生产自救，及时制止灾情发展，战胜灾荒。历年工农业生产计划均通过代表会议讨论和修正，变成人民群众自己的行动，按期完成各项计划。1952年春，防旱打井计划经各县代表会议讨论后，全省2万眼打井计划提高至4.2万眼井，很快完成施工，明显提高了1952年秋季的抗旱能力。全省抗美援朝运动及爱国公约的普遍推行，与各级代表会议的发动分不开。土地改革和镇压反革命运动通过人民代表会议讨论，广大群众深刻领会政策，积极支持，形成大规模的群众性行动，有助于废除封建剥削制度、肃清反革命残余分子、巩固人民民主专政。其他社会事业，如文化、教育、卫生、贯彻《婚姻法》等工作通过各界人民代表会议推动，都得到很大的发展。

五、办理提案

各地每次代表会议召开，群众代表均提出大量提案。1952年夏季，据12个县统计，提案达1896件，平均每个县提案158件。各级政府对人民代表和群众提案处理日益重视，办理提案成为代表会议的一项重要内容。不少地方召开人民代表会议之前，鼓励和帮助代表在群众中广泛搜集提案，组织干部进行整理；会议中选出专门委员会，负责审查处理提案。各地在代表会上作工作报告和集体讨论时，普遍做到"案案有交代、件件有着落"。每次会议后，各级政府根据提案性质分别交有关部门具体办理。各地在每次会议中，对上次会议之后的提案办理情况作出总结，通报代表和群众，使会议内容更加充实具体，广大人民群众许多切身利益问题得到及时解决。

第二节 优抚工作

平原省成立之后，省民政厅采取一系列措施促进全省优抚工作健康发展。1951年年初，平原省第一届第一次各界人民代表会议召开，专门作出加强优抚工作的决议。随后，省政府召开全省民政会议，对优抚工作进行研究部署。6月1日，省抗美援朝总会发出三大号召，推行爱国公约、捐献飞机大炮和优待烈属，优抚工作列入全省中心工作。八一建军节前后，全省组织的大规模优抚工作检查，推动各个部门订立优抚工作计划、建立制度，进行爱国主义和拥军优属教育活动，普遍订立爱国公约，从思想上、组织上和行动上发动各界人民群众重视和加强优抚工作。至1952年，各地结合转建安置工作，对优抚工作进行普遍检查和推动，全省优抚工作进一步深化。

3年间，全省烈军工属及荣军（即荣誉军人，对革命残疾军人的尊称）政治地位显著提高，普遍得到社会各界尊重；各界人民代表会议中均有其代表参加；各种群众集会及娱乐场所设专席位以示尊敬；每逢重要节日进行慰问，形成群众性自觉行动和新的社会风尚。各地通过代耕、贺功、挂匾、送礼、慰劳、生活照顾等具体行动，表明各级政府和人民群众对烈军工属及荣军的爱护与尊敬。这些活动极大鼓舞了烈军工属及荣军的爱国热情和生产积极性，教育了广大人民群众，巩固了部队建设。全省烈军工属及荣军生产生活状况普遍得到改善，各地缺房少地者仅为个别现象；土地产量大都赶上群众平均水平，生活质量接近或赶上群众平均水平；缺乏劳动力的生活贫苦者，绝大部分得到及时救济；城市中烈军工属及荣军就业问题得到适当解决。各级政府部门有计划地解决了烈军工属及荣军的疾病治疗及子女入学等问题。

1952年，全省烈军工属有25.37万户116.8万人，户数占全省总户数的6%，人口占全省总人口的6.6%；耕地面积342.38万亩，占全省总耕地面积6.3%。其中90%以上的烈军工属居住在农村，分布不平衡，老解放区较多，新区较少。如林县（老区）烈军工属户数占全县总户数的18.5%，新乡县（新区）占4.7%。全省有荣军2.42万人（数量不全，三等荣军数目未统计完整），其中二等以上残废者7687人（在农村居住的有7217人）。全省荣军除在荣校、荣教院及参加地方工作外，各地分布情况与烈军工属基本相同。

至1952年11月，全省优抚工作基本步入经常化、制度化轨道，较好地解决了烈军工属和荣军的生产、生活、学习、工作等问题。但有一些不足尚待解决。按照华北行政委员会要求，省政府提出"坚决消灭轮流派差制度，全面实行固定代耕制，大力提倡包耕保产办法，尽量使代耕工作与互助组发展巩固联系起来"。但部分地区仍存在不负责任的现象，代耕工作中全省有10%以上村庄实行轮流派差制，个别村把工票发给烈军工属家属就不再过问，严重影响了家属土地耕作与收获。

一、拥军优属教育

全省各地结合抗美援朝和爱国主义教育运动，通过各级人民代表会议、抗美援朝代表会、干部会、群众会，进行订立爱国公约、制定优抚计划、开展慰问、贺功等活动，对各级干部与广大人民群众进行拥军优属教育，纠正"忽冷忽热""敷衍塞责""优近不优远""先工属后烈军属"等错误与偏向，加强各级政府及人民群众对优抚工作的重视。各地建立与健全优抚工作组织与制度，各级人民代表会议对优抚工作进行专门讨论，优抚工作被列为各地政府经常性重要工作之一。各级有关部门订立优抚工作计划，绝大多数群众把做好优抚工作作为爱国公约的一个重要内容，自觉执行。各级优抚委员会陆续成立（建乡后村级优抚委员会大都并入乡民政委员会）。自1951年起，全省大部分地区坚持执行一年四次（即清明节、端午节、八一建军节到中秋节、春节）普遍检查优抚工作和慰问烈军工属制度。

各地通过召开优抚代表会（以县为单位召开，每年一次，包括烈军工属及荣军代耕户、优抚工作干部等）或座谈会等形式，贯彻优抚政策，教育干部群众，鼓励代耕群众积极生产，发动被优抚家属参加互助合作组织。至1952年，烈军工属及荣军中涌现不少生产模范。

二、代耕工作

平原省各地在农村实行大规模的代耕工作。全省烈军工属中享受代耕户占烈军工属总户数的50%（湖西专区占50%、聊城专区占54%、新乡专区占44%）；被代耕土地占烈军工属总耕地数1/3（湖西专区占37%、聊城专区占36.6%、新乡专区占25%）。全省在代耕办法上基本执行"以行政村为单位，在评工评亩基础上，实行固定代耕制，以票记工，结合劳力互助，进行补工找工、以米找斋"办法。1952年，全省有80%代耕土地采用固定代耕制。固定代耕制就是固定专人或固定代耕小组予以代耕，各地多与互助组结合，据部分地区调查，固定代耕小组代耕土地占60%。代耕人或代耕小组的选择，大多由村优抚委员会提出，经家属同意后进行代耕。部分地区由家属自择代耕人或代耕小组。少数地区采用轮流派工的落后办法，或由家属持工票临时找人代耕，多为其亲戚或近门。实行固定代耕制地区，部分先进地方订立包耕保产合同。如，据聊城专区部分地区调查，实行该办法者占代耕土地的1/3；多数地区包耕不保产，经过协商订立具体代耕条件。各地每年在春节前后进行评工（每亩代耕多少工）、评亩（一户代耕多少亩）以及清理代耕劳务工作，纠正代耕面过宽、过窄及逃避代耕义务现象。全省大部地区实行工票制（按工发票由家属掌握）。

在调剂代耕负担上，聊城专区的聊城、博平、清平、茌平、东阿、冠县、堂邑、莘县、高唐、阳谷、范县、朝城、濮县，濮阳专区的滑县、内黄，菏泽专区的定陶县16个县实行全县范围统筹调剂，即按全县应代耕劳力总数平均负担代耕工作量，对固定代耕人多出的工时，统筹代耕米给予调剂。寿张、长垣、濮阳、封丘、观城、清丰、南乐、鄄城、郓城、曹县、菏泽11个县和复程4个区、单县4个区、巨野3个区、城武2个区共13个区，以区为单位进行统筹调剂。省内其余地区实行以行政村为单位的统筹调剂，有些地方由区作重点调剂，代耕负担较为合理。由于全省各地烈军工属数量不等，在实行县、区统筹后，每个劳力负担代耕米数量也不等，多者全年合50斤代耕米（如林县），少者合6～7斤米（如复程、朝城、滑县、长垣、城武等县）。全省大多数地区每个劳力全年合代耕米在10～20斤之间。各地代耕工作中肥料问题，根据实际情况以不同方法解决。如，帮助家属积肥（设公共厕所、评积肥工、由代耕人帮助劳力）、添增耕畜、贷款照顾、捐补助肥料等办法解决。通过代耕，全省各地烈军工属土地产量逐年提高，大部分赶上或接近一般群众水平。广大人民群众拥军、优属自觉性逐渐高涨，全省代耕工作效率显著提高。

三、生活救济与军烈工属就业

全省各级民政部门结合复员、转建工作，调剂公地公房、动员群众帮工修补旧房，解决烈军工属和荣军缺房少地问题。据聊城、菏泽、湖西3个专区各一部分及安阳专区浚县等17个县和1个区统计，仅1952年就调剂8500余亩土地、6200余间房屋。1952年，为进一步解决住房问题，省政府拨专款60亿元进行补助。至1952年11月，全省烈军工属、荣军、复员军人中缺房少地者有90%以上补充房屋土地，得到适当安置。在生活救济方面，除灾区发放救济粮及地方拨出生活补助粮之外，由省政府另外专项拨出生活补助费达137.5亿元。其中，1951年拨款45亿元，1952年拨款92.5亿元（其中河南54.08亿元、山东38.41亿元）。据1951年10个县统计，受补助者达1.4万余户，其中部分家庭受到长期补助。每年逢重要节日，广大人民群众自动募集捐助。1951年春节期间，据6个县（市）3个区和187个村统计，捐款2600余万元。1951年，省政府拨发贫苦烈军工属子女入学补助金36亿元（内含1952年拨发的30亿元，其中河南17.13亿元、山东12.86亿元）。1951年冬季，全省有7400余人得到子女入学补助。

平原省人民政府及各地民政部门为解决城市烈军工属及荣军就业问题，动员社会各界，开展大量工作。据1951年统计，新乡、安阳两市及聊城专区，经政府介绍职业、扶持生产者345人。1952年，安阳市介绍职业者249人、扶持生产者100人。新乡市开办鞋厂、安阳市开办棉织厂及鞋底工厂，重点解决城市中烈军工属及荣军就业问题。全省其他小城镇克服困难，逐渐重视烈军工属及荣军就业安置工作。

四、重残荣军教养

省政府及各级民政部门组织荣军学习，加强个人修养，重残荣军得到适当教养。全省开办两所荣军学校，分别在新乡市和安阳县六河沟；一所荣军教养院，地址在新乡市，设有附属医院及荣军接肢被服厂（受省民政厅直接管理）。这些荣军组织（简称"两校一院"）经过几度整顿，逐渐走向正规化。3年间，两校一院共接收荣军2161人（不含复员委员会接收安排的军人）、病退军人4122人，均做适当安置。部分荣军被介绍参加地方工作。至1952年11月，荣军学校和荣军教养院学习休养的荣军1134人，工作人员345人（不含医院和接肢被服厂人员）。全省661名截除下肢荣军被接肢厂安装假肢者558人。镶牙补眼等荣军福利工作也得到发展。

第三节　救灾工作

平原省地势西高东低，黄河横贯其间，东有湖泊，境内河渠纵横，暴雨之后，宣泄不畅、泛滥改道。不少沙地、岗坡地极不耐旱，常闹灾荒。长期战争使河湖堤防受到严重破坏，防灾能力脆弱。土地长期耕作失调，降水不匀。群众抗灾能力极为薄弱。3年间，全省各地连续遭受水、旱、虫、雹等灾害侵袭。1949年秋，全省遭遇严重水灾，灾民270万人。1950年秋，各地灾民120万人。1951年秋，灾民299万人。1952年秋，各地遭受虫、旱、雹灾侵袭，灾民83万人。

全省历年大多地区麦季丰收，但不少群众家底空，麦季稍遇歉收就成夏荒，各地夏荒人口平均每年50万人。受灾地区中，水灾多发生在沿湖靠河（黄河、沁河）地区；雹灾多在平原省西北部；虫、旱灾区分布较为广泛。嘉祥、鱼台、南旺、梁山等靠湖地区，因地势较低，常年遭受水灾（1952年例外）。黄河河床中（两临黄堤间）有村民53万人，其中地势低洼处，每逢汛期遭受水灾，部分村庄时有被淹危险。社会救灾工作成为全省重要工作之一。

全省各地在与灾荒斗争中逐步总结出一些有效救灾经验。灾荒发生时，各地迅速组织抢救，稳定人心，减少灾害；结合救灾，查清灾情，克服任何麻痹思想，做到心中有数。灾害形成后，各灾区政府以生产救灾为压倒一切的中心任务，研究情况，制定救灾计划，通过各级人民代表会议、干部会以及各人民团体、合作社等组织，贯彻"生产自救、节约度荒、以工代赈、社会互助，辅之必要救济"的救灾方针，从思想上、组织上、生产上将群众发动起来，形成群众性多方面生产自救运动。在救灾过程中，制定周密计划，组织各有关部门统一行动，防止与克服工作中的官僚主义，发挥国家经济部门及合作社支持作用，在资金、产销等方面给予大力支持。重视副业生产与农业生产密切结合，以副业生产支持农业生产正常进行，缩短灾期，战胜灾荒。

全省各地历年灾情状况多系先旱后涝。春末夏初降水较少，播种秋苗常有困难；秋季8月、9月间降水特多，防汛防涝尤为重要；虫灾虽历年未成大害，但面积甚广，种类繁多，稍有疏忽，即难以收拾。全省各级人民政府在春、夏、秋三季都时刻保持高度警惕。在防灾工作中，除加强根治措施，如打井、开渠，筑畦田、挖沟洫，治理湖河、防除虫害等外，还把救灾工作作为长期性任务之一。每年春夏之交，组织抗旱点种。秋季8月、9月重点加强靠黄、卫、沁等河及东部靠湖地区防汛防涝，准备抢救工作。每年自春季开始，各地充分准备，一遇虫害，迅速组织力量扑灭。

全省靠湖及黄河河床地区存在严重水灾威胁。省政府提出"在沿湖地区，除固堤疏水之外，一方面适当组织移民；另一方面逐步改造自然环境，如滨湖改造地形，发展畦田，扶持水产及耐涝作物，发展长期性副业"工作思路，要求各级政府倡导灾区群众养成节约习惯。至1952年11月，各地普遍注重加强防灾救灾工作。但黄河河床区因河道经常变动，临河村庄被淹危险依然存在，就近疏散安置困难很大，对被淹村灾民采取对河两岸村庄互相调剂滩地的办法不能全部解决灾民问题，组织移民工作困难较多。

一、防　灾

平原省成立后，省民政厅在防灾方面做了大量工作。3年间，各地进行河湖治理，防除水患。仅1949～1951年，在黄河、沁河等主要河流及湖泊治理方面，即完成3300多万土方的堤防加固工程；在黄河堤上普通进行钻探，消除隐患，黄河堤防日益巩固，保证黄、沁、卫等主要河流堤防安全。1951年，为预防黄河异常洪水，长垣县境内修筑1500米长的溢洪堰大型工程，减削洪峰，保障了平原省及鲁、苏、冀等邻省广大人民群众生命财产安全。全省各地高度重视打井、挖渠等水利设施修建，预防旱灾，改进耕作条件。仅1952年，全省打井4万眼（聊城、濮阳、新乡等专区较多）。1951～1952年夏季，全省完成引黄济卫灌溉工程，发展水田，增强防旱能力。

平原省各地历年暴发虫害十分普遍，种类繁多，除虫工作成为保障农业生产的重要任务。

各地提倡以浸种、拌种、冬耕、除虫卵等方式防治病虫害，每年春耕就开始进行除虫害工作。3年间，除1951年棉蚜虫及1952年高粱蚜虫因部分地区领导疏忽导致危害较大外，其余虫害暴发时均及时动员群众组织扑杀，未酿成大灾。

二、生产自救

3年间，各级人民政府普遍注重及时查清灾情，积极组织救灾。灾害形成后，明确规定灾区以生产自救为压倒一切的中心任务，各级领导亲自挂帅，召开灾区各级人民代表会议、干部会贯彻救灾方针，发动群众进行生产自救。不少灾区做到"村无闲人"，绝大部分劳力投入农副业生产活动中。各级政府、银行拨出大批贷粮贷款，支持灾民生产度荒。3年共投入灾区保畜、副业等贷款945亿元，贷粮1233万斤，以粗换细贷粮1.88亿斤，麦种贷粮3385万斤（以上数字未包括1952年秋季统计数字）。

各地国营贸易公司及合作社，在供给原料、收购成品、调整价格等方面给灾区以各种支持，灾区多种多样副业生产活动普遍开展。全省灾区副业生产种类达百余种，主要有纺织、编席、捕鱼、熬硝、磨粉、榨油、开山、运石、编草帽辫、贩运等。各地副业生产普遍开展后，可解决灾区50%的缺粮。全省合作社在发动与组织灾区开展副业生产活动中发挥了重要作用。

各级政府通过组织灾区人民进行复堤、运粮、参加各种国家建设工程、实行以工代赈等方式，缓解灾区压力，恢复灾区重建，帮助沿黄河两岸灾民度荒。1949年冬至1950年春，沿黄河各县灾民从复堤、运石、开山等工程中所得工资达5000万斤粮食，解决当地1/4的灾民缺粮问题。

全省灾区内部及灾区与非灾区间开展社会互济、自由借贷、劳畜换工等群众性活动，帮助灾民克服各种困难。1949～1950年，平原省非灾区安置省内灾民及邻省逃难灾民50万人以上。全省各级人民政府除帮助各地灾民安置度过灾荒外，每年春耕开始前即有组织地帮助灾民返回原籍，受帮助灾民10万余人，其中包括邻省灾民4万余人。对灾民中缺乏劳力或特别困难者，除地方拨救济款及在群众中募集救济粮款之外，省政府拨出救济粮4389万斤，受救济人口达到灾民总人口的5%～10%。救济粮发放时间一般在秋前、秋后、春节前后各1次，麦前2次，平均每年发放5次。

各灾区政府组织成立生产救灾委员会，进一步加强对救灾工作的领导。委员会由政府主要干部领导，各有关部门具体分工。省、专区、县各级党政领导多次亲赴灾区，组织大批干部下乡帮助救灾工作，解决救灾中各种问题。3年间，全省灾区群众顺利度过灾荒，保持了生产活力，灾荒期间农业生产得以正常进行。不少灾区秋季受灾后，麦子播种面积较往年更大，部分地区达到耕地面积的90%以上。

全省沿黄河常年灾区分属17个县，有灾民47万人，除济源、武陟、孟县3县外，其余14个县均有黄河河床落河村以及存在落河危险的村庄；全省靠湖灾区主要是梁山县东北部和鱼台、嘉祥两县东部。省政府对各地常年受灾的灾民，一方面组织移民和就近疏散安置；另一方面提倡种植水产品，改造地形，发展航运及渔业。1950年春季和秋季开展两次省外移民，共移至东北松江等省1.28万人。同年，开展省内移民工作，移至博爱县1070人，组织2000人去东北当工人。移民群众均是梁山、寿张等沿湖靠河地区灾民。各地种植水产品、改造地形工作，由于湖形不定、河势常变，进展得不顺利。

1949年9月平原省灾情统计表

表9—3—1

专区（市）	耕地（亩）	重灾区（亩）	轻灾区（亩）	合计	占耕地百分比（%）	灾区人口（人）
新乡专区	8028168	540567	372122	912689	11.37	357413
安阳专区	5386430	358910	20081	378991	7.20	135661
濮阳专区	9897114	771786	62176	833962	8.43	250089
聊城专区	9471050	701259	568253	1269512	13.40	403667
菏泽专区	5319193	1069063	98993	1168056	14.04	398924
湖西专区	6928624	936810	549608	1486418	21.33	575486
新乡市	15946		9946	9946	62.37	4000
安阳市						
合　计	48046525	4378431	1681179	6059610		2125240

说明：重灾区指无收成或仅有一二成收成，轻灾区指仅有三成以下收成

1950年3月平原省救济及支持灾民粮食统计表

表9—3—2　　　　　　　　　　　　　　　　　　　　　　　　　　　　单位：小米（斤）

专区	共计	收购支持	资金支持	直接救济	以工代赈
濮阳专区	17610462	6570625	4280000	1475958	5283879
聊城专区	26196406	6620000	5000000	1822145	12754261
菏泽专区	36571605	11996250	7000000	3307402	14267953
湖西专区	27732500	10912500	8100000	2495000	6225000
新乡专区	31411685	11700625	3720000	725600	15265460
安阳专区	4844700	2237500	1700000	507200	400000
合　计	144367358	50037500	298000000	10333305	54196553

1952年下半年，平原省人民政府本着对滞洪区人民群众生产生活完全负责的原则，在黄河异常洪水（平原省境外黄河中上游位于河南省三门峡陕州地段2.3万立方米每秒流量时）到来前，提前准备，一旦洪峰到来，主动放水泄洪。对滞洪区（包括武陟、长垣、濮阳、滑县、范县、濮县、寿张、梁山8个县各一部，除河床外，共有人口118.5万。其中，黄河南岸梁山有26.7万人，

北岸武陟有 5 万人，长垣以下至寿张 86.8 万人，1952 年区域划分后属濮阳专区有 58 万人）开展滞洪准备工作。省政府拟定救济方案，编制救济预算，报经中央人民政府批准，获得国家救灾粮 3.4 亿斤小米，省政府根据区划情况统筹划分救灾粮。1951 年秋季开始对滞洪区群众进行动员准备，1952 年进行检查和部署。采取的主要措施是动员说服群众、克服麻痹思想、在高地修筑护村堤埝、在低地做迁移准备，拟定全面安置救护计划，发动周围地区群众进行支援，一旦开始滞洪，迅速开展有组织地抢救和转移工作，保证群众生命财产安全，减少损失。至 1952 年 11 月，该项工作仍在进行。

1952 年，全省灾情特点是灾区零星、重灾较少、年前断炊灾民不多。入夏之后，全省部分地区遭受旱、虫、雹灾，经大力抗旱捕虫，灾害缩减。但仍有 800 余万亩耕地受灾，成灾耕地 390 万亩，灾民约 83 万人。部分河床落河村灾民亟待救济与安置。省政府发出"坚决反对麻痹思想，及早动手组织灾民进行各种生产，争取 1952 年年底每个灾民劳力从生产中积余粮食 150 斤，把灾荒消灭在冬季"指示，同时召开全省专员、县长会议进行布置，要求各地建立严格分级专人负责制，各经济部门予以支持，对落河村灾民予以安置。9 月中旬及 10 月中旬，省政府两次组织干部分赴各专区检查灾情，督促救灾。全省银行系统拟定支持计划。至 1952 年 11 月，冬季救济粮拨放 480 万斤，河床落河村灾民救济费 30 亿元（中央于 1952 年 11 月初下拨）。

第四节　土地证颁发与地政工作

一、土地证颁发

平原省大部分地区在建省前已实行土地改革，实现了"耕者有其田"。但有 1.37 万个村（自然村）土改未彻底结束，主要在湖西、菏泽两专区及濮阳专区之西部存有遗留问题；有 4944 个自然村因解放较晚，未实行土地改革，主要在新乡、安阳两专区及濮阳专区之一部。完成土改地区有一部分村庄因工作粗糙，颁发土地证错讹较多，一些土地证需予更正，其他村庄未发给土地证。

1949 年 12 月 30 日，平原省人民政府发出《关于颁发土地证工作的指示》，指出颁发土地证的目的是确定各阶层男女老少土地所有权，保障其不受侵犯，扫除生产致富障碍，团结生产。

1949 年至 1950 年春，省委、省政府领导带领全省广大民众开展群众性的土地改革运动，废除封建土地制度，扫除工农业生产障碍，解放农业生产力，结合运动颁发土地证。除湖西、菏泽、濮阳 3 个专

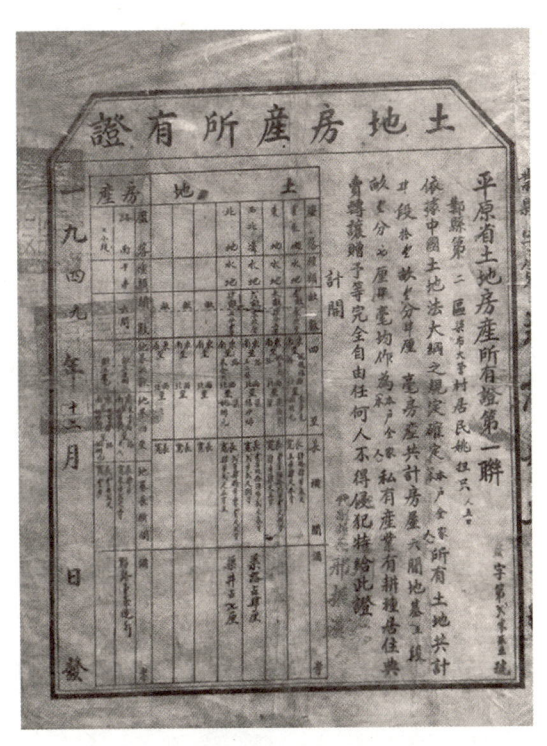

1949 年的平原省土地房产所有证

1950年8月平原省颁发土地证统计表

表9－4－1

	合计村数	合计户数	完成村数	发证村数	正填村数	未填村数	未结束土改村数	正盖印户数	填好户数	正填户数	备考
新乡专区	2454		1746	2405			49				7月统计
安阳专区	1202		1107	1189	82	13					5月统计
濮阳专区	6585		2430	5679		906					5月统计
聊城专区	6387		4641	6387	1226						8月统计
菏泽专区	5057		216	4559	3628	498					6月统计
湖西专区		495456						5608	37320	294580	5月统计
总　计	21685	495456	9870	20219	4936	715	49	5608	37320	294580	
百分比（％）	100	100	45.5	93.23	22.96	3.35	0.22	1.12	7.53	5.94	

区2000余村因灾情严重未进行土改外，其余地区基本完成土改。1950年和1951年，进一步贯彻土改政策，结合其他政治运动处理土改遗留问题。至1951年年底，尚未进行土改的地方有菏泽、湖西两个专区所辖141个村以及濮阳专区长垣、封丘两个县的少数村；有土改遗留问题者约4000个村，主要分布在菏泽专区东明、曹县，湖西专区鱼台、嘉祥、金乡、巨野，濮阳专区长垣、封丘、滑县、内黄及安阳专区的邺县、浚县等县。有1.3万个村（占全省村总数1/3）颁发土地证工作未完成；已颁发土地证地区，部分地方因工作草率，经检查发现错讹很多，需更正或重新发给。

1952年夏季开始，全省结合镇反运动及其他工作进行彻底结束土改运动，解决土改遗留问题，完成发证工作。至1952年10月底，1.3万个村中，完成发证村庄近50%（单县、金乡、东明、定陶、濮阳等县于9月底完成），其他地区在平原省撤销之时还在进行土地证颁发工作。全省部分地区在颁发土地证过程中遗留问题较多；个别地区颁发土地证时不重视发动群众，产生偏向性错误，但得到及时纠正。

二、地政工作

全省多数县城在土改中对城市房地产政策不明确，造成一些房地产权遗留问题。1951年，省政府发出《处理小城市房地产土改遗留问题指示》，要求各地清理城镇房产遗留问题，确定房地产权，以利于城市恢复建设。9月，省政府再次发出指示，要求各地必须大力督促，深入开展此项工作。1952年冬季完成清理任务。

平原省新解放的城市，主要是新乡、安阳两市在建省后就开始对敌伪房地产权进行清理，明确公私产权，但地籍登记工作未开始。新乡、安阳两市，经省政府批准，先后公布《城市建筑使用公有土地办法》《征用私有土地办法》以及《组织城市房地产交易所规则》等文件，促进了城市恢复与建设。

全省各地还处理了许多土地房产纠纷以及群众性河滩地纠纷问题，改进了群众关系，安定了生产情绪。例如，温县与巩县黄河滩地纠纷、郓城县与范县之间学田纠纷、内黄县与汤阴县之间土地纠纷等。

第五节 其他社会工作

平原省存续时期全省民政工作重点是民主建政和社会救灾。除此之外，各级民政部门主动配合有关部门，荡涤旧中国污泥浊水，改造鄙俗陋习，净化社会环境，改善社会风气，开展大量工作。例如，资遣国民党散兵游勇、取缔妓女、禁烟禁毒、改造游民、贯彻《婚姻法》等。

一、保护妇女与贯彻《婚姻法》

1949年12月20日，省会新乡市封存全市20余家妓院，180余名妓女经过治疗、学习，走上自食其力的生活道路。1950年8月14日，省政府发出《关于认真贯彻"禁止妇女缠足"的命令》，提倡妇女放足，保护妇女健康，解放妇女劳动力，鼓励妇女参加生产劳动。

《中华人民共和国婚姻法》颁布实施后，省委、省政府及时组织全省各级干部学习贯彻。省各界人民代表会议以及各县、市人民代表会议进行讨论并制定贯彻执行《婚姻法》决议。1951年11月，省政府根据中央人民政府政务院指示，发出检查《婚姻法》贯彻情况指示。1952年2月，省政府颁发《婚姻登记办法》。全省各级政府、人民团体（主要是工会、妇联、青年团）及司法机关，结合典型婚姻案件进行宣传贯彻。广大人民群众特别是青年、妇女在政府法令保障下，对封建婚姻制度展开斗争。各地涌现出一批自由婚姻和民主家庭的榜样。但各地贯彻《婚姻法》不平衡不彻底不普遍，包办、买卖、强迫婚姻，干涉婚姻自由与虐待妇女的现象依然存在。1951年，全省贯彻《婚姻法》工作取得一定进展，但形势依然严峻。主要原因是各级领导重视不够，未把贯彻《婚姻法》作为社会政治改革运动，部分干部及群众存在严重的封建旧思想，对青年妇女婚姻自由斗争未给予应有支持。

二、肃毒工作

平原省部分地区中华人民共和国成立前种植鸦片者甚多，主要是湖西、菏泽两专区。城市和农村贩运吸食毒品者为数不少。中华人民共和国成立后经土地改革、镇压反革命及查禁烟毒，全省种植鸦片行为成为个别现象，贩毒吸食者明显减少，但在部分城镇中仍未根除。

1951年11月，平原省人民政府为贯彻执行政务院《关于严禁鸦片烟毒的通令》，颁布《禁绝鸦片烟毒办法》，严禁制造、贩运、售卖、私存鸦片及其他毒品。1952年，各地民政部门在公安、司法等部门配合下,贯彻全国"肃毒命令",保护人民健康,开展肃毒运动。一方面宣传发动群众;另一方面在群众拥护与支持下,检举揭发,对贩运毒品犯依法进行处理,对吸食毒品者进行惩戒和教育改造。至1952年11月,肃毒工作基本完成,各地吸食贩运毒品者基本根除。

三、城市孤残教养及游民改造

建省之初,平原省接收北平、天津两市遣出游民437人,后增加28人,共465人,多为小偷小摸、国民党流散军人、游民,组建成立劳动队,1950年劳动队被送至博爱县垦荒。经过近3年的劳动改造,大部分游民被遣送原籍参加生产劳动,一部分经介绍职业,成为自食其力者。1952年,剩余59人滞留在劳动队,这些人经过劳动改造大多习惯劳动生产,具备长期安家的物质基础。8月,劳动队建制撤销,这些人被编入博爱县农民户籍,留在当地从事生产活动。

新乡、安阳两市在省政府支持下成立生产教养院。3年间,两市共收容市内老弱孤残者235人,使其得到适当教养。安阳市于1950年建立游民劳动改造队,收容乞丐、小偷、游民等140人,进行劳动改造,至1952年2月,劳动改造基本结束。全省其他城镇孤残教养工作特别是盲人安置,因受各种困难限制,工作未开展起来。

第十章

文化教育

中华人民共和国成立初期，新生的人民政权对旧文化教育进行接管、接办、接收和初步改造，从根本上改变旧文化教育面貌，为新文化教育体系的确立打下坚实的基础。

中共平原省委、平原省人民政府根据中国人民政治协商会议《共同纲领》规定，结合全省实际情况，开展旧文化教育事业改革，组织知识分子进行思想改造，对电影《武训传》的批判，发展文化艺术事业，加强文物管理与保护，积累经验，取得成效。

第一节 文 化

平原省文化事业管理局（简称"省文化局"）于1949年11月成立。1950年6月，省文化局与平原省教育厅合并为平原省文化教育厅。1951年12月，平原省文教委员会（简称"省文教委"）成立。省文教委主要负责管理全省文化、教育、宗教等项工作。1952年5月，平原省文教厅改组分离出平原省文化事业管理局（简称"省文化局"），与省文教委合署办公。省文化局是管理全省文化事业的行政机构。主要职能是：贯彻党的文艺方针，宣传党的方针、政策，管理全省社会文化、艺术、美术工作，管理全省各类文艺团体及电影发行放映、图书、文物等工作。内设社会文化科、艺术工作科。直属事业部门有科学普及协会、电影放映队、文物管理委员会、平原省文工团、平原省艺术学校、曲艺队、美术社、戏改委员会、平原影剧院。

平原省文化事业与教育事业在管理体制和工作运行机制上始终是融为一体、交织进行、共同发展、相互促进。建省之初，文艺工作围绕"恢复生产、巩固新政权"开展各项大规模的群众运动，各级领导在思想上存在有轻视文化艺术的现象，政府文教部门没有专门管理文艺工作的组织。随着土地改革、镇压反革命、抗美援朝、爱国生产、"三反""五反"运动以及贯彻《婚姻法》等一系列运动的深入开展，全省文艺战线工作者发挥宣传导向作用日益凸显，引起各级政府部门的高度重视。

一、文艺界整顿

平原省成立后，省政府对文化艺术事业进行有计划、有步骤地整顿、改革和发展。省委常委、宣传部部长张承先，省委委员、宣传部副部长魏晓云，以及省文教厅副厅长刘星华等组成平原省文艺界整风学习委员会。1951年冬季，全省文艺界逐步开展整风学习运动，整顿各地文艺工作。

1952年4月15日，省文艺界召开整风学习动员大会，张承先作动员报告。报告指出：建省3年，文艺工作取得不少成绩，但发现许多问题，特别是受资产阶级思想侵蚀和影响，文艺界存在严重脱离群众、脱离政治倾向，部分文艺干部存在无组织无纪律的自由主义现象，必须加以解决。否则，文艺工作会偏离革命路线。全省"三反"运动给文艺界整风学习打下基础，但"三反"运动中没有系统批判资产阶级思想，尤其是文艺思想和创作观点批判不够。全省文艺界整风要彻底清除资产阶级思想影响，批判小资产阶级倾向，树立工人阶级领导思想，加强马克思列宁主义、毛泽东思想学习，制定创作计划，组织下厂下乡，联系群众进行创作。之后，全省文艺整风学习运动全面展开。各地文艺部门、文艺单位有400余名文艺工作者参加整风学习。重点学习毛泽东《在延安文艺座谈会上的讲话》，胡乔木、周扬在北京文艺界整风学习动员大会上的讲话，以及《人的阶级性》《思想改造必须是自觉运动》等文件。大多数文艺工作者经过学习明晰了党的文艺方针，解除了思想顾虑，提高了政治觉悟。4月20日，整风运动转入上下互动的民主检查运动阶段，主要批判文艺界不问政治、脱离群众、脱离实际的资产阶级与小资产阶级思想。划清或初步划清无产阶级文艺与资产阶级文艺、小资产阶级文艺界限。对文艺刊物、文艺团体、文艺机构进行整顿。

二、知识分子改造

中华人民共和国成立初期，党和政府在争取、团结和使用知识分子的同时，向他们提出学习和改造任务。《共同纲领》规定，人民政府要"给青年知识分子和旧知识分子以革命的政治教育，以适应革命工作和建设工作的广泛需要"。

平原省成立后，全省各级政府利用经常性的政治学习，组织广大知识分子认真学习政协三大文件（中华人民共和国民主政治建设的三大政治制度：人民代表大会制度、政党制度、民族区域自治制度）、学习《社会发展史》和《新民主主义论》；组织知识分子参加土地改革、抗美援朝、镇压反革命等运动；举办各类学习班，帮助知识分子树立正确的政治观点、业务观点和为人民服务思想。

1951年秋，全省有计划地组织知识分子开展学习和思想改造运动。根据中共中央、华北局指示，平原省对知识分子实行"团结、教育、改造"方针。各地主要采取三种方式对知识分子进行教育：一是通过社会实践，组织知识分子参加土地改革、镇压反革命、抗美援朝和"三反""五反"运动，使其接受教育和锻炼。许多知识分子思想转变和政治觉悟提高正是始于参加土地改革和抗美援朝。二是通过各自领域业务实践，学习时事政治，提高认识。三是组织知识分子学习马克思主义理论，开展自我批评，进行自我教育。全省各地知识分子经过学习和实践，彻底改造旧思想、旧世界观，确立起革命的科学的新世界观。

1952年年初，全省进一步开展社会各界人士思想改造和学习运动。省政府成立学习委员会，负责组织和领导各民主党派民主人士，各级政府、人民团体和协商机关中无党派人士、工商界人士、宗教界人士的思想改造和学习运动。参加思想改造的社会各界代表人士有1200余人。其中，省协商委员会67人，新乡市100余人，安阳市34人，长垣、修武、汲县、濮阳、道口、聊城、博平、单县、嘉祥、菏泽等14个县区1000余人。各界人士参加学习以自愿为主，主要学习马克思列宁主义基本理论、学习《共同纲领》和中央各项政策，开展自我批评和自我教育。各界人士通过学习，明确政策，解决政治上分清大是大非、划清敌我界限问题，树立爱国主义和为人民服务的思想。

全省知识分子思想改造和学习运动于1952年秋基本结束。这是一次在全省知识分子中学习和普及马克思列宁主义、毛泽东思想的运动，是一次通过自我批评，引导和帮助知识分子进行自我教育的运动。在中华人民共和国成立初期，对于帮助从旧社会过来的知识分子学习新思想、新观念、新方法，清除帝国主义残余的、封建的、买办的思想影响，划清革命与反革命界限，开始学习掌握唯物史观和唯物辩证法，初步接受马克思主义的世界观，转变立场，树立为人民服务的革命人生观，实现了知识分子努力适应社会变化，为发展新中国的科学、文化事业贡献自己的才智和知识十分有作用。

三、文艺事业恢复

各地根据"发展新文艺，改革旧艺术，开展群众性文艺运动，贯彻文艺为生产建设服务"方针，组织开展春节文艺运动，普及群众性文娱活动；对旧戏曲进行改革，对旧艺人进行思想改造；推广新戏曲，发展新剧团，开展艺人培训，改造旧风俗、推广新风俗；在中央音乐学院的帮助下，举办音乐训练班；推动新戏剧下乡，组织人民美术宣传和展览；召开全省文学艺术工作者代表大会、全省文化馆工作会议，开展文艺创作活动。

各地文艺工作者经过思想改造和业务培训，政治思想和业务能力明显提高，创作的作品、表演的节目能反映党的政策，体现新社会、新思想、新气息，实现了文艺为中心任务服务的总体要求。全省各个剧团均可出演一些新编古装剧或现代戏。通过各种艺术形式的展示，宣传贯彻生产政策，对解除群众思想顾虑、树立生产致富劳动发家观念、推动全社会生产运动开展起到一定的作用。

1948年11月1日，平原省成立前，由冀鲁豫解放区平原社编委会编辑、山东冀鲁豫新华书店发行的通俗文学刊物《平原》创刊。1948年11月~1949年10月，该刊为半月刊，共出版24期。平原省成立后，1949年11月~1951年6月，该刊为月刊，半年一卷。内容主要反映广大人民群众日常生活，展示生产建设中新人物、新气象，歌颂英雄模范事迹，发表文艺作品，介绍美术工作、戏剧活动情况以及文艺创作经验。刊载内容体裁不拘，包括诗歌、坠子、鼓词、快板、歌曲、通讯、报告、散文、小说、论文、剧本和各类美术作品。

1949年7月，新乡市人民政府接管新乡电影院，改名为平原电影院，1950年，该影院整修后正式对外开放，放映的第一部影片是《列车东去》。

1950年12月，平原省电影教育宣传队成立，1951年2月，中央电影事业管理局分配给该放映队4部电影放映机。之后，放映队经常携带电影放映机到平原省所辖市县放映。放映影片有《解放的中国》《新儿女英雄传》《中国人民的胜利》等。

1951年，平原省农业厅电影队、平原省黄河河务局电影队、青年团平原省委电影队、平原省中苏友好电影队、新乡专员公署统建科电影队先后成立。

1952年，平原剧院在新乡建成。7月22日，平原人民出版社成立，负责出版政治、经济、教育科技、文学艺术，社会科学等各类图书。9月1~5日，全省文化艺术工作会议召开，贯彻"普及第一"和为工农兵服务的宗旨，坚持"推陈出新、百花齐放"方针进行戏曲改革，明确文化馆工作四大任务：识字教育、社会宣传、辅导文艺活动和普及科学知识。

至1952年11月，全省建立文化馆72处，拥有无线电收音机277部、幻灯机217部、有线广播机32部、电影放映队26个。各地建立俱乐部121处、农村图书馆1566所，大量文化站等群众性文化组织在城乡普及。全省各地利用冬学、民校、文化馆、剧团及广播电台、黑板报等宣传手段，进行大生产宣传工作。

四、批判电影《武训传》

1951年年初，电影《武训传》上映，在全国引起一场政治风波。该片是一部以清朝末年武训的生平事迹为内容的传记影片，影片记述少年武训的苦难生活和他从青年时代起由"行乞兴学"而最终被光绪皇帝封为"义学正"、赏穿黄袍马褂的一生经历。平原省是武训的出生地和兴学活动地区，由此全省掀起一场群众性的文化思想批判运动。

3月底，国内报刊出现不同评论意见，有赞扬有批评。5月20日，《人民日报》发表题为《应当重视电影〈武训传〉的讨论》的社论。社论指出，《武训传》所反映的问题带有如何看待中国近代史和中国革命道路的根本性的问题，应当重视和开展对电影《武训传》及其有关武训著作论文的讨论，彻底澄清在这个问题上的混乱思想。同日，《人民日报》发表《共产党员应当参加关于〈武训传〉的批判》的评论。评论指出："每个看过这部电影或看过歌颂武训论文的共产党员，都不应对这样重要的政治思想问题保持沉默，都应当积极自觉地同错误思想进行斗争。担任文艺工作、教育工作和宣传工作的党员干部，特别是与武训、《武训传》及其评论有关的北京、上海、天津、山东、平原等地文化界干部，尤其应当自觉地、热烈地参加这场原则性思想斗争。"

5月20日，中共华北局致电中共平原省委和河北省委，责成聊城地委立即派人赴武训活动地区调查，写出调查材料上报。30日，中共平原省委向华北局汇报关于武训问题的《初步调查报告》。6月，人民日报和中央文化部组织武训历史调查团，到平原省武训家乡进行为期20多天的实地调查。调查结论指出："武训不是走改良主义道路的问题，共产党人和武训歌颂者面对的也不是改良主义思想认识问题，而是对待历史反革命的态度和立场的重大政治问题。"

6月10日，《人民日报》发表《省级报纸应该展开关于"〈武训传〉的讨论"》的评论，点名批评《平原日报》忽视"《武训传》的讨论"。6月13日，华北局致电中共平原省委和内蒙古分局各省委、市委，批评"《平原日报》直到6月6日毫无关于武训的文章"，对开展《武训传》的讨论重视不够，指出对《武训传》的讨论是一种清除"武训精神"的严肃思想斗争，对此采取漠视态度是一种严重的政治上自由主义。《人民日报》的批评和华北局的指示，推动了平原省开展对电影《武训传》的批判运动。

6月25日，中共平原省委发出《关于讨论批判武训问题的指示》，指出：武训是清末人民革命时代维护封建统治的人物，得到反动统治者大力表扬和推崇，歌颂武训的电影《武训传》有严重的原则错误。武训"兴学"的事情发生在平原省，"武训精神"在省内影响较大。自《人民日报》提出对《武训传》批判后，全省党内外干部中，特别是文化教育界思想混乱。各级党委认识到这是带有根本性质的思想教育工作，必须领导这一思想斗争，通过这一典型事例，加强马克思列宁主义政治思想教育，提高干部群众政治敏锐性，澄清混乱思想，巩固工人阶级思想领导。

6月27日，《平原日报》发表《反对自由主义，展开对武训问题讨论批判》的社论，号召全省干部群众积极自觉地参加关于武训问题的思想斗争。全省各机关、学校开展对武训问题讨论批判。各地委制定学习计划，主要负责人作启发报告，召开座谈会，组织专人研究，结合思想和工作写批判文章，在报上公开讨论、揭发与检查。参加运动的有县级以上机关干部、各学校教职员及武训影响较大地区的区村干部，共计5万余人。

7～8月，批判运动进入高潮。在讨论中，全省有数十名干部在报纸上公开检查。省文教厅在《平原日报》上作公开检讨"盲目提倡'武训精神'的错误"。但各地在讨论中也出现一些不同认识。朝城县中学有教员为武训抱"冤"；堂邑县干部发表文章，公开阐述"我对武训与别人相反的认识"。应该说，把武训这样具体的历史人物摆到中国近代史大环境下重新考察认识，帮助人们区分什么是人民革命，什么是改良主义，在当时文化界"自我教育、自我改造"运动中是十分必要的。但具体做法有明显的缺点：即把思想认识不适当地提到向反动思想"投降"的政治高度，又开了用政治批判来解决思想问题这一方式不好的先例。

五、文工团、剧团

（一）平原省文工团

1949年8月，原冀鲁豫文工团更名为平原省文工团。该团除1950年到清丰、南乐、聊城等地巡回演出3个月外，其他均为服务会议和配合中心工作而进行的演出。演出剧目中的话剧、歌剧有《兄妹开荒》《刘胡兰》《王秀鸾》《变天账》等，豫剧有《南阳关》《反徐州》等，此外还有大型腰鼓演出。1952年年底，该团撤销。

（二）平原省民友剧社

1949年8月，原冀鲁豫民友剧社更名为平原省民友剧社。该剧社以演出京剧为主，排演新编历史剧有《将相和》《唇亡齿寒》《满江红》《荆轲刺秦王》《棠棣之花》和现代戏《防止细菌战》《小女婿》《小二黑结婚》《罗汉钱》等。1952年年底，该剧社划归华北行政委员会领导，后更名为华北民友剧社，委托新乡市代管。

（三）平原省民艺剧社

1949年8月，原冀鲁豫民艺剧社更名为平原省民艺剧社，该剧社艺术力量较强，演员阵容整齐。经常演出的剧目有《罗汉钱》《王贵与李香香》《小女婿》《桃李回春》《白毛女》；新编历史剧有《闯王进京》《鱼腹山》《三打祝家庄》《黄巢起义》《双蝴蝶》《柳毅传书》等；传统剧目有《敬德打朝》《打金枝》等。1952年年底，该剧社交由华北行政委员会领导，更名为华北民艺剧社。

（四）平原军区文工团

1949年9月，原冀鲁豫军区文工团更名为平原军区文工团，该团以演出京剧为主，并演话剧、歌剧，演出剧目有《贫女泪》《钢骨铁筋》《赤叶河》等。1952年年底，该团撤销。

六、报　刊

1949年8月，中共平原省委在新乡创办《平原日报》。此后，《平原建设》《平原政报》《宣传员手册》《平原青年》《财经月刊》等11种报刊相继在新乡创办。

（一）《平原日报》

1949年8月20日，平原省成立，原冀鲁豫区党委党报宣告终刊。省委决定创刊《平原日报》，指导全省工作。22日，《平原日报》创刊，为中共平原省委机关党报，实行党组领导下的社长负责制。社长罗定枫，副社长白映秋。报社初设通联科，负责稿件组织工作。各版设一主编室，后成立总编室、采通科及相应行政机构。报社附设印刷局。《平原日报》在地委、县委设专职新闻干部，

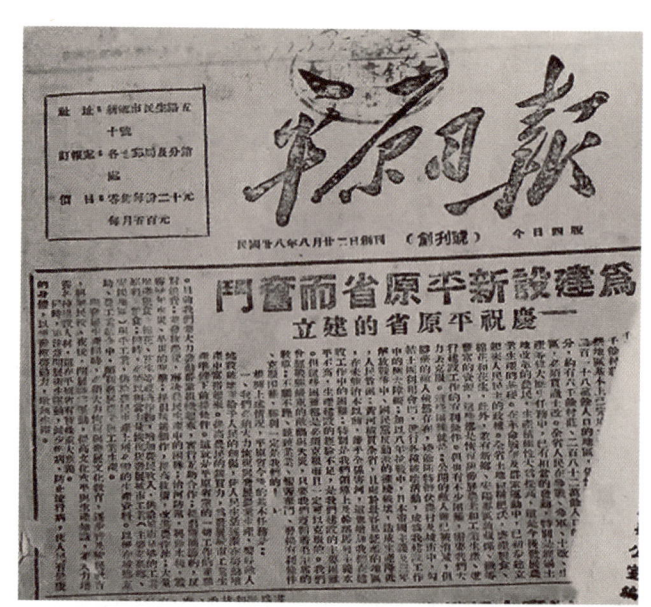

《平原日报》（创刊号）书影

后转为报社派驻记者。先后发展通讯员1700余人，聘请《冀鲁豫日报》、《冀南日报》、《新华日报》（太行版）和《新华日报》（太岳版）的通讯员为《平原日报》工作。编辑部办有内部刊物《人民通讯员》和《报纸业务》，帮助编采人员和通讯员提高新闻业务水平。社址先后设在新乡市民生路50号、民生路63号、解放路34号、解放路38号、解放路71号。1952年12月2日，《平原日报》发表终刊词，3日正式停刊。

《平原日报》在省委直接领导下，执行和贯彻党的决议与指示，坚持党报的群众路线方针，树立联系实际、联系群众的优良作风，吸收广大人民群众参加报纸投稿工作。工作实践中，高度发挥报纸"集体宣传者和集体组织者"的作用，加强编辑工作的计划性与组织性，克服官僚主义，发扬民主，调动干部工作的积极性，做到领导与群众相结合，保证工作计划与工作任务的完成。

《平原日报》初期四开四版，最初发行量3.2万份。1951年年初改为单日出四开二版，双日出对开四版，1951年5月1日起改为日出对开四版。1949年8月~1952年11月，共发行报纸1188期，平均每期发行量6.87万份。报纸发行至全省所有城市、工矿及广大农村。

经营方面，报社为国家积累资金21.46亿元。至1952年11月底，报社拥有资金98.14亿元（包括国家投资），比创建初期资金（5亿余元）增长近20倍。基本建设方面，印刷厂较初期大大扩充，有轮转机2部，平版对开机6部，铸字、装订、画线、铜模及裁纸等机器完备。建有房屋3638平方米。全社干部及职工人数由初期的232人增加到429人。

（二）其他报刊

《平原》 平原省文联主办的文艺性刊物。前身为冀鲁豫文联主办的《平原文艺》，1948年11月1日改名《平原》。初期为半月刊，1949年11月改为双月刊。平原省撤销后停刊。

《平原建设》 中共平原省委机关刊物，1949年12月创刊。其阅读对象是区级以上干部，3年共出版155期，发行量6000余份。1952年11月终刊。

《平原政报》 平原省人民政府内部刊物，1950年1月创办，主要内容是系统汇集中央和省政府所颁布的各项重要政策、法令，各级政府重要工作总结、计划及先进经验等。每期印发3000份。

《宣传员手册》 中共平原省委宣传部主办的时事政治宣传刊物，1951年2月20日创刊。

平原省文联出版的《平原》书影

中共平原省委编的《平原建设》书影

初为半月刊,后改为十日刊。主要阅读对象是全省宣传员,结合平原省情况,进行时事、政策的宣传教育。每期发行6.9万份。1952年11月20日终刊。

《平原战士》 平原军区党委机关报,1949年9月6日创刊。八开,周二刊,内部发行。1952年11月终刊。

《平原青年》 中国新民主主义青年团平原省委员会主办,1950年11月1日创刊,周刊。主要阅读对象是全省青、少年,着重于指导青年团、少年先锋队的工作。周发行量2万余份。共出期刊109期,1952年周发行量达到2.6万份。对教育农村团员和青年,指导农村团的工作起到很大作用。1952年11月终刊。

《平原民兵》 平原军区武装部主办。主要任务是对武装干部、民兵加强爱国主义教育、时事教育和军事教育等,期发行量1.3万份。

《平原教育》 平原省教育厅主办,1950年1月1日创刊。初为月刊,后为半月刊。1951年7月停刊整顿。1952年1月复刊,11月终刊。

《平原卫生》 平原省卫生厅主办。主要任务是加强全省卫生工作的思想指导和业务指导,组织交流卫生工作经验。

《平原合作报》 平原省合作总社主办,以基层合作社为主要阅读对象,内部发行。

《财经月报》 平原省财经委员会主办,财经系统内部综合性刊物。

平原省人民政府编的《平原政报》书影

平原省教育社编的《平原教育》书影

七、图书馆、博物馆

平原省建省之后,省文物管理委员会所辖机构逐步发展完善。平原省图书馆和平原省博物馆(简称"两馆")设备更新,基本建设得到改善,扩大2个展览室、1个展览棚、2个书库、1个报刊阅览室,开通4处图书流通站。"两馆"古文物及图书来源,一是征集,二是捐献,三是没收的文物图书。3年间,"两馆"在馆藏收集等基础工作方面由少到多、由小到大,尤其经过辉县、安阳反盗宝运动,6000余件珍贵古文物回归人民政府手中,丰富与充实了平原省"两馆"馆藏内容,为研究历史提供了珍贵资料。"两馆"总计有古文物1.98万件,新旧书籍20万余册。

(一)平原省图书馆

1949年9月,平原省人民政府接管河朔图书馆,成立平原省图书馆(简称"省图书馆")。中华人民共和国成立初期,图书印刷发行事业发展缓慢,图书供不应求。省图书馆派专人从东北、华北各大城市购入新书,成立文化服务社,与外地出版部门和新华书店建立联系,广开书源。

1952年11月平原省图书馆馆存文献统计清单

表10-1-1

名称	件数	备注
藏　经	460函	有残缺
佛　经	5840卷	全
线装书	142117册	
平装书	50389册	
杂　志	183卷	另有9419册
报　纸	781册	另有957张
图　片	6362张	

为适应藏书迅速增长的需求，建立图书采购、图书加工、图书流通、图书阅览、文物管理等业务机构。1950年5月，开放阅览室。1951年，采用"东北图书馆图书分类法"，提高图书管理工作科学化水平。5月，开放借书处。至1952年11月，图书馆馆藏新书达5万余册，旧书14万余册，藏经书2部，图书分类数字卷达9000余册。另有报纸35种，杂志170种。

省图书馆对馆中各类藏书进行分类编目、上架排卡，做到及时丰富馆藏、充实内容。面向社会各界，开展馆内外借读阅览工作，积累了大量经验。省图书馆创造性地开展图书流通站工作，让图书下乡、下厂、下基层，结合速成识字法运动，推动群众爱国阅读活动开展。图书送到厂矿、乡村后，受到工农群众的欢迎。省图书馆设立平原机器厂、中原纱厂、面粉厂等厂矿企业图书站，解决工人因工作繁忙不能到图书馆借书的矛盾，帮助工厂有关人员学会简单的图书管理办法和借阅手续工作。图书流通站的设立和新书供给推动了一线工人生产技术与文化素质的提高。省图书馆在孟营设立农村图书站，附有图书包，结合该村合作社、卫生所，推动该村秋季爱国丰产运动与爱国卫生运动。

3年间，平原省图书馆的总体规模得到发展，馆藏图书增多，工作程序日益规范，工作范

平原省图书馆旧址

围日益扩大，为图书馆更新扩建打下良好的基础。1952年11月，平原省图书馆更名为河南省新乡图书馆。平原省撤销时，省图书馆部分人员调往河南省文史馆，带走《四部丛刊初稿》2100册、《四部丛刊续编》510册、《资治通鉴》100册、《六艺》180册。

（二）平原省博物馆

1949年8月，平原省文物管理委员会成立的同时，组建成立平原省博物馆（简称"省博物馆"，对内称文物管理委员会文物组），地址设在平原省图书馆内。

省博物馆成立之初，为一个展览室。"三反"运动后，发展为3个展览室。3年间，省博物馆长期开展文物展览活动，提高群众对古代艺术的民族自豪感，教育群众弘扬祖先辛勤劳动的光荣传统，提升群众爱国意识；在展览厅专门布置商周时古物用具和阶级对比实物，开展群众阶级教育，激发群众对反动落后的封建统治的认识；充实反盗宝运动宣传内容，掀起群众民族与爱国激情；结合每年重要纪念节日，深入开展爱国宣传教育。利用春节、"五一"、"五四"、"七一"、"八一"、国庆节等重大节日，每年举办规模较大的展览会，展期为一个星期或两

1952年11月平原省文物统计表

表10-1-2

文物名称	件数	备注
铜器	1707	另有铜残片271件
瓷器	1148	另有瓷残片165片
陶器	1043	另有陶残片53片
玉器	422	包括南阳玉在内
石器	343	包括碑碣在内，且另有石残片94片
铁器	91	另有铁残片16片
景泰蓝	33	
象牙	15	
甲骨	455	另有甲骨残片111片
铜钱	9194	
服饰	11	
杂器	1863	
字画	2170	
碑帖	1197	
墨迹	171	
拓片	27	单张拓片有14177张
县志	4610	
参考图书	3409	包括文物图片

说明：文物总数：19890件（不包括残片）；图书总数：8019件（包括图片在内）

个星期。3年共举办迎接各类重大纪念节日展览会15期，累计参观人数35万余人。

八、新华书店

1949年5月新乡解放后，太行、华北、冀鲁豫3家新华书店随军进城。10月，太行新华书店、华北新华书店和冀鲁豫新华书店合并成立新华书店华北总分店平原省分店（简称"新华书店平原省分店"），负责全省图书发行和管理，下辖59个分店，在省会新乡市新华街附设门市部。1952年11月，新华书店平原省分店撤销，除少数干部留在新华书店新乡支店外，大部分人员调往外地。

九、文　物

平原省文物管理委员会（简称"省文管会"）于1949年8月成立，是平原省文化事业管理局直属事业部门，隶属平原省人民政府领导。主要职能是：贯彻执行党的文物工作方针、政策，制定平原省文物工作计划并组织实施，调查、保护、管理平原省区域内古建筑、古文化遗址、革命遗址以及征集散存的珍贵文物、图书、烈士遗物。省文管会成立之初，内设机构有办公室，二级机构有博物馆和图书馆，干部职工有14人。1949年，省文管会除接管冀鲁豫、太行两行署所收藏的文物，包括甲骨文、陶、铜、铁、瓷器共1570件，书籍93752册（其中有藏经半部）、清末字画454幅、碑帖86帖外，又征集到许多珍贵文物。1950年春节期间，举办平原省图书、古物展览。到1951年人员编制扩大至37人。1952年"三反"运动后，本着"精简节约、干部缩减"精神，省文管会干部职工减至31人。在干部配备上，根据工作繁简程度和适当调配的原则，省文管会设有正副主任；办公室设有秘书2人；各馆设有正副组长，下设组员若干。1952年11月，省文管会撤销。由平原省文管会部分人员组建成河南省人民政府文管会豫北分会，管理豫北地区文物工作，后并入新乡市图书馆。

（一）调查摸底

平原省为中原文化发祥地之一，地上地下古文物很多，安阳小屯、辉县琉璃阁、淇县东西庞村等地古遗址更是闻名世界。1950年10月，省文管会配合夏鼐、郭宝钧等率领的中国科学院平原省调查发掘团开始在辉县进行考古发掘工作。该项工作持续3年（平原省撤销后又挖掘1年），共发掘商代遗址2处、商代墓葬53座、汉代墓葬27座，出土一批历史艺术价值较高的文物。辉县发掘是中华人民共和国成立后的第一次大规模的考古综合发掘，也是中国科学院考古研究所（后隶属中国社会科学院）组建后进行的第一次考古发掘活动。辉县考古发掘在商周考古研究以及中华人民共和国考古队伍建设、考古技术提高、考古工作作风培养等方面具有特殊贡献，在中国考古学史上占有重要地位，是中国考古学发展的转折点。1951年，辉县开挖掘孟庄渠时，发现60万年前的鸵鸟蛋化石一枚。3年间，省文管会对6个专区2市56个县名胜古迹进行调查登记工作。至1952年11月底，有40个县的登记表上报，全省古遗址地区的基本情况大致掌握，并作适当处置。

（二）宣传征集

省文管会在全面调查基础上向社会开展各种宣传教育活动，大量宣传教育工作使各级政府有关领导逐步转变观念，对祖国和民族文化遗产由不关心、不注意转到关心和重视。省文管会在组织宣传过程中，结合展览工作对群众开展实物教育，以提高群众认识水平，激发群众爱护文物的热情，推动全省文物征集与捐献工作。

东阿县清理曹子建墓，出土文物百余件；辉县孟庄渠出土60万年前鸵鸟蛋；安阳小屯、淇县、濮阳等地征集到众多文物。汲县、辉县等地群众踊跃捐献不少古书籍、字画、文物等珍贵物品。

1952年春，安阳、辉县、新乡等地开展反盗宝运动，正确贯彻中央人民政府文物法令，形成群众性保管古文物运动。如辉县在生产打井、挖渠过程中发现文物后，群众即刻报告政府，并帮助看管古墓葬，保护文化遗址安全。各地文物管理部门不断接到各界人士建议与情况介绍，全省文物勘查工作顺利进行。

（三）抢修名胜古迹

安阳灵泉寺、辉县百泉、济源盘谷寺、嘉祥武梁祠为平原省四大名胜古迹。中央人民政府颇为重视平原省四大名胜古迹，于1952年拨款抢修。其中，辉县百泉、济源盘谷寺两地在省文管会组织协调下，1952年10月动工修葺。为进一步保护好平原省文物古迹，全省设立文物保管所4处。

（四）修补文物

省文管会3年共计揭裱珍贵字画1500余轴，揭裱补修商周铜器400余件，修补一批具有历史研究价值的珍贵文物。其中，包括被国民党政府运往南京企图盗卖的天宁寺巨幅画卷12幅，康有为题跋字迹1幅。

十、民俗文化

平原省成立之初，正逢中华人民共和国成立前夕，处于各项社会事业新旧交替、文化思想激烈碰撞的时期，其时代特征和革命特色也反映到民俗文化之中。

在服饰方面，人们的服装还保留着民国时期的样式。城市市民一般穿侧面开襟扣的长袍，妇女穿旗袍。农村男子一般穿中式的对襟短衣、长裤，农村妇女穿左边开襟的短衫、长裤，有的还穿一条长裙。人们做衣的面料多是机织的"洋布"、粗棉布、麻布。此外，还时兴西装和中山装。人们把中山装的款式与孙中山的革命信仰和原则联系在一起，比如，四个口袋象征国之四维，即礼、义、廉、耻；袖子上的三颗纽扣则代表民族、民权和民生三民主义。中华人民共和国成立后，穿衣打扮与革命紧紧联系在一起。西装和旗袍被看作是资产阶级情调，在人们的生活中逐渐消失。中山装和列宁装成为人民的普遍选择。

在文艺创作方面，全省各地，尤其是老区、半老区和恢复区，在开展各种文艺创作工作和改革民风习俗方面都秉承"为工农兵服务"的创作原则，具有强烈的政治实践性和草根性。广大文艺工作者把民俗之"民"（工农兵群众）和民俗之"俗"（民众生活）提到首要位置，在创作内容、创作手法、主体观念、受众群众等文学创作和传播的各个环节中予以渗透，这种深入生活的创作方式，造就全省各个解放区民俗文化更加接近农民和乡土大地，也更具有社会性和政治性。例如，《李大宽全家劳动》《生产救灾唱词》《宣传员手册》《春节文娱材料》等。其中，《李大宽全家劳动》是河南坠子，讲的是平原省清丰县李家屯村村民李大宽家生产度灾荒的励志故事；《生产救灾唱词》讲的是孟庄村干部领导全村人积极投入生产、顺利度灾荒的故事;《宣传员手册》共有 7 个章节,主要包括宣传新《婚姻法》、表扬增产节约模范、支持抗美援朝拥军优属三方面的内容;《春节文娱材料》有 8 个章节,都是关于抗美援朝运动和爱国主义教育的内容。这些文学作品都是当时平原省社会生活的真实写照,反映平原省人民在中华人民共和国成立初期积极劳动、努力恢复发展生产、积极响应国家号召的精神面貌。

在平原省开展的各种政治运动和各项政策宣传过程中以及重大节日庆典娱乐联欢中,各地丰富多彩的传统民间艺术发挥了一定作用。如:

腰鼓,建省后新兴的文艺节目,表演者于腰际背一长圆形红鼓,双手持木槌击鼓,发出不同节奏,全队由拍镲者一人指挥队形和鼓点变换,为增加气势,另有大鼓重击。

推花车,也叫小火车,在建省初期盛行。一俊妇坐(实为立)在一方形花车内,车后有两扶手,一老翁手握扶手作推车状,车两边少男少女各一人,手摇扇子扭动,一小丑担一软质杠子扭在车前,乐器伴奏,表演者扭动数圈后停在原地扭唱,唱腔为民间小调。

秧歌,革命根据地的传统文艺节目,人数不限,表演者按乐器节奏扭动,时而变化队形。

在民间戏曲方面,全省各地比较突出的地方戏曲有东阿县黄河大秧歌、孟县怀梆戏剧、原武县二夹弦、单县鼓吹乐、修武县京剧、茌平县平调秧歌、滑县大平调、莘县张鲁回族秧歌、郓城县柳子戏和山东梆子等。1950 年春节期间,修武县北门村组织村内戏剧爱好者演出折子戏《断桥》《劈山救母》《卷席筒》等剧目,在当地大受欢迎。尤其豫剧表演充满地方特色,念白好学,韵调易唱,在民间十分流行。

平原省各地民间艺术历史悠久,种类繁多,在每年重大节日庆典中,时常能看到传统的民间群众性娱乐活动。如:

花船(也称旱船),三个人物分坐(实为站立)在插满花的布制船上,由老公和丫鬟持桨划船,皆着戏剧古装,表演时三船穿梭跑动,停时只摇桨,开始唱词,并有乐队伴奏。

狮子舞,用麻和布制作成狮皮,两人驾驭,一人撑头,一人作身和尾,表演时可登山(上桌子),可直立,也可滚球和舞蹈,由驯狮人指挥。莘县温庄的火狮子舞较为出名。

高跷,属于传统节目,表演者双脚绑在两个 50 厘米高的木棒上,以代替双脚行走、跳跃,有古装,也有时装,《扑蝶》节目最为精彩。

背妆,一个大人身上背一铁架,架上立一儿童,上下固定为一体,称为"一妆",表演者可据故事人物多少,决定妆数多少(一般不超过八妆)。妆上儿童扮作故事人物在上表演,背妆人在下走场套花,有乐队伴奏,只行走,不演唱。

张公背张婆,由一人上身扮张婆,下身扮张公,另做一张公假头和双肩,置张婆身前作背状,再做一张婆假下身,于张公身后,使其共成一体。无唱,只需乐器伴奏,表演者按节奏扭动,作些嬉戏动作,别有风趣。

骑毛驴,表演者足踩高跷,用纸或布做一毛驴,固定在表演者身上,按乐器节奏跑动舞蹈。

霸王鞭,表演者人手一鞭,上系铜铃和花,谐和鼓点节奏击臂、腰、腿、脚等处,或与别人互击,使其发出有节奏的声响。人数不限,有歌有舞。

另外,平原省还有巨野县、东阿县的杂技,东阿县桐城拳术、温县陈家沟的太极拳、菏泽县的斗鸡、定陶县的皮影等群众性民间技艺。

在民间工艺美术方面,平原省较为突出的有浚县传统的民间艺术泥玩、石雕石刻、工艺制镜;

内黄县独具风格的农民画、麦秆画、柳根画、根雕；东阿县迟庄村的年画；巨野县农民绘画；滑县木版年画、秦氏绢艺等。另外，全省各地具有浓厚北方特色的印花、剪纸、刺绣、灯笼画、纸扎、家谱画等遍及乡里。

在民间建筑特色方面，平原省最具有代表性、保存较完好的是曹县的民房建筑。曹县的传统民房大部分是红砖结构，建筑材料和建筑方法因地制宜，形成地域差别。院墙、屋墙一般用砖块砌成。区内建房一般以两层小楼为基础，城镇多为楼房。脊兽又称吻兽，有龙头、鸽子、麒麟、公鸡等造型。在瓦房脊上安装吻兽，这也是菏泽地区比较普遍的一种建筑习俗。

第二节 教 育

1949年8月20日，平原省教育厅成立。1950年6月，平原省教育厅与平原省文化事业管理局合并成立平原省文化教育厅（简称"省文教厅"），主管全省各类学校教育、工农教育、业余教育及其他有关教育事项。

平原省存续时期正处在中华人民共和国诞生之初恢复国民经济生产的特殊时期，全省教育工作被深深打上时代烙印。当时，全国面临扫除国民党残余势力、清剿土匪、抗美援朝等一系列军事任务，群众以各种形式支持国家军事斗争。全省教育战线也全力支持鼓励青年学生报名参军、参加军事干校，重视军事院校招生并成立招生委员会。全省青年学生响应党和政府号召，全身心参加国防教育，投身国防建设。

建省之初，全省各地对恢复国民经济发展与建设人才需求极为强烈，省委、省政府按照中共中央有关要求，经过周全准备、精心部署，根据旧教育不同情况采取有区别的变革措施：快速接管旧式公立学校、妥善接办私立学校、谨慎接收外国津贴教会学校，对旧有教育制度进行初步改造，使之性质、生源、内容、方法、体制、方向等诸方面发生根本性变化，担负起培养新社会人才的重任。全省教育系统进行课程改革、时事教育和思想改造，推动新学制，借鉴苏联教育经验模式，确保教育的新民主主义方向和性质，实现无产阶级对教育的真正领导。全省教育变革旨在建立有利于工农群众入学、培养工农干部和技术人才的学校制度，保障全省人民，尤其是工农劳动人民和工农干部受教育的机会。各地失去接受普通学校教育机会的工农群众或干部，可以通过工农速成教育、业余教育或补习教育的系统学习，达到同等文化水平，进而可以转入正规学校，直至接受高等教育。

3年间，平原省通过对旧有教育制度的改革，从根本上改变了旧中国遗留的教育制度和体系，奠定了平原省新的教

1950年，平原省专区、市、县教育科长联席会议全体代表合影

育制度基础，促进了全省教育事业发展。1952 年 11 月，省文教厅撤销。

一、教育事业改革

中共平原省委、平原省人民政府重视对旧有文化教育的改革，全省各级政府及教育主管部门、教育工作者、青年学生围绕国家政治大局，认真贯彻落实党和国家的方针政策，在工作中及时发现问题并妥善解决问题。

针对旧学制存在的问题，全省统一改革，实行新的学制。在新学制中，工人、农民的干部学校和各种训练班被列入正规学校教育系统之内，建立相关制度；小学改行五年一贯制，取消初级小学和高级小学两级修业六年分段制，使劳动人民子女受到完全的初等教育；各类学校相互衔接，彼此沟通，从初等教育到高等教育形成新的教育系统，全体人民都有通过各种渠道接受高等教育的机会。

另外，省政府成立专门接受外国津贴及外资经营之文化教育救济的机关和宗教团体登记处，开展工作，要求谨慎接收外国津贴学校。

1951 年 11 月 3 日，中央人民政府教育部下发"关于各级学校升降国旗办法，业经中央人民政府政务院文化教育委员会批准，特令公布施行"的通知。11 月 15 日，省政府转发到全省各地学校。

二、工农干部教育

工农干部在中国革命事业中扮演着重要角色。中共平原省委、平原省人民政府重视工农干部教育工作，采取多种措施，推动工农干部教育工作深入开展。省第二次党代表会议强调要加强文化教育工作，要求各地举办工农中学，建立机关业余补习学校，提高工农干部的文化水平；有步骤地发展农村民校、夜校，开展识字运动，巩固与提高现有学校教育。

1950 年 2 月 3 日，省政府发布《加强 1950 年社会教育工作的指示》，要求各级政府要提高、巩固现有冬学，发展小学，县以上机关普遍办一所新型正规的机关业余补习学校。5 月 27 日，省政府发出《关于成立工农干部文化补习学校的指示》，指出："为加强在职干部文化教育，提高干部文化水平，必须对在职干部进行业余文化补习教育，对编余干部集中进行正规文化教育，以适应国家经济建设需要。"同年，全省建立机关干部业余文化补习学校 41 所，参加学习干部 6200 余人。

平原省工农干部教育具有鲜明的时代特色。各地在开展工农干部教育中，因时而异、因人而异，采取分类指导原则和灵活多样的教学方法，把课堂搬到工厂、田间、政府机关。针对工农干部实际状况设置相应教学内容。其中，对农民阶级、工人阶级主要开展以普及科学文化知识、扫除文盲为主要内容；对干部以政治理论、政策法规、业务知识、文化素养为主要内容。针对工农干部设置相应教学机构。承担农民教育的机构是民校，承担工人教育的主要机构是职工夜校，承担干部教育的主要机构是党校、行政学院和干部学院。

1952 年 5 月 24 日，全国开展大规模扫盲运动。省政府针对人民群众文化素质普遍较低、文盲大量存在的实际情况，在全省以推广"速成识字法"为主要手段，以民校、夜校为主要学习场所，以冬学与冬训为主要契机，大力开展扫盲运动。6 月，全省重点实验推广"速成识字法"。8月,全省扫盲工作会议后,"速成识字法"迅速在各地城镇街道、厂矿、农村、部队、街道普及。全省各类扫盲班遍布各地,各界人民群众以高涨的热情投入文化学习之中。

全省各级政府和教育部门在扫盲运动中发挥着重要作用,各地多次召开会议,形成相关决议,发布指示与通知,制定相关规划,作动员部署,在财力与物力上重点支持。旧有教育制度剥夺工农群众受教育的权利,省政府规定"所有教育设施都向工农劳动人民开门,尽量给工农青年提供受教育的方便"。各地除一般学校吸收工农子弟入学外,各级政府还创办工农速成中学、工农干部文化补习学校、工人业余学校等,吸收工农干部和产业工人入学。各级政府和教育部门在农村兴建各种夜校、民校,开展扫盲运动,努力提高农民群众文化水平。

至1952年11月,全省有11.21万人参加速成班,经过150小时到170个小时学习,不少学员由原识字200~300个迅速突破到2000个,能写200~300字的简单信件和短文,能看《平原日报》和阅读通俗小册子。群众逐步掌握文化工具,学习热情空前提高,推动了各项生产运动发展。辉县就在1952年9月订阅《平原青年报》2070份,比7月增加1020份。莘县部分突击实验班结束后,男女学员自动修订过去别人代写的爱国公约,亲自写各类生产挑战书,给党与政府写信,报告生产学习成绩。

全省工农教育逐渐走向正规后,开始有计划、有组织、有制度、有步骤地进行教学。职工或干部业余学校比较规范,常年民校日趋正规,均有统一教材,并建立了备课、批改作业等制度。特别在联系实际工作上取得很大成绩。结合抗美援朝、镇压反革命及爱国增产节约等运动,农民政治觉悟和生产水平明显提高,各级领导干部认识水平快速提升,民校工作日益受到重视。

1952年,全省职工业余学校由1950年的35所发展到68所,增长近1倍,学员由7216人发展到2.15万人;农民业余学校由1949年的1285所发展到常年民校3.76万所;民校数量上增长30多倍,学员由6000多人发展到205.54万人,学员数量增长300多倍。全省成立1125个民校高级班,有学员3.08万人,试办3所农民业余中学。重点推行"速成识字法"后,全省有3833个速成识字班,学员11.21万人。

在干部教育方面,1950年成立工农速成中学1所,学员739人。1951年设立工农干部文化补习学校7所,学员2038人。干部业余学校由1950年的55所发展到1951年的68所,学员由1.17万人增加到2.53万人,占应入学人数的87.8%。

三、初等教育

1949年8月,省政府把"加强文化教育工作"作为全省工作方针的一项重要内容,要求"整顿小学,训练提高师资。小学应以文化学习为主,实行华北政府新教育方针,逐步普及。在新区主要是改造小学,集训教师,从政治上予以提高,取缔反动课程"。

平原省小学教育是在抗美援朝的特殊时代背景下发展起来的,很多方面打上抗美援朝的印记。建省之初,各级政府财政拮据,加之经常遭受各类灾害,严重阻碍教育尤其是小学教育的发展。在困难面前,全省各级政府以及初等教育工作者没有退缩,想方设法克服种种困难,发展教育事业。全省各地小学教育工作者十分重视教育规律的探索,尊重受教育者身心健康,严禁体罚和变相体罚学生,强调学校教育与家庭教育相结合,教师经常家访,向学生家长反馈其子女的学习情况。尤其在灾区教育工作中,除利用中央批拨的教育救济粮大力支援外,当地干

1952年平原省中等学校名单（不完全统计）

表10-2-1

	校名	地址
省立中学	菏泽中学	菏泽城内
	阳谷中学	阳谷城内
	濮阳中学	濮阳东关
	聊城中学	聊城城内
	道口中学	道口镇
	金乡中学	金乡城内
	曹县中学	曹县城内
	新乡中学	新乡市
	安阳一中	安阳市
	安阳二中	安阳市
	焦作中学	焦作矿区
	卫辉中学	汲县城内
	沁阳中学	沁阳城内
	工农中学	新乡市藏营
省立师范	新乡师范	新乡市
	安阳师范	安阳市
	卫辉师范	汲县
	菏泽师范	菏泽城内
	聊城师范	阳谷坡里
	武训师范	堂邑柳林
省立技术学校	工业学校	汲县城内
	农业学校	延津小店镇
	财经学校	新乡市
	医科学校	汲县城内
私立中等学校	辅豫中学	新乡市
	静泉中学	新乡市
	河朔中学	新乡市
	崇真中学	安阳市
	光华中学	获嘉城内
	护士学校	新乡市

续表

专区联立师范	单县联师	单县城内
	巨嘉联师	巨野城内
	菏泽联师	菏泽孔楼
	曹县联师	曹县城内
	聊城联师	聊城城内
	安乐镇联师	阳谷安乐镇
	濮阳联师	濮阳新习集
专区联立师范	滑县联师	滑县城内
	淇濮联师	淇县城内
	沁阳联师	沁阳城内
	安阳女师	安阳市
县立师范	原阳县师	原阳城内
	延津县师	延津城内
	获嘉县师	获嘉城内
	武陟县师	武陟木栾店
	辉县县师	辉县城内
	新乡县师	新乡小冀镇
	济源县师	济源庙街
	孟县县师	孟县城内
	林县县师	林县城内
	安阳县师	安阳市
	汤阴县师	汤阴城内
	邺县县师	邺县漳涧
	高唐县师	高唐城内
	清平县师	清平县

部及教师们创造出许多教育结合生产救灾的办法，不少小学和民校得以坚持，某些灾区出现学生增加现象。

1950年1月，由平原教育社编辑的教育类月刊《平原教育》创刊，1951年7月停刊，1952年2月复刊。复刊后的《平原教育》由月刊改成半月刊，以小学教育为主并重视刊物的思想性。

建省初期，全省有小学1.27万所，学生72.35万人（超龄及不及龄儿童14.47万人），教师2.05万人。至1952年上半年，全省小学发展到1.91万所，学生163.21万人（超龄儿童33.05万人），教师3.8万人。学龄儿童入学率由建省初期的25%发展到55.6%，增长1倍以上。全省有幼儿园167个，在园幼儿6743人，教师293人；小学附设幼儿班30个，幼儿1016人，教师31人。

四、中等教育

平原省人民政府根据新、老区不同情况，对全省中等教育开展改革与改造工作。建省之初，老区中等学校继续贯彻华北中等教育会议精神，克服战争时期的游击习气，转向正规教学。新区中等学校进行政治改革和思想改造。经过初步改革和整顿，根据中央教育部指示，全省中等教育实行各科、各课教学中贯彻政治思想教育；学习苏联的教学经验和学"苏联学生思想政治教育"，学习苏联著名教育家凯洛夫《教育学》以及苏联五级分制记分法[①]；组织各中等学校校长到东北参观学习，吸取东北地区学习苏联的教学经验；各地多采用东北翻印的苏联中学课本。

省政府颁布多项加强中等教育的政策，及时肯定成绩，指出问题，明确中等教育教学内容和学制，规划中等教育蓝图，改善中等教育办学条件，规定中等学校学生奖学金名额，拓宽中等教育途径，从各方面指导中等教育工作，保证工作顺利开展。各级政府重视中学生身心健康，多次指示，加强对中学生健康卫生工作的指导。

平原省在改革旧教育向新型教育转变、改进与提高教学质量方面获得宝贵经验，取得一定成绩。全省中等学校基本健全各项教学制度，成立各科教学研究组，有组织、有计划地进行听课及观摩教学，普遍建立听课制度；每学期有完整的工作计划或教学计划；教师能根据学校的要求，订出各科逐月逐周教学计划，认真备课，做好教案和教学笔记。

1952年11月，全省普通中学和师范学校由建省初期的54所增加到97所，增长近1倍。学生由1.62万人增加到5.29万人；由平均每1000名学生中有一人接受中等教育，增加到每300名学生中有一人接受中等教育。1952年创建新乡市女子中学。3年间，平原省为国家培养1.5万余名接受过中等教育的毕业生。毕业生分别参加国家各项建设或升入高一级学校深造。有2000余名学生进入军队干校，参加国防建设。中等学校中工农成分的学生比例超过85%。

五、高等教育和技术专业教育

平原省成立时，全省没有一所高等院校，仅有一所纺织学校，不适应经济文化建设需要。1950年10月，中共平原省委第八次会议决定在新乡市筹建平原大学，其校名由政务院副总理

1950年成立的平原大学（今河南师范大学）

[①] 评定学生成绩和品行的方法，分为优等、上等、中等、下等、劣五个层次。

陈云亲笔题写。1951年3月，奉教育部指示，平原大学更名平原师范学院。9月2日，省政府决定由平原省立农业学校与源于延安自然科学院生物系的北京农业大学长治分校合并，在辉县建立平原省农学院，设置大学本科农艺、森林、畜牧兽医3个系，附设各种专修班和在职干部训练班，满足农业生产建设急需。1951年下半年，平原省两所高校共招收学生728人，为培养中等学校师资和农业建设人才打下初步基础。同年，省政府将纺织学校改名为工业学校，新建医科、财经、农业3个学校（其中，农业学校合并于平原农学院），共招收学生1040人；后又建立银行中学、合作干部学校及各专区卫生学校。至1952年11月，全省共有技术学校11所，学生3275人。平原省撤销后，平原农学院迁往北京，河南省在辉县原址成立百泉农业学校。

六、教师队伍改造

平原省成立之初，全省各地部分教职员思想、立场、观点和方法未得到根本性扭转，在教学中有意无意散布资产阶级和小资产阶级人生观、世界观、价值观，散布封建的、买办的思想现象也时有发生。建省之后，全省各地教育部门加强教职员工思想改造，克服教育系统中单纯业务观点和不问政治倾向，经常组织教师和员工，学习党的方针政策、学习新民主主义理论，结合各项政治运动教育广大教职员工。全省各级政府及教育部门重视教育工作者政治业务素质，着力培养其爱国精神与情怀，制定"平原省教育工作者爱国公约"。

1951年，全省各级政府进一步对教育事业进行整顿和改革，重点改造整顿全省中等教育。1951年夏，全省采取分区集训办法，开展"改造教师思想、改革中等教育为目的"的学习运动，组织中等学校教师进行学习，开展批评和自我批评。在教育界掀起大规模的思想改造和忠诚老实运动。

1952年2月初，全省1500余名中等学校教师集中到省会新乡市进行全省集训，开展反贪污、反浪费、反官僚主义的思想改造学习运动。省政府主席晁哲甫作《教师开展思想改造运动》动员报告。省委宣传部部长张承先作《开展反贪污、反浪费、反官僚主义》报告，强调中等以上

濮阳县教师假期学习会合影

学校教职员工要进行集中学习，确定以"三反"为主要内容，从"三反"斗争中进行最实际的思想改造。

各地中等学校校长和教师逐一检查本校和个人贪污、浪费、官僚主义的思想与行为，有一部分校长向全体教师公开作自我批评与自我检查。全省广大教师队伍深入开展反对资产阶

1950年10月国庆日，濮阳县教师假期学习班教师合影

级腐蚀和揭发批判资产阶级教育思想的专项斗争，专项斗争历时40多天。全省参加运动的教职员工有2433人，其中教员1691人、职员742人。

至1952年11月，全省中等学校教职员工思想改造与组织清理工作基本完成，绝大部分教职员工能站在人民立场，接受党和人民政府的领导，安心教育工作，执行党的教育方针，完成教育计划。

平原省高等教育教师思想改造工作结合政治运动和教育改革进行。平原省小学教师思想改造工作在新乡专区重点试办，全省大规模、全方位的小学教师思想改造运动没有启动。全省以新乡专区武陟县为典型示范，该县769名小学教员集中在专区开展思想改造运动，结合思想改造进行组织清理工作，纯洁教育组织。安阳对全区4313名小学教员进行集中学习。

各地教育系统教职员工在"三反"运动中改造思想，深入批判资产阶级和小资产阶级思想，特别是资产阶级和小资产阶级的"超阶级""超政治""名利思想""个人主义"及"单纯文化教育、单纯业务技术观点"等错误思想，划清无产阶级与资产阶级界限，初步确立工人阶级思想领导地位，提升教职员的政治觉悟和思想觉悟。

第十一章

卫 生

平原省成立初期，百废待举、百业待兴，全省医疗水平和医疗条件更是亟待解决的民生问题，是关系人民群众生命健康、生活质量的大事情。平原省在人民卫生事业发展上，坚决贯彻执行"预防为主，面向工农兵，团结中西医"三大原则，把防治危害人民健康的传染病和地方病作为主要任务，建立和发展全省卫生组织，团结广大卫生工作者，动员广大群众开展群众性的爱国卫生运动，基本控制传染病，人民健康状况出现新面貌，全省卫生工作取得一定成绩。

1949年8月，平原省卫生局成立，主管全省卫生行政、防疫保健、医药化验检查、医院管理等事务。建省之初，全省只有省立医院1所，专署医院6所，县级区域绝大部分为卫生所；全省卫生工作人员500余人，其中正式医师4人，床位400余张。至1952年，有省人民医院、干部疗养院、接收部队慢性病员的疗养院、医科学校附属医院各1所；市级人民医院2所、专署医院6所、县卫生院48所、县（矿区）卫生所9个、区卫生所277个；全省卫生工作人员3771人（其中正式医师292人），床位3847张。

3年间，全省各级医疗卫生机构共接纳门诊患者143.75万人，住院2.27万人，手术1.25万次，治愈1.35万人，死亡401人。治愈率为59.6%，死亡率为1.77%。死亡率1950年为1.94%，1951年为1.77%，1952年降至1.6%。组织疗法（即苏联医学家发明的一种组织学疗法）在全省推广。据濮阳及湖西两专区医院统计，1951年，做组织疗法者有1.1万余人，治愈率平均在80%以上，群众反映该疗法"简单、便宜、又治病"。"三反"运动期间，部分医院一度停止组织疗法，许多群众来信来访要求恢复。

全省卫生事业发展不平衡。至1952年11月，各县平均不到一所医院，每个县卫生院平均有19名医护人员，床位平均13张，区卫生所建立率57%。县医院及卫生所设备很差，19%的县卫生院没有房子，区卫生所房子全是借住，医务人员缺乏，技术水平低，不能满足广大群众要求。各医院普遍拥挤，医院制度不健全，医疗事故时有发生。

第一节 防疫工作

1949年平原省成立之后，中共平原省委、平原省人民政府把卫生防疫工作列为关心人民生命健康的重要议事日程，制定全省防疫规划和有关政策，建立相关组织，培养医务队伍，重点解决各类传染病和地方病的防治，采取措施控制和消灭疫情。

一、传染病防治

平原省卫生局于1949年开始筹建各地传染病防治机构，专门预防治疗各类流行性传染疾病。经过3年发展，各地医疗队伍逐渐壮大。至1952年，全省有省防疫队1个，队员80人；各专区防疫队（每队附有黑热病防治组）6个，队员180人；市防疫站1个，队员35人；安阳市、新乡市、焦作各设检疫员1人。各地防疫队员共298人，成为全省防疫工作的骨干。

各地通过建立和加强卫生工作者协会、医联会等组织，联络团结到全省1.78万名中西医务人员。各县陆续组织建立不脱离生产防疫队，参加医生约3000人，随时可以深入村（街）进行疾病防治和卫生宣传工作。开展爱国卫生运动中，全省设立省、专、市防疫委员会9个、区卫生（防疫）委员会378个、行政村文教卫生委员会1万个，全省67%的自然村有卫生员。

3年间，平原省卫生部门不断加强传染病防治工作，有效遏止了东明、原阳等8个县10余次大规模传染病的流行，降低了人口死亡率。1948年，新乡专区的沁阳、博爱、温县等地疟疾患者达6.4万人，温县焦家营1800名村民中有95%的人患病。平原省成立之后，疟疾逐年减少，到1952年，此种病例属于罕见。全省11种传染病平均死亡率由1950年的7.2%降到1952年的3.9%。其中，痢疾平均死亡率由1950年的7.2%降低到1952年的1.56%；麻疹平均死亡率由1950年的5.4%降低到1952年的3.95%。

全省城市中基本消灭天花，仅个别乡村中有散发性暴发。真性霍乱病例3年中全省未发现一例。各地凡是开展卫生防疫工作较好的村庄，病人死亡率显著下降。例如，林县东下洹村有村民1880人，因环境脏污，疾病常年流行，1949年2~9月，天花病患者207人，死亡70人；1950年7~10月，痢疾、麻疹患者307人，死亡66人。1950年冬，建立卫生组织，改造环境卫生；1952年，开展爱国卫生运动。至1952年11月，该村两年间没有发生明显的传染病发病病例。

3年间，全省总人口中有63%接种牛痘；有41%注射霍乱、伤寒、副伤寒疫苗；铁路沿线等12个城市80%的人口注射鼠疫疫苗。

二、地方病防治

平原省地方病主要有黑热病、血吸虫病（均为寄生虫病）和性病3种。这3种地方病以黑热病为数最多，分布最广。该病主要集中在卫河、黄河沿岸、东平湖等地。据统计，

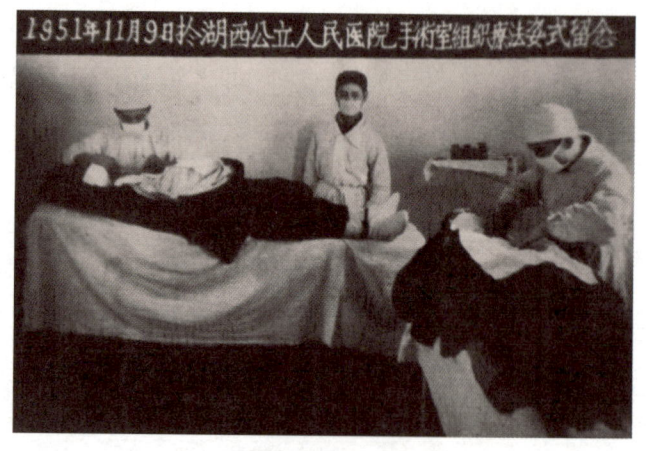

湖西专区公立医院手术室

1950年全省有黑热病患者近12万人。

1948年11月，晋冀鲁豫边区政府为防治黑热病，组建成立黑热病治疗队（平原省黑热病治疗队前身）。1949年冬季，平原省黑热病防治所成立，省会新乡市为最大的卫生单位。建省之后，全省各地黑热病治疗队伍逐步发展壮大，至1952年年初，省黑热病治疗队共有队员80人，各专署均有黑热病治疗组。1948年11月~1952年9月，全省治愈黑热病人4.97万人，占患者总数41%。1952年10月，省政府卫生部门将省黑热病防治队原有队员80人扩充至135人，分配到各专区开展防治工作，成立专区防治所，培训地方医生。各县相继成立防治站，开展卫生宣传活动，进行彻底检查和治疗工作。

博爱、武陟、修武等县山区一带梅毒、淋病、阴道滴虫病患者较多，检查出患者6414人，治疗患者1875人。

第二节　公共卫生

全省卫生系统团结省内绝大部分中西医务工作者，开展群众性的公共卫生工作。经过爱国卫生运动，各地传染病基本得到遏制，地方病得到控制，较好地保障了中华人民共和国成立初期国民经济的恢复与发展。全省各地建立卫生组织，健全省、专区级专门防疫工作机构。各地医疗机构、人员和床位比建省初增长6倍。全省人民卫生状况健康发展，发病率与死亡率下降，出生率增长，为大规模经济建设、文化建设以及国防建设奠定了基础。

一、爱国卫生运动

1949年年底，平原省坚持预防为主的卫生工作方针，开展群众性卫生运动。1952年春，美国在侵朝战争中对朝鲜和中国发动细菌战，毛泽东号召全国人民"动员起来，讲究卫生，减少疾病，提高健康水平，粉碎敌人细菌战争"。平原省响应号召，贯彻中央"卫生工作与群众性卫生运动相结合"原则，全省各地迅速开展爱国卫生运动，掀起群众性卫生运动新高潮。

全省各地相继成立健全各级卫生组织，培训卫生员，开办防疫训练班。各地医药卫生工作者积极参加爱国卫生运动，配合宣传员、教员、学生利用集会、戏剧、展览、漫画等各种形式宣传，在群众中揭发细菌战罪行，讲解传染病常识和预防方法，号召群众开展爱国卫生运动，粉碎细菌战。据新乡、濮阳、聊城3个专区统计，观众听众达338万人，有1/3以上人口接受卫生常识教育。

至1952年11月，全省所有城镇和半数以上村庄发动群众进行翻箱倒柜卫生大扫除，开展以"三净五灭"[①]为中心的改造环境卫生运动。仅沁阳县捕鼠88万只。据统计（缺菏泽专区数字），1952年3~9月，全省各地清理垃圾1.33万吨又4.49万车；改造水井5.83万眼，新建水井1.18万眼；改造厕所45.58万个，新建厕所15.34万个；使用公共水桶50万个；填平污水坑5.25万个；清理下水道1.2万米；卫生饮水方面，河水消毒2.94万担，井水消毒178眼；灭蝇25亿个，

[①] 锅碗瓢勺净、衣服被褥净、屋院厕所净，灭蝇蚊虱蚤鼠"五害"。

以每两2000个计算，合8万多斤；捕鼠445.12万只；打死癞狗6202只。

全省上下开展大规模的环境卫生大扫除运动，提升群众卫生健康意识，各地有500多万群众主动接受各种疫苗的接种注射，增强人民免疫力，推进爱国卫生运动的发展。

全省城乡卫生面貌明显改善，大部分县涌现卫生模范村。如内黄县东野庄进行5次彻底大扫除，100%农户做到"六面光"（指上下左右前后），水井厕所全部改造，使用公共水桶，修整街道，除个别厨房外，室内、厕所看不到苍蝇。群众养成好的卫生习惯，各地出现新气象。

爱国卫生运动极大减少了各地传染病的暴发和发展。至1952年，全省开展工作较好的地方基本消除传染病。内黄县东野庄开展卫生运动后，全村没有发生过一例传染病人。全省传染病死亡率由1951年的6.3%降低到3.9%。1951年痢疾患者3.4万人，死1483人；1952年患者4.3万人，死671人，死亡率由4.3%降至1.6%。各地传染病减少和死亡率降低，大大安定了人民群众生产情绪，保障了爱国增产节约竞赛运动的顺利开展，增加了生产建设和抗美援朝力量，提高了广大人民健康水平和防疫防病的卫生常识。

各地爱国卫生运动发展不平衡。一些干部没有认识到爱国卫生运动是保障生产的重要环节之一，采取与生产相对立的态度，部分区未成立卫生委员会，村级卫生组织未普遍建立。

二、工矿企业卫生

平原省成立之初，全省各地工矿企业中健康教育和卫生工作普遍滞后。职工睡眠不足、过度疲劳；夏季生产通风不良、温度过高；各工矿企业医疗设施简陋，环境卫生差。某些管理干部存在生产与安全对立观点，影响职工身体健康，妨碍正常生产。1952年1～5月，新乡市工矿企业中伤亡职工121人；安阳市工矿企业中患病职工1831人；仅1952年6月，焦作煤矿患病职工达1000余人。

为加强劳动生产力保护，省委、省政府成立省、市厂矿安全卫生福利委员会。省政府协调卫生、工业、公安、劳动、工会等部门组成厂矿安全卫生检查组，分赴新乡、安阳两市和各专区、县以及焦作矿区等地厂矿企业开展检查活动，发现问题及时解决，纠正各厂矿安全卫生麻痹现象，建立健全各地厂矿安全卫生组织。

至1952年11月，全省50人以上厂矿有48个，全部建立安全卫生组织；各厂矿生产机器上增加防护栅围和安全罩，厂内基本设施中增添灭火、防静电、通风等设备；大多数厂矿企业在卫生设备上增加食堂、浴室、理发室，车间设有换衣柜；向职工发放带盖茶缸，检查工人身体健康状况，参加体检工人2990人。全省4个纱厂车间屋顶均安装有喷水设备，降低夏季车间温度。各厂矿普遍建立清洁交接班制度及清洁日，定期检查卫生。全省工矿企业环境卫生条件和文化设施明显改善，各地建立业余休养所4个、保健食堂6个、合作社15个、医务所19个、俱乐部17个、业余学校51所（1952年，有学员2.04万人）、子弟学校2所。各厂矿成立足球队、篮球队等健身运动组织。豫北纱厂创制防纤维口罩，解决棉布口罩闷气问题。焦作矿区有医院1所、养老院1所，医师31人，医士7人，助产士9人，护士46人。3年间，全省各厂矿新建工人宿舍7131间。

全省工矿企业中设立妇幼保健站7个、托儿所7个，共收容儿童327人。各厂女工均有厂方供给足够的月经带及月经期月纸（卫生纸）。孕妇得到照顾，生育期和哺乳期可以更换其他女工，保证孕妇规定休息时间的工资。各地凡有保健站的工厂，厂内女工全部用新法接生，基本消灭"四六风"等疾病。各工矿企业环境卫生改善和福利问题初步解决，激发了职工生产的积极性、创造性，提升了职工思想觉悟和主人翁意识，促进了生产效率提高。1952年8月，平原机器厂超额完成生产目标任务20%；豫北纱厂职工患病明显降低，出勤率由原来的90%提高到95.52%。

三、卫生知识普及

省政府和卫生厅面向广大群众开展卫生宣传和卫生教育工作，普及医学卫生常识，增强人民防病治病能力，保障人民身体健康和生产正常进行。

1950年5月15日，平原省卫生局编印的刊物《平原卫生》创刊，主要内容包括行政、论述、译著、转载、卫生动态、其他六个方面。创刊号首页创刊词中表明创办意义是"发扬创造，交流经验，提高医务人员理论水平，增进人民保健事业，对平原省医务工作，策励奋勉，以期及时进步"。

3年间，省卫生厅相继编写印发《妇幼卫生》《冬季卫生手册》《防疫常识》等有关卫生方面的书籍资料。《妇幼卫生》内容分上下编，上编是妇女孕育婴儿相关常识，下编是育儿知识介绍；卷首前言是何香凝女士撰写的《为了健康的第二代》。《冬季卫生手册》向人们宣传冬季卫生知识，旨在"使广大群众认识到卫生工作是建设祖国的一部分，是抗美援朝、增加生产的具体力量"。书中介绍冬季常见的一些卫生问题，如虱子、白喉、猩红热、麻疹、天花、伤风感冒、肺炎、冻疮和尘肺病等防治方法。

第三节　妇幼保健

全省各地卫生部门推广卡介苗接种工作。卡介苗接种的主要对象是新生婴幼儿，接种后可预防发生儿童患结核病，特别是防止严重类型的结核病，如结核性脑膜炎[①]。

各地卫生系统发动群众，利用电影、幻灯、标语、漫画等形式进行宣传教育活动。宣传画中"儿童要防痨（结核病的俗称），快种卡介苗"成为群众通俗易懂、喜闻乐见的口号。个别地方发现流脑有蔓延趋势，卫生部门迅速采取防治措施。开展群众性的卫生运动，做到"三晒一开"（晒衣、晒被、晒太阳、勤开窗）。个人预防用3%～5%盐水漱口，密切接触者服用磺胺药物进行预防。对患者隔离治疗。

各地多数群众逐步了解卡介苗的作用，认识到接种卡介苗对儿童健康成长有好处。很多机关、学校、村镇的干部群众主动到卡介苗推广所要求接种。有些医院产科新生婴儿一出生就接种卡介苗，被称为"出生第一针"。不少群众和产妇被卫生宣传者告知"如果婴儿出生时没能及时接种，在1岁以内要到当地卡介苗门诊或卫生防疫站补种，可使儿童产生对结核病的特殊抵抗力"。自1950年开始，全省各地为2.02万名婴儿接种卡介苗。

[①] 流行性脑脊髓膜炎，简称流脑，平原省各地历年皆有发生，患者多为学龄前儿童，占病例总数80%以上。

1950年和1952年，省卫生部门两次举办卡介苗接种训练班，培训医务人员48人。全省不少地区建立接生站，培训改造旧接生婆，推行新接生法，灌输新育儿法，各地婴儿和产妇死亡率显著降低。湖西专区巨野县柳林村，1949年新生婴儿10人死8人，1950年新生婴儿11名死4人。1951年新生婴儿13人死3人，1952上半年新生婴儿5人无一死亡。林县九区群众自动发起"每人3个鸡蛋"的募捐，购买29套接生箱，解决接生站物资困难。

平原省保育院儿童向代表献花

全省各地初步推行"无痛分娩法"。聊城医院在20个产妇中试验，效果很好。但"无痛分娩法"缺乏有计划推行，仅在个别医院试验，未得到普及。

全省妇幼卫生工作广泛开展，各地劳动妇女卫生意识明显增强，很多地区妇女注意经期卫生，妇科病大大减少。成兴纱厂女工中原患妇科病者占60%，后降到20%～25%。

至1952年11月，全省设立保健院2个，保健所7个，保健站3个，妇幼卫生工作队1个，各地建立接生站140个。其中，湖西保健所和成兴纱厂保健站工作开展得最好，能深入驻地45公里以外的群众中进行营养示教、妇幼卫生讲座、安全助产、预防接种。全省各地医疗保健机构克服人力物力不足，由小到大，由极其简陋到较为正规，不断发展。据统计，各地产前检查者3802人6756次，新法接生者2061人，产后访视者1964人7485次，门诊检查者1896人，婴幼健康检查者9564人。

第四节　支援前线

平原省各地发动医药卫生界参加和支持抗美援朝运动。1951年上半年，各县召开医生大会，以爱国主义教育为中心，发动中西医医务人员报名赴朝开展卫生医疗工作，医药卫生界人士政治觉悟空前提高。仅安阳专区医卫工作者就捐献4000万元。全省医卫工作者普遍订立爱国公约。各地大多数医卫工作者在拥军优属中，主动对烈军工属减免治疗费。

1951年～1952年10月，平原省接收志愿军和解放军指战员慢性病员3307人。其中大部是肺结核、肠胃病，其次是关节炎、呼吸道及神经系统患者。

全省设立总院1个、分院4个，驻地分别在汲县和获嘉县，开展治疗工作。经过休养和治疗，至1952年9月底，治愈归队伤病员55人，转业45人，转业建设532人，转院治疗81人，回乡生产370人。但因受到客观条件限制，基本医疗设备落后，药物短缺，医务人员少，在治疗过程中，一些病员休养受到影响。

全省反细菌战爱国卫生运动中，各地医药卫生界在开展宣传教育活动中起到重要作用。新乡市医务工会自动组织两个反细菌战志愿防疫队，有60名成员，要求到反细菌战的最前线去。广大农村中的中西医医务人员，在全省大部分县组成不脱离生产的临时防疫队，许多区组织防疫小组，发现传染病即刻主动前往防治，完成数百万群众种痘任务。爱国卫生运动后，全省没有暴发过较大规模的流行病，配合反细菌战，保障人民健康和丰产运动开展。在黄河溢洪堰工程中，地方医生420人赴堤救护，保障了战斗在黄河一线的军人和民工的健康。

第五节　医疗队伍培养

随着国家经济建设和人民卫生事业的发展，平原省医药卫生队伍经过各次政治运动的锻炼，不断壮大，人员政治素质与技术水平日益提高。

1949年8月，平原省各地医药卫生人员共856人，不能满足群众和社会需要。省政府一方面请求中共中央及华北局适当照顾调派医务人员，一方面开展自行培养医务工作者教育活动，同时多方争取和吸收全国各地中西医人士。3年间，中央及华北派来医务人员43人，从上海、南京、北京、徐州各大城市聘来医务人员289人，从省内吸收医务人员493人。

省政府为加强全省医务队伍建设，培养医务人才，壮大工作队伍，1950年春，开办平原省医科学校，当年招收初中程度学员216人；1951年，招收医士班学员192人、助产班学员60人；1952年，招收医士班学员240人。1951年春，创办卫生学校3所、护士学校1所，均为一年制；接收一所私立公教医院附属护校。1952年，扩大招收初中程度学员两个班120人，学制二年。1951年春，组建聊城中医进修学校，后改进修班，培养中医人才；开设农村开业中医进修班，为期6个月。新乡市于1950年开办为期两个月的中医进修班。3年间，保送外区进修在职干部49人；保送外区进修中医12人。

全省卫生系统为加强地方卫生工作，提高各地医疗卫生队伍整体技术水平，开办了各种培训班。如公共卫生培训班、妇幼保健培训班、西医补习班、卡介苗培训班等。仅聊城、安阳两个专署受训学员即达7588人；1952年5~6月，全省中等以上学校进行防疫培训；45个县举办小学教员防疫培训班。据31个县统计，培训教员1.08万人。接生员培训方面，建省初，全省仅有35名助产士。3年间，各地采取组织接生员培训组、责成医联会协助培训、妇幼卫生模范主动培养接生员等办法大力开展培训活动。至1952年11月，全省培训和改造1.81万名接生员，超过每个行政村平均一个接生员计划。但由于忽视妇幼保健员培训，缺乏跟踪指导，培训后的接生员有50%起不到应有的作用。

全省医务队伍中各种阶级成分复杂，各地领导薄弱，对医务人员尤其是新进医务人员缺乏管理经验，造成新老医务人员对立情绪大，影响医疗事业的发展。经过抗美援朝、爱国主义教育、镇压反革命、"三反"运动等大规模群众性运动的深入开展，各地医务人员通过加强学习，提高认识，提升爱国热情，清除崇美恐美思想，批判旧医疗观点和作风，划清敌我界限，经过世界观的改造，消除了新老医务人员的对立情绪，提高了为人民服务的思想，医务人员的工作积极性有了很大提高。

第六节　省属卫生医疗机构

一、平原省省立医院（平原省干部疗养院）

平原省省立医院前身为基督教博济医院，始建于1896年，为英属加拿大传教士、医学博士罗维灵在古城卫辉府（汲县）创办的西医诊所，曾更名为惠民医院。1922年，惠民医院创办护士学校。1949年6月，冀鲁豫行署卫生学校（成立于1947年）携哈利生医院从山东迁至卫辉，护士学校与卫生学校合并。8月，平原省成立后，哈利生医院迁入原惠民医院旧址。1949年9月，华北军区卫生部第三机动医院医疗人员集体转业到平原省地方工作，其中部分人员分配到正在筹建的平原省省立医院。1950年1月，平原省教育厅、卫生厅决定在汲县原卫生学校基础上成立平原省医科学校，首任校长是时任平原省卫生局局长李奕。1950年5月，平原省人民政府决定在汲县成立平原省干部疗养院，利用平原省省立医院接收全省患慢性病的县级以上干部。抗美援朝期间，曾改名为平原省康复医院。地址位于汲县健康路88号。1950年5月，平原省以惠民医院为基础，将哈利生医院与解放军第三机动医院一部合并成立平原省省立医院。5月12日正式成立，设内、外、妇产、口腔、眼耳鼻喉临床科室5个，有床位100张。院长苏厚润，政委陈辑五。1951年3月，平原省省立医院更名为平原省医科学校附属医院，同年接收抗美援朝志愿军伤员12人来院疗养。1952年11月平原省撤销，平原省医科学校由华北行政委员会接管，易名为华北第二医士学校，医院42名医技人员北调。平原省省立医院更名为华北第二医士学校附属医院，郑尚谦任院长。1953年8月，河南省在华北第二医士学校老校址上成立河南省汲县医士学校，医院更名为河南省汲县医士学校医院，归属河南省卫生厅管理。

二、平原省人民医院

平原省人民医院前身为平原省省直机关诊疗部，始建于1949年11月，后更名为平原省第二人民医院。经过修整扩建，1950年12月17日，更名为平原省人民医院。地址位于新乡市南干道与解放路十字路东北角。1952年11月平原省撤销后，平原省人民医院划归河南省，更名为河南省第三人民医院。

三、中国人民解放军平原军区后方医院三分院

中国人民解放军平原军区后方医院三分院，始建于1951年6月。地址位于新乡市建设路中段北侧茹岗村。1952年11月平原省撤销后，该院划归地方，隶属河南省，后被河南省卫生厅定名为河南省精神病医院。

四、平原省荣康医院

平原省荣康医院始建于1951年。隶属平原省民政厅，是民政系统一所综合性医院，主要任务是收治平原省带病带伤返乡的复员、退伍军人患者，重点治疗对象是三等伤残荣复军人。地址位于新乡市荣校路78号。1952年11月平原省撤销后，该院隶属河南省民政厅，更名为河

南省新乡荣康医院。

五、平原省妇幼保健院

平原省妇幼保健院始建于 1950 年 3 月,前身为平原省妇幼保健所。该院以保健为中心,临床为基地,主要担负妇女儿童医疗保健任务。地址位于新乡市和平路中段。1952 年 11 月平原省撤销后,划归新乡市,更名为新乡市妇幼保健实验院。

第十二章

人物简介

　　本章采用人物简介形式分类记述平原省时期影响比较大的人物。入志人物以职务、贡献和影响大小为标准，不分主客籍。主要包括平原省副厅级以上党政军领导人物124人、省协商委员会委员10人和平原省存续期间被国家、平原省表彰的英雄模范人物22人。领导人物按职务高低排列，省协商委员会委员按姓氏笔画排列，英雄模范人物按先战斗英雄后劳动模范排列。文中人物凡属平原省籍，其籍贯省略；籍贯有变化者，在括号内加以说明；男性和汉族省略；女性和少数民族标注。

第一节 党、政、军领导

潘复生

潘复生（1908～1980），原姓刘，名开浚，又名巨川，后改名潘复生。山东省文登县（今威海市文登区）人。1931年9月参加中国共产主义青年团，12月转入中国共产党，任中共济南乡师支部书记，共青团济南市委组织部部长。1932年3月被国民党特务逮捕，在监狱坚持同敌人进行英勇不屈的斗争。1937年12月经组织营救获释。1938年2月，任中共文登县四区组织委员，东海边工委书记、胶东特委委员，10月任文登中心县委书记。1939年2月，任中共中央山东分局组织科科长、干部科科长、巡视团主任、秘书长。1940年8月，任苏鲁豫区党委书记，湖西地委书记兼军分区政治委员。1945年11月，任冀鲁豫区党委副书记兼组织部部长、军区副政治委员。1948年3月，任冀鲁豫区党委书记兼冀鲁豫军区政治委员、冀鲁豫行署主任。1949年8月，任中共平原省委书记兼平原军区政治委员、平原省人民政府委员。1950年7月，任平原省委副书记。1951年1月，任平原省协商委员会副主席。1952年1月，任平原省委第一书记、省协商委员会主席。1952年12月，任中共河南省委第一书记兼河南军区政治委员、省协商委员会主席、政协河南省第一届委员会主席。1956年在中共第八次全国代表大会上当选为候补中央委员。1961年任中南局委员、农委副主任。1962年任全国供销合作总社主任、党组书记，国务院财贸委党委副书记。1966年任中共黑龙江省委第一书记兼省军区第一政治委员、东北局书记处书记。1967年兼任沈阳军区政治委员。1968年在中共八届十二中全会上递补为中央委员。1969年任黑龙江省革命委员会核心小组组长。1980年4月，在黑龙江省哈尔滨市病逝。

吴 德

吴德（1913～1995），原名李春华，又名李若夫。河北省丰润县（今唐山市丰润区）人。1932年参加反帝大同盟。1933年加入中国共产党。历任唐山市工联党团书记、全国总工会华北办事处驻唐山市工会特派员、华北铁路总工会党团书记。1934年代表河北省委参与领导开滦煤矿3万多工人联合大罢工斗争。1935年年底任中共北平市委副书记、职工部部长、华北铁路工委书记。1937年"七七事变"后，任中共河北省委组织部部长，代表河北省委参与领导1938年开滦煤矿五矿总同盟罢工和抗日暴动，参与发动冀东抗日武装起义，任冀热察区党委组织部部长兼冀东区分党委书记。1940年当选中共第七次全国代表大会代表。赴延安后，任中共中央敌后城市工作委员会秘书长，中央情报部四室副主任。1945年任冀热辽中央分局组织部部长。1946年后，任晋察冀边区政府交通管理局局长兼平绥铁路局局长、党委书记，晋察冀中央局秘书长，冀东区党委书记、军区政治委员。中华人民共和国成立后，任中共唐山市委书记、中央人民政府燃料工业部副部长。1950年7月至1952年

1月，任中共平原省委书记。1951年1月，任平原省协商委员会主席。1952年2月，任中共天津市委副书记、天津市人民政府代市长。1953年任天津市人民政府市长兼天津大学校长。1955年任中共吉林省委第一书记兼省军区政治委员。1960年任东北局书记处书记。1966年任中共北京市委第二书记兼市人民政府市长。1972年后，任北京市委第一书记、市革命委员会主任，国务院文化组组长，华北经济协作区组长，北京军区政治委员、北京卫戍区第一政治委员兼党委第一书记。1956年在中共第八次全国代表大会上当选为候补中央委员。1968年在中共八届十二中全会上递补为中央委员，在中共第九、第十、第十一次全国代表大会上当选为中央委员。是第十、第十一届中央政治局委员，第四、第五届全国人大常委会副委员长，中央顾问委员会委员。1995年11月29日，在北京市逝世。

晁哲甫

晁哲甫（1894～1970），原名登明，又名蛰夫。清丰县人。直隶省立高等师范学校毕业。1922年任直隶省立第七师范学校教务主任。1926年参加中国共产党。1930年在"左"倾冒险主义影响下，直南特委号召七师学生举行武装暴动，晁哲甫、谢台臣、王振华三人因反对冒险蛮干的错误而被开除党籍。1937年"七七事变"后，晁哲甫恢复党籍，回到家乡在直南地区致力于抗日救亡工作。组织"冀南文化界救国会""抗日救国十人团"和"冀南民众救国会"等抗日团体，宣传共产党的抗日主张和方针政策。

1938年2月，任中共清（丰）南（乐）边东县委书记，举办抗日军政干部训练班，培训干部800余人。同年夏，清南边东县委撤销后，任直南特委统战部部长，组建清丰县抗日战地动员委员会，自兼主任。1940年冀鲁豫边区冀南六县行政督察专员公署成立后，任参议室主任。1941年任冀鲁豫行署主任。1943年到延安中央党校学习后留校，任中央党校五部副主任。1945年4月，作为冀鲁豫边区的代表参加了中共第七次全国代表大会。1945年10月，任晋冀鲁豫边区政府教育厅厅长。1948年任华北人民政府教育部部长。1949年8月至1952年11月，任中共平原省委常委，平原省人民政府主席、党组书记。1950年11月，兼平原省委统战部部长。1951年12月，兼平原省人民政府文化教育委员会主任。1952年12月，任山东省人民政府副主席、省政府党组副书记，山东分局委员兼统战部部长。1955年后，任山东省人民政府副省长、党组副书记，山东省政协副主席等职。1970年12月，在山东省济南市逝世。

刘致远

刘致远（1904～1955），山东省潍县（今潍坊市）人。曾任冯玉祥部团副兼营长。1932年参加反帝大同盟。1933年5月加入中国共产党，同年8月率部暴动，带出1000余人，后改编为察哈尔抗日同盟军第十八师，先后任副师长、师长。第十八师改为第二军后，任军长。1934年调上海中共中央军委，负责情报、保卫、交通工作。1936年入延安抗日军政大学学习，兼任第十一队军事教员。1937年10月，赴聊城，组建抗日武装。1938年1月，鲁西北抗日游击司令部第十支队成立后，任机枪营营长、团长，八路军一二九师先遣纵队参谋长。1939年6

月，调任延安抗日军政大学一分校三支队副支队长。1940年春，返回鲁西抗日，任鲁西、冀鲁豫军区四分区司令员，中共运东地委委员、泰运地委委员兼运东专署专员，冀鲁豫军区一分区司令员。1945年11月，任冀鲁豫军区副司令员。1949年2月，任冀鲁豫军区司令员、区党委常委。1949年8月至1952年11月，任平原军区司令员、省委常委、省人民政府委员。1951年1月，任平原省协商委员会常务委员。1952年11月，调任山西军区第一副司令员。1955年在山西省太原市逝世。

罗玉川

罗玉川（1909～1989），河北省满城县人。1930年3月加入中国共产党。以教员身份为掩护，积极从事地下革命活动。1937年后，历任中共完满县工委书记、平汉线保西特委书记。1938年5月，任晋察冀第三特委宣传部部长、晋察冀三地委宣传部部长，冀中八地委组织部部长。1938年12月至1939年9月，任冀中区第四特委及四地委书记兼军分区政治委员。1944年10月，任冀中区委员会常委兼社会部部长。1945年8月，任冀中行署主任。1948年11月，任冀中区党委副书记。1949年8月，任河北省委常委、河北省人民政府副主席，中央人民政府农业部副部长、党组书记。1950年7月，任平原省委委员、常委，平原省人民政府第一副主席。1951年7月，兼平原农学院院长。1952年1月，任中共平原省委第二书记兼省人民政府第一副主席。1953年后，任中央人民政府林业部、农林部副部长兼林业总局局长，林业部部长、党组书记等职。1989年9月3日，在北京市逝世。

赵时真

赵时真（1915～2007），河北省衡水县（今衡水市）人。1935年春在河北省立第六师范学校读书期间参加中国共产党。1936年9月，任中共河北省武邑县工委组织部部长兼宣传部部长。1937年4月到延安中共中央党校学习。毕业后奔赴山西省抗日前线。1938年1月，任太南地委秘书长、宣传部部长、民运部部长。1939年4月，调任晋冀豫省委（后改为太行区党委）组织部干部科科长、组织科科长。1942年1月，任太行区党委第六地委宣传部部长、副书记、书记兼军分区政治委员。1946年5月，任中共邢台市委书记。1947年8月后，任太行区党委宣传部部长、副书记、代理书记。1949年8月，任中共平原省委副书记、省人民政府委员会委员、财务委员会委员，11月兼省总工会筹备委员会主席。后任中国农业科学院副院长等职。2007年7月10日，在北京市逝世。

刘晏春

刘晏春（1903～1971），原名刘方武、刘芳圆，字晏春，曾用名刘继先、王耀光、张耀先、张得麟。濮阳县人。濮阳县师范讲习所毕业。1930年7月加入中国共产党。曾任濮阳县第一模范小学党支部书记。1934年4月，任中共濮阳县委宣传部部长、县委书记。1935年任直南特委巡视员。1936年6月后，任鲁西北特委书记、山东省委委员、省委组织部部长兼鲁西北特委书记、鲁西特委书记。1938年3月，任直南特委宣传部部长、组织部部长，豫北地委书记。1940年3月，任冀鲁豫区党委常委、宣传部部长兼党校校长、妇女委员会书记。1943年赴延安中央党校参加整风学习。1945年4月，作为中共第七次全国代表大会正式代表，参加了七大。1945年10月后，任冀鲁豫区党委社会部部长、组织部部长兼党校校长、妇委书记。1949年8月至1952年11月，任中共平原省委常委、组织部部长兼省委党校校长、黄河防汛指挥部政治委员。1949年12月，兼平原省委纪律检查委员会书记。1952年12月，任华北局纪委副书记。1954年后，任中央纪律检查委员会专职委员、中央监察委员会监察员，中共河南省委常委、农委副主任，政协河南省第二、第三届委员会副主席等职。1971年6月29日，在河南省焦作市病逝。

张承先

张承先（1915～2011），原名张孝统。山东省高青县（今高苑县）人。1930年就读于山东济南第一中学。1933年考入北京师范大学附中学习。1935年参加"一二·九"学生运动。1936年2月参加中华民族解放先锋队，3月加入中国共产主义青年团并参加"社联"活动，5月转入中国共产党。后考入清华大学，任新年级党支部书记。1937年"七七事变"后，到鲁西北参加抗战，任国民党山东省第六专署专员兼保安司令范筑先的秘书。1938年春，带领八路军津浦支队，开辟鲁西北地区，在恩县旧城创建八路军军政干部学校，任校长。1938年6月，建立中共鲁西北特委，任特委书记。1939年春，任鲁西区党委委员兼卫东地委书记，创建高（唐）平（原）禹（城）恩（县）夏（津）五县边区抗日游击根据地。1939年秋，任鲁西区党委常委、宣传部部长。1941年7月，鲁西、冀鲁豫区党委合并，任冀鲁豫区党委常委、宣传部部长。1942年秋，任鲁西南地委书记兼军分区政治委员。1945年秋，任冀鲁豫边区抗日救国联合总会主任，领导开展新区的反奸清算、减租减息运动。1946年10月，任冀鲁豫区二地委书记兼军分区政治委员。1947年夏，任冀鲁豫区党委政策研究室主任。1948年春，任区党委常委、宣传部部长。1949年8月，任中共平原省委常委、宣传部部长。1951年12月，兼平原省文化教育委员会副主任。1953年任华北局宣传部副部长，华北行政委员会教育委员会副主任。1954年后，任中共河北省委常委、书记处书记，北京大学工作组组长、代理党委书记，河北省委常委、省革命委员会副主任，国家科委副主任、党组成员，教育部副部长、党组副书记、书记等职。2011年1月26日，在北京市逝世。

韩哲一

韩哲一（1914～2011），原名韩同臣、韩宝华。回族，山东省禹城县（今禹城市）人。1931年"九一八"事变后参加抗日救亡活动。1932年经组织派遣赴苏联学习。1934年回国后，因叛徒出卖在黑龙江省被捕入狱。1937年出狱。1938年加入中国共产党。历任支队民运股股长，八路军抗日东进纵队冀鲁边支队战地工作团团长，边委组织部部长，中共高唐、平原、禹城联合县县委副书记。1939年后，任卫东地委委员、统战部部长，夏津县、濮县抗日政府县长，冀鲁豫区党委经济部副部长、行署副主任、区党委委员。1949年8月至1952年2月，任平原省委委员、省人民政府副主席兼省工业厅厅长。1950年2月，兼平原省财政经济委员会主任。1952年2月后，任华北行政委员会委员兼财委副主任、国家物资分配总局局长、国家计委副主任、国家经委副主任，华东局书记处候补书记兼计经委主任，华东局书记处书记，中共上海市委书记、市政府副市长，政协第七届全国委员会常务委员兼经济委员会副主任等职。2011年7月7日，在上海市逝世。

嵇文甫

嵇文甫（1895～1963），原名嵇明。汲县（今卫辉市）人。1918年北京大学哲学系毕业后，到开封第一师范学校任教。1926年加入中国共产党，同年赴莫斯科中山大学学习。1928年回国，同党组织失去联系。先后在北京大学、燕京大学、清华大学、中国大学、北平女子师范大学任教授。1933年任河南大学教授兼文学院院长。1937年9月同王阑西、姚雪垠创办《风雨》周刊，12月和范文澜创办河南大学抗敌工作训练班，组织"河南省抗战教育工作团"进行抗日宣传活动。1941年遭受国民党逮捕，次年3月出狱。1948年6月，奔赴豫西解放区，任中原大学筹委会副主任。中华人民共和国成立后，历任河南大学副校长、校长，中南军政委员会委员。1950年任河南省人民政府副主席、省文教委员会主任。1951年1月，任平原省协商委员会委员。后任河南省人民政府副省长，郑州大学校长。1963年10月9日病逝。

戴晓东

戴晓东（1904～1988），原名戴瑞璞，字蕴川，化名徐蔚华。安徽省萧县人。1928年加入中国共产党。历任中共支部书记、区委书记、县委委员、特委秘书，萧（县）宿（县）永（城）中心县委书记。1939年7月后，任鲁西南地委书记，河南工委组织部部长，冀鲁豫三地委书记兼军分区政治委员，冀鲁豫区党委委员、社会部部长。1949年8月至1952年11月，任平原省委委员、社会部部长。1949年8月至1952年5月，任平原省人民政府委员、省公安厅厅长。1950年9月，兼平原省人民检察署检察长。1951年1月，任平原省协商委员会委员，11月兼省委纪律检查委员会第二副书记，12月兼省政治法律委员会副主任。1952年5月，任平原省人民政府副主席。1953年后，任华北行政委员会监委副主任、中共中央华北局纪律检查委员会副书记，全国供销合作总社监事会副主任、党组成员，贵州省委常委、贵州省人民政府副省长，贵州省政协副主席，贵州省第五届人大常委会副主任等职。1988年6月，在贵州省贵阳市逝世。

贾心斋

贾心斋（1884～1964），名永德，字心斋。滑县人。曾任山西省政府政治视察专员。回河南省后，被国民党省政府委任为河南民团军总部参议。1929年任滑县救灾委员会主席和赈务会主席。"七七事变"后，他积极参加抗日救亡运动。1938年2月，滑县县长逃跑后，各界人士推荐贾心斋为滑县自治委员会主任。1939年10月，任国民党滑县政府县长。主动与中国共产党联系，同共产党合作抗日，求得中国共产党的领导。1942年任冀鲁豫行署副主任，晋冀鲁豫边区政府委员。1948年任华北人民政府委员。1949年8月至1952年11月，任平原省人民政府副主席。1951年1月，任平原省协商委员会委员，12月兼省政治法律委员会主任。1953年后，任河南省人民政府副主席、河南省人民政府副省长。1964年4月23日，在河南省郑州市逝世。

谢 良

谢良（1915～1991），江西省兴国县人。1930年参加中国工农红军，同年加入中国共产主义青年团，后转入中国共产党。曾任工农红军第三军第八师炮兵连指导员。1934年入瑞金红军大学学习，后任红五军团第四十三师三十七团政治委员。参加中央苏区反"围剿"斗争和长征。1936年任西路军第三纵队二十三师政治委员，在战斗中负伤截去左腿。1937年入延安抗日军政大学学习。后任八路军一一五师留守处主任。解放战争时期，任陕甘宁、晋绥联防军后勤部政治部副主任、主任。1947年任冀鲁豫军区政治部组织部部长、政治部主任。1949年8月至1952年11月，任平原军区政治部主任。1951年1月任平原省协商委员会委员，8月任平原军区副政治委员兼政治部主任。1952年1月，任中共平原省委委员。1952年12月后，任第六高级步兵学校副政治委员，炮兵学院政治委员，解放军炮兵副政治委员等职。1955年被授予少将军衔。1991年11月，在北京市逝世。

张开荆

张开荆（1905～1991），曾用名张承汉、张谟高。江西省吉水县人。1925年参加革命工作。1926年入广州黄埔军校第六期学习。1927年加入中国共产党。1930年到闽西苏区参加中国工农红军。土地革命时期，任营教导员、团政治委员、师政治部秘书长、师政治部主任，福建军区司令部通信主任，游击纵队司令员。坚持南方三年游击战争。抗日战争时期，任新四军二支队司令部作战科科长、江北挺进纵队参谋长，江南指挥部指导大队队长，江南抗日义勇军东路指挥部参谋长、团长、旅参谋长。1943年入中央党校学习。1944年当选为中国共产党第七次代表大会代表。1945年4月至6月，作为华中代表团成员出席中共七大。解放战争时期，任晋察冀军区第一纵队参谋长、华北野战军旅长、中国人民解放军第六十六军师长。1949年9月，任平原军区副司令员。后任察哈尔军区副司令员，黑龙江省军区司令员，沈阳军区副参谋长，吉林省人民政府副省长、省政协副主席、省人大常委会副主任。1955年被授予少将军衔。1991年2月24日，在吉林省长春市病逝。

刘德海

刘德海（1907～2000），河南省商城县人。1930年4月加入中国共产党。曾参加过商城暴动，任赤卫队队长。1931年参加中国工农红军。历任班长、排长、连长、营长、团特派员，参加了长征。抗日战争时期，任八路军一一五师三四四旅保卫科科长，冀鲁豫军区保卫部部长。1942年任冀鲁豫军区三分区副政治委员。参加了著名的平型关战役。1943年入延安中央党校学习。1945年下半年，任冀鲁豫军区第五军分区司令员，冀鲁豫军区后勤部政治委员。1949年8月至1952年11月，任平原军区参谋长兼新乡市警备司令部司令员。1953年后，任华北军区文化学校校长，国防部第十研究院副院长，中央监委驻第四机械工业部监察组组长，国防科委第十四研究院院长，电子工业部第十四研究院院长等职。1955年被授予少将军衔。2000年11月14日，在北京市病逝。

解　方

解方（1899～1972），字矩正，曾用名解子义。茌平县人。济南第一师范文学专修科毕业。在惠民乡师、济南女中、沈阳三高、青岛女中、烟台八中等校任教。"七七事变"后，投笔从戎，任苏鲁皖总动员委员会委员，鲁南总动员委员会主任。1938年6月，任国民党新六师高树勋部政治部主任，积极抗日，并主张同共产党团结抗日，支持帮助高树勋加强同共产党合作，为巩固华北抗日统一战线，做了很多工作，并为促进高树勋于1945年10月率部起义起了一定作用。1947年后，任编译馆副编审，复旦大学、山东师范专科学校、华东大学、齐鲁大学教授。1951年1月，当选平原省协商委员会副主席、省抗美援朝分会副主席、省法制委员会主任。1953年后，任山东省政协常务委员、省政协秘书长。1972年2月在山东省济南市病故。

魏明初

魏明初（1893～1958），又名元光，字行世。南乐县人。1918年毕业于天津直隶公立工业专门学校。1919年任直隶工业试验所技术员。1920年赴美国西拉求斯大学留学，获化学硕士学位。1924年回国后，在天津直隶公立工业学校任教，并兼任天津一皮革股份公司技师和经理。1926年任直隶公立工业专门学校校长。1929年直隶公立工业专门学校升格为河北省立工业学院后任院长。1936年任国立中央工业职业学校校长、国立工业专科学校校长。1940年至1947年，任国民政府第二、第三、第四届参政员，"国大"代表，兼任重庆大学和重庆女子师范学院教授，重庆中华工业社董事长，金城银行顾问。1947年赴美国考察工业教育。1949年任西南工业专科学校教授兼师资系主任。1950年调平原省工作，任平原大学筹备委员会秘书长。后任教授兼总务长，有机化学教研室主任。1951年1月，当选为平原省协商委员会副主席，兼省科协副主席。1952年11月后，任新乡师范学院总务长。1958年10月在河南省新乡市去世。

赵纪彬

赵纪彬（1905～1982），原名赵济焱，字象离，又名赵化南，笔名向林冰、纪玄冰。内黄县人。1923年考入河北省大名省立第七师范。1926年加入中国共产党，任大名特别支部宣传委员、书记。1927年6月，回到家乡千口村，发展中共党员，建立中共组织。同年10月，在内黄县千口村建立第一个中共濮阳县委，任县委宣传部部长（县委实际负责人）。1929年2月被捕。1931年出狱后，被派往西安搞兵运，以政治教员身份任西安警备师地下党支部书记、中共陕西省委宣传部部长。1933年年初，任华北高教联组织部部长，同年秋任察哈尔省民众抗日同盟军团政治委员，在回北平汇报工作途中，因叛徒出卖被捕。1934年夏被保释出狱，回北平与党组织失掉关系，仍从事地下革命活动，传播马克思主义。1938年到武汉任《通俗读物》编刊社研究部主任、青年文库编审。1943年后，先后在复旦大学、东北大学、东吴大学、山东大学任教授。1949年6月，任山东大学校务委员会副主任兼文学院院长。1950年1月，任平原省人民政府副秘书长，并重新入党。1951年1月，任平原省人民政府委员、省协商委员会副主席兼秘书长，7月任平原师范学院院长。1956年后，任开封师范学院院长，河南省文委副主任，中国科学院河南分院副院长，河南省历史研究所副所长、所长，中央高级党校教授、哲学教研室顾问等职。1982年2月17日，在北京市逝世。

杨珏

杨珏（1915～2007），山西省乡宁县人。临汾第六师范学校毕业。1935年考入同蒲铁路训练班，后到介休车站当实习生。1937年2月，加入牺牲救国同盟会，10月加入中国共产党。历任中共同蒲铁路工委宣传委员，同蒲铁路总工会主任，同蒲铁路工人抗日武装自卫队一大队指导员，晋豫特委工人工作委员会书记，晋东南总工会主席。1941年5月，在太行区工人代表会议上当选为晋冀鲁豫边区临时参议会参议员。1942年任太行五地委委员、城市工作部部长。1943年年底，任新乡市城市工作委员会书记。1947年任太行五地委副书记、书记兼军分区政治委员。1948年8月，任太行区党委委员、宣传部副部长。1949年8月，任中共安阳地委书记兼军分区政治委员、安阳市委书记。1951年2月任中共平原省委委员、秘书长兼省委组织部副部长，11月兼平原省委纪律检查委员会第一副书记。1953年后，任全国总工会主席团成员，中共河南省委常委、副书记、省委书记处书记，国家经委副主任、党组成员，林业总局副局长、党组副书记，林业部副部长、党组副书记，国务院农村发展研究中心副主任等职。2007年4月9日，在北京市逝世。

刘 刚

刘刚（1912～1997），原名刘祖璋。河北省南皮县人。1936年3月加入中国共产主义青年团。1937年10月转入中国共产党。曾任中共阳城县委书记、沁阳中心县委书记。1940年任豫北地委组织部部长。1941年秋，任豫北地委副书记。1942年1月，任豫北地委书记。1943年9月，任太行七地委副书记。1949年2月后，任太行四地委书记兼军分区政治委员，新乡市军事管制委员会副主任。1949年8月，任中共平原省新乡地委书记、军分区政治委员。1952年1月，任平原省委委员、组织部副部长。1953年后，任中共河南省委宣传部部长，河南省委副书记兼宣传部部长，洛阳第一拖拉机制造厂厂长、党委书记，西北局书记处候补书记兼宣传部部长，中共陕西省委宣传部部长，中共天津市委书记（当时设有第一书记）、市革命委员会副主任，天津市第九届人大常委会副主任等职。1997年2月5日，在天津市病逝。

王庭栋

王庭栋（1923～2010），山西省平定县人。1937年年初参加革命。1938年加入中国共产党。曾任平定县抗日政府工作员、县委秘书，冀西特委秘书。1940年后，任中共邢西县委宣传部部长、书记，武安、博爱县委书记，八路军独立营、独立团政治委员。1948年11月后，任中共沁阳县委书记，地委委员。1950年2月任中共新乡地委常委、秘书长兼政策研究室主任，9月任平原省委政策研究室副主任。1951年11月，任平原省委办公厅主任。1952年12月后，任中共河南省委副秘书长兼办公厅主任，河南省委农村工作部副部长，新乡地委第二书记，河南省革命委员会常委、办事组副组长，山西省革命委员会副主任，山西省委副书记、书记，中共山西省委常委兼省委农村政策研究室主任，山西省第六届人大常委会副主任等职。2010年12月21日，在山西省太原市逝世。

陶 力

陶力（1920～1989），山东省蓬莱县（今蓬莱市）人。1937年参加山西青年抗敌决死队。1938年加入中国共产党。历任山西抗敌决死队连指导员，八路军野战总政治部民运部干事，鲁西行署科长，中共中央平原分局民运部科长，冀鲁豫区党委研究室主任。1949年8月，任中共平原省委政策研究室主任。1951年7月，任平原省委企业党委会副书记。1953年后，任中央人民政府第一机械工业部办公厅副主任、生产司司长，上海江南造船厂党委书记、厂长，国家经委技术局局长、生产局局长，包头钢铁公司党委第二书记，国家机械工业委员会副主任，国家体制改革委员会副主任等职。1989年7月26日，在北京市逝世。

安法乾

安法乾（1917～2007），清丰县人。1934年就读于河北省立保定师范。1937年9月加入中国共产党。曾任中共清丰县委宣传部部长，冀南抗日救国十人团总团组织委员。1938年4月任冀鲁豫抗日救国总会常务委员、党团书记，5月任清丰县委书记，8月任直南特委民运部部长兼冀鲁豫抗日救国总会常务委员、党团书记。1940 年 3 月，被选为冀南六县专员。1941 年改任冀鲁豫边区第五专署专员，后改任第二十专署专员。1943 年任冀鲁豫行署工商局副监委。1944 年入党校学习。1945 年 6 月，任冀鲁豫二地委工委书记。1946 年 10 月，任二地委副书记。1947 年 7 月，任冀鲁豫二地委书记兼军分区政治委员。1949 年 8 月，任平原省人民政府委员、省供销合作总社主任。1952 年 1 月，任平原省委委员。1953 年后，任华北行政委员会粮食局局长，粮食部仓储局局长，粮食部部长助理、党组成员，粮食部副部长、党组成员，商业部副部长、党组成员，全国供销合作总社副主任等职。2007 年 12 月 22 日，在北京市逝世。

孙照寰

孙照寰（1916～1982），又名孙业祥。山东省安丘县（今安丘市）人。1937 年参加抗日救亡运动。1938 年加入中国共产党。1939 年分配到鲁西区泰西专署工作，历任科长，泰安县党团书记，长清县县长、县委书记、县大队政治委员。1949 年 8 月，任平原省人民政府委员、省民政厅厅长。1951 年 12 月，兼平原省政治法律委员会副主任。1953 年后，任中央人民政府第一机械工业部干部司司长，中央监委驻一机部监察组组长，中国科学技术协会党委书记、书记处书记等职。1982 年 6 月 19 日，在北京市病逝。

安志成

安志成（1903～1974），河北省安新县人。1922 年夏加入中国社会主义青年团。1922 年 12 月转入中国共产党，成为保定第一批共产党员之一。1925 年到北京大学旁听，10 月被派到国民军做宣传工作，后被派到顺义县组织农民协会。1926 年 8 月，任保定育德中学图书管理员。1926 年 9 月中共保定市委遭破坏，1927 年 5 月返回家乡避难。1928 年暑假后，任保定育德中学经济教员兼校刊编辑。1937 年"七七事变"爆发后，历任四分区干部学校教务主任，冀中行署参议，选举委员会秘书长兼研究部部长，统一累进税推行委员会秘书长。1943 年 3 月，中共冀中区党委决定，批准重新加入中国共产党。后任冀中行署副主任。1944 年 10 月，任晋察冀边区政府财政处处长。1949 年 8 月任平原省人民政府委员，10 月任省财政厅厅长。1951 年 12 月，任平原省人民政府财经委员会副主任。后任中央财政部预算司司长，中央财政干部学校校长，河北省财政厅副厅长。1974 年 1 月 24 日，在天津市病逝。

魏晓云

魏晓云（1916～1952），河北省安国县（今安国市）人。1936 年 10 月，在保定师范学校读书时参加中国共产党。历任中共晋冀豫特委宣传部部长，晋豫地委宣传部部长。1940 年 6 月，任冀鲁豫二地委宣传部部长。1941 年 7 月后，任冀鲁豫六地委宣传部部长，冀鲁豫区党委宣传部教育科科长，中共中央平原分局党校组教科副科长。1945 年 10 月后，任冀鲁豫区濮阳市委书记，冀鲁豫区济宁市委书记，冀鲁豫七地委副书记兼城工部部长。1947 年 7 月，任冀鲁豫二地委副书记。1948 年 5 月，任冀鲁豫八地委书记兼军分区政治委员。1949 年 8 月，任中共平原省濮阳地委书记兼军分区政治委员。1951年6月，任中共平原省委宣传部副部长兼省委党校副校长。1952年1月，任平原省委委员。1952年9月13日，在北京市去世。

袁子扬

袁子扬（1911～1992），山东省沂水县人。1937年4月加入中国共产党。曾任八路军游击队中队长，中共分区区委书记，地委秘书长，沂南县委书记。1945年任湖西专署副专员。1946年11月后，任冀鲁豫七地委副书记、专员，冀鲁豫行署秘书长，冀鲁豫战勤指挥部副司令员。1949年8月，任平原省人民政府委员、秘书长（兼省财政厅厅长两个月）。1951年1月，任平原省协商委员会委员。1953年任山东省人民政府委员、秘书长。1954年后，任山东分局财政经济委员会副书记，山东省委委员，山东省委财贸部部长兼省人委财粮贸易办公室主任，山东省副省长，中国农业银行副行长、党组成员，中国人民银行副行长、党组成员等职。1992年5月，在北京市逝世。

王路宾

王路宾（1913～2003），曾用名王广义、周毅然。聊城县（今聊城市）人。1929年10月加入中国共产主义青年团。1930年4月转入中国共产党。1933年在北平考入国立山东大学。1935年参加山东大学党支部活动，是"一二·九"学生爱国运动青岛地区负责人，被捕后押送出境。1936年春，在北平参加中华民族解放先锋队活动，任北平沙滩街道中共支部书记，同年秋转学四川大学，担任成都中华民族解放先锋队总队副总队长。1938年到四川省名山县中学任教导主任，后被捕入狱，经党组织营救出狱。1939年赴延安学习后到中共中央社会部工作，不久赴莫斯科学习。1940年回国后，在中央社会部、陕甘宁边区保安处工作。1945年后，调任冀鲁豫区党委社会部办公室主任、副部长，冀鲁豫行署公安处处长。1949年8月，任平原省人民政府委员、省公安厅副厅长，9月兼任新乡市警备司令部副司令员。1952年1月，任平原省委委员，5月任省公安厅厅长。1953年1月，任中共中央山东分局委员、政法委副书记，山东省公安厅厅长。1954年后，任中共山东省委常委兼秘书长，济南市委第一书记，山东省革命委员会常委，曲阜师范学院党的核心小组副组长、党委书记，北京大学党委副书记、常务副校长等职。2003年11月7日，在北京市逝世。

赵 霖

赵霖（1899～1993），原名赵运亮，字世明。辉县（今辉县市）人。1925年冬，在北京朝阳大学加入中国共产党。1927年7月，因党组织遭到破坏，与党失掉联系。1929年朝阳大学毕业后，先后在辉县、新郑、许昌等地任教员。1935年任辉县简易师范校长。后到南阳南都中学任教员。1941年到辉县盘上南湖河南十三联中任教员。1943年7月，中共辉县县委派他出任辉县抗日民主政府县长，兼任辉县抗日游击大队队长。1945年任晋冀鲁豫行署教育厅副厅长。1946年2月当选为晋冀豫边区参议员，3月参加在邯郸举行的边区第一届参议会第二次大会。1946年至1948年,任太行行署教育处处长、文物管理委员会副主任。1949年8月,任平原省人民政府委员。后任平原省文物管理委员会主任。1950年9月,任平原省监察委员会主任,后任平原政法委员会主任。1951年1月,任平原省协商委员会委员。1952年后,任河南省监委副主任、主任,河南省林业厅副厅长,河南省文史研究馆馆员等职。1993年4月,在河南省开封市病故。

罗定枫

罗定枫(1915~2015),曾用名张民基、张鸣岐、罗炯。河北省高邑县人。1930年考入河北省邢台师范学校学习。1934年12月至1937年6月转北平学习,参加了"一二·九"运动。1938年4月参加革命工作,后到延安抗日军政大学鲁迅艺术学院学习,7月加入中国共产党。历任太行文化教育出版社编辑、新华日报(华北版)社记者、编委。1941年5月后,任冀鲁豫日报社社长、总编辑,冀鲁豫区党委宣传部副部长,冀南日报社社长、总编辑。1945年10月,调任冀鲁豫日报社社长、总编辑。1949年8月,任平原日报社社长、总编辑。1952年6月,任中共平原省委宣传部副部长。1952年12月后,任华北行政委员会文教委员会秘书长,中共北京市委宣传部副部长,中共鞍山市委常委、书记,鞍山市委常委、宣传部部长,中共本溪市委书记,中共辽宁省委常委、秘书长,中共辽宁省顾问委员会常务委员、秘书长等职。2015年9月2日,在辽宁省沈阳市病逝。

贾云标

贾云标(1913~2009),曾用名刘振中。河北省磁县人。1930年加入中国共产主义青年团。1935年转入中国共产党。抗日战争时期,历任磁县抗敌后援会副主任、中共黎城县委组织部部长、冀豫农民联合会书记、武安县抗日民主政府县长、晋冀鲁豫边区政府处长、延安中共中央党校学员。1945年11月,任安阳县县长。1947年6月后,任太行五专署副专员,太行四专署专员,太行区党委直属科长,太行区党委行政干校副校长。1949年8月,任中共新乡市委书记、市军事管制委员会副主任、市协商委员会主席。1951年1月,任平原省协商委员会委员。1952年7月,任中共平原省委统战部副部长。1953年后,任华北行政委员会统计局副局长,国家统计局办公室主任,城市建设部规划设计局局长,山西省计委副主任、省经委主任,山西省人民政府副省长,山西省国防工业办公室主任,山西省革命委员会副主任,山西省人民政府副省长兼省国防工业办公室主任等职。2009年9月5日,在山西省太原市病逝。

王维群

王维群(1914~2001),原名王宪五,又名王献吾,曾用名王为群。冠县人。1934年加入中国共产党。历任中共冠县特别支部书记,冠县工委书记,冠县县委书记。1937年春,任冠县中心县委书记、鲁西北特委委员,9月调延安中央党校学习。1938年春,任中共中央机关总务处处长、生产指导处处长。1942年春，到中央党校学习。1945年4月至6月，作为山东代表团成员出席中国共产党第七次代表大会。1945年11月后，任冀鲁豫一地委委员、宣传部部长，六地委组织部部长，冀鲁豫九地委副书记兼组织部部长、九专署专员，代理地委书记。1949年8月，任聊城地委书记兼军分区政治委员。1952年6月，任平原省委企业党委副书记兼工业厅厅长。1952年12月后，任河南省委工业部副部长兼省工业厅厅长、省委委员，省人民政府财委副主任，河南省洛阳市建设委员会副主任，中共洛阳市委第二书记，河南省人民政府副省长，河南省委书记处候补书记兼河南省人民政府副省长，省人委党组副书记兼省农委主任、党组书记，河南省革命委员会常委、生产指挥部副指挥长，中共河南省委副书记、省革命委员会副主任兼生产组组长等职。2001年3月19日，在山东省济南市病逝。

葛步海

葛步海（1921～1981），江苏省沛县人。1938年加入中国共产党。历任沛县抗日游击大队指导员，中共丰县县委书记。1943年至1944年8月，任湖西地委青委书记、工农青妇抗日救国联合会主任。1944年9月，任湖西地委委员、秘书长兼办公室主任。1949年1月，任冀鲁豫三地委宣传部部长兼地委青年委员会书记。1949年8月至1952年11月，任新民主主义青年团平原省工委书记。1951年1月，任平原省人民政府委员、省协商委员会常务委员。1953年后，任青年团华北工委副书记，中国驻捷克斯洛伐克大使馆参赞，外交部礼宾司副司长，中国驻乌干达大使，中国驻赞比亚大使等职。1981年12月25日，在北京市病逝。

万丹如

万丹如（1908～1990），曾用名万金墀。女，山东省东平县人。1936年参加中华民族解放先锋队，积极投入抗日救亡宣传活动，参与创建东平县抗日救亡协会。1938年赴延安抗日军政大学第四期四大队学习，5月加入中国共产党。曾任八路军一一五师政治部民运干事。1940年后，任鲁西妇女救国总会生活改善部部长、冀鲁豫边区妇女救国总会生活改善部部长、冀鲁豫二分区抗联分会副主任兼二分区妇救会主任。1945年1月，任冀鲁豫边区妇救总会主任。1947年1月至1948年4月，任冀鲁豫七专署副专员。1948年5月，任冀鲁豫区妇女委员会副书记。1949年2月，被选为出席全国第一次妇女代表大会的代表，任冀鲁豫妇女代表团团长。1949年8月至1951年3月，任平原省妇委书记（妇女联合会主席）、党组书记，省人民政府委员。1951年1月，任平原省协商委员会常务委员。1951年7月后，任中共中央华北局妇委副书记。1953年后，任北京市民政局副局长，北京市高级人民法院副院长等职。1990年10月17日，在北京市病逝。

范世钧

范世钧（1919～2008），女，清丰县人。就读于河北省大名省立女子师范。1938年参加中国共产党及中华民族解放先锋队。历任冀鲁豫边区妇女抗日救国总会妇女部部长，冀鲁豫边区抗日救国总会副主任，冀鲁豫区妇女委员会副书记，鲁西南地委工青妇联合会组织部部长兼鲁西南专区妇联主任。1946年任菏泽地委民运部副部长兼菏泽专区妇联主任。1949年8月，任平原省妇联生产部部长。1951年3月，任平原省妇委书记（妇联主席）、党组书记。是平原省人民政府政法委员会委员、华北妇联执行委员。1954年后，任粮食部人事司副司长、基建局副局长兼全国粮食总工会副主任，商业干校党委副书记、副校长，粮食科研设计院党委书记、院长等职。2008年10月，在北京市病逝。

高宗智

高宗智（1918～2004），山西省新绛县人。1936年考入运城省立第二师范，同年参加中华民族解放先锋队。1937年2月加入中国共产党，任运城市学联主席，中共运城市委宣传部部长、组织部部长，12月，任河东总动员委员会宣传部部长。1938年2月后，任中共运城市委书记，夏支队一中队指导员，中条六县游击指挥部宣传部主任，运城牺牲救国同盟会中心区夏县办事处宣传部部长，河东中华民族解放先锋队总队总队长。1939年1月，任晋豫地委青年委员会书记兼民运科科长、地委委员。1940年1月，任晋豫区党委青委书记。1941年4月，调任太行区党委青委书记、太行根据地青年救国总会主席。1942年任中共中央北方局太行分局青委委员。1943年12月后，任中共太行三地委宣传部部长，八地委宣传部部长兼道清铁路南五县工委书记和太行军区四十五团政治委员。1948年2月，任太行区四地委副书记兼组织部部长。1949年1月任太行区四地委书记，3月任中共新乡地委副书记、新乡市委书记，6月兼新乡市军事管制委员会副主任。1949年8月，任中共新乡地委副书记。1949年12月，任平原省总工会筹委会副主席、党组书记。1951年1月，任平原省人民政府委员、省协商委员会常务委员。1952年12月后，任中国重工业工会副主席，上海重型机器厂党委书记，上海市工业生产委员会副主任，上海市革命委员会工交组、军工组负责人，上海市革命委员会国防工业办公室副主任，上海市经委党组副书记、副主任，上海市工农教育委员会副主任等职。2004年4月13日，在上海市病逝。

王振华

王振华（1899～1971），名文麟，字振华。南乐县人。1922年毕业于保定高等师范学校。1923年任直隶省立大名第七师范学校训育主任。1926年加入中国共产党。1927年因战事七师被迫停课。他同校长谢台臣暂到天津市一个中学任教。1929年年初七师复课，又返回七师继续任教。1930年在"左"倾冒险主义影响下，直南特委要七师学生组织武装暴动，他同晁哲甫、谢台臣三人认为条件不成熟，不同意暴动而被开除党籍。后到北京市第三中学任教。1936年返回到七师任校长。1938年任华北军政干部训练所副所长。1942年赴延安参加整风学习期间，重新入党。先后任太行联合中学校长，豫北学院院长，华北大学教务长，晋冀鲁豫边区救济总署秘书长。1949年8月，任平原省人民政府委员、省教育厅厅长。1950年8月，任平原省文教厅厅长。1951年12月，兼平原省文化教育委员会秘书长。1953年调任教育部工农教育司副司长、中央扫盲委员会办公厅主任。1955年后，任文化部社会文化司司长，中国自然博物馆馆长。1971年7月，在北京市逝世。

杜毓沄

杜毓沄（1909～1995），博爱县人。1938年参加革命，同年加入中国共产党。先后任河北民军华北军政干部训练所、八路军晋南军政干部学校教务主任，太行文化教育出版社文化教育部部长、副社长。1939年任新华日报社华北分社副社长兼华北新华书店总经理。1943年后，任太行八专署专员兼沁（阳）博（爱）县县长、四专署专员。1948年任华北人民政府秘书处处长兼研究室主任。1949年8月，任平原省人民政府委员、省商业厅厅长。1952年5月，兼平原省财政经济委员会秘书长。1953年后，任华北对外贸易特派员办事处特派员，华北行政委员会对外贸易局局长，天津市外贸委书记，天津市委委员，中国驻印度大使馆商务参赞，对外贸易部办公厅主任，对外贸易部部长助理、党组成员等职。1995年4月，在北京市病逝。

牛连文

牛连文（1904～1961），河南省柘城县人。1922年在北平育德中学读书。1929年入开封训政学院专修班学习。1936年任山东省第六专署庶务主任，驻济南、曹县办事处主任。1938年加入中国共产党。任山东省第六专署政训处秘书。1939年任中共聊城支部书记、党总支书记。受鲁西北特委和范筑先的派遣，赴河南、武汉向彭雪枫、周恩来、董必武汇报鲁西北抗战情况。同年在郓城县建立鲁西北抗日游击司令部第十一支队，任支队司令员。不久被打散，回鲁西特委，任馆陶抗日民主政府县长兼卫西抗日武装指挥部指挥。1940年4月后，任鲁西军区第三军分区司令员、鲁西行政委员会委员，五县（金乡、嘉祥、巨野、城武、菏泽）联合办事处主任，冀鲁豫二十一专署副专员，冀鲁豫区党委城工部处长、救济办事处副主任、交通处处长。1949年8月，任平原省人民政府委员、省交通厅厅长兼水利局局长。1952年12月后，任第一机械工业部八局副局长，建筑工程部党组成员、劳动工资司司长，广西壮族自治区建筑工程局局长、局党委书记，自治区党委委员等职。1961年8月，在广西壮族自治区南宁市逝世。

姜宪周

姜宪周（1903～1975），字纪五，曾化名吕宗望。河北省元氏县人。1924年在保定二师就学时加入中国社会主义青年团，后转入中国共产党，同年暑假，在元氏县建立第一个团小组。1925年9月，任中共元氏县特别支部书记。1927年12月，任元氏县委宣传委员。1929年春任元氏县委书记，后任顺直省委巡视员。1938年1月，任元氏县抗日政府县长兼抗日游击大队队长。1949年8月，任平原省人民政府委员、省农业厅厅长。1953年任政务院文委委员。1954年后，任中国科学院植物研究所副所长，中国科学院生物学部副主任等职。1975年9月17日在北京市逝世。

王化云

王化云（1908~1992），字龙骧。河北省馆陶县人。1935年北平大学法学院毕业。曾任北平精业中学校长。参加北平"一二·九"爱国学生运动。1937年参加革命。1938年加入中国共产党。历任山东省聊城政训处总务干事，冠县抗日民主政府秘书，邱县抗日政府县长，冠县县长，鲁西行署民政处处长，冀鲁豫行署党组成员、司法处处长，司法分院院长。1946年后，任冀鲁豫行署黄河水利委员会主任、党组书记，黄河河防司令部司令员。1949年8月，任平原省人民政府委员。后调任水电部党组成员，黄河水利委员会主任、党组书记，三门峡工程局副局长、党委第三书记，黄委会副主任、党的核心组副组长，水利部副部长兼黄委会主任，政协河南省第四届委员会副主席、第五届委员会主席等职。1992年2月18日，在北京市病逝。

高镇五

高镇五（1880~1966），又名高维岳。清丰县人。清末考中秀才，1902年开始从事教育工作。先后在山东济南师范学校、北京师范大学女子附中、河南省立开封一师、山西国民师范学校、淮阳一师、保定职业学校、汲县省立五师、河北大名七师等学校任教。他用多年积蓄在自己家乡创办维新小学，自任校长兼董事。1936年任清丰县简易师范学校副校长。"七七事变"后，积极拥护中国共产党团结抗战的主张，宣传抗日救国，联络清丰、大名、南乐、内黄、濮阳县文化教育界人士，成立冀南文化界抗日救国会，兴办妇女训练班、民训班、文化训练班，创办冀鲁豫边区抗日中学。1946年冀鲁豫建国学院成立后，任班主任。建国学院改为冀鲁豫边区第一师范学校后，任副校长。1949年8月，任平原省人民政府委员、省立新乡师范学校校长。1949年9月，应邀出席第一次中国人民政治协商会议。1951年1月，任平原省协商委员会委员。1954年后，任河南省教育厅厅长，政协河南省第一、第二、第三届委员会副主席等职。1966年4月，在河南省郑州市逝世。

王晏卿

王晏卿（1886~1984），又名静澜。新乡县人。工商企业家。清光绪年间监生。16岁随父开银楼。1912年独立创办"同和裕"银号，自任经理，资本1.3万元。先后在郑州、开封、洛阳、天津、上海、南京、济南、青岛、西安、石家庄等43处开设分号并开办工商企业57处，被称为"新乡现代工业之父"。1933年拥有资本2570余万元。1935年国民党河南省政府主席刘峙指令将其羁押开封，判处无期徒刑，所营各业随之倒闭。抗日战争时期继续经商，曾为鄂豫边区新四军运送部分急需物资，做了一些有益抗日的工作。后经营火柴厂、造纸厂、蛋厂和出口贸易等。中华人民共和国成立后，曾任中原纺织公司、平原省房地产公司、维新机械厂经理。1950年加入中国国民党革命委员会。1951年1月后，任

平原省人民政府委员、省协商委员会委员，政协新乡市委员会副主席、新乡市工商联合会会长。1984年2月24日，在河南省新乡市病逝。

刘德润

刘德润（1907～1994），字敬修。安阳县人。1932年毕业于天津北洋大学土木系，留校任助教，后任焦作工学院讲师。1934年公费留学美国，就读于依阿华大学，获博士学位和金钥匙奖。回国前，先后考察美国、英国、荷兰、德国、比利时、法国、瑞士等国水利。1938年后，历任西北工学院水利系教授兼系主任，黄河水利专科学校校长，私立中原工学院院长，水利部工程师，水利部计划委员会委员、工务司副司长。1951年1月，任平原省人民政府委员。1954年后，任水利部工程管理局副局长、管理司副司长、总工程师。1994年12月，在北京市病逝。

郝友三

郝友三（1913～2012），曾用名郝存友。山东省平邑县人。1933年加入中国共产党。1938年经西安八路军办事处介绍参加青训班，后入延安抗日军政大学学习。历任任抗大三分校区队长和教员，延安军事学院干事，中央党校一、四部教员。1944年6月，任中央党校三部科长、政治协理员、办公室主任。1947年5月，任冀鲁豫日报社办公室主任。1948年4月，任冀鲁豫区党委秘书室主任。1949年8月，任中共平原省委秘书处处长。1951年11月，任平原省委办公厅第一副主任。1953年调华北行政委员会工程局工作。1955年后，任中共河南省委办公厅副主任、主任，河南省委办公厅主任兼党委书记、省委副秘书长等职。2012年2月7日，在河南省郑州市病逝。

王 兴

王兴（1922～2011），南乐县人。1938年5月加入中华民族解放先锋队，同年参加革命。1939年5月加入中国共产党。1939年10月，任八路军东进纵队民运工作队队员。1940年年初调任中共冀鲁豫区委总务科干事。1940年6月，任冀鲁豫区党委地上交通科负责人。1941年6月任区党委交通干事，8月入区党委党校学习。1942年年初学习结束后，任冀鲁豫区党委交通干事。1944年1月任冀鲁豫区党委交通科指导员，6月入中共平原分局党校参加整风学习。1945年6月，任冀鲁豫区邮政管理总局总支书记、科长。1946年3月，任冀鲁豫区委交通科科长。1947年年底至1948年年初，参加整党学习，任支委兼小组组长。1949年年初，任冀鲁豫区委办公室副主任。1949年秋，任平原省委行政处处长、办公室副主任。1951年11月，任平原省委办公厅第二副主任兼机关党委委员。1953年1月后，任建筑工业部工业建筑局直属公司工程处副主任，建工部技术司施工管理局处长，国家建委施工局副局长、建工部二局安装公司工作团团长兼党委书记，中国地图出版社党委书记兼革命委员会主任，建设部机关事务管理局局长兼党委书记等职。2011年3月11日病逝。

梁步庭

梁步庭，1921年生，山东省微山县人。1938年参加革命。1939年5月加入中国共产党。历任苏鲁豫边区军事部政治处教育干事、股长、青年委员会委员、青年联合会宣传科科长，湖西地区文联主任、文委书记、地委党校负责人、中共鱼台县委书记。1949年8月，任新民主主义青年团平原省湖西地委工委书记。1950年7月，任新民主主义青年团平原省工委副书记。后调任华北局青委宣传部部长、副书记，团中央办公厅副主任，团中央书记，国务院农办副主任，国防科委二二一厂联络组组长、党委第一书记，中共青海省委常委、秘书长、省委书记、第二书记、第一书记，中共山东省委书记、山东省人民政府省长，中共山东省顾问委员会主任等职。

冀 雨

冀雨（1921～2011），曾用名冀步兰。女，山西省平遥县人。1937年2月参加山西牺盟会抗日军政训练班女兵连，9月参加山西青年抗敌决死队。1938年加入中国共产党。历任决死队第一总队政治部干事，中共晋东特委机关报胜利报社党支部宣传委员，榆社县妇女救国会主席、县妇女委员会书记，榆社县委宣传部部长、代理县委书记兼独立营政治委员，太行区党委宣传部干事，中共辉县县委宣传部部长，太行五地委妇委书记兼妇女联合会主任，平原省妇联宣传部部长。1951年3月，任平原省妇联副主席。1955年后，任中共河南省委农村工作部办公室副主任，河南省委农村工作部副部长、省委委员，河南省农业厅副厅长、党组副书记，工业交通部办公室副主任，卫生部妇幼保健局局长等职。2011年1月7日，在北京市病逝。

孔百川

孔百川（1917～2014），江苏省镇江市人。1937年12月参加革命。1938年6月加入中国共产党。历任新四军驻景德镇办事处工作人员，浮梁县战区难民子弟教养团主任，战地工作团大队指导员，延安抗日军政大学晋东南抗大一分校学员、民运干事，八路军总部民运部洪水工作组组长。1940年后，任冀鲁豫行署科长，范县县长，齐滨县区抗日联合会主任、县抗联组织部部长，菏泽县抗联主任，中共定陶县委组织部部长、县长兼县大队队长，冀鲁豫五地委宣传部新华五支社社长、训练队政治委员，五专署后方办事处主任、民政科科长、秘书主任。1949年11月，任平原省人民政府主席办公室副主任兼政策研究室主任、办公厅行政处处长。1952年8月，任新乡一一六厂第一副厂长、新乡市委委员。1954年后，任河南省工业厅办公室主任、副厅长，安阳钢铁公司第一副经理、党委书记兼经理，河南省冶金局局长、党的核心小组组长，河南省开封地区行署副专员等职。2014年4月28日，在河南省郑州市病逝。

刘公然

刘公然（1912～1961），原名刘玉亭。河南省民权县人。1931年参加宁都起义，编入红一方面军五军团。1933年4月加入中国共产党。历任红军总部电台机务员，红四方面军电台政治委员。参加了第四、第五次反"围剿"和长征、西路军西征。1937年1月在青海省被马步芳部俘虏，5月越狱到延安入抗日军政大学学习，后到中央军委三局工作。1940年入中央党校学习。历任中央经济建设部科长，军委三局处长，中央军委驻张家口办事处处长，冀鲁豫军区生产指导处处长，冀鲁豫行署工商行监委，冀鲁豫行署工商处处长兼贸易公司处长。因保证军需供应成绩突出，军区授予"特等功臣"称号。1949年8月，任中共湖西地委委员、专署副专员。1951年1月，任平原省商业厅副厅长。后调任天津市商业局局长、党组书记，天津市委财贸部副部长。1960年8月，任中国驻瑞典大使，因病未到任。1961年1月殉职。

姚会宾

姚会宾（1916～1995），曾用名姚坫。南乐县人。1938年8月加入中国共产党。历任中共村支部书记，卫河支队中队队长，南乐县青年委员会书记，南乐县抗日联合会主任，南乐县委副书记、代理县委书记、代理县大队政治委员，水东地委民运部部长，冀鲁豫边区工青妇联合总会工农部部长，濮阳地委宣传部部长，冀鲁豫九地委委员、民运部部长，聊城地委委员、宣传部部长。1949年8月后，任聊城地委委员、专署供销合作社主任，平原省供销合作总社推销处处长。1951年11月，任平原省商业厅副厅长。1952年5月，任华北行政委员会贸易局行政处处长。1953年后，任商业管理局副局长，商业部副局长、局长，城市服务部食品局局长、办公厅主任，粮食部购销局局长等职。1995年在北京市逝世。

翟肇基

翟肇基（1905～1998），清丰县人。1937年9月参加革命。1938年11月加入中国共产党。历任清丰县抗日自卫队指导员、区长，顿丘县政府行政科科长、县政府秘书、县工商局局长，冀鲁豫工商局四分局副局长，冀鲁豫八专署工商局局长。1949年9月，任平原省税务局副局长。1951年4月，兼新乡市税务局局长。1952年8月，任中央税务总局监察专员、监察室副主任。1958年后，任青海省税务局局长，青海省财政厅副厅长，河南省会计学校党委书记兼校长等职。

袁　隆

袁隆（1918～2009），莘县人。1935年加入中国共产党。1938年参加鲁西抗日游击司令部第五支队，后编入八路军先遣纵队。历任文书、司务长、排长、训练队队长、连指导员，中共永（年）肥（乡）县委武装部部长兼抗日联合会主任，冀鲁豫新华书店、冀鲁豫日报社办公室主任、秘书长、党支部副书记，冀鲁豫黄河水利委员会秘书处处长。1949年8月，任平原省黄河河务局副局长。后任黄河水利委员会委员、机关党委副书记、办公室主任兼人事处处长，河南黄河河务局局长，河南省水利厅农田水利局局长，河南省水利局副局长、黄委会副主任、党委副书记、黄委会主任、党委书记，中共河南省顾问委员会常务委员等职。2009年11月19日，在河南省郑州市病逝。

石永兴

石永兴（1920～1996），原名石健坤。四川省仪陇县人。1933年10月参加中国工农红军四方面军少年先锋队，12月正式编入红四方面军，历任总部勤务员，第三十军通信员、警卫员、警卫班班长，第四军军部电话队班长，总部电话机务队学员，第四军军部电话队机务员、排长。1935年3月，在红军长征过草地时加入中国共产主义青年团。1936年10月，转入中国共产党。抗日战争时期，任八路军一二九师团电话排长、特务连长，旅部通信科参谋、通信队队长、警卫连连长，太行三分区电话局局长，抗日决死三纵队司令部通信科副科长兼电话三分局局长。1943年3月，入延安军委三局电信学校参加整风和电信技术学习。解放战争时期，在冀鲁豫军区电话局任局长。1949年11月，任平原省电信指挥局副局长。1951年11月，任平原省邮电管理局副局长。1953年7月后，任河北省邮电管理局副局长，四川省邮电管理局党组书记、局长，北京市长途电信局党委书记、局长，邮电部劳动工资局局长，邮电部机关党委书记等职。1996年9月29日，在北京市病逝。

李慕三

李慕三（1919～1973），原名李向纲。河北省威县人。1934年3月加入中国共产党。1938年5月参加革命。历任抗日县政府财政科科长、县长，1948年3月，任冀南区邮政管理局局长。1950年1月，任平原省邮政管理局局长。1951年11月，任平原省邮电管理局副局长。1953年后，任河北省邮电管理局副局长，西安仪表厂党委书记，西安市委工业部副部长等职。1973年3月1日病逝。

高惠民

高惠民（1908～1985），清丰县人。1937年毕业于北京大学农学院。1940年参加革命。1950年加入中国共产党。历任冀鲁豫行署实业处农林科科长，冀鲁豫边区农场技术室主任，北方大学农学院和华北大学农学院农学系主任。中华人民共和国成立后，任北京农业大学农学系教授兼农村工作委员会主任。1951年7月，任平原农学院副院长。后任北京农业机械化学院副院长，华北农业科学研究所副所长，中国农业科学院土壤肥料研究所副所长、所长等职。1985年4月病逝。

刘玉峰

刘玉峰（1903～1998），原名二友。内黄县人。1925年加入中国共产党。1927年10月，任中共濮阳县委书记。积极投身农民运动，组织领导盐民暴动。1937年9月，任中共濮（阳）内（黄）滑（县）中心县委组织部部长、书记。1938年后，任直南第四支队民运科科长，冀南三地委民运部部长，直南特委副书记，冀鲁豫三地委组织部部长，冀鲁豫五地委副书记、巡视团副团长，高（陵）内（黄）县抗日联合会主任，冀鲁豫区党委民运部副部长。1949年8月，任平原省人民政府委员、省供销合作总社第一副主任。1951年1月，任平原省协商委员会委员。后任河南省供销合作社副主任，河南省委财贸部副部长、省委财贸政治部副主任等职。1998年7月21日，在河南省郑州市病逝。

郭良才

郭良才（1909～1991），南乐县人。1937年10月加入中国共产党。曾任中共南乐县城西区委书记，南乐县工委副书记。1938年8月后，任南乐县工委书记，濮（阳）内（黄）滑（县）边县委书记，内黄县委书记，冀鲁豫五专署秘书主任。1943年秋任卫河县县长。1945年9月后，任冀鲁豫四专署驻上堤五县办事处主任，中共冀鲁豫区党委城工部组织科科长，冀鲁豫八专署专员兼战勤指挥部政治委员。1949年8月，任平原省民政厅副厅长。1951年3月，兼平原省人事局局长，1952年5月，任平原省人事厅第一副厅长（无正职）。1953年后，任中央人民政府第一机械工业部监察局局长，北京机械学院党委书记兼院长，陕西机械学院党委书记、革命委员会主任等职。1991年4月，在北京市逝世。

刘鸣九

刘鸣九（1919～1990），范县人。1934年加入中国共产党，同年参加濮县武装暴动。历任中共濮县三区区委书记、安阳敌工委书记、冀鲁豫边区交通总局局长、冀鲁豫行署邮政管理局局长。1949年9月，任平原省劳动局副局长（局长由省政府主席晁哲甫兼任）。劳动局与民政厅合并后，1952年7月，任平原省民政厅副厅长。1953年后，任重工业部有色机械安装公司经理兼党委书记，冶金部河南郑州铝业公司经理兼党委书记，冶金工业部有色研究院党委书记，中央监委驻建材部纪检组副组长，测绘总局副局长，中央纪律检查委员会委员兼纪检室主任，监察部党组副书记、副部长等职。1990年12月30日，在北京市逝世。

白 桦

白桦（1920～1993），原名赵守果。山东省临清县（今临清市）人。1938年5月参加中华民族解放先锋队，6月加入中国共产党。历任鲁西北游击司令部第三十一支队政治部宣传科科长，八路军平原纵队政治部宣传科科长、党委宣传委员，中共郓（城）鄄（城）县委宣传部部长，郓（城）鄄（城）巨（野）菏（泽）四县边委书记，南旺县委书记，冀鲁豫二地委宣传部副部长、部长，朝城县委书记，濮阳市委副书记、书记，济宁市二区区委书记，冀鲁豫七地委宣传部部长。中华人民共和国成立后，任平原省中苏友好协会总干事。1950年8月，任平原省文教厅副厅长、省文联主席。后任华北文联筹委会秘书长、党组副书记。1954年后，任天津市文教委员会副主任，天津市委宣传部副部长、部长、市委常委，市委常委、副市长，天津纺织工学院革命委员会副主任，天津市体委主任、党组书记，天津市革命委员会副主任，天津市第十届人大常委会副主任、党组副书记等职。1993年3月在天津市病逝。

杨 节

杨节（1913～1988），曾用名杨助三、杨延佑。清丰县人。1930年在大名河北省立七师学习时参加中国共产主义青年团。1936年转入中国共产党。历任清丰县区中华民族解放先锋队负责人,清丰县民军政治部主任,中共清丰县委军事委员、组织部部长、县委书记,冀鲁豫三地委委员、宣传部部长,冀鲁豫抗日联会宣传部部长,冀鲁豫二、三地委委员、民运部部长、抗联主任,濮县县委书记,冀鲁豫第九专署专员,冀鲁豫行署党组成员、农林处处长。1949年8月,任平原省农林厅副厅长。1952年5月,兼任平原省水利局局长、党组书记。1953年1月后,任山东省农林厅副厅长、党组副书记,山东省农业厅厅长、党组书记,山东省委农村工作部副部长,山东省农林办公室副主任、主任,山东省农委副主任、党组副书记等职。

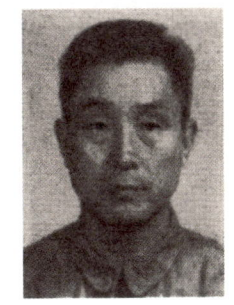

李　奕

李奕(1917～1992),原名时善,又名益民。陕西省蓝田县人。早年陕西省卫校毕业。1931年加入中国共产主义青年团。1933年由青年团转入中国共产党。1936年参加红军第十五军团。历任西安市医务界中共支部负责人,红军第十五军团民运干事、医生,八路军一一五师萧华支队卫生队队长、教导第三旅卫生处处长兼野战医院院长,冀鲁豫军区卫生部副部长,冀鲁豫行署卫生局局长兼哈励逊总医院院长、政治委员。1949年8月,任平原省卫生局局长。1951年1月,任平原省协商委员会委员,7月任省卫生厅副厅长。后任天津市卫生局第一副局长、党组副书记,解放军总医院副院长、党委常委,铁道部铁路总医院院长等职。1992年11月12日病逝。

吕　谦

吕谦,1916年生,曾用名法明、达生。堂邑县(今聊城市)人。1936年加入中国共产党。历任中共天津永利碱厂支部书记,塘沽特别支部书记、区委书记,和顺县公安局局长。1939年入抗大一分校学习后,任鲁西军区政治部民运科科长,鄄城县抗日民主政府县长,冀鲁豫第十、五专署副专员、代理专员,鲁西南地委委员、专署专员。1949年8月,任安阳地委常委、专署专员兼供销合作社主任。1951年1月,任平原省协商委员会委员,6月兼安阳地委统战部部长。1952年7月,任平原省商业厅副厅长。1952年12月后,任商业部物价局副局长,国务院财贸办公室物价组组长,国家物价委员会农产品价格局负责人,国家物价局政策研究室和涉外司负责人等职。

张　方

张方(1911～1981),曾用名丕芳、兰生。鄄城县人。1938年参加革命。1943年加入中国共产党。历任山东第六区游击司令部十三支队团长,八路军一一五师三四四旅二支队参谋长,冀鲁豫支队特务中队队长。1940年任第二纵队特务团团长。1941年任冀鲁豫军区独立团团长。1942年任冀鲁豫军区第二军分区副司令员。1943年任冀鲁豫第二专署副专员。1947年后,任冀鲁豫边区黄河水利委员会副主任、黄河第四修防处主任,晋冀鲁豫边区黄委会处长。1949年

8月，任平原省黄河河务局局长、党组书记。1953年后，任河南省黄河河务局局长、党组书记，河南省计委农林水利处处长，河南省计委副主任、党组成员，河南省农林水利委员会副主任、党组成员，河南省黄河河务局副局长、党的核心组成员，河南省水利局副局长、党的核心小组副组长、党组副书记等职。1981年4月26日，在河南省郑州市病逝。

马冠群

马冠群（1921～1979），清丰县人。1937年10月加入中国共产党。历任支部书记、区委书记，清（丰）南（乐）大（名）三县边区抗日救国会武装科副科长。1938年10月，任中共内黄县委书记。1940年任内黄县抗日民主政府县长。1943年后，任鲁西南专署民政科科长，定陶县县长，东平县县长。1947年任冀鲁豫七地委委员、社会部部长。1948年4月，任冀鲁豫第七专署专员。1949年8月，任湖西地委常委、专署专员。1950年2月，任平原省水利局局长。1950年12月后，任北京国营六一八厂党总支书记，包头国营六一七厂副厂长，西安国营一一三厂党委书记，黑龙江省机械冶金厅副厅长、代厅长，郑州第二砂轮厂党委书记，河南省革命委员会冶金局党的核心小组副组长、副局长，河南省冶金局副局长、党组成员等职。

肖永昌

肖永昌（1915～2014），河南省新县人。1930年参加中国工农红军。1932年加入中国共产党。历任光山红军独立团、红二十五军战士、班长，红一军团电台报务员。入延安通信学校学习后，任八路军晋察冀军区第二、第四军分区司令部分队队长，晋冀军区司令部电台中队队长、通信科科长，察哈尔军区司令部三科科长、中队队长。1949年11月，任平原省电信指挥局局长。1951年11月，任平原省邮电管理局局长。1953年后，任河南省邮电局副局长、局长、党组书记，河南省邮电局革命委员会主任、党的核心小组组长，河南省邮电局局长、党组书记等职。2014年3月19日，在河南省郑州市病逝。

鲁世英

鲁世英（1897～1976），字岫轩。清丰县人。1924年毕业于北京高等师范学校教育研究科。先后在沈阳高等师范附属中学、北京香山慈幼院、河北省立女子师范学校任教。1931年至1934年，留学美国芝加哥大学师范学院与研究院，获教育硕士学位。1935年回国后，任北京师范大学教育系教授，兼北平大学、燕京大学教授，后到西北临时大学、西北临时联合大学、西北师范学院、西北大学任教。中华人民共和国成立后，任北京师范大学教育系主任。1950年入华北革命大学政治研究院学习。1951年1月，任平原省人民政府委员兼省文教委员会委员。1952年9月调回北京，任教育部高师司专员。1976年在北京市病逝。

姚伟杰

姚伟杰（1913～1955），清丰县人。1929年参加中国共产主义青年团。1931年转入中国共产党。历任中共清丰县简易师范工委书记，清丰县委书记、顿丘县委书记，鲁西地委委员兼考城、复程县委书记，菏（泽）南（华）东（明）定（陶）四县工委组织部部长，冀鲁豫区党委社会部干部科科长、保卫科科长。1949年8月，任平原省人民法院副院长（无正职）、省人民政府政法委员会委员、省司法改革委员会副主任。1953年任第二机械工业部监察室副主任。1955年9月在北京市病逝。

聂补吾

聂补吾（1908～1989），原名聂继昌。鱼台县人。1932年入北京大学数学系。1938年在家乡参加抗日救亡运动。1939年后，任鱼台县抗日动员委员会宣传部部长，冀鲁豫边区抗日联合会政治部秘书，鱼台县抗日民主政府湖田局局长。1941年参加创建冀鲁豫边区抗大式学校——湖西中学，任后勤主任。1945年加入中国共产党。1948年至1950年，先后任冀鲁豫行署中教科副科长和平原省文教厅视导室主任。1951年任平原师范学院党委书记。1951年后，参加平原大学的创建工作，先后任该校党支部书记、人事室主任、秘书室主任、院长办公室主任、马列主义教研室主任和数理系主任。1955年后，任新乡师范学院（原平原大学，后改为河南师范大学）党组书记、副院长、院长、党委书记、校长等职。1989年12月30日在河南省新乡市病逝。

赖春风

赖春风（1913～1993），江西省永宁县（今宁冈县）人。1928年参加中国工农红军，同年加入中国共产主义青年团。1930年转入中国共产党。曾任第六军团连长、营长。参加湘赣、湘鄂川黔苏区反"围剿"斗争和长征。1936年入陕北红军大学学习。后任八路军延安留守兵团教导营营长，陇东军分区参谋长，八路军南下支队第三大队参谋长，中原军区独立第三团团长，西北民主联军第一纵队副司令员，中原军区第一纵队参谋长、第十四旅副旅长，冀鲁豫军区随营学校副校长。参加了中原突围和淮海等战役。1949年8月至1952年11月，任平原军区副参谋长兼平原军区军政干部学校校长。1953年后，任长春军事师范学校校长，北京高等军事学院训练部副部长，广州军区副参谋长等职。1955年被授予少将军衔。1993年1月，在广东省广州市逝世。

张正光

张正光（1916～2004），原名张积厚。湖南省平江县人。1930年参加中国工农红军。1932年由青年团转入中国共产党。土地革命战争时期，任红五军政治部宣传员，团宣传队队长，政治部青年干事、政治教员，红军大学二科队政治指导员，中央红军教导师特科团政治主任教员，教导师政治部宣传科副科长、俱乐部主任。参加了中央苏区反"围剿"斗争和长征。抗日战争时期，任抗日军政大学大队政治处主任，第三分校政治部副主任，八路军留守兵团宣传部部长，陕甘宁、晋绥联防军政治部宣传部副部长，鄂东地区中心县委书记兼军事指挥部政治委员，参加了建立湘鄂赣抗日根据地的斗争。解放

战争时期，任冀鲁豫军区第四军分区政治部主任、八分区副政治委员，冀鲁豫军区军政干部学校政治委员，冀鲁豫军区政治部副主任，坚持敌后斗争，配合主力部队完成作战任务。1949年8月至1952年6月，任平原军区政治部副主任。1952年6月后，任华北军区政治部青年部部长、干部部部长，北京军区副政治委员，总参三部第一政治委员。1955年被授予少将军衔。2004年4月26日，在北京市病逝。

杨明山

杨明山（1906～1995），河南省光山县人。1929年参加中国农红军，同年加入中国共产党。历任红四军战士、班长、排长、副连长、连政治指导员、营教导员、团政治委员。参加了长征。抗日战争时期，历任抗日军政大学区队长，八路军留守处政治部组织股股长，八路军总政治部直工部组织干事、后勤部管理处处长，新四军五师团政治委员。解放战争时期，任民主建国军第二军第五师参谋长，冀鲁豫军区司令部军政处处长，太行军区新乡军分区副政治委员。1949年8月，任平原军区新乡军分区副政治委员、党委副书记、新乡地委常委。1951年8月，任平原军区干部管理部副部长。1952年6月，任平原军区政治部副主任。后任华北军区炮兵部队干部部部长，河北军区干部部部长、政治部主任、副政治委员等职。1955年9月被授予大校军衔，1964年晋升为少将军衔。1995年11月10日，在河北省保定市逝世。

刘世洪

刘世洪（1913～1986），江西省兴国县人。1931年参加中国工农红军。1934年6月加入中国共产党。曾任红一军团警卫连战士。1934年春任班长，同年入瑞金彭杨红军学校学习，后任红一军团指导员，10月随红一方面军长征。1936年3月，任抗日先锋军前敌总指挥部山炮连副政治指导员。1938年任八路军前敌政治部直属分队政治指导员，7月后任八路军总部通讯营指导员、教导员。1939年11月，入北方局党校学习。1940年2月，任冀中军区团政治处副主任。1942年2月，任冀中军区团政治处副主任，后入延安中央党校第二部学习。1945年任冀鲁豫军区卫生部副政治委员兼政治部主任。中华人民共和国成立后，任平原省军区卫生部政治委员。1951年5月后，任平原军区菏泽军分区副政治委员，平原军区干部管理部部长。后任山西军区干部部部长，山西省军区政治部主任、副政治委员、政治委员，湖南省军区政治委员，湖南省第五届人大常委会副主任等职。1964年晋升少将军衔。1986年4月23日，在山西省太原市逝世。

廖亨禄

廖亨禄（1912～1951），福建省永定县（今龙岩市永定区）人。1927年参加革命。1929年加入中国共产主义青年团。1931年转入中国共产党。历任中国工农红军战士、宣传员、连政治委员，红一军团保卫局科员、科长，红一军团保卫部特派员。参加了长征。1936年红军改编后任八路军一一五师六八六团股长。1937年任鲁西军区保卫部部长。1940年任鲁西军区后勤部政治委员。1942年任教导三旅团政治委员。1944年任湖西军分区政治部主任。1945年11月,任军分区副政治委员。1946年秋,到晋冀鲁豫中央局党校学习。1949年任华北军区独立第二旅政治委员。1950年8月,任平原军区军政干部学校政治委员。1951年1月,任平原军区干部管理部副部长兼军政干部学校政治委员。1951年3月,任中国人民赴朝慰问团第二分团副团长,5月6日在朝鲜前线进行慰问时,被美军飞机击中,牺牲。

曾新泮

曾新泮(1912~2003),原名曾兴泮。江西省兴国县人。1930年加入中国共产主义青年团。1932年加入中国工农红军。1934年转入中国共产党。土地革命战争时期,任福建建黎泰军区政治部宣传队宣传员,中央军委总卫生部科员、直属医院医生,红三十一军卫生部卫生主任,第九十三师卫生队队长。参加了长征。抗日战争时期,任八路军一二九师团卫生队队长、旅卫生处处长,太岳军区卫生部部长。解放战争时期,任晋察鲁豫军区第七纵队卫生部部长,晋察鲁豫军区卫生部政治委员。1949年8月,任平原军区卫生部部长兼政治委员。后任公安部队卫生部部长,公安部队后勤部副部长,解放军总参谋部警备部后勤部副部长,北京军区后勤部副部长。1961年晋升为少将军衔。2003年4月28日,在北京市逝世。

王言炳

王言炳(1910~2004),安徽省金寨县人。1929年4月参加中国工农红军,同年参加中国共产主义青年团。1930年转入中国共产党。历任红军独立第三师机炮连政治指导员,师参谋、连长。参加了长征。1935年到陕北后,任红十五军团政治部管理科科长、后勤部管理科科长。1938年调任冀鲁豫军区后勤部被服科副科长。1944年任冀鲁豫军区后勤部被服厂厂长兼党委书记。1948年任冀鲁豫军区后勤部副部长。1949年8月,任平原军区后勤部副政治委员。1952年5月,任平原军区濮阳军分区副政治委员。1957年后,任河南省军区新乡军分区第二政治委员,河南省监察厅副厅长,河南省高级人民法院副院长。1955年被授予大校军衔。2004年2月21日病逝。

张公干

张公干(1908~2003),安徽省宿县(今宿州市)人。1929年参加西北军,任冯玉祥随从副官。1931年秘密加入中国共产党。1931年后,在山西省汾阳县任西北军军官学校分队队长、营长、军部处长、团长等职。曾参加过察冀、徐州、信阳等地对日军作战。1947年9月,在山东省鄄城县率领全团起义,参加解放军,10月任冀鲁豫军区第四军分区司令员。1949年5月,任太行军区新乡军分区司令员。1949年8月,任平原军区新乡军分区司令员。

1952年12月，任河南军区新乡军分区司令员。1964年被授予大校军衔。2003年2月9日，在河南省新乡市病逝。

王远芬

王远芬（1907～1962），安徽省金寨县人。1928年参加革命。1930年参加中国工农红军。1931年转入中国共产党。历任红四方面军第四军班长、排长、特务连政治指导员、独立营政治教导员、师谍报科科长、团参谋长。参加了长征。抗日战争时期，任八路军一二九师团参谋、参谋长，独立团团长，太行军区第一军分区参谋长。解放战争时期，任太行军区第一军分区副司令员、司令员，太行军区参谋长，晋冀鲁豫军区第十三纵队参谋长。1949年8月，任平原军区安阳军分区司令员。1950年6月，任安阳地委委员。后任河南军区安阳军分区司令员。1955年后，任河南省军区参谋长、副司令员。1955年被授予少将军衔。1962年12月12日，在河南省郑州市逝世。

孙正乾

孙正乾（1919～2011），曾用名林迈。冠县人。1938年5月参加革命，11月加入中国共产党。历任冠县中华民族解放先锋队队长，冠县战地动员委员会武装科科长、游击营连长、县政府武装科科长。1941年10月，任冀鲁豫九专署武装科科长、二地委武委会主任。1947年9月，任冀鲁豫九地委武装部副部长、部长，地委委员。1949年8月，任平原军区濮阳军分区司令员、地委常委。1953年12月，任广东军区粤东军区副司令员兼参谋长。1954年后，任广东省兵役局局长，广东省军区参谋长、副司令员，湖南省军区副司令员兼国防工业办公室主任、湖南省委委员等职。2011年4月1日，在广东省广州市病逝。

陶国清

陶国清（1911～1992），安徽省金寨县人。1929年参加中国工农红军，同年加入中国共产主义青年团。1933年转入中国共产党。土地革命战争时期，任金寨县乡游击队中队队长、大队队长，红四方面军总医院第三分院政治部科长，红军连长、营长。参加了长征。抗日战争时期，任八路军一二九师营长、副团长、团长。太行军区第二团团长，第五军分区司令员。解放战争时期，任晋冀鲁豫军区豫北指挥部司令员、太行军区副司令员，晋冀鲁豫军区组织的南下军区司令员。1949年8月任中共聊城地委委员，12月兼聊城军分区司令员、党委书记。1952年8月后，任河北军区邯郸军分区司令员，山西省军区副司令员。1955年被授予少将军衔。1992年8月19日，在北京市逝世。

岳舜卿

岳舜卿（1905～1977），阳谷县人。1938年6月参加革命。1939年12月加入中国共产党。历任谷山游击队队长，阳谷县抗日基干大队队长。1940年任鲁西军区第四军分区独立营营长。

1941年任阳谷县抗日民主政府县长。1945年7月，任冀鲁豫军区第一军分区六团团长。1948年9月，任冀鲁豫六地委人民武装部部长。1949年8月，任平原军区聊城军分区副司令员、地委委员。1952年8月，任平原军区聊城军分区司令员、地委委员。1955年6月后，任山东省军区济宁军分区司令员、地委常委，济南军区干部文化学校校长。1977年5月，在山东省济南市逝世。

张耀汉

张耀汉（1897～1996），又名张汉卿，字鑫武。菏泽县（今菏泽市）人。1916年从军，入黄埔军校第三期学习，曾任国民党十九路军炮兵连连长、营长。1935年返回到家乡。1937年2月加入中国共产党。1938年爱国人士杨履谦组织王浩屯抗日联合会，组建一支自卫队，党组织派张耀汉任抗日自卫队副大队长。后成立考城抗日县政府，任县大队大队长。1939年县大队改编为冀鲁豫支队三大队，任副大队长。1940年春，回鲁西南地委，任独立团团长。1942年任冀鲁豫军区第七军分区副司令员。1944年任冀鲁豫边区第七专署专员。1945年8月，调晋冀鲁豫军区一纵队，任梯队司令员。1949年8月，任平原军区菏泽军分区司令员、地委常委。1955年7月后，任山东省军区莱阳军分区司令员、地委常委，山东省军区昌潍军分区司令员、地委常委，济南军区莱芜钢铁厂厂长，青岛一二一疗养院院长。1955年被授予大校军衔。1996年5月12日，在山东省青岛市病逝。

王月亭

王月亭（1900～1989），甘肃省武威县人。1937年2月参加中国工农红军，10月加入中国共产党。历任战士、连长、营长、县大队副大队长、副团长、团长，冀鲁豫军区二分区副司令员，临河军分区副司令员。参加过登明寺、平型关、淮海等战役战斗。1949年8月，任平原军区湖西军分区司令员、地委常委，后任副司令员。后任河南省公安总队副总队长，河南省军区新乡军分区副司令员。1955年被授予上校军衔。1989年4月21日，在河南省洛阳市病逝。

余克勤

余克勤（1913～1988），河南省固始县人。1929年加入中国工农红军。1930年加入中国共产主义青年团。1933年转入中国共产党。土地革命时期，任红四方面军排长，红军大学区队长、连长。参加了长征。抗日战争时期，任陕北公学支队队长，抗日军政大学第一分校营长，冀鲁豫军区独立游击支队参谋长，新编第三旅团长，教导七旅副旅长，水东军分区司令员。解放战争时期，任冀鲁豫军区第五军分区司令员，第三军分区参谋长、副司令员，华北军区独立第二旅旅长。1950年1月，任平原军区湖西军分区司令员。后任野战军副军长、第八步兵学校校长。政协河南省第四届委员会副主席。1955年被授予少将军衔。1988年9月14日，在河南省洛阳市逝世。

林耀斌

林耀斌（1912～1985），福建省清流县人。1930年5月，在长汀参加红军，9月加入中国共产主义青年团。1933年转入中国共产党。历任通讯员、班长、新兵营长、连长、团长、军分区参谋长、速成中学校长。参加了中央苏区反"围剿"斗争和长征及长沙、吉安、水口、漳州、汤阴、聊博、运城、长青、肥城等战役战斗。1951年1月，任平原军区新乡军分区副司令员。后调任河南军区南阳军分区司令员。1955年被授予大校军衔。1985年9月30日，在河南省郑州市病逝。

李达九

李达九（1912～2010），原名李兆奎。济源县（今济源市）人。1931年加入中国共产主义青年团。1938年2月加入中国共产党，同年9月参加八路军。历任副指导员、武工队队长、副大队长、团参谋长、团长、副旅长。1949年8月，任平原军区湖西军分区副司令员。1950年任平原军区安阳军分区副司令员。后任解放军炮兵学校副校长，解放军师长，济南军区炮兵参谋长。1960年晋升为大校军衔。2010年8月8日，在山东省泰安市病逝。

佘积德

佘积德（1916～1981），安徽省金寨县人。1930年参加中国工农红军，同年加入中国共产主义青年团。1933年转入中国共产党。历任红四方面军团宣传队队长、师政治部地方工作科科长，八路军一二九师团特派员，太行军区第四军分区政治部保卫科科长、政治部主任，太行军区政治部保卫部部长，第五军分区政治部主任、军分区副政治委员。1949年8月，任平原军区安阳军分区副政治委员兼安阳市警备司令部司令员。后任华北军区炮兵政治部主任，志愿军炮兵政治部主任，福州军区炮兵政治委员、副政治委员兼政治部主任，江西省革命委员会副主任、主任，中共江西省委书记（当时设有第一书记）等职。1955年被授予少将军衔。是中共第十届候补中央委员。1981年1月24日，在四川省成都市病逝。

杨 真

杨真（1916～1998），濮阳县人。1937年10月参加八路军，11月加入中国共产党。历任冀南四支队排长、中队指导员、大队教导员，新七旅团总支书记，中共商（河）（东）阿县工委敌工部部长兼区委书记、县委宣传部部长。1943年5月，任朝城县政府县长。抗日战争胜利后，任冀鲁豫第八军分区第二指挥部政治委员，郓（城）巨（野）县委社会部部长、副书记兼组织部部长、书记。1948年年初，任中共冀鲁豫二地委武装部部长、代理专署专员。1949年8月，任平原军区濮阳军分区副政治委员、地委委员。1952年任濮阳地委统战部部长。1953年10月后，任中南局统战部民族处处长，石油部设计局副局长兼党委书记、勘察设计院院长，河南省水利厅勘察室副主任，安阳轻工机械厂副厂长，河南省安阳市政协副主席等职。

石厚刚

石厚刚（1914～2001），陕西省绥德县人。1929 年加入中国共产主义青年团。1934 年在国民党第八十六师做士兵工作。1935 年策反士兵倒戈回到红军部队，5 月转入中国共产党。历任红军十五军团排长、连政治指导员、团总支书记，八路军一一五师营书记、团组织股股长、师组织科科长、团政治处主任、团政治委员、旅政治部副主任。1947 年任冀鲁豫第六军分区政治部主任、冀鲁豫军区独立三旅政治部主任。1949 年 8 月，任平原省军区湖西军分区副政治委员、地委常委。1950 年 3 月，任平原军区聊城军分区副政治委员。1951 年 10 月，入南京高等军事学院学习。1958 年后，任中国棉花研究所副所长、中国农业机械化科学研究院副院长。2001 年 11 月 1 日，在北京市逝世。

王长江

王长江（1899～1978），字宗汉。河北省博野县人。1940 年 8 月加入中国共产党。1914 年考入保定东关陆军小学，1917 年毕业后被保送入北京清河第一陆军预备学校。1919 年 9 月，入保定陆军军官学校第九期步兵科一队学习。1923 年 8 月军校毕业后，任直军二十三师四十六旅九十一团一营三连见习军官。1923 年后，任奉军二十七师十九旅三十团一营一连中尉连副。1925 年夏，任北京航空署科员。1926 年春，任直鲁联军将校实施学校中校教官。1927 年夏，任山西北方国民革命军七军军部少校作战参谋。1928 年春，任十五旅中校参谋主任。1928 年冬，任北京交际处中校处员。1928 年年底，任四十二师一二五旅二五一团二营少校营长。1931 年春，任三十二军一三九师七一七团一营营长。1934 年秋，代理七一七团团长。1936 年夏任山西晋绥军官教导团步兵队长，后任上校步兵主任教官。1936 年任河北民军总指挥部副总指挥。1938 年兼任第一区民军司令员，率部参加八路军。1938 年 11 月，任八路军冀中民军司令员。1939 年 4 月任八路军冀中民众抗日自卫军司令员，11 月任八路军三纵队警备旅旅长。1940 年秋，兼任八路军冀中六分区司令员。1942 年冬，兼任太行一分区副司令员。1943 年秋至 1945 年冬，兼任晋绥八分区司令员。1945 年任抗大七分校校长。1946 年 8 月，任绥蒙军区副司令员。1948 年 10 月，任解放军第八军副军长兼参谋长。1949 年 3 月，改任绥远军区第一副司令员。1949 年 8 月，任京津卫戍区司令部副参谋长兼任华北军区直属党委副书记，并兼开国大典阅兵副总指挥。1950 年 9 月，任石家庄第六高级步兵学校副校长兼教育长。1952 年 9 月，任平原军区菏泽军分区副司令员。1955 年 7 月，任山东省军区菏泽军分区司令员。1955 年被授予大校军衔。1978 年 11 月 17 日，在山东省济南市去世。

甘 露

甘露，1916 年生，河南省确山县人。1938 年 9 月参加八路军，12 月加入中国共产党。历任文书、干事、指导员、总支书记、组织科科长，军分区供给处政治委员、政治部主任。参加过百团大战、林南战役等。1952 年 10 月，任平原军区菏泽军分区副政治委员。后任济南军区司令部办公室主任、军区工程兵政治部主任等职。1960年被授予大校军衔。

曾宪池

曾宪池（1910～1988），安徽省金寨县人。1928年加入中国共产主义青年团。1930年转入中国共产党，并参加红军。在鄂豫皖革命根据地时期，先后参加了第一、二、三、四次反"围剿"斗争。曾任师政治部宣传队队长。1933年春，任红四方面军总医院二分部总支书记。1935年5月，随军参加长征，三过雪山草地，任红军师政治部组织科副科长兼统计股股长。抗日战争时期，任八路军一二九师营教导员、补充团特派员，一二九师随营学校锄奸保卫科科长，抗日军政大学六分校锄奸保卫科科长，太行军区四分区政治部锄奸保卫科科长，太行七分区副政治委员兼政治部主任。1946年任晋冀鲁豫军区第六纵队保卫部部长，后入中央党校学习。毕业后，任冀鲁豫四分区副政治委员兼政治部主任。1948年年底，任华北军区独立第七旅副政治委员兼政治部主任。1950年1月，任平原军区湖西军分区副政治委员兼政治部主任。1952年7月后，任装甲兵政治部主任，华北军区军法处处长，北京军区司令部交通部政治委员，北京军区军事法院院长，石家庄高级步兵学校副政治委员，防化兵科学技术研究院政治委员等职。1955年被授予少将军衔。1988年12月5日，在北京市逝世。

李艺林

李艺林（1914～2006），河北省新乐县（今新乐市）人。1937年参加革命。1938年加入中国共产党。历任冀西游击队教导员，支队政治处主任。八路军一二九师团政治处主任，太行第五军分区敌工站站长。1945年8月，任太行五地委城市工作部部长、地委委员、中共安阳市城市工作委员会书记。1949年3月，任安阳地委委员、安阳人民政府市长。1949年8月，任安阳地委委员、安阳市委副书记兼市长。1951年1月任平原省协商委员会委员，5月任中共安阳市委书记兼市长、市军事管制委员会主任。1952年5月后，任平原省人民政府财经委员会工业处处长。1953年后，调任华北行政委员会财经委员会副秘书长，中央书记处第二办公室巡视员，吉林化肥厂厂长，吉林化学工业公司党委书记兼经理，化学工业部副部长、党组成员，燃料化学工业部副部长，石油化学工业部副部长、党组成员，化学工业部副部长、党组副书记等职。2006年12月18日，在北京市逝世。

张新村

张新村（1916～1986），山东省肥城县（今肥城市）人。1938年7月加入中国共产党。历任中共肥城县二区区委书记，肥城县委组织部部长，鲁西区党委组织部干事，冀鲁豫区党委组织部直属科科长。1942年11月，任朝北县委副书记兼组织部部长。1943年7月后，任莘（县）朝（城）县委副书记、书记，中共元（氏）朝（城）县委书记。1947年9月后，任冀南一地委委员、民运部部长兼宣传部部长。1948年任中共聊城地委组织部部长。1949年8月，任中共聊城地委委员、组织部部长。1950年9月，任平原省聊城专署专员。1951年1月，任平原省协商委员会委员，3月任聊城地委副书记兼专署专员。1952年9月，任聊城地委书记兼军分区政治委员。1954年后，任山东省委委员，山东省委农村工作部部长，山东省人民政府副省长、省委常委，中共枣庄市委书记处书记，山东省计委副主任，中共单县县委书记，中共菏泽地委副书记、地区革命委员会副主任，菏泽地委书记、地区革命委员会主任兼军分区政治委员，辽宁省委副书记、省革命委员会副主任，中共辽宁省顾问委员会副主任等职。1986年11月，在辽宁省沈阳市逝世。

杨海鹏

杨海鹏（1914～1977），菏泽县（今菏泽市）人。1936年7月加入中国共产党。1938年4月，任中共菏泽县委宣传部部长。1939年4月，任郓（城）巨（野）县委书记，10月任菏泽县委书记。1940年任中共运西地委委员，南旺等五县工委组织部部长。1941年任巨南五县工委组织部部长、代理工委书记。1946年后，任中共冀鲁豫七地委组织部部长、地委副书记、书记兼军分区政治委员。1949年8月，任中共菏泽地委书记兼军分区政治委员。1951年1月，任平原省协商委员会委员。1952年7月，任中共新乡市委书记。
1953年1月后，任中央人民政府燃料工业部计划司副司长、司长，石油工业部计划司司长，玉门石油管理局老君庙采矿场副主任、老君庙采油厂修井大队副大队长，四川省石油管理局基建处副处长。1977年病故。

刘镜西

刘镜西（1914～1993），清丰县人。1930年加入中国共产党，任中共支部书记。1931年考入河北省立大名第七师范学校。1937年后，任中共清（丰）南（乐）边东县委委员、统战部部长、战委总务部部长。1940年任南乐县抗日民主政府县长兼独立团团长、基干大队队长。1944年任范县县长。1945年4月，任中共鄄城县委书记、冀鲁豫二地委宣传部部长。1946年任中共菏泽市委书记，11月任冀鲁豫区第八专署副专员、地委委员。1947年7月，任专署专员、地委民运部部长。1948年任冀鲁豫战勤总指挥部河北办事处主任、党委书记。1949年8月，任中共濮阳地委常委、专署专员。1951年1月任平原省协商委员会委员。1952年6月后，任华北行政委员会监察委员会办公室主任、华北政法委员会秘书长，北京政法学院党组书记兼副院长、党委书记，北京市高等教育局局长、党组书记，中共北京市顾问委员会委员等职。1993年3月，在北京市逝世。

刘清训

刘清训（1918～1997），曾用名刘谦。河北省行唐县人。1936年4月，在保定师范学校读书时参加中华民族解放先锋队。1938年2月加入中国共产党。抗日战争和解放战争时期，曾任晋豫区豫北地委宣传部部长、冀鲁豫五地委宣传部部长。1945年7月，任冀鲁豫十三地委委员、宣传部部长。1949年8月，任中共平原省委宣传部教育科科长。1950年9月，任中共湖西地委副书记兼专署专员。1951年1月，任平原省协商委员会委员，7月兼湖西地委统战部部长。1952年7月，任中共湖西地委书记兼军分区政治委员。1953年7月后，任中共济宁地委书记兼军分区政治委员，山东省工业厅厅长、党组书记，山东省经济委员会副主任，山东省经委主任、党组书记，山东省基本建设委员会主任、党组书记，中共山东省顾问委员会委员等职。1997年6月9日，在山东省济南市病逝。

张俊卿

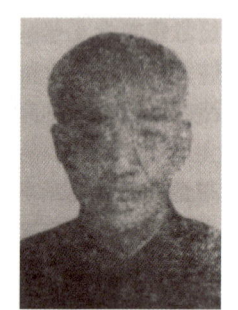

张俊卿（1918～2004），河北省唐县人。1936年参加中华民族解放先锋队。1937年10月加入中国共产党。历任河北民军十三支队连指导员、营教导员。1940年5月，任中共涉县县委书记、独立营政治委员。1941年任太行五地委委员。1945年后，任中共温陟县委书记，10月任武陟县委书记。1946年10月，任道清路南工委副书记，四十四团政治委员、党委书记。1947年后，任中共武陟、沁阳县委书记。1948年11月，任中共太行四地委宣传部部长、组织部部长。1949年8月，任中共新乡地委委员、宣传部部长。1951年3月任中共新乡地委副书记，6月兼地委统战部部长。1952年6月，任新乡地委书记兼军分区政治委员。1954年后，任河南省委委员、省委农村工作部部长、省人民委员会农林水办公室主任，中共平顶山市委书记、第一书记、市人民政府市长，河南省农委副主任、党组书记，洛阳第一拖拉机制造厂革命委员会主任、党的核心小组组长，中共洛阳市委副书记，中共周口地委第二书记、地区革命委员会副主任，中共郑州市委第一书记、市革命委员会主任等职。2004年5月27日病故。

耿起昌

耿起昌（1915～1991），山西省昔阳县人。1937年参加革命。1938年加入中国共产党。曾任太行区第四专署副专员、专员。1949年8月，任平原省新乡专署副专员、中共新乡地委常委。1952年6月，任新乡地委常委、专署专员。1953年3月后，任中共新乡地委第二书记兼专署专员，新乡地委第一书记兼军分区第一政治委员，新乡地区革命委员会主任兼军分区第一政治委员，河南省革命委员会副主任、省革命委员会核心小组副组长，候补中央委员，中共河南省委书记，中央委员，郑州市蔬菜研究所副所长等职。1991年7月16日去世。

曹幼民

曹幼民（1912～2001），河北省望都县人。1933年加入中国共产党。曾任中共武安县委书记。1947年3月，任太行五地委组织部部长兼地委党校校长。1948年1月，任中共安阳县委书记。1949年3月任中共安阳地委常委、组织部部长，8月任兼地委党校校长。1950年3月兼安阳地委纪律检查委员会书记，5月任安阳地委副书记。1951年5月，任安阳地委书记兼军分区政治委员。1953年6月后，任中南局农村工作部副秘书长，国务院农林水办公室副主任，甘肃省革命委员会副主任、省第五届人大常委会副主任，河北省第五届人大常委会副主任、党组副书记，河北省委常委、省纪律检查委员会第一书记等职。2001年4月26日，在北京市病逝。

宋玉玺

宋玉玺（1918~2000），河北省临城县人。1937年12月参加革命。1938年4月加入中国共产党。历任中共临城县中区区委书记、县委组织部部长，内（黄）邱（县）县委军事部部长兼公安局局长，井陉县县长。1943年至1948年12月，历任太行区党委党校辅导员，太行四地委委员、社会部部长，太行五地委副书记兼社会部部长。1949年5月，任中共安阳地委副书记兼社会部部长。1950年1月，任中共濮阳地委副书记。1951年6月，任濮阳地委书记兼军分区政治委员。1954年10月后，任中共河南省委委员、宣传部部长，河南省委常委、宣传部部长，郑州大学核心小组副组长、组长，河南省委常委、省科教办公室主任、省委宣传部部长，河南省委常委、统战部部长，政协河南省第五届委员会副主席，政协河南省第五届委员会主席、党组书记等职。2000年9月16日，在河南省郑州市逝世。

徐雷健

徐雷健（1919~1998），郓城县人。1936年参加中华民族解放先锋队。1938年加入中国共产党。历任中共郓城、郓南、临（城）（菏）泽县委书记，鲁西二地委武装部部长。1946年12月，任中共运西地委委员、民运部部长。1949年8月，任平原省菏泽地委常委兼专署供销合作社主任。1950年11月，任中共菏泽地委副书记、专署专员。1951年6月，兼菏泽地委统战部部长。1952年7月，任菏泽地委书记兼军分区政治委员。1954年4月后，任中共山东分局组织部副部长，山东省委委员、省总工会主席，青岛市委书记处书记，烟台地委书记，山东省委常委、组织部部长兼省体委主任，山东省革命委员会副主任兼秘书长，山东省人民政府副省长，山东省第六届人大常委会副主任等职。1998年5月14日，在山东省济南市病逝。

鹿渠清

鹿渠清（1914~1985），江苏省沛县人。1936年1月参加中国共产党。历任中共沛县四区区委书记、沛县县委宣传部部长、沛县县委书记。1938年6月，任萧县人民抗日义勇军16大队中队政治指导员。1939年5月，任沛县中心县委书记兼沛县县委书记。1941年任湖西地委民运部部长、湖西专区参议会副参议长，冀鲁豫第六、第十一地委民运部部长。1947年7月，任冀鲁豫第三地委副书记兼专署专员。1949年3月，任冀鲁豫三地委书记兼军分区政治委员。1949年8月，任中共湖西地委书记兼军分区政治委员。1952年7月后，任华北行政委员会工业局机械处处长、建筑工程局副局长，第二机械工业部二局副局长，建工部、国家计委城市设计院党委书记兼院长，安徽省阜阳地委副书记、省委候补委员，国家建委办公厅副主任，乌鲁木齐市委副书记，城市建设总局机关党委书记等职。1985年7月，在北京市逝世。

于 健

于健（1919~1992），郓城县人。1938年参加革命，11月加入中国共产党。历任游击队指导员，中共郓城县委民运部部长，县公安局局长，县长，延津县委书记，专署公安局局长，冀鲁豫四地委社会部部长。1949年8月，任平原省新乡专署专员、新乡地委常委。1951年1月，任平原省协商委员会委员。1952年6月后，任华北行政委员会处长、副局长，国营二四七厂（富拉尔基重型机械厂）党委书记，齐齐哈尔市委书记，齐齐哈尔市革命委员会委员，鹤岗市革委会副主任、主任，中共鹤岗市委书记，黑龙江省人民检察院检察长等职。1992年3月10日，在黑龙江省哈尔滨市病逝。

程耀吾

程耀吾（1915～2012），济源县（今济源市）人。1937年加入中国共产党。曾任济源县杜八联抗日自卫团中队队长。1938年参加八路军，历任支队政治处组织股股长、指导员，杜八联区分委书记，中共济源县委宣传部部长，武安县区分委书记，武安县委组织部副部长，武东县工委书记兼政治委员。1945年任武安县县长。1947年12月，任安阳县县长。1948年冬，任太行四专署副专员。1949年8月后，任平原省安阳专署副专员、党组副书记，安阳地委委员、常委。1950年3月，兼安阳地委纪检会副书记。1952年7月，任平原省安阳专署专员、党组书记，9月兼地委统战部部长。1953年3月后，任中共安阳地委第二副书记，河南医学院副院长、党委书记，洛阳工学院党委书记等职。2012年4月10日，在河南省郑州市病逝。

陶东岱

陶东岱（1910～2004），茌平县人。1938年加入中国共产党。历任本村中共支部书记，博平县区委书记，博平县委组织部部长。1939年9月，任中共博平县委书记。1940年11月，调山东分局党校学习，后任鲁西区运东地委组织部部长，禹城县委书记。1943年中共任清（平）博（平）县委组织部部长。1944年春任筑先县委书记。1947年9月后，任冀鲁豫六地委委员、副专员、专员，六地委副书记兼专员。1949年8月，任中共聊城地委副书记兼专署专员。1950年9月，任平原省监察委员会副主任。1952年5月后，调任华北行政委员会农林水办公室副主任，林业部造林司副司长，国家林业研究所副所长、党支部书记，中国林业科学研究院副院长，林业部外事司司长，中国农林科学院、林业研究院副院长等职。2004年8月2日，在北京市病逝。

马景汉

马景汉（1913～1999），冠县人。1938年加入中国共产党。历任冠县区战地动员委员会主任、区长，中共冠县县委宣传部部长。1939年任冀南一专署秘书主任。1940年后，任冠县抗日民主政府县长。1946年任中共冠县县委书记。1949年任武训县委书记、冀南一地委委员。1949年8月，任中共聊城地委委员、专署副专员。1951年6月，兼聊城地委统战部部长。1952年7月，任中共聊城地委常委、专署专员。1954年5月后，任黑龙江省哈尔滨汽轮机厂副厂长，河南柴油机厂党委书记兼厂长，河南省经委副主任兼省机械工业厅厅长，河南省机械工业局局长、电子工业局局长、党组书记，河南省司法厅厅长、党组书记等职。

逯昆玉

逯昆玉（1916～2007），清丰县人。1929年参加中国共产主义青年团。1936年转入中国共产党。历任中共支部书记，农民救国会会长，儿童团团长，冀鲁豫边区抗日救国总会总务长，总农救会主任、生活改善部部长。1941年后，任冀鲁豫边区抗日救国总会鲁西南地区抗日救国联合分会主任、鲁西南地委民运部部长。1946年5月，任冀鲁豫五地委副书记、专员。1948年3月，代理地委书记兼专员。1949年8月，任中共菏泽地委副书记、专署专员。1951年2月，任中共濮阳地委副书记。1952年6月，任平原省濮阳专署专员。1952年12月后，任中央燃料工业部、电力部、水电部电力建设总局副局长兼电力设计总院院长，水电部技术改进局局长、党组书记，电力科学院院长、党组书记，水电部纪律检查委员会第二主任，中央纪律检查委员会驻水电部纪检组组长等职。2007年3月24日，在北京市逝世。

吴卓如

吴卓如（1915～1995），曾用名武怀立。山东省肥城县（今肥城市）人。1938年7月参加革命工作，10月加入中国共产党。肥城县抗日军政干校学习结业后，任泰西独立团政治处宣传干事。1941年7月，任中共冀鲁豫区党委秘书。后任冀鲁豫中央分局（平原分局）秘书主任。1945年10月，任冀鲁豫区党委办公室副主任、主任。1948年任冀鲁豫六地委委员、组织部部长。1949年8月，任中共菏泽地委常委、组织部部长兼秘书长。1950年3月，兼任菏泽地委纪律检查委员会书记。1952年8月，任菏泽地委副书记兼专署专员。1954年4月后，任菏泽地委书记兼军分区政治委员，山东省立医院党委副书记、书记，山东省委监委会副书记，山东省委党校党委副书记、副校长，中共山东省顾问委员会委员等职。1995年7月病逝。

尚格东

尚格东（1917～1979），又名孙立朝。单县人。1938年6月加入中国共产党。1935年考入菏泽六中高中部。1937年"七七事变"后，参加单县旅外同学会，进行抗日救亡宣传活动。1938年5月后，先后在中央青委训练班、延安马列学院、马列研究院、中央研究院学习和从事理论研究，任联共党史马列研究室副主任、秘书处主任、教育科副科长。1941年年底到山东分局工作。1942年5月，任中共湖西地委宣传部教育科科长，后兼任宣传科科长。1943年9月，任单西南工委副书记兼宣传部部长。1944年7月，任单（县）虞（城）县委书记。1948年8月，任中共巨南县委书记。1949年1月，调湖西地委宣传部工作。1949年8月，任中共湖西地委常委、宣传部部长。1952年10月，任湖西地委副书记、专署专员。1953年7月后，任中共济宁地委副书记、专署专员，东北机械局局长，沈阳电缆厂厂长，第一机械工业部东北电力机械制造公司经理兼第一机械工业部七十八局副局长等职。1979 年 6 月 23 日病逝。

王秉章

王秉章（1919 ~ 1995），河北省临城县人。1937 年参加革命。1940 年加入中国共产党。历任临城县抗日区政府组训股股长，临城县教育科副科长、科长，民政科科长，临城县政府秘书、代理县长，赞皇县抗日县政府县长，邢台市副市长、市长，元氏县县长，卫辉市市长。1949 年 2 月，任汲县县长。1950 年 1 月，任平原省新乡专署秘书主任。1951 年 3 月，任平原省新乡专署副专员。1953 年后，任河南省粮食厅副厅长、厅长、党组书记，河南省委副秘书长兼省委书记处办公室主任，河南省革命委员会生产组副组长，中共安阳地委书记、地区革命委员会副主任，河南省财贸办公室副主任、主任，河南省委委员、常委，河南省财贸委员会主任、党组书记，中共河南省顾问委员会委员等职。

柳　林

柳林（1915 ~ 2017），原名靳廷慈，曾用名靳炎。沁阳县（今沁阳市）人。1936 年任小学教员时参加中华民族解放先锋队。1937 年 10 月加入中国共产党，同年参加八路军。1938 年入延安抗日军政大学学习，后留校工作，历任助理员、指导员、党总支委员，中共壶关县委学习指导员，林县区长，安阳县副县长、代理县长，淇县县长。1949 年 8 月，任平原省安阳专署秘书主任。1951 年 7 月，任平原省安阳专署副专员。1952 年 6 月，任平原省委办公厅第二副主任。后任冶金工业部直属建筑公司党委书记、经理，包头建筑公司副经理，包头钢铁公司副经理、党委副书记，包头市委委员，包头钢铁学院党委书记、院长，武汉钢铁学院党委书记兼院长，桂林冶金地质学院党委书记等职。2017 年 1 月 18 日，在广西壮族自治区桂林市病逝。

刘殿巍

刘殿巍，1915 年生，山西省左权县人。1938 年 5 月参加革命，8 月加入中国共产党。历任左权县下庄区区长，左权县栗城区区长，左权县二区区长，左权县政府民政科科长，豫北联中干中班主任，林县县政府民政科科长，新乡县副县长，淇县副县长，漳南县副县长、代县长。1949 年 12 月，任平原省邺县县长。后任平原省安阳专署财政科科长，安阳专署财委会办公室主任，安阳专署秘书主任。1952 年 7 月，任平原省安阳专署副专员、党组副书记。1953 年 6 月，任河南省安阳专署专员、党组书记等职。

李进宝

李进宝（1916 ~ 2000），原名杨培田，字学圃。南乐县人。1937 年参加"抗日救国十人团"。1938 年加入中国共产党。历任中共南乐县城区区委组织委员、区委书记，南乐县委副书记、书记兼县抗日救国会组织部部长、抗日自卫团训练处主任，冀鲁豫一地委委员、民运部部长，冀鲁豫边区救国总会组织部部长，专区救国会主任、抗日联合会主任，民运部部长兼宣传部部长。1947年任中共濮阳地委副书记兼专员。1949年8月，任濮阳地委常委、第一副书记。1956年后，任北京政法学院副院长、党委副书记，北京市纪律检查委员会筹备组副组长、副书记，中共北京市顾问委员会委员。2000年9月去世。

陈东明

陈东明（1918～2002），原名陈宪坡。莘县人。1938年参加革命。1939年8月加入中国共产党。历任村党支部书记，中共朝城县西北区工委组织委员、区委书记、区抗日动员委员会主任兼独立团政治部主任，中共朝城县委组织部部长兼敌工部部长，观（城）朝（城）县委员兼区委书记，朝城县委组织部部长、副书记、代理书记。1948年春，任中共阳谷县委副书记，观城县委书记。1951年7月，任平原省濮阳专署副专员。1952年11月，任中共濮阳地委委员。1953年6月后，任河南省濮阳专署党组书记、专员，河南省黄河河务局局长、党组书记，黄委会秘书长、党组副书记，水利电力部电力科学研究院副院长，水利电力部水利管理司副司长，水利电力部环境保护办公室主任，水利电力部科学技术委员会第一副主任，水利部科学技术局局长兼水利部环境保护办公室主任等职。

刘尹斋

刘尹斋（1882～1977），原名耕莘，又名志田。河南省虞城县人。徐州师范学堂毕业。1939年加入中国共产党。历任砀山第二高等小学校长，砀山县教育科视察员、科长，砀山甲种师范讲习所教员、校长，砀山县教育局局长，丰县中学、砀山初级师范学校教员。1939年9月，任八路军冀鲁豫支队砀山工作团统战干事。1940年3月后，任湖西地区宪政促进会秘书，冀鲁豫第二中学副校长，湖西地区参议员。1946年12月，入晋冀鲁豫中央局党校学习。1948年6月，任黄河移垦救济委员会主任，12月任冀鲁豫三专署副专员。1949年8月，任平原省湖西专署副专员。后任江苏省徐州市第六中学校长，江苏省徐州市政协副主席。1977年8月病逝。

贺一平

贺一平（1916～2001），又名贺守愚。山西省天镇县人。1936年参加革命，8月加入中国共产党。历任第三集团军队长、团长，邢西县抗日民主政府科长，平东县县长，太行第五专署秘书主任。1948年11月，任卫辉市市长。1949年2月任新乡市市长、中共新乡市委常委，8月任平原省新乡市市长、市委委员。1952年8月后，任中共中央华北局统战部办公室主任，北京市委统战部常务副部长，北京市宣武区区委书记，北京市民政局局长。

王锡璋

王锡璋（1915～2006），新乡县人。在南开中学读书时，参加"一二·九"学生运动。1936年考入河南大学并参加中华民族解放先锋队。1937年11月加入中国共产党。历任中共镇平中心县县委委员、青年部部长，豫西南地委委员、学生工作委员会书记兼中共河南大学支部书记，豫鄂边区行署物资统制总局和行署财政处调查统计科科长，晋冀鲁豫边区北方大学总务处副处长兼生产处副处长。1947年7月，任太行区新乡城工委书记。1949年3月，任新乡市委委员、副市长兼新乡市军管会接管部部长、太行四地委（新乡地委）委员。1949年8月，任平原省新乡市委常委、副市长。1952年8月，任平原省新乡市市长。1953年后，任中共新乡市委第一副书记兼市长，新乡市委书记，河南省委候补委员，河南省教育厅副厅长、党组书记，河南省委文教部副部长、省文化教育委员会副主任，河南省教育厅厅长、党组书记，河南省委委员，开封师范学院党委副书记、院革命委员会副主任，河南省教育局局长、教育局核心小组组长等职。2006年11月7日，在河南省郑州市病逝。

刘方生

刘方生（1915～2004），获嘉县人。1933年参加反帝大同盟。1935年参加革命。1938年11月加入中国共产党。曾任八路军平汉支队中队队长。1940年任中共新辉获县委组织部部长。1945年任辉嘉县委书记、邺县县委书记。1947年任中共新乡县委书记。1949年3月，任中共安阳地委委员、社会部部长兼安阳市委书记。1949年8月，任安阳地委委员、组织部副部长。1950年5月，任安阳地委常委、组织部部长。1952年5月，任安阳市委书记、安阳市协商委员会主席。1954年7月后，任洛阳第一拖拉机制造厂委员会书记、副书记，河南省委委员，河南省总工会主席，河南省劳动局局长，河南省省经委副主任，中共河南省顾问委员会委员等职。2004年3月31日，在河南省郑州市病逝。

李相虞

李相虞（1905～1969），曾用名李伯仁、李于林、李林。河北省磁县人。1926年加入中国共产党。曾任团磁县特支书记。1928年任中共磁县县委书记。1930年在磁县组织"五一"大暴动后，组建中国工农红军第十军，任第一支队政治部主任。1932年任磁县教育局巡回抗日讲演员，宣传抗日。1937年任磁县抗日政府秘书、民运科科长。1938年任磁县人民抗日游击总队政治部副主任。1941年后，任冀太联办漳北办事处粮干科科长，太行第五专署粮干局局长、勤务科科长、财政科科长。1945年后，任平汉战役后勤总指挥部兵站站长，太行第六、五专署秘书主任，太行五地委秘书长。1949年5月，任太行区党委副秘书长。1949年8月，任中共安阳市委常委、副市长。1951年5月，任平原省安阳市市长兼市委统战部部长、市军事管制委员会副主任。1952年8月，调任平原师范学院副院长。1969年8月，在河南省新乡市病逝。

张汉林

张汉林（1920～1993），河北省武安县（今武安市）人。1937年11月参加革命工作。

1938年10月加入中国共产党。1937年11月后，在武安县和武北、武东、冀豫边区组织参加抗日活动。历任武安县抗日动员委员会秘书，冀豫边区农民救国会代理主任，武安县抗日政府局长、区长，武北县救联会主席，中共武东县委城工部部长。1946年后，任武安县县长，中共安阳市委组织部副部长、部长，平原省安阳市市长，中共安阳市委书记、政协安阳市第一届委员会主席，河南省委组织部副部长，中南局组织部干部处处长、直属机关党委书记，中南局监察委员会委员、秘书长，中南局监察组监察员、秘书长，中南局农委副主任，广东省委组织部副部长，中共广东省委顾问委员会委员等职。1993年3月25日病逝。

刘　峰

刘峰（1914～2006），原名刘学斌。孟县（今孟州市）人。1930年9月，在开封黎明中学参加共产党的外围组织"中国革命互济会"。1937年9月参加革命，同年加入中国共产党。历任中共孟县县委宣传部部长、书记，阳城县、晋城县、沁阳县、淇县、汤阴县县委书记。1949年2月，任中共汲县县委书记。1950年9月，任平原省新乡地委秘书长兼政策研究室主任。1951年6月，任平原省新乡地委宣传部部长兼党校校长、地委委员。1952年7月，任平原省新乡市委副书记兼企业党委会书记。1953年6月后，任中共新乡市委书记，河南省委工业部副部长兼省工业厅厅长，河南省委第一副秘书长兼省人民委员会秘书长，河南省第一轻工业厅厅长、党组书记，河南省文教委员会第一副主任、省委文教部副部长等职。2006年4月8日，在河南省郑州市病逝。

王大海

王大海（1919～2003），原名王荫生。山西省沁县人。1936年参加山西省牺盟会。1940年加入中国共产党。历任沁县牺牲救国同盟会协理员，游击队指导员、巡视员，长治牺盟会中心区训练班队长，阳城县牺盟会组织部部长，沁（县）东第三民主革命高小校长。1942年1月后，任武（乡）东县政府教育科科长。1945年1月，任辉县县长、县委常委兼独立团团长。1946年任汤阴县县长、县委常委兼独立营营长。1947年10月，任太行联中校长。1951年3月任中共林县县委书记，11月任安阳地委委员。1952年4月任中共安阳市委常委，6月任安阳市副市长、市企业党委会书记。后任安阳市委常委兼工业部部长、市委副书记，河南省计委秘书长、副主任、党组副书记，河南省委工业部副部长，河南省委副秘书长，安阳地委第二书记，驻马店地委第一书记兼军分区第一政治委员，河南省驻马店地区革命委员会主任，河南省洛阳市革命委员会党的核心小组组长、市委书记、第二书记，河南省委常委、秘书长等职。2003年9月2日在河南省郑州市病逝。

侯敏国

侯敏国（1912～1983），曾用名侯正从、任矢。河北省沙河县（今沙河市）人。1931年参加反帝大同盟,同年加入中国共产党。后因领导学校抗日活动,被开除学籍,与党组织失去联系。1937年12月,在邢台县抗日民主政府工作。1938年7月,重新加入中国共产党。历任文教股股长、区长、科长,临城、赞皇县政府秘书、科长,平东县抗日民主政府县长,太行专署建设科科长,邢台市邮电局局长,新乡市市政科科长。1951年6月兼任平原省新乡市人事局局长,9月任市民政局局长,11月任新乡市副市长。1953年后,任中共新乡市委委员、组织部部长,河南省新乡市财贸部部长,新乡市委书记处书记,河南省新乡市人民委员会市长,新乡机床厂副厂长,新乡市委书记处书记等职。1983年8月5日病逝。

第二节　省协商委员会委员

王幼石

王幼石(1902～1972),名汝谦,字幼石。安阳市人。曾入私塾读书,13岁到南洋兄弟烟草公司安阳代销处当学徒,后任同春西药房店员,佛慈药房经理,五洲药房经理。1951年1月,任平原省协商委员会委员。后任安阳市工商联合会副主任委员,第一至第五届安阳市人民政府副市长。

王鸣岐

王鸣岐(1906～1995),滑县人。1932年毕业于河南大学林学系。后赴美国留学。1937年获美国明尼苏达大学研究院哲学博士学位,同年回国。曾任河南大学教授、农学院院长,东吴大学教授,九三学社社员。1951年1月,任平原省协商委员会委员。后任复旦大学教授、生物系主任。中国微生物学学会第三届常务理事,中国植物病理学会第二届常务理事。长期从事微生物学和植物病毒病理学的研究,对种子、真菌及昆虫传播的几种麦类病毒病的鉴定及综合防治有独到研究,为国内稻、麦病毒病的研究作出了贡献。

王钧衡

王钧衡(1907～1977),原名心平,曾用名心正,笔名钧衡。浚县人。1933年毕业于北京师范大学地理系。先后在北京师范大学附中、西北师范学院、齐鲁大学、西北大学任教。1947年任北京师范大学教授。1948年参加九三学社,任北京分社常委、宣传部部长。1951年1月,任平原省协商委员会委员。后任北京师范大学校务委员、地理系主任、地理教研室主任,全国科普协会理事,中国地理学会理事、秘书长。

刘九学

刘九学（1906～1964），博爱县人。1950年加入中国共产党。焦作解放后，任采掘班长、队长。他十分注意井下安全生产，全班连续15个月无伤亡事故，产量成倍增长。1950年被评为全国安全生产模范，并被选为平原省出席全国工农兵英模代表大会代表。1951年被评为全国劳动模范。1951年1月，任平原省协商委员会委员。中国煤矿工会委员会委员、焦作煤矿领班。曾被选为第一、第二、第三届全国人民代表大会代表，河南省人民委员会委员。

孙尚志

孙尚志（1894～1966），原名孙秀成。安阳市人。汲县省立第五师范毕业。曾任安阳县立小学堂校长，安阳县教育局总务主任。1929年加入中国国民党。后任安阳县教育界创办的《民声日报》主编。1935年安阳国民党当局大肆抓捕共产党员和进步人士，曾机智掩护放走从事地下活动的共产党员。后任安阳县立完小校长，安阳县教育局局长、县政府秘书。1941年脱离国民党。1942年参加革命工作，被选为晋冀鲁豫边区参议员和边区政府委员、安阳县参议会副议长。1951年1月，任平原省协商委员会委员。后任河南省安阳县师范学校校长，安阳六中校长，安阳地区第二师范学校副校长。曾当选为政协河南省第一届委员会委员，政协安阳市第三届委员会副主席，政协安阳县第一、第二届委员会副主席。

成百福

成百福（1906～1988），林县（今林州市）人。1944年6月加入中国共产党。在战争年代和中华人民共和国成立初期，积极带头成立农业互助组和农业生产合作社，领导群众垫滩修地，植树造林，改造良种，兴修水利，挖山泉建渠道，引水进村，使十年九旱的山村农民吃上自来水。他创造的治山治水经验，受到县委重视，在全县推广。1946年被评为劳动模范，出席林县和太行区第二届群英大会，奖给一头大黄牛。是全国农业劳动模范。1950年出席平原省农业劳动模范代表大会。1951年1月，任平原省协商委员会委员。1954年被选为河南省农业特等劳动模范。1950年和1957年，两次出席全国劳动模范代表大会，受到毛泽东主席接见。1979年安阳专区行署向其颁发农业劳动模范证书。后任太行先锋农业生产合作社社长，桑耳庄大队党支部副书记，任村公社党委委员，林县人民委员会委员、林县革委会委员、林县人大常委会委员，平原省各界人民代表会议代表，河南省人民代表大会代表。

李秀真

李秀真（1901～1972），女，滑县人。1940年10月加入中国共产党。1950年2月参加工作。1937年"七七事变"后，任八路军冀鲁豫第四军分区秘密情报员，做情报工作，经常扮成农妇到敌占区侦察敌情，收集情报。1941年夏，她得知敌人要袭击包围八路军的情报后，步行50里按时送达目的地。她还通过伪军为八路军购买子弹，动员青年参加抗日游击队。1945年后，任村妇女救国会主任、农会主席、党支部书记。1949年出席全国妇女代表大会，当选为中华全国妇女联合会委员。同年9月作为农民代表，出席中国人民政治协商会议第一次全体会议，当选为中国人民政治协商会议第一届全国委员会委员。1951年1月，在平原省首届各界人民代表会议上当选为平原省协商委员会常委。曾任政务院政法委员会委员，平原省妇联委员。1952年9月，兼任平原省人民政府政法委员会委员。1953年后，当选为政协河南省第一、第二、第三届委员会委员，并任副秘书长。

郭仲隗

郭仲隗（1887～1959），字燕生，新乡县人。1908年参加中国同盟会。1912年同盟会改组为国民党后，曾任国民党总部机要员，积极反对帝制，进行反袁（世凯）斗争。胡景翼任河南督办时，曾任河南省督办府参赞。1927年组建豫北自治军，任自治军司令员。1931年任河南省第一行政区保安指挥官，焦作中原公司常任董事、董事长，国民党河南省政府委员，河南省第三、第四行政区督察专员。1940年后任国民参议员，疾呼救灾，为民请命，一时名震全国。后任鲁豫监察使、中央监察委员。1949年国民党逃离大陆时，拒绝去台湾，留在上海迎接解放。1951年1月，任平原省协商委员会委员。后任河南省人民政府委员、河南省参事室主任、河南省首届各界人民代表会议协商委员会委员。

赵明甫

赵明甫（1908～1973），濮阳县人。在北京大学读书时参加了"一二·九"学生爱国运动和赴南京请愿。曾任濮阳县教育科督学，支队长，区长，区警察分局局长。1940年率部参加八路军。1949年6月加入中国共产党。历任东进纵队特务大队队长，冀南军区参事室参议。1941年任冀鲁豫行署参议室主任，晋冀鲁豫边区参议员。1946年年初，国民党以黄河归故为借口妄图放水淹没解放区，赵作为冀鲁豫边区首席代表与国民党进行了坚决斗争。1949年6月，任黄河水利委员会副主任，西北水土保持委员会主任。1951年1月，任平原省协商委员会委员。

鲁定华

鲁定华（1901～1977），字耀中，武陟县人。北京私立郁文大学毕业后，回乡继承祖业。1929年任成兴纱厂经理。1937年自己筹款在开封创办连成私立中学，任校长。开封沦陷后，赴武汉、成都经商。1939年4月，日本侵略军没收成兴纱厂，改名河南军管第十九工厂。1941年将厂由武陟县迁到新乡市。同年任重庆国民政府水利部驻渝办事处主任，并参加国民党。1944年辞职赴西安继承父业，自办纱厂，任经理。抗日战争胜利后，回新乡接收原成兴纱厂。1949年5月新乡市解放后，人民政府宣布发还他的财产权，成兴纱厂迅速恢复生产，有纱锭7200枚。在抗美援朝保家卫国运动中他捐款1.2亿元（旧人民币），并参加抗美援朝慰问团。曾任新乡市人民政府委员、平原省南下土改工作团队长，参加中南地区土改。1951年1月，任平原省协商委员会常务委员。1952年任全国工商联合会委员、平原省工商联合会筹委会主任。1954年被选为全国及河南省人民代表大会代表、省人民委员会委员。先后任政协河南省第一、第二届委员会常务委员，省工商联主任。1963年当选为民建河南省工作委员会主任委员。

第三节　英雄模范

宋学义

宋学义（1918～1971），沁阳县（今沁阳市）人。1939年夏参加八路军，任晋察冀军区第一军分区战士。1941年在火线加入中国共产党。同年9月25日，驻扎在易县狼牙山周围的界安、龙门庄、北楼山、营头的日本侵略军3500多人在飞机大炮的掩护下，分九路向驻守在狼牙山的八路军一个团进攻，八路军连续打退敌人十几次进攻后，决定留下宋学义所在的七连六排二班，掩护主力部队和群众转移。宋学义同班长马宝玉，副班长葛振林，战士胡福才、胡德林坚守在东山口。他们凭借险要地势，同敌人展开激战，阻击敌人，边打边退往山顶，把日本侵略军死死牵制在狼牙山，先用枪弹和手榴弹，后用石头打退敌人十几次进攻，胜利完成牵敌任务。由于弹尽粮绝，宋学义等5名战士英勇不屈，毁枪跳崖。马宝玉等3人壮烈牺牲。宋学义和葛振林被山腰树丛所挂，摔成重伤，第二天被部队送往医院抢救生还。1944年转业到河北省易县北管头村，任农会主席。1947年返回原籍沁阳县北孔村任党支部书记。作为"狼牙山五壮士"之一，先后参加全国烈军属和残废、复员退伍军人积极分子代表会、国庆10周年天安门观礼、全国民兵英雄代表会、全国劳动模范代表大会，是中共第九次全国代表大会代表。1971年6月26日在河南省郑州市逝世。1979年6月，河南省革委会授予他革命烈士称号。

马绍孔

马绍孔（1930～1952），沁阳县（沁阳市）人。1946年参加中国人民解放军。1948年在淮海战役前线加入中国共产党。他在淮海战役张围子战斗中两次负伤，坚决不下火线，并请求担任突击组组长。他在过浍河时抓获34个俘虏，在追击国民党军时，俘虏国民党军两个班。在阻击国民党军反扑战斗中伺机冲上前去俘虏国民党军一个排。与兄弟突击组密切配合打退国民党军多次进攻，拔掉4个国民党军前沿地堡，为大部队全歼浍河以南的黄维兵团扫除障碍。该次战役中，他个人缴获国民党军迫击炮1门，轻重机枪3挺，卡宾枪、步枪40多支，国民党军文件1箱，党支部随即批准他为中共正式党员。被授予"特等战斗英雄"称号，破格晋升为副排长。1949年5月，出席全国首次青年代表大会。后又参加渡江战役和进军大西南。1951年参加中国人民志愿军赴朝鲜作战。1952年参加第五次战役大水洞战斗，在行进途中不幸被敌军炮弹击中，光荣牺牲。

刘 岐

刘岐（1924～1985），特等功臣，沁阳县（今沁阳市）人。1949年参加中国人民解放军。1951年加入中国共产党。后参加中国人民志愿军。在上甘岭阻击战中，奉命带领二班仅有的3名战士进入1号阵地同九班剩下的6名战士编成一个战斗班，杀伤美军80多人。在美军发动猛攻、全班3人负伤、2人牺牲的紧急情况下，不顾眼睛受伤，指挥剩下的4名战士与10倍于我的敌人反复争夺，先后打退敌人24次冲锋，歼敌300余人，守住阵地，为大部队反击创造了条件。被志愿军三兵团授予"特等功臣"称号，获朝鲜民主主义人民共和国二级国旗勋章。

孙占元

孙占元（1925～1952），林县（今林州市）人。1946年参加中国人民解放军。1948年加入中国共产党，历任战士、班长、排长。1951年3月，参加中国人民志愿军。1952年10月，在朝鲜江原道金化郡上甘岭战役中，率领全排战士在957.9高地2号阵地上连夜修筑3个暗火力发射点，在战斗中消灭敌人100多人。孙占元右腿受伤断裂，左腿肌肉被削去一块，露出骨头。孙占元忍着巨疼，爬行坚持指挥战斗，消灭敌人。最后，一群敌人逼近他时，孙占元拉响两枚手雷，与敌人同归于尽。同年11月，中国人民志愿军总部为孙占元追记特等功。孙占元后被授予"一级战斗英雄"称号。朝鲜民主主义人民共和国最高人民会议常任委员会授予孙占元"朝鲜民主主义人民共和国英雄"称号和金星奖章、一级国旗勋章。林县人民政府将孙占元出生地三共水村改为占元村。

贠宝山

贠宝山（1930～1951），原名贠成山。安阳市人。1949年5月参加中国人民解放军。1950年10月参加中国人民志愿军。1951年6月加入中国新民主主义青年团。同年9月在朝鲜江原道铁原郡中马山战斗中担任卫生员，确定留在二梯队，经贠宝山再三请求，后批准随突击排行动。战斗打响后，贠宝山给受伤战士陈润包扎完伤口，抓住陈润的胳膊搭在自己肩上，侧身向山下爬去，突然一梭子弹打来，贠宝山立即扑在陈润身上掩护，自己的一只胳膊受伤，贠宝山忍痛把陈润背到副连长隐蔽的洼地时，贠宝山的左腿又被子弹打伤，又一次倒下，鲜血顺腿往下流。副连长让贠宝山下火线，他坚定地说："激烈战斗还在后边，我是一个卫生员，又是青年团员，任务还没完成，我不能离开自己的岗位。"当副连长带领战士向山顶冲去时，贠宝山咬紧牙忍痛一瘸一拐向前冲，一发炮弹在他右边爆炸，贠宝山再次身负重伤，肠子流出体外，昏倒在地。当他从昏迷中醒来后，忍痛把肠子揉进肚子里，继续向前爬行，用哆嗦的双手给受伤的二班长包扎好伤口，他又第二次昏迷过去。贠宝山再次苏醒后，吃力地从脖子上摘下剩下一点水的水壶给了二班长，自己却永远闭上了眼睛，献出年轻的生命。1951年12月，贠宝山被追认为中国共产党党员。中国人民志愿军总部授予他"一级战斗英雄"称号，追认他为"特等功臣"。

张希文

张希文，1922年生，原名西方。沁阳县（今沁阳市）人。1945年参加八路军。1947年加入中国共产党。淮海战役中获师"一等英雄"称号，渡江战役中获军"一等英雄"称号。1950年参加中国人民志愿军，赴朝鲜参加抗美援朝战争。获朝鲜民主主义人民共和国"二级英雄"称号。1954年10月复员返乡，任七里桥村党支部书记。

李文彦

李文彦（1927～1952），沁阳县（今沁阳市）人。1947年入伍。1949年5月加入中国共产党。1950年参加中国人民志愿军。1952年10月7日，时任工兵班长的李文彦随部队攻上无名高地。次日拂晓，敌人开始疯狂的反扑，李文彦和其他战士一起同敌人展开激烈的战斗。激战7小时后，阵地上只有3名战友可以继续战斗，李文彦头部负伤，指挥这3名战友又连续打退敌人19次冲锋。最后敌人以坦克和飞机掩护步兵冲锋，李文彦便命令两名没有负伤的战士带伤员向主阵地转移，自己留在阵地坚守。当敌人拥上来时，他高呼一声"共产党万岁！"抱起最后一个炸药包冲入敌群，与数十个敌人同归于尽。中国人民志愿军领导机关给他追记特等功，授予"二级战斗英雄"称号。

栗振林

栗振林（1930～1952），林县（今林州市）人。1947年参加中国人民解放军。1948年加入中国共产党。1951年参加中国人民志愿军。历任通信员、班长、排长。1952年10月15日，在朝鲜上甘岭战役中攻占537.7高地北山敌人阵地时，栗振林带领一排战士冲上山头，一面指挥，一面用冲锋枪击毙敌人，不幸双腿负伤，他不顾流血疼痛，勇猛冲杀，全歼守敌一个排之后，继续指挥战士配合兄弟部队向攻击的目标进展，子弹打完了，利用战斗空隙，带领战士，从敌人尸体上搜集弹药，用敌人的子弹打击敌人，连续几次打退敌人的反扑。阵地上只剩下他一个人，仍顽强战斗，连续投掷6枚手雷，炸死、炸伤8个敌人，最后敌人接近他时，他拉响最后一枚手雷，与敌人同归于尽。中国人民志愿军总部为栗振林追记特等功，授予"二级战斗英雄"称号。林县人民政府把栗振林的家乡南关街改名为振林街。

张希瑞

张希瑞，1927年生，又名清波。内黄县人。1947年参加中国人民解放军。历任班长、排长、连副指导员、营职干部。参加过豫东、淮海、渡江、上海等战役和抗美援朝战争。曾立一、二、三等功各1次。在朝鲜战场获"二级战斗英雄"称号。转业后担任濮阳县热电厂党委书记兼厂长。

周景和

周景和（1925～1950），安阳县人。1944年加入中国共产党。1945年参加八路军。历任班长、排长、连长。在解放战争中曾荣立3次大功。1949年10月,周景和率领全连在"剿匪"战斗中英勇作战,插入国民党一二二军军部,活捉军长张绍勋,获"剿匪模范连"称号。1950年参加中国人民志愿军入朝作战,率领全连战士在夺取287.2高地的战斗中,连续拿下7座山头,炸毁敌人5座地堡。占领高地后,率部向右翼前沿无名高地冲杀,与敌人展开激烈的肉搏,独自与两个敌人拼杀,身负重伤,壮烈牺牲。被中国人民志愿军总部授予"二级战斗英雄"称号。

郭庭印

郭庭印,1921年生,内黄县人。1936年参加革命工作。抗日战争中被冀南军区誉为"孤胆英雄""冀南五虎英雄"。曾8次负伤,立特等功2次、大功6次。1940年8月,郭庭印带领连队在一次同日军交战中,缴获日军"八八式"野炮一门。1941年4月,郭庭印带领连队在枣强县奇袭娄子镇取得胜利后,又伏击日军援军,亲手击伤日军中队长的左腿。1942年8月,郭庭印等3人化装成日军特务队,混进日军占领的德州市,抄袭日本人开设的东亚洋行(毒品公司)。1948年在太原战役中,获"人民功臣"称号。曾任河北省军区衡水军分区参谋长。

张图书

张图书(1892~1969),温县人。1947年土地改革后,组织6户群众农忙季节变工,发展为常年互助组,向全县发出爱国丰产竞赛活动倡议。谷子由平均亩产150多公斤增加到370公斤。首创玉米移栽法,亩产突破500公斤,被平原省命名为"模范互助组"。1951年被评为县、省农业劳动模范。3次出席全国劳模会。1952年加入中国共产党。曾任村党支部副书记、温县人民委员会委员,县和省党代会代表,温县革委会委员。

李顺达

李顺达(1915~1983),林县(今林州市)人。1932年逃荒到山西省平顺县定居。1938年加入中国共产党。1943年带头组织互助组。1944年被选为平顺县一等劳动英雄。1946年被评为太行区一等劳动英雄。1950年被评为全国农业特等劳动模范,出席全国工农兵英雄模范代表会议,受到毛泽东等党和国家领导人的接见。先后当选为第一、第二、第三、第四届全国人大代表和中共第八、第九、第十次全国代表大会代表,是中共第九、第十届中央委员。

曾广福

曾广福(1913~1998),莘县人。1946年加入中国共产党。1942年任本村农会会长。1943年创办互助组。1949年创造"兑地丰产"法,实行土地连片,统一经营,地四劳六比例分成办法,发展生产,增加收入。同年当选为聊城专区农业生产劳动模范和平原省农业劳动模范。1950年9月,被政

务院授予全国农业劳动模范。1950年后，任中共莘县县委委员。1977年任中共山东省委第三届委员会委员。1972年至1979年任中共聊城地委常委。是平原省协商委员会委员，中共山东省代表大会代表、省人民代表大会代表，第一、第三届全国人民代表大会代表。中共第九至十三次全国代表大会代表。

石玉殿

石玉殿（1893～1967），林县（今林州市）人。1948年加入中国共产党。石玉殿青年时在一个偶然机会发现榆树盛开鲜花，受到启发之后，成功地把大枣树接到酸枣树上。1940年他带领妻子和儿子开荒、栽种、育苗、嫁接果树，后逐渐试验成功果树的二重接、扣码接、靠接、搭接等一系列方法，试验成功一套关于柿子、核桃、花椒、梨树等果木树栽培管理方法，并义务为乡亲们嫁接果树。1950年4月，作为平原省代表出席全国林业会议，获中央人民政府林业部颁发的林业劳动模范奖状和奖章。后任农业合作社社长。石玉殿被聘请为中国林业科学院树木改造研究室研究员、中国米丘林学会会员、河南农学院林业系教授、中国农业科学院果树研究所研究员。

于德礼

于德礼（1903～1985），茌平县人。历任村财粮委员、生产委员、技术股股长。中华人民共和国成立后，他响应政府号召，带领群众扩大棉花种植面积，摸索植棉经验，棉花产量逐年提高。1950年皮棉单产100多公斤。多次受到专区及县政府的表扬和奖励。1951年被平原省人民政府授予劳动模范。

董加平

董加平（1907～1959），鱼台县人。1932年在宝应县参加新四军，任班长。1936年加入中国共产党。因左眼负伤，于1941年9月返乡，先后担任联村、行政村村长。积极带领群众组织互助组、初级社，多次受到县、区表彰。1950年，响应县人民政府大搞植树造林号召，发动村民购买杨、柳、桑苗23万株，4年植树48万株，积累资金24万元。1950年参加了平原省第一届农林劳模代表大会，获省政府奖励。1953年5月参加全国农林劳模大会，受到毛泽东主席等中央领导的接见。

董希河

董希河（1904～1977），聊城县（今聊城市）人。1946年任村农会会长，并加入中国共产党。1947年参军，任冀鲁豫独立旅班长，获筑先县政府奖励牌匾一块。1950年，在本村带头办起全县第一个农村互助组，并实施盐碱地改造，粮棉获得大丰收，被授予平原省农业劳动模范。1952年，带头办起全县第一个初级农业生产合作社，任社长。1954年、1956年先后两次出席山东省劳动模范、先进分子大会，还出席全省社会主义农业建设积极分子代表大会，被授予社会主义农业建设积极分子称号。

魏武昌

魏武昌(1899~1970),高唐县人。人称"庄稼把式"。先后任互助组组长、农业合作社社长。1950年在自己的农田里修复一口老井,可浇田4亩,当年粮食亩产超过当地其他农民2倍多。同年被评为平原省农业劳动模范。

王来先

王来先(1901~1980),高唐县人。历任农业生产互助组组长、初级农业生产合作社社长、高级农业生产合作社社长、生产大队队长、县人民政府委员。1950年被评为平原省农业劳动模范。多次出席省、地区农业劳动模范会议。多次出席省、地农业劳动模范会议,受到领导的表彰和奖励。

刘凤英

刘凤英(1910~1978),女,高唐县人。1949年加入中国共产党。抖鞭使车、扶犁耕地,锄、割、打、压等男人常干的农活,她都精通。1950年被评为平原省农业劳动模范。1951年,率先在本村成立第一个农业生产互助组,扩大棉花种植面积,实行科学管理,率先开创亩产籽棉100多公斤的新纪录。1953年任初级农业生产合作社社长。1956年任高级农业生产合作社社长。多次受到地、县、区人民政府的表彰。

宋长泰

宋长泰(1899~1968),高唐县人。1947年加入中国共产党。任村党支部书记。积极参与消灭国民党军残余武装的斗争,曾化装潜入国民党统治区侦察敌情。土地改革后,带头成立起农业生产互助组,连年获得粮棉丰收,创单产全乡最高纪录。1950年被评为平原省农业劳动模范。1951年当选为平原省高唐县第一届各界人民代表大会常务委员会委员。1954年7月至1957年6月,任中共高唐县委委员。1968年病逝。

第十三章

各级机构领导人员名单

第一节 中共平原省委及直属部门

(1949.8 ~ 1952.11)

省委书记

潘复生（1949.8 ~ 1950.7）　　吴　德（1950.7 ~ 1952.1）

第一书记

潘复生（1952.1 ~ 1952.11）

第二书记

罗玉川（1952.1 ~ 1952.11）

副书记

潘复生（1950.7 ~ 1952.1）　　赵时真（1949.8 ~ 1952.11）

常务委员

潘复生（1949.8 ~ 1952.11）　　吴　德（1950.7 ~ 1952.1）
罗玉川（1950.7 ~ 1952.11）　　赵时真（1949.8 ~ 1952.11）
晁哲甫（1949.8 ~ 1952.11）　　刘致远（1949.8 ~ 1952.11）
刘晏春（1949.8 ~ 1952.11）　　张承先（1949.8 ~ 1952.11）

委　员

韩哲一（1949.8 ~ 1952.2）　　戴晓东（1949.8 ~ 1952.11）
杨　珏（1951.2 ~ 1952.11）　　刘　刚（1952.1 ~ 1952.11）
谢　良（1952.1 ~ 1952.11）　　安法乾（1952.1 ~ 1952.11）
魏晓云（1952.1 ~ 1952.9）　　王路宾（1952.1 ~ 1952.11）

秘书长

杨　珏（1951.2 ~ 1952.11）

办公厅

办公厅主任　王庭栋（1951.11 ~ 1952.11）
第一副主任　郝友三（1951.11 ~ 1952.11）
第二副主任　王　兴（兼行政处处长，1951.11 ~ 1952.6）

柳　林（1952.6～1952.11）

政策研究室

主　任　陶　力（1949.8～1951.7）
副主任　王庭栋（1950.9～1951.11）

组织部

部　长　刘晏春（1949.8～1952.11）
副部长　杨　珏（兼，1951.2～1952.11）　　刘　刚（1952.1～1952.11）

宣传部

部　长　张承先（1949.8～1952.11）
副部长　魏晓云（1951.6～1952.9）　　罗定枫（1952.6～1952.11）

社会部

部　长　戴晓东（1949.8～1952.11）
副部长　王路宾（1949.8～1952.11）

统一战线工作部

部　长　晁哲甫（兼，1950.11～1952.11）
副部长　贾云标（1952.7～1952.11）

纪检会

书　记　刘晏春（兼，1949.12～1952.11）
第一副书记
杨　珏（兼，1951.11～1952.11）
第二副书记
戴晓东（兼，1951.11～1952.11）

企业党委

书　记　潘复生（兼，1951.7～1952.11）
副书记　陶　力（1951.7～1952.11）　　王维群（1952.6～1952.11）

直属党委

书　记　刘晏春（兼）
副书记　刘松波　蔡西峰（1952.7任）

青年团省工委

书　　记　葛步海（1949.8～1952.11）
副书记　梁步庭（1950.7～1952.11）　　高　峰（1952.7～1952.11）

妇女委员会

书　　记　万丹如（1949.8～1951.3）　　范世钧（1951.3～1952.11）

妇女联合会

主　　席　万丹如（1949.10～1951.3）　　范世钧（1951.3～1952.11）
副主席　路　华（1951.3～1952.11）　　冀　雨（1951.3～1952.11）

总工会筹委会

主　　席　赵时真（兼，1949.11～1952.11）
副主席　高宗智（1949.12～1952.11）

省委党校

校　　长　刘晏春（兼，1949.8～1952.11）
副校长　魏晓云（兼，1951.6～1952.9）

平原日报社

社　　长　罗定枫（1949.8～1952.11）
副社长　白映秋（1949.8～1952.11）

新华社平原分社

社　　长　尹承伊（1949.8～1952.11）

第二节　平原省人民政府及各厅（委、局）

省政府（1949.8～1951.1）

主　席

晁哲甫（1949.8～1951.1）

副主席

罗玉川（1950.7～1951.1）　　贾心斋（1949.8～1951.1）　　韩哲一（1949.8～1951.1）

委　员

晁哲甫　潘复生　赵时真　刘致远　贾心斋　韩哲一　袁子扬　孙照寰　安志成　戴晓东
王路宾　王振华　杜毓沄　牛连文　姜纪五　安法乾　刘玉峰　干化云　高镇五　赵　霖
万丹如（女）　罗玉川　吴　德

省政府（1951.1～1952.11）

主　席

晁哲甫（1951.1～1952.11）

副主席

罗玉川（1951.1～1952.11）　　贾心斋（1951.1～1952.11）
韩哲一（1951.1～1952.2）　　戴晓东（1952.5～1952.11）

委　员（以姓氏笔画为序）

牛连文　王儒林　王晏卿　王化云　王沛霖　王振华　安法乾　安志成　吴　德　杜毓沄
姜纪五　孙照寰　高镇五　高宗智　袁子扬　张含英　陈立廷　许禹范　杨汉章　葛步海
万丹如（女）　赵时真　赵　霖　赵纪彬　潘复生　刘致远　刘德润　鲁世英　戴晓东

秘书长

袁子扬（1949.8～1952.11）

副秘书长

赵纪彬（1950.1～1952.8）

秘书处（1949年11月成立）

处　长　张鲁泉（1949.11～1951.7）

办公厅（1950年7月成立）

主　任　张鲁泉（1952.6～1952.11）
副主任　张鲁泉（1951.7～1952.6）
　　　　杨子争（1952.7～1952.11）

主席办公室（1949年11月成立）

副主任兼研究室主任　孔百川（1949.11 任）

民政厅

厅　长　孙照寰（1949.8～1952.11）
副厅长　郭良才（1949.8～1952.7）　　刘鸣九（1952.7～1952.11）

财政厅

厅　长　袁子扬（兼，1949.8～1952.10）
　　　　安志成（1949.10～1952.9）
副厅长　雷峻三（1949.8～1952.11）　　赵惠卿（1951.4～1952.11）

教育厅

厅　长　王振华（1949.8～1950.8）
第一副厅长　巩廓如（1949.8～1950.8）
第二副厅长　王儒林（1949.8～1950.8）

文化事业管理局（1949年11月成立）

副局长　张国础（1949.11～1950.8）

文教厅（1950年8月，教育厅与文化局合并为文教厅，1952年5月又分为教育厅、文化事业管理局）

厅　长　王振华（1950.8～1952.11）
副厅长　巩廓如（1950.8～1952.11）　　白　桦（1950.8～1952.11）
　　　　王儒林（1950.8～1952.11）　　刘星华（1952.7～1952.11）

文化管理局局长兼平原广播电台

台　长　袁　声（1952.5～1952.11）

农林厅

厅　长　姜纪五（1949.8～1952.11）
副厅长　杨　节（1949.8～1952.11）

工业厅

厅　长　韩哲一（兼，1950.8～1952.2）　王维群（兼，1952.6～1952.11）
副厅长　程重远（1950.8～1952.11）　　陈立廷（1951.4～1952.11）

商业厅

厅　长　杜毓沄（1949.8 ~ 1952.11）
副厅长　刘公然（1951.1 ~ 1952.2）　姚会宾（1951.11 ~ 1952.5）
　　　　吕　谦（1952.7 ~ 1952.11）

交通厅

厅　长　牛连文（1949.8 ~ 1952.11）

航务局

局　长　郭　英（1949.8 ~ 1952.11）

公路局

局　长　律　巍

公安厅

厅　长　戴晓东（1949.8 ~ 1952.5）　王路宾（1952.5 ~ 1952.11）
副厅长　王路宾（1949.8 ~ 1952.5）　李　祥（1952.5 ~ 1952.11）

卫生（局）厅（1951年7月卫生局改为卫生厅）

局　长　李　奕（1949.8 ~ 1951.7）
副局长　陈云章（1949.9 ~ 1951.7）
副厅长　李　奕（1951.7 ~ 1952.11）　苏厚润（1952.5 ~ 1952.11）

人事（局）厅（1951年2月成立人事局，1952年5月改设人事厅）

局　长　郭良才（兼，1951.3 ~ 1952.5，1952.5后任人事厅第一副厅长）
副局长　吴克让（1951.3 ~ 1952.5，1952.5后任第二副厅长）

供销合作委员会（合作总社）

主　任　安法乾（1949.8 ~ 1952.11）
第一副主任　刘玉峰（1949.8 ~ 1952.11）
第二副主任　郭月斋（1951.5 ~ 1952.11）

中国人民银行平原省分行

经　理　王沛霖（1949.8 ~ 1952.8）
副经理　薛际春（1949.11 ~ 1951.1）
行　长　赵伟俊（1952.5 ~ 1952.11）

副行长　杨自卫（1951.11～1952.8）
第一副行长　曾耀坤（1952.8～1952.11）
第二副行长　崔蕴清（1952.8～1952.11）

税务局

局　长　赵惠卿（1949.9～1952.11）
副局长　翟肇基（1949.9～1952.2）　　邹佑荣（1952.10～1952.11）

劳动局

局　长　晁哲甫（兼，1949.8～1952.2）
副局长　刘鸣九（1949.9～1952.7）

粮食局

局　长　王兆祥（1949.8～1952.2）　　王云平（1952.10～1952.11）
副局长　刘培岑（1949.8～1952.11）　　王云平（1950.2～1952.10）
　　　　冯汇川（1952.10～1952.11）　李云海（1952.10～1952.11）

黄河河务局

局　长　张　方（1949.8～1952.11）
副局长　袁　隆（1949.8～1950.2）　　刘传朋（1952.10～1952.11）

水利局

局　长　牛连文（兼，1949.8～1949.12）　马冠群（1950.2～1952.10）
　　　　杨　节（兼，1952.5～1952.11）
副局长　孔令瑢（1952.2～1952.11）

荣军管理局

局　长　姜子荣（1949.8～1952.11）
副局长　宋云程（1949.8～1952.11）

邮政管理局（1949年8月成立）

局　长　李慕三（1950.1任）

电信指挥局（1949年11月成立）

局　长　肖永昌（1949.11任）
副局长　石永兴（1949.11任）

邮电管理局（1951年12月，邮政管理局与电信指挥局正式合并为邮电管理局）

局　　长　　肖永昌（1951.12～1952.11）
副局长　　石永兴（1951.12～1952.11）　　　李慕三（1951.12～1952.11）

人民法院

副院长　　姚伟杰（1949.8～1952.11）

人民检察署（1950年9月成立）

检察长　　戴晓东（兼，1950.9～1952.11）
副检察长　　李　祥（1950.9～1952.11）

监察委员会（1950年9月成立）

主　任　　赵　霖（1950.9～1952.11）
副主任　　陶东岱（1950.9任）　　　　李广德（1952.8～1952.11）

财政经济委员会（1950年2月成立，1951年1月调整领导成员）

主　任　　韩哲一（兼，1950.2～1951.1）　　罗玉川（兼，1951.1～1952.11）
副主任　　潘复生（兼，1950.2～1951.1）　　吴　德（兼，1951.1～1952.1）
　　　　　韩哲一（兼，1951.1～1952.2）　　安志成（1951.12～1952.5）
秘书长　　安志成（兼，1950.2～1951.12）　王沛霖（兼，1951.12～1952.5）
　　　　　杜毓沄（兼，1952.5任）

文化教育委员会（1951年12月成立）

主　任　　晁哲甫（兼，1951.12～1952.11）
副主任　　张承先（兼，1951.12～1952.11）
秘书长　　王振华（兼，1951.12～1952.11）

政治法律委员会（1951年12月成立）

主　任　　贾心斋（兼，1951.12～1952.11）
副主任　　戴晓东（兼，1951.12～1952.11）　王路宾（兼，1951.12～1952.11）
　　　　　孙照寰（兼，1951.12～1952.11）

实业公司

经　理　　程重远（兼，1949.8～1952.11）
副经理　　张华文（1949.8～1952.11）

平原师范学院（1951年7月成立）

院　　长　赵纪彬（1951.7～1952.11）
党委书记　聂补吾（1951～1952.11）

平原农学院（1951年7月成立）

院　　长　罗玉川（兼，1951.7～1952.11）
副院长　高惠民（1951.7～1952.11）　　杨锦堂（1951.7～1952.11）

第三节　平原军区及直属部门

司令员

刘致远（1949.8～1952.11）

副司令员

张开荆（1949.9～1952.11）

政治委员

潘复生（1949.8～1952.11）

副政治委员

谢　良（1951.8～1952.11）

参谋长

刘德海（1949.8～1952.11）

副参谋长

赖春风（1949.8～1952.11）

政治部主任

谢　良（1949.8～1952.11）

副主任

张正光（1949.8～1952.6）　　杨明山（1952.6任）

供给部

部　　长　资建侯
副部长　副政治委员　王言炳

卫生部

政治委员　刘世洪

干部管理部（1951年1月成立）

部　　长　刘世洪
副部长　廖亨禄（1951.1～1951.5）　　杨明山（1951.8任）

人民武装部

部　　长　张辉汉（1949.8～1952.11）

后勤部（1951年2月至3月，供给部与卫生部合并为后勤部）

部　　长　朱尽卿（1949.8～1952.11）
政治委员　曾新泮（1952.6～11）
副部长　谷平方　刘　琦
副政治委员　王言炳（1952.5离任）

军区办公室

主　任　李汝泰

司令部办公室

主　任　蒋　准
秘　书　王毅轩　安兴伦

管理科

科　长　刘　晋

政治部宣传部

部　　长　王时春

保卫部

部　　长　刘金池

组织科

科　长　阎长庆

教育科

科　长　郝绍毅

供给部政治处

主　任　李绪三

卫生部后方医院

院　长　刘恒升

分科医院

院　长　杨　端　王华轩
副院长　王学礼　张兆霖

后勤部干部处

副处长　杨　贲

平原军区军政干部学校

校　长　赖春风（兼，1949.8～1952.11）
政治委员　廖亨禄（兼，1950.8～1951.5）
政治部主任　梁乃强（1949.8～1952.11）

第四节　平原省协商委员会

主　席

吴　德（1951.1～1952.1）
潘复生（1952.1～1952.11）

副主席

潘复生（1951.1～1952.1）
赵纪彬（1951.1～1952.11）
解　方（1951.1～1952.11）

魏明初（1951.1 ~ 1952.11）

秘书长

赵纪彬（兼，1951.1 ~ 1952.11）

副秘书长

卢自然（1951.1 ~ 1952.11）

委　员（以姓氏笔画为序）

于　健（新乡专署专员）

于云贵（新乡列车段派班车长。曾任车长、管委会委员、基层工会副主席）

王柏华（平原省文化艺术联合会委员。曾任省文联书报社编辑、文联美术工作者协会副主任）

王冠军（曾任西北军教导师师长、国民政府山东省农矿厅厅长）

王伟烈（国立焦作工学院秘书主任。曾任西北大学教师、河南省立工商业专科学校校长）

王晏卿（平原省人民政府委员。曾经营火柴、造纸、蛋厂、染厂、出口贸易等工商业）

王敏修（村文化教员。曾任晋冀鲁豫临参会参议员）

王钧衡（北京师范大学教授）

王鸣岐（东吴大学教授。曾任河南大学农学院教授、院长）

王玉花（女，村妇会主任。平原省出席全国工农兵劳模大会代表）

王幼石（安阳五洲药房经理、安阳市协商委员会副主任）

方拂尘（曾任中学教员多年）

成百福（平原省农业生产模范、平原省出席全国工农兵劳模大会代表）

朱洪铎（曾参加同盟会，曾任国民政府山东省议会议员）

李　奕（省人民政府卫生局局长）

李秀真（女，中国人民政治协商委员会委员、政务院政法委员会委员、全国妇联委员）

李艺林（安阳市人民政府市长）

李继春（女，省立安阳二中教员）

吴　德（中共平原省委书记）

吕　谦（安阳专署专员）

胡子铎（安阳广生医院副院长。曾任中华基督教河南大会执行委员）

晁哲甫（平原省人民政府主席。曾任冀鲁豫行署主任、华北人民政府教育部部长）

高镇五（平原省人民政府委员、省立新乡师范学校校长。曾任晋冀鲁豫边区委员）

高宗智（平原省总工会筹备委员会副主席）

孙尚志（安阳县立师范学校校长。曾任晋冀鲁豫边区政府委员）

袁子扬（平原省人民政府委员兼秘书长）

张含英（中央人民政府水利部副部长、省人民政府委员。曾任北洋大学校长）

张新村（聊城专署专员）

张承先（平原省委宣传部部长）

许继曾（山东大学土木工程系教授兼主任。曾任西北工学院教授）

许惠焘（女，新乡市立医院助产医师。曾任河南产科医院医师主任）

崔凤高（平原省工业厅工程师。日本留学生、曾任煤矿工程师）

黄儒良（村长兼联防队长。单县农业英模，曾出席分区民兵代表大会及军区英模代表大会）

黄格非（平原省学联常务委员）

陈立廷（平原省人民政府委员。曾任抗日中学副校长）

郭仲隗（河南省人民政府委员、河南省人民政府参事室主任。曾任国民政府河南省府委员）

郭文煊（新乡市私立河朔中学校长）

冯兰馨（医学博士，曾任大名医院外科主任）

嵇文甫（河南省人民政府副主席。曾任河南大学文学院院长、北京大学教授）

万丹如（女，平原省人民政府委员，平原省妇联主席。曾任冀鲁豫妇救总会主任、专署副专员）

贾心斋（平原省人民政府第二副主席。曾任冀鲁豫行署副主任、晋冀鲁豫边区政府委员）

贾云标（新乡市委书记）

杨汉章（省立菏泽师范学校校长。曾任晋冀鲁豫边区政府委员、建国学院院长）

杨海鹏（菏泽地委书记兼军分区政治委员）

葛步海（中国新民主主义青年团平原省工作委员会书记）

赵　霖（平原省人民政府委员兼平原省人民监察委员会主任。曾任太行行署教育处处长、晋冀鲁豫边区政府参议员）

赵纪彬（平原省人民政府委员兼副秘书长。曾任山东大学校委会副主委兼文学院院长）

赵明甫（黄河水利委员会副主任。曾任晋冀鲁豫边区政府委员）

刘九学（全国矿工总工会委员、焦作煤矿二厂领班。平原省出席全国工农兵劳模大会代表）

刘玉峰（平原省供销合作总社副主任）

刘镜西（濮阳专署专员）

刘致远（平原省人民政府委员、平原军区司令员）

刘清训（湖西专署专员）

刘晏春（平原省委组织部部长）

鲁定华（私营成兴纱厂经理）

卢自然（平原省各界人民代表会议筹委会副秘书长。曾任开封女师校长）

卢学忠（曾任郑州清真寺教长）

戴晓东（平原省人民政府委员兼公安厅厅长）

谢　良（平原军区政治部主任）

韩哲一（平原省人民政府第三副主席）

罗玉川（平原省人民政府第一副主席。曾任河北省人民政府副主席、中央人民政府农业部副部长）

罗定枫（平原日报社社长）

潘复生（平原省委第一副书记、平原军区政治委员、平原省人民政府委员）

魏明初（平原大学筹备委员。曾任河北省立工业学院院长、旧国立中央工业学校校长兼国立重庆大学教授）

解　方（齐鲁大学文学院教授。曾任师范中学教员、编译馆副编审及复旦大学、山东师范学院、华东大学文学院教授）

常务委员

吴　德　潘复生　赵纪彬　解　方　魏明初　刘致远　葛步海　高宗智　万丹如（女）
鲁定华　王冠军　李秀真（女）　卢自然

第五节　省辖市、专区

一、新乡市

（一）中共新乡市委

书　记

贾云标（1949.8～1952.7）　　　　杨海鹏（1952.7～1952.11）

副书记

刘　峰（1952.7～1952.11）

市委委员

贺一平（1949.8～1952.7）　　　　王锡璋（1949.8～1952.11）
罗　红（1949.8～1952.11）　　　 张苏斌（1949.8～1952.11）
朱　慧（女，1950.2～1952.11）　 孙明三（1950.1～1952.7）
李效康（1949.8～1952.7）　　　　刘振华

秘书长

朱　慧（1950.2～1952.8）

副秘书长

许　光（1949.8～1952.5）

政策研究室

主　任　朱　慧（兼，1950.2～1952.8）

组织部

部　长　罗　红（1949.8～1952.11）

宣传部

部　长　张苏斌（1949.8～1952.11）
副部长　朱　慧（1949.11～1950.6）

社会部

部　长　李效康（1949.8～1950.2）
副部长　石英才（1949.8～1950.2）

统一战线工作部

部　长　王锡璋（兼，1951.5～1952.11）

纪检会

书　记　罗　红（兼，1950.4～1952.11）
副书记　冯　靖（1951.2～1952.11）

企业党委

书　记　贾云标（兼，1951.10～1952.7）　　刘　峰（兼，1952.7～1952.11）

学校党委

书　记　罗　毅（1952.6～1952.11）

市直机关党委

书　记　刘　峰（兼，1952.6～1952.11）

团市工委

书　记　孟兴广（1949.8～1952.11）
　　　　秦守诚（1952.11任）
副书记　秦守诚（1950.4～1952.11）
　　　　梁东锋（1952.5任）

市妇联

主　任　秦望西（1949.8任）
副主任　蔡康志（女，1949.8～1950.6）

工会筹备会

主　任　钟施恩（1949.8～1950.1）

工　会

主　席　孙明三（1950.1～1952.8）　　　刘振华（1952.9 任）

（二）新乡市人民政府

市　长

贺一平（1949.8～1952.8）　　　　　王锡璋（1952.8～1952.11）

副市长

王锡璋（1949.8～1952.8）　　　　　朱　慧（1951.8～1952.11）
侯敏国（1951.11～1952.11）
秘书处主任　韩泽民（1950.6 任）
副主任　季　洪　张德五（1952.9～1952.11）

省人民法院新乡市分院

院　长　颜子伟（1950.1～1952.3）　　张　卓（1952.3～1952.11）

市人民检察署

检察长　李效康（兼，1950.10～1952.5）　李　真（兼，1952.5～1952.11）

公安局

局　长　李效康（1949.8～1952.5）　　李　真（兼，1952.5～1952.11）
副局长　石英才　巨　光

市政科

科　长　侯敏国

财政科

科　长　赵生祥

文教科

科　长　韩泽民

建设科

科　长　王达民　孔简涛

卫生科

科　长　刘建甫

工商科（局）

科　长　王达民　孙铁峰

人事局

局　长　侯敏国（兼）　崔诚轩

民政局（科）

局　长　侯敏国　凌　云

劳动局

副局长　凌　云　李秉昭

邮政局

局　长　张子和　藏铭勋

税务局

局　长　李树堂

供销合作社

主　任　郗超凡　王勇达　刘兰亭

（三）新乡市军事管制委员会（1949年3月成立）

主　任

甘渭汉（1949.5 任）
赵时真（省委副书记兼，1949.8 任）

副主任

刘　刚（新乡军分区政治委员兼，1949.6 离）
高宗智（地委副书记兼，1949.6～1949.8）

贾云标（市委书记兼，1949.9 任）

（四）新乡市警备司令部（1949 年 5 月成立）

司令员　韩卫民（1949.8 离任）
刘德海（平原军区参谋长兼，1949.8 任）
副司令员　王路宾（省公安厅副厅长兼，1949.9 任）

（五）新乡市第一区

区委书记

袁永孝（1949.4 ~ 1950.6）	苏　凯（1950.6 ~ 1950.7）
万景德（1950.7 ~ 1951.10）	魏书晋（1951.10 ~ 1952.11）

副书记

顾　健（女，1951.8 ~ 1952.11）	王达民（1951.10 ~ 1952.11）

区　长

李秉昭（1949.4 ~ 1950.6）	胡安和（1950.6 ~ 1951.10）
王达民（1951.11 任）	

（六）新乡市第二区

区委书记

常德隆（1949.12 离任）

副书记

冯　靖（1949.12 离任）	刘书文（1950.1 ~ 1952.11）

区　长

凌　云（1949.8 ~ 1950.6）	周喜毓（1950.6 ~ 1950.10）
赵　丰（1950.10 ~ 1951.7）	汪　洋（1951.10 ~ 1952.12）

（七）新乡市第三区

区委书记

朱　亮（1949.4 ~ 1950.6）	王金锁（1950.6 ~ 1951.6）

副书记

李玉祥（1951.6任）　　　　　周俊嵩（1952.9任）

区　长

吕曙光（1949.4～1950.8）　　朱止彬（1951.9～1952.11）

（八）新乡市第四区

区委书记

常德隆（1949.12～1950.8）　　刘友贤（1950.8～1952.11）

副书记

牛先元（1950.2～1950.4）　　宋金瑞（1950.7～1951.8）

区　长

梁清超（代，1951.1～1951.10）　吕曙光（1952.9任）

二、安阳市

（一）中共安阳市委

书　记

杨　珏（兼，1949.8～1951.3）　李艺林（1951.5～1952.5）
刘方生（1952.5～1952.11）

副书记

李艺林（1949.8～1951.3）

市委委员

李相虞（1949.8～1952.8）　　王健民（1950.1～1952.11）
张汉林（1952.4～1952.11）　　李振东（1949.8～1950.11）
李肥寿（1949.8～1949.9）　　王大海（1952.4任常委）
唐成仁（1949.8～1952.7）　　杨健三（1949.8～1952.11）
刘振华（1949.8～1949.9）

秘书长

李振东（1950.1～1950.11）　　张维民（1952.7～1952.11）

政策研究室

主　任　梁自征（1949.10 ~ 1952.11）

组织部

部　长　李肥寿（1949.5 ~ 1949.9）　　张汉林（1952.9 ~ 1952.11）
副部长　张汉林（1949.8 ~ 1952.9）

宣传部

部　长　李振东（1949.8 ~ 1950.1）　　王健民（1950.1 ~ 1952.11）
副部长　袁觉民（1952.7 任）

统一战线工作部

部　长　李相虞（兼，1951.5 ~ 1952.8）

学校党委

书　记　李天祥（1952.8 ~ 1952.11）

企业党委

书　记　王大海（1952.6 ~ 1952.11）

市工会

主　席　唐成仁（1949.9 ~ 1952.7）　　武蕴石（1952.5 ~ 1952.11）

团市委

书　记　黄世燮（1949.5 ~ 1950.10）　　刘传明（1951.8 ~ 1952.11）

市妇联

主　任　石湘君（1949.11 ~ 1951.9）　　何大云（1952.11 任）

（二）安阳市人民政府

市　长

李艺林（1949.2 ~ 1951.7）　　李相虞（1951.7 ~ 1952.8）
张汉林（1952.10 ~ 1952.11）

副市长

李相虞（1949.3～1951.7）
张德五（1951.7～1952.8）
王大海（1952.6～1952.11）
刘严吾（1952.11 任）
秘书主任 张德五
副主任 刘严吾

税务局

局　长 郝心才

公安局

局　长 杨健三
副局长 张魁元

市政科

科　长 梁自征

财政科

科　长 胡宗新

教育科

科　长 李湘洲

工商局

局　长 傅筱山

省人民法院安阳市分院

院　长 张青溥　张耀华

人民检察署

检察长 杨健三（兼）

（三）安阳市军事管制委员会（1949年3月成立）

主 任

李　琦（1949.3 任）　　　　杨　珏（1949.8～1951.5）

李艺林（1951.5 任）

副主任

李相虞（1951.5～1952.8）

（四）安阳市警备司令部（1949 年 3 月成立）

司令员

佘积德（安阳军分区副政治委员兼）

（五）安阳市第一区

区委书记

李新法（1949.6～1949.9）　　赵北斗（1949.9～1950.3）

孙文治（1950.3～1951.3）　　戴景和（1951.3～1952.11）

区　长

孙文治（1949.8～1951.3）　　戴景和（1951.3～1952.11）

（六）安阳市第二区

区委书记

李新法（1949.9～1952.10）　　罗恩选（1952.6～1952.11）

区　长

朱志清（1949.8～1950.4）　　姚益斋（1950.4～1952.1）

韩效仁（1952.11 任）

（七）安阳市第三区

区委书记

孟畔庭（1951.10～1952.11）

区长

宋华山（1949.8～1950.4）　　吕　剑（1952.1～11）

（八）安阳市郊区

区委书记

周广林（1949.9～1950.6）　　　郝生辉（1950.7～1951.6）
牛世泽（1951.7～1952.11）

区　长

张维明（1949.6～1949.9）　　　袁馨山（1951.2～1952.1）
胡宗新（1952.10任）

副区长

郝生辉（1949.10～1951.1，区长空缺，主持工作）
杨佑安（1951.4～1952.9，在1952年2月至1952年9月期间，区长空缺，主持工作）

三、新乡专区

（一）中共新乡地委

书　记　刘　刚（1949.8～1952.6）　　张俊卿（1952.6～1952.11）
副书记　高宗智（1949.8～1949.12）　　张俊卿（1951.3～1952.6）
常　委　刘　刚（1952.6离任）　　　　张俊卿（1949.8～1952.11）
　　　　张泽民（1949.8～1952.11）　　耿其昌（1949.8～1952.11）
　　　　于　健（1952.4离任）　　　　杨明山（1949.8～1951.8）
　　　　张　萍（1950.2离任）　　　　王庭栋（1950.9离任）
　　　　杜希唐（1952.6离任）　　　　刘　峰（1952.5离任）

委　员

刘　刚（1949.8～1952.6）　　高宗智（1949.8～1949.12）
张泽民（1949.8～1952.11）　　张俊卿（1949.8～1952.11）
于　健（1949.8～1952.4）　　 杨明山（1949.8～1951.8）
耿其昌（1949.8～1952.11）　　张　萍（1949.8～1950.2）
王庭栋（1950.2～1950.9）　　 杜希唐（1951.6～1952.6）
刘　峰（1951.7～1952.5）　　 王毅夫（1951.9任）
李务滋（1951.6～1951.11）　　杨国平（1949.8～1950.3）
孔祥岭（1949.8～1952.7）　　 郭廷俊（1951.4任）
路　华（1951.4～1951.9）　　 张　超（1951.9任）
王秉章（1952.5任）　　　　　 刘　若（1952.1～1952.11）
史宏泉（1951.7任）　　　　　 高　雷（1952.9任）
杨志远（1952.9任）　　　　　 张　华（1952.10任）
韩培成　　　　　　　　　　　 张公干

秘书长　张　萍（1949.8～1950.2）　　　　王庭栋（1950.2～1950.9）
　　　　刘　峰（1950.9～1951.6）　　　　杜希唐（1951.6～1952.6）
　　　　王维平（1952.6～1952.11）

政策研究室

主　任　胡景春（1949.10～1950.2）　　　王庭栋（兼，1950.2～1950.9）
　　　　刘　峰（兼，1950.9～1951.6）　　王进文（1952.6～1952.11）

组织部

部　长　张泽民（1949.8～1952.11）
副部长　李务滋（1951.6任）　　　　　　　侯松林（1952.5任）

宣传部

部　长　张俊卿（1949.8～1951.2）　　　　刘　峰（1951.6～1952.5）
　　　　王毅夫（1952.5～1952.11）
副部长　刘　峰（1951.2～1951.6）

统一战线工作部

部　长　张俊卿（兼，1951.6～1952.6）　　王毅夫（兼，1952.7～1952.11）
副部长　王维平（兼，1952.7任）

社会部

部　长　孔祥岭（1949.8任）

纪检委

书　记　张泽民（兼，1950.6～1952.11）

保密委员会

主　任　刘　刚（兼，1951.2～1952.6）　　张俊卿（兼，1952.8～1952.11）

党　校

校　长　刘　刚（兼，1949.8～1949.9）　　张俊卿（兼，1949.10～1951.6）
　　　　刘　峰（兼，1951.6～1952.5）　　王毅夫（兼，1952.6～1952.11）
副校长　杜希唐（1950.2离任）　　　　　　卞　诚（1950.2，未到职）
　　　　权民锋（1951.12～1952.11）

地直机关党委

书　记　李务滋（兼，1952.5～1952.11）

团工委

书　记　高　峰（1949.8～1950.5）　　郝兴元（1950.5～1952.5）
　　　　段松会（1952.5～1952.9）　　李治国（1952.9任）

工会办事处

主　任　李增荣（1949.8～1950.7）　　赵　祥（1950.7任）
副主任　张方来（1949.10～1950.7）　　赵　祥（1950.3～1950.7）
　　　　王化民（1950.6任）

妇　联

主　任　吴利珍（1949.8～1950.10）　　江　岩（1950.10～1951.3）
　　　　路　华（1951.3～1951.5）　　李寒青（1952.4任）
副主任　李书江（1951.3任）　　李寒青（1951.6～1952.3）
　　　　吴苏亚（1951.12～1952.6）

（二）新乡专署

专员

于　健（1949.8～1952.6）　　耿其昌（1952.6～1952.11）

副专员

耿其昌（1949.8～1952.6）　　杨国平（1949.8～1950.3）
王秉章（1951.3～1952.11）

秘书主任

张　超（1949.12离任）　　王秉章（1950.1～1951.6）
盖良弼（1951.7任）

民政科

科　长　赵晋英　张寿才

人事科

科　长　张寿才

财粮（政）科

科　长　曹苑五

交通（建设）科

科　长　李兴堂　郝升荣　张哲夫

文教科

科　长　王　平

农业科

科　长　郝升荣

工商科

科　长　郭兴胜　李景园

卫生科

科　长　李广林

水利科

副科长　牛中堂

省税务局新乡分局

局　长　曲修吉

中国人民银行新乡办事处

主　任　杨国光　宋国华　宋新元

供销合作社

主　任　杨国平（兼，1949.8 任）　　史宏泉（1951.4 任）

公安处

处　长　孔祥岭（1952.6 离任）　　高　雷（1952.6 任）
副处长　高　雷（1949.11 离任）　　张　华（1950.3 任）

省人民法院新乡分院

院　长　梁　珍（1949.10 ~ 1950.2）　　于　健（兼，1951.3 任）

省人民检察署新乡分署

检察长　孔祥岭（兼，1951.5～1952.7）　高　雷（兼，1952.8任）

省粮食局新乡区粮库

主　任　段子元　李　杰

（三）新乡军分区

司令员

张公干（1949.8～1952.11）

政治委员

刘　刚（1949.8～1952.6）　　张俊卿（兼，1952.6～11）

副司令员

秦玉珊（1949.8～1950.8）　　林耀斌（1951.1～1952.11）

副政治委员

杨明山（1949.8～1951.8）　　刘　若（1951.2～1952.11）

（四）沁阳县委、县政府

书　记

王庭栋（1948.11～1949.10）　　侯松林（1949.11～1951.12）
牛立峰（1951.12～1952.11）

副书记

牛立峰（1949.11～1951.12）　　李长林（1951.12～1952.11）

县　长

李华馨（1948.12～1952.9）　　李永善（1952.9任）

副县长

李永善（1949.8～1952.9）　　阮　林（1952.9任）

（五）新乡县委、县政府

书 记

郭有智（1949.2～1950.2）　　　王效祥（1950.2～1952.8）
胡景春（1952.8～1952.11）

副书记

陈文书（1950.4～1951.7）　　　白　岩（1952.10任）

县 长

张天性（1949.9离任）　　　　　董文炳（1949.10～1952.3）
李全恩（1952.3任）

副县长

魏法侍（1950.11任，同月离任）　卢玉堂（1952.6任）

（六）辉县县委、县政府

书 记

郭廷俊（1949.3～1951.10）　　 王维平（1951.10～1952.7）
杨志远（1952.7～1952.11）

副书记

杨志远（1948.10～1952.7）　　 李富林（1952.6离任）

县 长

冯秀夫（1949.8～1950.5）　　　巩岐山（1951.2～1952.9）
郝升荣（1952.9代，1952.10任）

副县长

史亚夫（1951.1离任）

（七）济源县委、县政府

书 记

王维平（1949.3～1951.9）　　　魏世英（1952.1～1952.11）

第二书记

赵晋英（1952.6 任）

副书记

权民锋（1949.1 ~ 1950.12）　　段　彪（1951.6 ~ 1952.10）

县　长

许子善（1948.9 ~ 1951.12）　　赵晋英（1952.6 ~ 1952.11）

副县长

王志圣（1952.11 任）

（八）孟县县委、县政府

书　记

王毅夫（1949.3 ~ 1951.2）　　李景文（1951.10 ~ 1952.11）

副书记

李景文（1950.10 ~ 1951.10）　　王　明（1951.10 ~ 1952.7）

县　长

王耀南（1949.3 ~ 1951.8）　　席广治（1952.5 ~ 1952.11）

副县长

王政德（1949.10 ~ 1952.1）　　席光华（1951.12 ~ 1952.5）

（九）温县县委、县政府

书　记

赵春荣（1949.2 ~ 1950.1）　　杜希唐（1950.1 ~ 1951.6）
赵守仁（1951.6 ~ 1952.6）　　魏玉高（1952.6 ~ 1952.11）

副书记

赵守仁（1951.5 ~ 1951.6）　　魏玉高（1951.6 ~ 1952.6）

县　长

萧　华（1949.5 ~ 1951.1）

副县长

崔振先（1949.5～1950.12）　　　张汉儒（1951.1 任）
王增礼（1952.5～1952.8）　　　任连科（1952.10 任）

（十）修武县委、县政府

书　记

李务滋（1948.3～1950.12）　　　胡景春（1951.1～1952.12）

副书记

柴具才（1951.1～1952.12）

县　长

任向生（1949.7～1950.8）　　　王耀南（1951.1～1952.8）
赵文光（1952.9 任）

副县长

张玉珍（1952.5 任）　　　王　苹（1952.9 任）

（十一）博爱县委、县政府

书　记

孙浩会（1948.10～1952.11）

副书记

冯文绍（1948.8～1949.9）　　　李永昌（1952.3 任）

县　长

盖良弼（1949.10～1952.10）　　　申相文（1952.10～1952.11）

副县长

李西城（1951.6 任）　　　杨茂功（1952.1 任）
司振桐（1952.1 任）

（十二）延津县委、县政府

书　记

范　泽（1950.3 离任）　　　张　萍（1950.2～1952.6）

肖丕彦（1952.6 任）

副书记

肖丕彦（1949.1～1952.6） 常文山（1952.11 任）

县　长

肖丕彦（1947.10～1949.9） 李卓识（1949.10～1951.3）
胡之锐（1952.9 任）

副县长

蔡泽民（1951.9 任） 李凤岭（女，1952.10 任）

（十三）获嘉县委、县政府

书　记

米永林（1948.11～1951.12） 侯松林（1951.12～1952.6）
王会文（1952.6～1952.11）

副书记

安绪彭（1949.7～1951.6） 郝玉门（1952.6～1952.11）
吕锡田

县　长

巩岐山（1948.11～1950.4） 王政德（1950.4～1950.8）
李玉温（1951.12 任）

副县长

王政德（1950.4 离任） 李玉温（1950.4～1951.12）
周汉民（1951.12 任） 张溪峰（女，1952.7 任）

（十四）原阳县委、县政府

书　记

卞　诚（1949.8～1950.3） 张　超（1950.4～1952.5）
张　萍（1952.6～1952.9，主持工作） 侯树堂（1952.5 任）

副书记

张　超（1949.10～1950.4） 侯怀义（1951.3～1952.5）

周　宏（1952.9～1952.11）

原武县县长

董毅民（1949.1～1950.3）　　　张　青（1949.8～1950.3）
王　萍（1949.8～1950.3）

副县长

刘正卿（1949.8～1950.3）　　　金子可（1949.8～1950.3）

阳武县县长

谷剑侠（1949.8～1950.3）

原阳县（1950年3月，原武、阳武县合并为原阳县）

县　长

谷剑侠（1950.3～1952.11）　　张　青（1952.11任）

副县长

金子可（1952.3任）　　　　　　刘正卿（1952.3任）

（十五）武陟县委、县政府

书　记

张建峰（1948.7～1950.12）　　王毅夫（1950.12～1952.6）
洪　波（1952.6～1952.11）

副书记

洪　波（1951.8～1952.6）　　　韩鸿绪（1952.6～1952.11）
魏　民（1952.6～1952.11）

县　长

郭工丞（1949.1～1950.10）　　张哲夫（1950.10～1952.6）
张　青（1952.6～1952.11）　　李绍峰（女，1952.9任）

副县长

来克安（1948.8～1950.9）　　　李绍峰（女，1952.1～1952.5）
苗润田（1952.10任）

（十六）汲县县委、县政府

书　记

刘　峰（1949.2～1950.9）　　　　范　泽（1950.9～1952.6）
郝兴元（代，1952.6～1952.11）

副书记

陈文书（1949.2～1950.4）　　　　范　泽（1950.3～1950.9）
张　哲（1952.7离任）

县　长

王秉章（1949.2～1949.9）　　　　张天性（1949.9～1952.7）

副县长

张哲夫（1949.6～1950.6）　　　　常万里（1951.6～1951.10）
邢　振（1952.6～1952.11）

（十七）焦作矿区工委、区政府

书　记

史宏泉（1949.8～1951.3）　　　　李卓识（1951.3～1952.11）

副书记

单晋堂（1949.8～1951.3）　　　　王化民（1952.1～1952.11）

区　长

吴宇化（1949.10～1951.6）　　　　路　英（1951.8～1952.11）

四、安阳专区

（一）中共安阳地委

书　记

杨珏（1949.8～1951.3）　　　　曹幼民（1951.3～1952.11）

副书记

宋玉玺（1949.8～1950.1）　　　　曹幼民（1950.5～1951.3）

地委委员

杨　珏（1949.8～1951.2）　　　　宋玉玺（1949.8～1950.1）
曹幼民（1949.8～1952.11）　　　刘　华（1949.8～1950.9）
吕　谦（1949.8～1952.6）　　　　佘积德（1949.8～1952.11）
刘方生（1949.8～1952.5）　　　　夏天任（1950.9～1952.8）
崔光华（1951.10～1952.11）　　　董万里（1951.11～1952.11）
李艺林（1949.8 任）　　　　　　　张青山（1950.9 任）
陈荫林（1951.4 任）　　　　　　　王大海（1951.11 任）
国振刚（1952.6～1952.11）　　　　王远芬（1950.6～1952.11）
程耀吾（1949.8～1952.11）

秘书长　李炳源（1949.8～1950.6）　　国振刚（1952.6～1952.11）

政策研究室

主　任　刘西瑞　　　　　　　　　　国振刚（1950.1～1952.6）
　　　　程骏千（1952.6～1952.11）

组织部

部　长　曹幼民（1949.8～1950.5）　　刘方生（1950.5～1952.6）
　　　　董万里（1952.6～1952.11）
副部长　刘方生（1949.8～1950.5）　　董万里（1951.3～1952.6）
　　　　乔　浦（1952.7～1952.11）

宣传部

部　长　刘　华（1949.8～1950.9）　　夏天任（1950.9～1952.6）
　　　　崔光华（1952.6～1952.11）

社会部

部　长　宋玉玺（兼，1949.8～1950.1）

统一战线工作部

部　长　吕　谦（兼，1951.6～1952.6）　程耀吾（兼，1952.9 任）
副部长　杨正明（1952.9 任）

纪检会

书　记　曹幼民（兼，1950.3～1951.4）　刘方生（兼，1951.4～1952.9）
　　　　董万里（兼，1952.9～1952.11）

副书记　程耀吾（兼，1950.3～1951.4）　　乔　浦（兼，1952.9 任）

党校

校　长　曹幼民（兼，1949.8～1950.3）　刘方生（兼，1950.5～1952.4）
　　　　董万里（兼，1952.4～1952.11）

地直机关党委

书　记　郝银锁（1949.10～1950.1）　　常继忠（1950.2～1950.10）
　　　　董全太（1951.9～1952.6）

团工委

书　记　常国义（1949.8～1952.5）　　　睢仁寿（1952.5～1952.11）

妇联

主　任　师文英（1949.8～1950.12）　　戴服劳（1950.12～1952.11）
副主任　张彩兰

工会办事处

主　任　常继忠　吴寿堂

（二）安阳专署

专员

吕　谦（1949.8～1952.6）　　　　　程耀吾（1952.7～1952.11）

副专员

程耀吾（1949.8～1952.7）　　　　　柳　林（1951.7～1952.6）
刘殿巍（1952.7～1952.11）

秘书主任

柳　林（1949.8～1951.7）　　　　　刘殿巍　　　王庭文（1952.10 任）

民政科

科　长　段秀杰　杨正明

财政科

科　长　王逢田　申　德

副科长　韩定一　王际云　万启瑞

农业科

副科长　傅克强

教育科

科　长　钱宗义
副科长　董学艺

工商科

科　长　孙铁峰　　李　晶

卫生科

科　长　宋志杰
副科长　苏松亭

供销合作社

主　任　吕　谦（兼）　　吴合谦（1952.4任）　　姚文耕（1952.7任）

公安处

处　长　陈荫林
副处长　路光来

省税务局安阳分局

局　长　王逢田　　王友悟　　于近青

中国人民银行平原省分行安阳办事处

主　任　孙士录
副主任　王捷民

省粮食局安阳区粮库

副主任　申　德

省人民法院安阳分院

院　长　崔亚山

省人民检察署安阳分署

检察长　陈荫林（兼）

（三）安阳军分区

司令员

王远芬（1949.8～1952.11）

政治委员

杨　珏（兼，1949.8～1951.5）　　曹幼民（兼，1951.5～1952.11）

副司令员

李达九（1950.7～1951.4）　　张兴富（1952.6～1952.11）

副政治委员

佘积德（1949.8～1952.3）　　吴玉阶（1952.6～1952.11）

（四）安阳县委、县政府

书　记

吴合谦（1949.1～1950.12）　　许林枫（1951.1～1952.5）
董以法（1952.5～1952.11）

副书记

许林枫（1949.4 任）　　范仁杰（1949.8～1952.5）
李来栓（1952.5～1952.11）

县　长

杨正明（1949.9～1952.5）　　冯少亭（1952.5 任）

副县长

冯少亭（1951.11～1952.5）　　李玉伦（1952.5 任）
王京贤（1952.4～1952.11）

（五）汤阴县委、县政府

书　记

赵　平（1949.3～1950.2）　　崔光华（1950.10～1952.5）

郝银锁（1952.6 ~ 1952.11）

副书记

杜同亮（1951.4 ~ 1952.7）　　　　魏成九（1952.10 ~ 1952.11）

县　　长

侯希文（1949.4 ~ 1950.3）　　　　王庭文（1950.3 ~ 1952.10）

副县长

王庭文（1949.5 ~ 1950.3）　　　　徐　林（1952.11 任）
王金鼎（1952.10 任）

（六）淇县县委、县政府

书　　记

常继忠（1949.8 ~ 1950.2）　　　　张青山（1950.9 ~ 1950.11）
霍云桥（1950.11 ~ 1952.11）

副书记

李天让

县　　长

汪　洋（1949.8 ~ 1950.6）　　　　王　震（1950.7 任）

副县长

王　震（1949.1 任）　　　　　　　张向明（1952.9 任）

（七）浚县县委、县政府

书　　记

夏天任（1949.7 ~ 1950.11）　　　刘西瑞（1950.11 ~ 1950.12）
吴合谦（1951.1 ~ 1952.4）　　　　李炳源（1952.4 ~ 1952.11）

副书记

王志远（1949.6 ~ 1949.12）　　　郝银锁（1950.3 ~ 1952.6）
冯即生（1952.6 ~ 1952.11）

县　　长

李参之（1949.8～1950.10）　　　　李炳源（1950.10～1952.4）
傅克强（1952.5～1952.11）

副县长

张　光（1951.9～1952.3）　　　　李子明（1951.11～1952.3）

（八）林县县委、县政府

书　　记

董万里（1949.2～1951.3）　　　　王大海（1951.3～1952.5）
董全太（1952.6～1952.11）

副书记

董全太（1949.2～1951.2）　　　　霍云桥（1950.3～1950.10）
莫兴周（1952.5～1952.6）　　　　崔　毅（1952.6～1952.11）

县　　长

宋　海（1949.1～1951.9）　　　　李清溪（1951.9～1952.6）
杜清旺（1952.5～1952.11）

副县长

张海青（1952.6任）

（九）邺县县委、县政府

书　　记

安庆山（1949.2～1951.8）　　　　董以法（1951.9～1952.5）
牛　毅（1952.5～1952.11）

副书记

刘西瑞（1949.10任）　　　　　　李德忠（1950.1离任）

县　　长

邢振汉（代，1949.5～1949.9）　　刘殿巍（1949.12～1950.7）
汪　洋（1950.7～1951.1）　　　　柴凤桐（1951.2～1951.10）
侯希文（1951.11～1952.9）　　　　段秀杰（1952.10～1952.11）

副县长

邢振汉（1949.10 任） 李芝泉（1952.6 ~ 1952.11）

（十）漳南县委、县政府

书　记

刘西瑞（1949.2 ~ 1949.10）

副书记

王祥卿（1948.6 ~ 1949.10）

县　长

刘殿巍（1949.2 ~ 1949.10）

副县长

刘诚斋（1948.11 ~ 1949.10） 胡西征（1948.11 ~ 1949.10）

五、濮阳专区

（一）中共濮阳地委

书　记

魏晓云（1949.8 ~ 1951.6） 宋玉玺（1951.6 ~ 1952.11）

第一副书记

李进宝（1949.8 ~ 1950.12）

第二副书记

王志刚（1949.8 ~ 1951.12）

副书记

宋玉玺（1950.1 ~ 1951.6） 逯昆玉（1951.2 ~ 1952.11）

常　委

魏晓云（1949.8 ~ 1951.6） 李进宝（1949.8 ~ 1950.12）
王志刚（1949.8 ~ 1951.12） 宋玉玺（1950.1 ~ 1952.11）
逯昆玉（1951.2 ~ 1952.11） 史　坚（1949.8 ~ 1950.11）
孙正乾（1949.8 ~ 1952.11） 刘镜西（1949.8 ~ 1952.6）

委　员

杨　真（1949.8 ~ 1952.11）　　　　于　瑞（1949.8 ~ 1949.12）
陈东升（1949.8 ~ 1952.11）　　　　张善言（1949.8 ~ 1951.12）
李立格（1949.8 ~ 1950.12）　　　　张青山（1950.11 ~ 1952.9）
王月亭（1950.2 任）　　　　　　　曹士敬（1952.2 任）
李率真（1951.1 ~ 1951.12）　　　　李　锋（1951.12 ~ 1952.11）
赵　平（1952.2 任）　　　　　　　高云田（1952.8 任）
陈东明（1952.11 任）　　　　　　　张建峰（1952.11 任）

政策研究室

主　任　葛淑华（1949.8 ~ 1950.12）　葛先阶（1950.12 ~ 1951.1）
　　　　靳民生（1951.1 ~ 1952.6）　　高　维（1952.6 ~ 1952.11）

组织部

部　长　王志刚（兼，1949.8 ~ 1950.11）　陈东升（1950.11 ~ 1952.11）
副部长　李　锋（1952.7 任）

宣传部

部　长　史　坚（1949.8 ~ 1950.11）　张青山（1950.11 ~ 1952.11）

社会部

部　长　于　瑞（1949.8 ~ 1949.12）

统一战线工作部

部　长　刘镜西（1951.6 ~ 1952.2）　杨　真（1952.11 任）

纪检会

书　记　宋玉玺（兼，1950.2 ~ 1950.12）　陈东升（兼，1950.12 ~ 1952.11）

党　校

校　长　张善言（1949.8 ~ 1952.11）
副校长　乔凌新

团工委

书　记　张大乙（1949.8 ~ 1951.1）　常丙子（1951.1 ~ 1952.8）
　　　　张士修（1952.8 ~ 1952.11）

副书记　程墨之（1949.8 ~ 1950.6）

妇　联

主　任　程墨之（1950.6 ~ 1951.7）　　乔凌新（1952.8 ~ 1952.11）
副主任　江　岩（1949.8 ~ 1950.10）　　武翠冬（1950.6 ~ 1952.7）
　　　　李可淑

工会办事处

主　任　杨希民（1949.8 ~ 1952.11）
副主任　史达仁

地直机关党委

书　记　马志英（1951.11 任）

（二）濮阳专署

专　员

刘镜西（1949.8 ~ 1952.6）　　逯昆玉（1952.6 ~ 1952.11）

副专员

李立格（1949.8 ~ 1950.12）　　韩倩之（1950.12 ~ 1951.7）
陈东明（1951.7 ~ 1952.10）　　李　锋（1952.7 ~ 1952.11）
李升阁（1952.9 ~ 1952.11）

秘书主任

熊正阳　　　　　　　　　　　张　经（1952 年任）

人事科

科　长　臧哲英
副科长　崔凤轩　孟宪彬　冶　黄

民政科

科　长　张　经
副科长　臧哲英　李俊岳　王炳章

财政科

科　长　刘云程

副科长　刁松山

教育科

科　长　李升阁
副科长　张一方

交通科

科　长　李长瑞
副科长　张经武

水利科

科　长　马采三
副科长　杨贯一

农业科

科　长　李扑峰
第一副科长　端木斌庭
第二副科长　高连庆

工商科

科　长　孙耐冬
副科长　穆宪章

卫生科

第一副科长兼人民医院院长　郭友德
人民医院副院长　薛莘忱

供销合作社

主　任　陈东升（1950.11 离任）　　李率真（1951.1～1952.12）
　　　　张耀东（1951.12～1952.11）
副主任　刘玉斋（1951.12 任）

公安处

处　长　于　瑞
副处长　高云田

省粮食局濮阳区粮库

副主任　谢林生

省税务局濮阳分局

副局长　王凤鸣　尹裕川　霍子勉

中国人民银行平原省分行濮阳办事处

主　任　乔瑞林
副主任　刘　新

省人民法院濮阳分院

院　长　赵少良

省人民检察署濮阳分署

检察长　于　瑞（兼）
　　　　　沙尽善

（三）濮阳军分区

司令员

孙正乾（1949.8～1952.11）

政治委员

魏晓云（兼，1949.8～1951.6）　　　宋玉玺（兼，1951.6～1952.11）

副司令员

王效亭（1951.11～1952.11）　　　张明镜（1951.1～1952.11）

副政治委员

杨　真（1949.8～1952.1）　　　王言炳（1952.5～1952.11）

（四）濮阳县委、县政府

书　记

孙明三（1949.9～1950.3）　　　赵　平（1950.3～1952.9）
李　锋（1952.9～1952.11）

副书记

任青一（1949.10～1950.3）　　胡通三（1949.9～1950.3）
陈洪涛（1949.9～1952.12）　　王福寿（1952.6～1952.11）

县　长

胡通三（1949.9～1950.12）　　刘　泽（1951.3～1952.11）

副县长

高连庆（1950.2 任）　　赵子刚（1951.8 任）
刘耀先（1952.5 任）

（五）长垣县委、县政府

书　记

范文山（1948.10～1950.12）　　胡通三（1950.12～1952.11）

副书记

高秀山（1948.10～1950.7）

第二书记

陶鲁政（1952.3 任）

副书记

张汉民（1951.7 任）

县　长

孙福臻（1949.9 任）

副县长

李俊英（1949.7～1951.6）　　张剑南（1951.7～1952.4）
郑玉纯（1952.5 任）

（六）内黄县委、县政府

书　记

张善言（1948.2～1949.9）　　卢兆德（1949.10～1952.11）
王俊文（1949.10～1951.11）

副书记

李光远（1952.7～1952.11） 杨耀久（1952.7～1952.11）

县　长

梁仙桥（1949.10～1951.11） 王俊文
崔献清（1951.11 任） 高连庆

副县长

王　杰 崔献清（1950.5 任）

（七）南乐县委、县政府

书　记

杜丰乐（1949.8～1951.11） 廉　逯（1951.11～1952.11）

副书记

杨利民（1951.11 离任） 朱天德（1951.12～1952.5）
刘民生（1952.5～1952.11）

县　长

廉　逯（1949.8～1952.11）

副县长

石玉亭

（八）清丰县委、县政府

书　记

曹士敬（1949.7～1952.9） 常丙子（1952.9～1952.11）

副书记

马子英（1949.9～1951.12） 聂志英（1951 任）
王宜中（1951.12～1952.11）

县　长

左一方（1948.4～1952.1） 勾焕章（1952.1～1952.12）

副县长

勾焕章（1951.9～1951.12）　　　卢绍彦（1949.9～1951.4）
孙剑华（1951.12 任）　　　　　　左福印（1952.5 任）

（九）范县县委、县政府

书　记

武梦溪（1949.5～1950.1）　　　李克胜（1950.1～1952.11）

副书记

李克胜（1949.5～1950.1）　　　齐晨光（1952.10 任）

县　长

杨振声（1948.12～1950.10）　　朱泮生（1951.12～1952.11）

副县长

朱泮生（1951.9～1951.12）　　　李普光（1952.10 任）

（十）濮县县委、县政府

书　记

马　达（1949.8～1951.10）　　　王更华（1951.10～1952.11）

副书记

王更华（1948.3～1951.10）　　　王林春（1952.6～1952.11）

县　长

马　达（1949.8～1951.10）　　　李俊英（1951.10～1952.11）

副县长

李俊英（1950.7～1951.10）　　　房磊森（1952.8 任）

（十一）滑县县委、县政府

书　记

冯子肃（1949.8～1950.2）　　　任青一（1950.2～1952.6）
张建峰（1952.6～1952.11）

副书记

张唤民

县　长

李靖轩　　冯子肃　　伍贺明

副县长

苏　琳

（十二）封丘县委、县政府

书　记

李　锋（1947.3～1952.3）　　马　达（1952.3～1952.7）
孔再生（1952.7～1952.11）　　刘东升（1952.11任）

副书记

刘东升（1949.10～1950.10）　　王惠远（1950.10～1951.9）

县　长

孔再生（1947.7～1952.7）　　田文远（1952.7任）

副县长

杨　琦（1949.10～1950.4）　　李家书（1950.9～1952.2）
裴俊峰（1952.4～1952.7）　　张剑南（1952.7任）

（十三）观城县委、县政府

书　记

陈东明（1949.8～1951.7）　　张云舞（1951.7～1952.11）

副书记

王惠远（1951.11～1952.5）

县　长

冯子肃（1949.8～1951.10）　　王史可（代，1951.10任）

副县长

王史可（1949.8～1951.10）　　　　　史珠亭（1952.5任）

（十四）朝城县委、县政府

书　记

韩倩之（1949.8～1950.12）　　　　武蕴石（1951.1～1952.5）
王　新（1952.5～1952.11）

副书记

王　新（1951.1～1952.5）

县　长

武蕴石（1949.8～1952.5）　　　　　黄鹤鸣（1952.5任）

副县长

陈英明（1949.10～1949.11）　　　　马玉昌（1951.12～1952.1）
秦遇元（1952.5任）

六、聊城专区

（一）中共聊城地委

书记

王维群（1949.8～1952.6）　　　　　张新村（1952.9～1952.11）

副书记

陶东岱（1949.8～1950.9）　　　　　张新村（1951.3～1952.9）
周海舟（1952.7～1952.11）

秘书长　籍献西（1952.5～1952.11）

地委委员

王维群（1949.8～1952.6）　　　　　陶东岱（1949.8～1950.9）
张新村（1949.8～1952.11）　　　　周海舟（1949.8～1952.11）
马景汉（1949.8～1952.11）　　　　岳舜卿（1949.8～1952.11）
姚会宾（1949.8～1951.6）　　　　　司洛路（1950.10～1952.11）
王鲁光（1951.9～1952.11）　　　　籍献西（1949.8～1952.11）
陶国清（1949.8～1952.5）　　　　　辛晓村（1952.5～1952.11）

朱品文（1952.5～1952.11）　　　董　诚（1952.5～1952.11）
杨　沧（1952.5任）　　　　　　赵新亭（1952.6～1952.11）
袁子和（1952.7任）

办公室

主　任　辛晓村（1949.8～1951.6）

政策研究室

主　任　董诚（1951.6～1952.5）　　宋华核（1952.5～1952.11）

组织部

部　长　张新村（1949.8～1950.9）　周海舟（1950.10～1952.11）
副部长　曹子丹（1952.10～1952.11）

宣传部

部　长　周海舟 1949.8～1950.10）　司洛路（1950.11～1952.11）

统一战线工作部

部　长　马景汉（兼，1951.6～1952.6）董　诚（1952.6～1952.11）

地直机关党委

书　记　周海舟（兼，1951.7～1952.11）
副书记　周长清（1951.6～1952.11）

党　校

校长　曹子丹（1949.10～1952.10）

工会办事处

主任　王志文（1950.7～1952.7）

团工委

书　记　王序兰（1949.8～1952.9）　史伟星（1952.10～1952.11）
副书记　杨培贞（1951.5～1952.11）

妇　联

主　任　张峰泉（1949.8～1950.9）　刘　云（1950.9～1952.9）
副主任　唐锡忠（1950.11～1952.11）

(二)聊城专署

专　员

陶东岱（兼，1949.8～1950.9）　　张新村（兼，1950.9～1952.7）
马景汉（1952.7～1952.11）

副专员

马景汉（1949.8～1952.7）　　袁子和（1952.5～1952.11）

秘书主任

袁子和　　夏子凡（1952.5 任）

民政科

科　长　王绍一（1949.8～1951.6）　　武健民（1951.6 任）
副科长　陈捷生（1949.8 任）　　李柏华（1951.8 任）

财政科

科　长　朱子超（1949.8～1952.11）

农业科

科　长　李常青（1949.10～1952.2）　　马凤仪（1952.8 任）

教育科

科　长　夏子凡（1949.8～1952.5）　　谢惠玉（1952.10 任）
副科长　田景韩（1949.8～1952.8）　　申伯锦（1952.8 任）

工商科

科　长　赵仲鸣（1949.8～1952.5）
副科长　袁黎光（1952.5～1952.11）

卫生科

科长兼人民医院院长
李乐泉（1949.8～1952.5）　　李　恒（1952.8 任）
副科长　王子固（1952.5 任）

人民医院

副院长　吕瑞庭

劳动科

科　长　赵矢勇

供销合作社

主　任　姚会宾（1949.8～1952.2）　　辛晓村（1952.8 任）
副主任　梁坚斋（1949.12 任）　　　　辛晓村（1951.7～1952.8）
　　　　杜淮清（1952.3 任）

省税务局聊城分局

局　长　刘新民（1949.8～1952.11）
副局长　李杰山（1951.1～1951.12）　　陶克三（1952.5 任）

公安处

处　长　于寿亭（1949.9～1952.6）　　赵新亭（1952.7 任）
副处长　孙梅亭（1949.12～1952.11）

邮政管理局

局　长　马展华（1952.7 任）
副局长　方　强（1952.7 任）

省粮食局聊城区粮库

主　任　赵凤升（1949.8～1951.1）
副主任　袁欣斋（1949.8～1952.11）

省人民法院聊城分院

院　长　孟仲衡（1952.5 任）　　　　李乐泉（1952.5 任）
副院长　李　纲（1950.4 离任）　　　梁涤尘（1950.4～1952.11）
　　　　穆　陶（1952.8 任）

省人民检察署聊城分署

检察长　孙梅亭（兼，1950.9～1952.11）
副检察长　李超云（1952.5～1952.11）

中国人民银行平原省分行聊城办事处

主任、行长　翟笑吾（1949.8～1951.9）
行　长　李书成（1952.7 任）

副主任 曾耀坤　刘万钊
副行长 李书成　李茂轩　李正卿

（三）聊城军分区

司令员

陶国清（兼，1949.12～1952.8）　　岳舜卿（1952.8～1952.11）

政治委员

王维群（兼，1949.8～1952.6）　　张新村（兼，1952.9～1952.11）

副司令员

岳舜卿（1949.8～1952.8）　　黎光甫（1952.8～1952.11）

副政治委员

石厚刚（1950.3～1951.10）　　朱品文（1952.5～1952.11）

（四）聊城县委、县政府

书　记

吴克让（1949.9～1950.7）　　王鲁光（1951.3～1952.11）

副书记

王鲁光（1949.9～1951.3）　　王　坦（1951.3～1952.1）

县　长

王鲁光（1949.10～1951.3）　　王　坦（1951.3～1952.1）
孔雨亭（1952.5 任）

副县长

肖　云（1951.9 离任）　　范汉卿（1952.6 任）

（五）堂邑县委、县政府

书　记

司洛路（1949.8～1950.10）　　段俊卿（1950.10～1952.11）

县　长

赵安邦（1949.8 ~ 1952.1）　　　　　金永亭（1952.3 任）

副县长

宋绍堂（1952.3 ~ 1952.7）　　　　　武仲景
梁景盘（1952.8 任）

（六）高唐县委、县政府

书　记

董　诚（1949.2 ~ 1951.6）　　　　　李　宁（1951.6 ~ 1952.6）
杨恒一（1952.6 ~ 1952.11）

副书记

李振东（1949.8 ~ 1950.1）　　　　　许　光（1952.5 ~ 1952.11）

县　长

陈光汉（1949.8 ~ 1952.4）　　　　　田连峰（1952.4 任）

（七）阳谷县委、县政府

书　记

杨　沧（1949.8 ~ 1952.7）　　　　　陈华锋（1952.7 ~ 1952.11）

副书记

陈东明（1949.8 ~ 1950.3）　　　　　李文祥（1949.10 ~ 1952.1）
李玉峨（1952.5 任）

县　长

陈华锋（1949.8 ~ 1952.4）　　　　　施　财（1952.5 任）

副县长

张建新（1949.10 ~ 1952.6）　　　　李玉平（女，1952.7 任）

（八）莘县县委、县政府

书　记

王鲁光（1949.8 ~ 1951.10）　　　　冯锡惠（1951.10 ~ 1952.4）

李　秀（1952.4～1952.11）

副书记

冯锡惠（1951.1～1951.10）　　　张俊杰（1952.9任）

县　长

马凤仪（1949.8～1952.8）

副县长

刘作康（1950.2～1952.6）　　　王　信

（九）冠县县委、县政府

书　记

曹子丹（1949.2～1949.10）　　　李德忠（1950.2～1952.11）

副书记

田　坡（1949.2～1952.6）　　　刘　坚（1952.7～1952.11）

县　长

杨恒一（1949.8～1952.5）　　　刘　坚（1952.5任）

副县长

沙　朴（1952.5任）　　　王笑森（1952.5任）

（十）清平县委、县政府

书　记

李　宁（1949.8～1951.7）　　　毕玉琦（1951.8～1952.11）

县　长

邢文军（1949.8～1950.5）　　　翟良图（1950.5～1952.6）
郑克东（1952.6～1952.11）　　　邢金岭（1952.11任）

副县长

李岷泉（1952.7～1952.11）

（十一）茌平县委、县政府

书　记

韩雁北（1948.8～1952.8）　　　　徐　刚（1952.8～1952.11）

副书记

司黎明（1952.8～1952.11）　　　　车一民（1952.8～1952.11）

县　长

宋瑞斋（代，1949.8～1951.3）　　　徐　刚（1951.3～1952.11）

副县长

张　青（女，1952.2～8）　　　　　肖道明（1952.6～1952.11）
季苗方（1952.6任）　　　　　　　周振东（1952.10任）

（十二）博平县委、县政府

书　记

秦延彬（1949.8～1950.11）　　　　贾振铎（1950.11～1952.6）
田　坡（1952.6～1952.11）

副书记

贾振铎（1949.8～1950.11）　　　　徐德辅（1952.3～1952.11）

县　长

贾振铎（1949.8～1950.10）　　　　孔华轩（1951.3～1952.11）

副县长

徐宝森（1949.8～1951.3）　　　　　李纯九（1952.7～1952.11）

（十三）东阿县委、县政府

书　记

宋　云（1948.10～1952.6）　　　　贾　涛（1952.7～1952.11）

副书记

段俊卿（1949.10～1950.10）　　　　雷庆岩（1951.9～1952.11）

县　长

武健民（1949.8～1951.3）　　　王省三（1951.9～1952.5）
马兴民（1952.5～1952.11）

副县长

程　光（1949.8～1951.3）　　　刘　忍（1951.3～1952.5）
武仲景（1952.5～1952.11）　　 李公堂（1952.7～1952.11）

（十四）寿张县委、县政府

书　记

籍献西（1949.8～1952.5）　　　刘传友（1952.5～1952.11）

副书记

刘传友（1951.10～1952.5）　　 李　民（1952.5～1952.9）

县　长

谢惠玉（1949.8～1952.7）　　　司振东（1952.7 任）

副县长

张建寅（1949.8～1952.3）　　　张平斋（1952.3 任）

（十五）聊城城关区委、区政府

书　记

王　坦（1949.8～1951.3）

区　长

孔华轩（1949.8～1951.3）

七、菏泽专区

（一）中共菏泽地委

书　记

杨海鹏（1949.8～1952.6）　　　徐雷健（1952.6～1952.11）

副书记

逯昆玉（1949.8 ~ 1950.11）　　　　徐雷健（1950.11 ~ 1952.6）
吴卓如（1952.6 ~ 1952.11）

秘书长

吴卓如（兼，1952.6 离任）　　　　王鲁光（1952.8 任）

地委委员

杨海鹏　逯昆玉　徐雷健　吴卓如　张耀汉　郭心斋　杨锦堂　张希平　任伦升　扈国华
陈德源　李英昌　王鲁光　阎迎瑞　杨兆祥

办公室

主　任　王鲁光

政策研究室（1950 年 9 月成立）

主　任　王鲁光（兼）　　　　杨　峰（1952.8 任）

组织部

部　长　吴卓如（1949.8 ~ 1952.8）　　扈国华（1952.8 ~ 1952.11）

宣传部

部　长　杨锦堂（1949.8 ~ 1951.3）　　扈国华（1951.3 ~ 1952.8）
　　　　阎迎瑞（1952.8 ~ 1952.11）
副部长　杨　祎

统一战线工作部

部　长　徐雷健（兼，1951.6 任）　　郭心斋

社会部

副部长　陈德源（1949.8 任）

纪委

书　记　吴卓如（兼，1950.6 ~ 1952.6）

团工委

书　记　史　杰（1949.8 ~ 1952.5）
副书记　马一达（1949.8 ~ 1949.11）

妇　联

主　任　董文华（1949.8～1950.9）

工会办事处

副主任　李　民（1952.9任）

地委党校

校　长　杨锦堂（兼，1949.8～1950.9）　　蔡西峰（1950.9～1952.7）
　　　　　杨　祎（1952.7～1952.11）

（二）菏泽专署

专　员

逯昆玉（1949.8～1950.11）　　　　徐雷健（1950.11～1952.6）
吴卓如（1952.6～1952.11）

副专员

郭心斋（1949.8～1951.5）　　　　吴力践（1951.3～1952.11）
任伦升（1952.8～1952.11）

秘书主任

张廷斋（后为樊蕊卿）

民政科

科　长　刘梦钦
副科长　程　勉

财政科

科　长　程季仄
副科长兼菏泽区粮库主任　宋栋臣

教育科

科　长　赵　明
副科长　岑　明

交通科

副科长　万子玉

水利科

　副科长　刘秀生

农业科

　科　长　樊蕊卿

工商科

　副科长　平宗鲁

卫生科

　科长兼人民医院监委　王　凯
　副科长　郭雨亭

人民医院

　院　长　王质孚
　副院长　刘发堂

公安处

　处　长　陈德源
　副处长　王致刚　郭万兴

供销合作社

　主　任　徐雷健（兼）
　副主任　任伦升

省粮食局菏泽区粮库

　副主任　张　健

中国人民银行平原省分行菏泽办事处

　主　任　刘鲁平
　副主任　李秉真

省税务局菏泽分局

　局　长　邹佑荣　任伦升
　副局长　张德大

省人民法院菏泽分院

院　长　赵佩鱼（1950.2 离任，1951.4 复任）　　　时荩亭（1950.2～1951.4）
副院长　梁涤尘

省人民检察署菏泽分署

检察长　陈德源（兼，1951.9～1952.11）

（三）菏泽军分区

司令员

张耀汉（1949.8～1952.11）

政治委员

杨海鹏（兼，1949.8～1952.7）　　　徐雷健（兼，1952.7～1952.11）

副司令员

刘金山（1950.6～1952.9）　　　王长江（1952.10～1952.11）

副政治委员

张希平（1949.8～1952.5）　　　刘世洪（1951.5～1952.10）
甘　露（1952.10～1952.11）

（四）菏泽县委、县政府

书　记

任轮升（1950.12 离任）　　　齐秀山（1950.12 任）
龚献斌（1952.9 离任）

副书记

朱先舟（1951.12 任）　　　龚献斌（1952.3 任）
赵克荣（1952.9 任）

县　长

朱先舟（1949.8～1951.12）　　　李子明（1951.12 代理，1952.4 任命）

副县长

杨　诚（1950.4 离任）　　　高汇卿（1950.11～1951.4）

李新民（1952.4 任）

（五）曹县县委、县政府

书 记

高　澎（1949.12 离任）　　扈国华（1950.5～1951.3）
杨兆祥（1951.3～1952.8）　　宋志英（1952.8 任）

副书记

杜　湘（1950.5～1951.12）　　赵荣生（1952.5 任）
刘　赞（1952.5 任）

县　长

李仲达（1948.5～1950.8）　　杜　湘（1950.8～1951.12）
曹力人（1951.12～1952.9）　　邢　展（1952.9 任）

副县长

曹力人（1951.12 离任）　　李伯阳（1952.5～1952.11）

第一副县长

邢　展（1952.5～1952.11）

第二副县长

杨见录（1952.5 任）

（六）定陶县委、县政府

书 记

杜书润（1949.8～1952.6）　　耿一山（1952.6 任）

副书记

李　羿（1951.8 离任）　　王高举（1952.4～1952.5）
杨玉卿（1952.8 任）

县　长

李　羿（1949.9～1951.8）　　肖拾零（1951.8～1952.9）
张书印（1952.9 任）

副县长

肖拾零（1951.8 离任）　　　　　　艾丹如（1951.11 ~ 1952.7）
张书印（1952.5 ~ 1952.9）　　　　 鲁永德（1952.5 任）

（七）梁山县委、县政府

书　记

杨兆祥（1949.8 ~ 1951.6）　　　　谢悦毅（1951.6 ~ 1952.7）
申云璞（1952.6 ~ 1952.7 任）

副书记

谢悦毅（1951.6 离任）　　　　　　申云璞（1952.6 ~ 1952.7 离任）
张海阔（1952.7 任）

县　长

韩革非（1949.8 ~ 1952.4）　　　　王凤林（1952.8 任）

副县长

戴秋岩（1950.3 任）　　　　　　　刘继龙（1951.6 任）

第一副县长

王凤林（1951.5 ~ 1952.8）

第二副县长

雷朝卿（1952.8 任）

第三副县长

毕天泉（1952.8 任）

（八）郓城县委、县政府

书　记

扈国华（1949.8 ~ 1950.4）　　　　强子正（1950.4 ~ 1952.10）
段　鹏（1952.10 任）

副书记

强子正（1950.4 离任）　　　　　　李　民（1950.4 ~ 1952.9）

张树栋（1952.9 任）　　　　　　　　刘　涛（1952.6 任）

县　长

刘子仁（1949.8～1950.9）　　　　　李仲达（1950.9～1951.12）
高　析（1951.12～1952.5）　　　　　刘　涛（1952.5～1952.11）

副县长

高　析（1951.12 离任）　　　　　　刘雪庵（1951.6～1951.11）
王　彬（1951.11 任）　　　　　　　李鹤卿（1952.3～1952.11）
李存月（1952.10 任）

（九）鄄城县委、县政府

书　记

阎迎瑞（1949.8～1952.5）　　　　　杜　湘（1952.5 任）

副书记

朱　森（1950.7 任）　　　　　　　　杜　湘（1952.1～1952.5）

县　长

王平波（1949.8～1952.5）　　　　　史峻岩（1952.5～1952.11）

副县长

李　炼（1951.3 离任）　　　　　　程秀平（1951.9～1951.12）
史峻岩（1951.12～1952.5）　　　　侯善庆（1952.6 任）

（十）东明县委、县政府

书　记

胡汉文（1947.3～1952.4）　　　　　杜庆林（1952.4～1952.12）

副书记

杜庆林（1949.3～1952.1）　　　　　程世平（1952.8 任）

县　长

张诚斋（1949.2～1950.6）　　　　　杜庆林（1950.6～1952.1）
刘蔼然（1952.1～1952.12）

副县长

车铁铮（1949.4～1950.6）　　　　　　王向晨（1951.5离任）

吴亚洲（1951.10～1952.1）　　　　　　郭浩然（1952.5～1952.11）

王缵三（1952.5～1952.11）

（十一）南旺县委、县政府

书　记

杨　祎（1952.7离任）　　　陈　健

副书记

杨广玉

县　长

赵润卿　　　张诚斋　　　朱相臣

副县长

张学诗　　　王成义

（十二）菏泽城关区区委、区政府

书　记

田中五　唐中奇

区　长

田中五　刘广和

八、湖西专区

（一）中共湖西地委

书　记

鹿渠清（1949.8～1952.6）　　　　　　刘清训（1952.7～1952.11）

副书记

李广德（1949.8～1952.8）　　　　　　刘清训（1950.9～1952.7）

尚格东（1952.10～1952.11）

地委委员

鹿渠清（1949.8 任，常委）　　　李广德（1949.8 任，常委）
刘清训（1949.8 任，常委）　　　王月亭（1950.12 离任，常委）
石厚刚（1949.8 ~ 1950.1，常委）　马冠群（1950.2 离任，常委）
李允之（1951.12 任，常委）　　　刘公然（1949.8 任）
尚格东（1949.8 任，常委）　　　汪　洪（1951.7 离任）
李　克（1951.12 任）　　　　　褚焕民（1951.12 任）
郭有智（1951.12 任）　　　　　李超然（1952.7 任）
李　干（1952.9 任）　　　　　刘金山（1952.10 任）

秘书长

李　克（1951.12 ~ 1952.8）

办公室

主　任　李　克（1949.8 ~ 1950.11）　王传忠（1952.3 ~ 1952.11）

政策研究室

主　任　李　克（兼，1951.12 离任）

组织部

部　长　李广德（兼，1949.8 ~ 1951.12）　李允之（1951.12 ~ 1952.11）

宣传部

部　长　尚格东（1949.8 ~ 1952.10）
副部长　褚焕民（1952.10 ~ 1952.11）

社会部

部　长　汪　洪（1949.8 ~ 1950.7）

统一战线工作部

部　长　刘清训（兼，1951.7 任）
副部长　左守善（1952.4 ~ 1952.11）

团工委

书　记　梁步庭（1949.8 ~ 1950.7）　高　桓（1950.7 ~ 1952.7）
　　　　李华龙（1952.7 ~ 1952.11）

妇 联

主 任 朱慕兰（1949.8 ~ 1952.7） 睢秀英（1952.8 任）

工会办事处

主 任 刘唐明（1949.12 ~ 1952.11）
副主任 郭树芳

地委党校

副校长 李雨村（1952.6 任）

（二）湖西专署

专 员

马冠群（1949.8 ~ 1950.2） 刘清训（1950.9 ~ 1952.7）
郭有智（1952.7 ~ 1952.10） 尚格东（1952.10 ~ 1952.11）

副专员

刘公然（1949.8 ~ 1951.1） 刘尹斋（1949.8 ~ 1949.11）
韦从俭（1952.9 ~ 1952.11）
秘书主任 赵 达
副主任 冯守坤 刘铭盘
副主任兼财政科科长 宋香山

财政科

科 长 宋香山
副科长 王亚山

民政科

科 长 陈 克
副科长 上官彬

教育科

科 长 李 旭
副科长 沈惠民

农业科

副科长 闵庆香

交通科

科　长　刘铭盘
副科长　聂化民

水利科

科　长　李恒先

工商科

科　长　刘　江

卫生科

科　长　劳　陕

公安处

处　长　汪　洪　　　李超然（1952.7 任）
副处长　国举良

供销合作社

主　任　周惠林（1949.9 任）
副主任　朱启伦

省税务局湖西分局

局　长　毛宜轩
副局长　张奉尧　李衍伦

省粮食局湖西区粮库

主　任　黄子元
副主任　田　坡

中国人民银行平原省分行湖西办事处

主　任　郝子香
副主任　张毅山

省人民法院湖西分院

院　长　时荩亭（1949.8～1952.11）

平原省人民检察署湖西分署

检察长 汪　洪（兼，1951.10～1951.7）　李超然（1952.7兼任）

（三）湖西军分区

司令员

王月亭（1949.8～1949.12）　余克勤（1950.1～1950.11）
刘金山（1952.9～1952.11）

政治委员

鹿渠清（兼，1949.8～1952.7）　刘清训（兼，1952.7～1952.11）

副司令员

王月亭（1949.12～1951.1）　李达九（1949.8～1950.12）
徐其江（1952.4～1952.11）

副政治委员

石厚刚（1949.8～1950.3）　曾宪池（1950.1～1952.7）
向　光（1952.7～1952.11）

（四）单县县委、县政府

第一书记

张启功（1949.8～1950.12）

第二书记

左守善（1949.8～1950.12）

书　记

左守善（1950.12～1952.4）　刘平林（1952.4～1952.11）

副书记

刘平林（1950.12～1952.4）　丁培明（1952.4～1952.11）

县　长

张德超（1949.8～1952.10）　甄兆科（1952.8任）

副县长

秦丹亭（1952.10离任）　高志华（1951.2任）

张逢勤（1951.2 任）　　　　　　翟茂洲（1952.4 ~ 1952.10）
王吉人（1952.10 任）

（五）城武县委、县政府

书　记

李超然（1949.8 ~ 1952.6）　　　袁　舒（1952.7 任）

副书记

李雨村（1950.3 ~ 1952.6）　　　魏汉英（1952.6 ~ 1952.11）
祝清源（1952.9 任）

县　长

袁　舒（1952.9 离任）　　　　　段景尼（1952.9 任）

副县长

苏丹墀（1952.10 任）

（六）巨野县委、县政府

书　记

冯　克（1948.3 ~ 1950.10）　　 张启功（1950.10 ~ 1952.4）
苏　思（1952.4 任）

副书记

苏　思（1949.11 ~ 1951）　　　 郭孟芝（1950 任）
颜景泉（1952.9 任）

县　长

国举良（1949.9 离任）　　　　　马　昭（1949.9 ~ 1952.5）
刘昭臣（1952.6 任）

副县长

田　文（1949.9 ~ 1952.2）　　　吕济蒲（1951 任）
刘　政（女，1952.6 任）

(七)复程县委、县政府

书　记

杨培要（1949.8～1950.2）　　　陈正立（1950.2～1952.11）

副书记

晁文忠（1949.8～1951.10）

县　长

杨子毅（1949.8～1951.12）　　　黄元慎（1951.12任）

副县长

晁纯斋（1949.8～1950.4）　　　黄元慎（1950.4～1951.12）

(八)嘉祥县委、县政府

书　记

褚焕民　田　林

副书记

史孝义

县　长

孙　礼　孙吉廉

副县长

秦丹亭　王金山

(九)金乡县委、县政府

书　记

郭有智（1952.7离任）　　　孙伯琴

副书记

张体五

县　长

韦从俭　　　周效文

副县长

朱慕兰　　刘怀元

（十）鱼台县委、县政府

书　记

李　干　　张德超（1952.9任）

副书记

李化鲁

县　长

马诚骞　　李　旭　　陈诚业（代）　　田　文（1952.2任）

副县长

孙士光

（十一）单县城关区委

书　记

赵　敏（1949～1952.10）

第十四章

辖区概况

平原省省会设于新乡市，辖有新乡、安阳、濮阳、聊城、菏泽、湖西6个专区和新乡、安阳2个省辖市，共辖58个县、1个矿区、6个城关区。本篇按照省会、省辖市、新乡、安阳、濮阳、聊城、菏泽、湖西6个专区排序；专区所辖各县按照惯例排序。在平原省成立初期的58个县中，原武县、阳武县不再单列，只列出合并后的原阳县。全篇共收录2市6专区57个县及焦作矿区概况。

第一节 新乡市

新乡市位于平原省西南部，处于黄河中下游冲积平原的北缘，北部山区为太行山向南延伸的余脉，整个地形略向东北倾斜，东为开阔的平原。市区南部地形是西南高、东北低。北部为低山丘陵，山势低缓。地貌形态为三种类型：低山丘陵、山前冲洪积倾斜平原、黄河冲积平原区。境内属于典型的暖温带大陆性季风气候，冬季寒冷，春季干旱多风，夏季炎热多雨，秋季秋高气爽，四季分明，降水集中。

1943年11月，中共新乡城市工作委员会在辉县宝泉村成立，属太行区党委城工部。1948年11月，新乡市人民政府在小冀镇成立，属太行行署；1949年2月，属太行第二专署；5月，属太行区新乡专署。1949年8月，新乡市为平原省省会，属平原省直辖。1952年11月，平原省撤销，改为河南省省辖市。

1949年12月，全市下辖4个区28个行政村45条主要街道，全市总户数15870户，总人口8.5万。1951年9月，新乡县留庄营等27个自然村划入市区。第一区位于市区中部，东起环城河，西至京广铁路，南起孟姜女河，北至卫河；第二区位于市区北部，东起杨岗，西达冀场，南至卫河，北至小朱庄；第三区位于市区东部，东起牧村、留庄营，西至环城河，南达马小营，北至卫河；

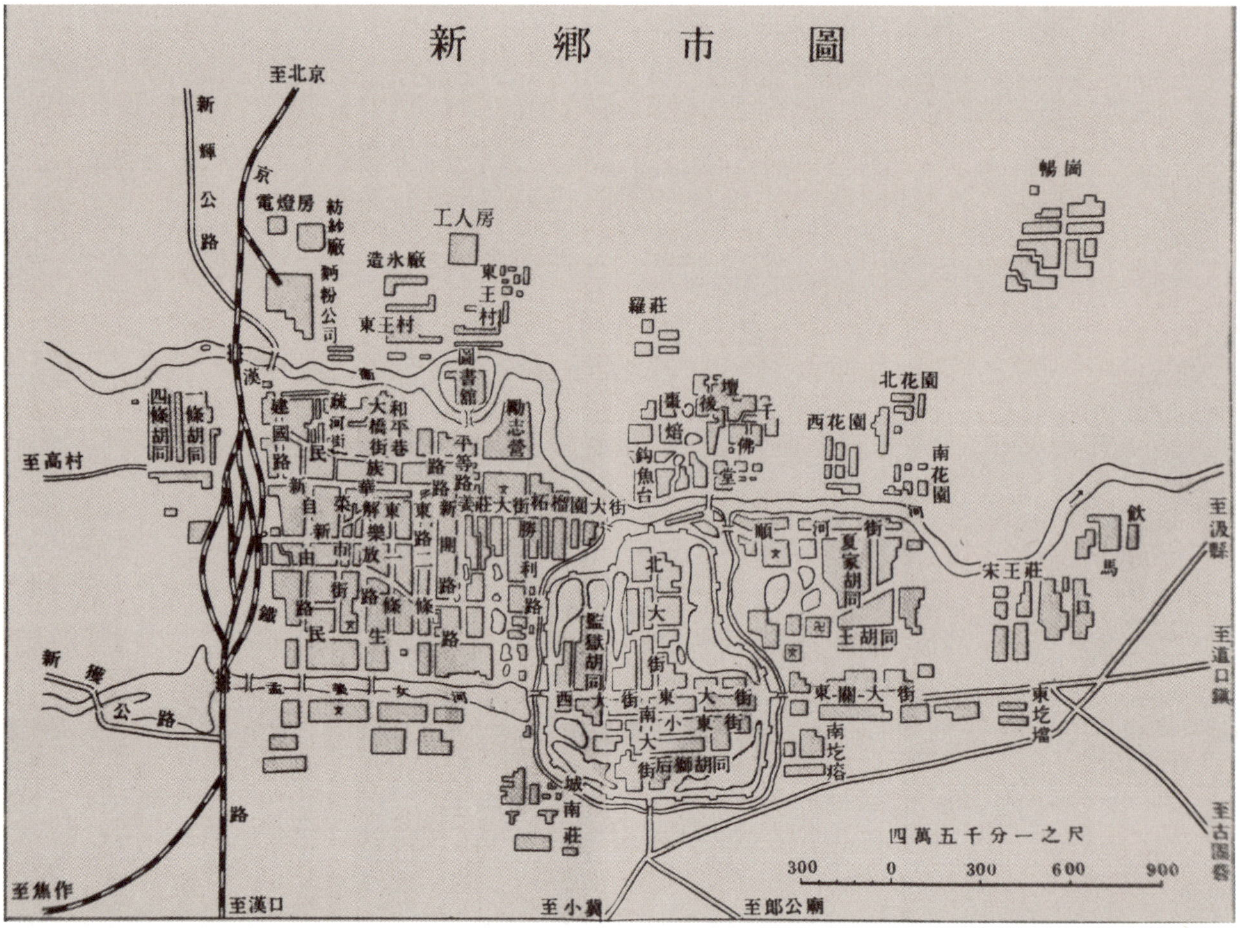

新乡市城区图

第四区位于市区西南部，东起藏营，西至八里营，南达朱召，北至孟姜女河。1952年9月，全市下辖4个区75个行政村44个自然村，全市总户数2.2万户，总人口14.1万。

1949年12月，耕地面积4.3万亩，其中水浇地1.2万亩。1952年9月，耕地面积9.2万亩。

1949年，农作物总种植面积17.2万亩，种植粮食作物15.5万亩，总产8240吨。夏粮6.5万亩，总产2800吨，其中小麦4.6万亩，总产1960吨；秋粮9万亩，总产5440吨。种植棉花1.3万亩，总产130吨；油料0.16万亩，总产50吨。1952年，全市农作物总种植面积27.1万亩，种植粮食作物22.1万亩，总产16230吨。夏粮11.8万亩，总产7845吨，其中小麦10.6万亩，总产6925吨；秋粮10.3万亩，总产8385吨。种植棉花4.2万亩，总产765吨；油料0.3万亩，总产175吨。

1949年12月，全市有牲畜1896头。

1949年，全市农业总产值649万元。其中，种植业产值468万元，林业产值15万元，牧业产值73万元，副业产值87万元。1952年，全市农业总产值1018万元。其中，种植业产值729万元，林业产值18万元，牧业产值69万元，副业产值195万元。

1949年年底，全市工业总产值800万元（1952年不变价），国营、公私合营工业企业有14家，10人以上私营工业企业有34家。1950年，中原棉织厂由上海市迁新乡市，有纱锭2048枚，布机336台。1952年年底，全市工业总产值4721万元（1952年不变价），国营、公私合营工业企业有44家，10人以上私营工业企业发展到51家。

中华人民共和国成立初期，全市只有一家电厂，发电设备容量1000千瓦，年发电量4万度。1952年，年发电量732万度。

1952年，全市工农业总产值5761万元。

1950年，财政收入61.3万元，财政支出59.7万元。1952年，财政收入403.8万元，财政支出328.2万元。

境内公路有新乡至林县河口、新乡至长垣、新乡至范县、新乡至原阳、新乡至济源、新乡至孟县公路。中华人民共和国成立初期，全市公、私营汽车有23辆。

1950年，新乡干、支邮路总计498公里，乡村邮路21公里。省内邮路有新乡至焦作、濮阳、封丘、辉县。1952年，市区有邮电局（所）11处，干、支邮路6条，长话电路16条，市内电话容量480门。

1949年年底，新乡至北京有线电报电路开通。1950年，先后开通新乡至郑州、焦作、道口、安阳、濮阳有线电报电路。1951年，开通新乡至汲县、聊城、菏泽、单县有线电报电路。1952年，市人工报机发展到4部，报用话机发展到8部，有线电报通达北京、郑州和8个专区、县电信局。

1949年11月，市长话设25门磁石式交换机1台；年底，长途电话通北京。1950年，增设交换机1台，新设长话线路8条，计548公里；新乡至郑州长话电路设铜线2条。1951年，新乡至北京首装单路载波机、增音机；新乡至开封、汲县、获嘉、辉县、武陟、修武、博爱、沁阳、孟县、温县、济源、原阳、延津、封丘、长垣均可通话。

1949年，修复市话线路9.5杆程公里，架空明线18.5条公里，电缆3.8皮长公里；安装磁石式交换机200门。1952年，磁石式交换机增至480门，装机418户。

1949年，全市有小学22所，学生5273人，教职工197人；有初中4所，学生1560人，教职工97人。1952年，全市有中小学校61所，其中中学8所，小学53所，学生19638人。

1950年10月，在新乡市筹建平原大学，1951年3月改为平原师范学院。1949年8月，创建平原省立农业学校，1951年7月改称平原农学院。1952年平原省撤销，平原农学院改称河南省百泉农业学校，后改称百泉农业专科学校。1950年春创建的平原医科学校是新乡医学院的前身。创办于1949年8月的太行公立新乡师范学校是新乡师范专科学校的前身。

1949年5月，新乡市人民政府接管民众教育馆，同年8月，改建为人民文化馆。

1949年5月，新乡市人民政府接管建于1935年8月的河朔图书馆。1949年9月，平原省文物管理委员会接管河朔图书馆，建立平原省图书馆。1950年5月，开放阅览室。1951年5月，开放借书处。1952年11月，改为河南省新乡图书馆。有工作人员10余人，采购、征集图书5万册。

1949年，全市有医疗卫生机构7个，卫生技术人员221人，医生127人，病床41张。1952年，全市有医疗卫生机构25个，卫生技术人员609人，医生202人，病床230张。

第二节 安阳市

安阳市位于平原省西北部。是早期华夏文明的中心之一。公元前1300年，商王盘庚迁都于殷（今安阳市区小屯一带），在此传八代十二王，历时254年。三国两晋南北朝时，先后有曹魏、后赵、冉魏、前燕、东魏、北齐等在此建都，故安阳素有"七朝古都"之称。1949年2月，安阳市人民政府在水冶镇成立，属太行第五专区。1949年5月6日安阳解放。1949年8月，平原省成立，安阳为省辖市。1952年11月，平原省撤销，安阳市划归河南省，为省辖市。

1949年12月，辖第一、第二、第三、第四区。1952年9月，辖4个区86个行政村60个自然村。

1949年12月，总户数1.1万户，总人口5.9万。1952年9月，

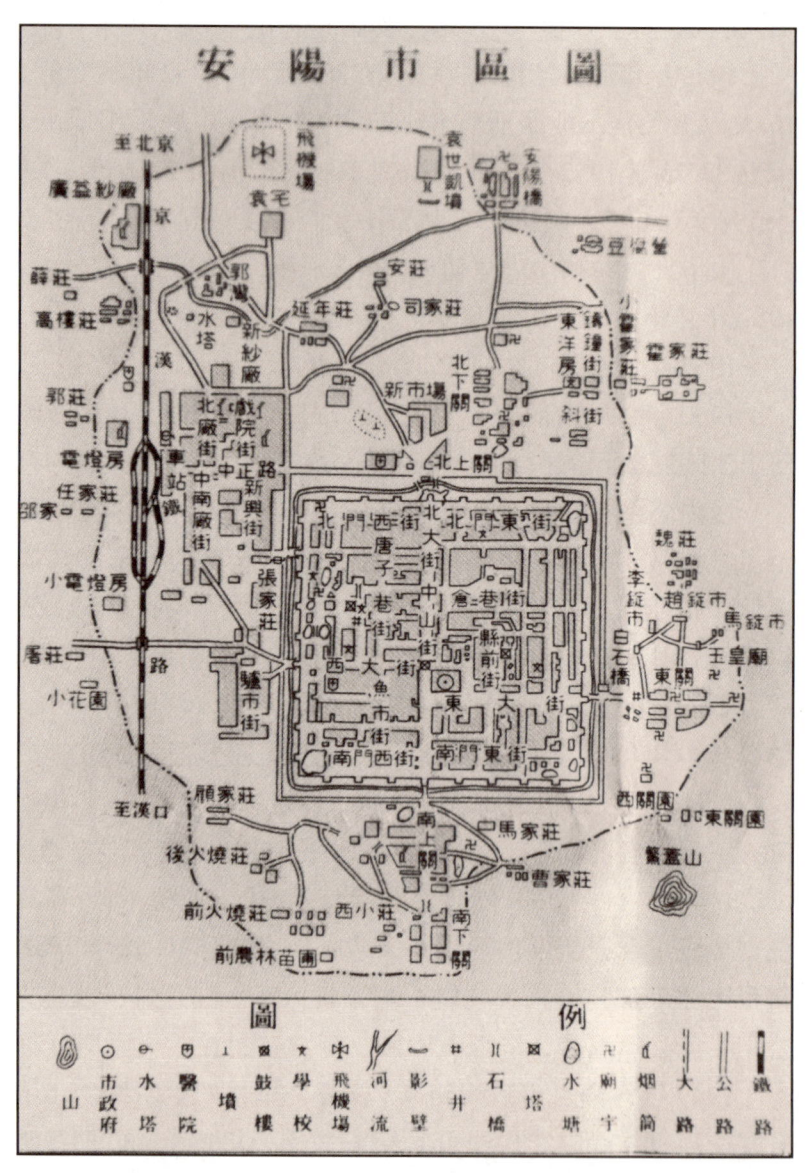

安阳市城区图

总户数 2.2 万户，总人口 12 万。

1949 年 12 月，耕地面积 6935 亩，其中水浇地 4657 亩；牲畜存栏 509 头。1952 年 9 月，耕地面积 7 万亩。

第三节　新乡专区

新乡专区位于平原省西南部。东接濮阳专区，西靠山西省垣曲县，南与河南省开封市、郑州市、洛阳市接壤，北与安阳专区毗邻，西北与山西省阳城县、晋城县、陵川县交界。

1949 年 5 月，太行行署第四督察专员公署改称太行区新乡行政督察专员公署，下辖新乡、辉县、获嘉、汲县、修武、博爱、武陟、沁阳、温县 9 个县及新乡、焦作 2 市。1949 年 8 月，改称平原省新乡专区，下辖新乡县、辉县、获嘉、汲县、修武、博爱、武陟、沁阳、温县、原武、阳武、延津、济源、孟县 14 个县。10 月，焦作矿区成立。1950 年 3 月，原武县、阳武县合并为原阳县。1952 年 11 月，平原省撤销，改属河南省，下辖新乡县、辉县、获嘉、汲县、修武、博爱、武陟、沁阳、温县、原阳、延津、济源、孟县 13 个县及焦作矿区。

1949 年 12 月，辖 14 个县 77 个区 2062 个行政村 7475 个自然村。1952 年 9 月，辖 13 个县 89 个区 2456 个行政村 8111 个自然村。

1949 年 12 月，总户数 65.7 万户，总人口 280.8 万。1952 年 9 月，总户数 68.9 万户，总人口 318.1 万。

1949 年 12 月，耕地面积 860.7 万亩，其中水浇地 108.7 万亩；牲畜存栏 35.9 万头。1952 年 9 月，耕地面积 1014.9 万亩。

一、新乡县

新乡县位于平原省西南部，东、东北邻延津县、汲县，西与获嘉县毗邻，南连原阳县，北与辉县接壤。县境东西宽 32.7 公里，南北长 34.5 公里。

新乡县境域，公元前 632 年，属晋国。前 403 年，属魏国。前 225 年，属秦。前 205 年，为汲县的新中乡。前 111 年，在新中乡设县，定名获嘉县，此为新乡县建县之始。公元 25 年，称获嘉侯，属获嘉侯地。220 年，属魏国的获嘉县，隶河内郡。534 年，属东魏获嘉县。578 年，撤销获嘉县并入修武县，境地属修武县、汲县。586 年，划获嘉县、汲县两邑部分属地，设新乡县，属河内郡。618 年，属义州；后属殷州。627 年，改属河北道卫州汲郡。五代，属卫州。宋，属河北西路卫州。1073 年，撤销县为镇，属汲县。1087 年，复设新乡县，属卫州。1279 年，属中书燕南河北道卫辉路总管府。1368 年，隶河南布政使司卫辉府。1377 年，获嘉县并入新乡县。1380 年，复设获嘉县。1644 年，属河南省卫辉府。1913 年，属河南省豫北道；后改为河北道。1932 年，属河南省第四行政区督察专员公署。1944 年 10 月，新乡县抗日民主政府成立，属太行行署。1945 年年底，撤销新乡县抗日民主政府，并入辉县抗日民主政府。1947 年 3 月，新乡县民主政府成立，属太行行署第五专区。1949 年 8 月，属平原省新乡专区。1952 年 11 月，平原省撤销，改属河南省新乡专区。

1949年2月，全县设8区2镇，下辖268村。一区驻耿黄、二区驻合河、三区驻大召营、四区驻七里营、五区驻李台、六区驻朗公庙、七区驻张八寨、八区驻师庄和小冀镇、七里营镇；6月，师庄区划归获嘉县。1949年12月，辖6个区233个行政村339个自然村。1952年9月，辖6个区211个行政村308个自然村。

1949年12月，总户数4.2万户，总人口23万。1952年9月，总户数4.4万户，总人口24万。

新乡县地势西高东低。西北部卫河以北地区，为太行山前冲洪积倾斜平地，北高南低；中部古阳堤以北至卫河以南，是古黄河、沁河泛流地区与背河洼地，多为槽状洼地和龙岗坡地；南部与东南部为黄河故道漫滩沙丘地区，地势起伏较大。

境内属暖温带大陆性季风气候，有明显的季节变化。春季干旱多风，夏季炎热多雨，秋季天高气爽，冬季寒冷少雪。

流经新乡县的主要河流有卫河、东孟姜女河、西孟姜女河、百泉河。

1949年12月，有耕地75.5万亩，其中水浇地4.6万亩。1952年9月，有耕地78.5万亩。

1951年，植树80万株。1952年，育苗10亩，植树15万株，营造防护林300亩。

1949年，粮食作物种植面积82.7万亩，总产4085万公斤。夏粮44.5万亩，总产1602万公斤；秋粮38.2万亩，总产2483万公斤。种植油料2.6万亩，总产15.6万公斤；种植棉花12.7万亩，总产160.5万公斤。1952年，粮食作物种植面积76万亩，总产4563万公斤。夏粮42.6万亩，总产1961.5万公斤；秋粮33.4万亩，总产2601.5万公斤。种植油料2.9万亩，总产18.9万公斤；种植棉花21.4万亩，总产374.5万公斤。

1949年，有大牲畜24160头（匹）。其中，牛12178头，马918匹，驴6798头，骡4266匹。生猪存栏8419头，养羊2698只；鸡11.5万只，鸭356只，鹅56只。1952年，有大牲畜33501头（匹）。其中，牛21349头，马1202匹，驴6841头，骡4109匹。生猪存栏5098头，养羊1802只。

1952年，全县工业企业，由1949年的铁木业、棉织业及砖瓦业等98家，发展到1400余家，总产值338万元。

1949年，全县工农业总产值2506万元，其中农业总产值2379万元。1952年，农业总产值3146万元。

1949年，县财政收入135.9万元，财政支出9.9万元。1952年，县财政收入299.1万元，财政支出57.8万元。

境内干线公路有新河、新长、新汲、新济、新原、新范、新郑公路。

1948年，小冀电话站设有15门磁石式交换机1台。1949年，设计改造出一台50门交换机，供农话和长话、市话使用，县政府至各区电话架通。1950年，设小冀至新乡、原阳、获嘉3条长话线路。

1949年，有小学130所，班级332个，在校学生1.2万人，教师319人。1951年，有中学1所，班级2个，在校学生100人。1952年，有小学192所，在校学生2.8万人，教职员638人。

1950年，县文化馆设立阅览室，购进图书650册。

1949年3月，县立医院成立，有医务人员13人；1950年，设病床10张。1951年，更名为县人民卫生院，有房24间。1950年10月，合河卫生院建立。1952年，七里营、大召营卫生院建立。1952年，县卫生医疗单位有5家，设病床18张，有医务人员451人。

二、沁阳县

沁阳县位于平原省西南部，北依太行，南眺黄河。地处太行山南麓、黄土高原和华北平原交界处，境内有山地、丘陵、平原。地势北高南低，由西北向东南倾斜。最高点海拔1116.9米，最低点海拔110米。东邻博爱县，西接济源县，南与温县、孟县毗邻，北界山西省晋城县。

沁阳县境域，西周时称野王。公元前648年，属晋。前262年，野王地并入秦。前241年，野王属卫。前221年，野王属三川郡，为卫国地。前209年，野王属秦。前205年，设野王县，隶河内郡，属京畿。前14年，改野王县为平野县。东汉，改平野县为野王县，属河内郡。公元596年，改野王县为河内县，属怀州。607年，属河内郡。632年，属河北道怀州。690年，属河内郡。758年，改河内郡为怀州，属怀州。宋，初属河北路怀州河内郡。1073年，属河北西路怀州河内郡。1128年，属河东南路南怀州。1151年，属河东南路怀州。元初，仍属怀州。1257年，属怀孟路。1319年，属怀庆路。1368年后，属怀庆府。清属河南省河北道怀庆府。1912年，撤销河内县，境地并入怀庆府。1913年，恢复河内县，后改为沁阳县，属豫北道。1914年，属河南省河北道。1927年，直属河南省。1932年，属河南省第四行政督察专员公署。1945年12月，属太行第四专署。1949年8月，属平原省新乡专区。1952年11月，平原省撤销，改属河南省新乡专区。

沁阳县境内矿藏资源丰富多样。县北部的太行山上蕴藏着铜、铁、煤、锂、铝矾土、硫黄、钾长石、大理石、白云石、石英石、白干石等10多种矿产。

境内属暖温带大陆性气候，四季分明，日照充足，无霜期长，降水适中。春季干旱多风，夏季炎热多雨，秋季昼暖夜凉，冬季寒冷干燥。

1949年12月，辖5个区165个行政村401个自然村，区公所分别驻城内、西万、西向、柏香、木楼。1952年，增设第六区，区公所驻西王曲村。1952年9月，辖6个区106个行政村401个自然村。

1949年12月，总户数4.6万户，总人口17.2万。1952年9月，总户数5.1万户，总人口20.7万。

1949年12月，有耕地48.8万亩，其中水浇地17.9万亩。1952年9月，有耕地51万亩。

1949年，粮食总产3.4万吨。其中，小麦种植面积27.6万亩，总产2238万斤；玉米19.5万亩，总产2434万斤。种植棉花13747亩，总产28万斤。1952年，小麦种植面积38.2万亩，总产5527万斤；玉米19.3万亩，总产3307万斤。种植棉花52287亩，总产173万斤。

1949年12月，牲畜存栏1.5万头。

1949年，县工业总产值3万元，有全民企业2家。1952年，县工业总产值116万元，有全民企业3家，集体企业13家。

1949年，县财政收入144万元，财政支出144万元。1952年，县财政收入288万元，财政支出417万元。

1949年，有50门交换机1台，电话机10部，人工收发报机1台。有邮路4条，总长140公里。1952年，设50门磁石交换机1台，有话机54部，长话线路有：沁阳至博爱、温县、济源、山西晋城。

1949年，有小学184所，学生1.2万人，教职工319人；有初中2所，学生429人，教职工74人。1952年，有小学219所，学生2.2万人，教职工526人；有初中2所，学生869人，教职工100人。

1949年，有医院1所，诊所42处。

三、辉　县

辉县位于平原省西南部，太行山与华北平原过渡地带。东靠汲县，西、西南与山西省陵川县，修武县交界，南临获嘉县、新乡县，北同林县，山西省壶关县相接。县境南北长65公里，东西宽52.5公里。

辉县地貌类型分深中山区、深低山区、丘陵区、盆地、山前倾斜平原、平原、洼地。

境内属暖温带大陆性季风气候，四季分明。春季多风少雨，夏季多雨炎热，秋季气候凉爽，冬季干冷少雪。

流经辉县的主要河流有淇河、沙窑河、大沙河、卫河、黄水河、石门河、峪河。

辉县境域，西汉，境东部设共县，西部属山阳县，均隶河内郡。三国，共县改属朝歌郡。晋，共县属汲郡。公元409年，改属黎阳郡。北魏，共县、山阳县同属汲郡，后共县归林虑郡。556年，共县并入获嘉县。586年，撤销山阳县，改设共城县，属河内郡卫州。618年，属河北道。621年，凡城县并入共城县，属殷州。627年，改属卫州。632年，博望县并入共城县。742年，改属汲郡。758年，复属卫州。1189年，共城县改为河平县。1192年，改为苏门县，属卫州河平军。1215年，苏门县升为辉州。1220年，设山阳县，属辉州。1232年，辉州属彰德路彰德帅府，辖苏门县、山阳县；后改属卫辉路。1266年，撤销苏门县，改山阳为镇，仍称辉

辉县地图

州。1368年，辉州改为辉县，属河南布政使司卫辉府。清，属卫辉府。1913年，属豫北道。1914年，改属河北道。1927年，辉县为省直辖。1932年，属河南省第四行政督察区。1939年，改属河南省第十三行政督察区。1943年7月，辉县抗日政府成立，后改为辉北县抗日政府，属晋冀鲁豫边区太行区第七专区。1944年2月，成立辉嘉县抗日政府，10月，新乡县抗日政府成立，属晋冀鲁豫边区太行区第七专区。1945年12月，辉北县抗日政府改称辉北县政府，撤销新乡县抗日政府，成立辉县县政府；辉嘉县、辉北县、辉县，均属太行区第五专区。1946年6月，3县合并为辉县，改属太行区第四专区。1947年，改属太行区第五专区。1949年2月，属太行第四专区。1949年8月，属平原省新乡专区。1952年11月，平原省撤销，改属河南省新乡专区。

1949年，全县划为10个区。一区驻城内、二区驻南寨、三区驻黄水、四区驻高庄、五区驻张村、六区驻峪河、七区驻赵固、八区驻薄壁、九区驻南村、十区驻夏峰。1949年12月，辖8个区344个行政村1267个自然村。1952年9月，辖10个区342个行政村1354个自然村。

1949年12月，总户数6.4万户，总人口30.1万。1952年9月，总户数6.8万户，总人口32.4万。

1949年12月，耕地面积96.8万亩，其中水浇地5.5万亩。1952年9月，耕地面积108.5万亩。

1949年，粮食种植面积138.78万亩，总产5738万公斤。其中，小麦64.2万亩，总产2247.5万公斤；玉米42.8万亩，总产1928.5万公斤；水稻2.9万亩，总产276万公斤；谷子16.2万亩，总产704.5万公斤。种植棉花10.24万亩，总产61.5万公斤；油料3.47万亩，总产58.5万公斤。

1952年，粮食种植面积155.75万亩，总产8260.5万公斤。

1949年，大牲畜存栏4.7万头。生猪存栏1万头，羊存栏4.3万只。

1949年，工业企业有一家国营小油厂和数十家个体手工业作坊，产值37万元。

1937年，有辉（县）淇（县）、辉（县）修（武）、辉（县）新（乡）、辉（县）获（嘉）4条县际公路，全长157公里。

1950年，设3条邮政干线，即新乡干线、西平罗干线、上八里干线，邮路总长183公里；有邮路32条，其中自行车邮路25条，步班7条。

1949年2月，9个区与县城开通电话，市内电话有13部。1952年，长话可沟通河南各县，各区分别装上10~20门交换机，5个中心乡架通电话；市话交换机容量100门，装机49部，市话杆路长4.7公里，架空明线线条长18.3对公里；农话装机12部，农话杆路长67.1公里，架空明线线条长72.2对公里。

1952年，有小学378所，在校学生3.4万人，教师807人；有初中8个班，学生390人。

1949年2月，辉县卫生院有医务工作者8人，病床10张。1952年春，薄壁、峪河、赵固、胡桥、常村、高庄、上八里、南村、南寨9个区的医药合作社改建为公立卫生所，有医务人员59人。

四、济源县

济源县位于平原省西南部。东和沁阳县、孟县毗邻，西与山西省垣曲县接壤，南隔黄河与河南省孟津县、新安县相望；北依太行、王屋两山，和山西省阳城县、晋城县交界。县境东西长66公里，南北宽36.5公里。

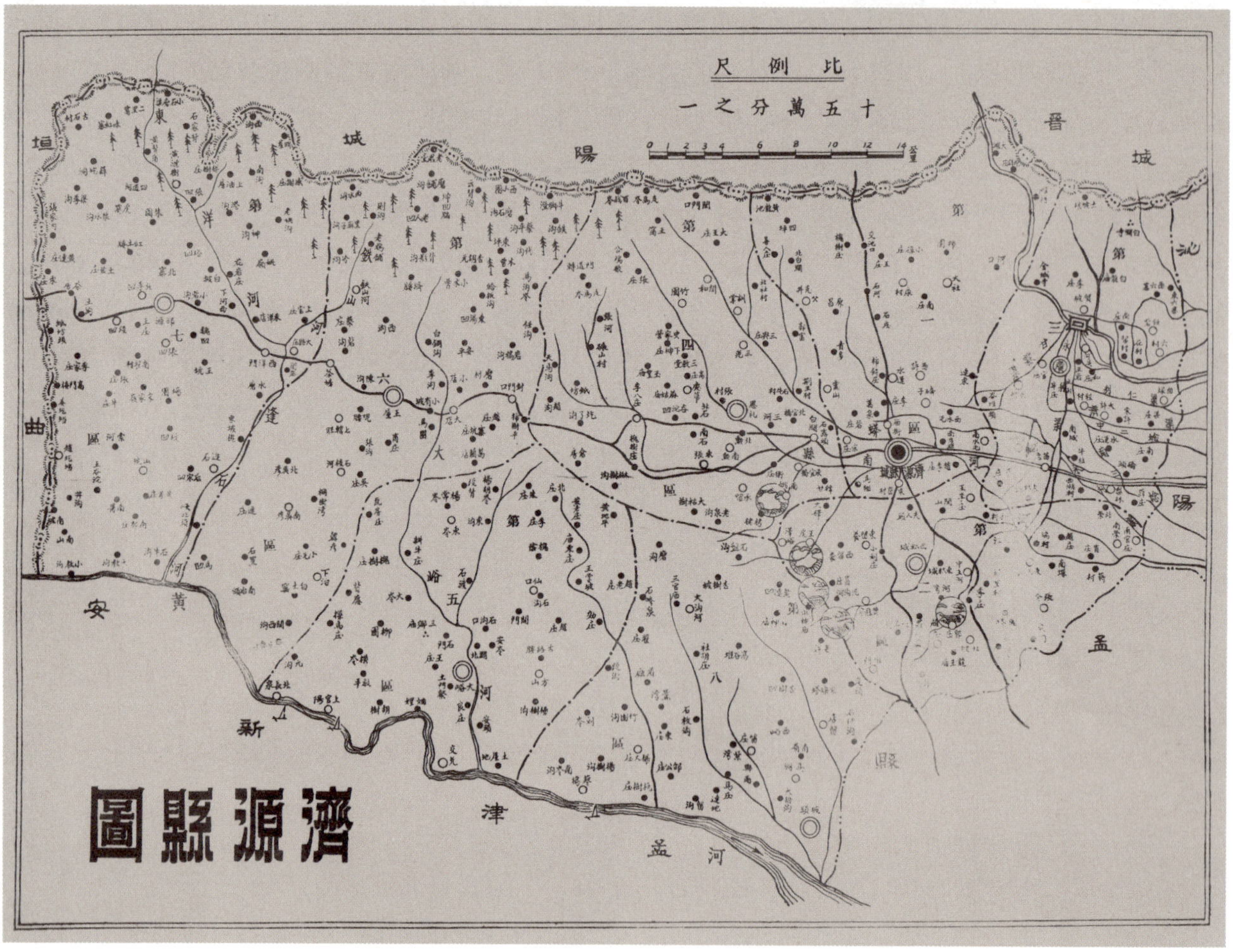

济源县地图

济源县境，南部丘陵为黄土高原与山西中隆区边缘的延伸。中条山、太行山和怀川平原的组合，形成了县境西北高、东南低的倾斜地势，梯形差异明显，地貌形态复杂，有山地、丘陵和平原。

济源县境内矿藏资源丰富而多样。有铁、铜、铅、铝、金、银等金属矿；煤、地热水、硫黄、石灰石、耐火黏土、石膏、钾长石、石英砂、石英石、石墨等非金属矿；有用于建材的石灰岩、黏土、白云石、大理石和高档工艺原料砚石、锆石、水晶、玉雕石等。

境内属暖温带大陆性季风气候。特点是春季温暖多风，夏季炎热多雨，秋季天高气爽，冬季干冷少雪。平原气候区，气候温和、湿润，寒暑变迁较缓。山地丘陵气候区，气候干燥，四季替换较明显，气温偏低，冬冷且长。

流经济源县的主要河流有：黄河、济河、沁河、蟒河、漠河、大店河、逢石河等。

济源县境域，春秋，先属郑，后属晋。战国，先属韩，后分属韩、魏。秦，设轵县，属三川郡。汉，增设沁水县、波县，均属司隶部河内郡。三国，轵县、沁水县、波县，均属魏司州河内郡。晋，撤销波县；轵县、沁水县同属司州河内郡。公元470年，划垣曲县地增设苌平县，属东雍州邵郡。534年，轵县、沁水县改属东魏怀州河内郡；苌平县改属西魏东雍州邵郡。北齐，沁水县并入轵县。北周初，苌平县改为王屋县。596年，划轵县北部设济源县，属河内郡。606年，撤销轵县，并入河内县。618年，复设轵县；王屋县更名邵伯县，属邵州；后设大基县，属怀州。625年，撤销大基县。627年，撤销轵县，并入济源县；邵伯县改属怀州。657年，济源县改属洛州；邵伯县复名王屋县，改属河南府。673年，复设大基县，属河南府。712年，大基县更名河清县。843年，济源县、河清县改属孟州；后河清县改属河南府。1072年，王屋县改属孟州。1112年，改孟州为济源郡，济源县、王屋县同属。1128年，济源郡复名孟州，济源县、王屋县仍属。1234年，改济源县为原州；后撤销州复为县，仍属孟州。1266年，王屋县并入济源县。1377年，改属河南布政使司怀庆府。清，属河南省怀庆府。1912年，直属河南省。1913年，属河南省豫北道。1914年，改属河北道。1927年，直属河南省。1932年8月，属河南省第十四行政督察区；10月，改属河南省第四行政督察区。1942年夏，济源县抗日民主政府成立，属太岳区第四专区。1943年2月，划济源西部设王屋县，属太岳区第四专区。1947年7月，王屋县并入济源县，仍属太岳区第四专区。1949年8月，属平原省新乡专区。1952年11月，平原省撤销，改属河南省新乡专区。

1949年12月，辖6个区213个行政村1662个自然村，区公所分别驻庙街、轵城、辛庄、思礼、大峪、邵原。1952年9月，辖8个区213个行政村2046个自然村。

1949年12月，总户数5.5万户，总人口21.9万。1952年9月，总户数6.1万户，总人口25.5万。

1949年12月，有耕地60.8万亩，其中水浇地68422亩。1952年9月，有耕地79.3万亩。

1949年，农作物总种植面积82.7万亩。其中，种植小麦33.3万亩，玉米8.9万亩，水稻0.4万亩，薯类1万亩，谷子10.2万亩，大豆10.2万亩。种植棉花4.9万亩，油料6.5万亩。粮食总产32985吨，其中夏粮16245吨、秋粮16740吨。

1952年，农作物总种植面积110.9万亩。其中，种植小麦46.9万亩，玉米13.1万亩，水稻0.5万亩，薯类1.9万亩，谷子11.7万亩，大豆12.2万亩。种植棉花9万亩，油料2.3万亩。粮食总产48685吨，其中，夏粮23560吨、秋粮25125吨。

1949年，大牲畜存栏3.28万头，生猪存栏0.71万头，羊存栏2.15万只。1952年，大牲畜存栏6.16万头，羊存栏4.54万只；鸡存栏21.9万只。

1949年，农业总产值1536万元。其中，种植业产值946万元，林业产值70万元，牧业产值207万元，副业产值311万元。1952年，种植业产值1780万元。

1949年，全县工业企业，除有数百户手工业者外，只有一家国营工业企业和一家集体工业企业，职工381人，总产值90万元。1952年，全县工业企业，有国营和集体工业企业11家，职工595人，总产值147万元。

1950年，县财政收入12.4万元。

中华人民共和国成立后，先后修通济（源）邵（原）、济（源）坡（头）、济（源）克（井）3条境内干线公路。

1949年，有磁石式电话机19部，农话、市话总杆程91.5公里；有一部21门的交换机，后为30门。1952年，农话、市话分设，农话专设磁石式交换机一部5门，有农话9部、市话26部。

1949年，全县有小学490所，在校学生2.1万人，教职工648人；有中学教职工9人。1952年，全县有小学教职工808人，中学教职工37人。

1949年,全县有中、西医药单位205家,医务人员389人。1952年,县医疗机构有25家,床位27张,卫计人数287人。

1950年,县文化馆设图书阅览室,有图书5000余册,报刊10余种。

五、孟 县

孟县位于平原省西南部。东连温县,西与济源县接壤,南濒黄河,与河南省孟津县、巩县隔河相望,北接沁阳县。

孟县地势由西北向东南倾斜,是太行山前丘陵向黄河冲积平原过渡地区,形成"西岭、南滩、东平原"的地貌特征。最高海拔305.9米,最低海拔108.5米。

孟县位居暖温带,属大陆性季风气候区,气候温和适中,光热资源充足,无霜期长,降水集中。

流经孟县的主要河流有黄河、蟒河、潴泷河。

孟县境域,春秋,为郑地。战国,属魏,为垣雍地。秦,属三川郡北境,为河雍县。公元前106年,始称河阳县,属河内郡。北齐,撤销河阳县。公元596年,重设河阳县,属怀州。唐初,改为大基县。620年,设毂旦县,后仍称河阳县。674年,复设大基县,属洛州。后复为河阳县。843年,升河阳为孟州,辖河阳、济源、温、汜水、河阴5县,属河北道。1112年,改属京西北路济源郡。1128年,仍为孟州。后辖河阳、王屋、济源、温4县,属河东南路。

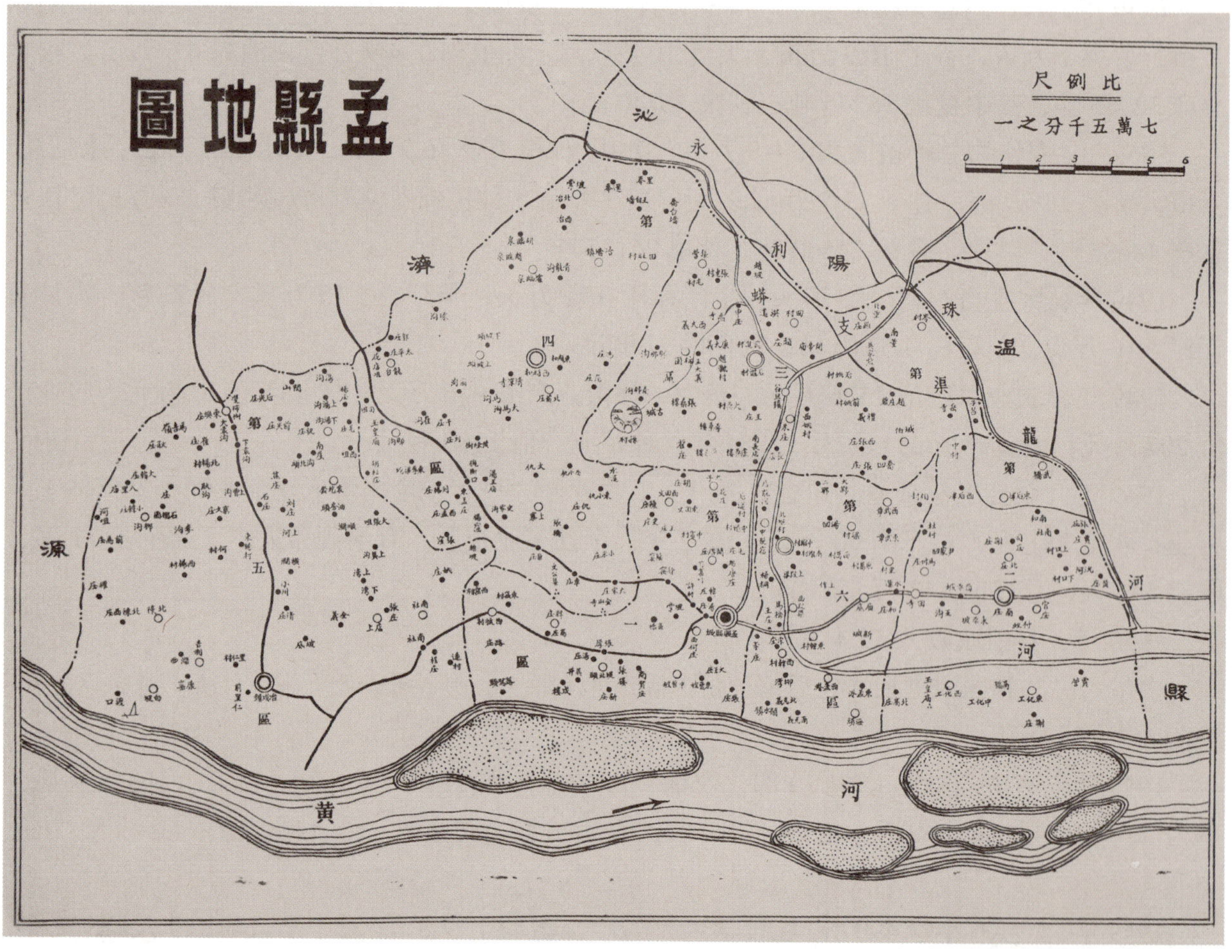

孟县地图

1266年，撤销王屋县，并入济源县，孟州辖河阳、济源、温3县，属怀庆路。明初，仍为孟州，撤销河阳县，辖温、济源2县。1377年，改州为县，始称孟县，属河南布政使司怀庆府。1912年，直属河南省。1913年，属河南省豫北道。1914年，改属河北道。1927年，属河南省第四行政督察区。1947年7月，属晋冀鲁豫边区太岳第四行政公署。1948年5月，属华北区太岳第四行署。1949年8月，属平原省新乡专区。1952年11月，平原省撤销，改属河南省新乡专区。

1949年12月，辖5个区179个行政村401个自然村。1952年9月，辖6个区183个行政村401个自然村。

1949年12月，总户数4.7万户，总人口17.1万。1952年9月，总户数5.4万户，总人口21.8万。

1949年12月，全县耕地面积36.5万亩，其中水浇地5.9万亩。1952年9月，全县有耕地53.2万亩。

1949年，全县造林1000亩，保存株数143万棵。

1949年，全县农作物总种植面积54.3万亩，粮食作物总产3447万公斤。夏粮31.8万亩，总产2355.5万公斤，其中小麦2220.5万公斤；秋粮14.8万亩，总产1091.5万公斤，其中玉米396.5万公斤。种植经济作物7.29万亩，其中棉花76.5万公斤；花生47.5万公斤。其他作物0.5万亩。1952年，全县农作物总种植面积64.1万亩，粮食作物总产4970.5万公斤。夏粮37.1万亩，总产3205万公斤，其中小麦2882.5万公斤；秋粮16.5万亩，总产1765.5万公斤，其中玉米916.5万公斤。种植经济作物9.66万亩，其中棉花110.5万公斤、花生80万公斤。其他作物0.86万亩。

1949年，全县牛存栏6744头，马211匹，驴6682头，骡937匹。生猪存栏645头，羊存栏2476只。1952年，牛存栏7916头，马675匹，驴8556头，骡2132匹。生猪存栏2016头，羊存栏4387只。

1949年3月，全县有私营商业810户，经商人员1702人。1949年9月，成立第一家国营公司——华北花纱布公司济孟支公司。

1949年，全县工农业总产值1275万元，其中工业总产值29万元、农业总产值1246万元。1952年，全县工农业总产值1557万元，其中工业总产值92万元、农业总产值1465万元。

1949年，县财政收入110万元。

1949年年底，县邮局下设代办处15处，投递6个区公所164个行政村172个学校。

1949年年初，全县有中心小学校29所，下辖114所小学，教职工290人，学生2.7万人。1950年，县公办小学有195所，其中完小7所、初小188所；教学班317个，其中高小班17个，教职工362人；有初中生108人。1952年6月，县第一初级中学创建，招7个班，学生348人，教职工36人。

1949年，县城有1所小医院，3张病床；有中药铺34所，卫生人员141人。

六、温　县

温县位于平原省西南部。东邻武陟县，西邻孟县，南与河南省荥阳县、巩县隔河相望，西北与沁阳县接壤，东北隔沁河与博爱县交界。县境东西长31.5公里，南北宽24公里。

温县境内地势平坦，属黄、沁河冲积平原，由东而西略有升高。由于黄、沁河历史上多次

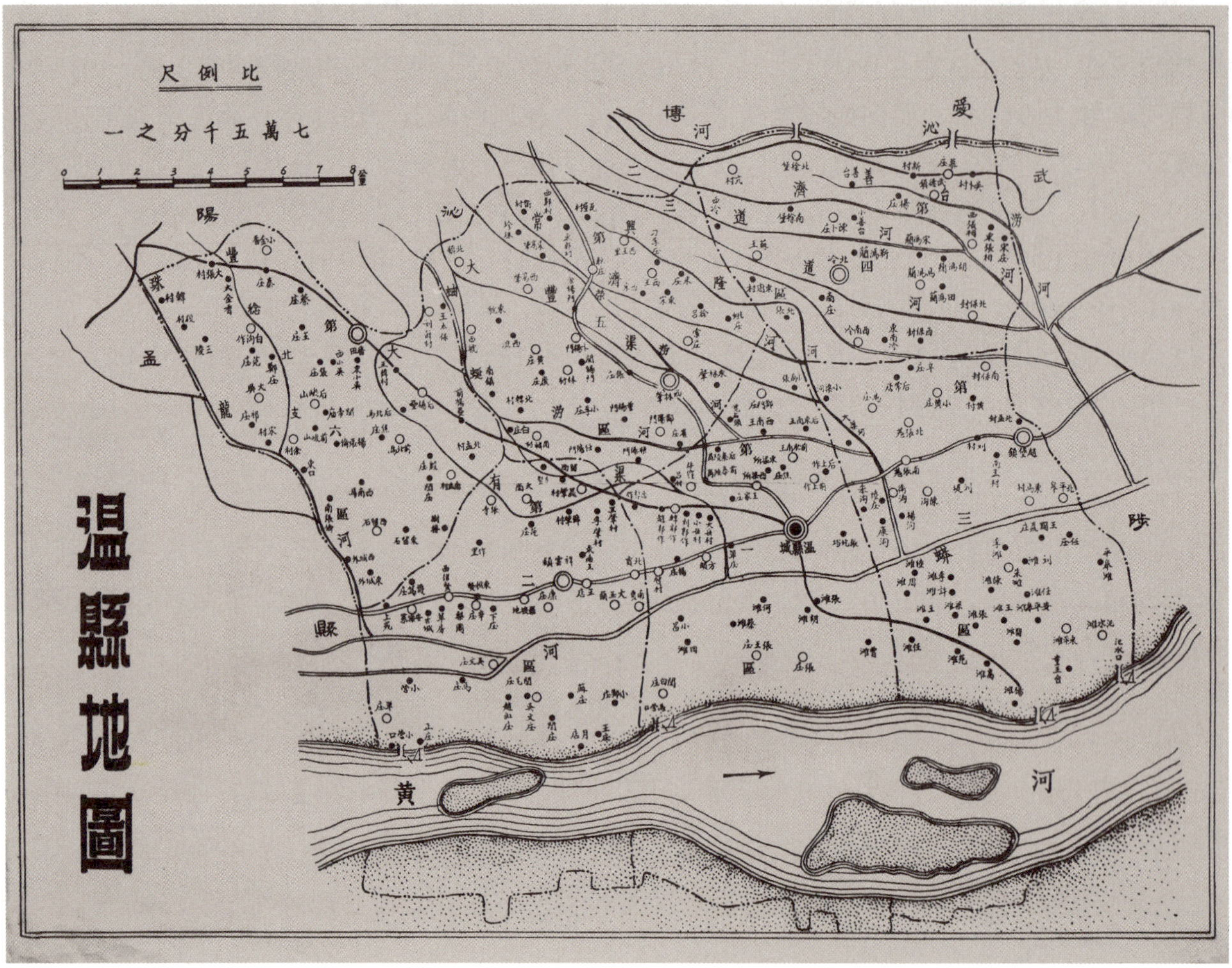

温县地图

泛滥、改道,形成南滩北洼中间岗的地貌特征。滩即黄河滩地,洼即沁河冲积倾斜平原,岗地即清风岭岗地。

境内属暖温带大陆性季风气候,旱年多,涝年少,夏秋热,冬春寒冷干燥。

流经温县的主要河流有:黄河、沁河、老蟒河、潴泷河。

温县,公元前635年,始称县,属晋国。前403年,属魏。前275年,属秦。前265年,属赵。前237年,属秦。前220年,撤销温县,划归三川郡河雍县。前205年,复设温县,属司隶部河内郡。三国至西晋,为魏地,属河内郡。公元417年,属北魏河内郡。534年,属武德郡。556年,撤销温县。596年,复设温县,属武德郡。约605年,改属河内郡。621年,温县改名为李城县,属怀州。625年,李城县复名为温县。657年,改属河南道洛州。713年,属河南府。843年,属河北道孟州。960年,属京西北路孟州。1112年,属京西北路济源郡。1128年,属河东南路孟州。1257年,属怀孟路总管府。1319年,属中书省燕南河北道怀庆路。1368年,属孟州。清,属河南行省河北道怀庆府。1913年,直属河南省河北道。1927年,直属河南省政府。1932年,属河南省第四行政督察区。1945年3月,温县抗日民主政府成立;5月,撤销温县,在境东半部建温陟县,西半部建温孟县,均属晋冀鲁豫边区太行第八专署。1945年9月,撤销温陟县、温孟县,复设温县,属太行第四专署。1949年8月,属平原省新乡专区。1952年11月,平原省撤销，改属河南省新乡专区。

1949年12月，辖5个区156个行政村245个自然村。1952年9月，辖6个区145个行政村245个自然村。

1949年12月，总户数4.3万户，总人口15.7万。1952年9月，总户数5.1万户，总人口22.2万。

1949年12月，耕地面积46.4万亩，其中水浇地12.7万亩。1952年9月，有耕地49.9万亩。

1949年，粮食种植面积54万亩，总产3856万公斤。种植棉花31867亩，总产39万公斤；怀药29460亩，总产276万公斤。1952年，粮食种植面积60.6万亩，总产4736万公斤。种植棉花49404亩，总产58万公斤；怀药15487亩，总产154万公斤。

1949年，全县牛存栏3849头，驴5688头，马115匹，骡332匹。生猪存栏4600余头，羊存栏2800余只。

1949年，农业总产值1400万元。1952年，农业总产值1521万元。

1949年，全县有完全小学8所，初级小学156所，学生1.4万人，教师288人。1952年年底，全县有完全小学11所，中心学校17所，初级小学165所，学生2.1万人，教职工510人。

七、修武县

修武县位于平原省西南部，太行山南麓。东、东北和获嘉县、辉县接壤，西南与博爱县毗连，南和武陟县为邻，北、西北同山西省陵川县、晋城县搭界。县境南北长40公里，东西宽36.25公里。

修武县地貌由山地和平原两大基本单元构成。北部是山地，属太行山的组成部分，地貌复杂，地势起伏较大。南部是冲积平原，地面开阔。最高海拔1308米，最低海拔77.4米。地貌大致可分为：北部高山地区、影寺盆地、中山地区、丘岗区、平原区。

境内地处太行山南麓，属平川气候区和山区气候区。气候特征是：春多风沙，秋凉气爽，夏热多雨，冬季干冷，气候年差较大。

修武县境域，古称宁邑。秦，

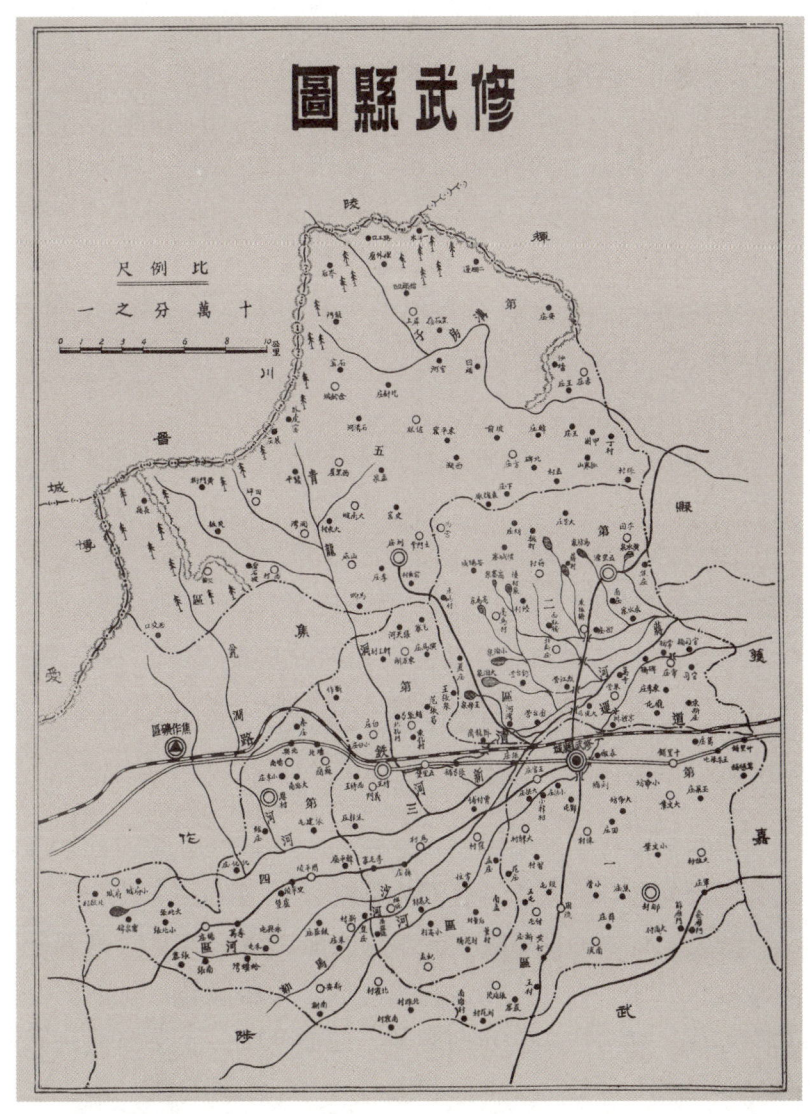

修武县地图

改南阳为修武县，属三川郡。公元前 205 年，将修武分为修武、山阳两个县，属河内郡。东汉，河内郡（含修武、山阳）属司隶校尉部。三国，修武、山阳属魏司州河内郡。公元 222 年，修武改属冀州朝歌郡。266 年，修武属汲郡，隶属司州。东晋，先属冀州，后属中州。南北朝，修武县属北魏司州汲郡。596 年，划修武部分地，设武陟县。约 605 年，武陟县并入修武县，属河内郡。619 年，成立陟州，修武属之。621 年，撤销陟州，改属殷州；后划部分地，设武陟县。627 年，改属怀州。1073 年，改修武县为镇，并入武陟县。1086 年，恢复县制，属河北西路怀州。1128 年，属河东南路怀州沁南军。元，初属怀州；1315 年，属怀庆路。明，属河南布政使司怀庆府。清，属河南省怀庆府。1912 年，属河南省河北道。1927 年，属河南省豫北道。1928 年，属河南省第四行政督察区。1937 年，属太行区第四专署。1949 年 5 月，改属新乡专署。1949 年 8 月，属平原省新乡专区。1952 年 11 月，平原省撤销，改属河南省新乡专区。

1949 年 12 月，辖 5 个区 181 个行政村 397 个自然村。1952 年 9 月，辖 6 个区 109 个行政村 467 个自然村。

1949 年 12 月，总户数 3.8 万户，总人口 17.3 万。1952 年 9 月，总人口 15.3 万。

1949 年 12 月，耕地面积 62 万亩，其中水浇地 14.3 万亩。1952 年 9 月，耕地面积 62.7 万亩。

1949 年，粮食总产 3424 万斤，棉花总产 28 万斤。1950 年，农作物总种植面积 56 万亩。种植粮食作物 47.5 万亩，总产 4640 万斤，其中，夏粮 22.5 万亩，总产 1912 万斤；秋粮 25 万亩，总产 2728 万斤（玉米 17.9 万亩，总产 1396 万斤；高粱 1 万亩，总产 96 万斤；谷子 3.1 万亩，总产 402 万斤；大豆 1.5 万亩，总产 91 万斤）。种植经济作物 7.5 万亩，其中棉花 2.69 万亩，总产 35 万斤；油料 4.77 万亩，总产 293 万斤。1952 年，全县粮食总产 6415 万斤。

1949 年，全县大牲畜存栏 15791 头（匹）。其中，牛 1.2 万头，马 219 匹，驴 2143 头，骡 1429 匹。生猪存栏 1100 头，山绵羊存栏 2100 只；养鸡 2.3 万只。1952 年，全县生猪存栏 6000 头，羊存栏 1 万只。

1949 年，全县工农业总产值 1013.6 万元，农业总产值 637 万元，畜牧业产值 18 万元，林业产值 1 万元。1952 年，全县工农业总产值 16024 万元。

1949 年，县财政收入 22.8 万元，财政支出 6.7 万元。1952 年，县财政收入 29.4 万元，财政支出 50.1 万元。

1949 年，全县有小学 148 所、253 个班，学生 5623 人，教师 255 人。1952 年，全县有小学 200 所、454 个班，学生 8433 人；有初中 1 所、6 个班，学生 325 人，教师 353 人。

八、博爱县

博爱县位于平原省西南部。东与焦作矿区、武陟县、修武县接壤，西与沁阳县相邻，南与温县隔河相望，北与山西省晋城县毗邻。

博爱县地貌的地域性差异十分明显，北部为山地，南部是平原。北部山地属太行山组成部分，地势起伏较大，自北向南呈梯级降低，山势陡峻，土薄石厚，多深沟峡谷。南部平原，有洪积冲积形成，地势向东和东南倾斜，地面开阔，土层厚而且肥沃。总特点是"边境三面环谷"，东北面是大石河谷地，西面和南面是丹、沁河谷地。

境内属暖温带大陆性季风气候，气候温暖，四季分明。春季干旱多风，夏季炎热多雨，秋季秋高气爽日照长，冬季少雨干又冷。

境内主要河流有沁河、丹河、小丹河。

博爱县境域，周，设野王邑，博爱隶之。战国，博爱先后属郑国、晋国、魏国、韩国。秦，改野王邑为野王县，博爱隶属野王县，属三川郡辖。西汉初，境地为殷国地。公元前205年，恢复野王县，博爱隶之，属冀州河内郡。东汉，属司隶河内郡。三国，属曹魏，录冀州河内郡。两晋，属司州河内郡。北魏，属怀州河内郡。隋，改野王县为河内县，博爱隶属河内县，属河内郡。五代，河内县属怀州。宋，属河北西路怀州河内郡。金，属河东南路怀州郡。元初，属怀孟路总管府。公元1319年，属中书省燕南河北道怀庆路。1368年，属怀庆府。1913年，河内县改为沁阳县，博爱隶之，属河南省河北道。1927年，增设博爱县，直属河南省。1943年10月，沁博县抗日民主政府成立，属太行第八专署。1945年5月，博爱县抗日民主政府成立，属太行第八专署；8月，撤销沁博、博爱县抗日民主政府，成立博爱县民主政府。1949年8月，属平原省新乡专区。1952年11月，平原省撤销，改属河南省新乡专区。

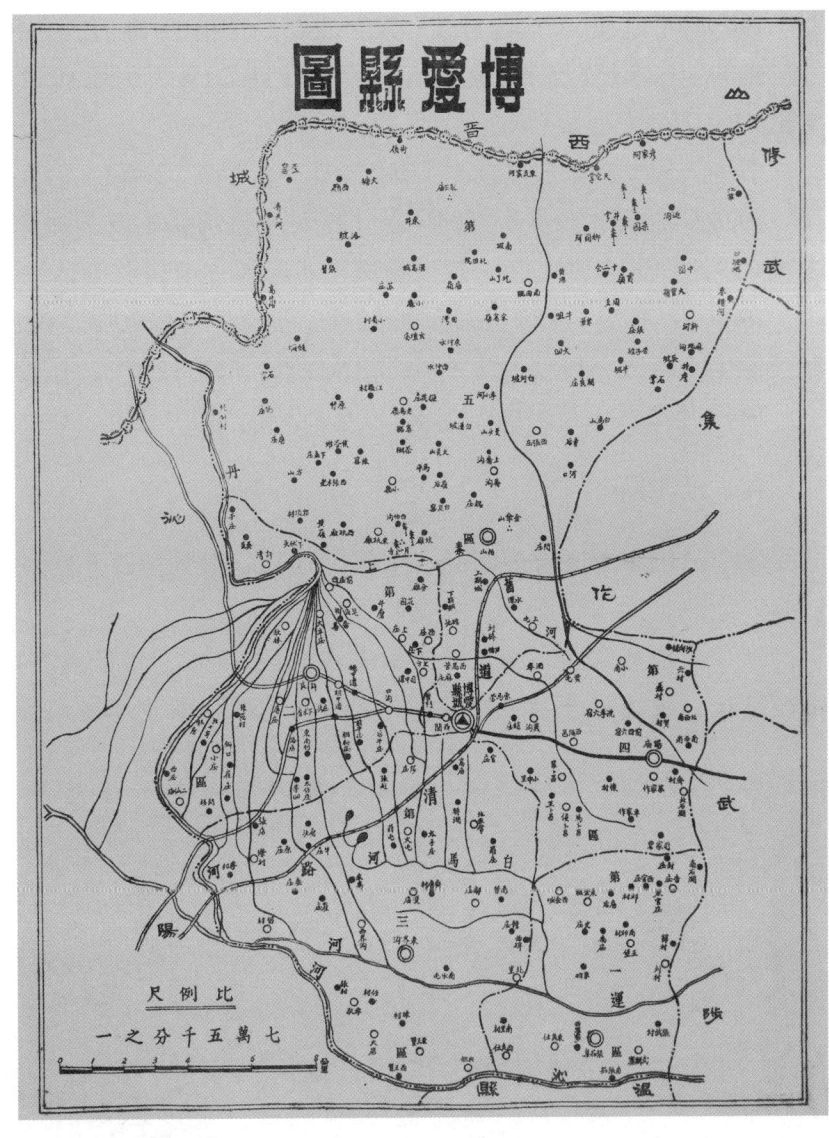

博爱县地图

1949年12月，辖5个区189个行政村391个自然村，区公所分别驻清化、奚英镇、东界沟、阳庙、柏山。1952年9月，辖6个区184个行政村378个自然村。

1949年12月，总户数4.6万户，总人口18万。1952年9月，总户数4.9万户，总人口19.6万。

1949年12月，耕地面积32.2万亩，其中水浇地95944亩。1952年9月，耕地面积42.8万亩。

1949年，小麦种植面积28.9万亩，谷子2.5万亩，花生600亩。1952年，粮食总产4598万公斤，种植红薯9000亩，棉花3.3万亩，花生1252亩，芝麻1759亩。

1949年，大牲畜存栏10661头（匹）。其中，牛5313头，马141匹，驴4154头，骡1053匹。小家畜存栏4044头。生猪存栏1200头，山羊存栏1359只，绵羊存栏1485只；养家禽51045只。

1949年，工业总产值11.2万元，农业总产值1011万元。1952年，农业总产值1456万元。

1949年，财政收入101万元，财政支出31.4万元。1952年，财政收入251.1万元，财政支出42.9万元。

中华人民共和国成立前夕，有焦（作）晋（城）、焦（作）沁（阳）和西南村至磨头3条公路。

1949年，有区乡步班邮路4条，城关步班邮路1条，总长99公里。1950年，有邮路8条，总长319.5公里。1952年，架设县城至各区及主要机关电话线路47.14杆公里。

1949年，有小学155所，班级252个，在校学生9590人。1951年，有初级师范1所，班级4个，在校学生204人。1952年，有小学160所，班级375个，在校学生15055人。

1949年2月，县人民医院成立。1952年，相继建立二区、三区、四区、五区4个卫生所。

九、延津县

延津县位于平原省西南部。东邻封丘县、滑县，西连新乡，南界原阳县，北与汲县、浚县接壤。南北宽约40.5公里，东西长约42.5公里。

延津县地势西南高东北低，最高点海拔89米，最低点海拔63.5米。全境地貌大势平坦，微度起伏，大体可分为3种区域类型：西北部和东北部高亢平坦，为古黄河高滩区；中部，为

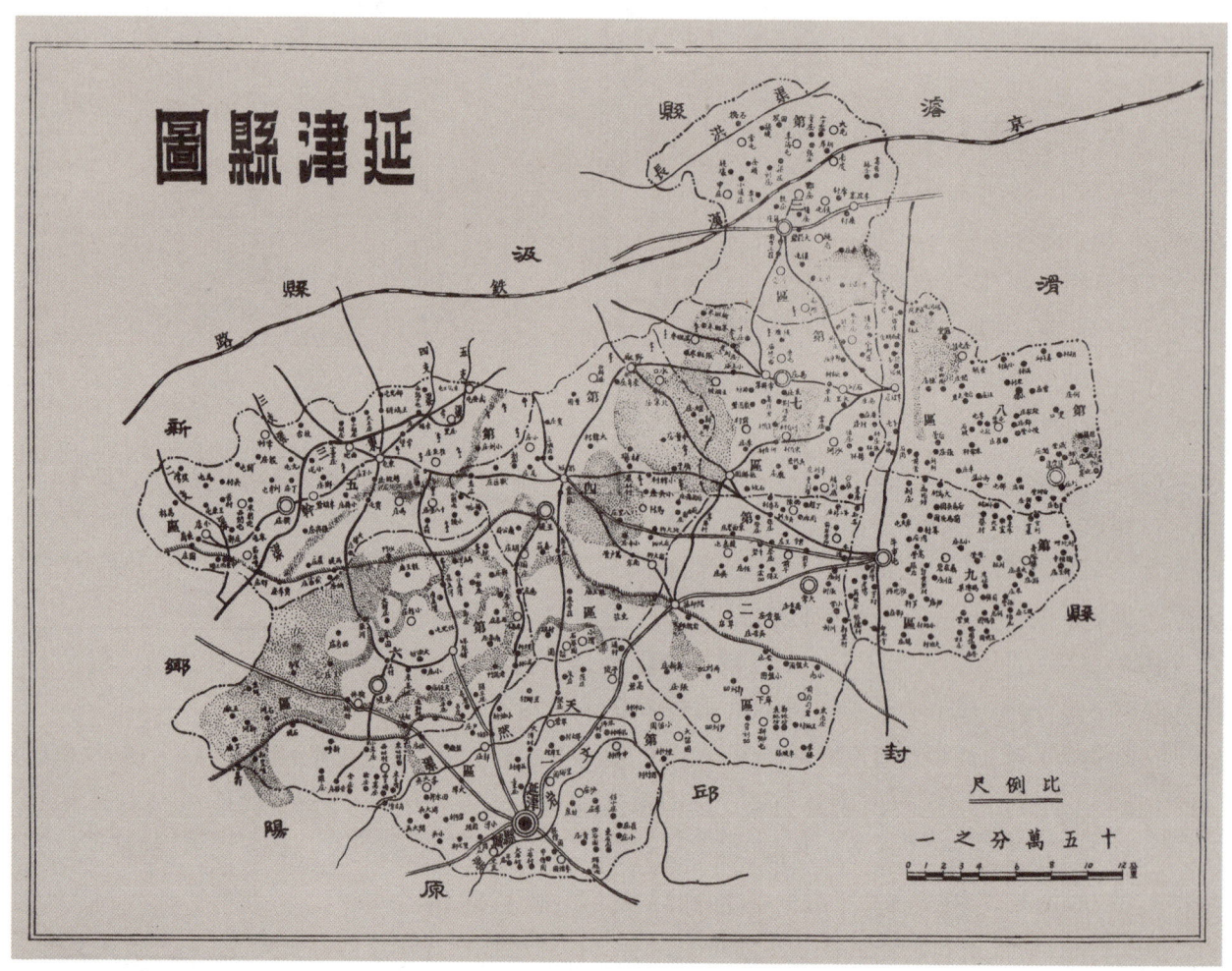

延津县地图

黄河故道区，沙丘连绵起伏，岗洼相间，呈带状纵卧；东和东南部，为低洼平原区。

境内属暖温带大陆性季风气候，春季干旱多风沙，夏季炎热降水多，秋季凉爽时令短，冬季寒冷少雨雪。

流经延津县的主要河流有：东孟姜女河、大沙河、柳青河、文岩渠。

延津县境域，春秋，设廪延邑，属郑。公元前632年，属晋。前403年，属魏。前242年，设酸枣县，属东郡。西汉，属兖州刺史部陈留郡。公元386年后，属豫州陈留郡、司州部东郡；后并入南燕县。586年，复设酸枣县，属豫州部滑州。605年，改属豫州部荥阳郡。621年后，属河南道滑州。1117年，改酸枣县为延津县，属京畿路开封府。1215年，升延津为延州，属南京路开封府。1272年，撤销延州，仍属南京路开封府。1288年，属汴京路开封府。明，属河南布政使司开封府。1724年，改属卫辉府。1913年，属豫北道。1927年，属河南省。1932年，属河南省第四行政督察区。1945年6月，卫滨、延津县抗日民主政府相继成立，属冀鲁豫第四专区。1946年4月，卫滨县并入延津县。1949年8月，属平原省新乡专区。1952年11月，平原省撤销，改属河南省新乡专区。

1949年12月，辖6个区129个行政村398个自然村。1952年9月，辖7个区132个行政村392个自然村，区公所分别驻城关、大城、寇庄、王堤、小店、夹堤、马庄。

1949年12月，总户数4.3万户，总人口23.4万。1952年9月，总户数4.6万户，总人口25万。

1949年12月，耕地面积82万亩，其中水浇地1317亩。1952年9月，耕地面积107.3万亩。1952年，造林1.7万亩，育苗143亩。

1949年，粮食种植面积114.6万亩，总产4331万公斤；高粱9万亩，总产360万公斤。种植棉花5.8万亩，总产41万公斤；油料5.7万亩，总产289万公斤。1952年，全县粮食种植面积135.5万亩，总产7487万公斤。种植棉花5.5万亩，总产57.5万公斤；油料11.3万亩，总产756万公斤。

1949年，畜牧业产值157万元，大牲畜存栏2.14万头（匹）。其中，牛14006头，马582匹，驴5938头，骡868匹。生猪存栏22757头，山绵羊存栏4406只。1952年，畜牧业产值173万元，牛存栏牛39774头，马879匹，驴9384头，骡1281匹。生猪存栏32280头，山绵羊存栏4607只。

1949年，从事手工业人数1890人。1951年，县手工业人数发展到2150人。

1949年，工农业总产值2076万元，农业总产值2000万元。1952年，工农业总产值2500万元，农业总产值2400万元。

1949年，县财政收入138.68万元，财政支出19.79万元。1952年，县财政收入246.98万元，财政支出66.18万元。

中华人民共和国成立前，全县有土公路6条。

1949年，县有农村邮路4条，总长245公里，配备马12匹。1950年，改配自行车7辆。1952年，县农村邮路发展到7条，总长674公里。

中华人民共和国成立初期，架通延津至新乡长途电话线路，杆路长40公里。1950年，市内电话线路杆路长2公里，明线长10.6对公里；始设农村电话，开通大城、寇庄、王堤、樊庄、夹堤5个区驻地，杆路长108公里，明线长59对公里；县局有30门磁石交换机1台，县有电话单机8部，有市话8户。1951年，有市话20户，农话5户。

1949年,有小学89所、205个班,学生8725人,教师184人;有初中2个班,学生81人,教师6人。1952年,有小学245所、622个班,学生2.8万人,教师587人;有初中7个班,学生317人,教师34人。

1949年9月,县文化馆成立,有干部2人。

县卫生院建于1949年11月,有工作人员7人,房屋13间;1951年,设病床5张。

十、获嘉县

获嘉县位于平原省西南部。东与新乡县相连,西与武陟县、修武县接壤,南与原阳县毗邻,北界与辉县相望。东西宽21.4公里,南北长34公里。

获嘉县地处黄河中下游,古黄河流经县境,在北部边缘与太行山冲积扇前交接;中、南部以古阳堤为界,堤南为古黄河(禹河)故道,堤北为古老的黄河泛区。长期以来,泥沙堆积,泛道淤高,主流南迁,在这里留下了古黄河故道岗地,并向南依次留下倾斜平地及平地。由此便形成获嘉县地势西南向东北倾斜,地形西高东低,南高北低。

境内属暖温带大陆性季风气候,四季分明。春季气温回升快,同时冷空气活动频繁,常有"倒春寒"现象发生,降水明显增加。夏季气温日差较大,中午炎热,早晚一般比较凉爽。秋季气温逐渐下降,有的年份出现连阴雨天气。冬季寒冷,雨雪稀少,多偏北大风。

境内河流主要有大沙河、西孟姜女河、人民胜利渠。

获嘉县境域,春秋,属晋国。秦,境内始设修武县,属三川郡。公元前205年,设河内郡,修武属之。前111年,在汲县

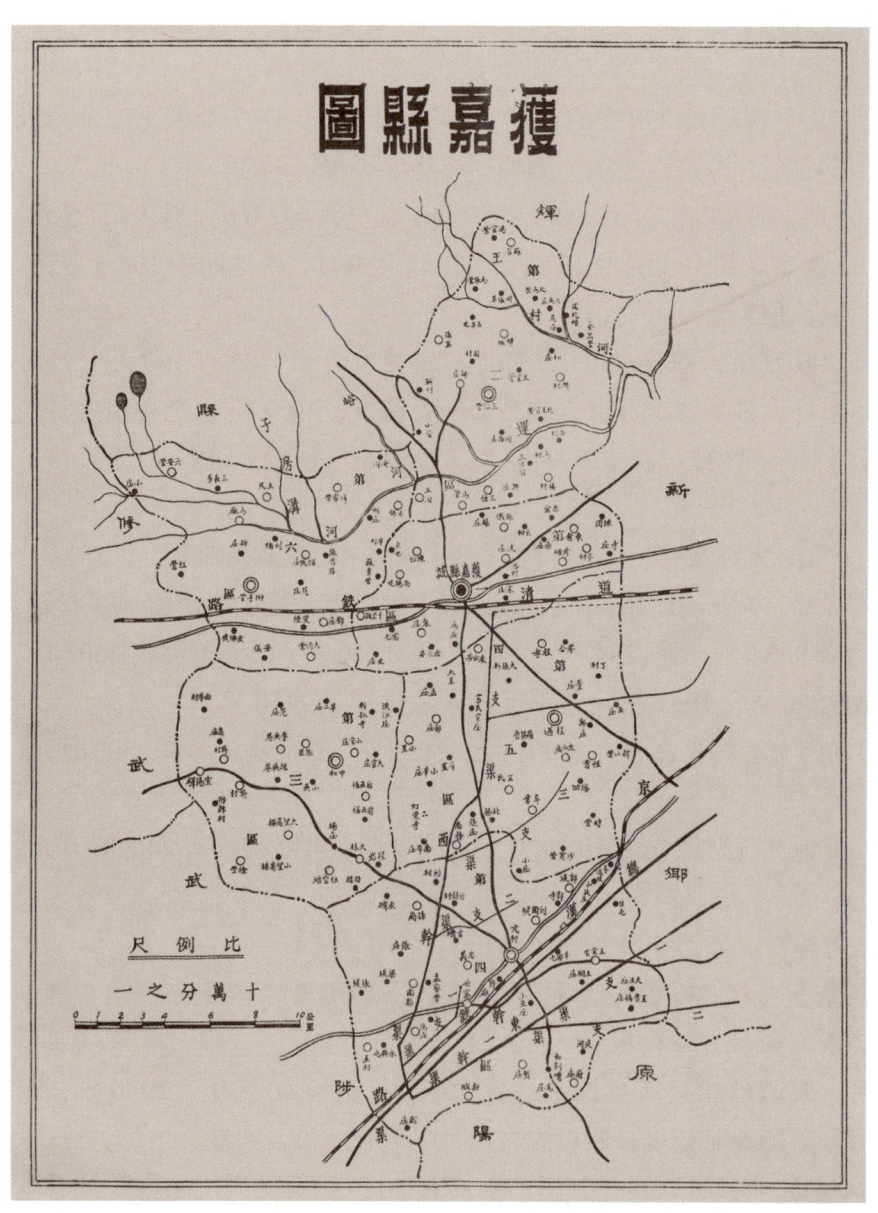

获嘉县地图

新中乡设县，名获嘉。东汉，为获嘉侯国。三国与晋，复设获嘉县。隋，属河内郡。公元596年，在获嘉地设殷州。605年，撤销州留县。621年，又在获嘉县设殷州，辖获嘉、修武、武陟、新乡、共城5县，并设博望县，属河北道。627年，撤销州留县，属河北道怀州。1026年，改属河北路卫州。1126年后，属河北西路卫州河平军。元，属中书省卫辉路总管府。1377年，获嘉县并入新乡县。1380年，恢复获嘉县，属河南承宣布政使司卫辉府。清，属河南省卫辉府。1913年，属豫北道。1914年，改属河北道。1927年，属河南省直辖。1932年，属河南省第四区行政督察专员公署。抗日战争期间，县境北成立辉嘉县，县境西南成立修获武县，同属晋冀鲁豫边区太行行署第七专区；后属太行行署第五专区和第四专区。1948年11月，获嘉县人民政府成立，属华北人民政府太行行署第四专区。1949年8月，属平原省新乡专区。1952年11月，平原省撤销，改属河南省新乡专区。

1950年，辖5个区145个行政村247个自然村，区公所分别驻城关、三位营、中和、亢村、程遇。1952年，增设第六区，驻大马厂。9月，辖6个区150个行政村247个自然村。

1949年12月，总户数5.6万户，总人口18.5万。1952年9月，总人口20.6万。

1949年12月，耕地面积61.2万亩，其中水浇地13.4万亩。1952年9月，耕地面积72.3万亩。

1949年，农作物种植总面积58.6万亩，粮食作物50万亩，总产2.4万吨，夏粮24.3万亩。种植经济作物6.6万亩，棉花5.4万亩，总产385吨；油料1.2万亩，总产505吨。1952年，全县农作物种植总面积79.1万亩，粮食作物65.3万亩，总产49105吨，夏粮36.4万亩。种植经济作物13.2万亩，棉花12.2万亩，总产2075吨；油料0.96万亩，总产560吨。

1949年，大牲畜存栏16185头；生猪存栏4045头，山绵羊存栏765只。1952年，大牲畜存栏31474头；生猪存栏5618头，山绵羊存栏3963只。

1949年，有手工业作坊103家，从业人员300余人，工业总产值17.7万元。1952年，工业总产值46.7万元。

1949年，农业总产值833万元。其中，种植业产值637万元，林业产值9万元，牧业产值146.1万元，副业产值41万元。1952年，农业总产值1299万元，其中种植业产值1071万元，林业产值6万元，牧业产值162.1万元，副业产值60万元。

1949年，工农业总产值851万元。1952年，工农业总产值1346万元。

1949年，县财政收入126.5万元，财政支出114.2万元。1952年，县财政收入294.9万元，财政支出278.8万元。

1949年，县有乡邮投递路线3条，全程230公里。1952年，县乡邮路线全长403公里。

1949年，县市内电话杆路长0.5公里，明线线长8.2对公里；有30门磁石交换机1台，接入电话机5部。1950年，县乡村电话杆路总长52公里，架空明线总长30对公里。1952年，县市内电话杆路长1.2公里，明线线长23对公里；有50门磁石交换机1台，接入电话机22部。

1949年，有小学149所、410个班，学生1.5万人，教职工392人；有初中8个班，学生312人，教职工24人。

1949年，县人民医院成立，有医务人员7人，病床3张；全县有私人医生179人。

十一、原阳县

1949年8月，在平原省成立之时，原武县、阳武县为两个县。1950年3月，经中央人民政府批准，原武县、阳武县正式合并为原阳县。

原阳县位于平原省西南部，黄河北岸。东与封丘县接壤，西与获嘉县、武陟县搭界，南隔河与河南省郑州市、中牟县、开封市相望，北与延津县、新乡县毗邻。境域东西最长处约60公里，南北最宽处约30公里。

原阳县境域为黄河冲积平原，地形大致平坦，地势西南高而东北低，海拔介于70.5～93.5米之间，大堤南北地面高差7～9米。全境为黄河冲积平原区，按其成因可分为泛流平原、黄河故道和黄河河道3个亚区。自北向南为北部沙丘、中部平原、背河洼地、堤南高滩地4种不同类型地貌。

境内属暖温带大陆性季风气候。四季分明，旱、涝、风、雹、低温、霜冻和干热风等灾害频繁。春季干旱多风，气温回升快而不稳，日差较大，每遇大风，常造成沙尘暴和扬沙天气；夏季炎热多雨，气温高，光照充足，降水集中，常有夏涝和伏旱；秋季天气凉爽，多晴天，降温快，温度适中，日差较大；冬季寒冷干燥，雨雪稀少。

原阳县境域，春秋，属郑国。战国，先属郑、魏，后属魏、韩。秦，境地东部、中部设阳武县，境地西部设卷县，皆属三川郡；境东北部属酸枣县。西汉，境地中部设原武县，阳武县、原武县、卷县皆属河南郡。公元前89年，属司隶校尉部（监察区）河南郡。东汉，阳武县、原武县和卷县皆属司隶校尉部河南尹。三国，阳武县、原武县、卷县皆属魏司州河南尹。公元244年，3县皆属荥阳郡。249年，3县仍属河南尹。晋初，撤销原武县，地并入阳武县，阳武县、卷县属荥阳郡。526年，复设原武县，属北豫州荥阳郡。北齐，撤销原武县并入阳武县，属广武郡。583年，阳武县属郑州。596年，境地西部设原陵县，与阳武县同属管州。607年，原陵县、阳武县均属荥阳郡。唐初，改原陵县为原武县。621年，阳武县、原武县皆属管州。宋，阳武县属京东路开封府，原武县属京西路郑州。1053年，阳武县属京畿路开封府；原武县属京畿路辅郡郑州。1072年，原武县并入阳武县。1086年后，复设原武县，属京西北路郑州。1117年，境地东北部归延津县，属京畿路开封府。金初，阳武县属南京路开封府，原武县属南京路郑州。1215年，设延州，隶南京路，辖延津县、阳武县、原武县。元，3县均属河南江北行中书省南京路。1272年，原武县、阳武县直隶南京路。1288年，阳武县、原武县属汴梁路。明初，境地西南部设安城县，安城县、原武县、阳武县均属河南布政使司开封府。后撤销安城县。清初，原武县、阳武县皆属河南省开封府。1724年，原武县改属河南省彰卫怀道怀庆府。1783年，阳武县也属怀庆府。1914年，原武县、阳武县属河北道。1928年，原武县、阳武县属河南省第二行政督察区。1929年，原武县、阳武县直属河南省。1932年8月，原武县、阳武县分属第十三、十四行政督察区；10月，同属河南省第四行政督察区。1945年3月，原阳县抗日民主政府成立，属太行区第七专区，辖阳武县、原武县南部边区。1946年2月，原阳县建制撤销。1947年7月，原阳县民主政府成立，属冀鲁豫区第四专区。1948年10月，属冀鲁豫区第四专区。1949年8月，属平原省新乡专区。1950年3月，经中央人民政府批准，原武县、阳武县正式合并为原阳县。1952年11月，平原省撤销，改属河南省新乡专区。

1949年10月，全县划为7个区，一区驻杨湾，二区驻福宁集，三区驻齐街，四区驻大宾，五区驻官厂，六区驻原武，七区驻马庄，后增设城关区；12月，辖7个区189个行政村678个自然村。1952年9月，辖8个区183个行政村707个自然村。

1949年12月，总户数5.8万户，总人口29.7万。1952年9月，总户数5.8万户，总人口30.9万。

1949年12月，耕地面积109.6万亩。1952年9月，耕地面积136.9万亩。

1950年，压固沙柳树40万株，总长22.5公里。1951年，营造公私合作林945亩，群众合作造林504亩，总植树78.5万株。

1949年，农作物总种植面积144.4万亩，粮食作物137.3万亩，总产5302.5万公斤。其中，小麦总产1485.5万公斤，玉米总产199.5万公斤。种植经济作物7万亩，其中棉花3.2万亩，总产11.5万公斤；油料1.5万亩，总产51万公斤；其他2.2万亩。1952年，粮食总产7100万公斤，棉花总产96.5万公斤。

1949年，大牲畜存栏4.2万余头（匹）。其中，牛3.5万余头，驴5000余头，马604匹，骡1214匹。生猪存栏5085头，羊存栏2765只。1952年，大牲畜存栏5.5万余头（匹）。其中，牛4.5万余头，驴7000余头，马982匹，骡1133匹。生猪存栏2.7万余头，羊存栏3169只。

1949年，有国营企业原阳酒厂1家，个体企业808家，工业总产值41.9万元。1950年，国营原阳县电厂建立。

1949年，社会总产值1477万元，工农业总产值1432万元，农业总产值1390万元。1952年，社会总产值2407万元，工农业总产值2328万元，农业总产值2259万元。

1949年，国民收入833万元。1952年，国民收入1358万元。

1949年，县财政收入117.6万元，财政支出117.6万元。1952年，县财政收入281.68万元，财政支出281.68万元。

中华人民共和国成立前夕，全县有土公路、大路14条，总长209公里。

中华人民共和国成立初期，长话和市话合设，初有30门交换机1部，后为50门。1950年，设原阳至小冀、原阳至延津长话线路2条；市话杆路总长4.3公里，架空明线长11.9对公里。1952年，市话装机用户16户；农话杆路总长70.5公里，架空明线长39对公里。

1949年，全县有小学192所、537个班，学生1.6万人，教师600人；有初中1所、4个班，学生218人，教师13人；有初师2所、5个班，学生220人，教职工13人。1952年，全县有初师1所、7个班，学生378人，教职工25人。

1949年，县人民文化馆成立，有干部职工6人，内设阅览室、图书室、展览室、文物陈列室和幻灯组；同年，县豫剧团成立。

1949年11月，县人民医院成立，有工作人员17人，病床5张；1950年，改为原阳县卫生院。1950年，县公立卫生机构有工作人员22人，其中医师3人，私人诊所和农村医生297人。1951年，有7个医疗合作社；1952年，转为8个区诊所、卫生所。

十二、武陟县

武陟县位于平原省西南部，东接获嘉县、原阳县，西邻温县、博爱县，北界焦作矿区、修武县，南濒黄河与河南省荥阳县隔河相望。东西长45公里，南北平均宽20公里。

武陟县地处黄、沁河交汇处，为华北平原西北之边陲，系黄、沁河冲积地带。地势平坦，自西南向东北略微倾斜。最高海拔106米，最低海拔81.3米。土壤以砂壤土、黏土为主。

境内属暖温带大陆性季风气候，冬季寒冷干燥，夏季炎热多雨，降水集中，四季分明。

境内主要河流有：黄河、沁河、济河、蟒河、大狮涝河、大沙河等。

武陟县境域，周初，称怀邑。秦，境内设怀县和武德县，属河内郡。公元308年，撤销武德县，并入修武县。596年，分修武县南部设武陟县。606年，撤销武陟县，并入修武县；撤销怀县，并入安昌县。619年，复设怀县。621年，复设武陟县。627年，撤销怀县，并入武陟县。五代十国，属怀州。北宋，属河北西路怀州。金，属河东南路怀州。元，属怀庆路总管府。明，属河南布政使司怀庆府。清，属河南省怀庆府。1914年，属河南省河北道。1927年，直属河南省。1932年，属河南省第四行政督察专署。1945年后，分属太行第七专署、冀鲁豫边区太行第七专署、太行第八专署。1945年10月，武陟县民主政府成立，属太行第四专署。1949年8月，属平原省新乡专区。1952年11月，平原省撤销，改属河南省新乡专区。

1949年12月，辖7个区252个行政村423个自然村，区公所分别驻木栾店、北郭、小董、西陶、谢旗营、二铺营、乔庙。1952年9月，辖7个区254个行政村399个自然村。

1949年12月，总户数6.2万户，总人口28万。1952年9月，总户数6.8万户，总人口31.2万。

武陟县地图

1949年12月，耕地面积72.1万亩，其中水浇地14万亩。1952年9月，耕地面积83.6万亩。

1949年，林木覆盖率1.59%，植树135万株。

1949年，农业总产值1307万元，粮食总产4164万公斤，棉花总产115万公斤。

1949年，大牲畜存栏3.11余万头；生猪存栏7000余头，山绵羊存栏5000余只。

1949年，有手工业作坊54座、染房12家、石印5家、油坊3座、棉织业11家。全年工业总产值97万元。

1949年，工农业总产值2258万元。

1949年，有公路90公里，其中晴雨通车里程15公里。

1949年，有邮路292公里，自行车4辆。1951年，有30门磁石电话交换机1部，用户电话20部。

1949年，有小学163所，在校学生2万人；初级中学1所，在校学生280人；初级师范1所，在校学生158人。

1950年，成立文化馆和京剧、豫剧两个专业剧团。

1949年，有一所医院，仅能治疗一般的常见病。

十三、汲 县

汲县位于平原省西南部，太行山东麓。东、东北与淇县接壤，西与新乡县、辉县为邻，南与延津县相连，北与林县毗邻。南北长43公里，东西宽35公里。

汲县地形分为三大类：一是太行山缓慢上升，形成太行山基岩山丘区；二是山洪堆积形成山前倾斜平原；三是黄河与卫河冲积形成黄、卫河冲积平原。地势西高东低，中部低洼，高差显著分明。海拔63~1069米。

境内地处中纬度地区，属暖温带大陆性季风气候，四季分明。春季干燥少雨，冷暖多变，多春旱；夏季炎热高温，降水集中；秋季天高气爽，气候宜人；冬季寒冷寡照，较少雨雪。

境内主要河流有：卫河、共产主义渠、东孟姜女河、沧河、香泉河、十里河、大沙河。

汲县境域，春秋，属晋。战国，属魏，始有汲邑之称。秦初，属河东郡东境，后属秦河内郡。公元前205年，始设汲县，属河内郡。三国，属曹魏朝歌郡。公元266年，设汲郡，辖汲县、朝歌县、共县、获嘉县。578年，撤销汲郡，设卫州；改汲县为伍城县，属卫州。586年，改伍城县为汲县。607年，改卫州为汲郡，汲县属之。五代、宋，属卫州。金，属卫州河平军。1260年，属卫辉路总管府。明、清，属卫辉府。1913年，属河南省豫北道。1927年，直属河南省。1933年2月，属河南省第三行政督察区。1941年年末，属河南省第十三行政督察区。1944年9月，又改属河南省第三行政督察区。1943年5月，汲县抗日民主政府成立，属太行行署第七专员公署。1944年12月，汲县与淇县抗日民主政府合并，成立汲淇联合县抗日民主政府，属太行区第七专署。1945年8月，改为汲淇联合县民主政府；10月改属太行区第五专署。1946年6月，改属太行区第三专署。1947年3月，撤销汲淇联合县，成立汲县民主政府，属太行区第五专署。1948年11月，划城区和城郊部分村庄成立卫辉市，与汲县同属太行区第五专署。1949年2月，撤销卫辉市，其辖区复归汲县，改属太行区第四专署；5月，改属太行区新乡专署。1949年8月，属平原省新乡专区。1952年11月，平原省撤销，改属河南省新乡专区。

1949年12月，辖6个区202个行政村601个自然村。1952年9月，辖6个区201个行政村675个自然村。

1949年12月，总户数4.3万户，总人口17.9万。1952年9月，总户数4.2万户，总人口19.9万。

1949年12月，耕地面积74.8万亩，其中水浇地36273亩。1952年9月，耕地面积74.5万亩。

1949年，农作物种植总面积109.7万亩，种植粮食作物106.5万亩，总产31875吨；小麦51.9万亩，总产14745吨。种植棉花2.1万亩，总产85吨；油料0.44万亩，总产245吨。1952年，农作物种植总面积111.6万亩，种植粮食作物103.9万亩，总产50105吨；小麦50.2万亩，总产20685吨。种植棉花5.6万亩，总产775吨；油料1.1万亩，总产535吨。

1949年，大牲畜存栏35240头（匹）。其中，牛2.34万头，马684匹，驴8358头，骡2798匹。生猪存栏4520头，羊存栏9284只。

1949年，工业总产值644万元，有华新纱厂、福民棉织厂、工农铁工修造厂3家，职工1074人；有个体手工业733户1479人。

1949年，社会总产值2134万元，国民收入879万元；工农业总产值1943万元，国民生产总值1967万元。1952年，社会总产值3730万元，国民收入1530万元；工农业总产值3357万元，国民生产总值3184万元。

1949年，县财政收入95万元，财政支出12万元。1952年，县财政收入598万元，财政支出62万元。

1949年，县邮政局配备两辆人力架子车。1950年，配备一辆二套胶轮马车。1949年，始设汲县至新乡话传电报。1952年，县通向区政府所在地架设的电话杆路长57.2公里。1951年，县有50门台式交换机2部。

1949年年末，全县共设小学146所，在校学生9249人；有初中12个班，学生673人，教职员54人。1949年秋，汲县师范有初级师范4个班，中级师范2个班，学生296人，教职员28人。

1949年，全县有医疗卫生技术人员433人，其中个体开业医生274人。

汲县卫生院创建于1943年；1952年，建房40余间，有医务工作者20人。

平原省立医院驻汲县城区，1950年1月正式命名，设病床100张。1951年3月，改为平原省医科学校附属医院，有职工150人。

十四、焦作矿区

焦作矿区位于平原省西南部，东与修武县接壤，西与博爱县搭界，南与武陟县相连，北与山西省陵川县交界。东西长30公里，南北宽19公里，总面积370平方公里。

境内属暖温带大陆性季风气候，春旱多风，夏热多雨，秋高气爽，冬寒少雪。

焦作矿区境域，春秋，初属郑国，后属晋国南阳。战国，属魏国南阳。秦，属修武县。西汉，属山阳县。北齐至清，属修武县。公元1910年，成立焦作镇，属修武县。1927年12月，中共河南省委称焦作镇为焦作市。1945年9月，焦作市民主政府成立，属太行第八专署。1948年3月，焦作市改为焦作县。1949年5月，属太行区新乡专署。1949年8月，属平原省新乡专区；10月，改为焦作矿区。1952年11月，平原省撤销，改属河南省新乡专区。

1949年10月，焦作矿区辖19条街道和东王封、西王封，李封一、二、三街5个自然村。

1950年2月，博爱县的东冯封、西冯封划归焦作矿区。1952年，博爱县的六家作等3个行政村和修武县店后等24个行政村划归焦作矿区。1952年9月，全区下辖43个行政村91个自然村。

1949年12月，矿区总户数5936户，总人口2.4万。1952年9月，矿区总户数17198户，总人口8.4万。

1949年12月，矿区耕地面积1.5万亩。1952年9月，矿区耕地面积13.9万亩。

矿井主要有中原公司、福公司、焦作炭矿矿业所矿井。

1949年，矿区原煤产量59万吨，产值639万元。1952年，矿区原煤产量169.4万吨，产值1904.97万元。

1949年，矿区农业总产值1600万元。

1949年，区财政收入2.8万元，财政支出28.3万元。1952年，区财政支出30.4万元。

1949年9月，矿区有磁石交换机1台，市话单机11部。1950年，矿区有25门长途交换机1台，开办焦作至新乡、焦作至沁阳2条电路。1952年，矿区有100门交换机2台，架空明线长5.4杆公里，电缆2.4皮长公里。

1949年，矿区有小学60所、133个班，学生4822人，教职工171人；有中学1所、7个班，学生320人。1952年秋，矿区有小学61所、204个班，学生8902人，教职工315人；有中学2所、17个班，学生828人，教职工64人。

1949年，矿区有公立卫生机构4个，医务人员17人，病床20张；有城乡个体行医者89人。

第四节　安阳专区

安阳专区位于平原省西北部。东接濮阳专区，西依太行山与山西省壶关县、平顺县为邻，南与新乡专区接壤，北与河北省临漳县、磁县毗邻。

1949年5月，太行第五专区改称安阳专区，辖安阳市及安阳、林县、邺县、漳南、淇县、汤阴县等县。1949年8月，属平原省，辖安阳、林县、邺县、漳南、淇县、汤阴、浚县7个县。其中，漳南县于1947年由河南省内黄、临漳县和河北省魏县3县析置(临漳县今属河北省)，以在漳河以南得名。1949年8月，隶属平原省。1949年10月20日县制撤销，所辖仍归各县。1952年11月，平原省撤销，改属河南省，辖安阳、林县、邺县、淇县、汤阴、浚县6个县。

1949年12月，辖6个县48个区2170个行政村3430个自然村。1952年9月，辖6个县55个区1924个行政村3472个自然村。

1949年12月，总户数39.4万户，总人口174.5万。1952年9月，总户数43.7万户，总人口185.9万。

1949年12月，有耕地520.6万亩；有牲畜18万头。1952年9月，有耕地586.2万亩。

一、安阳县

安阳县位于平原省西部。东连邺县，西接林县，南隔羑河与汤阴县为邻，北隔漳河与河北省磁县、临漳县相望。

安阳县境地处暖温带，属大陆性季风气候区。四季分明。高温期和多雨期一致，有利于农作物生长。

流经安阳县的河流，均属海河流域的南运河水系。常年河流主要有洹河及边界地区的漳河、汤河。季节性河流主要有金线河、粉红江和羑河等。

安阳县境域，公元前221年，始设安阳县，属邯郸郡。西汉，撤销安阳县。晋，复设安阳县，属司州魏郡。公元534年，安阳县并入邺县，属司州魏尹。590年，复设安阳县。1219年，在水冶分设辅岩县。元，仍为安阳县和辅岩县。1269年，撤销辅岩县并入安阳县；划临漳县南部入安阳县。清，属河南省彰德府。1912年，撤销安阳县，为彰德府直辖地。1913年，撤销彰德府，复设彰德县，后改称安阳县，属河南省豫北道。1924年，直属河南省。1932年，河南省第三区行政督察专员公署驻安阳县城。1938年9月，在安阳东部、临漳东南部，成立安阳县抗日民主政府。1939年2月，撤销安阳县抗日民主政府。1940年8月，建立安阳县抗日民主政府，属太行区漳北办事处。1941年7月，改属晋冀鲁豫第五专区。1944年12月至1945年8月，在境西南部与汤阴县西北部，成立安汤县。1945年8月，在境东部和内黄县西部，成立安阳县，属冀鲁豫第八专区；9月，东部安阳县与内黄县合并。1947年4月，在漳河以南地区设安东县；5月初，改称邺县，属太行第五专区；同时设漳南县，境内一部分属之。1949年5月，安阳县城及四关设安阳市；邺县、安阳县及安阳市均属太行第五专区。1949年8月，属平原省安阳专区；10月，撤销漳南县。1952年11月，平原省撤销，改属河南省安阳专区。

1949年12月，辖9个区408个行政村549个自然村。1952年9月，辖10个区409个行政村581个自然村。

1949年12月，总户数7.5万户，总人口30.8万。1952年9月，总户数7.9万户，总人口31.8万。

1949年12月，有耕地79.1万亩。1952年9月，有耕地95万亩。

1949年，农作物种植面积210.8万亩，粮食作物188.2万亩，红薯8万亩；种植经济作物21.1万亩。

1949年，大牲畜存栏35405头。其中，牛13729头，驴21645头，骡马2011匹。生猪存栏2032头，山羊、绵羊存栏13731只。

1949年，种植业产值3521万元，畜牧业产值25万元。

1950年，工业总产值46万元。1952年，工业总产值707万元。

1949年，财政收入541万元，财政支出541万元。1952年，财政收入1061万元，财政支出1061万元。

1949年，有邮电局（所）2个，邮电杆路189.5公里，交换机70门；报刊发行量1.9万份，邮电收入2.2万元。1950年，县电话站成立，装有30门总机1台，全县11个区各装电话机1部，县直机关装电话机11部；杆路长度120.81公里，线条长度147.1公里。

1949年，有小学408所，班级547个，在校学生18026人，教师597人。1952年，有小学558所，班级1776个，在校学生44690人，教师1325人。

二、汤阴县

汤阴县位于平原省西部，东与内黄县隔河相望，西与林县相邻，南与浚县、淇县相连，北与安阳县、邺县接壤。

汤阴县境，东西修长（约35公里），南北狭窄（不足20公里），其海拔一般在53～100米之间。地势西部南部略高于东部北部。

境内属暖温带大陆性季风气候。

汤阴县境内和县境边际，从南而北，有永通、汤、羑3条季节河流，分别在中部和东部汇流向东注入卫河。

汤阴县境域，战国，先属赵，后属魏。秦，属邯郸郡。公元前205年，设汤阴县，属河内郡。公元212年，改属魏郡。三国，属邺都魏郡。534年，撤销汤阴县并入邺县。535年，设魏德县，属隆虑郡。586年，在境东复设汤阴县，属汲郡。590年，并入安阳。596年，在境西南设荡源县。606年，撤销荡源县。621年，复设汤源县，属卫州。623年，改属相州。627年，改为汤阴县。1119年，改属浚州，后仍属相州。金，属彰德府。元，属彰德路。明、清，属彰德府。1912年，属河北道。1924年，改属第三行政督察专员公署。1943年，在境西南山区成立汤阴县抗日民主政府。1944年1月，改为淇汤县抗日政府；同年12月，改为安汤县抗日联合政府。1945年10月，在境东成立汤阴县政府。1949年8月，属平原省安阳专区。1952年11月，平原省撤销，改属河南省安阳专区。

1949年12月，辖7个区281个行政村482个自然村，区公所分别驻城关、鹤壁、鹿楼、宜沟、西柳圈、古贤、任固。1952年9月，辖8个区294个行政村513个自然村。

1949年12月，总户数5.4万户，总人口24.9万。1952年9月，总户数5.8万户，总人口27.8万。

1949年12月，有耕地94.5万亩。1952年9月，有耕地105.5万亩。

1949年，小麦种植面积37.4万亩，总产3680万斤；玉米11.5万亩，总产701万斤。棉花3.7万亩。1950年，粮食总产9594万斤，种植小麦38.8万亩，总产3594万斤；玉米9.8万亩，总产777万斤。

1949年，大牲畜存栏16512头（匹）。其中，耕牛10251头，马249匹，骡子799匹，驴5213头。羊存栏1390只；养家兔37只。

1949年，工业总产值21.3万元。

1950年，工农业总产值1419万元，其中农业总产值1387万元。

1949年，财政收入132万元，财政支出18万元。1950年，财政收入152万元，财政支出39万元。

1950年，开发乡村邮路15条，其中自行车班4条，行程214.5公里。雇用乡邮步班邮路11条，行程386.5公里，邮路总长601公里。

1949年9月，成立汤阴县电话局，市话装有25门交换机1部。城内县委、县政府、公安局、兵役局、公茂总店、供销社、银行等县直机关都通电话。

1949年，架通县城至五陵、古贤、任固的农话线路。1950～1952年，先后架通县城至宜沟、鹤壁以及其他各区农话线路，装有30门交换机；全县杆程线路127.1公里，线条139.6公里。

1949年，有小学219个班，学生8180人，教师269人；有中学4个班，学生177人。1952年，有小学569个班，学生2.2万人，教师698人；有中学23个班，学生1138人。

1947年8月，在县西鹿楼集成立汤阴县豫北游击医院（简称汤阴县医院）。1949年迁入城内，改称汤阴县医疗所；8月改称汤阴县豫光医院。

三、淇 县

淇县位于平原省西部，东临浚县，西依太行与林县相连，南与汲县接壤，北与汤阴县为邻。

战国时期，淇县属魏。秦，属三川郡。西汉，属河内郡。东汉，称朝歌县。公元212年，属魏郡。三国，属冀州。晋，属冀州汲郡。北魏，设临淇县，属林虑郡。东魏，复设朝歌县，后设魏德县。隋，属卫州，设清淇县，后撤销清淇县和朝歌县，改设卫县。唐，设清淇县。643年，撤销清淇县并入卫县。703年，复设清淇县。705年，又撤销清淇县并入卫县。金，属浚州。元，设淇州，先后属中书省卫辉路、大名路。明，改淇州为淇县，属河南省卫辉府。清，属河南省卫辉府。1913年，属河南省豫北道，后改属河南省河北道。1924年，属河南省第三行署。1943年7月，属太行第七行署。1944年3月，改为淇汤联合县，后改为汲淇联合县，先后属太行第七行署、第三行署、第五行署。1945年6月，在境东南部成立卫滨县第五区，属冀鲁豫边区。1947年3月，汲淇县分设，成立淇县民主政府。1949年8月，属平原省安阳专区。1952年11月，平原省撤销，改属河南省安阳专区。

1949年12月，辖4个区152个行政村365个自然村。1952年9月，辖4个区152个行政村377个自然村。

1949年12月，总户数2.4万户，总人口10.5万。1952年9月，总户数2.7万户，总人口11.7万。

1949年12月，有耕地45.8万亩；有牲畜15415头。1952年9月，有耕地52万亩。

四、浚 县

浚县位于平原省西部，卫河纵贯全境，淇河沿西部边界南流。东邻滑县，西隔淇河与淇县接壤，南、西南与延津县、汲县毗邻，北与汤阴县搭界。

浚县地势特征是中部略高，西部和东部低缓。中部为45里火龙岗。西部属于淇河冲积扇的一部分，东部属于黄河冲积扇北翼西北边缘地带。地貌大体有山岗、平原和河渠，错落分布。

境内属暖温带半湿润型季风气候，四季分明。特点是：春旱风大回暖快，夏雨集中天气热，秋高气爽气象新，冬季严寒雨雪稀。

春秋时期，浚县境地有牵城、雍榆、顿丘，分属晋、卫。战国，属魏国。秦，分属东郡、河内郡和邯郸郡。公元前206年后，始设黎阳县、顿丘县，分属冀州魏郡、兖州东郡。三国，境地属魏国。公元266年，黎阳县改属司州魏郡。389年，黎阳县属汲郡。528年，划黎阳县地设东黎县。534年，撤销顿丘县。550年，撤销东黎县。583年，黎阳县属卫州。586年，在原东黎县设临河县。606年，黎阳县、临河县属汲郡。643年，黎阳县属卫州。937年，黎阳县改属滑州。987年，黎阳县改属河北道澶州。988年，在黎阳设通利军。997年，通利军属河北路。1023年，改通利军为安利军。1070年，撤销安利军。1086年，复设通利军。1115年，通利军升为浚州。1129年，浚州属河北西路。1265年，改属中书省大名路。1368年，浚州属中书省大名府，后改属河南行省大名府。1369年，改属直隶（京师）大名府；州降为县，始称浚县。1403年，改属北直隶大名府。1644年，属直隶省大名府。1725年，改属河南省卫辉府。1913年，属河南省河北道。1927年，属河南省第三行署。1940年秋，浚县抗日民主政府成立，属冀鲁豫边区行署。1949年8月，属平原省安阳专区。1952年11月，平原省撤销，改属河南省安阳专区。

1949年12月，辖8个区503个行政村625个自然村，区公所分别驻城关、小河、王庄、钜桥、屯子、新镇、善堂、道口。1952年，在第一、二、四、五、八区接合地带设第九区，区政府驻白寺。1952年9月，辖9个区240个行政村587个自然村。

1949年12月，总户数6.8万户，总人口30.2万。1952年9月，总户数7.2万户，总人口33.3万。

1949年12月，有耕地113.3万亩。1952年9月，有耕地131.7万亩。

1952年，造林3376亩。

1949年，农作物种植总面积172.4万亩，种植粮食作物164万亩，总产12467万斤。其中，小麦67.5万亩，总产4283万斤；大麦10万亩；高粱11.9万亩，总产1198万斤；谷子28万亩，总产2075万斤；玉米23.4万亩，总产1670万斤；大豆10.1万亩，总产606万斤；红薯6.3万亩；其他64625亩。种植经济作物62698亩，其中棉花30661亩，总产55万斤；花生22367亩，总产145万斤；芝麻319亩，总产2万斤；油菜籽9351亩，总产28万斤。种植其他农作物21198亩。

1952年，农作物种植总面积217万亩，种植粮食作物199.8万亩，总产23887万斤。其中，小麦87.9万亩，总产8376万斤；大麦14.3万亩；高粱8.2万亩，总产966万斤；谷子37.7万亩，总产5544万斤；玉米26.1万亩，总产3119万斤；大豆12.8万亩，总产1300万斤；红薯7.5万亩；其他5万亩。种植经济作物14.9万亩，其中棉花9.5万亩，总产227万斤；花生2.1万亩，总产322万斤；芝麻1.1万亩，总产71万斤；油菜籽2万亩，总产113万斤。种植其他农作物2.2万亩。

1949年，大牲畜存栏38905头（匹）。其中，牛25091头，马1071匹，驴10752头，骡1991匹。生猪存栏3817头，山绵羊存栏3711只；养家禽9.5万只。1952年，大牲畜存栏55935头（匹）。其中，牛36409头，马1746匹，驴14863头，骡2917匹。生猪存栏7630头，山绵羊存栏5448只；养家禽13.1万只。

1949年，全县社会总产值1282.7万元。其中，农业总产值1171万元，工业总产值51.1万元，建筑业总产值41.9万元，运输业总产值6.4万元，商业总产值12.3万元。1952年，全县社会总产值2597万元。其中，农业总产值2329万元，工业总产值103.6万元，建筑业总产值95万元，运输业总产值24.4万元，商业总产值45万元。

1949年，财政收入195万元。1952年，财政收入347万元。

1949年，设邮政局和电话站，并设立6个邮政代办所。1952年，邮路总长170余公里，有自行车10辆；安装磁交换机1台，容量40门，实占36门；城内电话用户39户，业务量0.7万元。

1949年，有小学78所、213个班，在校学生8217人，教职工203人。1952年，有小学241所、789个班，在校学生35882人，教职工711人；有初中1所、6个班，学生305人，教职工15人。

1949年，有医疗机构1家，工作人员25人。1952年，有医疗机构4家，工作人员59人，病床50张。

五、林 县

林县位于平原省西部,太行山东麓。东与安阳县、汤阴县、淇县接壤;西依太行山与山西省壶关县、平顺县为邻;南与辉县、汲县相连;北以漳河为界,与河北省涉县隔河相望。东西宽29.4公里,南北长74公里。

林县地处山区,山峦起伏,高峰突兀,沟壑纵横,总地势为西高东低。境内地貌分为中山、低山、丘陵、盆地4种类型。

境内属暖温带半湿润大陆性季风气候。四季分明,冷热季和干湿季区别明显。春季多风少雨,夏季炎热,降水集中,秋季旱涝不均,冬季既干又冷。

春秋时期,林县先属卫国,后属晋国。战国,为韩国临虑邑,后属赵国。秦,属邯郸郡。公元前205年,设隆虑县,属河内郡。公元106年,改名为林虑县。445年,并入邺县。497年,复设林虑县。528年,划境地分设临淇县,设林虑郡,属相州。583年,撤销林虑郡,境南部分设淇阳县。596年,设岩州。605年,撤销岩州,淇阳县、临淇县并入林虑县,属魏郡。619年,复设岩州。622年,降州为县,属相州。1215年,升为林州,属河西北路彰德府。1219年,增设辅岩县,属林州。1265年,降州为县,辅岩县并入。1269年,复升为州,划辅岩县入安阳县,属中书省彰德路。1370年,降州为县,改名林县,属河南布政司彰德府。清,属河南省彰德府。1913年,属河南省河北道。1940年3月,划分为林北县、林县,林北县属晋冀鲁豫边区太行区第五专区。1943年5月,林县抗日民主政府成立,属晋冀鲁豫边区太行区第七专区。1946年6月,林北县、林县合并,称林县,属晋冀鲁豫边区太行区第五专区。1949年8月,属平原省安阳专区。1952年11月,平原省撤销,改属河南省安阳专区。

1949年12月,辖12个区513个行政村804个自然村,区公所分别驻城关、合涧、原康、三井、临淇、泽下、东姚、河顺、横水、东岗、任村、姚村。1952年7月,增设南陵阳、舜王峪、茶店3个区。1952年9月,辖15个区540个行政村884个自然村。

1949年12月,总户数10.1户,总人口45.6万。1952年9月,总户数13万户,总人口49万。

1949年12月,有耕地106.8万亩。1952年9月,有耕地107.8万亩。

1949年,林木面积有5万亩,森林覆盖率1.63%。

1949年,粮食作物种植面积77万亩,总产8493万公斤。其中,种植小麦61.5万亩,总产3084.5万公斤;玉米10.49万亩,总产891.5万公斤;谷子52.5万亩,总产3574万公斤;豆类7.3万亩,总产403.5万公斤;红薯5.8万亩,总产(折粮)485.2万公斤。种植棉花5.5万亩,总产61万公斤;种植油料作物1.58万亩,总产53万公斤。

1952年,粮食作物种植面积83.4万亩,总产10978.8万公斤。其中,种植小麦59.4万亩,总产3444万公斤;玉米13.9万亩,总产1368.5万公斤;谷子46.2万亩,总产4111.5万公斤;豆类7.3万亩,总产651.5万公斤;红薯11.45万亩,总产(折粮)1337万公斤。种植棉花10万亩,总产120.5万公斤;种植油料作物1.78万亩,总产77万公斤。

1949年,大牲畜存栏55296头(匹)。其中,牛22677头,驴31307头,骡1142匹,马170匹。生猪存栏5300头,山、绵羊存栏6.4万只。1952年,大牲畜存栏71436头(匹)。其中,牛21849头,驴44709头,骡3749匹,马1129匹。生猪存栏5900头,山、绵羊存栏11.4万只。

1949年，农业总产值1885.7万元。1952年，农业总产值2511.5万元，其中林业产值85万元、牧业产值24万元。

1949年，县办工业企业有1个，年产值1.5万元。

1949年，邮路总长430公里。1951年，邮路总长1070公里，开始用3辆自行车投递部分邮路。

1951年，县城安装50门交换机1部，实占容量40门；杆路长2.3公里，明线线路长7.8公里。

1949年，有小学521所、1065个班，在校学生2.9万人。1952年，有小学602所、1226个班，在校学生5万人。其中，高级小学12所，在校学生6045人；初级小学590所，在校学生4.4万人；初级中学有班级9个，在校学生479人。

六、邺　县

邺县位于平原省西北部。东与内黄县相接，西和安阳县毗连，南与汤阴县为邻，北与河北省磁县、临漳县接壤。

战国时代，魏国设邺县。西晋，属司州魏郡。公元314年，为避晋愍帝司马邺之名讳，将邺改称临漳县。335年，复称邺县。534年，荡阴（汤阴古称荡阴）、安阳县并入邺县。1073年，撤销邺县为邺镇，县地并入临漳县。1947年4月，中国共产党在平汉铁路以东、冯宿桥以西和原临漳县漳河以南地区设安东县；5月初改称邺县，属太行第五专区。1949年8月，属平原省安阳专区；10月漳南县部分地区并入邺县。1952年11月，平原省撤销，改属河南省安阳专区。

1949年12月，辖8个区313个行政村605个自然村，区公所分别驻杏花村、辛店、崔家桥、吕村、辛村、瓦店、白壁、郭村。1952年9月，辖9个区289个行政村530个自然村，区公所分别驻崇义、辛店、崔家桥、吕村、辛村、瓦店、白壁、郭村、永和。

1949年12月，总户数6.9万户，总人口32.2万。1952年9月，总户数6.9万户，总人口32万。

1949年12月，有耕地80.8万亩，有牲畜18661头。1952年9月，有耕地94万亩。

七、漳南县

漳南县位于平原省西北部。东南与内黄县相接，东北与河北省魏县毗连，西部与邺县相邻，北部与临漳县接壤。

公元598年，改东阳县置，治今河北省故城县东北故城镇。属贝州。《元和郡县志》卷十六"漳南县"："以漳水在县北，故名。" 621年，窦建德故将刘黑闼起义亦以此为根据地。624年，徙治今山东省武城县东北漳南镇。1054年，省为镇，入历亭县。解放战争时期，晋冀鲁豫解放区设县。1947年，由河南省内黄、临漳和河北省魏县3县析置（临漳县后属河北省），以在漳河以南得名，治所驻崇义集。1949年8月，隶属平原省。1949年10月20日县制撤销，所辖仍归各县。

第五节　濮阳专区

濮阳专区位于平原省中部。东与菏泽专区相望，东北与聊城专区接壤；西与安阳专区相连；

西南与新乡专区为邻，南与河南省开封市搭界，北部与河北省邯郸专区交界。

濮阳专区，地形较为平坦，局部微有起伏。地势西高东低，南高北低，自西南向东北倾斜，海拔一般在48~58米。地貌类型大致可分为：西部黄河故道沙区、东部黄河故道区、中部微倾斜平原、黄河背河浸润区、黄河滩区。

境内属暖温带半湿润大陆性季风气候，受季风环流影响，四季分明。春季干旱多风沙，夏季炎热雨集中，秋季凉爽日照长，冬季寒冷少雨雪。

1949年8月，冀鲁豫区第四专署大部、第八专署全部和第九专署一部分合并，改称平原省濮阳专区，下辖濮阳、长垣、内黄、南乐、清丰、范县、濮县、滑县、封丘、观城、朝城县11个县。1952年10月14日，平原省人民政府将濮阳专区所辖的濮县、范县、观城、朝城县4个县划归聊城专区。1952年11月，平原省撤销，改属河南省，下辖濮阳、滑县、长垣、封丘、内黄、清丰、南乐县7个县。

1949年12月，辖11个县82个区5426个行政村6913个自然村。1952年9月，辖11个县92个区6255个自然村。

1949年12月，总户数76.1万户，总人口326.9万。1952年9月，总户数80.4万户，总人口349.2万。

1949年12月，耕地面积1067万亩；牲畜存栏34.2万头。1952年9月，耕地面积1133万亩。

一、濮阳县

濮阳县位于平原省中部，东、东北与濮县及观城县毗邻；西、西南与滑县及长垣县交界，南、东南与东明县、菏泽县、鄄城县隔河相望；北、西北与清丰县、内黄县相连。

濮阳县地势南高北低，西高东低，由西南向东北倾斜，最高海拔61.8米，最低海拔47.5米。地形分3种类型：金堤北黄河故道区、黄河泛淤区和黄河滩区。

境内属暖温带大陆性季风气候，四季分明，春季干旱多风沙，夏季炎热雨集中，秋季凉爽日照长，冬季寒冷少雨雪。

境内主要河流有黄河、金堤河、马颊河、潴泷河。

濮阳县境域，春秋战国时期，属卫国。秦，设濮阳县，属东郡。东汉，属兖州。两晋，称濮阳国。隋，称澶渊县。公元596年，境内分设昆吾县，属汲郡。唐，称澶水县，属黎州。621年，属澶州。625年，昆吾县并入澶水县。627年，属黎州。772年，复属澶州。五代，仍称澶水县。944年，称濮州。北宋，属澶渊郡。1120年，属大名东路。金，称开州，辖濮阳县、清丰县。元，属大名路。明，仍称开州，属大名路。1369年，濮阳县并入开州。1913年，改开州为开县。1914年，改称濮阳县，属河北省大名府。1936年，属河北省第十七行政督察专员公署。1939年，属河北省第十区专员公署。1940年春，濮阳县抗日民主政府成立，属冀鲁豫边区第四专员公署。1941年，境地被划分为濮阳县、昆吾县、尚和县。1945年，划县城关区为行署直辖市。1946年11月，撤销濮阳市。1949年8月，属平原省濮阳专区；10月，濮阳县、昆吾县、尚和县合并为濮阳县。1952年11月，平原省撤销，改属河南省濮阳专区。

1949年12月，辖16个区1213个行政村1326个自然村，区公所分别驻胡村、孙王庄、昌湖、田楼、新习、五星、梁庄、杜埋、王称堌、白堽、庆祖、八公桥、徐镇、梨园、郎中、海通。

1952年9月，辖17个区369个行政村1338个自然村。

1949年12月，总户数13.9万户，总人口58.9万。1952年9月，总户数14.7万户，总人口63.5万。

1949年12月，有耕地216.8万亩；牲畜存栏6.2万头。1952年9月，有耕地221.4万亩。

二、长垣县

长垣县位于平原省中南部，东、东北与东明县、濮阳县相接，西、南与封丘县为邻，东北、北与濮阳县、滑县接壤。南北长45公里，东西宽35公里。

长垣县系黄河流域冲积平原的一部分。东临黄河，境内无山，地势平缓，为豫北平原地区。境内中部有临黄堤，长约43公里，将全县自然分成东西两大片，堤东为临黄区，堤西为背黄区。临黄区地势东南高西北低。背黄区地势比较平坦，个别地段有缓坡现象。

境内属暖温带大陆性季风气候，有着明显的季节性变化。气候特征是：春季干旱，风多雨少；夏季炎热多雨，气温高；秋季凉爽；冬季寒冷，雨雪少。

长垣县境域，春秋，为卫国的蒲邑、匡邑。战国，设首垣邑。秦，设长垣县，属三川郡，后属东郡。西汉，境内设平丘县和长罗侯国，均属兖州陈留郡。东汉，设长垣侯国与平丘县。公元29年，复设长罗侯国，属兖州陈留郡。三国，属魏，隶兖州陈留国。西晋，属陈留国陈留郡。447年，长垣县并入外黄县。502年，复设长垣县，仍属东郡。596年，改为匡城县；同年又设长垣县。605年，匡城县并入长垣县，属东郡。618年，境内分设匡城、长垣县，属河南道滑州。634年，长垣县并入匡城县。五代，改匡城县为长垣县，属开封府；后改为匡城县，属沛州。960年，改匡城县为鹤丘县。1009年，复改为长垣县，属京畿路开封府。金，属南京路开封府。1208年，改属大名路开州。元，隶中书省，归大名府。1265年，属开州。明，属大名府开州。清，属直隶省大名府。1929年，属河北省。1936年后，属河北省第十一、十四行政督察专员公署。1941年，境北部划归东垣县抗日民主政府管辖。1943年，境西北部划归卫南县抗日民主政府管辖；同时，划长（垣）、滑、濮（阳）、东（明）四县边区成立滨河县抗日民主政府，1945年撤销。1949年8月，属平原省濮阳专区。1952年11月，平原省撤销，改属河南省濮阳专区。

1949年12月，辖10个区205个行政村743个自然村，区公所分别驻城关、参木、孟岗、大苏庄、满村、樊相、丁栾、佘家、常村、张寨。1952年9月，辖11个区215个行政村744个自然村。

1949年12月，总户数8.1万户，总人口39.1万。1952年9月，总户数8.5万户，总人口41.2万。

1949年12月，有耕地108万亩。1952年9月，有耕地124万亩。

1949年，粮食种植面积176万亩，粮食总产5866万公斤。棉花总产30.5万公斤，油料总产299万公斤。1952年，粮食种植面积169.2万亩，总产7777.5万公斤。棉花总产23万公斤，油料总产457.5万公斤。

1949年，大牲畜存栏39320头；生猪存栏6000头，山绵羊存栏5000只。1952年，生猪存栏1.5万头。

1949年，全县国民收入805万元；工业总产值106万元，有小手工业者834人。1952年，全县国民收入1258万元；农业总产值1551万元，工业总产值484万元。

中华人民共和国成立后，县境内干线公路有3条：长（垣）—新（乡）、长（垣）—濮（阳）、长（垣）—安（阳）。

中华人民共和国成立后，县际邮路有5条，即长垣至东明、濮阳、滑县、开封、新乡。

1951年，开始建设市内电话，架设电路2.4杆公里，线路4.2对公里；安装50门磁石交换机1部，装机用户16户；建农话线路95杆公里，安装15门交换机1部，装有电话单机28部。

1949年，有初级小学207所、343个班，学生8927人；有完全小学3所、6个班，学生330人；有中学5个班，学生240人。1952年，有中学6个班，学生273人。

1949年11月，筹建县卫生院。1950年，始建区卫生院。1951年，建成9个区卫生院。

县文化馆建于1949年，内设图书馆、阅览室和代写处。

三、内黄县

内黄县位于平原省北部，东接清丰县，南接濮阳、滑县，西连邺县、汤阴县，北邻河北省魏县。东西宽21.1公里，南北长55公里。

内黄县境全部是平原，地形平坦，起伏较小，海拔50～70米，最高点海拔70.6米，最低点海拔48.4米。总的地形是由西南向东北倾斜。

境内属暖温带大陆性季风气候，具有明显的大陆性气候特点。冬季盛吹偏北风，夏季盛吹偏南风，春秋两季属过渡性季节，四季分明。特点是春季干旱少雨，冷暖多变风沙多；夏季炎热，降水集中；秋季天高气爽，气候宜人；冬季干冷少雨雪。

内黄县境域，春秋属晋。战国属魏。秦属魏郡。公元前198年，始设内黄县；境北设繁阳县，均属魏郡。三国属魏。晋属司州魏郡。北魏，撤销内黄县、繁阳县并入临漳，属司州魏尹。公元585年，境南设临河县。586年，复设内黄县，属相州。596年，复设繁阳县。后撤销内黄县、繁阳县，境地属汲郡。621年，复设内黄县、繁阳县，改属黎州。640年，撤销临河县入澶州。643年，撤销黎州，内黄县复属相州。906年，改属河北道魏州魏郡。宋，属河北东路大名府魏郡。1166年，属河北西路滑州。明，改属大名府北平布政司。后直隶京师。清初，属直隶大名府。1725年，改属河南省彰德府。抗日战争和解放战争时期，先后属冀鲁豫边区第一、五、六、八专署。1949年8月，属平原省濮阳专区。1952年11月，平原省撤销，改属河南省濮阳专区。

1949年12月，辖8个区465个行政村818个自然村，区公所分别驻城关、东庄、后河、梁庄、石盘屯、井店、亳城、楚旺。1952年9月，辖9个区186个行政村505个自然村。

1949年，总户数7.5万户，总人口31.2万，其中农业人口31.1万。1952年9月，总户数7.8万户，总人口33.8万。

1949年12月，有耕地112万亩。1952年9月，有耕地116万亩。

1949年12月，牲畜存栏2.4万头。

1949年，农业总产值3108.1万元。1952年，农业总产值3990万元。

1949年，有个体手工业510户，1952年发展到627户。

1949年，财政收入124.8万元。1952年，财政收入231.9万元。

1944年后，修筑楚旺至安阳、楚旺至南乐大清、楚旺至大名、楚旺至清丰、内黄至汤阴5条土公路，境内总长60多公里。1947年4月，修筑了高堤至清丰的土公路。

1949年，安阳—楚旺—内黄—清丰为省二级邮路，邮递每日一班。县内运投合一邮路，有县城至井店、至楚旺、至梁庄3条，投递为隔日班。

1949年，有小学222所，在校学生9968人；初中1所，学生110人。

1950年，先后成立县（区）卫生所8个，有卫生技术人员97人；私人开业的中、西医院、诊所有医生279人。

四、南乐县

南乐县位于平原省北部，东、东北与朝城县接壤，西北、北与河北省魏县、大名县为邻，南、东南与清丰县、观城县毗连。

南乐县属黄河洪积冲积平原，境内除西北、东南两黄河故道区有沙丘起伏外，地势坦荡，海拔在42～50米之间，自西南略向东北倾斜。

境内属暖温带半干旱气候区，四季分明。春干多风沙，夏热雨水勤，秋晴日照长，冬寒少雨雪。

流经南乐县的主要河流有卫河、马颊河、徒骇河、潴泷河。

南乐县境域，春秋属卫国；后为晋国属地。战国属卫国地。秦，县境在东郡境内。西汉初年，始设乐昌县，属东郡。东汉，撤销乐昌县，境地分属东郡、魏郡。三国，县境为魏国地，分属冀州的魏郡、阳平郡。晋，重新设县，更名昌乐县，先属司州顿丘郡，后改属魏郡。约公元386年，撤销昌乐县，境地并入魏县。497年，重设昌乐县，属魏郡。557年，设昌乐郡，县为昌乐郡所辖。581年，撤销昌乐郡，昌乐县改属魏郡。605年，撤销昌乐县，其地并入繁水县，属武阳郡。622年，再设昌乐县，属魏州。916年，改名南乐县。北宋初年，属河北东路大名府。1105年，改属澶渊郡开德府，后仍属大名府。金，为大名府路大名府所辖。元，属中书省大名路。明，属中书省大名府，后改属北平布政司大名府。清，属盛京大名府，后改属直隶大名府。1913年，改属直隶大名道。1928年，改属河北省大名道。1936年，改属河北省大名行政督察专员区。1941年春，南乐县抗日民主政府成立，属冀鲁豫边区濮阳专区；同年，卫河县成立，境部分地划入卫河县。1946年，撤销卫河县。1949年8月，属平原省濮阳专区。1952年11月，平原省撤销，改属河南省濮阳专区。

1949年12月，辖6个区350个行政村378个自然村，区公所分别驻城关、韩张、福堪、谷金楼、张浮丘、近德固。1952年9月，辖6个区137个行政村343个自然村。

1949年12月，总户数5.9万户，总人口22.2万。1952年9月，总户数6万户，总人口23.9万。

1949年12月，有耕地73.7万亩。1952年9月，有耕地73.3万亩。

1949年，造林面积0.02万亩，植树10万株。

1949年，粮食总产8040万斤，农作物播种面积分别为小麦45.6万亩、玉米27.4万亩、谷子6.3万亩、高粱8.6万亩、红薯8.6万亩、豆类4.7万亩、棉花5万亩、花生3.3万亩。

1949年，大牲畜存栏23203头（匹）。其中，牛14801头，马12匹，骡15匹，驴8375头。生猪存栏20712头，养羊6330只；禽13.3万只，兔5742只。1952年，大牲畜存栏25129头（匹）。其中，牛17138头，马145匹，骡102匹，驴7744头。生猪存栏48654头，养羊2856只；禽16万只，兔5892只。

中华人民共和国成立初期，南乐县工业基础十分薄弱，仅有铁业、木器、印刷、棉织、榨油、修理等17个手工业作坊。从业者1116户1952人，年产值约20万元；个体手工业者933户1915人，产值42.79万元。1952年，全县组建18个手工业生产合作社和11个生产合作小组，职工853人，产值174万元；个体手工业者2013人，产值66.96万元。

1949年，财政收入12万元，财政支出35万元。1952年，财政收入5.8万元，财政支出60.2万元。

京广公路（南乐区段）于1949年修筑，北起河北省界，经由乔崇疃、五花营、南乐城关镇、南清店等地，南至清丰县界，全长21.2公里。安济公路（南乐区段），西起河北省魏县界，经由元村、南乐城关镇、韩张、大清、东至莘县界，全长39.8公里，南乐县段于1952年始修。

1949年，县干线邮路有南乐至大名、南乐至清丰2条，均22.5公里；乡线邮路12条，长480公里；市内有一部容量10门磁石式交换机，用户6户；设立邮电代办所和邮票代售处23处。1951年，县邮电局开办长途电话业务，但无长话交接机，报话均由濮阳托转；市话线路杆路长2.7公里，架空明线长11.3公里。

1949年，有小学236所、316个班，在校学生1.1万人。1952年，有小学280所、504个班，在校学生1.9万人，教师513人；有中学1所、7个班，学生355人，教师27人。

1950年秋，成立南乐县卫生院。1952年9月，县卫生院占地面积2666平方米，新建房屋35间。1950年，县6个区相继成立医药合作社，后筹建第二区卫生所。

五、清丰县

清丰县位于平原省中北端。东与观城县毗连，西邻内黄县，南与濮阳县接壤，北靠南乐县，西北隔卫河与河北省魏县相望。东西长约35公里，南北宽约25公里。

清丰县地处黄卫平原，黄河冲积扇的北缘地带，地形较为平坦。地势西南高东北低，最高点海拔53.5米，最低点海拔44.2米。其地貌状况大致可分为：西部沙丘沙垄带、东部浅平洼地、潴泷河漫滩、中部微倾斜平原。

境内属暖温带大陆性季风气候。四季分明，特点是春季干旱多风，夏季炎热，降水量较大；秋季气爽，日照较长；冬季寒冷，雨雪偏少。夏季多偏南风，冬季多偏北风。

流经清丰县的主要河流有卫河、马颊河、潴泷河。

清丰县境域，西周，有顿丘邑，为其属地。春秋，顿丘邑初属卫国，后属晋国。战国，初属卫国，后属魏国。公元前242年，顿丘邑归秦，属东郡。西汉初，始设顿丘县，属东郡。前124年，增设阴安县。公元212年，改属魏郡。266年，设顿丘郡，辖顿丘县、阴安县。445年，繁阳县并入顿丘县。494年，顿丘县改属汲郡。618年，属魏州。621年，改属澶州。627年，撤销澶州，又属魏州。772年，复设澶州，又改属澶州；划顿丘县、昌乐县的4个乡设清丰县，属澶州，隶河南道。1068年，属河北东路。1073年，撤销顿丘县并入清丰县，属澶州。1106年，澶州改为开德府，清丰县属之。1123年年初，开德府改为澶州，属澶州。1144年，改澶州为开州，属开州。元，属大名路开州。1374年，改属大名府。1913年，属直隶省冀南道。1928年，属河北省第十四行政督察区。1936年，改属河北省第十七行政督察区。1939年，改属河北省第十行政督察区。1940年3月，成立清丰县抗日民主政府；4月后，属冀鲁豫边区第一专署。1941年3月，划清丰县西南部和内黄县东南部设顿丘县，划清丰县西北部及南乐县西部、内黄县东北部设卫河县，原清丰县东部仍为清丰县；清丰县、卫河县、顿丘县，均属冀鲁豫边区第五专区（后改属第四专区）。1944年12月，撤销顿丘县，其地归原属，属冀鲁豫边区第二专署，卫河县属第六专署。1946年4月，撤销卫河县，其地归原属。1946年11月，设清西办事处。1947年，清西办事处改为卫河县，两县同属冀鲁豫边区第八专区。1949年8月，清丰县、卫河县属平原省濮阳专区；9月，撤销卫河县。1952年11月，平原省撤销，改属河南省濮阳专区。

1949年12月，辖8个区543个行政村717个自然村，区公所分别驻城关镇、六塔、仙庄、马村、古城、韩村、固城、柳格。1952年9月，辖9个区237个行政村606个自然村。

1949年12月，总户数8.4万户，总人口34.6万。1952年9月，总户数8.5万户，总人口35.9万。

1949年12月，有耕地112万亩。1952年9月，有耕地113万亩。

1949年，林木总面积有1.2万亩，其中防护林500亩、经济林1.15万亩。1952年，育苗100亩，产苗70万株，造林2500亩。

1949年，粮食总产7721万公斤，粮食种植面积143万亩。其中，种植小麦65万亩，玉米30万亩，谷子8.4万亩，红薯13.5万亩；种植棉花7.8万亩，花生8.2万亩。1952年，粮食总产8289万公斤，粮食种植面积146.9万亩。其中，种植小麦65万亩，玉米29.8万亩，谷子8.6万亩，红薯17.3万亩；种植棉花11.1万亩，花生4.7万亩。

1949年，大牲畜存栏31162头（匹）。其中，牛14226头，马63匹，骡47匹，驴16826头。生猪存栏14320头，羊存栏3400只。1950年，牛存栏1.75万头，马97匹，骡102匹，驴1.95万头。生猪存栏15423头，羊存栏3800只；养兔5200只。

1949年，工农业总产值2315万元，农业总产值2297万元。1952年，工农业总产值2637万元，农业总产值2533万元。

1949年，县财政收入216万元，财政支出23万元。

1949年8月，县邮政局成立。1952年，省邮电管理局配发自行车、架子车各1辆。

1949年，有小学383所、538个班，在校学生21378人，教职工569人。1951年，有中学1所、2个班，学生104人，教职工7人。

1948年，有西医诊所12处，医生15人；中药铺104处，医生159人。1949年11月，县卫生院成立，有职工5人。

六、范　县

范县位于平原省中东部。东与寿张县为邻，西北、西南与观城县、濮县相连，南、东南与鄄城县、郓城县、梁山县毗邻，北与朝城县接壤。全境南北长20公里，东西宽42公里。

范县地势平坦低洼，局部微有起伏，自西南向东北倾斜。平均海拔49.3米，最高处海拔54.1米，最低处海拔44.5米。

境内属暖温带大陆型半湿润季风气候，四季分明，温度适宜，光照充足，春旱夏涝交替明显。春季干旱多风，夏季炎热多雨，秋季天高气爽日照长，冬季干冷少雨雪。

流经范县的主要河流有金堤河、孟楼河、夹堤河。

范县境域，春秋，为晋邑。战国，属卫；后为齐地。秦，属东郡。汉，设县，因城东有"范水"而得名。三国，属魏。晋，属东平国。南北朝，属北魏东平郡；北齐，撤销范县。公元596年，复设县，属济北郡。619年，设州。624年，撤销州，复设县，属济州。634年，改属濮州。1730年，属濮州直隶州，后改属曹州府。1914年，属东昌道。1926年，改属曹濮道。1928年，属山东省政府。1936年，属聊城行政督察专区。1940年3月，范县抗日政府成立，属鲁西行署。1941年9月，改属冀鲁豫行署。1949年8月，属平原省濮阳专区。1952年11月，平原省撤销，改属山东省聊城专区。

1949年12月，辖4个区351个行政村452个自然村，区公所分别驻城镇、张庄、龙王庄、颜村铺。1952年9月，辖4个区83个行政村363个自然村。

1949年12月，总户数3.4万户，总人口13.7万。1952年9月，总户数3.5万户，总人口14.5万。

1949年12月，有耕地46万亩。1952年9月，耕地面积46万亩。

1949年，全县零星植树18万株，育苗6亩。1952年，造林66亩，零星植树59万株，育苗11亩。

1949年，农作物种植总面积113.5万亩，种植粮食作物107.7万亩，总产10821万斤。种植小麦40.8万亩，谷子8.6万亩，高粱12.9万亩，玉米9.8万亩，地瓜4.2万亩，大豆25.6万亩；种植棉花1.3万亩，花生0.7万亩。1952年，农作物种植总面积124.3万亩，种植粮食作物117.2万亩，总产12603万斤。种植小麦43.4万亩，谷子7.2万亩，高粱14.6万亩，玉米6.8万亩，地瓜5.2万亩，大豆36.1万亩；种植棉花2万亩，花生0.7万亩。

1949年，大牲畜存栏22812头（匹）。其中，牛20220头，马26匹，骡62匹，驴2504头。生猪存栏12262头，羊存栏4662只。1952年，大牲畜存栏24970头（匹）。

中华人民共和国成立前，全县工业企业有酒厂、铁业组、木业组3家小厂。工业总产值6万元。1950年，全县有全民所有制工业企业1个，集体所有制工业企业2个，有职工296人；个体手工业发展到479个，年产值245万元。

1949年，财政收入130万元，财政支出57万元。1952年，财政收入214万元，财政支出103万元。

中华人民共和国成立初期，县公路仅两条：即德州到商丘线，经姬楼至黄河北岸，长23公里；新乡至禹城公路，经姬楼到金堤出境，长32公里。

1948年，冀鲁豫军区在范县设电话局（站），设交换机1部，实占4门。1949年，全县市内电话有38部。

1949年，全县有小学116所，其中完全小学5所，在校学生5895人。1952年，全县有小学161所，其中完全小学9所，在校生15678人。

县文化馆建于1948年，有工作人员5人；1950年，县文化馆设立图书室。

1949年，范县有一所全民医疗机构，卫生技术人员5人。农村有15处民间中药铺和52名民间医生。1952年10月，范县卫生所改称范县卫生院。

七、濮　县

濮县位于平原省中部。东北与范县接壤，西、西北与濮阳县、观城县相连，南临黄河与鄄城县相望。

濮县境域，周，为魏地。秦，属东郡。汉，属兖州济阴郡。晋，为濮阳国鄄城县地，后为济阴郡成阳县及句阳县地。北魏，为濮阳郡。隋，在鄄城设濮州，辖雷泽县、临濮县；后撤销临濮并入鄄城县，撤销河上县入临黄县。唐，属河南道，改濮州为濮阳郡，辖鄄城县、雷泽县、临濮县、范县。宋，设京东西路濮阳郡，辖鄄城县、雷泽县、临濮县。金，设大名路濮州，辖鄄城县、临濮县、雷泽县、范县。元，设直隶督省山东濮州，辖鄄城县、朝城县、范县、临清县、馆陶县、观城县。明，属山东省东昌府，辖范县、观城县、朝城县。公元1730年，濮州改为直隶州，辖范县、观城县、朝城县；后撤销直隶州，改属曹州府。1913年，撤州改县，属东昌府。1926年，改属曹濮道。1928年，改县公署为县政府。1931年，在黄河以南地区，设鄄城县。1936年，撤销鄄城县，仍并入濮县，属山东省第六行政督察专区。1939年，黄河以南原鄄城地区建立抗日政府，濮县仅余黄河以北地区，仍属第六行政督察专区。1940年3月，属鲁西行署。1942年5月，属冀鲁豫边区政府；同年，在濮阳县王称堌、石墓头、文留一带建立昆吾县，濮县的宋集乡划归昆吾县。后昆吾县撤销。1949年8月，属平原省濮阳专区。1952年11月，平原省撤销，改属山东省聊城专区。

1949年12月，辖4个区233个行政村356个自然村。1952年9月，辖4个区74个行政村231个自然村。

1949年12月，总户数2.8万户，总人口12.2万。1952年9月，总户数3万户，总人口12.8万。

1949年12月，有耕地39.4万亩。1952年9月，有耕地39.4万亩。

八、滑　县

滑县位于平原省西部。东与濮阳县毗连，西与延津县、浚县接壤，南与长垣县、封丘县为邻，北与内黄县交界。

滑县全境均属黄河冲积平原，地势平坦，起伏较小。自古以来，黄河挟带大量泥沙奔腾而下，由于河水冲力不匀和海流潮汐之作用，加之黄河曾多次泛滥改道，形成诸多残堤、破洼。总地势为西南高，东北低。地面海拔53米~65米。地形地貌可划分为平原故堤区、平原平坡区、平原洼坡区。

境内属暖温带大陆性季风气候，季风进退和四季交替较为明显。向有"春雨贵似油，夏热雨水稠，秋凉多日照，冬冷干九九"的说法。由于自然降水量偏少，尤为时空分布不均等原因，旱、涝、风、霜、雹等自然灾害时有发生。

滑县境域，春秋，属卫国。战国，仍属卫国。秦，始设白马县，属东郡。汉，仍为白马县，属兖州东郡。晋，为白马县，属兖州濮阳国。公元528年后，属东郡。北周，改东郡为杞州，辖白马县。596年，改杞州为滑州。606年，复名兖州，后撤销，复设东郡；白马县属东郡滑州。618年，改东郡为滑州。627年，设河南道，辖滑州。742年，改滑州为灵昌郡，属河南道。759年，复设滑州，属汴滑节度使。761年，改属滑卫节度使。763年，改名滑亳节度使。772年，改滑亳节度使为永平军。北宋，境内有白马、卫南、韦城、灵河4县，属京西北路滑州。1066年，撤销灵河县，并入白马县。1072年，撤销滑州。1081年，复设滑州，属京西北路。1166年，滑州划归山东大名府。元，滑州辖白马县，属山东大名路。明，撤销白马县，并入滑州。1374年，降滑州为县，始称滑县，属北平布政使司大名府。后改滑县为白马县，属直隶大名府。清初，改白马县为滑县，仍属直隶大名府。1725年，改属河南卫辉府。1914年，属豫北道。1928年，改属河南省第三行政专区。1940年4月，滑县抗日民主政府成立，属冀鲁豫边区第二专员公署；7月，在滑（县）、内（黄）、濮（阳）3县交界地成立高陵县，在滑（县）、长（垣）两县交界地成立卫南县。1943年1月，在滑（县）、浚（县）、汲（县）、延（津）4县交界地建立四县边办事处；同年夏，改四县边办事处为卫滨县。1945年，改滑县抗日民主政府为滑县民主政府，属冀鲁豫行署第四专员公署。1948年秋，改属濮阳专区。1949年8月，撤销高陵县、滨河县，卫南县并入滑县，属平原省濮阳专区。1952年11月，平原省撤销，改属河南省濮阳专区。

1949年12月，辖14个区920个行政村943个自然村，区公所分别驻道口镇、城关、白道口、留固、八里营、赵营、东中冉、高平、上官村、慈周寨、焦虎、牛屯、老店、王庄。1952年9月，辖17个区411个行政村957个自然村。

1949年12月，总户数13.2万户，总人口58.3万。1952年9月，总户数14.4万户，总人口64.6万。

1949年，造用材林150亩。

1949年12月，有耕地193.1万亩。1952年9月，耕地面积208.8万亩。

1949年，粮食总产7251万公斤，棉花总产116.5万公斤，油料总产361.5万公斤。1949年，农业总产值2079万元。

1949年，大牲畜存栏7.25万匹（头），养家禽2.1万只。畜牧业产值206万元。

中华人民共和国成立初期，县内工业有八里营酒厂（解放区酒厂）、永丰蛋厂、恒鑫铁工厂和庆达铁工厂。工业总产值82万元。

1949年，财政收入275.3万元，财政支出275.3万元。1952年，县财政收入412.8万元，财政支出382.5万元。

1949年，滑县分别成立邮政局和道口电信所，下设代办所、点；县邮政局有自行车15辆。中华人民共和国成立初期，滑县开设八里营邮站1处，新开辟邮路28条。1950年，县邮政局有自行车24辆，邮用架子车1辆。1952年，设牛屯邮站1处，下辖邮路10条。

1949年，道口电信所开办长话业务。1950年，道口电信所市话、长话总机分设，全县年出口计费长途电话1954张。

1949年，滑县人民政府机关迁至道口镇，镇内党政机关及部分国营公司等17个单位均安装有市话单机。1951年，架设市话线路5.2杆公里。市话总机容量增至100门，市话单机增至68部。

1949年，全县有完全小学15所，学生705人；初级小学341所，学生1.9万人；教职工2626人，其中教师588人；有初级中学班12个，在校学生538人，教师38人。

1949年9月，县政府卫生所成立，设内科、外科、药房、注射室。1952年5月，滑县人民卫生院建立；6月，濮阳专署第四工农干部学校卫生室并入该院，有病床34张，门诊设中医科、西医内科、外科、中西药房、注射室等。

九、封丘县

封丘县位于平原省南部。黄河流经南界和东界。东北、北与长垣县、滑县毗邻，西、西北与原阳县、延津县接壤，南隔河与河南省开封县、考城县相望，北与滑县相连。东西宽48.7公里，南北长38.2公里。

封丘县地处黄河大冲扇形平原的北半部，南面和东南紧靠黄河。境内南部、东部的黄河大堤和北部太行堤将全县分为三部分。黄河大堤以南、以东是黄河河床和河滩地区。黄河河床宽浅，沙洲林立，主流线迁徙不定。太行堤北是古黄河背河决口泛滥影响地区。地面起伏较小，地势由西南向东北倾斜。黄河大堤和太行堤之间的地区，总地势由西南向东北倾斜。

境内处于暖温带南部，接近北亚热带北部，属暖温带半湿润气候，具有大陆性季风气候的特点。春季干旱风沙多，夏季炎热雨集中，秋季光足温差大，冬季干冷季节长。

境内河流主要有黄河、天然渠、文岩渠。

封丘县境域，春秋，属卫国。战国，属韩国、宋国。秦，属三川郡。公元前206年，始设封丘县，属兖州部陈留郡。公元448年，撤销封丘县并入酸枣县。501年，恢复封丘县。534年，属梁州部开封府。550年，撤销封丘县，归酸枣县，属扬州部陈留郡。577年，属汴州部陈留郡。581年，属兖州部东郡。596年，恢复封丘县。618年，属河南道陈留郡。907年，属开封府。1115年，属南京路开封府。1271年，属江北道汴梁路。1368年，属河南布政使司开封府。1776年，改属卫辉府。1912年，属河南省民政厅。1916年，属河南省河北道。1924年，属河南省。1932年，属河南省第四督察专员公署。1937年，属河南省豫北道。1945年8月，封丘县民主政府成立，属冀鲁豫第四专署。1947年4月，封丘县人民政府成立。1949年10月，属平原省濮阳专区。1952年11月，平原省撤销，改属河南省濮阳专区。

1949年12月，辖8个区576个行政村576个自然村，区公所分别驻城关、大村、黄德、鲁岗、荆隆宫、留光、曹岗、黄陵。1952年，增设冯村为第九区。1952年9月，辖9个区151个行政村577个自然村。

1949年12月，总户数6.6万户，总人口32.6万。1952年9月，总户数6.9万户，总人口35万。

1949年12月，有耕地90.5万亩。1952年9月，耕地面积116万亩。

1949年，粮食作物种植面积120.2万亩，总产3883.5万公斤，种植小麦41.5万亩。种植棉花1.9万亩，总产5万公斤；油料3.3万亩（花生2.3万亩、芝麻0.6万亩、油菜0.4万亩），总产139万公斤。1952年，粮食作物种植面积168.8万亩，总产9708万公斤。种植棉花4.8万亩，总产40万公斤；油料7.9万亩（花生6.5万亩、芝麻0.8万亩、油菜0.6万亩），总产578万公斤。

1949年，大牲畜存栏36995头（匹）。其中，牛31154头，马271匹，驴5202头，骡368匹。生猪存栏1.77万头，羊存栏6023只。1952年，大牲畜存栏5.18万头（匹）。生猪存栏2.84万头，羊存栏0.89万只。

1949年，全县工业与手工业产值57万元。1950年，新建立印刷厂，1951年，建立劳改铁木加工厂。1952年，全县工业与手工业产值137万元，工业产值11.2万元，手工业产值125.8万元。

1949年，县工农业总产值1036万元，农业总产值979万元。1952年，县工农业总产值2356万元，农业总产值2219万元。

1949年，县国民收入707万元。1952年，县国民收入1626元。

1952年，财政收入84.3656万元，财政支出77.9366万元。

中华人民共和国成立前，县境内公路有新乡—封丘、滑县—封丘、封丘—黄陵、封丘—留光等线路，通车里程为87.2公里，全是土路。

1950年，有邮路6条，长300公里，配自行车6辆。1950年，农话架杆路长93.5公里，架空明线路长93.5公里；农话开通曹岗、鲁岗、荆隆宫、留光、黄德、黄陵、大村、城关8个区及辛安店等4个重点村。1951年，县有20门交换机1部（长途、市区、农村合用）。

1949年，有小学176所、324个班，学生1.2万人，教师276人。1952年，全县有小学260所、659个班，学生3万人，教师641人；有初中1所、10个班，学生503人，教师15人。

1949年12月，成立县卫生所，有医疗卫生人员5人。1950年，有房21间，简易病床8张，工作人员12人。

十、观城县

观城县位于平原省中北部。东南、南与范县、濮县为邻，西与清丰县毗邻，西北、东北和南乐县、朝城县接壤。

观城县境域，汉，始设县，历名畔观县、卫公国县、卫县、卫国县。公元586年，改卫国县为观城县。1940年2月，观城县抗日民主政府成立。1943年1月，观城县与朝城县合并为观朝县。1944年2月，撤销观朝县，恢复观城县。1944年6月，改称观城县民主政府。1948年秋，改称观城县人民政府。先后属鲁西北专署，晋冀鲁豫边区第十八专署、第十七专署，冀鲁豫第十九专署。1949年8月，属平原省濮阳专区。1952年11月，平原省撤销，改属山东省聊城专区。

1949年12月，辖3个区228个行政村220个自然村。1952年9月，辖3个区74个行政村228个自然村。

1949年12月，总户数2.6万户，总人口10.9万。1952年9月，总户数2.6万户，总人口11.5万。

1949年12月，有耕地35.1万亩。1952年9月，有耕地36万亩。

十一、朝城县

朝城县位于平原省东北部。东南、南与寿张县、范县为邻，西南、西和西北与观城县、南乐县，河北省大名县毗邻，北、东北和冠县、莘县、阳谷县接壤。

朝城县境域，西汉，始设县，县名先后称东武阳、武阳、武昌、武圣。公元719年，改武圣县为朝城县。1940年2月，朝城县抗日民主政府成立，先后属鲁西第一专署、鲁西北专署。1943年1月，观城县和朝城县合并为观朝县。1944年2月，撤销观朝县，恢复朝城县，属冀鲁豫第八专署。1945年9月，朝城县改为南峰县，属冀鲁豫边区第十九专署。1946年6月，县抗日民主政府改称民主政府。1949年5月，改南峰县为朝城县。1949年8月，属平原省濮阳专区。1952年11月，平原省撤销，改属山东省聊城专区。

1949年12月，辖3个行政区321个行政村363个自然村。1952年9月，辖3个区87个行政村363个自然村。

1949年12月，总户数2.8万户，总人口11.3万。1952年9月，总户数3.9万户，总人口12万。1949年12月，有耕地37万亩。1952年9月，耕地面积37.9万亩。

第六节　聊城专区

聊城专区位于平原省东北部，东南滨黄河与菏泽专区、山东省平阴县交界；西靠卫运河与河北省邯郸、邢台隔水相望；南依金堤河与濮阳专区毗邻；北、东北与山东省德州接壤；南北直距138公里，东西直距114公里。

区全境地势西南高，东北略低，海拔22.8米~47.8米之间，最高49米，最低27.5米。微地貌类型主要分为河滩高地、决口扇形地、缓平坡地、浅平洼地、背河槽状洼地、砂质河槽地6种地貌类型。

境内处暖温带季风气候区，具有明显的季节变化和季风气候特征，属半湿润大陆性气候。春、夏、秋、冬四季分明，干湿季节明显，光照充足，雨热同步，降水时空分布不均。"春旱多风，夏热多雨，晚秋易旱，冬季干寒"为四季气候的基本特征。

境内主要河流有黄河、金堤河、徒骇河、马颊河、卫运河及小运河。

境域内矿产资源主要有煤炭、石油、天然气、石膏、石灰石等。

聊城专区境域，春秋，聊城、茌平、高唐、东阿、阳谷县属齐国；莘县属卫国；冠县属晋国。战国，聊城、茌平、东阿、阳谷、高唐县属齐国；莘县改属魏国；冠县改属赵国。秦，境域均属东郡。西汉，聊城、东阿、阳谷、莘县属兖州部东郡；冠县属冀州部魏郡；高唐县属青州平原郡；茌平县分属兖州部东郡与青州部平原郡。东汉，聊城、东阿、莘县、阳谷、高唐县仍属原州郡；茌平县改属兖州部济北国；冠县改属司州部阳平郡。三国，境域均属魏地，聊城、茌平县属青州部平原郡；莘县、冠县属司州部阳平郡；高唐县属冀州部清河郡；阳谷县为县王国；东阿县仍属兖州部东郡。晋朝，聊城、高唐、茌平县属冀州部平原郡；莘县、冠县属司州部阳平郡；东阿、阳谷县属济北国及东平国。隋，聊城、冠县、莘县属魏州武阳郡；高唐、茌平县属贝州清河郡；阳谷县属济州济北郡；东阿县属兖州济北郡。公元733年，聊城、高唐县属河北道博州博平郡；莘县、冠县属河北道魏州魏郡；阳谷、东阿、茌平县属郓州东平郡。宋初，聊城、高唐、茌平县属河北东路博州博平郡；冠县、莘县属河北东路大名府魏郡；东阿、阳谷县属京东西路东平府东平郡。元，聊城、茌平、莘县属东昌路总管府；冠县初属东昌路，后为冠州；高唐县初属东昌路，后为高唐州；阳谷、东阿县属东平路。均隶属山东省。明，聊城、临清、茌平、高唐、莘县、冠县属山东布政司东昌府；阳谷、东阿县属山东布政司兖州府东平州。清，境域县均隶属山东省。聊城、茌平、高唐、莘县、冠县属东昌府；东阿县初属兖州府东平州，后属泰安府；阳谷县属兖州府。1912年，境域为济西道。1914年，改为东临道。1928年，境内各县直属山东省。1936年，聊城、茌平、博平、东阿、阳谷、寿张、范县、莘县、冠县、朝城、观城、堂邑、濮县13个县属第六区；高唐县属第四区。1940年，聊城、东阿、阳谷、博平、清平、茌平县等县属运东专署；冠县、堂邑、莘县、朝城、朝北县等县属鲁西北专署；濮县、范县、观城、寿张县等县属运西专署。1941年，濮县、范县、寿张县等县属冀鲁豫第二专署；观城、朝城、莘县、朝北、聊堂、冠县等县属冀鲁豫第三专署；筑先、阳谷、东阿、茌平、博平、清平县等县属冀鲁豫第四专署；高唐县属冀南行署第六专署；后张秋、寿张、昆山、东平县等县组成冀鲁豫行署第八专署。1942年，筑先、阳谷、东阿、茌平、博平、清平、平阿县等县属冀鲁豫行署第一专署。1943年，冠县、卫东、宏毅、莘县、堂邑、清平、朝北属冀鲁豫行署第七专署。1945年，筑先、阳谷、东阿、茌平、博平、清平、平阿县属冀豫行署第一专署，后改为第六专署；濮县、范县、寿张、张秋、观城县属冀鲁豫行署第二专署，后改为第九专署；冠县、武训、永智、莘县属冀南行署第一专署；高唐县属冀南行署第二专署。1948年，筑先、东阿、聊阳、徐翼、茌平、博平、河西县属冀鲁豫行署第六专署；寿张、阳谷、范县、濮县、观城县属冀鲁豫署第九专署，冠县、武训、永智、莘县属冀南行署第一专署；高唐县仍属冀南行署第二专署。1949年8月20日，属平原省，辖聊城、堂邑、高唐、阳谷、莘县、冠县、清平、茌平、博平、东阿、寿张县11个县及聊城城关区（县级）。1952年10月14日，濮县、范县、观城、朝城县4个县划归聊城专区管辖。1952年11月，平原省撤销，改属山东省。辖聊城、阳谷、东阿、茌平、博平、堂邑、清平、冠县、莘县、高唐、寿张、濮县、范县、观城、朝城县15个县及临清镇。

1949年12月，辖11个县67个区5589个行政村6494个自然村。1952年9月，辖11个县74个区2087个行政村6291个自然村。

1949年12月，总户数63.4万户，总人口259万。1952年9月，总户数64.8万户，总人口271.7万。

1949年12月，有耕地923万亩。1952年9月，有耕地929万亩。

1949年，造林4096亩，零星植树256万株，育苗72亩。1952年，造林6194亩，零星植树860万株，育苗441亩。

1949年，农作物总种植面积1511万亩。种植粮食作物1304万亩，总产62659.5万公斤。其中，小麦485.9万亩，总产18024万公斤；玉米226.7万亩，总产10787万公斤；大豆187.6万亩，总产6587万公斤；谷子156.9万亩，总产13501.1万公斤；高粱155.9万亩，总产8228.5万公斤；地瓜56万亩，总产5223.5万公斤；其他杂粮34.7万亩，总产1324.5万公斤。种植经济作物166.8万亩，棉花137.5万亩，总产1782.3万公斤；花生25.1万亩，总产2260万公斤；芝麻2.7万亩，总产79万公斤；麻类4.1万亩，总产41.905万公斤。

1952年，农作物总种植面积1580万亩。种植粮食作物1308万亩，总产77359.5万公斤。其中，小麦489.6万亩，玉米230.3万亩，大豆169万亩，谷子161.6万亩，高粱164.5万亩，地瓜65.2万亩，其他杂粮27.9万亩。种植经济作物251.3万亩，棉花201.6万亩，总产3461.2万公斤；花生42.5万亩，芝麻3.4万亩。

1949年，大牲畜存栏28.7万头（匹）。其中，牛25.9万头，马0.04万匹，驴2.53万头，骡0.17万匹。生猪存栏16.9万头，羊存栏4万只；养禽197.4万只。1952年，大牲畜存栏31.6万头（匹），其中有牛28.7万头，马0.04万匹，驴2.7万头，骡0.18万匹。生猪存栏26.07万头，羊存栏4.46万只；养禽210万只。

1949年，社会总产值2.74亿元，工农业总产值3.07亿元，农业产值2.66亿元。1952年，社会总产值3.96亿元，工农业总产值3.68亿元，农业产值3.02亿元。

1949年，财政收入1536万元。1952年，财政收入2751万元。

1949年，有公路21条，长1103公里，1950年，境内各区均修筑通往各县城的公路。1952年，有客运汽车55辆，其中客棚车2辆、货车19辆。

1949年，干线邮路长850公里，区区通邮，各区配备一名投递员，有62辆自行车作为邮路运输车辆。1949年9月，聊城至新乡人工电报电路开通，聊城电信局配备15瓦电台1部、15瓦手摇发电机1部，开通聊城至新乡无线电路。1949年，开通聊城至新乡长话电路，全区有长途电话线8条，人工交换机10门；全区市话杆路长50公里，架空明线长140对公里；市话交换机总容量为360门；全区农村有电话交换机容量60门，实接电话27部；杆路长114公里，架空明线长88对公里。1952年，全区各县城普遍架设明线线路，有磁石式交换机820门。

1949年，有小学2635所，在校学生14.6万人，教师4123人；有普通中学5所，在校学生1616人，教师121人；有师范学校6所，在校学生1484人，教师103人。1952年，有小学3202所，在校学生22.7万人，教师6978人；有普通中学18所，在校学生6711人，教师485人；有师范学校6所，在校学生1957人，教师149人。

1949年，全区有卫生机构19个，床位60张，从业人员118人。1952年，有卫生机构98个，床位168张，从业人员1013人。

一、聊城县

聊城县位于平原省东北部。东、东南靠茌平县、东阿县，西、西南依堂邑县、莘县，南与阳谷县毗邻，北与博平县接壤。南北最长距50公里，东西最宽40公里。

聊城县地处黄河以北，黄泛平原西部，土层深厚，地势低平，起伏较小。区域地形西高东低，顺贯穿境内的徒骇河流向自西南向东北缓倾，海拔在31米～38米之间。地貌的显著特征为单一的低平宽广平原。受黄河改道、决口和自然侵蚀的影响，逐渐形成岗、坡、洼相间的微地貌。岗的地貌类型有河滩高地、决口扇形地、河槽地3种。坡的地貌类型主要为缓平坡地。洼的地貌类型有河间浅平洼地和背河槽状洼地2种。

境内处暖温带季风气候区，具有明显的季节变化和季风气候特征，属半干旱大陆性气候。春旱多风，夏热多雨，晚秋易旱，冬季干寒。

境内主要河流有：徒骇河、马颊河、运河、赵王河、周公河、西新河、四新河。

聊城县境域，春秋战国，属齐国。秦，始建县，名聊城，属东郡。三国，属魏国平原郡。晋，属平原国。南北朝，又属平原郡。公元596年，属博州；后属武阳郡。621年，重设博州，辖聊城。1264年，改属东平路总管府。1267年，属博州路总管府。1276年，聊城为东昌路总管府治所。1368年，改东昌路为东昌府，聊城为其治所，县为府辖。1912年，改东昌府为东临道，辖聊城。1926年1月，改东临道为东昌道，聊城为其属县。1928年，山东省直辖。1936年，属第六区行政督察专员公署。1940年3月，成立聊城县抗日民主政府；10月，改为筑先县抗日民主政府，属鲁西行政公署第四专区。1945年，属冀鲁豫行政公署第四专区。1949年6月，筑先县民主政府改为聊城县民主政府。1949年8月，属平原省聊城专区。1952年11月，平原省撤销，改属山东省聊城专区。

1949年10月，全县划为10个区，区公所分别驻老韩庄、孙堂、李楼、王行、王屯、乔庄、芦庄、辛城海、潘屯、沙镇。1949年12月，辖7个区717个行政村836个自然村，区公所分别驻许堂、于集、小店子、梁庄、闫觉寺、二十里铺、沙镇。1952年9月，辖8个区181个行政村919个自然村。

1949年12月，总户数5.9万户，总人口25.5万。1952年9月，总户数6.3万户，总人口28.1万。

1949年12月，有耕地95.2万亩。1952年9月，有耕地100万亩。

1949年，粮食作物种植面积220.8万亩，粮食总产90260吨。种植小麦85万亩，总产33670吨；玉米38万亩，总产11645吨；谷子24万亩，总产15965吨；高粱21万亩，总产10650吨；地瓜6.4万亩，总产5235吨；大豆40万亩，总产11045吨。种植棉花10.4万亩，总产1420吨；花生1.4万亩，总产1390吨。1952年，粮食作物种植面积209万亩，粮食总产103675吨。种植小麦80.4万亩，总产37170吨；玉米39.4万亩，总产16405吨；谷子22.6万亩，总产2.23万吨；高粱24.7万亩，总产10480吨；地瓜8.5万亩，总产7970吨；大豆27.1万亩，总产8715吨。种植棉花22万亩，总产3935吨；花生2.2万亩，总产2425吨。

1949年，大牲畜存栏3.51万头（匹）。其中，牛3.28万头，马41匹，驴2080头，骡145匹。生猪存栏1.2万头，羊存栏1173只；养家禽10.1万只。1952年，大牲畜存栏4万头（匹）。其中，牛3.7万头。生猪存栏2.62万头，羊存栏0.26万只；养家禽21万只。

1949年，县全民所有制企业有2家，私营企业有2家，个体手工业户1340户。1952年，县全民所有制企业有11家，全民职工965人；县集体企业有22家，私营企业有2家，手工业户达1872户，总产值712万元。

1949年，全县国民生产总值2398万元，社会总产值3345万元，国民收入2278万元，工农业总产值5914万元。农业总产值5551万元；其中种植业4817万元、林业580万元、牧业149万元。1952年，全县国民生产总值3357万元，社会总产值4937万元，国民收入3145万元，工农业总产值7850万元；农业总产值7138万元，其中，种植业6438万元、林业417万元、牧业278万元。

1949年，县财政收入为190万元，财政支出106万元。1952年，县财政收入302万元，财政支出131万元。

1949年，筑先县邮政局改称聊城县邮政局，有干部职工17人，配邮运自行车6辆，牲畜2头；有农村邮电代办所14处，邮路总长850公里。

1949年，县电信局配人工报机1部，有线电报电路有1条；配15瓦电台和15瓦手摇发电机各1部，有无线报务员1人。1951年配BC-375型150瓦发射机1部，短波收信机1部。1952年年底，开通聊城至济南有线电报电路1条。1949年，市话通信线路有架空明线10对/公里，杆路长5公里，使用一台30门磁石交换机，安装用户话机28部。1949年，农话交换机容量为10门，中继杆路总长20公里，架空明线线条长10对公里，单线长10公里，有话机5部。

1949年，有小学327所，在校学生15210人；有普通中学1所，学生515人；有中等专业学校1所，学生225人。1952年年底，有小学424所，在校学生24913人；有普通中学3所，学生1458人；有中等专业学校1所，学生498人。

1949年冬，县设文化馆成立。1951年，聊城专署文化馆设图书股，藏书2500册。1952年，改建为县文化馆图书室。

聊城县人民医院于 1950 年 1 月正式更名。1952 年首次扩建，建新型房舍 375 平方米。1951 年 9 月，聊城县第七区（沙镇）始设全民所有制卫生所。1952 年后，其他各区相继建立卫生所或联合诊所。

二、堂邑县

堂邑县位于平原省东北部。东、南与聊城县毗邻，西接冠县，西北、北与河北省馆陶县、临清县，清平县接壤，东北与博平县相连。

堂邑县境域，春秋，为清邑地。汉，分属乐平县和发干县。公元 586 年，始设，因其西北"汉代堂邑"之名，故称堂邑县，属东郡。唐，属河北道毛州。宋，属河北路博州。金，属山东西路博州。元，属山东宣慰司东昌路总管府。明，属山东布政司东昌府。清，属山东东昌府。1936 年，属山东省第六区行政督察专员公署。1943 年秋，聊西县和堂邑县南部改建为聊堂县。1943 年 11 月，划堂邑县北部和冠县东部地合并组建武训县。1946 年 2 月，撤销聊堂县，原堂邑县划入武训县。1949 年 8 月，武训县改为堂邑县，属平原省聊城专区。1952 年 11 月，平原省撤销，改属山东省聊城专区。

1949 年 12 月，辖 5 个区 550 个行政村 599 个自然村。1952 年 9 月，辖 6 个区 155 个行政村 626 个自然村。

1949 年 12 月，总户数 5.8 万户，总人口 20.8 万。1952 年 9 月，总户数 5.9 万户，总人口 22.4 万。

1949 年 12 月，有耕地 85.2 万亩；牲畜存栏 27420 头。1952 年 9 月，有耕地 88 万亩。

三、高唐县

高唐县位于平原省东北部。东与山东省禹城县、齐河县为邻，西、西北与清平县，山东省夏津县接壤，西南与博平县相连，南、东南靠茌平县，北与山东省恩县毗邻。南北长 45 公里，东西宽 42 公里。

高唐县地处鲁西黄河冲积平原，地势由西南向东北倾斜。平均海拔 27 米，最高点海拔 32.1 米，最低点海拔 22.6 米。

高唐县境域，春秋，为齐国西境高唐邑、灵丘邑地。西汉，设高唐县，属平原郡。东汉，仍属平原郡。西晋，撤销高唐县。公元 501 年，复设高唐县，属南清河郡。北齐，属清河郡。693 年，高唐县改称崇武县。705 年，复名高唐县，属博州。北宋，属河北东路博州。金，属山东西路博州。元初，属东平路；1270 年，升为高唐州，辖高唐县、夏津县、武城县。明初，撤销高唐县并入州，高唐州辖夏津县、武城县，属东昌府。1729 年，仍属东昌府。1913 年，撤销州为县，属济西道。1914 年，改称东临道。1925 年，属东昌道。1928 年，直属省。1939 年 1 月，属山东省第四行政督察区。1941 年 1 月，属冀南行政区运（河）东专区；同年 11 月，属冀南第六专区。1944 年 5 月，属冀鲁豫行政区第六专区。1945 年 10 月，属冀南行政区第二（夏津）专区。1949 年 8 月，属平原省聊城专区。1952 年 11 月，平原省撤销，改属山东省聊城专区。

1949 年 12 月，辖 6 个区 549 个行政村 605 个自然村，区公所分别驻城关、杨官屯、大董庄、三十里铺、梁村、尹集。1952 年 9 月，下辖 6 个区 170 个行政村 562 个自然村。

1949年12月，总户数55523户，总人口22.8万。1952年9月，总户数59169户，总人口23.6万。

1949年12月，有耕地105.6万亩；牲畜存栏22449头。1952年9月，有耕地84.2万亩。

1949年，粮食作物种植面积99.6万亩，总产57312吨。种植棉花28.5万亩，棉花（皮棉）总产3990吨。

1949年，大牲畜存栏28494头（匹）。其中，牛2.5万头，驴3126头，马61匹，骡307匹。生猪存栏9710头，羊存栏4888只。1952年，大牲畜存栏31068头（匹）。其中，牛27315头，驴3382头，马59匹，骡312匹。生猪存栏13243头，羊存栏5265只。

1949年，农业总产值3678.5万元，其中畜牧业36.7万元。

1949年，财政收入186万元。1952年，财政收入311万元。

1949年，有小学320处，学生1.06万人。

四、阳谷县

阳谷县位于平原省东北部。东邻东阿县，西接莘县，南、西南与寿张县、朝城县接壤，北接聊城县。南北长30公里，东西宽39公里。

阳谷县地处黄河泛滥平原。海拔39.62米。最高点海拔44.75米；最低点海拔34.5米，最大高低差10.25米。地势由西南向东北缓倾，因黄河流经、改道和冲决，逐渐形成微度起伏的缓岗、缓平坡地和浅平洼地3种微地貌类型相间的现代平原地形。

境内河流主要有金堤河、徒骇河、小运河、赵王河、羊角河。

阳谷县，公元596年，始设，属济州。607年，属济北郡。618年，属郓州。621年，属济州。742年，属东平郡。754年，属河南道郓州。1074年，属京东西路郓州。1119年，属东平府。1137年，属山东西路东平府。1330年，属山东东平路总管府。1582年，属山东布政使司兖州府东平州。1730年，改属东平直隶州。1735年，属山东省兖州府。1913年，属山东省东临道。1925年，属山东省东昌道。1928年，直属山东省。1939年9月，阳谷县抗日民主政府成立，属鲁西北行政委员会。1941年7月，属冀鲁豫第四专署；同年8月，改属第十九专署。1942年12月，改属第一专署。1947年9月，改属第九专署。1949年8月，属平原省聊城专区。1952年11月，平原省撤销，改属山东省聊城专区。

1949年12月，辖8个区759个行政村852个自然村。1952年9月，辖9个区170个行政村784个自然村。

1949年12月，总户数7.2万户，总人口33.2万。1952年9月，总户数7.4万户，总人口34.8万。

1949年12月，有耕地97万亩；牲畜存栏30316头。1952年9月，有耕地102.2万亩。

1949年，粮食作物种植总面积为1826952亩，总产20824万斤。其中，小麦626631亩，总产5646.42万斤；玉米398520亩，总产4734.92万斤；谷子199840亩，总产3631.64万斤；高粱229080亩，总产2581.52万斤；大豆157120亩，总产889.6万斤；薯类115276亩，总产2728.91万斤；其他杂粮100485亩，总产611.34万斤。棉花种植面积15848亩。1952年，粮食总产24441万斤。

1949年，大牲畜存栏35894头（匹）。其中，牛31242头，驴4196头，马101匹，骡355匹。

生猪存栏48205头，羊存栏4711只。1952年，大牲畜存栏37264头（匹）。其中，牛32668头，驴4116头，马101匹，骡379匹。生猪存栏61780头。

1949年，工业总产值137.1万元。1952年，工业总产值178.4万元。

1949年，财政收入142万元，财政支出86万元。1952年，财政收入339万元。

1949年，有小学265所，班级317个，在校学生12803人，教职工550人；有中学1所，班级18个，在校学生720人，教职工36人。1952年，有小学374所，班级663个，在校学生26333人，教职工1281人；有中学3所，班级34个，在校学生1388人，教职工119人。

五、莘　县

莘县位于平原省东北部。东南与阳谷县以金线河为界，西、西南与朝城县毗邻，西北与冠县相连，东北与聊城县接壤。

莘县境属黄泛平原，地势平坦，土层深厚，坡度平缓。西南高，东北低，海拔在30.6～49米之间。全县地貌由河滩高地、砂质河槽地、缓平坡地、河间浅平洼地和背河槽状洼地、决口扇形地等组成。

境内属暖温带亚湿润兼大陆性季风气候，四季分明，干湿季明显，雨热同季。春季回暖迅速，风大，光照充足，辐射强，常出现干旱；夏季炎热多雨，降水集中，易出现水涝；秋季气温剧降，辐射减弱，温和凉爽，降水减少，易出现秋旱；冬季寒冷干燥，雨雪稀少。

境内主要河流有：马颊河、徒骇河、金线河、金堤河。

莘县境域，春秋，为卫国莘邑。战国，地处齐西界。秦，设阳平县，属东郡。两汉，属兖州刺史部东郡。三国，属阳平郡。晋，属司州阳平郡。公元550年，改为乐平县。577年，设莘亭县，属武阳郡。586年，复称阳平县，属武阳郡。588年，称清邑县。596年，撤销武阳郡，设莘州。606年，撤销莘州，改清邑县为莘县，属魏州。621年，复设莘州，莘县属莘州。630年，撤销莘州，莘县复属魏州。宋，属河北东路大名府。元，属中书省东昌路。明，属山东布政司东昌府。清，属山东布政司东昌府。1912年，属山东省东临道。1928年，称山东省莘县。1936年，属山东省第六督察专员公署。1939年9月，莘县抗日民主政府成立，属鲁西专署。1941年6月，属冀鲁豫第三专署。1943年7月，改属冀南第七专署。1946年6月，莘县民主政府成立。1949年8月，属平原省聊城专区。1952年11月，平原省撤销，改属山东省聊城专区。

1949年12月，辖6个区293个行政村506个自然村，区公所分别驻城关、燕店、宋庄、王奉、张鲁、十八里铺。1952年9月，辖6个区309个行政村524个自然村。

1949年12月，总户数5.3万户，总人口21.2万。1952年9月，总户数5.4万户，总人口22.1万。

1949年12月，有耕地82.2万亩。1952年9月，有耕地82.8万亩。

1949年12月，牲畜存栏18620头。

1949年，工业总产值58.9万元。1952年，工业总产值190.6万元。

1949年，国民生产总值2048万元，国民收入1925万元。1952年，国民生产总值2500万元，国民收入2350万元。

中华人民共和国成立前，境内有公路10条，均系土路。

1950年，开设聊城—莘县—新乡汽车邮路，单程250公里。1952年，改为聊城—莘县—范县，单程120公里。

1949年，县电话局有10门电话总机1台、电话单机18部，负责乡村电话。县政府设有磁石交换总机1台，市话单机5部。中华人民共和国成立初期，长话、市话、农话合设1台，有磁石总机20门。1952年，分台营业，设农话总机40门。

1949年，有高级小学、完全小学15所，班级38个，学生1828人；有初级小学287所，班级535个，学生2.38万人，教员561人。

县第一人民医院前身为世隆药社，1949年改为县卫生院，有职工10人，房屋9间。1951年，县建成6个区卫生所。

六、冠 县

冠县位于平原省东北部。东与聊城县为邻，西与河北省馆陶县、大名县相望，南、西南与莘县、朝城县接壤，东北与堂邑县毗连。

冠县处于鲁西北黄泛平原。地势开阔平坦，略有起伏。地形自西南向东北倾斜。海拔最高点54.8米，最低点34.6米。境内微地貌特征是形成岗、坡、洼相间。

境内属暖温带季风区域大陆性半干旱气候，四季分明，光照充足，无霜期较长。主要特点是：春旱多风，雨热同步，盛夏、初秋多雨，晚秋易旱，冬季干冷。

县境内主要河流有漳卫河、马颊河及长顺渠、一干渠、鸿雁渠等渠道。此外，还有古黄河、赵王河故道。漳卫河流经县西部边境，县境全长41.1公里（其中卫河长9.6公里）。马颊河，县内段长20公里。长顺渠，县境内长27公里。一干渠，全长40.8公里。古黄河，境内长40公里。

冠县境域，春秋，属晋国，县境南部有黄邑，西部有冠氏邑。战国，先后属晋、魏、赵国。秦，属东郡、邯郸郡。西汉，属冀州魏郡，为馆陶、清渊县地。三国，属冀州阳平郡魏国。西晋，属司州阳平郡。公元580年，在馆陶地设毛州，属毛州阳平郡。586年，划馆陶县东部和清渊县南部设冠氏县，属毛州。627年，属河北道魏州魏郡。北宋，属河北东路大名府。金，属大名府路大名府。元初，属东平路。1269年，冠氏县升为冠州，直属中书省。1370年，冠州改为冠县，属山东布政使司东兖道东昌府。清，属山东省济东泰武临道东昌府。1912年，属山东省济西道东昌府。1913年，改属东临道东昌府。1928年，直属山东省。1936年，属山东省第六区。1938年2月，冠县抗日政府成立，属山东省第六专署。1939年9月，属鲁西北行政委员会。1940年4月，属鲁西北行政督察专员公署；5月，冠县抗日民主政府成立；11月，属鲁西区第三专署。1941年7月，属冀鲁豫区第三专署；9月，属晋冀鲁豫边区政府第十八专署。1943年7月，属冀南区第七专署。1945年6月，属冀鲁豫区第七专署；8月，冠县与永智县合并为永智县；10月，属冀南区第一专署；12月，恢复冠县。1949年8月，属平原省聊城专区。1952年11月，平原省撤销，改属山东省聊城专区。

1949年12月，辖5个区377个行政村389个自然村。1952年9月，辖6个区267个行政村381个自然村。

1949年12月，总户数5.3万户，总人口18.2万。1952年9月，总户数5.1万户，总人口19.5万。

1949年12月，有耕地83万亩。1952年9月，有耕地82.6万亩。

1949年，造林9.5亩，育苗8亩，零星植树63万株，林木覆盖率不到5%。

1949年，粮食作物种植面积153.6万亩，总产12678.2万斤。其中，种植小麦63万亩，总产3624.7万斤；玉米36.7万亩，总产2883.5万斤；谷子12.5万亩，总产1539.2万斤；高粱17.7万亩，总产1739.5万斤；大豆10.2万亩，总产656.3万斤。种植棉花31.8万亩，棉花（皮棉）总产647.2万斤。花生5.1万亩，总产754.1万斤。农业总产值3171.8万元。其中，种植业产值2418.2万元，林业产值121万元，畜牧业产值80.3万元，副业产值552.3万元。1952年，粮食作物种植面积143.5万亩，总产16646.8万斤。其中，种植小麦56.3万亩，总产5303.2万斤；玉米32.4万亩，总产3715.3万斤；谷子14.3万亩，总产2369.8万斤；高粱17.1万亩，总产2053.8万斤；大豆8.6万亩，总产521.7万斤。种植棉花39.7万亩，棉花（皮棉）总产1227.2万斤。花生11.2万亩，总产2149.8万斤。农业总产值4721.4万元，其中，种植业产值3651.8万元，林业产值203.9万元，畜牧业产值108.1万元，副业产值757.6万元。

1949年，大牲畜存栏35955头（匹）。其中，牛32704头，驴3164头，马27匹，骡60匹。生猪存栏15596头，羊存栏5646只；养禽6.94万只。1952年，大牲畜存栏40892头（匹）。其中，牛38234头，驴2585头，马17匹，骡56匹。生猪存栏25134头，羊存栏9210只；养禽6.53万只。

1949年，全县只有铁工厂1处，个体手工业作坊67处，职工1121人，工业总产值90.1万元。1952年，全县有企业12家，工业总产值553.9万元。1952年，冠县第一动力加工厂用30千瓦的小柴油机发电，供厂内生产和生活照明，这是县内发电的起始。

1949年，财政收入155.4万元，财政支出60万元。1952年，财政收入243.6万元，财政支出113.4万元。1949～1952年，财政总收入723万元，财政总支出331万元。

1934年，县城至临清、莘县、大名、北馆陶的公路相继修成。1951年，建立冠县汽车站。1951年，县百货公司有一辆"万国"牌载重2吨货运汽车，是县内有汽车之始。

1945年，有邮政代办所11处。1949年，增加冠县至堂邑、元朝2条邮路。1951年，邮电局开始办理长话业务。1949年，有市内电话机6部，1952年有19部。1949年，架设县城至五区农话线路17.96公里，清水至六区10.8杆公里。至1952年，有30门交换机1部，县内8个区均通电话，长话、市话、农话合一；有线路长70杆公里，明线长70对公里。

1950年，有小学235所，在校学生1万人，教职工359人；有中学1所，班级1个，在校学生50人，教职工13人。1952年，有小学258所，班级453个，在校学生2万人，教职工532人；有中学1所，班级7个，在校学生336人，教职工44人。

1946年，冠县文化馆成立，1950年，有藏书1.4万册。1951年，二区、五区成立文化分馆，下设图书室、阅览室。

冠县人民医院于1949年3月成立；1952年10月改称冠县卫生院，设病床10张。冠县第三区、五区卫生所于1952年4月成立。冠城镇、贾镇、梁堂3处区卫生所，建于1952年4月至8月。

七、清平县

清平县位于平原省东北部。东北、北与高唐县，山东省夏津县接壤，西南、西与堂邑县，山东省临清县毗邻，南与博平县相连。

清平县境域，西汉，设贝丘县，属冀州清河郡。东汉，改属冀州清河国。三国魏，属清河郡。

西晋，属清河国。北魏，属相州清河郡。公元596年，改贝丘县为清平县，属清河郡。唐，属河北道博州。1081年，属河北东路博州。金，属大名府。元，属中书省德州。明，属山东布政使司东昌府。清，属山东省东昌府。民国时期，先后属山东省济西道、东临道、德临道。1928年后，直属山东省政府。1936年，属山东省第四专署。1939年，属鲁西区。1940年，属运东专署（鲁西第四专署）。1942年，属冀鲁豫第十六专署。1943年，属冀南第七专署。1946年，为纪念在陈官营战斗中牺牲的肖永智烈士，改清平县为永智县。1949年8月，恢复清平县，属平原省聊城专区。1952年11月，平原省撤销，改属山东省聊城专区。

1949年12月，辖5个区310个行政村338个自然村。1952年9月，辖5个区211个行政村332个自然村。

1949年12月，总户数4.9万户，总人口19.8万。1952年9月，总户数5.1万户，总人口20.7万。

1949年12月，有耕地71.4万亩；牲畜存栏17427头。1952年9月，有耕地75.4万亩。

八、茌平县

茌平县位于平原省东北部。东邻山东省齐河县，西靠聊城县，南接东阿县，西北、北与博平县，山东省高唐县相连。

茌平县系黄河冲击平原，地势依黄河流向自西南向东北倾斜。平均海拔32.5米。最高点海拔35米，最低点海拔26.5米。地貌类型主要有平坡地、洼坡地、河滩高地、决口扇形地、浅平洼地。

茌平县境域，周，属齐国。秦，设茌平县，属东郡。汉，属兖州部东郡。公元9年，改茌平县为功崇县。25年，改功崇县为茌平县，属兖州部济北国。北齐，茌平县并入聊城县。隋初，复设茌平县，属贝州清河郡。隋末，茌平县并入聊城县。621年，划聊城县地复设茌平县，属河北道博州博平郡。627年，茌平县并入聊城县。1130年，复设茌平县，属山东西路博州。元，属东昌路总管府。明、清，属东昌府。1914年，属东临道。1925年，属东昌道。1928年，改属山东省政府。1937年，属山东省第六专员公署。1940年1月，茌平县抗日民主政府成立，先后属鲁西第四专员公署，冀鲁豫行署第一、六专署。1949年8月，属平原省聊城专区。1952年11月，平原省撤销，改属山东省聊城专区。

1949年12月，辖6个区591个行政村637个自然村。1952年9月，辖6个区167个行政村618个自然村。

1949年12月，总户数5.7万户，总人口22万。1952年9月，总户数5.8万户，总人口22.8万。

1949年12月，有耕地84.9万亩，牲畜存栏31385头。1952年9月，耕地面积87万亩。

1949年，粮食总产8156万公斤。其中，种植小麦60.7万亩，玉米24.8万亩，谷子28.1万亩。种植大豆39.3万亩，总产1446万斤；花生1.8万亩，总产117万斤。1952年，粮食总产11509万公斤。其中，种植小麦61.8万亩，玉米17.4万亩，谷子28万亩。种植大豆33.3万亩，总产1282万斤；花生8.3万亩，总产831万斤。

1949年，大牲畜存栏46974头（匹）。其中，牛44302头，驴2346头，马30匹，骡296匹。生猪存栏2万头，羊存栏1600只；养禽23.2万只。1952年，大牲畜存栏46064头（匹）。其中，牛42674头，驴2922头，马39匹，骡429匹。生猪存栏3.6万头，羊存栏2000只；养禽22.8

万只。

1949年,财政收入175万元,财政支出49万元。1952年,财政收入234万元,财政支出71.7万元。

1949年,有小学246所,班级408个,在校学生12231人。

九、博平县

博平县位于平原省东北部。东邻茌平县,西与堂邑县为邻,南接聊城县,东北、北与山东省高唐县,清平县毗邻。

博平县境域,春秋战国,属齐西鄙地。公元前201年,设博平县,属东郡。王莽建新朝,改博平县为嘉睦县。公元25年,复称博平县。三国魏,属冀州部平原郡。晋,属平原国。420年,属魏郡。534年,属平原郡。582年,属毛州。607年,属清河郡。620年,属博州。643年,并入聊城县。684年,复设博平县。742年,属博平郡。997年,属河北东路博州。1127年,属山东西路博州。1266年,属东昌路。1368年,属东昌府。清,属东昌府。1914年,属东临道。1925年,属东昌道。1928年,属山东省。1939年,属鲁西区。1940年,属运东专署(鲁西第四专署)。1942年,属冀鲁豫第十六专署。1944年,属冀鲁豫第一专署。1946年,属冀鲁豫第六专署。1949年8月,属平原省聊城专区。1952年11月,平原省撤销,改属山东省聊城专区。

1949年12月,辖5个区415个行政村484个自然村。1952年9月,辖6个区119个行政村471个自然村。

1949年12月,总户数4.6万户,总人口19.2万。1952年9月,总户数4.7万户,总人口20.5万。

1949年12月,有耕地57.8万亩,牲畜存栏2.3万头。1952年9月,耕地面积62.9万亩。

1949年,有小学243所,班级267个,在校学生7953人。

十、东阿县

东阿县位于平原省东北部。东、南以黄河为界,与山东省平阴县、梁山县隔河相望;西、西南与阳谷县、寿张县为邻;西北、北与聊城县、茌平县相连;东北与山东省齐河县接壤。南北长52.5公里,东西宽24.5公里。

东阿县境系黄泛冲积平原,地势自西南向东北倾斜,海拔在40.2米~27.7米之间。沿黄河北岸,有零星石灰岩残丘。微地貌类型有河滩高地、缓平坡地、河间浅平洼地、砂质河槽地、背河槽状洼地、残丘、黄河河道7种。

境内属暖温带半湿润大陆性季风气候区。四季分明,冷热干湿区别明显,光照充足,热量丰富,无霜期长,降水集中。主要特点是:春季多风,降水少,气候干燥;夏季气温高,湿度大,降水集中,易出现冰雹、大风、雷击、暴雨和连阴雨;秋季气温急降,降水明显减少,天气晴暖,光照充足。冬季低湿寒冷,雨雪稀少。

境内主要河流有:赵王河、赵牛河、中心河、巴公河、官路沟。

东阿县境域,春秋,初属卫国,后属齐国。战国,柯改称阿,仍属齐国。秦,始称东阿,属东郡。汉,设东阿县,属东郡。三国,境为魏地,隶属同汉。西晋,属济北国。东晋,属济北郡。公元457年,东阿县并入谷城县。后魏,恢复东阿县。隋,属兖州济北郡。621年,属济州,隶河南道。742年，属济阳郡。754年，改属郓州东平郡。766年，属淄青道。819年，郓州属天平郡，东阿随之。宋初，属京东路。金，属山东西路东平府。元初，属东平路。明初，属东平府。1375年，隶济宁府东平州。1385年，改属兖州，隶山东布政使司。清初，属兖州府东平州。1735年，改属泰安府。1912年，属山东东临道。1928年，直隶山东省府。1936年，属山东省第六督察专员公署。1940年，县人民政权成立，属鲁西行署运东专署（第四专署）。1941年7月，属冀鲁豫行署第四专署。1942年12月，属冀鲁豫行署第一专署。1945年8月，属冀鲁豫行署第六专署。1949年8月，属平原省聊城专区。1952年11月，平原省撤销，改属山东省聊城专区。

1949年12月，辖7个区561个行政村623个自然村，区公所分别驻耿庄、高囤、高集、于集、刘集、广粮门、牛角店。1952年9月，辖9个区210个行政村561个自然村。

1949年12月，总户数7.1万户，总人口31.7万。1952年9月，总户数7.4万户，总人口33万。

1949年12月，有耕地93.6万亩。1952年9月，有耕地95.6万亩。

1949年，粮食作物种植面积145.9万亩。其中，种植小麦56.7万亩，总产4876万斤；玉米17.6万亩，总产1995万斤；大豆38.7万亩，总产3600万斤；谷子14.3万亩，总产2210万斤；高粱18.6万亩，总产1500万斤。经济作物种植面积3.9万亩。其中，棉花2.5万亩，总产79万斤；花生0.63万亩，总产134万斤。

1949年，大牲畜存栏25071头（匹）。其中，牛2.35万头，马36匹，驴1320头，骡215匹。生猪存栏5670头，羊存栏988只。

1949年，农业总产值1955.2万元。其中，种植业总产值1616万元，畜牧业105.5万元，林业88万元，副业145.5万元。

1950年，私营店铺有527家，合作性手工业组织40个，从业人员618人，年总产值18.1万元。

1949年，财政收入159万元，财政支出50万元。1952年，财政收入183万元，财政支出56.4万元。

1950年，境内有船415只，其中，渡船201只，船工1235人，运输船只多往返于位山至洛口河段。

1951年，县客运营运线路有东阿至聊城1条，里程31公里。

1950年，有乡村邮路9条，投递里程535.5公里。1952年，邮路调整为19条，投递里程1014公里。

1948年8月，县政府设50门交换机与县直机关通话。1950年，农话县以下有中继线2条，即铜城至殷庄黄河段、铜城至牛角店，线路长43杆公里。

1949年，有小学401所，学生1.7万人。1952年，有小学430所，学生2万人。

1949年，县文化馆成立，有工作人员4人，设图书、宣传、游艺3个组。1952年，全县第一个乡镇文化站成立，有工作人员1人；房屋4间，收音机1台，书架1个，藏书3000册。

1947年5月，东阿县贫民医院成立，有民房10间，设病床5张，有医务人员12人。1948年年初，改称县人民医院。1949年9月，改为县卫生所。1949年7月，在牛角店街成立区卫生所。

十一、寿张县

寿张县位于平原省东北部。东与梁山县隔河相望，西与范县毗邻，西北、北与朝城县、阳谷县接壤。

境内属暖温带半湿润东亚季风区大陆性气候，四季分明，温度适中，光照充足，春旱夏涝交替明显。春季干旱多风沙，夏季炎热雨量大，秋季凉爽多阴雨，冬季干冷少雨雪。

寿张县境域，春秋，境大部属鲁国；后属晋地。春秋后期，境南部建良邑；境东部建朐城，属朐邑；境东北部属柯邑。战国，良邑改称寿邑。秦，境西部属范阳县东郡；境东南部属张县，东北部属须昌县，均属薛郡。西汉初，改张县为寿良县；境东北属须昌县、东阿县，属东郡。西汉，寿良县属兖州监察区东郡。东汉，属东平国。公元25年，改寿良县为寿张县。西晋，属兖州东平国。南朝，寿张县改为寿昌县，属兖州东平郡。480年，改寿昌为寿张县。隋初，属济州。607年，属济北郡。621年，在寿张设寿州，并设寿良县，寿州辖寿张、寿良2县。后撤销州，寿良县入寿张县，属郓州。宋，属京东西路郓州。1119年，属东平府。金，属山东西路东平府。元，属中书省东平路总管府。1368年，属东平府。1370年，寿张县并入须昌县、阳谷县。1380年，复设县，属东平州，隶济宁府。明，属山东布政使司兖州府。清初，属山东布政使司兖州府。1730年，属直隶州。1735年，复属兖州府。1911年后，属山东省东临道。1928年，直属山东省政府。1936年，属山东省第六督察专员公署。1939年8月，寿张县抗日民主政府成立，属鲁西第二专署。1941年后，属冀鲁豫边区第二专署（第九专署）。1942年，属冀鲁豫边区第八专署。1944年，属冀鲁豫第八专署。1945年，属冀鲁豫区第二专署。1947年，属冀鲁豫行署第九专署。1948年，寿张县民主政府改为寿张县人民政府。1949年8月，属平原省聊城专区。1952年11月，平原省撤销，改属山东省聊城专区。

1949年12月，辖6个区439个行政村526个自然村。1952年9月，辖7个区128个行政村513个自然村。

1949年12月，总户数5.1万户，总人口22.4万。1952年9月，总户数5.3万户，总人口23.6万。

1949年12月，有耕地64.9万亩；牲畜存栏10229头。1952年9月，有耕地68.4万亩。

第七节　菏泽专区

菏泽专区位于平原省东部。东与湖西专区为邻，西与濮阳专区交界，南、西南、西北分别与河南商丘、开封接壤，东北、北与山东济宁、泰安和聊城专区相连。

菏泽专区境内处于新旧黄河的夹肢间，是黄河冲积平原的组成部分。地形除梁山县尚有海拔不超过260米的残丘外，其余地势比较平坦。南北向中间逐渐凹下，总趋势是自西向东呈簸箕状缓降。海拔由东明县焦园的68.5米，逐渐降至梁山县东部的37米，高差31.5米。全区南、西、北三面环列高地，海拔为50米~60米，而中部海拔仅在45米左右。区内微地貌形态主要有河滩高地、垄岗高地、决口扇形地、缓平坡地、碟形洼地、砂质河槽地、背河槽状洼地。

菏泽专区属温带季风型大陆性气候。主要特点是夏热冬冷，四季分明。春季少雨，南北风频繁交替，气温回升较快；夏季高温湿润，常刮东南风，降水集中；秋季降水逐渐减少，风向由南转北，降温迅速；冬季雨雪稀少，多刮北风，气候干冷。全年光照充足，热量丰富，雨热同季，适宜多种农作物的生长。

菏泽专区境域，春秋后期，为宋、鲁、卫国分割。战国末期，为齐、魏两国分领。秦，境内中部和北部属东郡，南部和东部属砀郡。西汉末，分属济阴郡、山阳郡、东郡、梁国。东汉，属兖州刺史部的济阴郡、山阳郡和东平国。三国，属曹魏之兖州。西晋，境域分属兖州济阴郡、濮阳国、高平国、东平国、陈留国和豫州梁国。公元534年，境域属东魏的西兖州济阴郡、濮阳郡，徐州北济阴郡，济州东平郡。隋，境内中部属曹州，北部属濮州，东北部属郓州，东南部属戴州，南部属宋州。唐，境内属河南道，中部属曹州，北部属濮州，东北部属郓州，南部属宋州。北宋初，属京东路。1074年，属京东西路的兴仁府、广济军、濮州濮阳郡、东平府东平郡、单州、济州济阳郡、应天府河南郡。南宋、金，境域分属山东西路东平府的曹州、济州，南京路归德府的单州，大名府路大名府的濮州。元，全区属中书省；境内中部属曹州，北部属濮州，西部属大名路开州，东部属济宁路的兖州，东南属济宁路的单州，东北属东平路。明，境内大部属山东承宣布政使司的兖州府的曹州、济宁州和东平州，西部和北部属京师大名府的开州和山东承宣布政使司东昌府的濮州。清，境内除西部和东北部分属直隶省大名府和山东省兖州府外，均属山东省曹州府。1735年，境域辖1州10县，赐名菏泽。1913年，东明县属直隶大名道，鄄城县和梁山县属山东省济西道，其他县均属山东省岱南道。1925年，境内原属东临道、济宁道的县改属曹濮道。1928年，东明县直属河北省，其他县直属山东省。1932年，梁山县东南部属第一区；菏泽县、定陶县、曹县、郓城县属第二区；梁山县的西部和北部属第六区。1938年，郓城县属第二区；曹县属第十一区；菏泽县、定陶县属第十六区。1940年后，境域分属冀鲁豫第八专区、冀鲁豫第十一专区、冀鲁豫第十专区。1946年后，境域分属冀鲁豫第二、三、五、七专区。1949年，分属临河、湖西、鲁西南、运西专区。1949年8月，临河、鲁西南专区及运西专区的一部分合并为菏泽专区，属平原省，下辖菏泽、曹县、定陶、梁山、郓城、鄄城、东明、南旺县8个县。1952年11月，平原省撤销，改属山东省，下辖菏泽、定陶、曹县、鄄城、郓城、梁山、南旺县7个县。东明县改属河南省郑州专区。

1949年12月，辖8个县82个区2497个行政村9395个自然村。1952年9月，辖8个县94个区9591个自然村。

1949年12月，总户数84.5万户，总人口341.2万。1952年9月，全区总户数87.7万户，总人口358.3万。

1949年12月，有耕地914.7万亩。1952年9月，有耕地1009万亩。

中华人民共和国成立前，区内有林地7180亩。其中，用材林1289亩，经济林648亩，防护林5010亩，四旁植树1542万株，森林覆盖率为0.75%。1949年，造林0.716万亩，有果树2.54万亩。1952年，造林2.053万亩，有果树3.22万亩。全区有国营苗圃9处，总面积1339亩。

1949年，粮食作物总产8.1亿公斤。其中，小麦种植面积653.2万亩，总产2.2亿公斤；玉米61.9万亩，总产1890.5万公斤；谷子153.6万亩，总产1.06亿公斤；高粱338.5万亩，总产2亿公斤；地瓜95.5万亩，总产（折粮）9389.5万公斤；大豆382.4万亩，总产1.2亿公斤。棉花种植面积80.2万亩，总产819.5万公斤；花生18万亩，总产948万公斤；芝麻21.9万亩，总产526万公斤；麻类3.8万亩，总产130.5万公斤；蔬菜12.5万亩。

1952年，粮食作物总产13.6亿公斤。其中，小麦种植面积773万亩，总产3.7亿公斤；玉米62万亩，总产3409.5万公斤；谷子171万亩，总产1.8亿公斤；高粱401.8万亩，总产2.2

亿公斤；地瓜128.2万亩，总产（折粮）1.9亿公斤；大豆569万亩，总产2.7亿公斤。棉花种植面积106.8万亩，总产1399.5万公斤；花生19.7万亩，总产1450万公斤；芝麻13.9万亩，总产385.5万公斤；麻类4.4万亩，总产198万公斤；蔬菜11.7万亩。

1949年，大牲畜存栏41.26万头（匹）。其中，牛36.45万头，马0.03万匹，驴4.76万头，骡0.03万匹。生猪存栏1.44万头，羊存栏27万只；养禽390万只，兔3.2万只。1952年，大牲畜存栏56.01万头（匹）。其中，牛48.37万头，马0.07万匹，驴7.51万头，骡0.07万匹。生猪存栏21.6万头，羊存栏43万只；养禽444.31万只，兔4.22万只。

1949年，社会总产值43136万元，工业总产值281万元。1952年，农业生产总产值35772万元，工业总产值1064万元。

1952年，全区预算内财政收入4063.8万元，财政支出1090.2万元。

至1949年，区内共修筑、修补济宁至菏泽、济宁至鄄城、济宁至商丘、菏泽至商丘、菏泽至开封、菏泽至姬楼、聊城至徐州、巨野至商丘8条公路，总里程876公里。

1949年，菏泽邮局每年投出函件12.4万件。区内邮运兖菏线用委办汽车，其他线路均用马车和自行车。1949年8月，开通菏泽至新乡人工电报电路1条，主要设备有人工继电器电键音响机、自动振荡器各1部；10月，区设无线电台1处，直通平原省局新乡，主要设备是短波收讯机2部、短波发讯机2部、15瓦手摇发电机1部，电路1条。1949年，市话设80门磁石交换机1台，用户话机60部。1952年，开通菏泽至济南人工电报电路，有人工继电器电键音响机3部；开通菏泽至济南无线电报电路1条。

1949年，全区有小学2389所，在校学生11.5万人，教职工4149人；有普通中学3所、18个班，在校学生861人，教职工55人。1952年，全区有小学3775所，在校学生32.3万人，教职工9320人；有普通中学16所、164个班，在校学生7939人，教职工716人。

一、菏泽县

菏泽县位于平原省东南部。东接山东省巨野县，西与东明县相依，南、东南与曹县、定陶县相连，北邻鄄城县，西北隔黄河与濮阳县相望。南北纵距48公里，东西横距55.5公里。

境内地势西南高东北低，西南海拔55.5米，东北海拔44米，高差11.5米。境内属温带季风大陆性气候。冬冷夏热，四季分明。春季温度回升迅速，风速大，土壤水分蒸发快，常出现春旱；夏季炎热多雨，常有暴雨成灾，旱涝交替出现，以涝为主；秋季气温下降，降水减少，天气凉爽，日照充足，雨季结束；冬季多偏北风，降水较少，气候干冷。

境内河流主要有：赵王河、沙河、洙水河、七里河。

菏泽县境域，春秋，初期东北部属鲁国，西北部属卫国，其余属曹国；后属宋国。战国，属齐国。秦，属东郡。西汉，属东郡、济阴郡。公元488年，设乘氏县。隋末，属曹州。1102年，属兴仁府。1166年，乘氏县并入济阴县。1168年，首次成为州之治所。1368年，划济阴县入曹州。1445年，复设曹州于古雄镇，属兖州府。1724年，曹州改为直属州。1735年，升曹州为府，设附郭县，赐名菏泽。1914年，菏泽县属济宁道。1925年，属曹濮道。1932年，山东乡村建设研究院在菏泽县搞实验，名为"实验县"。1936年，属山东省第二区，县城为专署驻地。1941年3月，在菏、定、曹3县接合部，成立菏泽县抗日政府。1942年，在县西北部与东明县交界处，成立南华县抗日政府，属冀鲁豫第七专区，后成立临泽县。1944年，成立郓巨县，属冀鲁豫第八专区。1946年2月，成立菏泽市，为冀鲁豫专区驻地；11月撤销菏泽市。1948年9月，原菏泽县改为安陵县，临泽县改为菏泽县。1949年8月，安陵县、南华县、郓巨县等县撤销，恢复原建置，名为菏泽县，属平原省菏泽专区。1952年11月，平原省撤销，改属山东省菏泽专区。

1949年12月，辖12个区305个行政村1654个自然村。区公所分别驻岳楼、何搂、三教堂、杜庄、黄堽、吕陵、王浩屯、高庄、小留、安兴、辛集、沙土。1952年9月，辖14个区378个行政村1731个自然村。

1949年12月，总户数13.5万户，总人口53.8万。1952年9月，总户数14.3万户，总人口59.6万。

1949年12月，有耕地141.2万亩。1952年9月，有耕地154万亩。

1949年，粮食作物种植面积204.3万亩，经济作物14.1万亩，其他作物5.6万亩。

1949年，大牲畜存栏1.2万头（匹）。其中，牛8976头，马213匹，骡451匹，驴3116头。生猪存栏3219头；山羊存栏2万只，绵羊1756只；养鸡4.7万只，鹅973只，鸭2198只。

1951年，邮局有马车4辆，马5匹，邮工6人。

1949年，市内电话有80门磁石交换机1台，用户话机60部。1952年，县设20门磁石交换机1台，与13个区通了电话。1952年，相继开通菏泽至濮阳、新乡、单县、兰封、济宁等长话电路9条，有10门磁石式长途交换机1部。

1948年10月，冀鲁豫新华书店在菏泽城建立印刷厂、材料厂，设有冀鲁豫新华书店菏泽营业部。1949年8月，成立新华书店平原省分店菏泽支店。

1949年，菏泽城关镇文化馆成立，下设图书室4间，书库3间，面积197平方米。

1952年，境内设有医院3所，即菏泽县卫生院、城关卫生所（院）、菏泽专署政民医院。

牡丹在菏泽栽培始于嘉靖初年。清末民初，曹州牡丹盛极一时，品种有204种。1948年，牡丹栽培面积不足百亩，花色品种只剩120多个。

二、曹　县

曹县位于平原省东南部。东临复程县，南、西南与河南省商丘县、民权县、考城县毗连，东北、北和西北与城武县、定陶县、菏泽县接壤。东南、西北长77.6公里，南北最大纵距47.6公里。

曹县地势自西南向东北倾斜，西南部最高点海拔66.8米，东北部最低点海拔44.8米，高差22米。微地貌形态主要有砂质河槽地、决口扇形地、河滩高地、背河槽状洼地、缓平坡地、缓平坡地6种。

境内属暖温带大陆性季风区，具有四季分明的大陆性气候特点。春季骤冷骤热，降水稀少，气候干燥；夏季酷热，易内涝；秋季云雨稀少，秋高气爽，天气多晴；冬季雨雪稀少，气候干冷。

矿产资源主要有煤炭、石油、天然气和黏土。

境内主要河流有：新冲小河、定新河、白花河、曹北河、团结河、胜利河、黄白河、二坡河、贺李河、赵王河、杨河。

曹县境域，战国初期，属宋。秦，东南部有己氏邑，南部有蒙县，属砀郡。西北、东北部分属东郡。西汉，西北与北部属济阴郡；东北、东、南部，属山阳郡；东南部属梁国。隋，北境属济阴郡；东南、南和西南为楚丘县，属梁郡。唐，西北、北、东北部，属曹州；中部以南属宋州。公元 621 年，属戴州。643 年，属宋州。北宋，西、北部属兴仁府；北、东属广济军，中部以南属应天府。元，北属济阴县，东南属楚丘县，均属曹州。1369 年，撤销楚丘县并入曹州。1371 年，降曹州为曹县，改属济宁府。1385 年，属兖州府。1445 年，复设曹州，曹县随曹州属兖州府。清初，曹县属曹州。1735 年，升曹州为曹州府，曹县属曹州府。1914 年，曹县属济宁道。1925 年，属曹濮道。1928 年，直属山东省。1937 年，属山东省第二区。1938 年，属第十一区。1938 年，在曹县、东明、考城接合部成立考城县抗日政府，次年 3 月撤销。1940 年 8 月，在县西北一带，成立曹县抗日政府，同时设立曹东南办事处（次年 7 月撤销）。1941 年 5 月，属冀鲁豫第三专区。1943 年 8 月，将曹县改为齐滨县；9 月在县东南一带，成立曹县抗日政府；在曹县、城武接合部成立城曹县抗日政府，3 县均属晋冀鲁豫边区第二十专区。1944 年 8 月，3 县属冀鲁豫第十专区。1945 年 9 月，撤销曹县、城曹县，建立复程县。1945 年 9 月，重建曹县，属冀鲁豫第十专区。1946 年 2 月，3 县属冀鲁豫第五专区。1949 年 8 月，齐滨县并入曹县，属平原省菏泽专区。1952 年 11 月，平原省撤销，改属山东省菏泽专区。

1949 年 12 月，辖 12 个区 522 个行政村 2102 个自然村，区公所分别驻城关、季集、古营集、后姜楼、莘冢集、韩集、桃源集、大马庄、申庄寨、大郑庄、仲堤圈、大义集。1952 年 9 月，辖 15 个区 332 个行政村 2165 个自然村，区公所分别驻普连集、季集、古营、大黄集、莘冢集、韩集、桃源集、大寨集、魏湾、土山集、仲堤圈、大义集、梁堤头、砖庙、城关镇。

1949 年 12 月，总户数 12.3 万户，总人口 51.2 万。1952 年 9 月，总户数 12.9 万户，总人口 55 万。

1949 年 12 月，有耕地 121 万亩。1952 年 9 月，有耕地 143 万亩。

1950 年，棉花种植面积 17.8 万亩，总产 267 万公斤；花生 3.9 万亩，总产 267.5 万公斤；芝麻 1.4 万亩，总产 26.5 万公斤；油菜 1.9 万亩，总产 74.95 万公斤；麻类 0.7 万亩，总产 23.31 万公斤。1952 年，粮食作物种植面积 307.9 万亩，总产 1.95 亿公斤。

1949 年，大牲畜存栏 5.7 万头（匹）。其中，马（含骡）417 匹，驴 1.1 万头。生猪存栏 2.9 万头，羊存栏 2.8 万头；养鸡 44.2 万只，鸭 2.6 万只，鹅 0.6 万只。

1949 年，县工业总产值为 12.7 万元。1951 年，县工业总产值为 96.5 万元。

1929 年，修建曹县至宁陵县柳河车站公路一条，长 35 公里。后修建曹县至商丘县朱集镇公路，长 46 公里。1952 年，县始有汽车 3 部。

1949 年，成立电话站，安装 50 门交换机一台，供长途、城关及到各区的电话使用。

1949 年，小学 240 所、602 个班；有中学 1 所、8 个班，学生 300 人，教职工 30 人。1950 年，有小学 377 所、602 个班，学生 2.7 万人，教职工 541 人。1952 年，有初中 26 个班。

1952 年秋，县文化馆有工作人员 9 人，房屋 30 余间，设有图书室、阅览室、展览室、办公室、夜校，配有幻灯机、收音机等。

三、定陶县

定陶县位于平原省东南部。东、东南与城武县为邻，西、北与菏泽县相接，南与曹县相依，东北与巨野县交界。南北纵距 32 公里，东西横距 40 公里。

定陶县地处黄泛平原，属黄河冲积扇类型。黄河多次决口泛滥，形成了高低起伏复杂的微地貌地形。微地貌分为高、平、洼3种类型。总的趋势是西南高、东北低，高地和洼地，呈微倾斜状。海拔在44米～53.5米之间，落差为9.5米。

境内属暖温带大陆性季风气候，冬冷夏热，四季变化分明。春季多西南风，气温回升快，蒸发量大，降水量少，空气干燥；夏季炎热多雨，常有潮湿闷热天气出现，有时因暴雨成灾，有时也可能因降水稀少而出现夏旱；秋季天高气爽，日照充足，常发生秋旱现象；冬季气候干冷，多偏北风，降水（雪）稀少。

境内主要河流有：万福河、洙水河、店子河、南渠河、氾阳河、赵王河、古柳河。

定陶县境域，春秋末，属宋。战国，属齐。秦，始设定陶县，属东郡。西汉末，属济阴郡。公元578年，属曹州。586年，划定陶、乘氏两县地设济阴县，同属曹州。606年，属济阴郡。627年，撤销定陶县并入济阴县。979年，划曹、澶、濮、济4州地，复设定陶县。1071年，属曹州。金，属曹州。明初，撤销济阴县、定陶县并入曹州。1371年，复设定陶县，属济宁府。1377年，撤销定陶县并入城武县。1380年，又恢复定陶县，属济宁府。1385年，属兖州府。清初，属曹州。1735年，属曹州府。1914年，属济宁道。1925年，属曹濮道，后直属山东省。1936年，属山东省第二区。1938年，属山东省第十六区。1941年7月，定陶县抗日办事处成立；9月改为定陶县抗日政府，属晋冀鲁豫边区第二十二专区。后属晋冀鲁豫边区第二十、第十专区。1948年9月，属晋冀鲁豫边区第五专区。1949年8月，属平原省菏泽专区。1952年11月，平原省撤销，改属山东省菏泽专区。

1949年12月，辖8个区985个自然村，区公所分别驻城关、仿山、陈集、孟海、黄店、冉堌、南王店、力本屯。1952年9月，辖9个区111个行政村987个自然村，第九区驻杜堂。

1949年12月，总户数8.1万户，总人口31万。1952年9月，总户数8.1万户，总人口33.1万。

1949年12月，有耕地84.2万亩。1952年9月，有耕地91.9万亩。

1949年，有林地3800亩，林木35万株，植树21.8万株。

1949年，小麦种植面积42.6万亩，总产14288吨；玉米1.9万亩，总产716吨；大豆25.5万亩，总产8925吨；高粱20.4万亩，总产13085吨。种植棉花5.5万亩，总产726.7吨；花生1282亩，芝麻5000亩。1952年，小麦种植面积56.7万亩，总产26933吨；玉米3.3万亩，总产1727吨。种植棉花6.8万亩，总产1096.2吨；

1949年，大牲畜存栏3.2万头（匹），其中马0.27万匹。生猪存栏0.84万头，羊存栏1.29万只；养家禽18.6万只。1952年，大牲畜存栏4.55万头（匹），其中马0.3万匹。生猪存栏1.02万头，羊存栏2.16万只；养家禽25.6万只。

1952年，有生产合作社（组）11个，社（组）员104人，产值26.7万元。1952年，始有县属集体工业4家。

1951年，县邮运站有马4匹、驴1头，马车2辆。

1952年，县财政收入23.7万元，支出23.7万元。

1949年9月，有小学174所、257个班，学生6634人，教职工277人。1952年，有小学244所、404个班，学生2.3万人，教职工779人；有中学1所、6个班，学生500人，教职工33人。

1950年，县文化馆设立图书室。

1952 年，县卫生院有病床 10 张。

四、梁山县

梁山县位于平原省东部。梁山县，因境内有梁山而得名。东、东北与山东省汶上县、东平县、平阴县接壤，南、西南与南旺县、郓城县相连，西北、北与寿张县、东阿县毗邻。南北最长 63 公里，东西最宽 43 公里。

梁山县境域，春秋，属鲁国。战国，属齐国。秦，分属薛郡的须昌、东郡的范县。西汉，属东郡的范县、须县、寿良县。东汉，分属东郡的范县，东平国的寿张（寿良改）县、须昌县。隋，分属济北郡、东平郡、鲁郡。唐，分属郓州、兖州。北宋，属京东西路郓州的东平府东平郡。金，属山东西路东平府。元，属中书省东平路。明，属兖州府东平州。清，分属山东省泰安府、曹州府。公元 1928 年，直属山东省。1938 年，分属山东省第二区、第六区。1940 年 9 月，中共鲁西区把东阿、阳谷、寿张、东平、郓城、汶上 6 县边区接合部，划为鲁西实验区。1941 年 1 月，成立昆山县抗日政府，属鲁西第二专区。1941 年后，属冀鲁豫第二专区（晋冀鲁豫边区第十七专区）。1944 年 8 月，属冀鲁豫第八专区。1946 年，属冀鲁豫第七专区；境西南部属郓北县，东南部属南旺县。1949 年 8 月，昆山县易名梁山县，属平原省菏泽专区；同年撤销郓北县，其北部划归梁山县。1952 年 11 月，平原省撤销，改属山东省菏泽专区。

1949 年 12 月，辖 9 个区 765 个自然村。1952 年 9 月，辖 11 个区 867 个自然村。

1949 年 12 月，总户数 8.1 万户，总人口 33.6 万。1952 年 9 月，总户数 10.7 万户，总人口 36.5 万。

1949 年 12 月，有耕地 93 万亩。1952 年 9 月，有耕地 112 万亩。

1949 年，种植小麦 46746.67 公顷。1950 年，种植大豆 3.02 万公顷，种植高粱 1.7 万公顷。

1949 年，大牲畜存栏 2.8 万头（匹）。生猪存栏 2900 头，羊存栏 3334 只；养家禽 5.92 万只。

五、郓城县

郓城县位于平原省东部。东、东北与南旺县、梁山县相邻，西接鄄城县，南靠巨野县，西北隔黄河与范县相望。南北最长 44 公里，东西最宽 35.71 公里。

郓城县地势西南高，东北低，全境属黄河冲积平原。西南与东北高差 9 米，海拔在 3.85～47.5 米之间。地貌类型主要有缓平坡、浅平洼、河槽、河滩高地地带 4 种。

境内属暖温带半湿润东亚季风区大陆性气候。四季分明，春季干燥多风，夏季炎热多雨，秋季温和凉爽，冬季干冷，雨雪稀少。

境内主要河流有赵王河、鄄郓河、郓巨河、洙赵新河、丰收河、琉璃河、华营河。

郓城县境域，春秋，东部为鲁国西境。秦，属东郡。西汉，境内有廪丘县、黎县，均属东郡。东汉，撤销黎县并入廪丘县，属济阴郡。三国，属兖州东郡。西晋，属濮阳国。南北朝，属司州濮阳郡，后设清泽县。公元 584 年，改清泽县为万安县。598 年，改万安县为郓城县。905 年，改郓城县为万安县。952 年，改属济州。宋，属京东西路济州济阳郡。金，属山东西路济州。元，改属济宁路。明，初属济宁府，1385 年，属兖州府济宁州。1735 年，属曹州府。1914 年，属济宁道。1925 年，属曹濮道。1928 年，直属山东省。1932 年，属山东省第二区。1939 年 10

月，建立郓城县抗日政府。1940年10月，建立郓南县，属运西专区；11月改属鲁西第二专区。1942年12月，撤销郓南县，建立郓、鄄、巨、菏四县边办事处。1943年11月，四县边办事处改为临泽县。1944年12月，在临泽县东部，成立郓巨县，属冀鲁豫第八专区。1946年1月，以潘渡为中心成立郓北县，以县城为中心建郓城县，均属冀鲁豫第二专区。1949年9月，撤销郓巨县、郓北县，并入郓城县，属平原省菏泽专区。1952年11月，平原省撤销，改属山东省菏泽专区。

1949年12月，辖14个区350个行政村1219个自然村。1952年9月，辖17个区274个行政村1400个自然村。

1949年12月，总户数16.6万户，总人口64.6万。1952年9月，总户数17.1万户，总人口68.8万。

1949年12月，有耕地184.9万亩。1952年9月，有耕地198.1万亩。

1949年，有树木121万株，造林4650亩。1950年，树木增加到162万株。

1949年，种植小麦93.4万亩，玉米4150亩，大豆67.8万亩，高粱50.8万亩，地瓜13.14万亩；棉花11.11万亩，花生8181亩，芝麻10610亩，麻类5156亩，蔬菜、瓜类等3600余亩。

1952年，粮食总产3.1亿斤。主要农作物种植面积是：小麦83万亩，大豆76.8万亩，高粱68万亩，谷子19万亩，地瓜16万亩，玉米0.44万亩，其他杂粮13万亩；棉花11.4万亩，花生0.6万亩，芝麻0.7万亩，麻类0.05万亩，蔬菜、瓜类1.8万亩。

1949年，全县牛存栏4.4万头，马77匹，驴6986匹，骡52匹。生猪存栏1.1万头。1952年，全县牛存栏5.5万头，马142匹，驴5226匹，骡73匹。生猪存栏2.2万头。

1949年，全县工业总产值15万元。1949年年底，手工业有22个行业，从业者383户。1952年年底，个体手工业发展到500余户，年产值31万多元；有合作社（组）10处，从业人员179人，年产值达15.7万元。

1950～1952年，县财政收入842.9万元。1950～1952年，县财政支出312.1万元。

1934年，县主要公路有郓城至济宁、鄄城、菏泽3条。1935年，修筑郓城至巨野公路。1951年，国营汽车站成立，有货车3辆作为客运车。

1949年，县邮路总长420公里，其中自行车班324公里，步班96公里。1952年，县邮路增至1040公里，其中自行车班962公里。

1949年2月，县民主政府办公室、传达室、公安局接通了3部电话单机。

1949年9月，有小学405所、788个班，学生2.1万人；1952年年底，有小学771所、1227个班，学生5.8万人；有中学1所、22个班，学生1047人，教职工116人。

1949年12月，县文化馆设图书室。

1949年5月，县卫生院成立，有病房15间，医务人员3人。1950年6月，菏泽专署指定其为地区医院，有病床40张。1952年，县有郭屯区、李集区、玉皇庙区、程屯区、赵楼区、四区、陈坡区卫生所7处。

六、鄄城县

鄄城县位于平原省中东部。东连郓城县，西、西北与濮阳县、濮县、范县接壤，南邻菏泽县。

南北长 37 公里，东西宽 32 公里。

鄄城县境域，春秋，为卫国地。战国，属齐国。秦，设甄城县，属东郡。西汉，改甄城县为鄄城县，属济阴郡；境内设有城阳县、句阳县、都关县、城都县。东汉，撤销都关县、城都县并入鄄城县，鄄城县、城阳县属济阴郡。三国，属兖州东郡。西晋，属兖州濮阳国；城阳县、句阳县属济阴郡。南北朝，鄄城县、城阳县属司州濮阳郡。公元 581 年，改属郓州。596 年，境内设雷泽县、临濮县，鄄城县、雷泽县、临濮县，均属濮州。606 年，撤销临濮县并入鄄城县、雷泽县，属东平郡。621 年，复设濮州，境内有鄄城县、临濮县、雷泽县、永定县、长城县、安丘县。北宋，属京东西路濮州，州治鄄城。元，属中书省。1369 年，撤销鄄城县并入濮州，属东昌府。清初，属东昌府濮州。1735 年，濮州改属曹州府。1913 年，改濮州为濮县，属山东济西道。1914 年，属东临道。1925 年，改属曹濮道。1928 年，直属山东省。1931 年，在濮县河东地区复设鄄城县。1936 年 10 月，再并鄄城县入濮县，属山东省第二专区。1938 年，改属山东省第十六专区。1940 年 3 月，成立鄄城县抗日政府，属运西专区。1946 年，属冀鲁豫第二专区。1949 年 8 月，属平原省菏泽专区。1952 年 11 月，平原省撤销，改属山东省菏泽专区。

1949 年 12 月，辖 10 个区 1161 个自然村。1952 年 9 月，辖 10 个区 1140 个自然村。

1949 年 12 月，总户数 9.6 万户，总人口 38 万。1952 年 9 月，全县总户数 9.5 万户，总人口 39.3 万。

1949 年 12 月，全县有耕地 111 万亩。1952 年 9 月，全县有耕地 117 万亩。

1949 年，粮食作物播种面积 150 万亩，经济作物 12 万亩。其中棉花 3.8 万亩，总产 48.1 万公斤；花生 4.1 万亩，总产 178.5 万公斤。1952 年，粮食作物播种面积 167.7 万亩，经济作物 18 万亩。其中棉花 5.3 万亩，总产 56 万公斤；花生 6.4 万亩，总产 378 万公斤。

1949 年，大牲畜存栏 3.8 万头（匹）。其中，牛 35285 头，驴 2684 头，马 11 匹，骡 20 匹。生猪存栏 5000 头，山绵羊存栏 1.8 万只；养家禽 23 万只。1952 年，大牲畜存栏 47799 头（匹）。其中，牛 41851 头，驴 5909 头，马 32 匹，骡 7 匹。生猪存栏 1.1 万头，山绵羊存栏 3.7 万只；养家禽 25.1 万只。

1949 年，有小学 256 所，在校学生 10078 人，教职工 391 人。1952 年，有小学 398 所，在校学生 29038 人，教职工 599 人；有中学 2 所、班级 12 个，在校学生 619 人，教职工 96 人。

七、东明县

东明县位于平原省中南部。东与菏泽县相连，西、西北与长垣县、濮阳县毗邻，南与河南省考城县为邻，东南与曹县接壤。南北最长 55 公里，东西最宽 35 公里。

东明县地势东北低，西南高，黄河滩区高于非滩区。全境地势平坦，无明显岗洼。黄河大堤东、南两面海拔为 54.5~64.5 米；海拔最高点 67.9 米，最低点 53.9 米。地貌受黄河淤积和水流的影响而形成，分为河滩高地、决口扇形地、高坡地、平坡地、洼坡地、浅平洼地、背河槽状洼地、黄河滩涂 8 种微地貌类型。

境内属半湿润温暖农业气候地区。春季，南北风频繁交替，温和干燥，易造成春旱，春末夏初盛行西南风；夏季，常刮东南风，温热多雨，易发生暴雨；秋季，天高气爽，多晴天，个别年份也受到秋涝和连阴雨的危害；冬季，多北风，造成寒冷冰霜，雨雪稀少。

东明县境域，春秋，属卫国。秦，境地为东昏。公元前140年，建东昏县，属陈留郡。公元9年，改东昏县为东明县。25年，复改东明县为东昏县，属陈留郡；境内设有冤句县、离狐县。三国，撤销东昏县为东昏镇，境域分入外黄县、济阳县，属陈留国；冤句县、离狐县，属济阴郡。隋，属济阴郡、东郡。唐，南部属冤句县，北部属离狐县。742年，改离狐县为南华县，属曹州。963年，在东昏镇设东明县，属京畿路开封府。1218年，属南京路曹州。元，属中书省大名路开州。1377年，撤销东明县，原境域分属开州及长垣县。1490年，重设东明县，属京师大名府。清，属直隶省大名府。1914年5月，属大名道。1923年，属河北省。1936年，属河北省第十七区。1939年，属河北省第十区。1940年3月，成立东明县抗日政府，属冀南6县专区。1941年3月，在东明县、曹县、菏泽县3县接合部，成立东垣县抗日政府，属冀鲁豫第三专区（冀鲁豫第七专区、晋冀鲁豫边区第二十二专区）。1942年9月，在东明县东北部与菏泽县西北部，成立南华县抗日政府；东明县、东垣县、南华县，同属晋冀鲁豫边区第二十专区。1944年2月，撤销东明县。1945年8月恢复。1946年2月，改称东明县民主政府，与东垣县、南华县同属冀鲁豫第五专区。1947年8月，东垣县并入东明县。1949年8月，撤销南华县，部分境域并入东明县，属平原省菏泽专区。1952年11月，平原省撤销，改属河南省郑州专区。

1949年12月，辖9个区812个行政村855个自然村。1952年9月，辖10个区193个行政村841个自然村，区公所分别驻刘楼、刘庄、于谭寨、柳寨、小井、三春集、玉皇庙、沙窝、城关、焦园。

1949年12月，总户数8.3万户，总人口35.6万。1952年9月，总户数8.8万户，总人口38.8万。

1949年12月，有耕地106万亩。1952年9月，有耕地127万亩。

1949年，全县小麦总产1781.5万公斤，玉米总产323.5万公斤，大豆总产766万公斤，地瓜总产615.5万公斤；棉花总产58万公斤，花生总产67万公斤，芝麻总产62万公斤。

1949年，大牲畜存栏4.83万头，羊存栏2.61万只。1952年，大牲畜存栏4.4万头；生猪5.2万头，羊1万只。

1949年，全县有畜力车9298辆，货运人力车1200辆，木帆船6只。1952年，县运输站购进一辆汽车，开始汽车运输。

中华人民共和国成立初期，县邮政局有3匹马、2辆自行车、1只小木船。

1950年，始设市内电话站，有10门交换机1台，电话3部。1951年始有农村电话，县站装30门磁石交换机1台；杆路总长99杆公里，架空明线长99对公里，电话机总数9部。

1949年，县财政收入121.4万元，财政支出8.8万元。1952年，县财政收入246.9万元。

1949年，有小学244所、324个班，学生1.1万人，教师344人。1952年，有小学259所、456个班，学生2万人，教师760人；有中学1所、8个班，学生381人，教师27人。

1950年，县文化馆建立图书馆，有图书室、阅览室各1间，阅览室有座席20个。

1949年6月，成立县卫生院。1952年7月，全县有7个区成立卫生所。

八、南旺县

南旺县位于平原省东部。东邻山东省汶上县，西与郓城县毗邻，南、西南与嘉祥县、巨野县相连，北与梁山县接壤。

1944年9月，在梁山县、郓城县、山东省汶上县和嘉祥县4县接合部建立南旺县，属冀鲁豫第八（运西）专区。1949年8月，属平原省菏泽专区。1952年11月，平原省撤销，改属山东省菏泽专区。

1949年12月，辖7个区508个行政村557个自然村。1952年9月，辖8个区460个自然村。1949年12月，总户数6.9万户，总人口30.4万。1952年9月，总户数6万户，总人口26.8万。1949年12月，有耕地69.5万亩。1952年9月，有耕地65.4万亩。

第八节　湖西专区

湖西专区位于平原省东南部，因其大部位于南阳、独山、昭阳、微山四湖以西，故称湖西地区。西、西北与菏泽专区接壤，西南、南、东南与河南省虞城县、安徽省砀山县、江苏省丰县相连。

1940年7月，湖西专署成立，属山东省战时工作推行委员会，下辖单县、单西南、曹芳、鱼台、金乡、沛滕边及江苏省境内的丰县、沛县、沛铜县和安徽省境内的砀北县等县级抗日政权。1942年10月，改称冀鲁豫区湖西专署；12月，改称晋冀鲁豫区第二十一行政督察专员公署，下辖金乡、单县、金曹、鱼台、丰鱼、城武、巨野、丰县、沛县、沛铜、丰沛边、萧北县等抗日县政府和巨南、金济鱼、单西南等抗日办事处。1944年8月，改称冀鲁豫第十一专署。1946年2月，改称冀鲁豫第三专署，下辖单县、单虞、城武、巨南、金乡、鱼台、丰县、沛县、沛铜、华山、砀山县等县级民主政权。1949年8月，冀鲁豫第三行政督察专员公署和第五、第七专署各一部分合并，成立湖西区行政督察专员公署，属平原省。1952年11月，平原省撤销，改属山东省，下辖单县、金乡、鱼台、巨野、城武、嘉祥、复程县7个县。

1949年12月，辖7个县64个区1875个行政村8657个自然村。1952年9月，辖7个县71个区1558个行政村8749个自然村。

1949年12月，总户数59.6万户，总人口252.2万。1952年9月，总户数64.7万户，总人口267万。

1949年12月，有耕地666万亩。1952年9月，有耕地757.8万亩。

一、单　县

单县位于平原省东南部。东邻江苏省丰县，西连复程县，南、西南接安徽省砀山县、河南省虞城县，西北、东北靠城武县、金乡县。南北最大纵距33公里，东西最大横距50公里。单县古称单父。

单县地势西南高而东北低，最高点海拔59.4米，最低点海拔38.7米，高差20.7米。坡降平缓，地势平坦。县境南临黄河故道，因受黄河决口泛滥冲积的影响，形成河槽地、河滩高地、背河槽状洼地、决口扇形地、缓平坡地、浅平洼地相间的6种微地貌类型。

境内属暖温带半湿润大陆性季风气候，光照充足，热量丰富，降水适中，四季分明。春季气温回升快，风大雨少，湿度小，常造成春旱。夏季降水多而集中，易出现短时间过湿和内涝。秋季降温较快，降水大减，秋高气爽。冬季气候干冷，雨雪稀少。

境内主要河流有太行堤河、小杨河、孟流河、大沙河、乐成河、汉王河、嘉单河、黄白河。

单县境域，春秋，先属宋，继属鲁，后又属宋；宋亡后，属齐。秦，始设单父县，属砀郡。西汉，境内建平乐县。东汉，属济阴郡；撤销平乐县，设防东县，属山阳郡。公元454年，撤销单父县。586年，恢复单父县，属济阴郡。596年，属戴州。606年，复属济阴郡。621年，复属戴州。643年，撤销戴州，属河南道宋州。899年，属辉州。924年，改辉州为单州，辖单父等4县。宋，属京东西路。金，属南京路归德府。元，属济宁路。1368年，撤销单父县并入单州。1369年7月，降单州为单县，属济宁府。1385年，改属兖州府。1735年，属山东布政司曹州府。1914年，属济宁道。1925年，属曹濮道。1928年，直属省。1936年，属山东省第二区。1938年，属第十一区。1940年3月，在境东南一带，成立单县抗日政府。1941年8月，在境东北部成立曹芳办事处；10月成立单西南办事处，均属湖西专区。1942年10月，单县及两办事处属晋冀鲁豫边区第二十一专区。1943年7月，曹芳办事处改为金曹县。1944年6月，单西南办事处改为临河县；8月，单县、金曹县、临河县3县，均属冀鲁豫第十一专区。1945年9月，成立单虞办事处，撤销金曹县；12月撤销单虞办事处，改临河县为单虞县。1946年2月，单县、单虞县属冀鲁豫第三专区。1947年年底，在虞城县和单县接合部，成立虞城县。1949年8月，撤销单虞县，属平原省湖西专区，单县为专署驻地。1952年11月，平原省撤销，改属山东省湖西专区。

1949年12月，辖12个区598个行政村2071个自然村，区公所分别驻大许河、孚岗、黄岗、杨楼、蔡堂、大寨、龙王庙、终兴、张集、曹马、徐寨、黄寺。1952年9月，辖15个区356个行政村2339个自然村。

1949年12月，总户数10.9万户，总人口47.8万。1952年9月，总户数15万户，总人口58.1万。

1949年12月，有耕地141.2万亩。1952年9月，有耕地165.5万亩。

1949年，种植小麦71.3万亩，总产4531万斤；棉花14.8万亩，总产314万斤；花生1.1万亩，总产133万斤；芝麻1.7万亩，总产100万斤。

1949年12月，牲畜存栏4.3万头。

1949年，有3个私营工厂，加上个体手工业户，从业人数2200余人，工业总产值28万元。

1952年6月，安装磁石式交换机1部，容量10门。

1949年，全县有小学274所，学生6051人，教职工351人。1952年，有小学474所，学生3.3万人；有中学2所，学生1222人，教职工68人。

1950年2月，单县文化馆成立。1951年，改为湖西专署城关区中心文化馆。

1949年11月，建成平原省湖西专区人民医院。1951年，先后成立12个区卫生所。

二、城武县

城武县位于平原省东南部。东与金乡县为邻，西与定陶县、曹县接壤，南、东南与复程县、单县相连，北与巨野县毗邻。南北纵距约39公里，东西横距约41公里。

城武县境域，春秋、战国，属宋国北境，后属齐。秦，始设城武县，属东郡。西汉，属梁国。东汉，属济阴郡。三国，属曹魏兖州济阴郡。西晋，属济阴郡城武县和高平国昌邑县地。公元556年，设永昌郡，辖城武县、单父县、丰县。隋，撤销永昌郡，县名复为城武县。596年，设戴州，辖城武、单父、楚丘县等县。606年，撤销戴州，属曹州济阴郡。621年，复设戴州，次年，城武县属之。643年，撤销戴州，属曹州济阴郡。890年，属辉州。924年，辉州改为单州，属单州。宋、金，北宋，属京东西路单州。南宋，属南京路单州。元，属中书省济宁路，后改属曹州。1371年，属济宁府。1385年，属兖州府。1735年，属曹州府。1913年，属岱南道。1914年，属济宁道。1925年，属曹濮道。1928年，直属山东省。1936年，属山东省第二区。1938年，属山东省第十一区。1941年6月，城武县抗日政府成立，属5县（金、嘉、巨、菏、城）联合办事处。1942年，属第二十一专区。1944年，属冀鲁豫第十一专区。1946年，属冀鲁豫第三专区。1946年，城武县抗日政府改称城武县民主政府。1949年8月，撤销巨南县，其南鲁区、汶上区和昌邑区并入城武县，属平原省湖西专区。1952年11月，平原省撤销，改属山东省湖西专区。

1949年12月，辖8个区332个行政村1288个自然村。1952年9月，辖9个区217个行政村1310个自然村。

1949年12月，总户数8.6万户，总人口34.8万。1952年9月，总户数9.1万户，总人口37.1万。

1949年12月，有耕地87.5万亩。1952年9月，有耕地95.8万亩。

1949年，大牲畜存栏34010头（匹）。其中，牛31499头，驴2511头。生猪存栏7651头，羊存栏15216只；养家禽21万只。1952年，大牲畜存栏46536头（匹）。其中，牛42120头，驴4360头，马41匹，骡15匹。生猪存栏11581头，羊存栏34538只；养家禽25.6万只。

1949年，县财政收入212万元，支出212万元。1952年，县财政收入453万元，支出453万元。

1949年9月，全县共有小学131处，在校学生5924人。1950年，有小学251处，在校学生14447人。

三、巨野县

巨野县位于平原省东南部。东与嘉祥县相邻，西与定陶县、菏泽县接壤，南、东南与城武县、金乡县相连，北、西北与郓城县、鄄城县毗邻，东北与南旺县搭界。南北纵距42公里，东西横距49公里。

巨野县大部为黄河冲积平原，地形西高东低，最高海拔4636米。地貌类型有3种：河滩高地、缓平坡地、浅平洼地。地形特点是：平原大平小不平，高沙、洼淤、二坡碱。淤洼地多集中成片，高沙地多呈带状，盐碱地多在洼地边缘。

境内属暖温带大陆性季风气候，具有四季分明的特点。春短多旱，夏热常涝，晚秋又旱，冬长干冷。春季风大雨少，回暖迅速，气候干燥。夏季降水集中，常有暴雨涝灾。秋季气温急降，降水陡减，天高气爽。冬季压高温低，雨雪稀少，气候干冷。

境内主要河流有洙水河、万福河、彭河、吴河、赵王河。

巨野县境域，战国，先属鲁国，后属齐国。秦，境域东南设昌邑县，属砀山郡。西汉，始设巨野县；先属梁国，继属山阳国，后属山阳郡；境域西南设乘氏县，属济阴郡。西晋，境域设巨野县、昌邑县，属高平国。南北朝，属兖州高平郡，昌邑县并入金乡县；北齐，撤销巨野县，其地并入乘氏县、金乡县。公元596年，复设巨野县，同设乘丘县，属郓州；复设昌邑县。606年，撤销乘丘县并入巨野县，属东平郡；撤销昌邑县并入金乡县，属济阴郡。619年，巨野县属郓州东平郡。621年，在巨野县地设麟州，复设乘丘县，同属麟州。622年，巨野县、乘丘县改属郓州；复设昌邑县，同属戴州。625年，撤销昌邑县并入金乡县。627年，撤销乘丘县并入巨野县，属戴州。643年，撤销戴州，仍属郓州。952年，设济州，巨野县、金乡县属之。北宋，属济州济阳郡，先属京东路；1074年后，属京东西路。1150年，撤销巨野县。1269年，复设巨野县。1271年，升济州为济宁府。1275年，复设济州。1368年，属济宁府。1385年，兖州升为府，济宁府降为州，巨野县随济宁州属兖州府。1730年，改属曹州。1735年，属曹州府。1914年，属济宁道。1925年属曹濮道。1928年，直属山东省。1936年，属山东省第二专区。1940年，巨野县抗日政府成立，属运西专区。1941年，属湖西专区。1943年，在巨野县、金乡县间成立金巨县抗日政府，属冀鲁豫边区第二十一专区。1944年，在郓、鄄、巨、菏4县接合部，成立郓巨县抗日政府，属冀鲁豫第八专区。1945年，巨南县抗日政府成立，属冀鲁豫第三专区。1945年，撤销金巨县。1946年，属冀鲁豫第八专区；2月属冀鲁豫第二专区。1949年8月，撤销巨南县、郓巨县，部分辖区并入巨野县，属平原省湖西专区。1952年11月，平原省撤销，改属山东省湖西专区。

1949年12月，辖11个区28个行政村986个自然村。1952年9月，辖12个区52个行政村965个自然村。

1949年12月，总户数11.1万户，总人口44.7万。1952年9月，总户数11.5万户，总人口47.8万。

1949年12月，有耕地128.6万亩。1952年9月，有耕地139.1万亩。

1949年，农业总产值3534万元。其中，种植业产值3092万元，林业1万元，牧业287万元，副业150万元，渔业4万元。1952年，农业总产值4112万元。其中，种植业产值3551万元，林业2万元，牧业356万元，副业200万元，渔业3万元。

1949年12月，牲畜存栏2.2万头。

1952年，全县有枣树7.9万株，年产枣果469万公斤。

1949年，县财政收入19万元。1952年，县财政收入50.2万元。

1949年，有县道8条。即：巨野至菏泽、嘉祥、定陶、城武、单县、郓城、汶上、金乡。全是土路面，一般宽4～6米。

1950年，县邮电局有13名职工，有几辆私人自行车。

1949年，全县有小学265所、389个班，学生1.3万人，教师419人；有初中1所、4个班，学生200人，教职工12人。1952年，全县有小学394所、779个班，学生3.7万人，教师901人；有初中1所、20个班，学生993人，教职工66人。

1949年，有卫生从业人员317人。1950年6月，县公立卫生诊所改称县卫生院。1952年6月，按行政区划设立卫生医疗所11处。1952年，有卫生从业人员453人。

四、复程县

复程县位于平原省东南部。东与单县相邻，西与曹县相连，南与河南省虞城县相连，北与城武县接壤。

1945年9月，在曹县东部青堌集设复程县，属冀鲁豫行政区第十专区。1946年2月，改称冀鲁豫第五专区。1949年8月，属平原省湖西专区。1952年11月，平原省撤销，改属山东省湖西专区。

1949年12月，辖7个区307个行政村1119个自然村。1952年9月，辖7个区187个行政村1125个自然村。

1949年12月，总户数5.7万户，总人口25.9万。1952年9月，总户数6.3万户，总人口27.5万。

1949年12月，有耕地59.8万亩。1952年9月，有耕地63.9万亩。

五、嘉祥县

嘉祥县位于平原省东部。东临山东省济宁市，西靠巨野县，南、东南接金乡县、鱼台县，北依南旺县。东西宽22公里，南北长47.5公里。

嘉祥县境地形大致像西北—东南方向的长方形。地势自西北向东南倾斜，平均倾斜坡度为万分之一。海拔在35米～40米。全县大小山丘多是东北西南走向，呈岛状突出平地。县境位于黄泛冲积平原的边缘，平原遍布全县。全县有115座山。

嘉祥县矿产资源有煤炭、石灰岩、矿藏水等。

境内属暖温带大陆性季风气候，春早多风，夏热多雨，秋高气爽，冬季干冷，四季分明。

境内主要河流有梁济运河、洙水河、蔡河、赵王河、牛头河。

嘉祥县境域，春秋，属鲁国南武城。战国，属齐国。秦朝，属薛郡爰戚县。汉至三国，属兖州山阳郡巨野县。公元265年，属兖州高平国巨野县。395年，属兖州高平郡巨野县。534年，分属兖州高平郡巨野县和兖州任城郡任城县。612年，分属兖州东平郡巨野县和兖州鲁郡任城县。741年，分属河南道郓州东平郡巨野县和河南道鲁郡任城县。907年，分属河南道郓州东平郡巨野县和河南道兖州鲁郡任城县。952年，分属河南道济州巨野县、任城县。1074年，属京东西路济州巨野县、任城县。1147年，划巨野县、任城县地设县，定名为嘉祥县，属山东西路济州。元初，属山东东西道济宁路总管府。1252年，属山东东西道东平路总管府。1266年，改属济州。1279年，属济宁路单州。1371年，属山东布政司济宁府。1385年，属兖州府。清初，属山东省兖州府济宁州。1724年，属济宁直隶州。1730年，属曹州府济宁州。1735年，属兖州府济宁州。1776年，复属济宁直隶州。1913年，属山东省岱南道。1914年，改属济宁道。1928年，直属山东省。1941年，属山东省第二专署。1944年，嘉祥县抗日民主政府成立，属冀鲁豫第十一专署巨南办事处。1945年，属冀鲁豫第三专署。1946年1月，属冀鲁豫第七专署，3月，属冀鲁豫第二专署。1946年11月，又属冀鲁豫第七专署。1949年8月，属平原省湖西专区。1952年11月，平原省撤销，改属山东省湖西专区。

1949年12月，辖10个区810个自然村，区公所分别驻城关、金屯、纸坊、仲山、牟海、万张、疃里、安居、王贵屯、喻屯。1952年，设唐口区，9月，辖11个区225个行政村820个自然村。

1949年12月，总户数9.4万户，总人口40.7万。1952年9月，总户数9.6万户，总人口41.5万。

1949年12月，有耕地97.5万亩。1952年9月，有耕地103.8万亩。

1949年，实有林地6000亩，造林825亩。1952年，实有林地1.3万亩，造林1302亩。

1949年，农作物总种植面积196.7万亩，粮食189.5万亩，总产51915.3吨。其中，种植玉米0.8

万亩，甘薯 8.4 万亩，高粱 33 万亩，谷子 10.6 万亩，杂粮 18.5 万亩。种植经济作物 6.2 万亩。其中，种植棉花 5 万亩，花生 0.1 亩。1952 年，全县粮食总产 143483.8 吨。

1949 年年底，大牲畜存栏 2.14 万头（匹）。其中，牛 1.9 万头。生猪存栏 5125 万头，羊存栏 1.1 万只；养鸡 28.6 万只，兔 8571 只。1952 年，大牲畜存栏 3.5 万头（匹），其中牛 3 万头。生猪存栏 2.7 万头，羊存栏 1.5 万只；养鸡 34.6 万只。

1949 年，全县工业总产值 38.5 万元。1952 年，全县工业总产值 110 万元，县属集体工业企业发展至 3 家，国营工业企业增至 3 家。

1949 年，全县工农业总产值仅 3472 万元，其中农业总产值 3433 万元。

1949 年，县财政收入 145.2 万元，财政支出 83.4 万元。1952 年，县财政收入 244.3 万元，财政支出 101.4 万元。

兖兰公路、济商公路、嘉金公路、嘉梁公路穿越县境。

1949 年，全县有邮路 11 条，长 380 公里。

1949 年，有小学 147 所、班级 184 个，在校学生 7940 人，教师 206 人。1952 年，有小学 240 所、班级 250 个，在校学生 1.8 万人，教师 570 人；有中学 1 所、班级 11 个，在校学生 533 人，教师 43 人。

1949 年，县文化馆成立，建有一处文化站。

1949 年 7 月，成立嘉祥县诊疗所，有工作人员 4 人。1950 年，改为嘉祥县人民卫生院；县第二人民医院，建于 1949 年。1952 年，设三区、五区、七区卫生所，设大山头镇、王堌堆乡、仲山乡、孟姑集乡、黄垓乡、万张乡卫生院。

六、金乡县

金乡县位于平原省东南部。东邻鱼台县，西、西北靠城武县、巨野县，西南、东南与单县及江苏省丰县交错，东北与嘉祥县相连。东西最大横距 26 公里，南北最大纵距 41.5 公里。

金乡县境地貌特征可划分为两大地形，即黄泛平原和低山丘陵，5 个微地貌地形，即荒岭坡、近山阶地、微斜平地、缓平坡地和洼地。

境内属暖温带大陆性季风气候，具有冬夏季风气候特点，四季分明，降水较为充沛。

金乡县境域，秦，设东缗县、昌邑县，属砀郡。西汉，属兖州山阳郡。公元 25 年，设金乡县，东缗县、昌邑县、金乡县，同属山阳郡。西晋，撤销东缗县并入昌邑县，与金乡县同属高平国。东晋，属高平郡。南朝宋，昌邑县并入金乡县，属高平郡。隋，属曹州济阴郡。596 年，境内分设昌邑县。606 年，昌邑县并入金乡县。618 年，属河南道兖州。627 年，属兖州。宋，属京东西路济州。金，属山东西路济州。明初，属济宁府。1385 年，属兖州府。1780 年，属济宁州。1912 年，属兖沂曹济道。1913 年，改属岱南道。1914 年，属济宁道。1928 年，直属山东省。1934 年，属济宁行政督察区。1936 年，属山东省第二行政督察区。1938 年，属山东省第十一专区。1940 年 3 月，金乡县抗日民主政府成立，属湖西专区。1941 年，境西北部划归巨南五县联合办事处辖区。1942 年，属晋冀鲁豫边区第二十一专区。1943 年 6 月，境西部、西北部地区与巨野县东南部地区合并成立金巨县；7 月，城南地区与单县的东北及北部地区合并成立金曹县，同属晋冀鲁豫边区第二十一专区，后金乡县抗日民主政府撤销。1944 年 1 月，原金乡县的东北部地区划归金济鱼联合办事处（县级）管辖；8月，金曹县、金巨县、金济鱼办事处，均属冀鲁豫第十一行政督察专员公署。1945年9月，撤销金曹县，恢复金乡县建制，属冀鲁豫第三专区。1946年2月，撤销金巨县，原金乡县辖区划归金乡县。1947年9月，重建金巨县，同属冀鲁豫第三专区。1948年，金乡县恢复原建制，仍属冀鲁豫第三专区。1949年8月，属平原省湖西专区。1952年11月，平原省撤销，改属山东省湖西专区。

1949年12月，辖8个区416个行政村1204个自然村，区公所分别驻城关、霄云、高河店、胡集、羊山、马庙、鸡黍、兴隆。1952年5月，新设九区（化雨）。1952年9月，辖9个区398个行政村1191个自然村。

1949年12月，总户数7.6万户，总人口30.8万。1952年9月，总户数7.9万户，总人口32.4万。

1949年12月，有耕地80.4万亩。1952年9月，有耕地117.5万亩。

1949年，粮食总产6619.8万公斤。其中，小麦种植面积71.5万亩，产量2898万公斤；玉米124亩，产量0.4万公斤。种植棉花2万亩，产量18.9万公斤。1952年，粮食总产9687.1万公斤。其中，小麦种植面积68.3万亩，产量3554.5万公斤；玉米444亩，产量3.9万公斤。种植棉花3.7万亩，产量37.9万公斤。

1949年12月，牲畜存栏2.4万头（匹）。其中，牛1.4万头，马200匹，驴6500头，骡60匹。生猪存栏8470头，羊存栏1万只；养家禽8.5万只。1952年，牛存栏3.2万头，马435匹，驴1.1万头，骡134匹。生猪存栏1.2万头，羊存栏2.3万只；养家禽13万只。

1952年，私营工业和个体手工业发展到1862家。1952年，金乡中学安装25千瓦发电机，供学校照明和县广播站用电，以柴油机为动力，是本县第一次发电。

1949年，工农业总产值2046.5万元。1952年，工农业总产值2809.2万元。

1949年，县财政总收入6.4万元。1952年，县财政总收入276.5万元。

1949年，县电话站架通金乡至济宁电话线路2条。1950年，有金乡至单县干线邮路1条，县内投递路线8条，长175公里。

1949年年底，县有小学276所、446班，学生1.6万人；有中学1所，学生340人。1952年，县有小学596所，学生4.7万人；有中学2所，学生750人；有师范1所，学生300人。

1949年10月，县文化馆设图书室，中央文化部、省文化厅拨新书2500册。

1949年12月，组建金乡县卫生院。1952年10月，改称金乡县中心卫生院。1952年，全县有卫生技术人员64人。

七、鱼台县

鱼台县位于平原省东南部。东濒南阳湖、昭阳湖，西与金乡县接壤，南与江苏省沛县、丰县毗邻，北和嘉祥县为邻。南北最大纵距为23.5公里，东西最大横距为37.5公里。

鱼台县境地势西南部略高，东北部稍低。平均海拔35米，东西相对高差3.5米，南北相对高差2.3米。全县大部属微斜平地，周堂、鱼城、陈楼一带为岗坡，东张、武台、王鲁、谷亭、老砦沿湖一带为近湖洼地。

境域内河流属淮河流域沂沭泗水系。京杭运河斜穿县境。主要河流有万福河、东沟河、白马河、惠河、西支河、东边河、小苏河。

境内属暖温带半湿润大陆性季风气候区，气候温和、降水集中、光照充足、四季分明。春季降水稀少，气候干燥；夏季炎热多雨，多有雷雨大风；秋季光照充足，气候宜人，昼夜温差较大；冬季低温干燥，雨雪稀少。

鱼台县境域，春秋，设棠邑，属鲁国。战国初期，境内设方与邑，属宋国。西汉，境内设方与县，属山阳郡。三国，方与县属曹魏山阳郡。公元596年，方与县属彭城郡。621年，属金州。643年，属河南道兖州鲁郡。762年，因境内有鲁隐公观鱼台，改方与为鱼台。北宋，属京东西路单州。金，属南京路单州。1265年，鱼台县并入金乡县。1266年，复设。1271年，属济宁府。1276年，属济州。1279年，属中书省济宁路济州。1348年，直隶济宁路。1368年，属徐州。1374年，改属济宁府。1385年，属兖州府。1724年，属山东布政使司济宁直隶州。1913年，属山东省岱南道。1914年，属山东省济宁道。1928年，直属山东省辖。1933年，属山东省第一行政督察区。1939年7月，鱼台县抗日民主政府成立，属中共苏鲁豫区党委湖边地委。1940年，属苏鲁豫区湖西专区。1942年，属冀鲁豫区湖西专区。1943年8月，撤销鱼台县，成立丰（县）鱼（台）县，属晋冀鲁豫边区第二十一专区。1944年9月，恢复鱼台县建制，属冀鲁豫区第十一专区。1946年，属冀鲁豫区第三专区。1949年8月，属平原省湖西专区。1952年11月，平原省撤销，改属山东省湖西专区。

1949年12月，辖7个区128个行政村995个自然村，区公所分别驻城关、李阁、罗屯、武台、旧城、谷亭、临湖。1952年，增设第八区（老砦）。1952年9月，辖8个区123个行政村999个自然村。

1949年12月，总户数5.1万户，总人口22.7万。1952年9月，总户数5.1万户，总人口22.3万。

1949年12月，有耕地63.5万亩。1952年9月，有耕地71.8万亩。境内有林地100.4公顷。

1949年，全县种植小麦3.5万公顷，种植棉花546.7公顷，麻类40公顷。

1949年，牛存栏1200头，马984匹。生猪存栏8000头，羊存栏5000只养；养家禽13.1万只。1952年，牛存栏1.6万头，马6891匹。生猪存栏1.9万头，羊存栏8650只；养兔1500只，家禽13.5万只。

1949年，全县有500个个体手工业者，有私营商业主932户。

1949年，县国民生产总值1750万元。1952年，县国民生产总值4005万元。

鱼台县历来水路交通发达，有两京漕运咽喉之称。民国时期，县内有内河航道7条，通航里程126.2公里。1949年，全县有从事货物运输的木帆船114只。1951年，始通县城经金乡至济宁布篷无座简易客运汽车。1952年，成立马车运输服务站，有工人30人，配有胶轮马车16辆。

1948年，有邮路3条，全长97.5公里。1949年，开辟县城至单县邮路。

1949年，成立电话站，安装5门西门子磁石交换机1台，有电话线路1条。1950年，有农话线路4条，全长52公里。1952年，全县区区通电话。

1949年，有小学180所、126个班，学生4980人；1951年，小学发展到220所、319个班，学生1.4万人。1952年，有中学1所、7个班，学生300人，教师49人。

1951年，成立鱼台县文化馆，馆内设图书室，藏书3000册。

1949年，县有小型私立诊所10处，西医15人。1950年，全县有中、西医诊所214处。1952年，县有医院1所，病房6间，医务人员25人；卫生所9所，医务人员48人；卫生院1所。

附 录

平原省文献辑要

本部分主要收录中共平原省委历次党代会部分重要文件和中共平原省委书记潘复生在省第二次各界人民代表会议上的政治报告。按时间先后顺序排列。

平原省基本情况与建设任务

（1949年10月，平原省第一次党代表会议通过）

平原省的建立是我们在党中央、毛主席及华北局正确领导下，全华北完全解放、全国即将完全胜利的结果。我们全党要领导全省人民，努力进行政治、经济、文化、武装等建设工作，建设一个新的平原省，更有力地支援人民解放战争，争取全国胜利。我们必须高度认识：党和人民给我们的任务更加艰巨重大了，我们必须谦虚谨慎、戒骄戒躁、克服困难、学会新的生产建设的本领。

平原省是由山东的鲁西、河南的豫北、河北的直南三部组成，共辖6个专区，58个县和新乡、安阳2个市。全省大部分地区是革命老解放区。平原省的党，经过了大革命、十年内战、八年抗战及三年人民解放战争的考验与锻炼，有相当的觉悟程度和革命经验。现在全省共有党员21万余人，脱离生产干部共有3.2万余人。这些党员和干部，将是今后生产建设中的骨干。全区共有人口1500余万，共有3.7万余村庄。内有2.4万余村庄，近1000万人口的地区，系老区半老区性质，这些地区基本上已完成土改、整党；约有6500余村庄，218万余人口的地区，系恢复区，土地已大体平分；约有6000余村庄，282万余人口的地区系新区，必须贯彻土改。全省人民在参战、参军、土改、生产等伟大历史任务中，已有相当的人民民主政权。全省土地尚称肥沃，盛产粮食、棉花和花生。此外，有新乡、安阳专区蕴藏煤、铁等丰富的资源，这些都是恢复与发展农业和工业生产、进行建设工作的有利条件。但是也有不少困难，需要我们大力去克服。这些困难就是：公开的敌人虽然被消灭，但隐蔽的敌人依然存在，残余匪特潜伏在农村及城市中，勾结土匪，利用会道门进行各种破坏活动，成为我建设工作中的极大障碍；加以八年抗战中日本帝国主义及三年解放战争中国民党反动派的摧残破坏，造成生产降低，人民贫困，且今春以来迭经旱、虫、霜、雹各灾，秋季又遭水灾，收成降低，灾区群众达212万余人；黄河横贯全省，处于最容易泛滥的地区，在未能治本以前，几乎全系害河，这也增加我们在建设工作中的困难；特别是我们领导上及干部的马列主义水平不高，生产建设的经验不足，是我们建设的主要困难。但这些困难都必须克服，而且一定可以克服。我们曾经战胜严重的敌祸与天灾，只要我们遵循着毛主席的教导：不骄不躁、兢兢业业、艰苦奋斗、发扬有利条件、克服困难，胜利一定是我们的！

根据上述情况，平原省今后的基本任务是：

（一）我们必须大力使人民生活逐渐在劳动增产中富裕起来。提高农民的购买力，为发展城市工业生产准备前提条件。这就是平原省党的一切工作的重点。目前我们要大力发动群众组织起来，实行互助合作；提倡精简节约，反对浪费；并发放农贷，解决农民生产中的困难；治河防汛，兴修水利，战胜历年水灾、旱灾的袭击；提倡精耕细作，提高技术，改进农作法；大量增产粮食及棉花、花生等经济作物，增加农民收入，供给城市足够的工业原料及粮食；同时，必须以相当力量恢复与发展城市工业（主要是新乡、安阳地区）与手工业，供给农民生产上所必需的生产资料；以便在城乡互助、工农业结合中，顺利发展农业与工业生产。

发展生产同时，必须大力恢复与发展文化教育，逐步普及国民教育，兴办民校、夜校、开展识字运动，提高文化水平与生产知识，并大力培养各种建设人才，这在平原省有特殊重大意义。

同时，要注意开展卫生运动，减少疾病，防止流行病，使人民有健康的身体，以便发挥劳动力，增加生产。

（二）在未完成土地改革的地区，必须彻底完成土地改革，消灭封建剥削制度，发展农业生产，这是平原省今冬明春的重大任务。目前应训练干部，调整骨干，并应重点做起，创造经验，以便秋后下乡顺利完成土地改革。

（三）生产救灾已成为我区目前严重任务。在灾区必须以生产自救节约度灾为中心，全力领导群众的生产度荒运动，依据群众的原有基础与生产能力，发挥靠山吃山靠水吃水精神，大力组织各式各样的手工业副业运输业，对群众的生产困难需认真加以解决；国营经济部门必须有力配合，发放贷款，抽调得力干部组织供销社，有系统地支持与领导群众生产度荒；对疏水种麦种植早熟作物等必须切实注意，以缩短灾荒；各级机关、部队，应认真贯彻编制厉行节约，严格开支，反对浪费，开展一两米救灾运动；在领导生产度荒中必须贯彻生产自救方针，动员一切力量发动群众开展生产自救运动，反对官僚主义与单纯恩赐救济观点。

（四）彻底肃清特务匪徒，加强社会治安，保卫生产建设，这是平原省一个重大的历史任务。大股武装敌人被消灭后，国民党反动派的残余武装力量及特务匪徒仍在进行破坏，而且采用更加隐蔽的、分散的、武装的、非武装的种种形式，进行抢劫暗杀、散布谣言、欺骗、利用封建迷信会道门扰乱社会治安，破坏生产秩序；在经济上，则进行投机，捣乱金融；在生产建设中，阶级斗争依然是尖锐的。我们必须提高阶级警惕性，扑灭特务匪徒，保卫生产建设，反对麻痹倾向。对武装匪徒必须坚决、彻底、干净消灭之。这就必须军事清剿、政治瓦解与发动群众彻底消灭封建联系起来，挖掉特务匪徒的社会基础。对一切敌伪还乡人员，必须登记悔过，在群众监督下，强制其劳动生产，如有继续为恶者必须严办。

（五）为很好发动群众完成生产、土改、肃匪治安等工作，各市、县必须按照中央指示认真召开各界人民代表会议，并在条件成熟下召开人民代表大会，以密切党与群众联系，克服官僚主义，进一步团结群众发挥广大群众的积极性，完成生产建设的艰巨任务。各界人民代表会议与人民代表大会的召开必须反对形式主义，要做到认真准备，中心明确，切切实实讨论解决工作中存在而为人民所关心的问题，要充分发扬民主，诚恳地开展批评与自我批评，坚持真理，修正错误。要严肃负责，当作一件大事来办，不得潦草从事。各界代表的产生，应不拘形式，但必须要强调其代表性。

在未进行土改的地区县，应召开各界人民代表会议，区、村两级则召开农民代表会，并吸收革命知识分子参加，经过农代会初步改造村政权，发动群众完成土改，在这一基础上逐步建立人民代表会议。老区、半老区应建立村、区、县三级人代会，在开始县亦可开各界代表会议，作为过渡。我们必须注意村政建设工作，这是人民民主专政的基础。凡没有建立起行政村的地方，应组织行政村，一般以300户到500户为准。

各级党委必须加强对各界人民代表会议与人民代表大会的领导，善于经过人民代表会议，发扬民主，团结群众以及党外一切民主人士，完成伟大的建设任务。

（六）完成伟大建设任务的关键在于建设一个用马列主义、毛泽东思想武装起来，并密切联系群众的党。因此，必须加强干部党员的学习与训练工作，提高干部党员的理论、政策水平。

健全党委制，发扬党内民主，适时召开各级党的代表大会，或代表会议，完全公开党的支部，邀请群众代表参加，征求他们对党的意见，使党与群众的关系更加密切起来。必须开展批评与自我批评，严肃党的纪律，提高党的战斗力。为发展生产、建设新民主主义社会并胜利过渡到社会主义社会而斗争。

同志们！我们的任务是光荣而艰巨的，过去我们所熟悉的东西，很快要被搁置起来，很多新的不懂的东西，需要我们努力去学习。我们应当自觉地认识到自己政治理论水平低，工作经验不多，在新的任务面前，必须加强团结，防止可能发生的盲目的宗派情绪，要互相学习，互相尊重，取长补短，团结一致，努力建设。在作风上，要切实克服行政命令、粗枝大叶，提倡精密细致、实事求是，多调查多研究，多用思想，把党中央的政策路线认真切实地贯彻到实际工作中去，为建设新平原省而奋斗！

平原省一九五〇年工作方针与任务的决议

（1950年3月，平原省第二次党代表会议通过）

一、全国胜利，我省土改完成，去年冬季生产有成绩，这是开展今年大生产运动的有利条件。但在生产上是有困难的：

（一）连年战争，灾害严重，劳畜力工具资本不足，人民生活贫困，疾病增多，农村还不够和睦。

（二）会道门匪特在个别地区活动还较严重，社会秩序不够安定。

（三）由于全党领导经济建设的知识与经验缺乏，党内存有农业社会主义思想，人代会没完全开好，生产中缺乏精打细算和具体组织，大部分地区生产力方针贯彻得不够，负担不够公平合理，以致群众有顾虑，怕再斗争，怕说过的富。

（四）特别是我们存有某些言行不一，说的多做的少，一个将军一个令的现象以及官僚主义命令主义还普遍严重。某些干部，打人骂人，逼死人等横行霸道违法犯纪的事情不断发生，最为群众所不满。

群众迫切要求恢复与发展工农业生产，医好战争创伤，度过灾荒，恢复元气，要求确保人权、地权、财权；要求安定社会秩序；要求负担公平合理；要求我们改变作风。总之，要求安定，团结，安居乐业进行生产。

二、根据华北局指示和平原省情况，全省1950年的方针是：安定与团结各阶层人民，全力开展生产与救灾运动。提高领导，转变作风。正确贯彻政策，战胜困难，完成增产任务。

主要任务是：

（一）全省动员起来，大力恢复与发展农业生产。要求老区于今年，新区、恢复区于今明两年恢复到战前水平。全省今年增产粮食42000万斤。种植棉花400万亩（争取450万亩）。为实现上述任务：

第一，当前必须全力进行春耕生产，按时完成播种任务。

第二，根据自愿等价原则组织起来，发展互助、变工、牧犋，克服劳畜力工具困难，提高生产力；但单干亦可，决不准强迫命令。老区要求百分之七八十，新区百分之三四十的青壮年妇女参加农业主要劳动。发挥青年团员在生产劳动上的模范作用。对地主、流氓、懒汉，继续贯彻劳动生产改造政策。所以，支部应成为领导生产的核心，党员应成为生产致富、带领与组织群众生产的模范。教育党员参加互助，但不准强迫；为了发展生产，允许党员雇佣工，并应成为执行劳资两利政策与扩大再生产的模范。

第三，加强党对合作社的领导，有计划有步骤地发展供销社，改造旧社，加强县社，建立与健全县分社（或者区社）、村社，要在业务下乡、组织群众生产中发展社员。反对形式主义、单纯任务观点及营利观点。推行合同制，解决群众供销，扶助互助组，组织社员与带动广大群众进行生产，密切国营经济对小农经济领导。加强城乡互助，增进物资交流，克服生产盲目性。

第四，宣布土改完成，迅速发放土地证，确保人权、地权、财权不受侵犯，提倡自由借贷，有借有还。利用农隙，全省大部地区争取于麦前进行初步评产，做到负担公平合理。勤劳增产超过产量者不增加负担。整理县、区、村财政，规定村开支制度，严禁村级摊派及某些村庄浪费、贪污、敲诈、勒索等非法行为，如有违犯，提交政府依法严惩。

第五，宣传党的生产致富政策，奖励劳动英雄，提倡生产模范家庭，开展生产竞赛。鼓舞群众生产热情。

第六，排除水患，兴修水利。治黄、修堤、防洪、疏河、排洪、修渠、打井是农业增产的重要环节。各专区应按省府计划，保证完成。

第七，改进农业技术。提倡换种、选种、浸种，防除病虫害。增加肥料，增修改造并推广新式农具，保护与增殖牲畜，精耕细作，植树护林，消灭荒地。

第八，一切有销路、能出口、城乡需要的农副业手工业，均应加以恢复和发展，把副业生产贯穿全年。

第九，部队应坚决执行毛主席的生产指示，党和政府应积极给以协助，并整顿与做好对烈、军、工属的代耕工作。

第十，不违农时，少开会，除省府省委规定必需的表格外，不许再发调查统计表，除规定的义军代耕外，严禁支差及任何浪费民力现象，求得政简民勤。

（二）做好灾区生产自救工作。目前灾区情况很严重，轻灾区变重灾区，灾情仍有发展。我们动手晚，全面开展不够，缺乏精打细算，通盘计划。目前三个月又是急紧关头，要迅速克服缺点，采用各界人民代表会议、人代会、合作社结合具体算账，逐村逐户做生产计划等方式，普遍深入组织灾民生产自救，停止灾情扩大，做到不饿死一个人。现在全省灾区的生产贷粮、以工代账、收购土布、麦种贷粮和急赈粮，约1亿斤，力量很大。各级党委、政府财经部门、合作社必须协同一致迅速发放。在发粮过程中组织群众生产，反对只发粮不组织生产及压粮不发的错误。加强贷粮购布以工代赈具体组织工作，支部党员须认真组织群众生产自救、与群众同生死共患难。对区、村干部贪污、浪费、多估、包庇、移用救灾者，必须依法严惩。同时，必须在生产自救中做好灾区春耕生产，组织灾民还乡，保护牲畜，并多种早熟作物，缩短灾荒时间，做到不荒地。全省都应厉行节约，度过春荒，做好非灾区支援灾区的工作。

（三）恢复工业手工业，加强城镇领导，组织物资交流。

全国必须明确手工业领导农业，城市领导乡村，国营领导私营和依靠工人阶级的原则。

国营企业恢复的重点是动力、煤矿、纺织、面粉与铁木工厂。有助于农业生产者，力求稍有发展。因此，要教育组织工人加强工会工作，贯彻工厂管理民主化方针与经营的计划性，有步骤有计划建立各种生产制度，组织生产竞赛，加强保安工作，提高生产。生产效率过低、生产秩序混乱、工人发动极差的工厂，尤需要加强工会工作及管理民主化方针，建立正规的生产秩序。在准备复工的工厂，加强复工准备工作，争取早日复工。私营企业、手工业应引导他们在国家经济政策和计划之内，向前发展。继续贯彻发展生产、劳资两利的方针，有计划订立集体合同，稳定劳资关系，提高生产效率。省委、地委、县委、市委必须学会管理城市集镇和工业的本领，加强工厂工会干部的配备，并定期检查研究。恢复与发展有销路、能出口、城市乡村需要的手工业，并提高技术，提高质量，改良工具，减低成本，凡能围绕工农业有前途者应大量发展；凡无前途者，应有计划地组织转业。机关部队经营的商业，应查明议处。要加强国营经济与合作社经济的联系，有计划地组织联营。举办工农业生产展览会、百货大会，组织城乡物资交流。

此外，随着生产运动的开展，要加强剿匪治安工作，争取上半年肃清土匪。全年有重点地取缔政治性与武装性的会道门，以安定社会秩序，保卫生产。加强文化教育与卫生防疫工作，举办工农中学，建立机关业余补习学校，提高工农干部的文化水平。有步骤地发展农村的民校夜校，开展识字运动。巩固与提高现有学校教育。团结中西医，开展防疫治疗工作。

三、提高思想领导，转变作风，团结各阶层人民，贯彻生产方针，是今年开展大生产运动的关键。

（一）必须彻底克服党内对由战争、土改转向经济建设的新形势新任务认识不足问题。产生"生产不用领导""土改是革命，生产不是革命""土改完成，革命成功""重土改轻生产"等问题；把动生产之手曲解为只从生产入手而忽视具体组织群众生产；把农业社会主义与科学社会主义混淆，误认为很快就要实行共产，因而怕致富，怕阶级分化，怕保不住一份或超过一份，怕剥削超过25％，分不清封建剥削与资本主义剥削，出现"生产不节约，发财不致富"现象。这些大大妨害了生产发展。

今后，必须加强总政策、总路线的思想领导，学习上级指示，学会领导生产，领导经济，克服经验主义，提高领导水平。要加强财经委员会、救灾委员会的工作，健全从省到县的各级财经委员会，统一各个财经部门、合作社、专业公司的力量，以便加强国营经济与合作社经济的联系，支持生产与救灾，组织物资交流，增强经济战线上的领导作用。

（二）为把生产力方针政策任务普遍深入贯彻下去，动员各阶层人民，团结一致进行生产，必须普遍学会与开好各界人民代表会议与人代会，并使之成为制度。必须认识代表会是人民行使国家政权的机关，是团结各阶层人民生产致富，巩固人民民主专政的最好组织形式。在条件成熟时，要召开村、区、县人民代表大会，选举村、区、县政府，省各界代表会议提议于麦前召开，总结检查生产，了解群众要求，选举省府委员，增强政府与人民的联系。

为把代表会开好，全党必须学会党的统一战线政策，充分发扬民主，转变作风。我省官僚主义、命令主义作风是相当严重的。

很多地区只相信干部不相信群众，对召开人代会存在着单纯的利用观点与任务观点。更严重的是某些干部站在国家法律之外，随便破坏政策，侵犯人权，打人骂人甚至逼死人，形成与群众的严重对立，给匪特会道门及破坏分子以可乘之机，造成社会秩序不安。这种恶劣作风形成的原因：

一是思想领导不够，原则空气不高，党内缺乏批评与自我批评。

二是特权思想，宗派情绪。

三是领导上官僚主义，不了解下情。既了解，亦有姑息迁就，不及时处理或不处理。以致纪律废弛。为了转变作风：

1. 加强全党政治思想教育，提高政策水平，加强国家观念与法制精神，使大家认识人民民主国家法律与《共同纲领》是人民长期奋斗的成果，每个党员必须自觉成为遵守国家法律与《共同纲领》的模范，决不能有任何特权。

2. 在党内与人代会上，充分发扬民主，开展批评与自我批评，检举一切违反政策、破坏法律、脱离群众行为，经过人代会，对有问题的选举者，坚决撤销其职务，并受到一定制裁。

3. 严格党的纪律，加强各级纪律检查委员会的工作，建立检查及奖惩制度。

（三）改善组织领导。

1. 健全党委制，严格会议制度，定期研究上级指示及工作情况，互通情报，克服分片割据、各把一方的游击习气；要善于集体领导，分工负责，推动各种组织进行工作，克服党、政不分，单打一、一揽子，突击作风。部门工作必须在生产中完成，不能各自为政，这样才能使我们的领导适应今后大规模深入细致的建设工作要求和建设任务的完成。

2. 党委要加强检查与具体帮助工作并典型示范，使之形成制度。

3. 严格请示报告制度，加强研究室工作。密切上下级联系，深入了解下情，及时交流经验，纠正偏向，正确贯彻党的方针政策，使工作不犯错误。

平原省委关于第三次党代表会议情况的报告

（1950年9月）

三次党代会于7月25日开始至8月24日结束。会议目的是为了贯彻毛主席三中全会报告，检查二次党代表会议以来的工作，并在二次党代表会议转变作风的基础上，贯彻整党，进一步克服官僚主义命令主义作风。出席会议的代表共175人，列席者227人，并邀请党外人士4人列席。首先由吴德同志传达毛主席三中全会报告。继由复生同志作省第二次党代表会议以来的工作检查和整党报告。玉川同志作夏收夏种工作总结报告。随即转向学习文件检查工作。

着重反复地学习了毛主席三中全会的报告，领会到毛主席报告的精神在于改善党群关系，团结全体人民，集中力量打击三个敌人；搞好生产建设，以争取国家财政经济状况的基本好转。据此来检查二次党代会以来的工作。认为：二次党代表会议后，党与广大人民的关系是有改善的，生产工作是有成绩的。这是由于：（1）明确了生产观点，贯彻了生产政策，批判了党内单纯农业社会主义思想，扭转了纠缠于土改忽视领导生产的错误。解除和减少了群众"怕冒尖""怕吃大锅饭"等顾虑，生产积极性大为提高。在具体领导生产中，部分满足了群众组织起来，提高技术，加强经济支持，解决生产困难的要求，取得了某些生产的经验。在灾区则坚决贯彻了生产自救方针，领导270万灾民度过了灾荒。（2）在华北局指示与帮助下，二次党代会后党的领导作风有了初步转变。干部更加重视对政策与上级指示的研究。在各级党代会议和各界代表会上，发扬了民主，开展了批评与自我批评，对官僚主义和命令主义作风进行了若干的批评和揭发，处理了一些违法犯纪的事件，违法犯纪事件大为减少。不少地区群众认为"干部有管教了"。当干部自我批评后也感动了群众，说："当干部也真不容易"，"坏的究竟是个别的"，而加以体谅，清除了群众干部间的某些隔阂。在转变中，各地注意了走群众路线的工作方法，生长着新的工作作风。如安阳县贯彻安定团结生产方针，解决土改遗留问题，采取依靠群众，讲明政策，大家评理等办法，千余件土改纠纷迅速解决。博爱县的丹河水利，采取民主管理办法，由群众自己讨论，定出用水规约，浇地面积即由过去的4万余亩，增加到8万余亩。濮阳的运粮入仓，寿张、鱼台、梁山等地的生产救灾，在经过批评和自我检讨之后，工作都有显著的转变和成绩。

但按照毛主席报告精神，结合整党检查工作，从会议中暴露的问题来看，则感到工作中问题还很严重，党群关系的改善还非常不够，官僚主义、命令主义作风还未得到认真的清算与转变。我们作风的转变，仅是开端，还是不深、不平衡、不巩固的。

首先，在生产领导中缺乏完整的经济建设观点。

表现在由战争到和平建设这一历史转变上，很多观点与做法未完全转变过来。如还存在一些农村自给自足观点及某些地方单纯农业社会主义思想还未彻底解决。忽视对整个经济工作的领导，注意乡村忽视城市，注意农业忽视工业，注意生产忽视运销，合作社与国营经济结合不够，供销问题未很好的解决，领导不统一，与各部门协调不够的现象仍严重存在。因而不能满足农民在生产中宽广的要求，影响了生产。再即缺乏长期建设观点，只注意季节性生产（注意季节是对的），对发展水利、防除病虫害等从根本着眼想办法不够。此外还残留着某些战时工作方法，如季节生产中不适当地提倡快收、快打、快耩，突击完成任务，违犯精耕细作要求，产生命令主义。收购土布支持救灾，有的地方成了动员军布，引起群众不满。

在公私关系上，不少同志对私人资本主义是国民经济中不可缺少的一部分认识不足，存在排挤思想和缺乏领导的现象，用行政限制代替经济领导。在领导农民生产中，则存在小农经济观点，不重视国营经济的领导作用，在农民与国营经济部门发生关系时，在贷款订合同中总片面地想叫农民沾光，而叫国营经济吃亏。

还有在领导生产中缺乏精打细算，心中无数，有些业务我们不懂，既不调查研究，又不请教群众，盲目布置。如济源伐窑柱救灾问题，事先缺乏全面的调查，把部分灾民的要求当作那一带农民要求，不愿去者即强迫动员上山，由于无计划的伐木结果既破坏了森林又不合规格，使国家与群众利益受到损失。更严重的是对国家财产不负责任，如全省今春清查仓库损失霉烂176万多斤粮食，长垣一县即霉烂豆子折损27万斤。又如平原机器厂做的水车不合规格，水利推进社缺乏检查，不负责任地贷给农民，结果许多不好用，农民名之为"夜夜愁"。安阳市工具制造厂，造了 2000 犁铧报废了 1800 个，使国家财产遭受不应有的损失，这是严重的官僚主义所造成的恶果。

其次，在召开各界代表会议问题上有进步，在实践中认识了代表会议的重大作用，某些地方由于发扬了民主，取得了群众的好评，但许多同志对代表会议性质认识不清，有的把它当成单纯贯彻政策推动工作的机关，与干部会、积极分子会很少区别。代表会代表性还不够广泛，对团结全体人民、孤立敌人、巩固人民民主专政的重大战略意义了解不够，存在"左"的关门主义倾向，有些地方对团结开明士绅"怕农民说右""怕他们捣乱捣鬼"。对知识分子认为"是炮弹打来的不可靠""怕他们难缠"（意见多，不好对付）。对商人认为是"伤人""无商不奸"。总之，这说明某些干部存在着宗派情绪，敌友界限不清，未能认真把四个朋友很好地团结起来。有些县在代表会中发扬民主开展批评自我批评还非常不够，一般往下贯彻的多，从下集中上来得少，愿听拥护意见，不愿听反对意见，把打通思想贯彻政策变为"我打你通""我贯你行""放手讨论，但一成不变"；这既不能把党的正确意见经过宣传说服使群众代表自觉接受，也不能吸收代表的正确意见丰富领导和改正自己不正确意见。代表反映"你们既已决定，何必找我们来讨论"；因而代表积极性降低，发言减少。之所以产生这种现象，是与我们某些干部中特权思想有关。这种思想不彻底纠正，代表会就开不好，开下去就有流于形式的危险。

第三，在组织形式与领导方法上，未能适应新形势新任务的需要建立统一领导、科学分工的领导方法。党委事务忙乱，发展了官僚主义，放松了党的思想领导与组织建设工作。在转向和平建设中，党内滋长了居功自傲特权思想与官僚主义命令主义作风，有些党员干部产生"革命成功"思想，停滞不前，少数躺倒不干，腐化堕落，个别甚至横行霸道欺压群众，因而严重脱离了群众。如不认真整顿党的思想作风，就不能巩固成绩、保证今后建设任务的完成。

从以上工作检查中分析领导上的原因是：对中央政策精神领会不够，从当地实际情况、群众要求及觉悟程度出发正确贯彻政策不足。工作中缺乏系统的周密的调查研究，多从主观愿望和狭隘经验出发。甚至有时不关心人民疾苦，不负责任。另外，工作布置多，检查总结少，不能及时发现问题，传播经验，纠正错误，解决问题。因而使错误的东西得以存在发展，这说明我们领导上官僚主义作风是很严重的。

在执行工作中的命令主义作风也很严重，命令主义错误的形成，有些是应由领导上负责的，如公债下乡，即系由领导上政策交代不清，单纯强调完成任务，甚至用扣除经费办法来促迫所造成。有些则是由于执行工作中单纯任务观点，把对上级负责与对群众负责对立起来，把完成任务与执行政策对立起来，认为"群众落后""要任务即不能要政策""向群众要东西非强迫命令不可"，于是用简单粗暴办法去完成任务。最近打人骂人现象虽减少，又发生"凭良心""打通思想"等强迫命令的办法。在检查命令主义作风中，遇到很多糊涂思想，"虽强迫命令但辛辛苦苦完成任务"，满足于打人骂人现象的减少，"现在比过去好多了""不打人骂人就不算强迫命令""为群众不是为个人可以原谅""现在群众不满将来会满意"等。有的则怨上怨下，"上边官僚主义下边群众落后"，把原因推之客观。会议一方面检查了领导，很多问题确应由领导负责。上面的官僚主义助长了下面的命令主义。另一方面也批判了以上错误观点，贯彻了群众观点群众路线的教育。

经过检查工作结合整党，逐步提高了代表认识，统一了整党思想。如开始代表提出：反对

官僚主义命令主义，但解决不了生产问题。经过检查工作，逐步认识了障碍我们工作前进的主要是官僚主义命令主义，给今后整党打下一个初步基础。

几点体验：

一、在会议开始，干部中有两种思想：一是心怀疑虑，准备挨整，顾虑很多，怕乱整怕整乱，表现内心沉闷；一是自满情绪，满足于二次党代会的成绩，觉得"无啥可整""官僚主义到处有，问题不大"。经过学习文件、讲解整党精神和方法，省委首先以自我批评的精神进行自我检查后，开始解除了整党顾虑和自满情绪；觉得不是"整下不整上""与过去整党确有不同"，乃使人心初定。此时多数干部表现愉快地进行研读文件和检查工作。另外也有少数干部以为反正没啥，学习检查松懈，及至检查工作，深入展开讨论，具体分析，联系到思想观点便又感觉问题严重，复趋紧张，产生新的顾虑，"怕追究责任""怕受处分""怕抹杀成绩，上级印象不好"。如范县代表在检查各代会问题时说："当做个问题检查可以，当做个事件则不行。"梁山副县长不同意县书记进一步检查分析。有的忙于给自己戴上一顶大帽子，想挡住深入检查；有的离开工作孤立地检查思想，陷于苦闷或脱离主要问题，走向枝节。必须再次说精神讲方法，同时组织典型报告加以启发，但仅此还不能解决问题，主要的须针对不正确的思想给以分析批判，展开批评自我批评，提高原则性，使正确的得到支持，推动落后前进。经过思想觉悟的提高，自然放下包袱，真正感到轻松愉快。总之，须在整党过程中注意干部思想的发展和新顾虑的产生，随时引导纳入正确方向，才能使整党工作深入下去。

二、学习文件要与检查工作密切结合，以提高思想、改进工作。开始时，曾发生无目的地泛论文件和就事论事与文件不相联系的两种偏向，以后采取"学学查查想想""想想查查学学"的办法，以三中全会毛主席报告为主，针对所检查的问题和干部思想进展情况，选择有关文件，配合研读，以启发思想，深入检查，对打破难关收效颇大。同志们感到学习文件从来也没有这次深刻。在检查工作的初期，常是摆情况、列现象，抓不住中心，这是很难避免的。但时间不宜过长，要适时引导，从中抓住一二个重大问题，集中研讨，只要把主要问题弄清了，提高了思想认识，其他次要问题便可连带解决。这样从一般到典型，由分析典型再到一般，由上而下，由检查工作联系个人思想，由提高思想到规定具体改进工作办法，经过小组酝酿成熟，大会集中启发，反复思考，逐步提高。

三、掌握批评自我批评是提高自觉、搞好整党的重要武器。凡是开展了批评自我批评的地方整党工作就深入，凡是未能很好展开批评自我批评的地方，检查就不深刻，不能从思想上解决问题。会议中有些同志存在着一些糊涂思想，障碍着批评自我批评的展开。例如，有人认为"批评缺点怕抹杀成绩"，不知批评缺点正是为了巩固成绩，整党中开始多提一些缺点并不可怕，且不会因此把成绩抹杀。又如有的认为"应多表扬少批评，只有表扬才能更好地推动工作，批评自我批评是消极的片面的"，不知应表扬者则表扬，应批评者亦必须批评，二者不能偏废。还有某些干部对被表扬者不服气，对受批评者抱同情，把迁就姑息当作爱护干部，把"和风细雨"曲解为和气一团，取消了党内思想斗争。因而是非界限不清，原则空气不高，就不能认真检查工作，教育干部；就不能使多数同志都站出来形成反对官僚主义命令主义的力量。对此经过学习斯、毛论批评自我批评的文件，反复揭发批判，批评自我批评才得以展开。展开之后，又必须防止可能发生的过火偏向。这是一件艰苦的工作。

四、必须掌握从实际出发实事求是的精神。依照华北局指示，研究了二次党代会后的工作情况，确定了从这个基础上继续贯彻整党，并掌握了重点在领导机关与主要干部和官僚主义作风，使领导同志领导整党和检查自己相结合，以统一思想，培养领导骨干。根据会议讨论中暴露出来的问题，分别各地不同情况不同问题确定整什么、如何整。有的同志要求"领导出题目，按题作文"，我们批判了这种不从实际出发的毛病和奉命整党照搬一道的思想，避免千篇一律。强调自己用思想根据不同特点，从检查自己工作入手。但我省不从实际出发的作风较严重，必须十分注意，以免整党流于形式。

五、缺点：会议原计划10天开完，但讨论中暴露问题较多，不解决回去不行，故中途二次延期。领导上估计不足使到会代表思想准备不充分，表现被动。另外，联系毛主席的报告解决问题的深度不平衡。还有某些地委主要干部对自我批评认识不足，表现被动，今后还须注意帮助解决。

平原省委关于第四次党代表会议的专题报告

（1952年1月）

兹将我省第四次党代表会议所解决的问题报告如下，请允许作为11、12两月的综合报告。

我省第四次党代表会议，到会代表174人，列席334人，于12月20日开幕，12月27日结束，开会8天。以增产节约、反对贪污、反对浪费、反对官僚主义为会议的中心。由吴德、潘复生同志传达中央、华北局关于"三反"斗争的指示，报告平原省1952年工作要点，反复解释中央决定的"增加生产、厉行节约，以支持人民志愿军"这一总方针的积极意义和"三反"斗争的重要意义。除大会报告、典型发言外，以三天时间讨论"三反"，两天半时间讨论增产节约，采取学习文件，小组讨论，领导带头，普遍揭露、典型启发等办法，展开了思想斗争。兹将会议上解决的主要问题报告如下：

一、关于"三反"斗争

（一）与会同志对中央、华北局"三反"指示及措施一致拥护，普遍反映是"当头一棒，打得舒服"，揭发了本地区严重的贪污、浪费、官僚主义现象，更体会到中央、华北局指示完全适合于我省的具体情况。会议上认真讨论了开展"三反"斗争的积极意义，严肃批判了对"三反"斗争认识中的各种错误思想。

（1）首先是上级机关和领导同志认真检查，另一方面是与会同志经过实事求是的检查，其结果发现县、区、村不仅有像南乐县委书记贪污、聊城专区水利推进社集体贪污2000万元、单县十二区助理员等由贪污腐化走到叛党的道路等严重事件，而且有大量的一般贪污、浪费、官僚主义现象。大家一致认为，在县级重点是税务部门、交易所、财粮部门、公安、司法部门、合作社，尤其基层社及各机关的司务长等贪污是较普遍的。区级主要是浪费民力、多报村干开会粮、下乡吃饭不出钱、司务长多数贪污。村级贪污捐献款，少数贪污救济粮，征收中大秤入小秤出是普遍的，多报代耕地贪污代耕粮，私自摊派或加派粮款等。在浪费方面，县地方粮、事业费开支不正当，机关生产自由滥用等。更严重的是胜利以后，贪图享乐，不愿再过艰苦困

·527·

难生活的情绪比较普遍。这些严重问题，经过大会严加批判，并给犯错误的人员以应得之处分。聊城专区水利推进社长已予法办，以此为典型展开讨论。南乐县委书记已予留党察看处分，退赃退款；单县十二区公安助理员已逮捕法办。

（2）"反对资产阶级思想是否会影响和资产阶级的合作"。

我们根据彭真同志在北京市的报告（见12月21日《人民日报》）做了解释。根据《共同纲领》，我们必须与资产阶级合作，同时又必须和资产阶级的反动思想、反动行为作严肃斗争，如果放弃工人阶级领导，放弃思想斗争，就破坏了统一战线。

（3）"我们基本上不贪污，比国民党好得多"。

大会严肃批判了拿我们和国民党对比的说法，明确了贪污腐化是国民党的实际"制度"，是剥削阶级所特有的丑态。在我党领导的国家制度下，贪污和浪费是绝对违法的，是丝毫都不能容许的，有些人给我们捧场，麻痹我们以便腐蚀我们，必须警惕。

（4）"三反斗争没搞头""贪污是少数人的事与多数人没关系""增产节约老一套，年年喊叫不过如此""这是临时任务，紧一阵就过去了"。

我们首先批判了对"三反"斗争消极应付的态度，并从讨论刘青山、张子善事件和单县十二区公安助理员由贪污腐化走到叛党道路的典型事实中，进一步认识了资产阶级反动思想腐蚀我们的危险性，认识了"三反"斗争是每个党员的根本政治立场的考验。"家丑不可外扬"，在会上严格批判了这种错的思想，指出一方面不了解资产阶级思想对党的猛烈侵袭，思想界限不清；另一方面有宗派主义的观点，忽视批评与自我批评，并揭发怕群众起来出乱子等阻碍发扬民主的错误思想。

（二）大会认为开展这一场大斗争，最主要的关键在于首长负责，亲自动手，充分发扬民主、发动群众。只有如此才能改变对"三反"斗争的消极应付态度和自由主义表现，才能打破各种思想顾虑迅速开展斗争，才能使贪污、浪费、官僚主义现象被广泛揭露和受到制裁，才能对广大党员干部进行深刻的自我教育和思想改造工作。

入城以来，省委对二中全会决议和毛主席指示执行不够，因而政治思想领导不够，对资产阶级猛烈的侵蚀警惕不够，对错误及不良倾向没有系统开展群众性的斗争。以致相当普遍地滋长着严重的贪污、浪费、官僚主义倾向，某些干部已经完全堕落为盗窃国家财产损害人民利益的叛徒。其中有些问题我们也分别情况做了处理，但仅仅当作个别问题，没有普遍系统地加以检查并严惩那些贪污分子。还有许多严重现象我们未曾发现。更值得警惕的是入城以来反"土气"反"小气"、学"洋气"学"大方"的舆论嚣张。例如，"制度要机动灵活""不应注意生活小节""新建省应该多花费点""平原省生活艰苦应该大方"等错误意见风行一时，省委没有足够严格批判，而且在某些方面也受了影响，以致邪气得以上升。省委同志也有某些浪费现象，执行制度不严格，省委机关行政费9个月内超支3亿元且每月有增加。同时，官僚主义也侵袭了我们，表现在省级机构庞大，手续繁杂，开了许多不必要的会议和准备不足的会议，发了不少一般化的不解决问题的指示。这些缺点和错误，在大会上由吴德同志代表省委作了自我批评，并欢迎全党进一步批评与检查省委的领导。

为了充分发扬民主，再次宣布：（1）所有领导干部亲自动手积极领导战斗，如果自己犯了贪污、浪费、官僚主义的错误必须公开检讨，坦白认错。反对整下不整上、只整人不整己的恶劣作风。对不积极领导"三反"斗争的官僚主义分子给以撤职处分。（2）党与非党群众均有向一切机关负责同志据实控告任何党员干部的权利，坚决保障自由批评与申辩权，任何压制民主权利与报复行为均应受到严重处分，不容许任何人对群众的批评揭发，交耳不闻，不检讨不处理。（3）反对自由主义，对贪污、浪费、官僚主义采取同情谅解态度，或者是不敢于积极斗争都是错误的，都是有利于敌人的。（4）选派强的干部组成检查组，上下级各部门相互检查，所有检查人员，不得包庇袒护。

（三）在政策上采取坚决而又慎重的分析态度。传达与讨论了华北局所规定的各项政策。贪污时间：凡新参加工作的人从参加革命工作之日算起，对其过去贪污不予追究，但是作为思想改造，对反省者则表欢迎；对共产党员和非党员的老干部，从进城以来算起，过去已经在整党整风中坦白而且处理者不再追究，但可作思想检查。对贪污人员的处分，按手续批准，以求慎重。领导上注意掌握划清思想界限，政策界限，防止可能发生的绝对平均主义（但当前主要是发扬民主发动群众问题）。

大会上统一布置了"三反"斗争，省、专两级机关从省党代会后开始，1月底结束；区干部整风，旧历年关前后开始，2月底结束。步骤是首先作动员报告，思想发动；其次坦白、检查、检举、揭发；其三是分别处理，建立制度。贯彻整个斗争过程的是首长负责，亲自动手，发扬民主，发动群众。在区以上干部整风结束之后，再深入农村与街道，以便有领导的进行，并首先做典型试验，了解情况取得经验，结合整党、整社、生产等工作进行。要大张旗鼓地宣传，转移社会风气，并防止坏分子利用造成混乱。灾区应深入结合发扬已有经验，克服官僚主义，反对贪污贷粮、贷款及浪费人力物力的现象，以利救灾工作的开展。

二、关于增产节约

（一）大会原则通过了"平原省1952年工作大纲""开展增产节约运动，为全面提高厂矿工作和增产十万吨粮食而奋斗""加强城镇工作""开展爱国增产节约运动，组织起来，提高单位面积产量，为争取1952年完成85亿斤粮食、2亿斤皮棉的农业生产任务而奋斗"共4个草案，随报告送上请审核。

厂矿方面强调在1952年上半年完成民主改革任务，开展增产节约"三反"运动，反对保守主义（一方面是管理上不依靠工人阶级发挥生产潜在力，另方面是一部分人中的经验主义）。

小城镇方面注意了民主改革，加强手工业生产和物资交流工作的领导。

农业生产方面，我们估计结束土改后经过二三年的生产运动，已接近战前水平，为今后全面恢复和发展农业生产打下了一定的基础，也为发展工业、手工业创造了有利条件。但必须估计在灾区、在战争破坏严重地区和黄河两岸地区困难仍很大，仍须大力恢复。即便在已经达到战前水平的地区一般积蓄也不多。我们分析了农业生产条件不平衡，人多地少土地分散；黄河横贯全省；经济作物增多；先旱后涝病虫害多等主要特点，并根据不同地区确定了重点措施。从这些实际情况，一致认为华北局指示的组织起来互助合作、提高单位面积产量这一方针是完全正确的。在思想上注意克服保守思想和残存的空想农业社会主义思想，同时注意到必须从现有基础出发。当前强调领导冬季生产，做好大生产准备。对黄河主要强调防止因修了溢洪堰而产生的麻痹情绪。

灾区依然是生产救灾为压倒一切的方针。今后几个月是战胜灾荒的紧要关头，必须下更大决心，用更大的力量，保证全面深入展开爱国生产自救运动。

（二）完成发动群众，解决土改遗留问题，发土地证，查田定产的重大任务，这是增产节约的必需条件。

任务很重。全省尚有7000余个自然村镇压反革命尚不彻底，占自然村总数17%；未发土地证的村13957个，占自然村总数33.01%；有土改遗留问题的村4208个，占自然村总数9.94%，其中有65个村尚未结束土改。查田定产已大体真实的只10多个县。

我们要求：非灾区麦收前完成发动群众，解决土改遗留问题，查田发土地证，1952年前完成定产；灾区麦收前集中力量救灾，麦收后抓紧时间争取完成。

（三）这次会议对做好部队转业建设工作和加强人民武装的建设很重视，吴德同志在报告1952年工作大纲中详细说明这一项工作的政治意义，强调党、政、军、民大家负责。军区司令员刘致远、张开荆同志在大会上作了专题发言。

平原省委书记潘复生同志在省第二次各界人民代表会议上的政治报告

（1952年1月）

各位代表：

我首先庆贺我省第一届第二次各界人民代表会议胜利开幕，敬祝各位代表先生健康并预祝大会成功！

从第一届第一次各界代表会议以来，已经一年了，我们在以毛主席为首的中国共产党和中央人民政府的英明领导下，在全省范围内开展了抗美援朝、镇压反革命、爱国增产三个大规模的运动，取得了伟大的胜利。在此基础上工业、农业、合作、贸易、财政、税收、文化教育等各个战线上均获得了新的胜利和成就。我们这些胜利的获得是和一年来中国人民志愿军与朝鲜人民军并肩英勇作战，把美国侵略者由鸭绿江边赶到三八线附近，在朝鲜战场上取得伟大辉煌的胜利是分不开的，是和全国各方面的伟大成就和胜利形势分不开的，特别是和以毛主席为首的中国共产党中央和中央人民政府的英明领导分不开的。

一年来，我们伟大的人民建设事业获得了多方面的新的胜利和成就，西藏已和平解放，在中国大陆上出现了历史上前所未有的人民大团结、人民大统一，我们人民民主专政在抗美援朝、镇压反革命、土地改革三大运动中进一步地巩固了；我们国防力量更加增强了并正向现代化前进；我们的经济建设正在很快的发展；特别是一年来伟大的光荣的人民志愿军与朝鲜人民军并肩作战取得了伟大的胜利，保卫了我们祖国，保卫了远东和平，鼓舞了一切殖民地半殖民地人民争取自由独立的斗争，坚定了世界人民争取持久和平反对侵略战争的信心。我们中国人民在各个战线上的每一成就都加强了世界和平民主阵营。站在反帝国主义斗争前线的我国，今天已成为世界和平民主阵营在东方的支柱。

我们这些辉煌成就，是在有利的国际形势下取得的。今天世界上有两个不同的阵营和两个不同的政治路线：一条是以苏联为首的和平民主阵营，坚持的是保卫和平民主的政治路线。一条是以美国为首的帝国主义侵略集团，它所采取的是制造战争的政治路线。我们中国人民坚决地拥护保卫和平民主的政治路线，坚决反对制造战争的政治路线。从第二次世界大战之后，美帝国主义妄想称霸世界，在欧洲继承德国法西斯侵略的计划，在亚洲继承日本法西斯侵略的计划，侵占我国台湾、侵略朝鲜、单独对日媾和、武装日本、武装西德，积极准备侵略战争，威胁着世界和平。我们必须认识这种情况，坚决地反对美帝国主义的侵略，保卫祖国，保卫世界和平。现在美帝国主义阵营制造战争的威胁是严重地存在着。但是全世界制止制造战争危险的斗争力量已空前地发展和壮大起来了，全世界和平民主阵营的力量，已经超过了帝国主义战争的力量，只要全世界爱好和平的人民团结一切可能团结的和平民主力量、并使之获得更大的发展，粉碎帝国主义战争的阴谋，那么，新的世界战争，是一定可以制止的。

美帝国主义在朝鲜发动的局部侵略战争，已遭到了我们中国人民志愿军和朝鲜人民军严重的打击，在过去14个月中，我们英勇的中国人民志愿军和朝鲜人民军，歼灭了敌人49万多人，其中包括美帝21万人，如果加上逃亡、疾病、冻伤等非战斗减员以10万计，则美国侵略军有生力量的损失在30万人以上。美国侵略者飞机的损失不少于2500架，而且战争打下去又需大批军费和人力支持战争。由于侵略战争，国内物价上涨，人民不满，士气低落，困难重重，所以美帝国主义既想战争但又惧怕战争，被迫不能不接受停战谈判。但在谈判中，它又表现了怕和平。它企图造成一个紧张的局面，以便武装日本和西德，进行长期紧张地疯狂备战，以扩大军事生产，牺牲劳动人民，喂肥资本家，首先是军火资本家。而帝国主义阵营各国长期紧张的疯狂备战，使得它们整个经济会陷于更深刻的和尖锐的混乱状态，不可避免地会更加扩大和深化它内部的矛盾和困难，其结果必然促使资本主义国家走向更深的经济危机。在这种情况下，美帝国主义对谈判采取了拖的政策，这表现了敌人内部的矛盾、混乱，对战争前途没有信心。我们的方针仍旧是希望公平合理的和平，继续争取谈判的成功。同时我们也不怕反侵略的正义战争。我们中国人民志愿军为了保卫世界和平及亚洲和平和朝鲜人民并肩作战，将美国侵略军及其帮凶军队已经赶到三八线附近；我们中朝人民军队不仅是保持着雄厚的有生力量，而且愈战愈强；这是我们英勇伟大的志愿军经过长期的锻炼和指挥上的英勇机智的结果。目前朝鲜谈判仍在进行，谈判的成败与否，是决定于美国政府有无诚意。现在谈判存在两个前途，一个是和平，一个是继续战争。周总理说："为了符合世界人民的和平愿望，中国人民现在仍然以极坚定而忍耐的态度，和朝鲜人民一道继续努力，争取朝鲜停战谈判的成功。但同时，中国人民必须对谈判因受到美国方面的破坏而失败的可能性做一切准备。为了保卫中朝和远东的和平安全，中国人民必须继续提高警惕，竭尽全力，以支持抗美援朝的长期奋斗，中国人民决心从美国侵略者手中解放台湾，不达目的决不罢休。"这就是说：如果停战谈判成功，则我们中国和朝鲜将进而争取朝鲜问题及远东问题的和平解决；如果美帝无诚意而继续其侵略战争，则我们中国和朝鲜将继续给侵略更大的打击，敌人将遭到更大的惨败。

在这种形势下，我们的任务是什么呢？毛主席在中国人民政治协商会议第一届全国委员会第三次会议的开幕词中指出："我们就须要继续加强抗美援朝的工作，需要增加生产，厉行节约，以支持中国人民志愿军，这是中国人民今天的中心任务。"我们要响应毛主席的号召，更进一步加强抗美援朝的力量，在保持国内物价稳定和不过分加重人民负担的条件下，保持对前方的供应，同时另一方面，要为今后国家大规模的经济建设做好准备，这就必须努力增加生产，厉行节约，反对贪污、反对浪费、反对官僚主义。我们必须认识"增加征税，厉行节约，以支持中国人民志愿军"这一总方针，是保证朝鲜战争能够胜利的方针；是保证国内物价继续稳定的方针；是积蓄资金取得经验，加速国家经济建设的方针；是整肃法纪，提高工作效率和转变社会风气的方针。只有贯彻实现这一方针，才能带动我们国家在政治、军事、经济、文化各方面的全局迅速进步，并奠定将来伟大建设的基础。

根据上述方针，全省在1952年必须开展一个大规模的全面的爱国增产节约运动，并大张旗鼓地开展群众性的反对贪污、反对浪费、反对官僚主义的斗争。为完成工业、贸易、合作、财政等部门增产节约3亿斤小米，农业粮食产量达到85亿斤、皮棉2亿斤而努力奋斗。为此，必须进行以下工作：

（一）继续深入抗美援朝运动。

抗美援朝的斗争仍在继续进行，我们必须深入反美爱国的宣传教育工作，使广大人民充分了解帝国主义的本质，树立长期斗争的观点。因为中国人民的死敌就是帝国主义，帝国主义一天不倒，我们就要始终警惕着。我们要加强我们的国防建设，要克服并防止因朝鲜停战谈判及国内镇压反革命的成绩而发生的和平松懈麻痹思想，要做好支援前线的各种工作。要把爱国主义教育与增产节约运动结合，克服把爱国主义的教育与生产相分离的观点，在爱国主义教育下，发挥广大群众高度的爱国增产节约的积极性。要继续普遍深入检查修订爱国公约，克服形式主义。要加强优抚工作，做好对烈军属的代耕、介绍职业、组织生产等工作。尽一切努力，争取抗美援朝的胜利。

（二）开展爱国增产节约与反对贪污、反对浪费、反对官僚主义运动。

我们在1952年一方面要争取抗美援朝斗争的更大胜利，一方面要为大规模的经济建设做好准备。我们必须全力开展爱国增产节约运动，从农业、国营企业等生产中和财政预算的收入与节约中逐渐积累资金。但目前横在增产节约运动面前的大敌是贪污、浪费、官僚主义；如果不扫除这些障碍，则增产节约不能胜利地开展起来，即开展起来难免有些增产节约计划会包含许多虚假现象，即增产也会发生损失，运动不能持久。因此，首先大张旗鼓地开展反贪污、反浪费、反官僚主义的斗争，对开展增产节约运动有决定的意义。

我们进入城市将近3年，我们机关干部的作风，一般是相互的艰苦的，大多数干部兢兢业业，努力于各种建设事业，取得很大成就，这是好的。但有些党员和老干部，意志薄弱，经不起胜利的考验，滋长了个人享受思想，受到资产阶级思想的腐蚀而贪污蜕化；有些旧人员虽经过教育改造有一些进步，但仍有些改造得很差，继续着国民党反动派的贪污腐化作风，存有浓厚的剥削阶级的损人利己自私自利的思想，给我们带来了敌对阶级的恶劣影响；有一些新参加工作的人员，很多是纯洁的，可以改造的，但有的沾染了地主、资产阶级的恶习，存有自私自利的思想而贪污腐化。同时有些奸商与反动阶级的残余分子，也都在采取各种引诱、软化、施贿等手段勾引干部。这是一方面的原因。另一方面，则是我们领导上的官僚主义，政治思想领导不够，对资产阶级的腐蚀警惕不够。对1949年3月毛主席的指示"因为胜利，党内的骄傲情绪，以功臣自居的情绪，停顿起来不求进步的情绪，企图享乐不愿再过艰苦生活的情绪可能生长。因为胜利，人民感谢我们，资产阶级也会出来捧场。敌人是不能征服我们的，这点已经得到证明了,资产阶级的捧场则可能征服我们队伍中的意志薄弱者。可能有这样一些共产党人,他们是不曾被拿枪的敌人征服过的,他们在敌人面前不愧英雄的称号,但经不起人们用糖衣裹着的炮弹的攻击,他们在糖弹面前要打败仗,我们必须预防这种情况"我们认识不足,执行不够,用批评与自我批评的武器及时纠正不够,以致相当普遍地滋长着严重的贪污、浪费的倾向,有些人已经完全堕落成了盗窃国家财产的盗贼和损害人民经济建设的叛徒了。此中有些是了解的,已经处理了。但只当作个别问题处理,没有普遍地有系统地加以检查并严惩那些贪污分子,因此也就解决不了问题。有些是我们官僚主义不大了解,或者根本不了解的。另外我们领导上的某些浪费及不严格执行制度,也给下面某些影响。我们首先应作检查,并希全体代表提出意见,加以检查,求得从各方面肃清贪污、浪费、官僚主义,办好人民祖国的伟大建设事业。

总之,贪污腐化比较严重,浪费现象普遍存在,官僚主义是它滋长的温床,享乐腐化思想在增长,贪污蜕化已成为主要危险,已为广大劳动人民所不满,如不疾速彻底地解决,就会贻害人民、贻害革命、脱离群众。这就是我们所以必须坚决地、大张旗鼓、雷厉风行地进行反贪污、浪费、官僚主义斗争的根本理由。

我们再看贪污、浪费、官僚主义对国家对人民的危害。据省检察署去年1月至8月统计14个县201件违法案件,其中受贿的61件、偷盗物资的11件、挪用公款的10件、携款潜逃的10件,占违法案件的47%。菏泽专区6个经济单位,因保管、调运不周浪费158000万元。湖西专区的单县合作社干部18%贪污,税务局干部有33%贪污,仓库干部有26%贪污。这是何等严重的情况!我们再分类型来看:

第一,贪污蜕化方面的:有的利用职权和地位,出卖国家的财政经济情报取得报酬;有的勾结串通私商,实行贵买贱卖,盗窃国家资财;有的利用职权地位收受贿赂,包庇反革命分子;有的利用职权地位贪赃枉法敲诈勒索;有的放高利贷剥削人民;有的制造假证件、假支票、假单据诈取国家资财;有的挪用公粮公款从中取利;有的监守自盗、假公济私;有的利用职权,贪污自肥,多报空额,伪造账目;有的贪污蜕化与反革命分子勾结,叛变革命叛变人民;有的升秤升色,收税收粮中大斗进小斗出;有的收受小人情小贿赂以及小型捣鬼舞弊等。

第二,浪费方面的:有若干财经企业部门的管理人员受到资产阶级管理企业的思想影响,存在着单纯从旧的技术工程观点出发的保守思想,因而不能发动工人的积极创造性,发挥厂矿的潜在力量;另一部分老同志则存在着"供给制"思想,缺乏经济核算观点,形成积压资金成本提高的严重现象。如火柴厂积压资金占实际需要流动金的4.75倍,小西天煤矿积压资金占需要资金的6倍等。有些干部对基本建设既不懂又不学又不负责任的官僚主义作风。如金山霸水利工程,由于盲目施工浪费4万民工、27万斤粮食。至于计划不周,大材小用,偷工减料,新房漏雨是较普遍现象。许多干部错误地认为:"进了城要讲派头、讲大方",要克服"土气","不要叫人家小看"。因而铺张浪费现象普遍存在。在机关组织上,有些机构重叠,人浮于事,公文旅行,手续繁杂,来回推诿,文牍主义;开会多,表格多,多解决问题不多,形式主义。"正规化、科学化"变成官僚主义的借口。由于领导上的官僚主义以致浪费人力物力现象极为严重。

第三,官僚主义:对于贪污、浪费分子没有及时坚决地严肃地进行处理,而采取了官僚主义、自由主义的态度,无原则的宽容,这就给贪污、浪费分子以可乘的机会。官僚主义作风,不从实际,不关心群众,对盗窃国家和人民财富的罪恶行为熟视无睹,充耳不闻,忙忙碌碌饱食终日无所

用心。有的对贪污分子抱着姑息态度,如说"怕毁一批干部"。有的抱自由主义态度,如说"慢慢教育改造吧"。纵容了贪污分子和浪费分子破坏我们国家的财产,破坏我们与人民的联系,容许资产阶级思想腐蚀我们革命队伍,以致葬送了干部。

我们看贪污、浪费和官僚主义,三者虽有某些不同,但又是相互联系着的。有的人认为"贪污可耻、浪费难免",这是错误的。浪费和贪污的区别,不过在于贪污是可耻的"隐蔽的"盗窃行为,浪费则是不以为耻的"勇敢的"盗窃行为。官僚主义是二者滋长的温床。因此在反贪污中必须同时和浪费和官僚主义作斗争。

我们干部所受资产阶级思想侵蚀的程度是严重的,现在已经到了紧急关头,我们必须痛痛快快地大张旗鼓地开展群众性地反对贪污、反对浪费、反对官僚主义的斗争,扫除开展爱国增产节约运动的障碍,消灭从内部侵蚀我们革命队伍的敌人,才能完成我们伟大的增产节约计划。

为肃清贪污、浪费现象,反对官僚主义,我们必须进行以下工作:

第一,要充分发动群众,发扬民主,号召群众大胆地检举揭发,使贪污、浪费、官僚主义无藏身之所。要提高群众觉悟,养成勤劳朴素爱护国家财产、廉洁奉公的道德,以转变社会风气。要像斯大林教导我们的:"就是在这些贼的周围造成一股道德抵制,及周围群众憎恨的气氛……使偷盗人民财物的盗贼不论快乐的或'不快乐的'都不能生存与存在。"因此,要有领导有计划有步骤地首先在政府机关、党派团体及部队中把这个斗争进行到底,然后继续贯彻到每个机关每个工厂,形成广泛群众性地反对贪污、反对浪费、反对官僚主义运动。在农村也必须坚决贯彻,但在目前应结合订增产节约计划,宣传反贪污、浪费。至于具体做法,应在机关干部进行之后,取得经验,另行规定。

第二,我们号召所有浪费分子,赤诚坦白地向人民或向政府检查反省。在人民没有揭发检举前,而完全自觉彻底坦白反省出来者,均从轻处理,罪重者减轻,罪轻者免罪。但对抗狡赖不坦白者一定从重处理。至于检查的界限,凡新参加工作的人员,一般从参加革命工作之日算起,对其过去不予追究,但是作为思想改造反省者则欢迎。对老干部基本是从进城以来算起,过去已经在整风中坦白过而且解决者不再追究。

第三,有步骤有准备地召开县、区人民代表会议,作出增产节约、反贪污、反浪费、反官僚主义斗争的决议,发动群众,转变风气,杜绝贪污、浪费之风。在各城市、集镇,更应发动工商界的坦白运动,以便从各方面揭发贪污受贿分子及施贿分子。

第四,各级各部门成立增产节约委员会。由党与非党人士及积极分子共同组成之,以便更好地团结与发动一切力量大张旗鼓地进行反对贪污、反对浪费和官僚主义的斗争。

第五,领导负责、亲自动手,开展自我批评,发扬民主,放手发动群众,依靠群众进行到底,是运动开展的关键。

我们一定要把这次反贪污、反浪费、反官僚主义的整风运动做好,然后我们爱国增产节约运动才能在这一思想基础上更好地开展起来,并持久发展下去,胜利的实现各项增产计划,使我们的工作在各方面大大地提高一步。

(三)加强城市和工业工作,省和市明确在将工作重心转到城市和工业上来,各专、县仍以领导农业生产为中心,但须切实加强城镇和集市及工、矿、手工业工作。

工矿方面。在今年上半年,应完成民主改革的任务,并开展增产节约的劳动竞赛,核定资金、清理财产，实行经济核算制，为完成增产节约十万吨粮食而奋斗。并经过增产节约运动，把工矿工作全面地提高一步。

各个城镇1952年除继续加强对手工业和物资交流的领导外，必须组织足够力量，分别不同情况，有领导有步骤有计划地进行民主改革补课工作。首先在较大城镇开始分行业进行，取得经验，逐步开展。同时加强工商联合会工作，开展思想改造运动，适当增强城镇干部，以加强领导。

（四）农业生产。要广泛深入地开展群众性的爱国增产节约运动。组织起来提高单位面积产量，为完成85亿斤粮食、2亿斤皮棉的生产任务而奋斗。为此，必须继续加强农村政治工作，使生产斗争和政治斗争密切结合起来。必须克服保守思想及残存的空想农业社会主义思想，贯彻政策，发挥广大人民的生产积极性。必须大力发展合作、互助组织，树立组织起来的优越性，要农业副业生产贯彻全年，充实互助内容，争取在两年内把大部劳动力组织起来。互助有基础的村庄，在强有力的领导下，有重点地试办农业生产合作社。必须抓紧季节，适时下种，深耕细作，不达农时，加强技术领导，使科学与农民经验相结合。注意恢复与发展土特产。必须根据工作和生产发展的不平衡（老区、半老区、新区、战争严重摧残地区、灾区），根据自然条件的不同（山区、湖水区、沙碱地区）确定不同措施，以求增加生产。必须注意十年九旱、先旱后淹、虫灾严重的特点。十分加强兴修水利的工作及防旱、防虫、防荒的工作，绝不要松懈麻痹。

全省灾民近300万，生产救灾是灾区压倒一切的中心任务。必须十分努力做好此项工作，要始终贯彻领导负责，全面发动，保证不饿死、冻死一个人，不使灾民流离失所，要保持生产元气，为大生产做好准备，勿因已有成绩而自满松懈。常年灾区，除加强当前救灾外，应制定治本计划，逐步实现。

在发动群众不充分、有土地改革遗留问题、未发土地证的地区，必须于1952年春完成发动群众、解决土地改革遗留问题、颁发土地证的工作。1952年做好查田评产工作，以便更好地开展大生产运动。

（五）巩固与发展人民民主统一战线工作，开好县各界人民代表会议。

全省各县各界人民代表会议，一律代行人民代表大会职权。并建立与健全各级协商机关加强协商机关的工作。

各级均须经过一定的筹备工作，定期召集工商界的代表会议，建立与健全工商联合会。

组织各界人民的思想改造运动，毛主席指出："思想改造，首先是各种知识分子的思想改造，是我国在各方面彻底实现民主改革和逐步实行工业化的重要条件之一。"必须加强领导，广泛地有系统地组织对毛泽东思想的学习，开展一个自我教育和自我改造的运动，并继续推行宗教革新运动。

总之，在1952年，我们要更进一步地加强我们人民的大团结，在毛主席的领导下，争取新的更伟大的胜利。

（六）继续贯彻镇压反革命工作。去年10月份发现仍有散匪活动，并有潜伏的特务分子和在逃的反革命分子隐蔽伪装继续进行投毒、暗害等破坏活动，尤其最近阳谷及郓城反动会道门又阴谋暴动。这说明我们的镇压反革命工作在某些地区还不够深入不够彻底，反革命分子利用我们干部和群众中在大张旗鼓地镇压反革命后，产生某些新的麻痹思想，而企图活动。我们必须克服麻痹思想，继续贯彻镇压反革命。在镇压反革命不彻底的地区普遍进行深入的检查，坚决在那些镇压不够彻底的城镇和乡村，重新贯彻政策，发动群众，坚决镇压反革命。在比较彻底的地方，要继续巩固与提高，必须加强与建立治安保卫委员会，做好管制工作，根绝散匪，坚决地系统地取缔会道门，并有计划地侦破地下反革命组织，逮捕在逃的反革命分子，认真做好劳动改造工作。

（七）**更好地办好文化教育与人民卫生工作，并普遍深入地贯彻婚姻法**。要完成教育改革，大量培养师资及建设人才。要办好职工业余学校与民校。并加强人民的文娱工作。要办好县人民医院，争取今后逐步在每区设一个人民医务所；要实行预防为主、治疗为辅的方针；要加强团结中、西医。

（八）**继续加强黄河修防工作**。治黄的胜利，在经济上、政治上有重大意义。溢洪堰的修成，只是在一定限度的洪水下减轻了一些危险。战胜黄河洪水，依然是长期严重的斗争任务。要反对任何麻痹思想，加强防汛，巩固堤坝，确保不溃决。

（九）**做好人民武装工作及部队转业建设和生产待命的工作**。我们要有计划地发展民兵，实行普遍民兵制，为将来实现征兵制创造条件，以保证国防有深厚的后备力量。

各位代表！我们1952年的任务是伟大而艰巨的。要完成这些任务我们还有困难。但这困难是我们胜利发展中的困难，是可以克服的，只要我们各界人民团结一致，共同努力，我们一定会取得新的更伟大的胜利。我们团结在毛泽东的旗帜下，胜利地前进！

编纂始末

编纂地方志是中华民族独有的文化传统，具有"存史、资政、育人"的重要作用。中华人民共和国成立之初先后撤销了8个省，平原省是其中之一，也是存续时间最短的省份。平原省自1949年8月20日成立至1952年11月30日撤销，共存续3年又3个月，其间正处在中华人民共和国成立之初的经济恢复时期，距今已过去70年。平原省在促进所辖区域国民经济的恢复发展与社会稳定方面发挥了不可磨灭的重要作用。然而，这段历史在地方志记载中尚属空白。编纂《平原省志》对于抢救、挖掘和保存中华人民共和国成立初期的地方历史资料及文献，传承中原历史文化，具有十分重要的现实意义和深远的历史意义。

新乡市作为原平原省的省会，在收集资料、挖掘整理《平原省志》方面具有一定优势和义不容辞的责任。在新乡市委、市政府的领导下，2014年11月，新乡市地方史志局报请河南省地方史志办公室（简称"省史志办"）同意，开始《平原省志》编纂工作。2014年11月25日印发《中共新乡市委办公室 新乡市人民政府办公室关于认真做好〈平原省志〉编纂征集资料工作的通知》（新办文〔2014〕38号文，以下简称"《通知》"）。《通知》下发到新乡市各县（市、区）党委和人民政府、市委各部委、市直机关各单位、各大型企业和大专院校、各人民团体，并对编纂《平原省志》所需征集的文字资料内容和图照标准以及相关组织领导事宜提出了具体要求。

一、组织发动阶段

自2014年11月《通知》印发到2015年10月期间，新乡市地方史志局局长王拥军多次组织召开编纂《平原省志》工作专题会议，反复酝酿、调整充实有关编纂人员，制定编纂方案和篇目设计初稿，先后成立材料收集小组、文字录入小组、志稿编写小组，由局长王拥军负总责，具体事项由副局长郭威牵头负责。新乡市分管地方志工作的副市长李瑞霞多次询问和督促《平原省志》编纂的进展情况，并协调财政部门给予经费保障。

2015年11月，省史志办省志工作处处长陈守强结合新乡市收集到的有关平原省资料情况，对新乡市地方史志局提出的《平原省志》编纂方案和篇目设计初稿进行了初步修改完善，确定了《平原省志》编写的具体篇目和章节体例。省史志办主任管仁富对《平原省志》的编纂工作高度重视，多次开会研究讨论编纂事宜，并明确指出："《平原省志》编纂业务采取主编负责制和承编责任制相结合方式，省史志办作为主编单位，主要负责培训指导和把关审定业务，新乡市地方史志局作为承编单位，具体承担资料的收集整理和志稿的编写修改任务。"

2016年3月，设立《平原省志》总编室，省史志办主任管仁富任主编，陈守强、王拥军任副主编，执行主编由王拥军兼任。省史志办省志工作处副处长李娟、新乡市地方史志局副局长郭威任执行副主编。至此，《平原省志》编纂的组织发动和理论准备基本完成。

二、资料收集阶段

自2014年11月《通知》印发之后，新乡市地方史志局迅速组织各业务口相关负责人，本着"全面、系统、严谨、朴实、科学"的宗旨，主动出击，收集资料。将有关人员分为本地调查和外地调查两个小组。本地调查小组主要负责收集新乡市区内与原平原省有关的一些部门资料，包括新乡市文化系统"平原省委旧址"所在地保存的有关资料、新乡市档案馆、新乡市图书馆、河南师范大学图书馆保存的有关资料、原《平原日报》资料、平原省存续期间驻新单位、厂矿、学校保存的有关资料以及曾经在平原省委、省政府工作过的老领导、老同志保存的有关资料和民间收藏者保存的有关资料。外地调查小组主要负责收集山东省档案馆（包括原湖西、菏泽、聊城3个专区有关资料）、河南省档案馆以及安阳、濮阳、焦作、鹤壁等地有关平原省存续期间的资料。

在收集各地资料过程中，新乡市地方史志局多次组织相关人员进行培训，统一思想，规范流程，提升征集者综合素质和业务能力。在收集资料中明确"两个为主"的原则，即：档案材料和书刊材料，应以档案材料为主；实物材料和口碑材料，应以实物材料为主。在收集资料中及时调整思路，抓住重点，少走弯路，节省人力财力。从制定资料的征集计划开始，到进入《平原省志》印刷出版之前，有关平原省资料的征集、补充、完善工作始终没有停止。四年多来，新乡市史志局组织有关人员除了在本地收集资料外，先后赴山东省档案馆4次，河南省档案馆7次，濮阳、安阳、焦作档案馆各2次、鹤壁档案馆1次。同时，充分利用现代网络信息资源平台，例如，中国知网、万方数据库以及各地政府网站，收集到大量有关平原省的资料信息。其中，仅平原省存续期间58个县的基本概况就收集到100多万字的相关资料。通过查阅各地档案、地方志、图书、报刊，以及发动群众、采访知情人、进行实地调查或专题调研等方式，并采取"出去一把抓，回来再分家"的分工协作方式，凡能设法收集的有关资料，力求收集齐全，做到博采精收。

到2016年2月下旬，进入《平原省志》初稿编纂阶段之时，共计收集到省内外有关平原省的文字材料近1300万字，各类照片、图片400余张。

三、编纂修改阶段

编纂工作启动后，新乡市地方史志局除了较好地完成组织发动和收集材料工作之外，还为《平原省志》初稿编纂做了大量前期准备工作。一是反复讨论酝酿、确定志稿编纂体例；二是调整充实有关编纂人员，拟定篇目设计内容；三是组建文字录入小组，把大量文字和图片资料变成微机可操作的电子文档；四是多次组织《平原省志》编纂工作集中培训，提高认识，统一思想，其中两次邀请省史志办省志工作处处长陈守强、副处长李娟来新乡开展有关《平原省志》业务指导和培训工作；五是按照《地方志书质量规定》，认真对各类相关材料进行考证和筛选。

2016年2月下旬，新乡市地方史志局按照省史志办确定的《平原省志》篇章内容，将任务分解，逐一落实到各个编辑，责任到人，正式进入初稿编纂阶段。在编纂过程中，采取每周一下午"一周一推进"例会制度，及时督促进度，随时对编写过程中出现的问题进行总结，按照省史志办确定的编纂方案和篇章体例统一思想，规范写作。同时，材料收集人员继续奔赴各地，不断完善和补充相关资料，核实有关内容。

到2016年国庆节期间完成《平原省志（初稿）》第一稿，文字总数110万字，照片135张（其中书内人物照片57张、彩页照片52张、附录照片26张），书内各类表格40个。收集资料文字与初稿第一稿成书文字之比例接近12∶1。

随后，新乡市地方史志局对《平原省志（初稿）》第一稿进行内部审核，由相关领导、部门负责人、部分行业专家提出修改意见。到2016年12月下旬，完成《平原省志（初稿）》第二稿。第二稿在第一稿的基础上进行适当删减，成书后文字总数96.6万字，照片148张（其中书内人物照片67张、彩页照片55张、附录照片26张），书内各类表格40个。2016年12月20日，新乡市地方史志局将《平原省志（初稿）》第二稿报送省史志办进行初审。

在省史志办的具体指导下，自2017年1月，新乡市地方史志局对《平原省志（初稿）》第二稿再次进行"内评内审"，多次邀请业内人士及有关专家学者对《平原省志（初稿）》第二稿从政治观点、内容、史实、体例、行文、数字、保密、入选人物标准等各个方面进行评审。截至2017年5月10日，共收集到各类修改意见280余条，2万余字；补充材料近5万字、补充图片100余张，并对评议过程中各方专家评议意见进行汇总、整理、归纳，形成内评内审意见和具体的志稿修改方案，对第二稿进行了全面修改和完善。到2017年6月18日，志稿总纂合成，完成了《平原省志（评审稿）》（即第三稿），并报送省史志办进行复审。成书后的评审稿文字总数约92万字，照片223张（其中书内人物照片89张、彩页照片108张、附录照片26张），书内各类表格40个。

2017年8月15日，河南省地方史志办公室在郑州主持召开"《平原省志》专家评审会"，来自河南省社会科学院、河南省军区、郑州大学、河南大学、河南师范大学、山东省史志系统和省内党史、档案、史志系院的专家对《平原省志（评审稿）》的篇目结构、体例内容、数据资料、图表照片、文字规范等方面提出了许多合理化建议，指出了存在的问题和不足，并提供了不少收集相关资料的新线索。省史志办主任管仁富从宏观上强调了编纂《平原省志》的重要性和紧迫性，并提出修改原则、指导思想和时间要求，进一步明确了《平原省志》编纂工作的方向。至此，《平原省志》志稿评审工作已经完成了初审和复审两个步骤。

在省史志办的精心指导下，8月23日，新乡市地方史志局全体工作人员认真收听收看了"《平原省志》专家评审会"实况录像。25日，局长王拥军组织有关编纂人员召开专题会议，按照"《平原省志》专家评审会"形成的意见，有针对性地研究部署《平原省志（评审稿）》进一步修改完善、补充资料的实施方案，并重新整合资料收集小组，精简志稿编写小组，明确人员分工，提出时间进度。随后，资料收集小组责成专人分头联络河南省豫北地区、山东省有关地区、国家档案馆，有针对性地收集补充完善资料；志稿编写小组精心修改篇目、整合相关资料、增删有关内容、规范体例要求、核准具体数据、简练语言文字、理顺逻辑关系，形成修改细则，并于9月、10月两次赴省史志办专题请示、研讨和确定对《平原省志（评审稿）》的详细修改内容。其间，省史志办副主任冯普友、周慧杰，省史志办省志处处长李娟和原处长陈守强等业内专业人士都对《平原省志（评审稿）》提出了具体的修改意见，并形成书面文字建议，使《平原省志（评审稿）》篇目修改方案三易其稿，日臻完善。

2018年3月，新乡市地方史志局通过与省内外原平原省有关县市进行实地采集和交换首轮志书等形式，又收集到文字材料近500万字，补充了平原省部分行业和县域中的缺失资料，新收集各类照片、图片200余张。同时，基本完成《平原省志（评审稿）》的修改稿（即第四稿），全稿文字由评审稿的92万字压缩到87万字，初步形成《平原省志（送审稿）》初稿。后经过进一步补充资料、完善篇目，尤其对全稿的通览通校，又发现不少问题；继续调整篇目、规范文字、斟酌纠错、统一入志人物范围、核实县域概况、精选附录内容，于2018年5月中旬，完成了《平原省志（送审稿）》第二稿（即第五稿）。成书后的送审稿文字总数83万字，照片182张（其中书内人物照片89张、彩页照片65张、附录照片22张，内文照片6张），书内各类表格49个。

2018年5月21日，新乡市地方史志局将《平原省志（送审稿）》第二稿报送省史志办。省史志办召集省内洛阳（吕士旺）、平顶山（翟红果）、周口（宣凤彩）、三门峡（王惠娟）、漯河（夏跃进）、鹤壁（李跃进）6个市地方志系统专家，对《平原省志（送审稿）》第二稿进行全面修改完善。7月16日～17日，省史志办召开《平原省志（送审稿）》质量进度推进会，省史志办主要领导专家、6个市的专家及新乡市主要编纂人员参加，再次对《平原省志（送审稿）》第二稿进行深入讨论、评审，达成共识，形成进一步修改完善意见。随后，新乡市地方史志局历经两个多月，对《平原省志（送审稿）》第二稿进行调整篇目、增补资料、删繁就简、规范文字、精练内容，形成《平原省志（送审稿）》第三稿（即第六稿）。此稿文字总数55万字，照片177张（其中书内人物照片89张、彩页照片60张、附录照片22张、内文照片6张），书内各类表格47个。

2018年9月23日，新乡市地方史志局将《平原省志（送审稿）》第三稿（即第六稿）报送省史志办。至此，《平原省志》志稿评审工作进入主编、副主编三审定稿的总纂阶段。

在省史志办省志处处长李娟指导、审阅和修改下，2019年1月25日～2月27日，新乡市地方史志局将修改后的《平原省志（送审稿）》再一次进行校对、规范、核实、整理，形成第七稿。其间，省史志办副主任周慧杰再次精心审阅改稿、调整完善有关章节。至3月底，新乡市地方史志局对《平原省志（送审稿）》进行印刷前的最后一次补充资料、纠错整合、数据核对和文字规范，形成第八稿，文字精练到53万字。

四、印刷出版阶段

2019年4月,《平原省志》稿送中州古籍出版社出版。中州古籍出版社王小方对志稿进行了认真审阅,并提出补充图片的建议。2019年7月24日~25日,省地方史志办与中州古籍出版社编纂人员又赴南乐县档案馆和濮阳县档案馆收集到几十幅珍贵照片。2019年8月,《平原省志》完成文字编样任务,正式印刷出版。图片增加到201幅。回顾4年多的编纂历程,有几点感悟和收获。

第一,各级领导和部门的重视支持、协调配合是编好志书的前提。《平原省志》从启动编纂工作开始,通过组织发动到资料收集、编纂修改以及印刷出版各个阶段,都离不开各级政府部门的大力支持。在资料收集过程中,河南、山东及其有关市(县、区)档案部门、史志部门的热情帮助,是完成《平原省志》编纂任务的重要支撑。省史志办的精心指导和新乡市委、市政府的全力支持对本志编纂起着至关重要的作用。

第二,探索志体创新是提高志书质量的重要途径。平原省是一个没有历史沿革的新省份,具有建置新、时间短、变化快的特点。本志书先找准平原省三年的历史定位,从政治上统揽全志;在总述、政区建置以及一些篇章的无题概述和部分内文中,阐述时代背景,记述工作成绩的同时指出存在问题,少量评语起到了画龙点睛的作用。

第三,突出时代特点是提高志书质量的关键。平原省建省时期正好处于中华人民共和国成立后的三年恢复期,许多前所未有的工作是在不断探索、自我评估和纠正错误中前进的。为此,本志在记述平原省政治、经济、社会等各方面开创性工作中,均保留了当时正反两个方面的经验和教训,并对平原省撤销时许多工作中的未尽事宜作了适当补充阐述,对平原省工作中的重大失误和前进中的挫折不回避,在政法、群团等工作中整理归纳出工作机制,作为探索社会主义建设的历史足迹和珍贵的历史资料,资政辅治,存史补遗,明鉴后人。

第四,博采众长和精益求精是提高志书质量的重要保证。在收集资料阶段,充分利用河南、山东两省各地档案馆馆藏资料、历史文献、地方志书、党史资料、报纸杂志、各类工具书以及调查、采访所得的口碑资料,对所采用的资料,包括史料、人名、地名、年代、数据、引文等,考订核实后载入本志。在编纂修改阶段,通过专业培训、统一思想;推敲篇目、确定体例;内审内评、专题评审;借鉴省内外专家意见,删繁就简、突出重点;字斟句酌、去伪存真;焚膏继晷,精心加工;完成送审稿时,八易其稿。

《平原省志》的编纂历经四载,虽数易其稿,但因中华人民共和国成立之初,各方资料零散缺失,收集困难,本志仍有不尽人意之处,敬请社会各界人士不吝赐教。